WANDA PÓŁTAWSKA

DIARIO DI UN'AMICIZIA

La famiglia Półtawski e

KAROL WOJTYŁA

SAN PAOLO

Titolo originale: *Beskidzkie rekolekcje.*
Dzieje przyjaźni księdza Karola Wojtyły z rodziną Półtawskich, Edycja Świętego Pawła, Częstochowa, 2009.

Traduzione dal polacco
di Lucia Bulletti e Barbara Kowalczyk Cegna

Piazza Soncino, 5 - 20092 Cinisello Balsamo (Milano)
www.edizionisanpaolo.it
Distribuzione: Diffusione San Paolo s.r.l.
Corso Regina Margherita, 2 - 10153 Torino

ISBN 978-88-215-6801-5

Al posto di una premessa

Dell'attività didattica e pastorale e delle escursioni di don Karol Wojtyła eravamo al corrente da molto tempo e con abbondanza di particolari, perché quest'uomo è vissuto in modo tale da non dover nascondere nulla.

Per il sacerdote pastore di anime, confessore o direttore spirituale ci sono però questioni delle quali egli non può parlare, ma delle quali possono parlare gli altri. A volte, addirittura, dovrebbero parlarne. Diventano allora dei testimoni.

Abbiamo di fronte a noi il libro intitolato *Diario di un'amicizia. La famiglia Półtawski e Karol Wojtyła*. Vale la pena di ricordare che questo libro non era destinato alla pubblicazione: era una sorta di relazione, di resoconto del lavoro spirituale, che probabilmente era una lezione anche per il direttore, come di solito capita per i direttori spirituali.

La dottoressa Wanda Półtawska, membro della Pontificia Accademia Pro Vita, da varie decine di anni è conosciuta, in Polonia e all'estero, come fondatrice dell'Istituto della Famiglia e costante sostenitrice della difesa della vita. Le persone di questo calibro, per fortuna, in Polonia sono state abbastanza numerose. Tutte hanno pagato un prezzo piuttosto alto, per le loro convinzioni e la loro attività. Oggi veniamo a sapere dove erano fissate le radici di quelle ispirazioni e convinzioni e dove la dottoressa attingeva (e attinge) le forze.

Don Karol Wojtyła-Giovanni Paolo II conosceva il contenuto

delle annotazioni qui pubblicate, in quanto direttore spirituale; sicuramente ritrovava in esse se stesso, i suoi pensieri, i suoi desideri e le sue aspettative. Forse, anche grazie a esse, egli è cresciuto spiritualmente, penetrando i segreti del cuore, e ha aperto il suo cuore davanti al Signore Dio. Stimava ogni persona, aveva nostalgia delle persone, perché aveva autenticamente bisogno di loro, per la sua vita con Dio.

Ecco che abbiamo davanti a noi un'insolita testimonianza di una direzione spirituale, di un lavoro su di sé e di una crescita, lungo il cammino verso Dio, attraverso la vicinanza, la reciproca vicinanza delle persone e della natura. La bellezza, soprattutto quella spirituale, motiva le persone allo sforzo e alla crescita, ma quale ruolo utile e creativo possono svolgere un'altra persona, l'ambiente circostante, la natura! Anch'essa è amica degli uomini. Assicura la solitudine, la pace, libera dalle paure. Aiuta semplicemente con la sua sola esistenza.

Leggendo questo libro-diario, si ha l'impressione che l'Autrice non fosse in grado di reggere la ricchezza delle sue esperienze e che abbia desiderato condividerle con tutti coloro che cercano qualcos'altro e Qualcun altro, che sentono la mancanza di Qualcuno e per questo prenderanno in mano il libro. Del resto, lei aiuta la gente attraverso tutta la sua vita. La sua testimonianza, dopo essere stata nel campo di concentramento di Ravensbrück, si legge tutta d'un fiato e si ricorda a lungo. I suoi discorsi e articoli continuano a essere molto conosciuti, perché ancorati nella vita, non solo a causa della sua conoscenza della psicologia, ma anche per la sua conoscenza della vita spirituale.

Questo libro è un inno particolare in onore del Creatore e della natura, è la testimonianza di un'attrazione creativa verso Dio e verso l'uomo, soprattutto quell'uomo che chiama Fratello. Egli è diventato, in qualche modo, l'unità di misura, con la quale valuta le altre persone. Una misura alta e una sfida difficile.

L'Autrice ha trovato, ha scoperto un confessore e un direttore spirituale, per un periodo lungo e molto produttivo della sua vita. Lentamente ha scoperto il proprio posto nell'apostolato dei laici, come fondatrice dell'Istituto della Famiglia, incarico affidatole dall'arcivescovo di Cracovia. Nello stesso tempo, durante i loro incontri, soprattutto estivi, si svolgeva un continuo «corso» di formazione. A fianco di quel maestro ella «termina» la Facoltà di Filosofia e di Teologia, di Etica e di Ecclesiologia del periodo del concilio Vaticano II, e allo stesso tempo cammina continuamente, soprattutto per le strade della vita spirituale. A quei «conviti delle vacanze» era presente, con discrezione ma con costanza, il marito, professore di filosofia, che le permette continuamente di unire la sua vocazione di madre e di nonna alla nostalgia e ai compiti della pastorale specialistica, alle conferenze e alle spedizioni nel bosco.

Il Fratello stabilisce le riflessioni e i compiti, per lo più in rapporto alla liturgia e alla messa. Sulla base di un testo concreto, il direttore suggerisce un compito per ogni giorno, ad esempio «vincere se stessi» e in questo modo «unirsi al concilio».

È allora che si presenta un'occasione particolare per fare ciò, si presenta insieme alla malattia mortale, dalla quale l'Autrice viene guarita in modo miracoloso, grazie all'intercessione di Padre Pio. Qui però lei consegna sì la sua relazione, quella di una persona malata, che rischia di perdere la vita, ma scrive, come sempre, con grande distacco nei confronti di sé.

L'Autrice sa quanto sia faticoso lavorare su se stessi, vede i propri insuccessi, ma, incoraggiata dalla sua guida spirituale, non si arrende e a volte arriva addirittura alla conclusione che «il mio operare all'esterno è sempre più armonioso, più di prima».

Tutto il libro e tutta la vita dell'Autrice si svolgono in un'atmosfera di preghiera. Anche qui si vede un netto progresso, grazie al quale la natura si apre sempre più profondamente alla grazia e diventa sempre più bella davanti a Dio, agli uomini e a se stessa.

Lentamente le sue «meditazioni sono diventate un'abitudine», e forse diventa un bisogno annotarle e presentarle al direttore spirituale, cioè al «Fratello», che «leggerà tutto, farà dei segni, farà una piccola sintesi» (19 dicembre 1964), affermando che il processo di lavoro su di sé è produttivo, ma le «energie irrazionali sono ancora molto vive», su questa ormai «piuttosto avanzata via santificatrice».

Il fondamento della vita spirituale è, per noi, non solo la nostra preghiera quotidiana, ma la preghiera unita a Cristo e al suo sacrificio sulla croce, che si fa presente per noi nell'Eucaristia. L'Autrice partecipa ogni giorno alla messa. Un giorno senza la comunione è per lei una giornata di inquietudine e di nostalgia. Ella cerca instancabilmente la Chiesa, il sacerdote e la messa. E instancabilmente cerca di vivere perfino le questioni piccole in modo grande. Nelle pagine del *Diario di un'amicizia* troveremo moltissime frasi sul rendere il lavoro una preghiera, sul fatto che infondere nel lavoro e nella vita il ricordo di Dio è possibile, e i misteri della sofferenza di Cristo e le sue parole contano per ogni giorno, ispirano e illuminano la vita quotidiana. Basta fidarsi, ma «il fidarsi esige coraggio, ma nello stesso tempo il fidarsi dà coraggio».

L'Autrice è un'ottima osservatrice della vita, è capace di guardare in modo critico le persone e se stessa e, grazie a ciò, fa delle osservazioni estremamente giuste, ad esempio quando con un'interlocutrice afferma che «non ci vuole niente ad amare una persona buona», o quando condivide con i giovani le sue riflessioni riguardo al corpo. Ecco che veniamo a sapere che esistono delle «possibilità del corpo», che si può conservare la verginità, se si vuole e «se si insegna questo al proprio corpo». Un'ascesi interessante, una spiritualità avvincente!

L'Autrice, che ha sempre nascosto i suoi disturbi e fino ad ora non ne aveva parlato a nessuno, neppure alle persone più care, ora rivela se stessa, dice a tutti che il dolore, la sofferenza è un elemento permanente della sua vita. Lo dice affinché sappiamo che la sofferenza non impedisce una vita produttiva. Queste confessioni sono forse la necessaria conferma del fatto che la storia di questa vita è stata scritta da una persona viva e vera.

È un poema in onore del bosco dei Bieszczady[1], di quello che

[1] I Bieszczady sono una catena montuosa che costituisce la parte occidentale dei monti Beschidi orientali [NdT].

è diventato unico, sacro, attraverso la presenza santificatrice di un uomo, delle persone che lì trascorrevano le loro vacanze con Dio, intorno alla messa, attraverso le riflessioni, le letture e le preghiere. Emerge che quelle esperienze rimangono, perché non possono finire, come tutto il resto.

Questi ritorni sono necessari all'Autrice perché là ella rivive, vive diversamente, in modo più pieno.

Erano necessari anche alla sua guida, che tornava lì attraverso una riflessione, una domanda, attraverso la nostalgia dei ricordi. Anche lui non è mai andato via di lì, anche se non ha più potuto tornarci.

Questo libro è sul bosco, ma parla moltissimo delle persone, più degli altri libri e, in modo diverso da tutti gli autori, parla della vita spirituale del servo di Dio Giovanni Paolo II. Mostra il metodo del suo lavoro di direttore spirituale. Guidando le anime, vedeva più avanti, sapeva dove le conduceva e questo non avveniva solo nella dimensione dell'intera Chiesa. Anche ai singoli penitenti indicava delle strade, per il lavoro quotidiano su di sé, per la meditazione. Faceva di più: in seguito leggeva quelle riflessioni-relazioni e riportava delle sue considerazioni, come possiamo vedere in alcuni casi.

Gli esercizi spirituali, le riflessioni, le confessioni e il messaggio. In fin dei conti, abbiamo davanti a noi il diario particolare di un'anima e non solo dell'Autrice, ma anche del suo direttore spirituale, e praticamente del suo ideale, del suo grande Fratello, come lo chiama, ma ancor più del grande maestro, sulle cui parole riflette ripetutamente, di continuo.

Il bosco, quel bosco, è il suo santuario, in cui prega, in cui vive alla presenza di Dio, e che diventa anche il santuario della meditazione. Lì va molto spesso, prepara le sue relazioni e i discorsi, lì arriva a delle scoperte straordinarie. Le conferma dentro di sé e permette che maturino ancora di più.

Così è, ad esempio, durante la preparazione della relazione per Detroit: «Io so che l'uomo può cambiare, perché la grazia compie il miracolo del perdono e il miracolo della trasfigurazione, il ritorno all'innocenza originaria è possibile, si tratta solo di ritrovare la dimensione divina dell'uomo».

Sulla base di questo libro si potrebbe scrivere un interessante contributo a un trattato sulla grazia, sulla relazione della natura con la grazia, sulla visione integrale dell'uomo come essere, sull'unità indissolubile del corpo (del suo ruolo e dignità) con l'anima. Del resto, potrebbero essere scritti dei trattati su Maria e sullo Spirito Santo, sull'antropologia cristiana, e un contributo alla giusta considerazione del femminismo. Questo libro è pieno di tante altre testimonianze, anch'esse di grande interesse. Non ci sarà bisogno di invogliare alla sua lettura. Produrrà come frutto il bene, perché suscita riflessioni su noi stessi, sulla nostra vita e sulle nostre relazioni con le persone, soprattutto con quelle che consideriamo a noi care, le più care.

✠ Józef Michalik
Arcivescovo di Przemyśl

Il punto di vista del marito

«Come sono poche e come quasi non esistono
le persone che desiderano rivelarsi!».
Cyprian Norwid, Kółko

I testi contenuti in questo libro sono, in prevalenza, varie forme di meditazione e di preghiera; quindi non si può leggerlo semplicemente come il racconto, il resoconto di una certa storia o come un'opera letteraria, benché sia anche la registrazione delle vicende di una persona-donna e medico psichiatra e della sua amicizia molto stretta con una persona-uomo, che è stato sacerdote, pastore di anime e papa. Non è un'opera scritta per un lettore, ma l'intima «storia di un'anima»; questo fatto pone ai lettori l'esigenza particolare di fare uno sforzo di riflessione – e, per quanto è possibile, anche di preghiera – insieme al suo pastore d'anime, confessore e amico, e a lei stessa.

Perché il personaggio principale del libro – accanto all'Autrice –, Giovanni Paolo II, ha voluto che esso giungesse a persone estranee, e perché l'Autrice stessa si è decisa a pubblicarlo?

Il lettore attento potrà ricavare, da questi testi, la risposta a questa domanda; tuttavia la testimonianza di qualcuno che, per forza di cose, come marito dell'Autrice, ha partecipato da vicino alle vicende di questa amicizia fraterna e sororale, sembra utile ed è forse necessaria.

Dopo la seconda guerra mondiale, da tante parti si levarono delle voci: possiamo ancora vivere dopo Auschwitz? Tutto l'orrore del genocidio del XX secolo non ha cambiato profondamente l'immagine dell'uomo? O addirittura: esso non ha cambiato in modo sostanziale l'umanità stessa?

L'Autrice del libro, avendo passato i primi quattro anni del terzo decennio della sua vita nel campo di concentramento di Ravensbrück, sottoposta lì dai medici nazisti a un'operazione a scopo sperimentale e, in seguito a quelle vicissitudini, condannata, nella sua vita successiva, a pesanti sofferenze fisiche, aveva sufficienti ragioni per porsi anche lei quella domanda. Lo shock del passaggio da un ambiente pieno d'amore, in casa e a scuola, all'odio brutale e lo spettacolo dell'abiezione di quei perseguitati che non resistevano alla pressione delle sofferenze e della debolezza, avevano incrinato in lei la fede nell'uomo, anche se, d'altra parte, si era imbattuta in manifestazioni di eroismo e di disponibilità a dare la vita per gli altri. Dunque non poteva vedere nelle persone unicamente il male, ma si era posta la domanda: «Non è forse così, che veramente siamo capaci di certi impulsi buoni, perfino eroici, ma al di là di questo, così deboli, da essere incapaci di una "vita buona", trascinati di qua e di là dai nostri impulsi, senza poterli dominare pienamente, incapaci di una "piena libertà"?».

Il campo di concentramento, il contatto continuo con la prospettiva della morte aveva cambiato la sua visione del mondo, le aveva rivelato la nullità di ciò per cui di solito ci preoccupiamo di più nella nostra vita quotidiana, «normale» e borghese. Quindi, come molti ex prigionieri, non riusciva a trovare per sé un posto tranquillo nel mondo al di fuori del campo; la vita familiare e professionale non le bastava; non riusciva a placare la sua inquietudine e il suo senso di estraneità. Cercava qualcuno che la capisse e la aiutasse, e si imbatté in un confessore, don Karol Wojtyła.

Il secondo capitolo del libro presenta quell'incontro nel suo contesto, nella sua atmosfera e genesi, e contiene un abbozzo degli sviluppi successivi della loro amicizia. Aveva incontrato qualcuno che, come subito intuì e comprese, era pronto a fare molti passi insieme a chi aveva bisogno, a dedicargli molto tempo e pazienza, rendendo se stesso, per così dire, una finestra trasparente su Dio e sulla verità relativa a Dio e all'uomo.

Quello fu l'incontro di due forti personalità, che avevano tra loro, pur nella sostanziale diversità, molto in comune; fu l'incontro di un uomo molto virile, nel senso più profondo della parola, con una donna molto femminile, nel senso migliore della parola: sensibile, con una ricca dinamica di sentimenti, capace di lavorare con dedizione per gli altri.

Ella vide in lui la virilità matura del sacerdote e del padre, ma nello stesso tempo un fratello compassionevole. Egli, durante quella lunga attività di direzione e di collaborazione, conobbe in lei la femminilità, il che, dato il suo così profondo interesse per l'uomo e soprattutto il suo occuparsi attivamente delle questioni della famiglia e dell'amore coniugale – questioni che già allora stavano a cuore anche a lei – è stato indubbiamente un'esperienza importante e fruttuosa per quel grande pastore d'anime e teologo, e anche filosofo e poeta.

Nel mondo d'oggi, dominato da mezzi di comunicazione imbevuti di sesso – un mondo nel quale baciare un bambino sulla fronte fa pensare alla pedofilia, e un bacio fraterno tra amici può facilmente essere interpretato come un indizio di omosessualità – l'amicizia tra un uomo e una donna suscita automaticamente l'idea dell'aspetto sessuale della relazione. Soprattutto in questo campo, l'Autrice non poteva non aver incontrato, nella sua storia del tempo di guerra e nel lavoro successivo al consultorio, dei fatti che deponevano a favore della conferma della risposta negativa alla domanda che si era posta: l'uomo era capace di una «buona vita», e non solo di impulsi scoordinati? Poteva essere davvero interiormente «libero e puro»?

La direzione spirituale e la vicinanza personale del grande sacerdote hanno permesso a mia moglie, Wanda Półtawska, di raggiungere l'armonia e la pace, le hanno reso possibile conciliare il lavoro per gli altri con la vita familiare e, col passare degli anni – ne sono trascorsi appunto sessanta – hanno reso possibile il continuo approfondimento e aumento della nostra vicinanza e armonia coniugale.

Mi è difficile esprimere la profondità della mia gratitudine, per aver potuto vivere questi anni a fianco di questa vera donna e vera persona e per la presenza paterna e fraterna, in questa vita, di un grande sacerdote, vescovo e papa.

La realizzazione di una vera libertà e della piena castità dei rapporti tra le persone è risultata assolutamente possibile, ma a condizione del suo assoggettamento a Dio e al lavoro per gli altri, a condizione di un continuo sforzo di rendersi trasparente, in modo tale da mostrare Dio attraverso di sé.

Una persona non può pienamente capire e possedere se stessa, senza l'aiuto di Dio. Questo è il messaggio di Giovanni Paolo II. Lo svolgimento dell'amicizia – si può dire addirittura: dell'esperimento – presentato nel libro, e i suoi frutti sono una testimonianza che conferma la risposta positiva alla domanda sull'uomo, alla domanda che oggi si pone in modo così drammatico davanti all'umanità. Questa testimonianza deve essere vista, io penso, come un «dono»: un dono di un grande papa all'umanità che domanda. La pubblicazione del libro è, in un certo modo, la consegna di quel dono. Sono felice e orgoglioso di aver potuto contribuire alla sua preparazione.

Mi viene in mente qui una citazione da Aristotele, spesso richiamata dal filosofo che forse ha mostrato nel modo più preciso e profondo gli errori e le illusioni del pensiero moderno della nostra civiltà, Robert Spaemann: «Quello che possiamo fare grazie agli amici è, in un certo senso, anche quello che possiamo compiere da soli»[1]. Il più grande e più potente amico dell'uomo è invece Dio, il sostegno ultimo di tutte le persone di buona volontà – di tutti i nostri amici – e il Padre amorevole di tutti, senza eccezione.

Andrzej Półtawski

Cracovia, 8 marzo 2008

[1] Aristotele, *Etica Nicomachea*, III, 1112b 25.

La genesi del libro

«Habent sua fata libelli».
Terenziano Mauro[1]

Il testo, che ora ho deciso di trasmettere ai lettori, non è stato scritto «ex post», come scrivono le loro memorie le persone anziane: è nato molto prima, o piuttosto è nato nel corso di molti anni. Ad un certo momento è nata l'idea di scrivere le mie memorie, ma essa non è partita da me. È stato il Santo Padre Giovanni Paolo II a esprimere, nel 1993, tale desiderio. Il 14 novembre di quell'anno il Santo Padre mi disse a pranzo, alla presenza dell'arcivescovo Józef Michalik: «Devi scrivere le tue memorie». Dunque ho cominciato a scriverle.

Allora sono nati i primi due capitoli, che il Santo Padre ha letto e approvato. Li ha letti anche l'arcivescovo Michalik. Ci sono state però altre persone, che hanno giudicato che fosse meglio «non adesso». Quindi ho interrotto la stesura del libro e, fino ad oggi, non ero più tornata a quel testo.

Invece «da sempre», cioè dall'inizio della mia amicizia con don Karol Wojtyła, scrivevo a lui, o piuttosto per lui, i miei pensieri, perché avevamo la consuetudine di meditare insieme al mattino, dopo la messa. Don Wojtyła sceglieva un testo sul quale riflettevamo nel corso della giornata, e ne discutevamo la sera. Se però uno di noi partiva, lui scriveva per me i testi destinati ad ogni giorno, e io da parte mia scrivevo ciò che pensavo sull'ar-

[1] I libri hanno i loro destini (Terenziano Mauro, *De litteris, de syllabis, de metris*, v. 1286).

gomento dato – un po' come un «compito a casa» – in un quaderno, che gli davo quando lo incontravo. Lo leggeva sempre e a volte faceva le sue osservazioni.

Di quei miei pensieri, scritti per parecchi anni consecutivi, ne ho scelti alcuni ed essi costituiscono i capitoli successivi. La totalità dei testi di un periodo di cinquant'anni sarebbe stata troppo estesa per la pubblicazione e, del resto, troppo personale. Rappresentano dei capitoli a sé gli anni 1962, 1967 e 1978.

A quelle annotazioni ho aggiunto, in un certo modo facendo dei balzi nel tempo, delle considerazioni, che spiegano la connessione dei fatti. In linea di massima questi capitoli si susseguono in ordine cronologico, eccetto la seconda parte, che ho intitolato «I ritorni». Quei testi hanno un carattere diverso, sono le mie lettere, o piuttosto le annotazioni, scritte quando ormai Karol Wojtyła era diventato papa e aveva lasciato Cracovia per sempre. Esse sono così diverse perché – su sua richiesta – contengono descrizioni della natura, descrizioni dei luoghi che aveva amato nelle nostre montagne e che, mentre era chiuso in Vaticano, ricordava. Si interessava quasi di ogni albero, e poiché sono tornata lì molte volte, sono nate le annotazioni, che ho disposto in modo diverso: non in base agli anni, ma in base ai mesi, perché le descrizioni della natura si ripetevano nel corso dell'anno. Dunque, di quei ventisette anni ho raccolto le annotazioni di ogni mese, secondo il calendario, a partire da settembre, perché il Santo Padre era stato lì per l'ultima volta nell'agosto del 1978. Le ho raccolte in modo tale da non ripetere descrizioni a volte simili, e dunque ogni mese contiene testi di vari anni, ma relativi allo stesso mese.

Inoltre, il Santo Padre scriveva per me i suoi pensieri e, fin dall'inizio della nostra amicizia, lo chiamavamo Fratello; da qui nelle lettere la sua firma abbreviata «Fr.». Il Santo Padre ha letto tutti questi testi e li ha approvati. In questo libro non c'è nessuna pagina che non sia stata approvata da lui. Solo il capitolo conclusivo, che ho dedicato «ai familiari e agli amici», è nato ora e quel testo ormai non ha potuto leggerlo, ma naturalmente conosceva i fatti in esso descritti.

Così è nato questo libro: non omogeneo, non programmato e non scritto per essere dato alle stampe. Se ora metto questi testi a disposizione della gente, è esclusivamente perché mi hanno convinto del fatto che «la gente ha il diritto di conoscere i suoi santi, le loro vite».

È però, nello stesso tempo, la mia storia – e questo non posso cambiarlo; in un certo senso è la storia della mia anima.

Prima della morte, ormai imminente, del Santo Padre gli chiesi se dovevo bruciare queste annotazioni. Mi rispose: «Sarebbe un peccato». Tuttavia esitavo. Ho ricevuto però una risposta dal mio confessore: «Le vicende di un santo appartengono alla gente, non sono proprietà privata»; appartengono alla Chiesa.

Esse sono tuttavia molto private e in linea di massima avrei preferito che venissero pubblicate dopo la mia morte; però mi hanno persuaso – dunque cedo.

Wanda Półtawska

Hyszówki, 13 dicembre 2006

Prima parte

LA MATURAZIONE

I

La ricerca della via

Quanto sto scrivendo dovrebbe essere un'introduzione e allo stesso tempo una spiegazione di ciò che scrissi anni fa, o piuttosto ho scritto per molti anni: è un'introduzione agli appunti formatisi durante le camminate per i boschi con il mio direttore spirituale, che poi divenne il Santo Padre Giovanni Paolo II.

Oggi, nella prospettiva di questo lungo tempo, mi sembra opportuno far conoscere alcuni di quei testi a chi voglia comprendere più profondamente non solo il pensiero di Karol Wojtyła, ma anche e soprattutto la sua spiritualità. Ciò che scrivo è essenzialmente e personalmente autobiografico, tuttavia legato nell'intimo al percorso esistenziale di questo grande uomo. L'introduzione, necessariamente biografica, chiarirà l'origine di questi appunti e l'origine del privilegio della sua vicinanza.

Tutto cominciò nella mia vita tanti anni fa, quando ovviamente non lo conoscevo ancora.

* * *

La guerra scoppiata nel 1939 divenne per me, come per tutta la mia generazione, un punto di svolta: anche se prima ovviamente vivevo, fu come se tutto quello che era prima non contasse più nulla. Cosa c'era prima? La vita di una qualunque ragazza di Lublino: in casa, pur non essendo ricchi, io, che ero la figlia più piccola, godevo di una posizione privilegiata, con un padre particolarmente affezionato che chiaramente mi viziava. Penso che quello che mi lasciò in eredità mio padre ebbe per me un grande significato per tutta la mia esistenza.

Mio padre mi lasciò due cose. Innanzitutto, l'esempio di una fede profondamente mariana. Egli venerava intensamente la Madre di Dio: in casa, in un angolo della stanza, c'era sempre una sua statua, davanti alla quale lui pregava e cantava inni mariani; andavamo poi per i boschi, a raccogliere fiori freschi da portare alla Madonna.

La fede di mio padre nella Madre di Dio, come protettrice del mondo, aveva in sé qualcosa d'ingenuo. Più tardi, ormai dopo la guerra – era un lunedì –, quando egli stava morendo tra le mie braccia, mi disse: «No, io morirò di sabato, perché solo allora la Madre di Dio verrà a prendermi». E così fu: cosciente e tranquillo, morì di sabato, dopo aver intonato canti mariani, e da ultimo, ormai senza forze, sulla piccola armonica a bocca suonò uno di questi canti col suo ultimo respiro.

La seconda cosa che mi lasciò mio padre, sicuramente di grande rilevanza per me, fu l'amore per la natura e la sensibilità per la sua bellezza. Proprio con lui, fin dai primi ricordi, camminavo a lungo per i boschi e sulle colline nei dintorni di Lublino. Con mio padre ammiravo i fiori e gli alberi, raccoglievo radici strane e pigne. Portavamo a casa alcuni fiori che lui poi piantava nei vasi oppure nel giardino. La casa era piena di fiori in continua fioritura: tutti dicevano che egli aveva una mano felice per i fiori, perché gli fiorivano ogni anno anche quelli che fioriscono ad anni alterni. A me sembra che egli semplicemente amasse quei fiori.

Di tutto questo potevo godere in casa e aggiungo che in fondo «tutto mi era permesso», perché non mi ricordo che mi fossero posti dei limiti. Con entusiasmo partecipavo alle attività degli scout. A scuola non ho mai avuto difficoltà, quindi non avevo bisogno di dedicare tempo ai compiti. Ero libera e facevo quello che volevo. Poco prima della guerra, nel 1938, ero stata promossa vice caposquadra degli scout, e quando scoppiò la guerra mi lanciai subito nel vortice di un'attività febbrile.

Per le prime due settimane del settembre 1939 non tornai affatto a casa. Ci passavo di corsa per un attimo, tra un incarico e l'altro, ma solamente per far vedere che ero viva.

Dividevo le ventiquattro ore in tre turni: la mattina ero al comando militare, dove la mia squadra gestiva le comunicazioni; nel pomeriggio ero in via Lipowa, dove avevamo organizzato una cucina da campo per i profughi; di sera e di notte avevo il turno di infermiera nell'ospedale da campo rapidamente allestito a Bobolanum.

Mio padre voleva trattenermi a casa, ma allora la mamma, che di solito non interveniva in quello che facevo, gli disse con fermezza: «Lasciale fare ciò che ritiene opportuno».

E infatti facevo ciò che ritenevo opportuno.

Dopo la caduta della Polonia[1] entrai subito nella rete della Resistenza e di nuovo a correre, scomparendo per interi giorni e notti, come corriere dello ZWZ (Związek Walki Zbrojnej, Unione della Lotta Armata). Con piena convinzione feci il giuramento nelle mani della scout Maria Walciszewska: ero pronta a dare la vita non solamente per la Polonia, ma anche per mantenere il segreto sull'attività della Resistenza. Ero convinta che ciò fosse giusto e che ci saremmo riusciti tanto io quanto gli altri.

Come furono ricchi di attività, quei mesi che precedettero il mio arresto; tuttavia quest'ultimo fu per me il primo impatto con... la viltà degli uomini. Io, che avevo gli occhi puntati sugli eroici difensori della patria, educata tra i ragazzi onesti e coraggiosi delle squadre degli scout, vissi dolorosamente quella delusione. Oggi vedo tutto questo in maniera diversa, ma allora mi fece crollare tutto il mondo addosso il fatto che quegli eroi, picchiati, denunciassero i loro amici ai funzionari della Gestapo.

Mi arrestarono dimostrando coraggio: vennero sei uomini adulti, per catturare una ragazza nella divisa grigia degli scout! In

[1] Il 1° settembre 1939 le truppe tedesche entrarono in territorio polacco, invadendolo con ogni mezzo. Vana fu l'eroica resistenza dell'esercito polacco, che dopo poche settimane fu sconfitto in modo definitivo; in seguito all'invasione si costituì il Governatorato Tedesco, sotto il pieno controllo della Germania [NdT].

seguito un robusto ragazzaccio, con la divisa delle SS, avrebbe picchiato quelle ragazze giovanissime nell'edificio Pod Zegarem (Sotto l'Orologio) di Lublino.

Io però mi «impuntai» ostinata, strinsi i denti e rimasi in silenzio.

Gli uomini delle SS trovarono però un modo per costringere anche me a parlare, un modo del resto non troppo gravoso per me, dato che mi fecero semplicemente entrare in una stanza buia che confinava con un'altra illuminata, nella quale stava deponendo una ragazza, corriere nella mia stessa organizzazione. In questo modo venni a sapere come era successo che mi avessero trovato. Era stata lei a fare il mio nome (non le rimproverai mai quel fatto e non rivelai mai a nessuno il suo cognome). La mia situazione così naturalmente si semplificò e non dovetti espormi alla morte. Sapevo che essi sapevano tutto, ma... quella scena per sempre – veramente non per sempre, ma per lunghi anni – scosse la mia fede nell'amicizia e in generale nell'uomo. La dimensione della natura umana si abbassò nel mio pensiero già allora e quel processo di disumanizzazione e di degrado del genere umano continuò per gli anni successivi, anni passati prima in carcere e poi nel campo di concentramento.

Sono anni che non volevo più ricordare, anche se ora ne scrivo.

Del tempo della prigione – per ricostruire questo frammento della mia vita – segnalo due fatti.

Il primo è la testa canuta di mio padre: i suoi capelli divennero improvvisamente bianchi nelle ventiquattro ore successive al mio arresto. Allora corruppe il carceriere perché mi lasciasse andare sulla torre del castello di Lublino, affinché potessi dare uno sguardo a lui, che stava ai piedi del muro. Io non lo riconobbi, perché prima non aveva i capelli bianchi. Quella fu la misura del suo amore per me.

Il secondo fatto consiste in un solo attimo quando, attraverso una fessura della finestra della cella in cui mi avevano rinchiusa, potei per caso osservare, durante l'ora d'aria dei prigionieri, il mio capo nella Resistenza, un uomo che consideravo un modello di virilità eroica; lo vidi tendere avido la mano per prendere un mozzicone di sigaretta, gettato per terra da un uomo delle SS, su cui si erano lanciati altri detenuti. La guardia li frustava con lo scudiscio e rideva beffardo e io vidi che il mio eroe era schiavo, non di quell'uomo delle SS, ma del suo stupido vizio, schiavo appunto di un rifiuto.

No, dopo quella prigionia non mi rimase nulla dell'ammirazione che avevo per gli eroi di guerra.

Il campo di concentramento mi mostrò ancora di più quella virilità crudele, brutale, spietata. Non potrò mai dimenticare i commenti beffardi e gli sguardi di quegli uomini che, con gli scudisci, spingevano avanti delle donne nude e, stando a gambe divaricate, con i loro stivali lucidi, fissavano con assoluto cinismo i normali gesti umani, che però in quello scenario diventavano disumani al massimo. Nelle latrine comuni a tante donne essi costringevano – addirittura non loro, ma il corpo e i suoi processi costringevano quelle donne – a espletare in pubblico funzioni tanto intime che tutto in noi si ribellava. Ma anche la fisiologia del corpo è inesorabile. La violazione del pudore umano commessa da quegli uomini è difficile da immaginare, anzi non la si può affatto immaginare.

Che cosa potevo sentire per quegli uomini, che costringevano me e tutte noi a un tale denudamento di sé che sembrava distruggere tutto ciò che c'era di umano dentro di noi? Come si poteva conservare la propria umanità in quella massa, spinta come bestiame con violenza brutale?

Nonostante tutto avevo un angolino del mio «io» nel quale conservavo la mia libertà interiore. Per loro avevo il più profondo disprezzo, per quegli uomini che sembravano dominare tutto il mondo, ma io dentro di me ero intatta ed ero riuscita a conservare qualcosa che mi aiutò a resistere per quei quattro anni e più. Avevo conservato... la curiosità. Avevo cominciato semplicemente a osservare tutti quegli uomini delle SS e le mie compagne di prigionia, e prevedevo come si sarebbero comportati.

Continuamente mi facevo la domanda: come è possibile? Questa è una persona e anche quella è una persona. Dalle lezioni di religione avevo riportato la convinzione che tutti gli uomini fossero opera di Dio e fossero stati creati a immagine di Dio; come era allora possibile che fossero così? Con quell'atteggiamento di osservazione riuscii a resistere e a non cadere nella disperazione, e forse, grazie a quello, a uscire dall'inferno del campo di concentramento.

Chi sei, uomo? Mi ponevo sempre questa domanda, guardavo avidamente tutto e facevo addirittura alcuni esperimenti. Una volta, quando una sorvegliante si avventò infuriata su di me con lo scudiscio, la fissai con lo sguardo fermo, che doveva essere pieno di disprezzo, perché quella giovane donna stava appunto pestando, vicino a me, un'anziana insegnante con i capelli bianchi. Non resistetti e le dissi in tedesco a denti stretti, sottovoce, ma in modo che sentisse, quasi sibilando: «Doch genug!»[2]. Niente di più; si avventò allora su di me e... anche se aveva già alzato la mano per colpirmi, non lo fece.

Mi tirò fuori dalla fila e mi trascinò dal comandante del campo, pretendendo che venissi punita, perché – come disse – «io la volevo uccidere con lo sguardo». Anche Suhren però, il comandante del campo, si comportò in modo strano. Mi venne così vicino che quasi toccava il mio viso – lo vedo ancora oggi – e, guardandomi dritto negli occhi, mi disse: «Sai che potrei spazzare via da questo mondo tutti voi, subito?». Lo poteva fare, naturalmente; allora io, tranquilla, guardandolo dritto con i miei giovani occhi e alzando le spalle, gli dissi in tedesco: «Doch natürlich, aber warum, und was weiter?»[3].

Non rispose; alzò la mano, pensavo che mi avrebbe colpito, ma non lo fece, urlò soltanto: «Hau ab!»[4].

E tornando indietro dal «nach vorne»[5] – così si diceva – av-

[2] Basta!

[3] Come no? Certo, ma perché? E che altro?

[4] Levati dai piedi, vattene!

[5] Davanti alla fila.

vertii un senso di libertà... La detenuta privata della libertà numero 7709!

Una volta, in seguito, guardai avidamente quella sorvegliante, il giorno che le avevano portato sua figlia, una bambina di tre o quattro anni con un pellicciotto rosso. La donna che, sia subito prima che subito dopo, picchiava con lo scudiscio donne anziane e le tirava fuori dalla fila condannandole a morte (quello era appunto il momento della selezione), con un tenero sorriso prese un momento in braccio la bambina. Il suo volto era completamente diverso da quello della donna crudele di un attimo prima, allora era illuminato da un tale sorriso, che non avrei mai potuto sospettare in quella donna, così crudele nei nostri confronti.

La guardavo...

Non riesco a dimenticare quell'immagine. Tanti anni dopo, mentre ascoltavo gli interventi di femministe spietate nel Parlamento polacco, avevo sempre davanti a me l'immagine di quella sorvegliante che baciava la sua bambina e, un attimo dopo, condannava allo sterminio vite umane. Lo stesso avveniva allora: pronunciando belle parole sulla libertà della donna, le femministe condannavano a morte un bambino innocente. Il mistero della femminilità, il mistero dell'essere umano in generale!

La virilità: ripugnante; la femminilità: crudele; però non tutti erano così: c'era l'altro gruppo, quello dei vinti. Nei confronti dei vincitori avevo già un atteggiamento preciso ed esplicito di disprezzo. E per gli altri?

Anche per loro c'era il mio sguardo attento. Poli estremi, la polarizzazione del mondo.

Durante quei quattro anni di permanenza nel campo di concentramento, ho pianto due volte: una volta di disperazione e una volta di gioia.

Piansi di disperazione dopo l'intervento chirurgico sperimentale cui venni sottoposta come cavia. Ero esonerata dall'obbligo di andare a lavorare, perché avevo la gamba ancora purulenta (del resto guarì solamente alcuni anni dopo, quando ero ormai libera). Rimanevo allora nella baracca e dividevo, con l'addetta ai pasti, le porzioni di patate con la buccia nei piatti delle compagne che erano al lavoro. Facevamo attenzione, affinché la divisione fosse giusta. Alcune patate erano grandi, altre piccole, ma allora tutte noi eravamo al limite della morte per fame; quelli erano i tempi in cui ci era ormai proibito ricevere pacchi. Il comandante del campo aveva dichiarato che ogni donna che fosse riuscita a vivere per più di tre mesi con quella razione di viveri, avrebbe dimostrato che rubava il cibo, perché le razioni erano state calcolate per portare alla morte (lo seppi anni dopo, dai documenti della Commissione di Indagine sui Crimini Tedeschi in Polonia). Fu in quell'occasione che vidi per caso un'insegnante dai capelli bianchi, una signora rispettata alla quale semplicemente volevo bene, che di nascosto, dato che era entrata per prima, afferrava velocemente una patata da vari piatti e correva alla latrina. Non si accorse che la osservavo, mentre trangugiava velocemente le patate rubate!

Di nuovo il mondo mi era crollato addosso e di notte piansi; nel silenzio della notte sfogai con il pianto tutta quella delusione. Krysia, spaventata, non mi chiese niente, ma sapeva che doveva essere successo qualcosa, perché io non piangevo mai.

Allora mi sembrò che non vi fosse più nulla su cui ci si potesse fondare per ritrovare l'uomo.

Provavo una ripugnanza ancora più profonda per gli esseri umani, nei confronti delle donne, di alcune di noi, quando, con gli occhi spalancati dallo stupore, guardavo le scene disgustose dei così detti «amori» lesbici, quando il corpo umano, in quell'ambiente di continui crimini, si poneva al servizio di qualcosa che, per sua propria natura, era contrario a tutto ciò che è bello. Quello era, nella mia percezione, un punto estremo, di cui non sospettavo l'esistenza. Del resto non mi ero resa subito conto dell'ambiguità di certi gesti, ma arrivò il momento in cui ogni gesto del corpo, ogni gesto della mano mi sembravano ormai una perversione, come se un untume schifoso imbrattasse tutto ciò che era intorno. All'improvviso il campo divenne pieno di donne ripugnanti, con i capelli di taglio maschile, che con movimenti sgraziati, imitando gli uomini, tendevano verso di me le loro «grinfie». Io piacevo a quelle «man», perché così venivano chiamate.

Dio, che disgusto sviluppai allora per il corpo umano, per qualsiasi corpo! Appunto la fede mi avrebbe dovuto salvare, la fede nell'unico Dio, inculcata dai miei genitori e coltivata nell'ottima scuola delle orsoline!

No, la fede nell'esistenza di Dio là non la persi per niente, ma... era come se Dio si fosse allontanato e lui stesso non volesse sapere che cosa succedeva in quell'«ano della terra», come se ci avesse abbandonati. Dentro di me si formò la durezza, in fin dei conti la durezza dell'orgoglio umano. Ci abbandoni, non vuoi più riconoscerci? D'accordo, allora così sia, mi arrangerò da sola, sopporterò tutto questo da sola.

Persistevo in quella ostinazione. Dentro di me non c'era ribellione, no: quello era il mio destino. Del resto, in quel giuramento prestato nel novembre dell'anno 1939, era compreso anche questo, che ero pronta a tutto. Ebbene, quella era la conseguenza della mia scelta. Il mio destino – va bene. E quando la signora Wanda Madlerowa ogni giorno, ormai in prigione, pregava, e anche dopo, per tutto il tempo, c'era l'abitudine di pregare insieme, mi sembrava un po' ingenuo e troppo semplificato, che tutto quello fosse volontà di Dio e che dovesse succedere così come lui voleva. Nel pensiero dell'esistenza di Dio non trovavo alcun conforto né soluzione per il mistero dell'uomo.

La seconda notte in cui piansi fu una notte di gioia. È perfino difficile credere che il campo di concentramento potesse dare una notte così, eppure...

Era il gennaio del 1945, la Germania aveva perso la guerra, ma a Ravensbrück tutto era ancora come prima, anzi peggio, dato che dalla «Schreibstube»[6] del campo era arrivata la notizia segreta che le «cavie» sarebbero state soppresse: noi, le ragazze con i

[6] Gli uffici.

numeri del settimo migliaio, che eravamo state sottoposte a interventi chirurgici sperimentali, le ragazze del convoglio da Lublino, eravamo tutte condannate a morte.

L'indomani ci sarebbe stata l'esecuzione. Quella notizia eccitò ognuna di noi al massimo. E che cosa venne fuori? Che quei «cadaveri», quelle «carcasse» – così chiamavamo le donne che, come se avessero perso ormai la loro l'umanità, vivevano solo allo stato vegetativo – improvvisamente divennero capaci di un atto eroico e vollero difenderci (ho raccontato questa storia nelle mie memorie di Ravensbrück pubblicate anni fa con il titolo *E ho paura dei miei sogni*)[7].

In questo momento però vorrei ricordare una persona, Władka Dąbrowska, una mia grande amica, di cui allora non rivelai il cognome, perché lei stessa non lo voleva, era ancora in vita, mentre ora riposa nel sonno eterno.

Władka venne allora da me con la proposta di scambiarci i numeri. Władka non era stata operata e il giorno dopo avrebbero portato nelle camere a gas solo noi, le «cavie» operate di Ravensbrück. Władka si inventò la storia, in cui non credetti, che aveva un cancro, dunque non sarebbe comunque vissuta a lungo, mentre io ero giovane e dovevo sopravvivere, per dare testimonianza della verità su quello che era successo lì, io dovevo tornare a casa...

Proprio per quel motivo piansi per tutta la notte. Allora ritrovai anche l'abbraccio di una sorella in quella donna più grande di me e, tra le sue braccia, piansi di gioia perché lei era così come era.

No, io non accettai il suo sacrificio, ma Władka comunque la mattina dopo si presentò all'appello con il numero di Krysia, una delle donne più giovani che erano state operate.

L'esecuzione non avvenne, ma quanto valore ebbe quell'atto di Władka e anche quello di un'altra donna, un'anziana norvegese di cui non ricordo il nome, la quale era pronta allo stesso sacrificio e si presentò all'appello con il numero della nostra più

[7] Wanda Półtawska, *E ho paura dei miei sogni... Una donna nel Lager di Ravensbrück*, Milano, Sic, 1998; nuova edizione: *E ho paura dei miei sogni. Quando la morte non vince*, Alessandria, Ed. dell'Orso, 2008.

giovane compagna Basia Pietrzyk; quella fu la notte della felicità, il 5 gennaio 1945 in quel campo da incubo!

Dopo il mio ritorno a Cracovia mi chiamò il professor don Konstanty Michalski – non so chi gli avesse parlato di me – e mi chiese che cosa mi avesse salvato nel campo di concentramento. Io gli raccontai, senza fare nomi, quella scena, che poi trovò espressione nel suo libro *Tra l'eroismo e la bestialità*.

Sapevo dunque che la bestia umana era anche capace di eroismo, mi ero addirittura forgiata una concezione dell'uomo secondo la quale egli era capace di slanci, di una morte eroica, ma incapace di vivere in modo umano la quotidianità.

Nel campo avevamo visto la morte eroica e forse tutte, o in ogni caso tutte quelle del nostro convoglio con il «triangolo» rosso, noi detenute politiche, saremmo state capaci di una morte eroica. Le nostre tredici ragazzine fucilate avevano gridato davvero, prima di morire, una frase dell'inno polacco: «La Polonia non è ancora morta». E avevamo un atteggiamento un po' sprezzante, del tipo «si muore una volta sola», ed eravamo davvero capaci di ridere e di cantare.

D'altra parte bisogna dire che noi ragazze eravamo però oggetto della cura delle compagne più grandi, soprattutto delle nostre insegnanti. Proprio loro dimostravano, nelle loro premure, qualcosa di materno e, benché chiamassimo mamma solo una donna (Maria Liberakowa), tutte cercavano di proteggerci e di salvarci in qualche modo dallo sterminio interiore. Più tardi, quando quasi morivo di fame, mi resi conto con quale impegno quelle insegnanti ci volessero difendere proprio dalla perdita dell'umanità. Salvarono la nostra mente, che in quella realtà da incubo era come paralizzata. Quelle donne, che stavano anch'esse morendo di fame, organizzarono per noi giovani, perché «non perdessimo tempo», una scuola, un'autentica scuola, benché senza libri né matite. Dalle ricchissime risorse della memoria umana ci offrivano tutto quello che potevano. Studiai storia, matematica, fisica, geografia e addirittura anatomia, dato che ormai verso la fine della prigionia avevo deciso che sarei stata un medico. Salvarono una parte di noi stesse.

Tutto ciò mi rivelò sempre di più il mistero dell'umanità e approfondì la mia angoscia: l'uomo mi appariva come un enigma, per la cui soluzione non avevo la chiave.

Si presentava dominato da una forza brutale, eppure capace di libertà interiore; determinato dalla fisiologia del proprio corpo, vinto dal dolore fisico, dal freddo e dalla fame, eppure capace di contenere tutte le costrizioni del corpo! Non tutte le donne rubavano per la fame e non tutte cedevano alla deviazione sessuale. C'erano donne libere e prigioniere allo stesso tempo.

Fino a che punto quelle donne dipendevano dal corpo? Non lo sapevo ma mi tormentava quella domanda.

No, durante quei quattro anni di osservazione, non avevo trovato alcuna risposta alla domanda: chi è l'uomo? Eppure avevo avuto tanto tempo per pensare, praticamente solo per pensare, dato che i libri non c'erano affatto. Qualche volta si parlava fra di noi, ma intorno a me non c'era nessuno che potesse rispondere alla domanda che mi tormentava.

Contro tutte le previsioni, tornai a Lublino e cominciò una nuova tappa della ricerca.

Dovetti superare innanzitutto l'impatto con la realtà della cosiddetta libertà. Avevo l'impressione che tutte le persone fossero... anormali. Tutte corrono dietro a qualcosa che in fondo non ha alcun significato, perché in generale che cosa potrebbe avere significato? Mi sentivo sola, nonostante il ritorno tra i parenti, nella mia famiglia salvatasi dall'uragano della guerra, e tra gli amici, ma quelli non capivano niente.

Nessuno.

Fuggii da Lublino perché... cominciavo a sentire un tormentoso senso di colpa per il fatto che... vivevo, che ero tornata da quell'inferno, mentre le mie amiche non erano tornate. Non sopportavo le domande: «Com'era là?». «Come hai potuto resistere?». Ancor meno sopportavo gli sguardi delle madri delle ragazze scout fucilate nel campo: mi sembrava che ognuna di loro si chiedesse perché io fossi tornata e sua figlia no.

Io stessa non sapevo, in fondo, perché ero tornata e non ero capace di rispondere. Come una volta, ai tempi di Stalin, ebbe il coraggio di rispondere alla stessa domanda dei giornalisti lo scout Józef Kret, un mio amico che oggi non c'è più, il fondatore delle squadre contadine degli scout, che si era salvato dall'orribile baracca della morte, la baracca numero 11 di Auschwitz. Alla domanda insistente dei giornalisti: «Perché è tornato, secondo Lei?» rispose tranquillamente: «Penso che il Signore abbia voluto così».

Io non ero capace di rispondere così a quelle madri e fuggii da Lublino a Cracovia. La mia storia successiva ha dimostrato come sia stato utile quel passo.

Nel settembre 1945 mi presentai agli esami d'ammissione alla Facoltà di Medicina dell'Università Jagellonica. Guardai un attimo le domande di fisica e alzai le spalle. Per tutta la larghezza del foglio scrissi: «Non sono capace di rispondere a nessuna di queste domande, sono stata quattro anni in un campo di concentramento e ho dimenticato completamente quello che mi avevano insegnato a scuola in questa materia, voglio diventare medico». Firmai con il cognome, lasciai l'indirizzo, portai il foglio all'assistente e uscii dall'aula, accompagnata dagli sguardi stupiti delle persone che sostenevano l'esame.

Pochi giorni dopo ricevetti l'avviso che ero stata ammessa senza esame alla Facoltà di Medicina e cominciai i miei studi.

Con passione volevo sapere il più possibile sull'uomo, ma molto presto mi resi conto che quegli studi non mi davano quello che mi aspettavo.

I meccanismi meravigliosi del corpo, le leggi precise che governano il sistema circolatorio e respiratorio non davano affatto risposta alla mia domanda: chi è l'uomo?

Allora mi iscrissi contemporaneamente alla Facoltà di Psicologia. Tutto il giorno correvo da una lezione all'altra, dato che aggiunsi anche... la Scuola di Scienze Politiche. Le lezioni tendenziose di filosofia marxista e tutto ciò che insegnavano lì mi creò solo confusione nella mente, senza spiegarmi alcunché.

Frequentavo tutte le lezioni aperte a tutti gli studenti di Filosofia, le lezioni di Roman Ingarden, del polonista Stanisław Pigoń, tutto quanto riuscivo a fare nel corso di una giornata. Dentro di me c'era una brama insaziabile di sapere, come se volessi ricuperare gli anni perduti.

No, in realtà quegli anni non erano stati perduti, ma allora mi sembrava così.

Io volevo fare qualcosa, essere attiva. Tornai tra gli scout. Mi assegnarono la squadra degli scout del distretto di Cracovia. Quella mia attività finì però al momento della nazionalizzazione del movimento. Non volevo essere un funzionario del regime comunista. Verso il «governo del popolo» avevo un atteggiamento esclusivamente negativo, da quando, alle prime elezioni, non erano stati ammessi gli ex prigionieri e alcuni esponenti dell'Esercito Nazionale erano stati addirittura arrestati. No, non mi volevo impegnare in quella politica, ma qualcosa volevo fare.

Se il comunismo no, allora che cosa?

La mia concezione del mondo era cristallina, cattolica, ma nella testa avevo il caos. La concezione dell'uomo mi sfuggiva sempre, il tempo passava.

Finiti gli studi di medicina, scelsi una delle specializzazioni più umanistiche, la psichiatria. Imparai un mucchio di cose sulle patologie della psiche umana, ma continuavo a non sapere chi fosse l'uomo e dove ritrovare me stessa.

Cercai per strade diverse. Subito dopo il ritorno avevo avuto l'occasione di fuggire da Lublino, di evitare quelle domande curiose. La mia insegnante ed educatrice, la signora Zofia Bielska, insegnante di polacco, mi portò a Żułów. Nella casa delle suore francescane incontrai don Tadeusz Fedorowicz, che era appena tornato dal suo soggiorno volontario in Siberia[8].

Le lunghe conversazioni serali con quell'uomo saggio e santo divennero subito per me un indicatore stradale. Don Tadeusz ca-

[8] Don Tadeusz Fedorowicz ha raccontato quel soggiorno nel libro *Drogi opatrzności* (Le vie della Provvidenza), Lublin, Norbertinum, 1999.

piva quello che non potevano comprendere gli uomini che non avevano affrontato nessun pericolo. Don Tadeusz comprendeva la mia inquietudine e, anche se non poté aiutarmi fino in fondo, fu lui che eliminò i miei dubbi riguardanti la scelta della strada della vita. Il suo consiglio fu decisivo sia nella scelta della professione sia in quella della vocazione matrimoniale.

La profonda amicizia con don Tadeusz era ed è un mio tesoro, ma don Tadeusz viveva a Laski, vicino a Varsavia, e io a Cracovia. Io gli scrivevo, ma volevo avere qualcuno vicino, volevo capire. Lui mi indirizzò al suo amico filosofo, il professor Stefan Swieżawski. Don Tadeusz mi diede una lettera di raccomandazione che mi aprì la biblioteca del professore, chiusa ai comuni mortali. Egli mi invitò alle sue lezioni sul tomismo presso i padri domenicani. Divoravo i libri di filosofia, ma continuavo a non trovare risposte. Mi mancava sempre qualcosa, per poter comprendere l'uomo in generale e me stessa, la mia femminilità, che mi appariva come una costrizione.

Władka Dąbrowska, che nel campo di concentramento era pronta a donare la propria vita per me, sapeva qualcosa della mia inquietudine e, cercando di aiutarmi in quell'adattamento alla vita così difficile, mi diede l'indirizzo di un suo amico, quasi un fratello, con il quale era cresciuta e che abitava allora a Cracovia, Tolo Gołubiew.

Lo trovai: abitava allora insieme al suo amico Stanisław Stomma ed era già nel gruppo del settimanale «Tygodnik Powszechny»; anche Tolo però mi deluse. Ricordo un fatto: noi due camminavamo insieme in via Krupnicza e io gli spiegavo febbrilmente di che si trattava, che io appunto sapevo questo e quest'altro, e altro ancora sull'uomo, ma che per me tutto ciò non valeva alcunché. Lui si fermò in mezzo alla strada, mi afferrò per la manica e, anche se allora non mi chiamava per nome, mi disse: «Perché tutte voi donne di Ravensbrück siete pazze!». Io con calore gli risposi, tirandogli via quella manica: «E Lei, signore, è proprio un perfetto imbecille, che non capisce niente, ma proprio niente» e, lasciandolo in mezzo alla strada, me ne andai nella direzione opposta.

Anni dopo Tolo, ormai divenuto un mio cordiale amico e il padrino di nostra figlia Ania, mi disse una volta a Niwa: «Tu avevi ragione, allora ero un perfetto imbecille, non capivo niente».

Io cercavo continuamente una risposta alla domanda: chi è l'uomo. La medicina non bastava, la psichiatria neanche e la filosofia nemmeno; neppure la psicologia: allora che cosa mi avrebbe potuto soddisfare e mi avrebbe finalmente dato la risposta? Chi mi poteva alla fine aiutare? Forse un sacerdote?

Ovviamente mi confessavo, e inizialmente avevo cercato di eliminare quelle mie inquietudini durante la confessione, ma non avevo ricevuto la risposta che cercavo. Forse, del resto, neanch'io sapevo quale risposta aspettavo. Fatto sta che non riuscivo a trovare un sacerdote adatto ai miei problemi, né, col passare del tempo, a quelli dei miei pazienti, perché ero ormai un medico e facevo la specializzazione in psichiatria.

Una volta, dopo il turno al reparto, quando mi ero imbattuta in un problema la cui soluzione superava le mie possibilità e non sapevo come procedere, dalla clinica andai direttamente nella chiesa di fronte, dai gesuiti, da un sacerdote che stava appunto in confessionale. Gli chiesi che cosa avrei dovuto fare in quel caso concreto. Il sacerdote, dopo aver riflettuto, mi disse: «Questo è un tuo problema, tu sei un medico cattolico, non io, è la tua coscienza che ti deve dare la risposta; non ci sarò io domani in ambulatorio».

Non attesi neanche l'assoluzione, semplicemente mi alzai e me ne andai.

I dubbi crescevano. Tutto ciò che sapevo sull'uomo dalla medicina mi confermava nel determinismo, nel fatto che l'uomo non è assolutamente libero. Eppure la mia dura esperienza nel campo di concentramento mi offriva la risposta intuitiva, che tuttavia non era del tutto così, ma come?

La sessualità dell'uomo, esaminata dal punto di vista dell'anatomia e della fisiologia, osservata nel mondo sia prima, che allora, nel consultorio, mi si presentava come una forza che dominava l'uomo e lo umiliava e che, in qualche modo, gli toglieva quei residui di libertà, da me intuiti come esistenti.

Il professor Roman Ingarden (maestro del mio «filosofo privato» Andrzej, allora già mio marito) fu disposto a organizzare, apposta per me, un seminario sul tema della persona umana, ma anche lui non mi illuminava in quello che diceva.

Io camminavo in questo mondo, lavoravo, cercavo, per quanto capivo dell'uomo, di aiutare i miei pazienti, i quali stranamente mi chiedevano aiuto con grande facilità. Attorno a me c'era tanta gente che aveva bisogno e io non sapevo come aiutarla, perché già sapevo che per quelle sofferenze e per quelle angosce che sono nell'uomo non esiste una medicina efficace né nella farmacoterapia né perfino nella psicoterapia. Non riuscivo a trovare un'adeguata concezione dell'uomo che mi permettesse di comprendere tutto e di ritrovare me stessa. La risposta, l'unica vera, che l'uomo può comprendere se stesso e gli altri solamente... in Cristo, mi giunse tanti anni più tardi, come frutto del rapporto profondo con l'uomo che mi ha reso Dio più vicino; essa è arrivata come il frutto di tante ore di preghiera e di meditazione, durante le passeggiate estive con il pastore di anime, don Karol Wojtyła.

Gli appunti autentici di quegli «esercizi spirituali sui monti Beschidi»[9], durati vari anni, sono l'argomento dei capitoli che seguono.

L'introduzione a quegli appunti è questo capitolo autobiografico, piuttosto lungo e forse troppo personale. Senza questo capitolo però non si potrebbe comprendere fino in fondo il succedersi degli eventi accaduti in quella che io chiamo «la grande avventura della vita», un'avventura che il Signore Dio stesso ha pensato per l'uomo, per noi.

Oggi, alla domanda perché sono tornata viva dal campo di concentramento, da quella morte apparente, praticamente perfino dalla morte clinica, risponderei come Józef Kret: «Sono sicura che il Signore Dio stesso abbia voluto questo». Ma lo posso dire solo dopo quegli «esercizi spirituali sui monti Beschidi».

(capitolo scritto nel 1993)

[9] Questo è il titolo esatto dell'edizione polacca [NdT].

II

L'incontro

Scrissi a don Tadeusz la solita domanda sull'uomo e anche, in concreto, chiesi se esistesse qualche congregazione religiosa che mi potesse aiutare, che capisse meglio l'uomo... Forse quella di San Vincenzo de' Paoli? Il sacerdote mi rispose di no, che la San Vincenzo era solo un'istituzione caritativa, dove operano uomini di buona volontà, ma lui non immaginava che io vi potessi trovare il mio posto. Quella volta mi diede il nome di un sacerdote, perché sosteneva che avrei dovuto avere un confessore fisso che potesse portarmi fuori dalla mia inquietudine.

Io però avevo delle resistenze, mi sentivo a disagio ad andare da quel prete così e inoltre dentro di me c'era sempre il trauma di tutti gli ex prigionieri, la convinzione che chi non abbia vissuto quello che abbiamo vissuto noi non possa comprenderci. Il nome che mi diede don Tadeusz non mi era nuovo, anzi al contrario mi era già ben noto, perché quel sacerdote era il cappellano dei medici e degli studenti di medicina e di lui sapevo già varie cose. Partecipava a diverse iniziative pastorali ed era sempre pronto al dialogo. Una volta c'era stato un incontro di medici e di sacerdoti, non ricordo organizzato da chi, nella parrocchia di San Floriano, nella canonica. Il tema di quell'incontro era la cura pastorale dei nostri pazienti psichiatrici. Ho gli appunti di quell'incontro.

Allora avevo voluto sapere dai sacerdoti presenti dove e quando confessavano, per potere indirizzare lì le persone che richiedevano un'attenzione particolare. Ho quel foglietto con scritti i nomi: don Juliusz Turowicz, don Czesław Obtułowicz e don Karol Wojtyła, chiesa Mariana. Non ci andai subito, anche se già avevo le indicazioni, sapevo dove e quando.

La chiesa Mariana era ed è tuttora la nostra parrocchia. Noi allora abitavamo proprio accanto alla chiesa.

La chiesa era sempre buia, a volte mi sembrava addirittura lugubre; mi attirava lì un grande crocifisso nero. Quando mi trovavo in quella chiesa mi fermavo sempre davanti a quel crocifisso, vicino all'entrata laterale allora in uso. Stavo appunto inginocchiata vicino a quell'entrata, quando entrò, con addosso un cappotto verde, don Karol Wojtyła e, dopo un attimo di sosta in ginocchio davanti al crocifisso andò nella cappella laterale, quella della Madonna di Ostra Brama.

Lo seguii al confessionale, come se fossi attirata da una calamita. Oggi penso che i miei passi fossero diretti dall'alto. Allora mi arrabbiai perfino un po' con me stessa, perché andavo a confessarmi quasi involontariamente, come senza pensarci, senza un proposito preciso e senza preparazione.

La confessione: che grande momento nella vita dell'uomo e che fonte di forza vitale tanto spesso sottovalutata! Avevo sempre saputo che era una necessità per l'uomo, il quale, senza l'assoluzione, non avrebbe accesso a quel cielo in cui io credevo, anche se non ci pensavo tanto. Avevo sempre considerato la confessione come un dovere, ma anche come un indicatore di direzione. A scuola veniva organizzata sistematicamente, ogni primo venerdì del mese, la confessione per tutte, e durante l'età delle ribellioni alcune delle ragazze più combattive accusavano quella tradizione di attentare alla libertà, dato che naturalmente nella cappella della scuola era facile osservare chi si avvicinava al confessionale.

Ricordo che il nostro caro e amabile catechista, don Florian Krasuski, che ci sorrideva sempre di cuore, una volta durante la confessione mi disse: «Tesorino (si rivolgeva sempre a noi con tale termine), vuoi davvero confessarti? Perché se non lo volessi, noi potremmo anche solo parlare e ti darò la mia benedizione. Tu non sei obbligata a confessarti, tesorino, non sei obbligata, lo puoi fare, il Signore Gesù ti aspetta». Io volevo confessarmi, non sentivo nessuna costrizione e ricordo con affetto quel nostro catechista. Da quelle confessioni a scuola è stata infusa in me la consapevolezza che nel confessionale l'uomo incontra Dio.

Quattro anni di campo di concentramento senza la confessione... Non so come sia stato per gli altri detenuti: per me quella privazione della partecipazione ai sacramenti è stata una dimostrazione in più della disumanità del sistema nazista. Nel corso della storia dell'uomo ai condannati, prima dell'esecuzione, si offriva sempre l'occasione dell'incontro con Dio e, prima del boia, si accostava al condannato il sacerdote. I tedeschi, i nazisti negavano perfino quello alle persone, anche se sulle cinture militari avevano inciso: «Gott mit uns»[1]. E se anche la Germania era una nazione credente, tutte le mie compagne di prigionia vennero fucilate o uccise nelle camere a gas, senza confessione.

Io avevo sempre intuito l'importanza di questo sacramento, nel sacerdote vedevo il dispensatore di una grazia soprannaturale, ma le esperienze delle confessioni fatte dopo il ritorno dal campo di concentramento mi avevano tolto la speranza di poter trovare una normale comprensione umana. Tutti gli ex detenuti come me si sentivano incompresi.

***

Sull'altare la Madonna di Ostra Brama, una riproduzione eccezionalmente bella: nel buio la sua immagine è visibile per il luccichio della corona. E nel confessionale quel sacerdote, così attento, così concentrato nell'ascolto di quanto dicevo e anche di quanto non sapevo esprimere; e la sua reazione.

Inizialmente mi riempì di stupore e di incredulità: davvero esisteva qualcuno che reagisse così? Esisteva qualcuno che quelle

[1] Dio è con noi.

funzioni sacerdotali le compiva proprio come è scritto nel Vangelo – era pronto ad accompagnare non per cinque passi, ma per quanti erano necessari – e non gli era indifferente che cosa sarebbe accaduto al penitente, a quell'anima che gli si era affidata.

Non successe niente di straordinario, ma il modo di trattare, il tono e quanto mi disse colpirono nel segno e corrisposero a quello di cui avevo bisogno. Fui subito certa che sarei tornata da quel sacerdote, perché mi capiva.

Mi ricordo quel senso di incredibile sollievo, per il fatto che esisteva qualcuno che finalmente mi capiva, dopo tanti incontri con varie persone, spesso piene di buona volontà, che però non capivano niente. Finalmente quella gioia, forse non ancora gioia, ma certamente sollievo e pace.

Non gli chiesi di essere il mio padre spirituale, non dissi niente del genere, ma quello venne fuori da solo, quando come conclusione mi disse, come nessun sacerdote aveva fatto prima: «Vieni la mattina alla messa, vieni ogni giorno».

Più tardi spesso ho pensato che, per la verità, ogni sacerdote, ogni confessore dovrebbe dare questo semplice consiglio al penitente: «Va' alla messa, perché proprio questa è fonte di grazia».

Tuttavia prima mai nessun sacerdote me l'aveva detto, anche se alcuni mi avevano proposto un incontro, mi avevano invitato ad andare da loro; quel sacerdote invece non mi aveva detto: «Vieni da me», ma: «Vieni alla messa».

Molto tempo dopo, quando potei ormai osservare da vicino come egli celebrava la messa, capii che per lui quel comportamento era ovvio, perché viveva di Dio. Lui non voleva dare se stesso agli uomini, ma condurli a Cristo, per così dire, attraverso se stesso, ma non a se stesso.

Fu per me ovvio che avrei accolto l'invito e sarei andata al mattino alla messa, e tutte le mattine, perché quello era il senso dell'invito.

Lui non solo capiva quale fosse la fonte della mia inquietudine, ma era anche capace di mostrare sempre la luce. Gli incontri, in un certo modo, professionali con i medici mi hanno dimostrato ancora che lui non solo capiva la mia anima, ma che il suo mondo di valori lo potevo capire e che c'era una certa affinità nei nostri ritmi di vita, apparentemente del tutto diversi.

Risultò che c'erano delle questioni ugualmente importanti per lui e per me.

Una delle prime era il problema del bambino, problema che in me affondava le sue radici a Ravensbrück (quante questioni in me da quella stessa fonte!). Non ci si libera dal ricordo del tempo passato in quel luogo, sono delle stimmate che rimangono per sempre. Una delle questioni impresse in me dal campo era il destino del bambino.

A Ravensbrück c'erano anche donne incinte, soprattutto dopo l'insurrezione di Varsavia. I nazisti non costringevano le detenute gravide all'aborto, aspettavano fino al parto (penso che fossero semplicemente consapevoli della gravità del trauma che rappresenta l'aborto per l'organismo della madre) e questo niente affatto per motivi altruistici, ma semplicemente per non ridurre la manodopera: aspettavano il regolare parto fisiologico, per non avere donne malate. Dopo il parto, però, quei bambini o venivano lasciati nell'infermeria, senza cibo, fino alla morte per inedia, oppure venivano gettati vivi direttamente nello «Heizung»[2].

Ebbi occasione di assistere a quella scena orribile e decisi una volta per tutte che, se fossi uscita viva da quell'inferno, avrei difeso i bambini, tutti senza alcuna eccezione. Quel sacerdote, proprio quel sacerdote che avevo incontrato, soffriva autenticamente per ogni bambino a cui veniva fatto del male. Quell'incontro durante una campagna per salvare i bambini non ancora nati rafforzò il legame nato già dal primo momento dell'incontro nel confessionale.

Un'intesa che dura immutabile fino a oggi, fino al momento in cui scrivo queste parole e lui da tempo non è più a Cracovia, ma continua a fare la stessa cosa di allora: tutto il possibile per salvare ogni bambino innocente non ancora nato.

[2] Nei forni.

Una vecchietta – in verità non ho mai capito perché – mi ha lasciato, morendo, una piccola casetta con giardino. Piccola, ma che tuttavia comprendeva alcune stanze. In quella casetta riuscii, molti anni fa, a creare la prima sede, un rifugio per ragazze madri che avevano bisogno di aiuto per poter far nascere il loro bambino.

Don Karol Wojtyła sostenne subito quella mia iniziativa.

Già allora esisteva ciò che è durato per tanti anni, il lavoro insieme per la stessa idea. Il pensiero, forse radicato in me in modo un po' traumatico, del destino del bambino che dipende però dai suoi genitori e l'attenzione per il bambino, tutto questo mi indusse a occuparmi del problema della famiglia. Molto presto, come giovane medico, iniziai il lavoro nel consultorio matrimoniale. I tentativi di salvare i matrimoni a rischio e i tentativi di risolvere i conflitti matrimoniali mi rivelarono tutta l'impotenza della medicina. Anche lì di nuovo emerse la base per una collaborazione sempre più stretta con quel sacerdote.

Ricordo una serata nella cappella delle suore orsoline. Avevo capito già allora che da sola non avrei potuto aiutare quelle persone in conflitto e, per quel gruppo di coniugi che erano quasi sul punto di divorziare, avevo organizzato una serata di meditazione, il sabato sera e la domenica. Le suore avevano messo a disposizione la cappella e don Karol Wojtyła si era offerto di condurre quella giornata.

Ricordo la prima frase che disse loro: *Dapprima provate a fare per voi stessi un programma minimo, non distruggete reciprocamente niente in voi, e dopo comincerete a costruire, ma per questo provate a pregare insieme. C'è solamente una via d'uscita da questa situazione, il cancello dell'umiltà. Che ognuno di voi si inginocchi e dica: «È colpa mia». Fino a quando direte: «La colpa è tua», non ci sarà via d'uscita.* E ricordo l'atmosfera di profondo raccoglimento che emanava da lui.

Oggi ovviamente non ricordo alla lettera le parole pronunciate allora, ma ne ricordo gli effetti. A quelle persone fu veramente elargita la grazia, furono salvati, ma chiesero altri incontri. In seguito furono organizzate per loro delle lezioni di etica matrimoniale, che più tardi, sotto forma di corso, vennero tenute con dedizione da don Juliusz Turowicz e che successivamente vennero incluse da Karol Wojtyła, ormai vescovo, nell'Accademia Teologica Pontificia sotto forma di Facoltà di Teologia della Famiglia. Quello fu appunto il germe di un lavoro che dura tuttora e fornisce persone preparate per il proprio matrimonio e capaci di aiutare gli altri; quello fu il germe dell'Istituto di Teologia della Famiglia. Si trattava veramente di salvare la famiglia, anzi, più precisamente, di salvare la santità della famiglia.

La collaborazione strinse il legame di amicizia che si era creato in un certo senso in modo automatico e quasi impercettibile. Alcune tappe però furono chiare e portarono, per così dire, all'avvicinamento. Quando mi ammalai, nelle ultime settimane prima della nascita delle nostre gemelle, il sacerdote che mi aveva suggerito quegli incontri quotidiani con Cristo, con coerenza me li rese possibili, portandomi ogni giorno a casa Dio nelle sue mani consacrate. Egli conobbe la mamma e la salutò baciandole la mano, con quel gesto antico, di grande significato, col quale nella nostra cultura non ancora distrutta l'uomo esprimeva il suo rispetto per la femminilità. Vedere un sacerdote che bacia la mano a una donna, anche se quella era una signora ormai così rispettabile, come madre di famiglia e nonna, non era cosa di tutti i giorni. Mia madre, da quel momento fino alla sua morte, fu profondamente convinta della straordinarietà di quel sacerdote, cosa che del resto espresse più tardi, nella profetica previsione del suo grande destino.

Lui mi portava Gesù e celebrava la messa ogni volta che qualche malattia mi rendeva impossibile andare in chiesa.

Le nostre bambine, crescendo, cominciarono a chiamarlo «Zio», e questo era naturale, perché la fraternità cresceva in quella comunanza di lavoro, di cura dei valori e di preghiera. Lui ci insegnava a pregare e di fatto ci faceva una sorta di lezioni di meditazione.

Nella cappella di via Kanonicza, quando aveva un momento libero – più spesso verso sera – don Karol meditava, mostrando quale profondità di significato si poteva ricavare dalle parole ben note e più volte ripetute di una preghiera. La preghiera apparentemente più semplice, quella che ci ha dettato Cristo: il *Padre nostro*, con lui rivelava a noi la sua profondità. Gli appunti di quelle meditazioni sul contenuto del *Padre nostro* li ho ancora.

«Padre»: su quest'unica parola la meditazione durava mezz'ora e più. Noi andavamo in quella cappella proprio per sviluppare quelle riflessioni.

Le meditazioni divennero un'abitudine, una preghiera fatta insieme, ma quando uno di noi due partiva, lui scriveva per me i temi su cui meditare ogni giorno e su di essi io gli scrivevo i miei pensieri; poi, al primo incontro, glieli consegnavo. In questo modo, in tanti anni, sono nati volumi di appunti. Lui leggeva tutto e sul margine faceva le sue osservazioni. Cresceva tra noi un'intesa sempre più profonda.

Più tardi, in un certo periodo, nei nostri rapporti personali si manifestò un certo nuovo, insignificante ma chiaro accento, direi di calore: un nuovo tono di voce, quando mi parlava. Non compresi subito che cosa fosse cambiato, ma me lo spiegò Andrzej. Questo avvenne dopo la sua escursione con don Wojtyła nei Bieszczady. Io ero occupata con le bambine piccole e non partecipavo allora alle gite, anzi di questo ancora non si parlava proprio. Ma Andrzej era andato a camminare con lui e con altre persone. Durante quella gita Andrzej, non so più in quale occasione, gli aveva dato questa informazione sulla mia vita: gli aveva detto che ero stata in un campo di concentramento per quattro anni. Aveva ricevuto una strano commento: *E questo al mio posto*.

Spesso in seguito disse che quanti avevano sofferto nei campi di concentramento e nelle prigioni, cosa a lui risparmiata, lo avevano fatto anche al suo posto. Egli nutriva e nutre tuttora una particolare stima, per chi era passato attraverso quelle esperienze. Nel suo rapporto con me, da quel momento, ci fu qualcosa che mi commuoveva particolarmente e ci avvicinava: una nota sentita nell'infanzia, qualcosa come l'eco della voce di mio padre, che non c'era più (era morto nel 1950).

Quella nota paterna crebbe con gli anni, raggiunse il suo culmine a Roma e attirò a lui i cuori degli uomini.

Ma iniziò qualcosa che diventò ancora di più «mio». Andammo nel bosco: una piccola, breve gita sui versanti del monte Uklejna. Era primavera e sui fianchi della montagna gli alberi da frutto erano fioriti. Incantata da quella vista, più tardi feci un resoconto scritto di quella gita. Ancor più della bellezza di quella montagna in fiore, mi rimase impressa nella memoria la sua reazione di fronte alla realtà della natura.

Per i monti io avevo camminato da sempre. Mio padre era capace di entusiasmarsi per ogni nuvoletta in cielo e per ogni fiore sulla terra; invece le persone con le quali camminavo, i ragazzi e le ragazze scout, gli amici e le amiche camminavano per le montagne «collezionando» le gite, le cime conquistate. Il loro scopo era avere quei successi nella memoria, oppure, come nelle squadre scout, raggiungere l'abilità. Don Karol Wojtyła, per gli altri lo Zio, per noi il Fratello, camminava sì per le montagne, ma direi che piuttosto le contemplava. Man mano che camminavamo insieme, diventava chiaro il fatto che, per lui, quelle gite erano un unico grande inno di lode in onore del Creatore. Il suo sguardo assorto, pieno di ammirazione per la bellezza della natura, era lo sguardo fisso sul Creatore.

Ogni suo passo era una preghiera e in quella sua interiorità ci introdusse solo dopo una più stretta conoscenza. Iniziarono così quelle gite che erano sempre ciò che io chiamavo «esercizi spirituali»: dei giorni in cui l'uomo si staccava dalla terra per avvicinarsi a Dio; e se si avvicinava alla terra, questo era solamente per santificarla. La contemplazione della bellezza che veniva osservata e la contemplazione dei contenuti più profondi si intrecciavano e si completavano in quelle camminate. Quelle giornate andavano, l'una dopo l'altra, sempre più nel profondo del cuore, dell'anima, come piccole gocce che si raccolgono in modo apparentemente insignificante e poi sgorgano in una grande sorgente e, sotto forma di torrente gonfio d'acqua, trascinano via tutto.

Entrammo in quella corrente e la nostra vita prese a scorrere con quell'onda gonfia d'acqua che niente poteva tirare indietro, né interrompere, né cambiare di direzione: la corrente della vita, diretta in modo univoco verso il suo destino. Ogni vita umana tende al suo termine, che è Dio, ma la velocità non è uguale per tutti. Non tutti capitano nella corrente principale, come a noi è stato dato.

(gennaio 1993)

III

La vita andava avanti

In realtà sarebbe meglio dire: scorreva il torrente rapido di una vita ricca di eventi, piena di problemi umani.

La casa, i figli, l'attività professionale sempre più impegnativa, che rivelava in modo sempre più spietato le tragedie umane, l'impotenza dell'uomo e della medicina.

Un ritmo di vita accelerato da quella ricerca continua e inquieta e dal desiderio subconscio di recuperare «gli anni perduti in campo di concentramento», anche se in fondo quegli anni non erano stati persi e qualcosa di essi timidamente fruttificava dentro di me e per me.

Le nostre escursioni non cominciarono subito: lo impedivano le bambine piccole, perché non si poteva portarle sotto la tenda. Fu Andrzej il primo a partecipare a quelle passeggiate sui Bieszczady.

Proprio dopo una di quelle escursioni, tra me e il nostro sacerdote apparve una nota nuova, un cambiamento di tono, impercettibile per gli altri. Si instaurò un rapporto nel quale si sentiva un'attenzione individuale per la persona.

Il 28 settembre 1958 fu un grande giorno, nella cattedrale del Wawel. Le luci brillavano, c'era una folla di gente, di sacerdoti, di seminaristi. La cattedrale ha una forma complicata e da diversi punti non è possibile guardare direttamente l'altare, ma noi riuscimmo a essere vicini all'altare.

Fu sconvolgente il momento in cui il vescovo appena consacrato rimase disteso su quel duro pavimento, con la testa avvolta in un panno bianco; quella scena restò scolpita dentro di me per sempre, mi ricordò la via crucis di Cristo.

Il viso, avvolto in quella fascia bianca, sembrava particolarmente smunto e come sofferente, nel presentimento del peso che gli avrebbe procurato il destino. In seguito non vidi mai più su quel volto, per noi tanto familiare, un tale raccoglimento e una tale sofferenza. Almeno a me sembrò che fosse un momento... come nel Getsemani.

Alla fine di quella celebrazione per me sconvolgente (per la prima volta nella mia vita avevo assistito alla consacrazione di un vescovo) ci mettemmo in fila, con le altre persone, non so se per fare le congratulazioni o per esprimere quello che in fondo era inesprimibile. Noi volevamo essergli vicini e riuscimmo, nonostante la folla, a entrare nella sacrestia. Il vescovo si avvicinò a noi e, con mia grande sorpresa, disse qualcosa che mi sembrava senza motivo, perché abbracciandoci con affetto ci disse: *Vi ringrazio, vi ringrazio tanto*. Una donna anziana, che stava vicino a me, gli chiese guardandomi: «È la sorellina, la sorella?». Il vescovo appena consacrato rispose: *Sì, la sorellina, la sorella*.

Nella sacrestia del Wawel, tra la folla, venni chiamata in un modo che non lasciava dubbi: *Sorella, sorellina*, e così rimase per sempre: sorella e fratello.

I bambini crescendo lo chiamarono lo «Zio» e in seguito, molti anni dopo, lo «Zio santo».

La vita proseguiva seguendo una doppia corrente: da una parte sempre una sovrabbondanza di problemi umani difficili, di dubbi e di difficoltà, e dall'altra parte una corrente più profonda. Da quella profondità aumentava la mia pace, dopo le visite alla cappella buia della Madonna di Ostra Brama, dove ogni incontro assicurava una luce nuova; i contenuti noti da molto tempo svelavano significati nuovi, più profondi. Lentamente si creò la consuetudine della preghiera guidata, della contemplazione.

Le frasi scelte diventavano la trama dei pensieri che ci scambiavamo o che, quando ero in viaggio, annotavo, per controllarne più tardi la correttezza.

La vita andava avanti, sempre più avanti.

Anche se, più che andare, scorreva in una corrente rapida e doppia. Una corrente di superficie, rapida, piena di tensioni, un accumularsi di difficili problemi umani, per i quali si imponeva una decisione immediata, una diagnosi; ma c'era una seconda corrente, in profondità, lenta e incisiva, che scorreva in basso, fino in fondo, una corrente guidata in modo delicato, eppure decisivo, dalle parole pronunciate con un sussurro nella cappella buia della Madonna di Ostra Brama, nella chiesa Mariana. Una corrente di superficie e una corrente profonda, che ancora non si incontravano e non si compenetravano, come se fosse una doppia vita!

La prima, una vita veloce, scottante e piena oltre misura, si può racchiudere in una semplice nota biografica, come quelle per il libro *Who's Who*. La seconda, una vita profonda e seria, nascosta davanti agli uomini, direttamente aperta davanti al Creatore, cresceva lentamente, con tappe che erano come ampie terrazze, che però portavano sempre più in alto.

Tutto iniziò con la scuola di contemplazione, del tutto contro corrente rispetto al flusso veloce della vita. Era come restare fermi in un posto, trattenere i pensieri sfuggenti, disporsi al raccoglimento.

La giornata iniziava sempre allo stesso modo, con la messa mattutina quotidiana e con quell'ostia bianca, il cui significato penetrava sempre più profondamente nell'anima.

Le parole sentite durante la messa, oppure dette immediatamente dopo, mi indicavano un percorso di pensiero; qualche volta esse si agganciavano ai problemi della corrente veloce degli eventi e imponevano contenuti dai quali scaturivano domande.

Quelle conversazioni erano strane, perché a dire il vero non contenevano mai indicazioni concrete e nemmeno risposte «ad casum». Esse facevano piuttosto vedere una luce, qualcosa come una risposta a una domanda sulla direzione da prendere in una notte buia: *Guarda, da quella parte sorgerà il sole e porterà la luce.*

Ho conservato gli appunti del 5 febbraio 1961. Ho scritto le sue parole: *L'uomo può essere aperto fino in fondo solo davanti a Dio, perché solamente Dio vede l'uomo nella sua totalità. L'uomo di fronte a quella «nudità» dell'altro è impotente; solo Dio può aiutarci e per questo bisogna manifestargli tutto quanto e consegnargli tutti noi stessi; per questo la confessione deve essere solamente l'ammissione del peccato, Dio il resto lo conosce.*

Allora bisogna:

1. Rinunciare alla risonanza e distinguere ciò che è scelta da ciò che è solamente risonanza.

2. Non permettere il gonfiarsi dell'immaginazione: l'immaginazione non è opera della volontà.

3. Dire a noi stessi chiaramente che cosa si vuole, far emergere quegli elementi che essenzialmente la volontà accetta.

4. Tirare fuori tutto dal subconscio, perché tutto sia semplice e chiaro.

5. L'uomo può sentire cose molto diverse, ma tutto questo non conta, quello che conta è l'atteggiamento della volontà.

6. Non risolvere i problemi sul piano umano, ma trasferire tutto nella dimensione di Dio (carenze nell'escatologia).

7. Bisogna conoscere se stessi.

(Lui dettò tutti questi punti).

E così costantemente si sviluppava la corrente dei cambiamenti profondi dell'anima. Alcuni eventi del destino accelerarono quel processo, ma soprattutto vi contribuirono le vacanze passate insieme a fare passeggiate in montagna, che in realtà erano sempre profondi esercizi spirituali.

* * *

All'inizio sul treno c'era folla, sporcizia, in grande contrasto con la mattina piena di sole. La città di Krosno, indorata dal sole, sembrava molto bella.

Andammo per il sentiero, che portava alla frontiera e svoltammo nel bosco, proprio accanto alla strada. Prati paludosi, ruscelli. Le tende le montammo lì vicino, perché mi ero già scorticata i piedi.

Il primo bivacco

Il luogo in realtà non era molto comodo, ma era bello: alti abeti, tra di essi alcune betulle, il muschio e, più vicino, i cespugli pungenti delle more, e attraverso quei cespugli passava un sentiero che serpeggiava verso un piccolo torrente.

Le tende furono pronte al momento giusto. Poco dopo caddero le prime gocce di pioggia, ma le tende erano già montate. La pioggia non era tanto minacciosa, le sue piccole gocce battevano in silenzio sul tetto della tenda.

Raggomitolata nel sacco a pelo, ascoltavo il suo canto e, attraverso il triangolo dell'entrata si vedeva il mondo sotto la pioggia. Questa smise velocemente, ma rimasero grandi nuvole incombenti, basse come le nebbie, e sulle foglie le gocce di pioggia erano molto luccicanti. Viste dal basso della tenda, quelle gocce appese brillavano, tremavano come in una favola. Come si stava bene!

All'improvviso mi spaventai per quello «stare bene» e dissi: «Ho paura di stare troppo bene e che dovrò pagare per questo». Scoppiammo a ridere e tu dicesti: *Non è così, non si paga per il bene, ma l'uomo viene a sapere sempre di più che quanto ha veramente valore, costa tanto.*

Al mattino. L'acqua fresca e limpida del ruscelletto, ma mi preoccupai, perché da qualche parte, tra i cespugli di more, avevo perso il rosario. *Non fa niente*, dicesti, *pregheremo insieme con un unico rosario.*

Andammo fuori. Un bosco magnifico, il sentiero all'inizio in salita, con magnifiche vedute. Il sole riscaldava sempre più forte, nel fitto del bosco perdemmo il sentiero e camminammo tra i cespugli.

Predica sulla «rampa di lancio»: *Non è il sentimento che deve dirigere il pensiero, ma il pensiero cosciente deve essere la rampa di lancio dei sentimenti.* Francamente non potevo essere d'accordo o, piuttosto, non potevo credere che quello fosse possibile. Ci riflettevo sopra. La rampa di lancio...

Ma allora che ne era della spontaneità? Così non era possibile. Tu mi spiegasti pazientemente: *L'uomo è così piccolo, sciocco, rattrappito in se stesso e Dio lentamente lo guida e lo raddrizza.*

Ci fermammo, perché per terra c'era appunto un grande albero caduto: era rimasto un ceppo basso, largo e l'albero abbattuto, con i rami piegati sporgeva stranamente, come se quei rami fossero braccia tese verso il cielo, proprio come l'uomo di cui stavamo parlando, «rattrappito», oppure come i dannati. I rami erano neri, aggrovigliati e spaventosi, il bosco in quel punto era buio, senza sole, grandi alberi coprivano il cielo. Tutto si presentava come il purgatorio e le anime del purgatorio.

Il tronco ci servì come altare. La messa nel bosco, silenziosa e seria. Il pensiero ruotava continuamente intorno a quelle storture nell'uomo e alla rampa di lancio. I pensieri che mi mulinavano nella testa non mi permisero di pregare, ma forse anche quello era una preghiera, quelle impressioni e quei pensieri che scorrevano.

Verso sera il tempo si fece di nuovo nuvoloso e noi ci sedemmo sul prato. C'erano cespugli verdi isolati e tra di essi le fragoline di bosco. Io le raccolsi.

Verso sera scendemmo giù, a Olchowiec. Cominciava a imbrunire.

Il secondo bivacco

Al limitare del prato c'erano alcune piccole betulle, sotto si vedeva il verde vivace dell'erba. Ogni albero era messo lì come per una decorazione, snello, tremulo; tra gli alberi, i cespugli di ginepro, più scuri e più tozzi, benché anch'essi slanciati verso l'alto con la loro punta acuminata, quasi conficcata nel cielo, che si stende così vicino da toccare il prato.

Sotto un cespuglio di ginepro c'era un fungo marrone, con il gambo snello e il cappellino scuro. Per questo quel campeggio lo chiamai «sotto il funghetto».

Sul prato c'era un ruscello, che bisognava attraversare con un salto. Si potrebbe anche portare qualcuno reggendolo con le mani... ma le mani dovrebbero essere forti.

Le mani forti. Una riflessione sulle... mani. Il mondo consegnato nelle mani degli uomini. Le mani possono dare appoggio e sicurezza, ecco, si può dire un rifugio. Come sono queste mani? Dentro di me dei ricordi, non piacevoli, ma che tornano insistentemente. Parliamo di questo.

Quella sera fu sotto il segno delle mani e poi venne l'ultimo pensiero, che in fondo attraverso l'uomo giungono all'uomo le mani migliori, le mani di Dio. La mano forte, calda, pura e sicura compie gesti univoci. Il significato delle mani, il significato delle azioni, un significato nascosto dentro di noi.

La mattina di nuovo fu piena di nebbia e di nuvole e poi ancora pioggia. Camminammo di nuovo tra i cespugli, tra i lamponi e le ortiche, salendo sempre più in alto, sul versante ripido fino alla frontiera.

Fra i cespugli all'improvviso fiori colorati, alti, profumati, che attiravano gli occhi con i loro colori; la terra che profumava di umidità fresca. Andrzej, con un bastone da montanaro, ci apriva la strada attraverso i fitti cespugli, io camminavo per ultima, sulla strada già aperta.

Chi apre la strada della vita all'uomo? L'uomo ha bisogno di un indicatore stradale, dell'indicazione del sentiero; ho pensato: "Quest'uomo è come un indicatore stradale". È stato proprio così; così è stato sempre e così continua a essere.

La vetta del monte spuntò all'improvviso dalla nebbia, senza che ce lo aspettassimo, e dalla cima si scendeva per una strada larga: era la frontiera. La percorremmo fino a sera nella nebbia, quasi non c'erano più panorami. Le ombre degli alberi. Il pensiero in raccoglimento.

Dalla strada di frontiera con la nebbia e la pioggia scendemmo direttamente attraverso magnifici prati non falciati, stesi in basso come un tappeto. Dapprima sul versante ripido, poi su un pendio dolce, infine in una radura pianeggiante. Due alti abeti così fitti, che sotto di essi era completamente asciutto, ci suggerirono subito un'idea: qui ci sarà la cappella. Tutto profumava di bosco e di abete.

Mi piace costruire l'altare nel bosco, in mezzo agli alberi, fra i cespugli. Mi piace progettare da quale parte porre la veduta, e mi piace tanto che l'ostia innalzata abbia un bello sfondo. Quando la messa viene celebrata nel bosco, il mio pensiero è sempre sdoppiato fra i contenuti sull'altare e quello che sta attorno. Quella volta, oltre ai pensieri sul bel mondo circostante, prevalse il pensiero dell'uomo, del sacerdote che, raccolto in se stesso, teneva Dio tra le mani. Ora egli sembrava lontano, come se fosse assente, con un volto diverso, con un'espressione diversa.

Gli alberi attorno erano stupendi, i due più vicini che costituivano come una parete, per quel santuario nel bosco, avevano delle cavità, scavate probabilmente dai picchi e tu dicesti: *Se fossimo stati dei bambini piccoli, avremmo guardato dentro a questi buchi*. Poi, dopo la messa, guardammo dentro a quei buchi di picchio, come bambini. Erano vuoti.

Un sorriso di gioia. Che libertà e che chiarezza!

Un bosco pieno di spiritualità, un mondo rischiarato, l'uomo come un bambino, semplice. Dio raddrizza l'uomo contorto. Io poi cantai, raccogliendo le fragoline di bosco, anche se aveva ripreso a piovere. Per cena preparai una frittata con quelle fragoline di bosco: piacque a tutti.

Il terzo bivacco

Cominciammo a montare le tende sotto la pioggia, ma non riuscimmo a montarle tutte perché pioveva troppo. Quindi nella tenda stavamo stretti e scomodi. Piovve a dirotto per tutta la notte e al mattino la tenda si era talmente afflosciata che dovemmo tendere di nuovo i tiranti. Corsi fuori per un momento e tornai nella tenda tutta bagnata.

Recitammo il rosario.

Non smetteva di piovere, smontammo la tenda bagnata e per una strada scivolosa riprendemmo a salire. Pioveva e pioveva e pioveva. Ci fermammo quindi nel primo casolare che incontrammo, era la casa della Guardia Forestale. Ci misero a disposizione un sottotetto spazioso. Le travi scure, lisce, fissate in diverse parti come uno scenario a teatro; attraverso una piccola finestra, una striscia di luce dava alle semplici forme un significato eccezionale.

Fu un'esperienza strana. La messa nel sottotetto, su una trave orizzontale c'era l'altare e di nuovo quell'uomo, in raccoglimento, si allontana da noi verso il mistero, davanti al quale ci inginocchiamo. Il dispiacere di non poter attraversare il confine dell'uomo, che è rimasto con Dio. Da solo. Silenzio.

Un gesto spontaneo, che ci abbraccia. Un sentimento di unione, di vicinanza che toglie il respiro, questo è appunto la messa, il fatto che siamo insieme.

Uniti.

Dio sia con voi, con noi, in noi.

La gioia dell'unità.

Communio personarum...

Il quarto bivacco

Quello non fu un bivacco, solo ancora quel sottotetto, perché non aveva smesso di piovere. Anzi adesso pioveva a dirotto, si sentivano quelle grosse, fitte gocce che battevano forte sul tetto.

Una notte piena di tensione, forse proveniente dalla pioggia o forse dal fondo dell'anima. Tu avevi detto: *L'uomo alla fine rimane sempre solo davanti a Dio ed è bene che se ne renda conto.*

Fui presa dalla tristezza, ma non so perché.

Finalmente smise di piovere, dunque partimmo; ci bagnammo subito, camminando attraverso ortiche e cespugli fitti che ci arrivavano alla cintola.

Il tempo però cominciava a schiarirsi, usciva un sole sempre più caldo. Infine cominciò a risplendere del tutto. Uscimmo sul torrente, acqua pulita, potabile. Acqua di sorgente, come nel Vangelo.

Continuammo a camminare lungo quel torrente e così arrivammo in un bel posto per il bivacco.

Il quinto bivacco

Il torrente si era allargato, aveva preso forza e con una cascata rumorosa cadeva dalla diga di roccia vicino a un piccolo prato. Il bosco si allargava in un prato cintato dagli alberi, come se gli alberi non volessero permettere all'erba di estendersi, come se il bosco accogliesse il prato con le sue braccia. Là, dove i grandi alberi non potevano più alzarsi, di fronte ai grandi alberi, dall'altro lato è cresciuto un boschetto basso, piccolo. Cespugli verde chiaro.

Nel boschetto preparai l'altare e vi fu celebrata la messa. Dopo la messa faceva già un gran caldo. Facemmo una bella dormita, per recuperare la notte insonne nel sottotetto, ma io non dormii. Io non dormo mai di giorno. Poi al sole, al caldo montammo le tende. Una nuova consapevolezza di me stessa, una nuova consapevolezza di vecchi contenuti, la gioia.

Là, sotto la cascata, si poteva fare il bagno. Il piccolo torrente ha trattenuto una quantità d'acqua sufficiente. Sull'acqua c'era una trave sporgente, come un trampolino già pronto. Mi fermai un po' sul trampolino e poi mi immersi nell'acqua, come nel Giordano. L'acqua limpida, il sole, il bosco e noi tutti immersi in quella chiarezza. Dei nuovi valori. Riposammo.

Parole simboliche, gesti, approfondimento dei significati. Nella conversazione cresceva la comprensione di grandi contenuti. L'uomo, il suo corpo, il suo significato, il valore.

La mia cicatrice del campo di concentramento.

Il giorno successivo la predica trattò di Dio Padre. Fu così semplice eppure presentata in modo così nuovo. La consapevolezza della presenza di Dio e la consapevolezza della sua bontà infinita. Hai spiegato chi è il Padre e chi è il Fratello. L'affidamento dell'uomo all'uomo fatto da Dio.

Il giorno successivo era domenica.

Camminammo attraverso un prato colorato, poi per una strada fangosa, poi per una strada facile, poi ancora per un sentiero: vedute magnifiche, erbe alte fiorite, fra queste il sentiero appena visibile. Erbe più alte di me, ruscelli.

La messa fu sulla riva del torrente, all'ombra dei cespugli, perché non facesse troppo caldo. Un breve pensiero invece della predica: *Bisogna pregare e compiere tutto coscientemente.*

L'ultimo bivacco

Quel bivacco fu diverso, alla biforcazione dei torrenti. Una bella serata, le tende erano vicine perché sull'isoletta c'era poco spazio. Il falò non bruciava bene, perché la legna era ancora bagnata. Io ero triste, perché era arrivata la conclusione. L'ultima messa e il momento di togliere le tende. Tornammo con il pullman, il sole brillava ancora. Il riflesso del sole sui volti abbronzati, negli occhi.

Nell'ultima predica si parlava della «punizione terrena», del fatto che *l'uomo, peccando, uccide dentro di sé la capacità di vivere in modo puro, come prima del peccato, l'innocenza originaria e l'uomo stesso si toglie la gioia.*

* * *

Miei carissimi Dusia e Andrzej!

Non scrivo solamente per tener fede alla tradizione dell'anno scorso. L'escursione è riuscita veramente molto bene, benissimo progettata e condotta «dal punto di vista umano», ma penso anche guidata con benevolenza dall'«alto». Forse questo sembrerà un'aggiunta troppo grande a una questione in fondo normale, ma imparo sempre di più a dare questa interpretazione dei normali fatti umani. Desidero ringraziarvi tanto di tutto: prima per l'impegno messo nella preparazione dell'escursione. Dusia, io forse non sono andato mai a nessuna escursione, equipaggiato in modo così preciso: sia perché c'era tutto sia perché non era troppo (cioè non troppo pesante). Poi per lo svolgimento. Mi sentivo bene e vicino. Questo è già del resto una ripetizione di quanto dicevo. Probabilmente si sviluppa qualcosa di interpersonale, per me molto prezioso. Si è sviluppato notevolmente durante l'escursione. È difficile addentrarsi, qui sulla carta, nell'analisi di questo qualcosa, anzi è meglio tenerlo fuori dalle spiegazioni e lasciarlo alla vita. Quel qualcosa è per me, Dusia, da un lato una verifica, dall'altro invece una «scoperta». Una cosa coincide con l'altra. Ti sono molto grato per la grande delicatezza e la fiducia. Anche a te, Andrzej.

Non scrivo oltre. Da Cracovia sono partito, come sapete, con un sole meraviglioso, a Danzica mi sono subito trovato nella pioggia. Anche ieri il tempo è stato cattivo, ma grazie all'ospitalità di chi mi ha invitato a Danzica, ho potuto sfruttare bene la giornata, per visitare vari luoghi sulla costa. Ho incontrato anche Terenia e sua madre. Oggi il tempo è un po' migliorato, domani partiamo nella direzione dei kayak. Penso che riuscirò a tornare verso il 12 agosto (domenica), forse anche prima di quella data. Bacio con grande affetto le vostre bambine: Kasia, Ania e le gemelle, e anche voi. Dusia, Dio sia con te.

K.

28 luglio [1962]

In seguito, dopo le vacanze, il vescovo Wojtyła si recò a Roma. Il grande incontro dei vescovi, il concilio.

Gli occhi del mondo rivolti a Roma.

***

Lasciata Vienna, guardavo con curiosità le montagne. Il famoso Semmering ha veramente un rilievo magnifico. Eppure a quelle montagne manca qualcosa, che possiedono le nostre montagne, almeno quelle che conosciamo così bene. Sono un po' troppo «pettinate», manca loro il carattere selvaggio e la freschezza. Cercavo con lo sguardo, dove lì si sarebbe potuto montare un campeggio. Non mi attirava in particolare nessun punto (7 ottobre). / Penso che la cosa più sorprendente sia il contatto «personale», che Dio ha con così tanti esseri. Personale vuol dire un contatto della persona con la persona. Nei rapporti umani questo è possibile solamente in piccola misura e comunque con difficoltà l'uomo arriva a tirare fuori tutto quello che ha dentro di sé di personale. Bisogna gioire di questo fatto, perché esso è una prova di maturità (8 ottobre). / Io gioisco molto per questo! / La giornata odierna è stata piena di riflessioni. Più importante della riflessione è la preghiera. La riflessione predomina su quanto «ci viene in mente». La preghiera trasforma quanto ci viene in mente nella riflessione e contemporaneamente la supera. Anche se potrebbe sembrare che io stia annotando alcuni aforismi, so che questi pensieri si incontrano, in diversi punti, con fatti sui quali non si può non riflettere. Prima di tutto però bisogna tenerli dentro di sé, al giusto livello, con l'aiuto della preghiera. Allora essi sono nelle mani di Dio, ma non smettono di essere nostri, anzi lo diventano di più (9 ottobre). / Io sto bene, oggi ho perfino smesso di prendere le vitamine, farò un intervallo di due settimane, come mi consigliava il professore, se non mi sentirò di nuovo giù. La cura mi serve abbastanza, sto diversamente che non sedici anni fa, quando durante il primo mese di permanenza fui malato. Spesso penso alla tua salute e a Kasia (10 ottobre). / Per Kasia celebrerò la messa, come ogni mese, della data vi informerò ancora. Per quanto riguarda te, fai come dicevi, l'importante è non ritardare ciò che è necessario. La tua salute è molto neces-

saria per molti, soprattutto per coloro che ti sono più cari. Tra questi mi metto anch'io. L'11 ottobre celebriamo la Maternità di Maria. Te lo ricordo perché questo sicuramente ti dirà e ti ricorderà tante cose. / 12 ottobre: sono stato a Ostia, alla foce del Tevere nel mar Tirreno. Questa città, sulle cui rovine si cammina in modo tale da poter leggere tutta la sua vita di duemila anni fa, mi parla soprattutto ricordandomi sant'Agostino. Non so se lui sia per te così vicino come san Paolo, che pure sbarcò qui a Ostia, dopo il suo viaggio come prigioniero. Le sue lotte (cioè quelle di Agostino) avevano un carattere più ideologico (dottrinale), mentre quelle di Paolo avevano un carattere soprattutto apostolico. Troviamo comunque nella sua vita e nelle sue opere una presentazione, una sintesi delle cose di Dio e dell'anima umana, come raramente capitano. Agostino è vicino alle persone che vanno verso Dio attraverso l'inquietudine. / Ovviamente si tratta soprattutto della «pace del profondo», di cui il Signore Gesù ha detto che «il mondo non può darla, perché non la conosce». Questa pace si unisce tra l'altro a un profondo ordine del cuore. Ognuno di noi in una certa misura non la possiede e ognuno di noi dovrebbe averla in una diversa «versione». Non bisogna nemmeno irritarsi, se avvertiamo la sua mancanza, perché essa può essere dentro di noi più di quanto ci sembri e l'irritarsi ci riduce solo la prospettiva della nostra profondità. Mando a te, Dusia, e ad Andrzej, e anche alle bambine, particolarmente a Kasia, saluti, baci e la mia benedizione.

Fr.

\+ *Miei carissimi Dusia e Andrzej*

Stamattina ho celebrato la messa per la tua salute. Ne sentivo il bisogno interiore (17 ottobre). Poi sono stato sui Colli Albani. In ogni punto lì si arriva con la macchina. Bellissimi panorami: i pendii coperti di vigne e di castagni. Ma manca quello che c'è nelle nostre montagne, «il contatto con la natura». Qui ovunque è arrivata la civiltà! Il collega che mi accompagna con cordiale benevolenza, e risiede qui da alcuni anni, dice che dei luoghi in cui si sente ancora la natura, perché la civiltà non li ha ancora toccati troppo, sono al nord, sulle Dolomiti. La natura e la grazia: quanto stranamente si incontrano, dapprima nell'uomo e secondariamente per l'uomo nel mondo esterno, nella natura. «Beati i puri di cuore, perché vedranno Dio» [Mt 5,9]. *Mi sento bene e, pur non prendendo nulla da una settimana, non avverto il cuore (19 ottobre). Quando mi ricordo della mia salute, subito penso a te e a Kasia. Sono curioso di sapere se già abitate nella nuova casa, perché là dove eravate prima stavate davvero stretti. Sicuramente Anusia è già tornata e va a scuola. Non voglio qui far pensare al dottorato, o piuttosto ai dottorati. Qui nei momenti liberi visito piccole porzioni di monumenti molto particolari: da essi apprendo soprattutto come il cristianesimo si sia incontrato con il mondo antico. La natura è molto interessante, ma forse ancora più interessante è quanto avviene nell'uomo. E proprio quanto succede dentro all'uomo lo affido maggiormente a Cristo e a sua Madre (22 ottobre). Oggi (24 ottobre), giorno di san Raffaele Arcangelo, ho celebrato la messa per Kasia e la sua povera testolina, perché sia sana. Tanti pensieri vengono in questo giorno, in rapporto con quanto leggiamo nel Breviario e nel Messale. La cosa migliore è che tu legga tutto il libro di Tobia, dall'Antico Testamento. Nel pomeriggio è arrivata la vostra lettera. Vedo da essa che non avete ancora ricevuto la lettera che vi ho mandato il 12 (o il 13) di questo mese, e la vostra è stata spedita il 19. Spero che da un giorno all'altro arrivi. L'ho letta con attenzione. È un bene che Marianek ti aiuti. Anch'io sono convinto che tutto vada bene. Sono solamente preoccupato per il fatto che la questione dell'appartamento vada per le lunghe e per la tua salute. Forse non va bene, Dusia, che tu sia sempre di corsa e completamente presa dalle faccende umane; anche se è stato sempre così. Tuttavia moderati: c'è bisogno delle tue forze per tutti e quattro e sicuramente anche per tante altre per-*

sone. 27 ottobre. Ieri è arrivata la tua lettera, con gli auguri di Kasia e Ania. I disegni e il ricordo delle bambine mi hanno dato un'enorme gioia. Le bacio con grande affetto e penso sempre alla salute di Kasia. Sono preoccupato per quanto scrivi, ma non perdo la speranza. Sono molto grato a Marian per la grande comprensione e bontà che ha per te: dalla lettera trapela un tono di acquietamento interiore, che subito si trasferisce anche sul sistema nervoso. Marianek forse ha indicato bene: la Salita del Monte Carmelo *di san Giovanni della Croce spiega effettivamente molte cose, anche quando si tratta della sfera della nostra psiche, però l'anima non è soltanto psiche. L'uomo tutto intero va verso Dio, così come sono convinto che tu ci vada e che tu ci sia condotta. Sono contento di poter partecipare a ciò. Tutti ci aiutiamo reciprocamente su questa strada, anche se spesso non sappiamo neanche come e quando. Ieri, dopo le due settimane prescritte, ho cominciato di nuovo a prendere le vitamine, come mi davi sempre tu. 30 ottobre. È arrivata un'altra lettera, mandata in occasione dell'anniversario della mia consacrazione. Ti ringrazio, perché la ricordi così bene. Quello che hai scritto aiuterà anche me a vivere quel giorno nel quale il Signore Dio mi ha dato una grazia così grande. Esiste una certa analogia fra quella grazia e la grazia della nascita. Dato che ci saranno tre giorni d'intervallo, dal 1° al 3 ho intenzione di fare gli esercizi spirituali che non ho avuto il tempo di fare in Polonia. Le notizie su di voi e sulle bambine nell'ultima lettera erano piuttosto tranquillizzanti. Ti auguro la pace più profonda dell'anima. E saluto con molto affetto te e Andrzej e vi bacio, insieme alle bambine. Una benedizione dalla Città Eterna.*

Fr.

Io da Cracovia gli scrivevo i miei pensieri e le mie vicissitudini. Furono tante le cose di cui scrivere. Lascio tutto così, come era allora.

31 ottobre mercoledì 1962

La dottoressa non mi ha detto la diagnosi direttamente. Ho visto, che non ne aveva il coraggio. Ha solo fatto la descrizione: all'altezza di 13 centimetri c'è un'infiltrazione dura, circolare con ulcerazione – la fonte del dolore!

Che dire? Le mie supposizioni si sono dimostrate esatte. Sono sorpresa non tanto per la diagnosi, quanto per la pace che provo. Mi ha detto anche che, nonostante tutto, l'infiltrazione potrebbe essere infiammatoria e non necessariamente un tumore. Ma io so che l'infiltrazione non è infiammatoria. Non ho febbre e i dolori non sono costanti.

Cancro.

Sono tranquilla, o forse il dolore dell'esame ha indebolito le mie reazioni? Uscita dallo studio del medico sono andata nel parco Planty e ho passeggiato per un'ora. Le ultime foglie d'oro... All'improvviso tutto ha preso un significato diverso e contemporaneamente tutto ha perso significato. Che cosa dovrei fare adesso? Che cosa è più importante? Come trascorrere questi due, al massimo tre anni? Ho fatto un piano di lavoro, sempre sorpresa dalla mia tranquillità.

Ho incontrato Józek, mi ha chiesto: «Perché sei mortalmente triste?». Ho riso e ho risposto: «Non triste, solo pensosa».

Ma mi sono resa conto che le piccole hanno appena quattro anni. All'improvviso ho deciso che prenderò un'aspettativa senza stipendio e passerò il resto della vita con le bambine, perché ricordino qualcosa della madre, prima che mi porti via l'agonia del cancro.

Questa mia realtà è dura. Devo in qualche modo cominciare questa nuova tappa della vita. Negli occhi ho le montagne, i nostri bivacchi. Tutto questo è dietro di me, e davanti a me? Ma non c'è dentro di me alcuna ribellione.

Anche il mio corpo acquisisce un altro significato, conta in un altro modo.

Come è diventato diverso per me il mondo! Buttato all'aria, tutto rovesciato. Non piango, ma aumenta una certa apatia. O forse appunto non fare nulla, perché a che fine? Non ho voglia di niente.

1° novembre giovedì, un grande anniversario!

Mi sforzo di attenermi a questo contenuto, ma i miei pensieri tornano da soli alla giornata di oggi. Non sono andata al cimitero, non ne ho avuto la forza, mi sembrava continuamente di dover scegliere il posto per la mia tomba! Lotto contro la passività che mi invade, che nessuno nota. Io ho compiuto quarantuno anni di vita. Tanto, ma poco per morire.

3 novembre sabato

Nonostante tutto, sono tranquilla, anche se questa pace rasenta la demenza. Non prendo antidolorifici. Il dolore acuto del mio corpo ha un qualche strano significato. Purifica? Lo sopporto. Non lo sa nessuno, anche se continuamente qualcuno chiede: «Perché sei così pallida?». Un timore dissimulato negli occhi di Andrzej. Gli dico bugie, mento con disinvoltura e facilmente: «Non mi succede niente!».

Tu hai detto che *il Signore dà sempre all'uomo tanta forza quanta gliene occorre*. Il Signore mi è vicino. Io non volto le spalle a Dio. So che lui è Amore. Cerco di volere per me solo quanto lui stesso vuole. Lui è Amore, non può farmi del male.

Mi manca però la piena fiducia, devo pregare per avere la fiducia, perché essa mi manca.

7 novembre mercoledì

Concludo secondo il programma tutto quanto ho iniziato. Sono andata a Varsavia con l'aereo; vedo tutto più nitido che mai: il sole chiaro in alto e la partenza attraverso le nuvole scure. Il muro di nuvole alla partenza sembra infinito e il cielo assolato là in alto è una sorpresa incredibile. In me è lo stesso: delle nuvole scure ed è difficile credere che oltre a esse ci sia la luce del sole. Perché io, dal basso, non la vedo.

Sono tornata a Varsavia con il treno notturno, che ha avuto un incidente. La locomotiva è deragliata e sono usciti dai binari due vagoni. Il mio no, ma salendo volevo entrare appunto in uno di quelli deragliati, all'ultimo momento, per non so quale motivo, ho cambiato idea e sono andata più avanti.

Ho pensato di nuovo alla morte: così vicina, così continuamente alla porta, così sempre possibile... ho avuto perfino la tentazione di morire in quel disastro. Evitare il dolore e l'infermità. Ma bisogna smettere di pensarci, lasciare che questo scenda nel profondo, nel silenzio, dove sei solamente tu, Dio! No, non aspetto la morte, riprendo invece la vita e l'accetto, sarà quel che sarà. Un'ondata di fiducia dal di fuori di me e divento più serena.

Andrzej la sera mi ha guardato e all'improvviso è scoppiato a piangere: «Che cosa ti succede, che sei così terribilmente smunta? Dimmelo, non me lo nascondere». Sono scoppiata a ridere. Si è tranquillizzato. So, infatti, che aspettava di essere tranquillizzato, non la verità.

O Dio, mio Dio! Ma io so, che cosa vuol dire morire? Ho davanti a me tutta la mia vita e le ultime settimane. Sono preparata alla morte, questa è appunto una preparazione? L'incontro con Dio: l'uomo non se lo può immaginare! Questi giorni che mi sono rimasti li vorrei vivere il meglio possibile. Come? Mi hai scritto della preghiera e del suo prevalere sulla riflessione: forse dunque chiudersi da qualche parte e pregare in silenzio?

Il pianto di Andrzej mi ha rivelato una cosa: se ci sarà una qualsiasi possibilità di prolungare la mia vita, la possibilità di un qualsiasi intervento, devo accettarla. Non fa niente, che per un po' di tempo sarò costretta a una vita da inferma. Per lui è meglio che io sia viva il più a lungo possibile.

Ho capito questo e ho preso subito la mia decisione: accetterò l'intervento, anche se so come sarà: «anus praeternaturalis»[1].

Di nuovo il corpo acquista significato, il mio corpo. Io so che cosa significa questo, lo so fin troppo bene, infatti sono un medico! Come vorrei non sapere niente su questo argomento! Ma tutto ciò che è successo al mio corpo, che è la mia storia, acquisisce un nuovo significato – un «lavoro di merletto della Provvidenza». Il corpo schiacciato dall'intervento chirurgico, infermo, ripugnante, con quell'odore, con quel sacco pieno di feci!

Gesù, lo vedo così chiaramente, che mi fa male solo il presentimento. Di nuovo mi sento invasa dal timore.

Ho paura, ho paura, ho paura... non della morte, ma dell'infermità. Dio si avvicina a me in un modo che non sono capace di sopportare!

Signore, non sono all'altezza di questa croce, di questo genere di croce!

Non voglio, non voglio, non posso accettarla!

Con quanta evidenza vedo la mia miseria.

E mi faccio vedere in questo stato da Dio!

Notte. Non riesco a dormire e mi dispiace perdere tempo a dormire. Ho paura, eppure insieme con questa paura cresce in me la calma. Come è possibile? Sulla trama del timore e dell'inquietudine, la serenità. «Vi do la mia pace».

Aumenta in me il raccoglimento e quasi una sconsiderata fiducia, a dispetto dell'evidenza, a dispetto di tutto. Qualcosa in me teme e insieme qualcosa ha fiducia; qualcosa è la profondità della calma e qualcosa in me si perde nell'inquietudine. Una lacerazione: da una parte sospetto il peggio, dall'altra parte ho fiducia, spero... In che cosa? In un miracolo?

Dio, aiutami a restare unita in piena fiducia, Dio Onnipotente!

C'è in me un bisogno di unità.

[1] Ano artificiale.

La notte sembra essersi prolungata.

Ma qualcosa succede a me e qualcosa succede *in me*. Sono come in un'altra dimensione, come staccata da tutto, e nello stesso tempo questo distacco non mi dà fastidio in niente; al contrario, lavoro più velocemente e più precisamente. Non lo so spiegare, ma dal momento che sento che ho pochissimo tempo, ho smesso di fare in fretta. Forse perché adesso in me c'è un'altra gerarchia di valori.

Partecipo in un altro modo anche alla messa. Staccata dalla vita e nello stesso tempo avvicinata a essa, è difficile spiegare questo. Ma come ogni sacerdote vive la messa? Il mistero del sacerdozio s'incontra con il mistero del sacrificio, della messa. Cerco di capire che cosa succede sull'altare, di percepire i giusti rapporti. Quanto il sacerdote deve staccarsi da se stesso e da tutto, per entrare in quella dimensione, è come se passasse dall'altra parte, in quella realtà della passione divina?

Deve donare tutto, «perdere tutto, per guadagnare tutto». Quando Dio stesso si dona nelle mani dell'uomo, quanto di questo grande mistero può comprendere un uomo normale? Ci penso e ripenso e questo rapporto mi colpisce, questa soglia nell'uomo. Lo so, lo so, tutto questo non è a mia misura, è oltre me, eppure è anche per me, eppure è anche dentro di me.

Hai detto di me prima della partenza: *nata di nuovo*, la creatura di Dio nata di nuovo proprio attraverso questo mistero.

La calma nell'inquietudine.

Don Marian Jaworski mi ha dato il rosario con l'acqua santa di Lourdes, ma io non prego per avere la salute, non ci riesco.

Aspetto, aspetto la *tua mediazione*. Ma all'improvviso ho pensato che, prima che queste parole scritte adesso da me ti raggiungano, io forse non sarò più qui. E il mio cuore ha palpitato di paura.

Ah, in me quale tensione della vita, che fugge! Come è tesa questa mia calma, eppure mi sforzo di ridurre la violenza dell'emozione e di ritrovare la sua profondità, semplice e chiara.

9 novembre venerdì

Il 17, nel giorno in cui un dolore acuto mi ha rivelato la diagnosi, hai celebrato la messa per la mia salute.

Oggi per la prima volta dei dolori acuti si sono manifestati durante il giorno (fino ad ora c'erano stati solo di notte) sul tram. Mi sono seduta, vedevo a stento cosa succedeva intorno me, ma si è messa vicino a me una vecchia che mi fissava con insistenza. L'ho guardata e lei mi ha detto: «Lei è più giovane, magari mi lascia il posto». Ho detto: «Certo» e mi sono alzata, Dio solo sa con quale sforzo di volontà, per il dolore mi sentivo debole e non ci vedevo.

Ma per me è stato veramente ovvio che mi alzassi, che dovessi alzarmi, anche se attorno c'era seduta tanta gente giovane.

Sono stanca, ma la calma cresce in me e nonostante tutto dico: *Magnificat*.

10 novembre sabato

È già domenica. Sono le tre di mattina. Leggo il libro di Tobia. Dio si avvicina a me, ma in me fluttua il timore. Dormo poco, anche quando il dolore passa, mi dispiace perdere tempo a dormire, ne ho poco davanti a me. Spunta un'alba pallida, piovosa.

12 novembre lunedì

Il trasloco e la confusione legata a esso maschera perfettamente il mio stato. Nessuno immagina come mi faccia male e io cammino sempre più a fatica. Il lavoro fisico necessario per il trasloco sicuramente supera le mie forze attuali. Ma non è senza importanza?

Andrzej mi dice: «Sei irritata». Ho voglia di dirgli: «Non sono irritata, solo mi fa molto male», ma sto zitta.

Per tutta la notte non ho dormito dal dolore, adesso ancora sto a letto, non ho la forza di alzarmi. Questo terzo piano mi spaventa. È così alto, ogni passo mi fa male. C'è qualcosa di molto difficile nel vivere il dolore fisico, difficile da sopportare e ancora più difficile da comprendere.

Eppure so che questo deve avere un senso. Il dolore non può rovinare l'uomo, non può distruggere l'uomo, infatti proviene da Dio, come tutto. No, non è così, non so... ma quale bene può essere, un dolore così disumano?

Non ce la faccio. Dio, Dio mio!

***

Devo però avere molta fiducia e devo resistere. Il mio dolore deve essere utile, ma io adesso questo non lo vedo. Forse è una punizione? «Poena»[2]?

Come è spietata questa realtà!

Accetto tutto. Veramente tutto? Aggiungo timidamente: ma voglio «in cambio» che all'uomo amato niente faccia male. Ma con il Signore Dio non si può «mercanteggiare» così, «in cambio».

Il mio corpo, il mio corpo redento, ritrovato. L'amore del corpo, l'amore per il corpo. Dio, che cosa vuoi da me? Una prova. Non pensavo, non mi aspettavo questa continuazione... Il mio corpo. Umiliato.

Una strana relazione tra l'amore e la sofferenza, la gloria e l'umiliazione! Questo deve avere un senso, che non so scoprire. E tu ripeti sempre: *Partecipiamo dell'amore di Dio*. Ho il diritto di pregare per la mia salute, dato che Dio mi destina il dolore e la malattia? Si può pregare perché non ci sia il dolore, se si accetta il suo senso? Non so, non voglio niente a modo mio, sono pronta ad accettare. Ma proprio tutto?

Mi sembra di sì, ma ho paura di me stessa. Il dolore può domi-

[2] Punizione.

nare l'uomo! Dio, sia fatta la tua volontà, accetto, ma ho paura della reazione del piccolo cuore umano.

Eppure resisto. Mi fa male, e allora? Fa male e basta. In effetti il dolore è semplice! Cerco disperatamente il suo senso: la croce, la relazione con la sua passione, «un vento troppo forte per la mia anima». Dio non fa mercato dell'amore e non ci obbliga a pagare per esso, eppure c'è quel prezzo del divino pagamento, il prezzo del sangue divino. Ma questo deve essere in qualche modo diverso.

Dio, donami di comprendere la croce!

***

Non capisco. Forse questo è un po' come il passare attraverso il fuoco dall'altra parte? La morte mi aspetta, ovviamente.

C'è in me un'enorme tensione nello sforzo di comprendere ciò: non posso. Sono stata una ragazza coraggiosa, eppure ora non si tratta di quel genere di coraggio. Questa è una prova, ma di che? Di amore? Di fede? Di fiducia?

Sono debole, ogni giorno più debole, mi gira la testa, finisco in fretta tutto quello che ho cominciato. In fretta, ma senza fretta.

Solo paradossi!

***

10 novembre 1962

+ Cara Dusia!

Ieri (9 novembre) ho ricevuto la tua lettera con la diagnosi. Quanto scrivo è solamente una piccola parte di quello di cui mi sono reso conto. In questo momento cerco soprattutto di mettere nei suoi termini tutta la situazione. La tua convinzione che sia un tumore non è stata in realtà confermata, ma la si può accettare.

Ora si tratta di come procedere. E qui, Dusia, desidero mobilitarti, come posso, a lottare per la tua salute e la tua vita. Vedi, hai dietro di te le esperienze orribili di Ravensbrück, hai una serie di parti difficili e un lavoro logorante, ma hai appena compiuto quarantuno anni, hai quattro bambine piccole e Andrzej. Dusia, c'è ancora qualcosa di più, una determinata missione o vocazione, che è una cosa rara, una particolare esperienza dell'uomo, fondata sull'esperienza di te stessa. Si tratta di servire, con questi valori, le altre persone più a lungo possibile, anche se non nella stessa quantità di adesso, ma qui soprattutto è la qualità che importa.

Quanto scrivo emerge dalla preghiera. L'obbligo della lotta per la vita e la salute non contrasta in niente con questo donarsi al Signore Dio, mettendosi a sua disposizione, che trovo come nota dominante nella tua lettera. Se la volontà di Dio, una volta esauriti tutti i mezzi, *sarà diversa, allora questo tuo atteggiamento dominante sarà del tutto adeguato, prima no. Infatti è addirittura in disaccordo con la volontà divina. Io ti chiedo per tutte le ragioni possibili, per tutto quanto ti posso pregare, di trattare tutto questo problema in questo modo.*

Sarà importante, quando ci sarà – ed è probabile – la possibilità dell'operazione.

Sembra che tu a priori la scarti e la cancelli, scrivi: «L'esperienza della medicina insegna che spesso l'intervento accelera». A parte ciò non vuoi, a causa di questo intervento, diventare «un'inferma» e prendi in considerazione Andrzej. Ovviamente io non so con precisione di quale intervento si tratti, penso che si debba togliere il tumore, ma penso che la possibilità di questa operazione debba essere presa in considerazione con precisione e perspicacia. Ciò dipende dalla diagnosi e dalle indicazioni dello specialista. Ma oggi mi è stato detto anche che un tumore di questo genere può essere operato senza che lasci alcuna traccia. Di fronte a questa possibilità tutte le altre resistenze (che conosco) devono essere eliminate.

Prego per te. Subito ieri ho cominciato, come ne sono capace, e, dato che non ne sono molto capace, quindi chiedo e chie-

derò ad altri di farlo. Stamattina ho celebrato la messa con questa importante intenzione. E prega anche tu, non solamente per un abbandono totale a Dio, ma anche per la salute. Scrivo – così come volevi – nella lettera a Marian. Gli sono molto grato, perché ti aiuta nei momenti difficili. È molto buono. Penso che Andrzej però debba essere informato; forse non ancora in questo momento, forse dopo il 14 di questo mese, ma lasciarlo al di fuori di questo problema, lasciarlo nell'ignoranza, oltre il fatto che non è possibile, significherebbe forse fargli torto.

Ieri ero molto abbattuto. Oggi, dopo che mi sono state date delle informazioni sull'eventualità della guarigione, mi sono un po' tirato su. Mi dedico comunque soprattutto alla preghiera. Con molto affetto bacio te, le bambine, Andrzej. Conto ancora sulle telefonate.

Fr.

P.S. Leggi questa lettera a Marian.

14 novembre mercoledì, ore 19

L'operazione? E dopo di essa trovarmi inferma: è così?

Rifletto sulla decisione, ho dovuto dirlo ad Andrzej. Ha pianto tanto, ma ha detto: «È successo, affinché fossimo più vicini».

Il dolore adesso è ormai continuo, senza respiro. Non mi abbandona. La tua fervente preghiera mi spinge, prego per quanto ne sono capace. Consegno il mio destino nelle mani di Dio, la mia vita e tutto quello che è in me.

Ho preso la decisione. Il professore è un mio amico, ha accettato di fare l'intervento, mi ha baciato due volte la mano e ha imprecato: «Porco mondo». È commosso, lo so, e io come una pietra. Ho deciso. Discuto con lui gli aspetti teorici, come se si parlasse non di me, ma di un mio paziente. Nello specchio ho visto quanto sono dimagrita nelle ultime tre settimane.

Mi hanno promesso un'anestesia straordinaria, ho sorriso. Il professore vuole l'intervento più presto possibile, lunedì. Ho tre giorni.

Gesù, che paura! Sotto la maschera del sorriso tranquillo ho paura dell'intervento, della mutilazione, del dolore, della morte, di tutto! Ma nessuno vede la mia paura, vedo nello specchio la mia faccia sorridente. Andrzej mi sta accanto. All'improvviso mi diventano cari il mio corpo e la mia vita. All'improvviso mi dispiace perdere la mia vita.

Dio, non prego per qualcosa di particolare, ma prendimi nelle tue sante mani... Abbi pietà!

* * *

E adesso è notte e mi sento così tremendamente sola, così tremendamente abbandonata, e sono così tremendamente spaventata. L'orologio della torre suona adesso le tre.

Tutti dormono e io piango come un bambino e come una bambina piccola mi asciugo le lacrime con il pugno. Nessuno vede le mie lacrime, solo tu, o Dio.

16 novembre venerdì

Lo spavento cresce mio malgrado. Mi è sempre più difficile nasconderlo. Una prova di fiducia, al destino non si sfugge, in qualche modo lo accetto.

Non ho mai detto il *Padre nostro* con uno sforzo così grande. Mai «sia fatta la tua volontà» è stato così difficile.

17 novembre sabato

Dopo gli esami. L'essere umano rivoltato come una cosa, il mio corpo, il mio corpo ritrovato, trattato così brutalmente. O

Dio, ma sanno cosa stanno facendo? Il fondo dell'umiliazione, mi salvava solamente il pensiero che il mio corpo è nelle mani di Dio, sotto gli occhi di Dio. La nudità assoluta. Mani estranee brutali, occhi estranei.

Hanno detto che all'uno per cento questo forse non è tumore. Perché lo dicono? Forse sarebbe meglio tacere.

18 novembre domenica mattina, albeggia

Una giornata di sole, il cielo senza una nuvola. Com'è bella, in questo sole mattutino, la piazza del Mercato di Cracovia: la torre illuminata dal sole, la corona brilla, il cielo è limpido. Il cielo... dov'è il cielo?

19 novembre lunedì

Fra un attimo andrò all'ospedale per l'intervento. Questo quaderno rimarrà qui. Una traccia, forse questo è l'ultimo foglio?

E di notte mi faceva così tanto male, che non avevo dubbi, preferisco tutto a un dolore così. Solo che l'intervento non significa la fine del dolore. Il dolore insopportabile prepara l'uomo alla morte, la fa addirittura desiderare ardentemente, come una liberazione. Proprio il dolore toglie alla vita tutta la sua attrattiva, il dolore facilita la morte.

20 novembre martedì

Oncologia. Com'è spaventoso questo reparto, tutto il coraggio e l'impavidità mi hanno abbandonato.

La solitudine. Entro nella mia solitudine; il sole è caldo come d'estate, ma io ho freddo, un brivido.

Ormai non oso più pregare. Qui, tutte queste donne con il cancro pregano con fervore per il miracolo della salute. Un corteo di donne morenti nello slancio della preghiera per un miracolo, che non può arrivare.

Dio stesso non può guarire tutti i malati. La morte mi sta proprio accanto. Qui sono la più giovane, il tumore è una malattia per gente anziana.

Queste donne vecchie sono orribili, loro stesse non sanno come sono crudeli. Durante la visita del medico, quando egli mi ha chiesto la data di nascita, una di loro ha detto: «Io almeno ho vissuto settant'anni». Mi guardano con insistenza, la mia età è per loro un conforto e sono contente del fatto che il mio intervento sia più complicato del loro. Si riscaldano con questo pensiero, si consolano, perché non sono nella situazione peggiore, perché oggi qui la mia è la peggiore. Lo so, me lo dicono tutti gli sguardi di tutto il personale. Ma io non piango più, ho pianto nella notte, adesso sono come un sasso, sono addirittura cinica.

Ma questi esami. Una medicina senza umanità. Eppure diversi gesti spietati me li potevano risparmiare quelle persone senza cuore e senza tatto, e li considerano medici bravi! Ma nessuno di loro dice una parola cordiale o calorosa. Lo stesso le infermiere, imitano un tono stridulo. Vengo rovistata come una cosa; il mio corpo – come se mi fosse estraneo!

Rovistano, denudano inesorabilmente, toccano brutalmente, inutilmente, senza un'ombra di delicatezza. Il mio povero corpo, maltrattato, soffre. Soffre la mia anima per questa umiliazione del corpo.

La stazione della via crucis, in cui Cristo è spogliato delle vesti... Adesso mi raggiunge la consapevolezza, tutta la verità di quell'esperienza. La verità della passione di Cristo.

Versamenti, rettoscopie fatte con brutalità. Mi fa male in modo disumano, ma il dolore non interessa a nessuno, è ovvio che faccia male, non è importante né interessante che faccia male. A loro questo non interessa. In fondo fa male solamente a me! Il dolore è una cosa normale, banale in questo reparto, che importa che sia il mio? Una nudità umiliante.

Non lo si può capire, fino a quando non lo si sperimenta; bisogna provarlo, per comprenderlo pienamente; questo è il fondo dell'umiliazione.

Non era allora, la notte. È adesso la vera notte! La notte in ospedale. Adesso so che cosa sia la solitudine, che cosa sia la profondità, ma adesso so anche che cosa sia la vicinanza. Una verifica dei significati.

Abbattuta, schiacciata... Domani gli ultimi esami, dopodomani l'intervento.

* * *

22 novembre giovedì

Sono come colpita, non riesco a ritrovare me stessa. Ho paura di dire che cosa sia successo, ho paura di chiamare la cosa col suo nome. Dapprima torno alla giornata di ieri, questo è più semplice.

La giornata è stata orribile: una schiera di estranei, di persone crudeli, gli ultimi preparativi per l'intervento; di nuovo un trattamento, come se non fossi una persona, e poi quello shock.

L'esame definitivo, l'ultima rettoscopia ha rivelato qualcosa di completamente diverso. Prima mi ha sorpreso che non mi facesse male. All'inizio ho pensato che mi avessero dato un antidolorifico, ma lo specolo mostrava il campo liscio. L'ulcerazione che c'era ieri è scomparsa, non c'è, è rimasta solamente la mucosa leggermente arrossata, dopo la recente cicatrizzazione. Non ho il cancro. Non ci sarà nessuna operazione, il restringimento è scomparso, i dolori sono scomparsi, non mi fa male niente.

Sono ancora all'ospedale, perché la dottoressa non riesce a crederci. Vogliono ripetere gli esami. Forse sto sognando?

Non ho coraggio di dire che questo è un miracolo, allontano questo pensiero, ne ho paura. Guardo il mio corpo smagrito con una tensione nuova. Un corpo che è campo d'azione dello spirito, dello Spirito Santo. No, Dio, io non posso pensarci così semplicemente. Una guarigione miracolosa – questo in effetti mi impegna in modo incredibile. Io non la posso accettare. Allontano questo pensiero. Io non ho pregato per la salute, non sono io che ho pregato per questo!

Andrzej è rinato. Il mio corpo, invece di disgregarsi con il cancro, si è rimarginato senza lasciar tracce. Con una velocità umanamente impossibile. Adesso mi invade di nuovo il timore, il timore della *divina onnipotenza* e delle conseguenze dell'Amore di Dio. Che ne sarà di me in futuro? Tremo tutta con il tremore dell'anima. Da dove questo mi è venuto, Signore? Il mio corpo all'improvviso diventa stranamente prezioso, appartiene direttamente a Dio. Hai detto proprio così: *Di Dio, nato di nuovo*!

Cosa potrei pensare? Invece della gratitudine c'è in me questo timore irrefrenabile. *Timor Dei, il timore di Dio*. In fondo io non posso dire a nessuno che sono guarita miracolosamente, ma questo mi stigmatizza per tutta la vita.

Signore, donami la semplicità della gratitudine! Dio, perdona la mia mancanza di gratitudine! Dio, non abbandonarmi!

24 novembre sabato

È notte, sono sana, ma ho smesso del tutto di dormire. Notte dopo notte, aspetto i dolori che non arrivano e questo mi spaventa. Quando Cristo faceva i miracoli, la gente era spaventata, adesso lo capisco, dovevano avere paura.

Sento un grande peso, questo suona come un paradosso. Quando aspettavo l'operazione, l'infermità, forse la morte, aumentava la mia inquietudine. Quello è stato difficile, ma comprensibile; questo fatto incomprensibile mi spaventa, supera la mia comprensione, ha distrutto tutte le mie certezze.

Dio fa con me quello che vuole; non ho mai sentito così chiaramente la mia dipendenza da Dio. Tutto quanto ci circonda è nelle sue mani. C'è qualcosa in me, come una ribellione, voglio conservare qualcosa di mio. Avevo il mio dolore, la mia volontà di sottomettermi e adesso non ho niente. Dio, perdona questa mancanza di gratitudine e quest'orgoglio umano! Riempi di te stesso, Dio, il mio cuore orgoglioso.

Andrzej non capisce niente, dice: «Gioisci». Ma io non riesco a gioire, non sono abbastanza matura da accettare il miracolo. Non ero pronta, il miracolo mi ha sorpreso, non avevo chiesto il miracolo. Invece di gioire, ho paura, ho paura dell'«avidità» dell'Amore di Dio, voglio essere me stessa, voglio vivere a modo mio almeno un po'.

Non sono capace di donare tutto. Mi sembra che a causa di questo gesto divino di grazia, io non esista per niente. Esisto tanto quanto lui vuole che io esista, ma questo in fondo è assurdo, perché anche quella mia «prima vita» proveniva da lui e attraverso di lui, perché non lo vedevo? Perché non sapevo, e non so, prendere la vita come un dono di Dio?

Come potrò vivere normalmente, come se non fosse successo niente?

Io non ho più una vita. Dovrei ringraziare in ginocchio giorno e notte, ma io non voglio dovere tutto a Dio, voglio poter fare qualcosa da sola! O Dio, perdona quanto sta nascendo in me. Lotto con me stessa e in realtà non sono io, ma è Dio che lotta con me in me! Sono assalita da Dio.

Ma io non voglio fuggire da Dio, al contrario, io desidero saper amare, solo non so come fare. Eppure così tante volte mi ha già salvato la stessa mano, che non avevo il coraggio di chiamare «la mano di Dio». Dio ama l'uomo, l'amore semplifica tutto, solo che io non sono capace di amare così. Prego solamente in questo modo: «Dio, che vedi tutto e conosci tutto, concedimi di non distruggere niente dentro di me».

25 novembre domenica, mezzanotte

Non dormo, sono terribilmente spossata. Solo adesso vedo con quale tensione ho vissuto. Adesso non sono capace di alcuno sforzo, non voglio lavorare, non voglio tornare al lavoro, ho un senso di totale logoramento, di spegnimento, non posso niente. Da sola non posso niente, ma ho paura di quello che Dio farà di me.

27 novembre martedì

Il senso di spossatezza non mi abbandona, non voglio vedere nessuno. Mi sta succedendo qualcosa, come se solo adesso si facesse sentire una forte stanchezza. Sono accadute troppe cose, una cosa troppo grande. Non riesco a ritrovare me stessa.

29 novembre giovedì

Ho l'impressione che tutto in me sia sconvolto, non posso vivere come se non fosse successo niente, come prima, non so come debba essere questa mia vita nuova, «donata». Mi rifugio in cose da niente, piccole, per non pensarci. La spossatezza per la tensione dei grandi avvenimenti.

Gioco con i bambini, faccio casette con le costruzioni, ma c'è in me un tremore interiore: che cosa pianifica Dio per me? Ho paura, probabilmente questo è semplicemente timore.

Vorrei fuggire da qualche parte nel deserto e ancora una volta rivivere tutto, ma ho paura anche dei miei pensieri.

Domani è l'onomastico di Andrzej, è contento che io sia a casa. Perché io non riesco a gioire?

Non riesco a recuperare l'equilibrio, colpita dalla grazia non riesco a ritrovare il mio posto. Perché non canto un inno di gratitudine? Eppure mi sembrava di avere capito qualcosa di Dio!

Non mi fa male niente ormai, ma sono tutta indolenzita. La mia anima dolente si ripercuote sul mio corpo. Il corpo è uno strumento debole, non sa tenere l'anima, da solo non ha forza, non esiste la forza fisica da sola. Durante la malattia fisica ero consapevole di grandi cose; adesso, nella salute recuperata, non riesco a ritrovare me stessa.

È scomparsa anche la mia facilità di pregare. Solo adesso vedo con quanta facilità e spensieratezza sapevo pregare, adesso che ne ho perso la capacità. Dopo la confessione avevo sempre la calma, ora questo è scomparso, c'è in me un senso di sospensione. Marian mi ha detto: «Dimmi tutto». Ma io non ho niente da dire, non capisco che cosa sia successo e quanto è successo, non lo si può esprimere a parole, è al di fuori o al di là delle parole. Eppure in qualche modo la mia vita deve andare avanti. Vorrei fermarla per me almeno per un po' e so che questo non sarà possibile. Vorrei scappare da tutte le cose importanti, non fare niente, tutta la mia vita adesso è attesa.

L'attesa di una lettera che dovrebbe darmi la risposta, ma la lettera non arriva. Marian dice: «Perché non gioisci come un bambino?». Non gioisco, non ci riesco, sono sospesa nel vuoto.

Ma, come se niente fosse, ho tenuto la lezione per gli insegnanti. Come è facile per me parlare... Poi gli applausi, come sul palcoscenico.

Che cosa vuoi da me, Signore? Signore! Io non posso arrendermi così, io voglio essere me stessa!

Dio, dove io sono me stessa?

4 dicembre martedì notte

Ho smesso di dormire. Sempre, quando qualcosa succede in me, non dormo. Sono andata con le bambine alla festa della scuola materna. Alla scuola materna c'era san Nicola, ho ballato con i bambini e quell'unica cosa mi sembrava che avesse senso e che fosse reale, il riso gioioso dei bambini. Tutto il resto mi sembra irreale. Aspetto.

Ho paura di credere nel miracolo e, nel silenzio notturno, aspetto il dolore a me familiare, ma il dolore non arriva. Il mio corpo, il mio strano corpo. Redento, rinato.

Ma non riesco a pregare, c'è in me come un'impossibilità, forse si tratta del fatto che si vuole farmi capire, che da sola non posso niente, ma proprio niente?

La purificazione...

Mi ripeto: «Non sono sola, non sono sola» e questo pensiero è come acqua di sorgente.

Il concilio: grandi problemi, in confronto ai quali l'uomo non conta.

Se potessi come un bambino abbandonarmi fiduciosamente nelle mani di Dio! Ma non posso.

5 dicembre mercoledì

È arrivata una lettera da Laski, dice che a nome mio hanno celebrato una grande messa di ringraziamento per il miracolo. Come fanno a saperlo? Questa lettera ha suscitato in me una reazione di rabbia. Non voglio alcun contatto con la gente. Prima devo ritrovare me stessa, nei confronti della gente sento una sorta di ripugnanza.

7 dicembre venerdì

È arrivata la tua lettera del 26 novembre.

Miei cari: Dusia e Andrzej

Scrivo pensando all'onomastico di Andrzej, il 30 di questo mese, quindi venerdì. Questa lettera ovviamente non arriverà in tempo, ma tu, Andrzej, sai bene che io sono tra quelli che ti fanno gli auguri. Celebrerò al mattino la messa, con un pensiero particolare per Kasia, perché sia sana e perché cresca bene. Mettiamo questo nelle mani di Dio. Per il ritorno della salute di

Dusia lo ringraziamo – dobbiamo essere capaci di ringraziare con lo stesso fervore con cui sappiamo chiedere. La gratitudine ci porta sempre vicini in modo particolare alla persona. E oltre a questo, di nuovo lo stesso problema: bisogna sapere in qualche modo porre questa grazia nell'ordine della propria vita, scoprendo lentamente sempre più in profondità il suo significato, nella totalità della vita e della vocazione. Questa è come la continuazione della gratitudine o addirittura semplicemente la sua giusta profondità e pienezza. Probabilmente è così anche nelle relazioni tra le persone. Ti dirò, Dusia (questo forse ti darà gioia), che questo graduale inserimento, nell'ordine della vita, di ciò che riceviamo in essa è forse addirittura più importante del dottorato. A te invece, Andrzej, auguro che questo ti aiuti indirettamente a concludere il dottorato. Ma questo è solamente una piccola parte dei miei auguri.

Colgo l'occasione per congratularmi di cuore per l'appartamento: finalmente potrete stare in casa vostra con tutti quelli che devono stare con voi, con tutti e con tutto.

Io qui sto bene. Da qualche giorno fa sempre più freddo, le giornate sono belle e sane, come da noi in autunno, al mattino fa fresco. Ho sempre molta iniziativa intellettuale – sono fatto così – e anch'io devo costantemente lavorare, per mettere in ordine tutto ciò che ricevo. Dio è buono. Vi saluto tutti con grande affetto e vi bacio insieme con le bambine.

Fr.

26 novembre

Hai scritto, che *dobbiamo essere capaci di ringraziare, così come siamo capaci di chiedere*, ma io non avevo chiesto la mia salute, non avevo chiesto il miracolo. Non avrei saputo credere nel miracolo e non so vivere il miracolo!

Si tratta proprio di questo: io non sono capace di vivere il miracolo; perché? Cerco di fare un'analisi. Probabilmente qualcosa si ribella in me contro il fatto di essere stata «manipolata». E la guarigione, invece di gettarmi in ginocchio con gratitudine per Dio, ha suscitato in me ribellione.

Scrivi: *bisogna sapere porre questa grazia nell'ordine della propria vita, scoprendo lentamente sempre più in profondità il suo significato*. Lentamente...

Forse dovrei solo aspettare, finché io non sia pronta.

Ho paura di questo Dio che mi ha colpito con potenza e, anche se è stata una potenza buona, è sorto in me il timore che ha offuscato la gratitudine. Sono assordata da questa esperienza della grazia. Colpita... non so come esprimerlo.

La guarigione miracolosa mi impedisce di essere me stessa. O forse mi fa solo scoprire me stessa? Non lo so, ma questa consapevolezza, o meglio, questa esperienza della dipendenza incondizionata da Dio, mi ha spaventato.

9 dicembre domenica

Ho camminato lentamente per Cracovia di notte, nella nebbia; non si vedono i dettagli, solamente le sagome degli alberi, delle case, delle persone... Mi sforzavo di pregare lo Spirito Santo per un altro miracolo, un miracolo per la mia anima, il corpo rinato.

Mi sforzo di comprendere il mio stato. L'analisi psicologica è abbastanza semplice, si è dovuto verificare un ridimensionamento, dato che ero preparata alla morte, preceduta dall'infermità, c'era in me una prontezza eroica a sopportare il dolore e la disgrazia e all'improvviso tutto questo si è rivelato inutile. Forse soffre semplicemente il mio orgoglio?

Adesso vivo di nuovo e bisogna riprendere in qualche modo questa vita. Mi sembra che si debba rivalutare tutto diversamente e non ne sono capace. Non so accettarlo e da questo la mia depressione.

Dio, perdonami, perché non so ringraziare semplicemente, come un bambino. Non riesco a fare diversamente. Per adesso allontano il pensiero che questo sia stato un miracolo, che io sia guarita miracolosamente. Per me è più facile così.

Nascondo questo nel fondo dell'anima e mi scuso con Dio per questo, ma glielo faccio anche vedere, gli mostro me stessa...

Tutta intera.

***

Riguardo alla mia guarigione per l'intercessione di Padre Pio, sono stati già pubblicati i seguenti documenti:

Roma, 17 novembre 1962

Reverendo Padre,

chiedo una preghiera nell'intenzione di una madre quarantenne di quattro figlie di Cracovia, in Polonia (durante l'ultima guerra ha passato cinque anni in un campo di concentramento in Germania), attualmente malata in modo grave di cancro e a rischio di perdere la vita: perché Dio, per l'intercessione della Santissima Vergine, manifesti la sua misericordia a lei stessa e alla sua famiglia.

In Cristo, molto grato
✠ *Karol Wojtyła*
Vescovo titolare di Ombi
Vicario del Capitolo di Cracovia
in Polonia

Reverendo Padre,

La donna di Cracovia, in Polonia, madre di quattro figlie, il giorno 21 novembre, ancora prima dell'intervento chirurgico, inaspettatamente ha recuperato la salute. Rendiamo grazie a Dio. Ringrazio di cuore anche te, Reverendo Padre, a nome suo, di suo marito e di tutta la sua famiglia.

In Cristo
✠ *Karol Wojtyła*
Vicario del Capitolo di Cracovia

Roma, 28 novembre 1962

IV

I sentieri percorsi

E così fluiva la nostra vita ormai «insieme». Quando era possibile, la messa del mattino insieme, di solito alle sette, poi il lavoro, ciascuno per conto suo. Io in diversi posti, una gran quantità di difficili problemi umani: la clinica, i giovani in difficoltà, le perizie in tribunale, le lezioni... Non è possibile elencare tutto, e poi la casa e le bambine.

Qualcuno chiese a don Tadeusz come io riuscissi a fare tutto, ma lui rispose: «È un suo segreto».

Le serate le passavamo spesso insieme: conversazioni, riflessioni, preghiere, problemi di altri, filosofia e qualche volta delle brevi scappate di qualche ora sulle montagne vicine nei boschi. E allora anche le vacanze ormai sempre insieme.

* * *

Il torrente della vita scorre... La sabbia nella clessidra scivola giù con un fruscio impercettibile. I giorni e le ore, i mesi e gli anni hanno la loro propria misura. La vita scorre, irrevocabilmente.

Cresce il «grande libro della vita», nulla rimane non annotato, nulla si perde, ma non si potrà aggiungere niente. Il passato, chiuso con il fermaglio del tempo, rimane per sempre non solamente nella memoria, ma anche nel libro della vita, nel registro celeste.

È stato, dunque è.

È stato. Ci sono stati quei giorni benedetti e le notti sotto la sottile tela della tenda, sotto la protezione dello sguardo divino, indorati dai raggi del sole e della grazia divina.

Giorni santi, pieni di preghiera, di meditazione e della profonda conoscenza dei significati divini del mondo degli uomini e delle cose, giorni vivificanti.

Giorni di riposo, nei quali si rigeneravano le forze del corpo e crescevano le forze dello spirito.

Giorni colmi di gioia, di ammirazione e di gratitudine.

Della gioia di stare insieme.

Dell'ammirazione per la bellezza del mondo.

Di gratitudine per il dono dell'uomo.

Quei giorni ci sono stati – sono annotati nell'anima – e non solo: la terra continua a esistere, il torrente scorre ancora e il sole nello stesso luogo tramonta e sorge.

Sorge e dapprima illumina dall'alto le cime dei larici e poi scende più in basso, fino all'erba verde. E tramonta dietro al grande prato, dietro la strada, dietro il dosso di fronte e cala nel bosco.

Se non c'è neanche una piccola nuvola e il disco rosso e dorato scompare direttamente dietro il bosco, lasciando nel cielo un tenue chiarore dorato, vuol dire che domani ci sarà bel tempo; se invece tramonterà dietro una nuvola, non si sa che tempo farà.

Se è invece rosso sangue e sembra che il cielo si accenda tutto di quel fuoco, ci sarà il vento, quello che soffia dal valico Dukielska. Porta il bel tempo e il caldo.

Proprio da questa finestra si vede tramontare il sole; ha già lasciato il fiume, il prato, la montagna e ce n'è ancora un lembo sopra il bosco: fra un attimo calerà dietro lo scuro margine del bosco.

Torniamo qui.

Torniamo per la gioia del cuore e per recuperare le forze dello spirito.

Qui facciamo gli esercizi spirituali dei monti Beschidi.

La notte nel bosco

Le notti. Quelle notti là nel bosco avevano un significato particolare; il silenzio di notte è molto più profondo che di giorno. Ci sono notti senza luna, quando una fila di alberi sembra una parete compatta e nel bosco non si riesce a ritrovare il cammino, quando ogni fruscio è un nuovo segno di una presenza nascosta. E ci sono anche le notti in cui una pioggia sottile batte sul tetto della tenda e crea un'intimità particolare e una sorta di distacco da ogni cosa. La pioggia diventa una musica e una parete che separa dal mondo.

Ci sono notti chiare, di luna, in cui il mondo, tutto d'argento, acquista una particolare luminosità in cui tutto brilla. D'argento è l'acqua tremula che, nella sua corsa, pur sembrando ferma, continuamente fugge. L'acqua è come la vita umana, che anche se sta ferma, tuttavia scorre e cambia. Apparentemente tutto è uguale, invece è tutto diverso.

In una tale notte di luna, l'ombra proiettata sull'erba si muove quasi con il ritmo proprio degli attimi fugaci.

L'ombra.

L'ombra disegna un'orma sulla terra. L'ombra di notte è diversa da quella del giorno, come se fosse più legata alla terra, si conficca in essa e vi imprime la sua orma. Sull'erba bagnata, l'orma dei passi che raccolgono l'argento dai fili d'erba e indicano da dove è passato l'uomo.

L'ombra dell'uomo.

Il silenzio notturno canta sommessamente, con il mormorio delle gocce della rugiada che cala, con lo scroscio dell'onda dell'acqua che circonda la pietra bianca e con il leggero scricchiolio del ramoscello che si rompe sotto un piede. La notte nel bosco racchiude in sé una profondità di contenuti che non è possibile esprimere, né si hanno parole adeguate per i colori mutati in argento.

La luna attira come una forza alla quale non si può resistere. Allora esci davanti a quella leggera dimora trasportabile e ti immergi nel silenzio della notte chiara: l'anima canta perché deve, perché da essa trabocca quel contenuto che non puoi esprimere.

Un allocco all'improvviso ha emesso un suono che fa paura, fa venire i brividi. Un allocco o un grande gufo reale? L'ombra delle ali aperte è passata velocemente attraverso il prato argentato, senza un fruscio, un volo silenzioso nella logica implacabile della natura e da qualche parte, non lontano, un grido di morte. È un gufo reale, che ha catturato una lepre. E la notte all'improvviso si fa minacciosa, anche se il grido si è spento quasi nello stesso momento in cui si è fatto sentire.

Ascolto questo silenzio, questo grido e il mio cuore.

Non si possono contare queste notti, segnate dalla luce della luna e dal piede nudo sull'erba morbida, umida. Impossibile contare le parole di preghiera e i grani del rosario spostati.

In una notte così l'uomo diventa muto, perché il silenzio notturno lo invade con la sua forza. Non puoi romperlo, perché è esso che domina in questo bosco, quindi le parole si fanno bisbiglio, più che udirle, le avverti.

Il cuore del bosco è appunto il silenzio notturno, forse qualche volta anche il piccolo cerchio di luce della torcia, che vaga sulle forme che conosci, e qualche volta anche una passeggiata in questo bosco argentato, fra gli alberi che nella notte cambiano forma, e nell'acqua, che di notte avvolge con il calore preso durante il giorno dai raggi del sole.

Il fiume di notte è un amico silenzioso, l'acqua calda scorre delicatamente sul corpo umano, che vi si immerge. Il riflesso della luna nell'acqua si raddoppia, trema sull'onda, come se l'uomo nell'acqua moltiplicasse se stesso. Essa apparentemente è scura, ma irraggia, riflette il chiaro di luna e lo trattiene in sé.

L'acqua che purifica, come nel Giordano. Le sponde del fiume sono ripide e i sassi fermano il riverbero d'argento. No, non si può descrivere il fascino di una notte di luna nel bosco, sulle rive del torrente. È diventato ormai un programma, una tradizione il passare le vacanze insieme.

E quando ormai si sa che partiremo per il campeggio, arriva il giorno in cui punto dopo punto fodero il sacco a pelo con un lenzuolino, preparo lo zaino, i paramenti. Era stato necessario portare il calice a rinnovare la doratura, perché aveva gli orli ormai consumati; adesso splende di nuovo. Le scarpe sportive, il sacco a pelo, le scarpe da ginnastica – no, lui le chiama *meszty* (da dove viene questa parola?). Andrzej sceglie i libri, ne prendiamo sempre diversi da leggere. Lo zaino pronto è in attesa, perché solo all'ultimo momento si conosce l'ora della partenza. Bisogna fissare il luogo d'incontro e il percorso che faremo. I loro zaini sono pesanti, io riesco a sollevarli a stento, per il peso dei libri.

Gli stivali di gomma sono stati aggiunti dopo, quando già si sapeva dove saremmo andati e che avremmo dovuto attraversare varie volte il torrente. L'acqua «di Giovanni»[1] è in bottiglie pesanti.

Il mio zaino è piccolo, tutti i pesi li portano loro; invece il cibo e la caffettiera stanno a parte, nel sacco blu che porta Andrzej. Una parte del mangiare la compreremo lungo la strada.

Il «macinino» è la nostra macchina Wartburg. La direzione: come sempre i monti Bieszczady.

E i bivacchi.

Una volta a Jasień incontrammo un tale che falciava un piccolo prato. Il Fratello come sempre gli si accostò con una parola buona: *Che Dio ti benedica*. Il contadino interruppe il lavoro, si appoggiò sul manico della falce da fieno e annuendo col capo, rispose: «Che Dio mi doni questa benedizione»[2], ma aggiunse: «Signore, ma per quali peccati voi portate questi bagagli e vi trascinate dietro questo omino?» (l'omino ero proprio io).

Tanto grandi apparivano gli zaini, con i sacchi a pelo, coi materassini e sempre con i libri. Quelli erano scelti con cura, dato che durante il bivacco c'erano le ore di lettura. Quanti libri abbiamo letto insieme! E che lettura era quella... Io ero la lettrice. Leggevo a voce alta un libro e lui, nello stesso tempo, ne leggeva un altro in silenzio, poi li ricordava tutti e due. Ho letto così per tutti quegli anni. Leggevo e scrivevo – brevi appunti su quanto succedeva, più lunghi sui problemi di cui parlavamo.

Quei bivacchi per noi erano sempre degli esercizi spirituali e un modo per «ricaricare le batterie». Mi davano la forza per affrontare tutti i tanti e spesso difficili problemi, sia miei che degli altri.

[1] L'acqua minerale curativa [NdT].

[2] Si tratta di un gioco di parole polacco: «Szczęść Boże!» - «Daj Boże!».

Da una gita sulla Prehyba, alla quale non avevo partecipato, [don Karol] mi mandò questa preghiera:

Dio mio, ora più
che mai prima, sono davanti a te.
Sono di continuo davanti a te.
Fino ad ora sono stata più dentro di me
e ho visto me stessa. Adesso mi permetti
in un certo modo di perdere me stessa, come se
smettessi di esistere, come se smettessi di essere
quello che sono stata fino ad ora. Non sono più capace
di essere quella e non sono nemmeno capace
ancora di essere diversa, così come tu vuoi
che io sia.

Hai il diritto di volere questo,
perché sono la tua creatura.
Eppure soffro, anche se capisco questo diritto
e lo riconosco.
È così difficile per me smettere di essere me stessa.
Oh, se potessi almeno conoscere quella che dovrei essere.
So che tu non distruggi niente,
solo crei. Ci crei attraverso la natura,
e in modo nuovo ci crei attraverso la grazia.
Credo in questo, così come credo in te con la mia fede
adesso molto sofferente per l'esperienza
della mia debolezza e incapacità.
Aiutami a trovare me stessa e aiutami
a incontrare te dentro di me.
E fino a quando devo perdermi nel buio
del mio proprio essere, tienimi
per mano come la tua bambina,
donami di comprendere
te e il tuo agire anche
attraverso le persone, che hai messo sulla mia strada.

Ti prego, affinché io non perda mai
la speranza in te e non ceda alla disperazione.
Ti prego, affinché io sappia sottomettermi
alla tua guida.
Ti prego, affinché io possa pagare
in pieno il debito della mia vita
nei compiti che mi affidi,
nelle persone che hanno bisogno del mio aiuto.

Voglio realizzare in tutto e per tutto
la vocazione della mia vita. Desidero
essere sempre più all'altezza di essa, perché
tutto ciò che ho sempre fatto
con la convinzione che fosse mio dovere,
io possa farlo ancora meglio,
con una dedizione più piena e insieme
con grande semplicità e profonda pace.
Ti supplico di donarmi la pace dell'anima e dei sentimenti
e le forze necessarie al corpo.
Fammi essere un sostegno per Andrzej
e permettimi di educare bene le bambine.
Perdonami le mie colpe, purifica tutto il mio essere
e guidami sulla strada, sulla quale
ci sarai sempre tu.

Amen.

Prehyba, 13 febbraio 1963

Estate 1963

Siamo partiti con la pioggia, ma abbiamo dovuto lasciare la macchina. Ci siamo messi in cammino. Inizialmente la pioggia non era forte, ma aumentava. Dapprima la strada attraversava il paese. Ci siamo fermati un attimo sotto un cespuglio, ma pioveva troppo forte, dunque siamo entrati nel casolare più vicino. La padrona ospitale ha aperto la «stanza bianca» e ci ha offerto del latte.

Succedeva sempre così, quando facevamo una capatina in un casolare. La gente di campagna è ospitale, cordiale.

Beviamo il latte, mentre la padrona racconta la sua storia – sospira. Poco tempo fa le è morto improvvisamente il marito. E dice una frase, che poi diventa tema di riflessioni: «Non posso dire che fosse buono, non era buono, ma non è un merito amare chi è buono». Ed ecco si sviluppa questa trama... L'amore.

Come esprimerlo? Molte parole non solo non riescono a esprimerlo, ma addirittura lo banalizzano, perché tutte le parole non riescono a spiegare qualcosa fino in fondo e a volte cambiano perfino un contenuto che di per sé è inesprimibile, perché i contenuti più profondi sono al di là delle parole. Come si può con la parola comunicare ciò che ha un senso profondo? L'uomo dice spesso: «Io amo» e questo può significare sempre qualcosa di diverso. Se è un amore vero, allora cresce continuamente e oggi è più di ieri. Occorre quindi essere consapevoli del fatto che, se amo così tanto, così al massimo grado, questo è sempre in crescita, in divenire. L'amore vero è un processo, cresce e desidera crescere, non ne ha mai abbastanza. Il sentimento giusto è: «Voglio amare sempre di più, ne ho una gran voglia».

Qual è il profilo di questo amore umano? Se l'uomo pensa: «Io amo», è ancora poco. Solamente quando il secondo «io» dirà lo stesso: «Io ti amo», allora l'amore si completerà, si arricchirà, trascinerà con sé, estenderà l'anima umana ed è come se facesse nascere un uomo nuovo.

Per crescere così, l'amore umano ha bisogno però di radicarsi in Dio. Esso cresce nella misura in cui non si ribella a lui. L'amore umano ha una forza creativa solamente quando è puro, senza peccato, tutto immerso in lui. L'amore umano è partecipazione dell'amore divino e fruttifica solo quando non perde il contatto con lui.

«Ut placeat tibi, Domine Deus».
«Perché piaccia a te, Signore Dio».

L'amore è oltre la reazione del cuore. Se il cuore si dirige verso la concupiscenza, l'amore deve prendere il controllo del cuore. L'amore è radicato nell'uomo più profondamente di quanto non lo siano le reazioni del sentimento. I sentimenti possono addirittura essere contro l'amore, parlo di quei sentimenti che sono chiamati «d'amore». Come è facile sbagliare!

Il cuore deve essere sottomesso a una certa disciplina. Amare l'uomo vuol dire amare la sua vocazione e la vocazione dell'uomo è sempre la santità, quindi il vero amore non può presentarsi in nessuna sfumatura contro la santità, di conseguenza nemmeno contro la purezza: esso è capace di sacrificio, di abnegazione.

La misura della vicinanza è l'accettazione della vocazione. Se comprendi la vocazione della persona amata, allora ti avvicini a lei attraverso la realizzazione del disegno di Dio.

L'amore non impone, ma segue...

E alla fine invochiamo ogni giorno: «Madre del Bell'Amore, insegnaci ad amare».

Infine ha smesso di piovere, ma dappertutto era bagnato. Abbiamo montato le tende tra l'erba alta, bagnata; durante la notte è piovuto ancora. C'è stato anche un temporale, non lontano, ne abbiamo sentito i tuoni.

Al mattino pioveva ancora. La messa è stata celebrata sotto la tenda. Finalmente il cielo si è schiarito a tal punto che abbiamo deciso di proseguire. Abbiamo smontato le tende bagnate.

Abbiamo camminato attraverso il bosco, siamo arrivati al luogo dal quale in basso si vede il villaggio. Andrzej ha fatto un salto in paese per comprare qualcosa, ma è tornato a mani vuote, perché il negozio era chiuso.

Andiamo sulla vetta, dove c'è un vecchio apparecchio geodetico di triangolazione, ma le assi di legno sono così putride che non si riesce a salire. In compenso ai suoi piedi c'è una grande quantità di fragoline di bosco, che mi fermo a raccogliere.

Dobbiamo trovare un posto per il bivacco. Salendo lungo la china del monte, arriviamo a una strada larga d'argilla, percorsa col trattore, e una poltiglia appiccicosa si attacca alle nostre scarpe. La strada diventa disagevole. Ci portiamo allora su un prato: l'erba è più alta di me, il terreno è umido, non è adatto per il bivacco. Torniamo indietro e decidiamo di attraversare il bosco nella direzione opposta. Nel bosco, alcune donne raccolgono mirtilli e lanciano allegre osservazioni verso i miei uomini. Allegre provocazioni.

C'è finalmente un prato asciutto vicino al ruscello. Al limitare del prato vediamo un alto pino. Ci fermeremo qui. Quel campeggio l'ho chiamato «delle fragoline di bosco» e ci siamo rimasti due giorni. Ero io che non volevo staccarmi dalle fragoline di bosco che crescevano ai bordi del prato.

13 luglio

Non lontano ho trovato per terra un grande tronco e accanto due funghi porcini così grandi e belli, come non avevo mai trovato prima. Sono bastati per la minestra.

È uscito un sole molto caldo, era una giornata magnifica, il cielo era «come un occhio di pesce». Nel pomeriggio però, improvvisamente, non si sa da dove, sono arrivate delle nuvole nere. Non c'era vento, solo temporale e fulmini, ma quasi senza pioggia. Sono cadute alcune gocce, mentre il temporale rotolava più lontano sul fianco del monte e di nuovo è uscito il sole.

Siamo saliti più in alto e abbiamo montato le tende in un luogo aperto, panoramico, da cui poter ammirare il tramonto del sole. Ammirare la bellezza della natura ha sempre significato ammirare il Creatore ed esprimergli un inno di lode.

14 luglio

Siamo rimasti nello stesso posto. La messa è stata sotto l'alto pino. Sono io che preparo l'altare con gli zaini e lo decoro con fiori, sono io il «chierichetto» durante le escursioni, so anche piegare la pianeta in modo che non si sgualcisca nello zaino.

Si è fatto così caldo che non partiamo, fino a che non passano le ore più calde. Leggo Kubiak.

15 luglio

La messa è stata celebrata come ieri, nello stesso posto. Rimaniamo fino al pranzo. Lo prepara Andrzej, io raccolgo l'ultimo dessert – le fragoline di bosco. Il Fratello, come sempre, prega e dopo pranzo partiamo.

Andiamo verso l'alto, attraverso i campi. Una vista ampia. Attraversiamo prati non falciati di erba alta ed entriamo nel bosco. Arriviamo fino a Regietòw e troviamo un posto tranquillo. Si fa già buio però, quando montiamo le tende.

16 luglio

La mattina andiamo a fare un giro sulla Rotunda. Ho trovato un gruppo di abeti cresciuti in cerchio, come una cappella. Lì ho sistemato l'altare. Durante la messa però mancava l'ombra e il sole caldo picchiava proprio sul celebrante. Una grande calura, quindi siamo scesi giù al torrente.

Ho fatto una piccola diga sul torrente e ho fermato l'acqua. Ho reso più profondo il letto del fiume, togliendo alcune pietre. Si è potuto fare il bagno, ci si è potuti rinfrescare. E c'è stato anche il tempo di leggere Conrad.

17 luglio

La messa sotto gli stessi abeti di ieri, ma questa volta non nel centro della «cappella del bosco», ma sotto un albero all'ombra. Fa molto caldo.

Il mio «laghetto» serve. Poi facciamo un'escursione nella direzione della frontiera. Torniamo attraverso il bosco ormai tetro, scuro.

18 luglio

La messa viene celebrata prima, in modo che faccia più fresco, dato che fa un caldo spossante. Dopo la messa, ci mettiamo all'ombra degli alberi e finiamo Conrad. Dopo pranzo facciamo un giro «di ricognizione», per trovare la strada per proseguire. La sera il falò, cantiamo «L'eco porta i canti...».

19 luglio

Sveglia alle sette. Partenza alle otto. Fa molto caldo. Sulla strada mi tentano le fragoline di bosco e degli enormi, dolci lamponi. Ai miei uomini piacciono i frutti di bosco. Scendiamo verso il basso, verso Wysowa, e nel bosco celebriamo la messa. Si alza il vento, tuona. Quando torniamo, ci accompagna il temporale. Torniamo a casa: Nowy Sącz e poi Cracovia.

Sono sempre triste, quando finisce il campeggio. Questi sono i giorni della nostra gioia, del riposo. Giorni regalati, privilegiati.

Quel 1963 non lo posso dimenticare per diversi motivi. Il seguito delle vacanze, il mese di agosto, fu per me un prolungamento degli «esercizi spirituali sui Beschidi» – così chiamavo i nostri campeggi. Quando lui tornava ai suoi impegni (riteneva sempre di aver diritto a un solo mese di vacanza e il 15 agosto riprendeva il lavoro), noi avevamo invece ancora un mese (in clinica io avevo, come ricercatore, sei settimane di vacanza). Andai con le bambine a Rokiciny e là scrissi appunti, su suo ordine, secondo i temi che mi aveva dettato.

Avevo ricevuto appunto questa lettera con i temi in latino, per ogni giorno un compito... Un compito per l'anima, per la cura dell'anima. Scrivevo i miei pensieri e le mie riflessioni.

* * *

+ Mia cara Dusia
Mio caro Andrzej:

Ancora una volta vi ringrazio molto per il viaggio, che ritengo ben riuscito «sotto ogni punto di vista» (se si può dire così di una qualunque vicenda o iniziativa umana).

Molte volte ho anche pensato che quel campeggio fosse stato così ben preparato nel corso di vari anni.

Tutte le faccende umane devono avere la loro maturità – quella alla quale appunto tendono – perché possano dare frutti, quelli loro pertinenti. Per i frutti bisogna invece ringraziare sempre Dio. Miei cari, adesso sono sotto l'acqua. Qui è cominciato un tempo completamente diverso dal nostro, ma va chiaramente migliorando. Vi bacio con molto affetto e auguro la benedizione di Dio a Dusia, ad Andrzej e alle bambine.

KW

11 agosto domenica, Rokiciny

La storia del doganiere.

Mi colpisce, fino a farmi male, la bontà di Dio. Il mio dolore nasce dalla sproporzione: io, la mia vita piena di imperfezioni e il mio Dio. Ho però il coraggio di scrivere il «mio Dio». Ma neppure che mi pento per i peccati, né chiedo perdono, né mi giustifico; in me c'è soltanto, si può dire, l'accecamento da parte della bontà di Dio.

Non avevo mai capito così bene il doganiere, ma non mi angustio per i peccati commessi: adoro solo la bontà divina, invece i peccati è come se servissero da sfondo, mi fanno vedere in modo più evidente la bontà di Dio. Mi dispiace solo di non riuscire a trovare l'espressione appropriata, non so come manifestare l'adorazione e l'ammirazione per Dio.

12 agosto lunedì

«Diligam te Domine, virtus mea».
«Ti amo, Signore, mia forza».

Nella messa mi hanno colpito queste parole. Note, sentite tante volte eppure scoperte di nuovo. Quanti insegnamenti offrono, non faccio in tempo con il pensiero a seguirli, la consapevolezza precede il pensiero troppo concreto. La consapevolezza della qualità del dono.

«Sponsa Christi – soror mea sponsa».
«Promessa sposa di Cristo, sorella mia, promessa sposa».

Oggi è la festa di santa Chiara, a lei sono dedicate queste parole. «Sponsa», ma io posso essere «sponsa Christi»? In realtà però non rifletto, non dico niente, solo ripeto: «Diligam te Domine»[3].

13 agosto martedì

«Vias tuas Domine ostende mihi et semitas tuas edoce me».
«Fammi conoscere, Signore, le tue vie e insegnami i tuoi sentieri».

Ho portato con me questo pensiero nel bosco. Il tempo è tornato sereno, è uscito il sole. Se, nella vita dell'uomo, la cosa più importante è la collaborazione con Dio, prima però bisogna cono-

[3] Ti amo, Signore.

scere i suoi piani: nei miei confronti... nei confronti del mondo... Come? Come conoscere la mia strada, secondo il suo piano?

Bisogna fare spazio dentro di sé, per afferrare che cosa vuole da me Dio, bisogna smettere di volere per se stessi. Come può ritrovare il sentiero divino l'uomo che ha gli occhi rivolti ai propri desideri? Bisogna fare spazio dentro di sé e buttare fuori da se stessi le nostalgie e le passioni. Quando l'uomo perde la sua strada, si smarrisce e si fa più piccolo. Quando cammina come vuole lui, cresce, ritrova la propria dimensione, anzi la supera.

Da dove prendere questa prontezza piena di umiltà? Perché questo è un problema di umiltà – riconoscere che la tua strada è quella buona, l'unica e che da sola mi perdo... E bisogna amare le sue vie. Amare Dio vuol dire anche amare quello che lui ha pensato per noi. Come realizzarlo?

Estromettere tutto dalla preghiera – far tacere se stessi, stare nel silenzio, aspettare, aspettare se stessi. Dio indica la via nel silenzio, nel raccoglimento e nella preghiera.

La mia via: dov'è?

Senza dubbio dalle questioni più vicine e più semplici dovrei intuire le strade ordinarie di Dio, mentre vorrei che fosse qualcosa di «straordinario». Vorrei che la mia via verso Dio non mi sparisse dalla vista. Per questo prego oggi.

Per la fedeltà e la pazienza,
Per la fedeltà e la fiducia,
Per la fedeltà quando tutto è difficile,
Per la fiducia quando tutto è buio,
Prego in silenzio, senza fretta.

14 agosto mercoledì

Graduale

«Virgo, Dei genitrix, quem totus non capit orbis, in tua se clausit viscera factus homo».

«Vergine, genitrice di Dio, colui che tutto il mondo non riesce a contenere, ha chiuso se stesso nel tuo grembo, diventando uomo».

Un tempo non riflettevo sulla Madre di Dio, un tempo avevo paura dei dogmi difficili, che mi sembravano troppo abbaglianti. Li tenevo lontani. Per l'Immacolata avevo una sorta di gelosia e di senso di estraneità, perché essa era troppo diversa dalle altre donne. Come passerella verso Dio, si era posta la passione di Cristo, invece a lei non avevo accesso, perché era stata concepita in un altro modo, immacolata, diversa da noi. E anche se dopo tutto spesso recitavo il rosario e *Sotto la tua protezione*, qualcosa in me restava non chiaro, come un rifiuto.

Oggi fin dal mattino sto pensando alla sua vita. Un grande mistero d'amore. Dio ha amato una donna – oggi lo capisco meglio che mai. Quella donna, ovviamente, doveva essere incredibilmente pura, «Virgo Immaculata», Vergine Immacolata. È stata la potenza di Dio, la potenza dell'amore di Dio a farla così pura, dato che essa era così umile. Da un amore grande, misterioso ha generato il Figlio di Dio e so che è stato così, che questo è autentico e possibile. Tutto è possibile a Dio nell'amore.

Oggi rifletto sull'amore di Dio per una donna e per una madre, «Dei genitrix», genitrice di Dio. Il grembo della donna e il mistero del concepimento.

Poi ho pensato a Dio, il cui amore desiderava quel «chiudersi» in una donna. Questo è stato per gli esseri umani, ma la via è stata proprio questa, attraverso una donna, certamente è stato attraverso quell'unica, incomparabile donna, ma pur sempre una donna.

Che persona poteva essere, da piacere tanto a Dio? L'ha amata così tanto, che le ha donato se stesso e suo Figlio – e continua a donare, continua ad amarla.

Improvvisamente ho capito perché la gente recita tante volte *Sotto la tua protezione*. Dio potrebbe non fare doni né a me né ad alcuno, ma «deve» donare a lei e il suo più grande mistero è il mistero dell'amore. Solo oggi capisco pienamente l'invocazione «Madre del Bell'Amore».

Se le si chiede l'amore, questa è la via più sicura, perché in lei quell'amore appunto si realizza.

15 agosto giovedì, Assunzione della Santissima Vergine Maria

È ovvio che Dio, che l'amava così tanto, l'abbia portata con il corpo in cielo – doveva amare anche il suo corpo. Grande è il mistero, ma tutto d'un tratto sembra tanto semplice ed evidente, anche se nello stesso tempo in quell'amore tutto è incomprensibile.

Non mi disturba però il fatto che io non capisca, potrei dire che questa ammirazione per i grandi misteri di Dio diventa il valore più grande.

Concludo le riflessioni con una preghiera a lei diretta: «Sotto la tua protezione, o Madre del Bell'Amore». Recito anche il *Magnificat*. Assunta in cielo, davvero!

C'è in me una grande felicità, quando il mio pensiero si imbatte in questo mistero e comunque in ciascuno dei misteri di Dio. Non avrei mai supposto, prima, che il pensiero del mistero, dell'incomprensibile, potesse tanto avvicinarmi al vivere reale. I misteri di Dio di solito mi ripugnavano, mi facevano paura, adesso invece proprio essi mi fanno vedere più ampiamente. Com'è possibile che io comprenda di più, quando non comprendo alcunché? C'è la comprensione, ma non serve.

Voglio amare Dio, di cui non posso capire la grandezza, né la bontà, né l'amore, ma che mi affascina con questa impossibilità di comprendere.

«Assunta in cielo», unita per sempre a Dio; è tanto semplice e, nello stesso tempo, così completamente incomprensibile.

La prego, come mai prima, con la più semplice preghiera di ammirazione. Recito il rosario e all'improvviso ogni *Ave Maria* acquista un altro senso. Ma non si tratta tanto della preghiera delle parole, ma della preghiera di quella Maria, che «aveva scelto la parte migliore», si tratta dello sguardo fisso in Dio, come nel più alto valore.

Si tratta di questo e bisogna staccare il pensiero da se stessi, sia pure «a viva forza», e indirizzarlo verso Dio...

In ogni momento,
in ogni situazione,
in ogni faccenda irritante,
e in ogni momento di estatica ammirazione...
Questo vorrei imparare.

16 agosto venerdì

«Fidelis servus et prudens».
«Il servo fedele e prudente».

Un tentativo di essere obiettivi: occorre osservare se stessi con calma. È chiaro che la consapevolezza e la realtà devono, per qualche tempo, dirigere il percorso verso il subconscio, ma anche allora, quando apparentemente questo ormai succederà, sarà come se il subconscio disponesse di riserve. La vita umana è piena di contraddizioni e di difficoltà – la ricchezza dell'umanità!

«Servus» – il servo. Servire è la funzione dell'amore. Più l'uomo ama, più sente il bisogno di servire. Vorrei servire Dio... Ciò si collega con i «sentieri», bisogna leggerli correttamente, per servire veramente.

La seconda parola: «fedele». Fedele è colui che non guarda se stesso, i suoi interessi, ma guarda il Signore. È colui che, in modo dettagliato, osserva la sua volontà, senza che glielo si debba ricordare. Egli è zelante nel servizio, al quale è anche attaccato. Dietro l'atteggiamento della fedeltà, si nasconde la fiducia. Chi ha fiducia, è fedele, anche quando il Signore scompare dalla vista, non sembra attento e non dà ordini. La fedeltà è in qualche modo legata all'agire o al rimanere, si compie qualcosa con fedeltà o si rimane nella fedeltà.

La fedeltà è anche attaccamento e nel contempo amore per il

compito affidatoci. Il «servizio fedele» è quello per cui si è pronti a dare tanto, tutto. Fedele è colui in cui si può avere fiducia, colui che non deluderà la fiducia, colui che mantiene la parola e agisce con il cuore.

Fedele è colui che non cambia i piani del Signore né i suoi desideri, ma li realizza a qualsiasi costo senza mutarli; è colui al quale possiamo affidare noi stessi, sicuri che ci ritroveremo interamente.

La fedeltà è una dote bella, ma difficile.

Mi è più difficile soffermarmi sulla prudenza; è una virtù che mi è completamente estranea. Il prudente è paziente: sa attendere, è calmo, riflessivo, obiettivo, sceglie il bene con discernimento e attenzione, in modo sicuro e chiaro, ha una direzione univoca.

Prima pensavo che la prudenza escludesse la spontaneità, ma oggi vedo le cose diversamente. In effetti questa è una virtù d'obbligo per la mia professione, per il medico. «Primum non nocere – Prima di tutto non danneggiare»: questa in fondo è la regola della prudenza.

Questo però non posso riproporrmelo, per la prudenza ci vuole il dono dello Spirito Santo.

Concludo la riflessione con la preghiera allo Spirito Santo *Veni Sancte Spiritus*[4]. Mi piace questa preghiera.

17 agosto sabato, compieta serale

«Ora lascia, o Signore, che il tuo servo vada in pace; perché i miei occhi han visto la tua salvezza, preparata da te davanti a tutti i popoli, luce per illuminare le genti e gloria del tuo popolo Israele»[5].

Dapprima non riuscivo a riflettere. Il testo non mi diceva niente, ma poi d'un tratto i pensieri mi sono venuti da soli, come da fuori di me. Mi sono resa conto all'improvviso che si

[4] Vieni, Santo Spirito.
[5] Lc 2,29-32. Le parole di Simeone [NdT].

tratta della coerenza, di un certo impegno. Se Dio ti si è rivelato, a causa di questa rivelazione deve per forza aumentare nell'uomo la pace ed è allora che Dio può, per così dire, lasciare l'uomo, perché di quanto gli ha dato, di quanto gli ha fatto vedere, deve rimanere nell'uomo come un'impronta. L'uomo che ha compreso qualcosa di Dio, al quale Dio, nella sua grazia, ha dato la possibilità di sentire, di conoscere la sua presenza, quest'uomo non ha il diritto di essere inquieto.

Fino a che l'uomo non capisce Dio, in lui c'è inquietudine. Quando gli si manifesta la bontà di Dio, l'amore di Dio, cresce in lui la pace. Come fare, perché questa rivelazione diventi un contenuto così personale, che non ci sia più la preoccupazione che scompaia? «Il rimanere nella pace» è possibile quando l'uomo accoglie la rivelazione, l'assimila, la prende a cuore e, in un certo senso, scommette su di essa. Dio si rivela all'uomo costantemente, non si risparmia, bisogna solamente aprirsi a lui.

Quando gli occhi si aprono all'uomo, da quel momento vede Dio dappertutto, anche là dove una volta non sospettava la sua presenza. Tutto il mondo sembra pieno di Dio.

Guardo le montagne,
il cielo,
il sorbo selvatico rosso sullo sfondo dei pini,
il gioco dei bambini
e attraverso tutto questo Dio stesso mi parla.
Cresce in me la gratitudine.

19 agosto lunedì

«Innocens manibus et mundo corde ascendet in montem Domini».

«Chi ha mani innocenti e cuore puro salirà il monte del Signore».

Questa è quasi una ricetta per la salvezza. Dio è tanto buono, indica con tale cura come l'uomo dovrebbe essere, tiene così tanto all'uomo, così tanto lo ama! Lo istruisce in modo così chiaro e l'uomo deve solo ascoltarlo. Dio ci tiene a salvare l'uomo.

Puro,
le mani pure,
il cuore puro...
Che cos'è la purezza delle mani?

Le mani del sacerdote sono pure, santificano ciò che toccano, lo purificano. Delle mani pure sono mani libere dall'avidità, mani attraverso le quali Dio agisce, messe a disposizione di Dio e che nello stesso tempo ricordano che sono solo strumento di Dio. Mani che non sono mai per se stesse, mani che non peccano, non vogliono il peccato. Un po' come il cuore, solo che il cuore reagisce con una propria dinamica, invece le mani sono sottomesse, ubbidienti.

Le mani innocenti sono quelle in cui c'è Dio, che non pianificano, non intendono fare né fanno alcunché di male. Le mani pure del sacerdote alzano in alto l'ostia. La purezza delle mani significa la purezza di ogni agire, questo è un po' un simbolo, «le mani» per tutto ciò che fa l'uomo.

Arriverà a Dio quell'uomo di cui ogni attività è pura. Libera dal peccato. Come fare, perché l'agire non si sporchi?

Nel Breviario c'è una risposta a questo: si invoca semplicemente Dio per una serie di volte. Penso che si debba invocare Dio prima di ogni azione. Intenzione mattutina, ma non solo intenzione: con costanza, bisogna invocare Dio in continuazione: «Dio, aiutami proprio in questa cosa, in questa concreta situazione, adesso». E solo da qui dovrebbe nascere ogni azione.

Nell'uomo un tale apparente sdoppiamento nell'agire è possibile, benché sia possibile nello stesso tempo rivolgersi a Dio perfino col pensiero diretto – nello stesso tempo prego e faccio questo o quello. Per questo però è necessaria una certa prontezza, vigilanza – bisogna impararlo, forse addirittura imporselo «a forza».

Tutto ciò che passa per la preghiera può riuscire. Dunque la purezza delle mani, dell'agire è direttamente proporzionale alla preghiera, è suo frutto. Il problema della purezza in diverse relazioni umane oggi crea una situazione tesa. Non si tratta però del senso della purezza, ma della purezza stessa. Ci sono persone che hanno il «senso della mancanza di purezza», ci sono testimonianze di santi. Uomini oggettivamente buoni e santi, si sentono impuri o non abbastanza puri. Questo senso della mancanza di purezza aiuta probabilmente a sviluppare la purezza, ci costringe a fare lo sforzo di attuarla?

La medicina contro la non purezza delle mani e in generale del corpo è l'umiltà del corpo. Accetto umilmente il mio corpo così com'è e lo indirizzo a Dio. Forse bisogna fare proprio così. Dio stesso purifica quanto c'è di impuro nell'uomo.

Bisogna tuttavia ricordare che la purezza non è necessariamente senso di purezza e il «dolore per la mancanza di purezza» può stare a guardia della purezza.

Mani pure e cuore puro. Il cuore puro quindi deve essere anche purezza dei sentimenti. Il cuore è il simbolo della sede dei sentimenti e la purificazione dei sentimenti è probabilmente un impegno per tutta la vita. Qui c'è bisogno della fedeltà nella preghiera. Nel Breviario ci sono dei testi così belli – parole rivelate. Perché esse sono, per così dire, riservate ai soli sacerdoti? Bisognerebbe introdurle in ogni vita cristiana.

20 agosto martedì

«Benedicat anima mea Dominum...».
«L'anima mia benedica il Signore...».

Il testo della riflessione è troppo lungo e mi ci sono persa. Mi sono dunque fermata semplicemente sulla prima parola, «benedicat»... Come può l'uomo benedire Dio? Con le parole? Ma quale significato possono mai avere le piccole parole umane, anche se fossero le più ferventi? «Benedicat anima»... che proporzione, o piuttosto che mancanza di proporzione: l'uomo e Dio?

Dio non ha bisogno della preghiera, ma è l'uomo che ha bisogno di lodare Dio. C'è bisogno di tirare fuori ogni cosa dal cuore umano e di rimanere nel clima della preghiera di lode, della preghiera di ammirazione. Lodare Dio con tutti se stessi. La vita umana non deve essere una somma di esperienze, ma una via verso Dio. Bisogna probabilmente cancellare tutto e lasciarci solo quest'unica adorazione? Come Maria, che si è scelta la parte migliore?

Perché in effetti per che cosa vive l'uomo?

Rifletto sul senso della vita umana.

Dalla bellezza della natura, che mi circonda in questo momento, è facile passare all'inno di lode, ma com'è difficile da una giornata normale, piena di preoccupazioni!

Con lo sguardo fisso sulla bellezza del mondo però è come se la mia meditazione si dissolvesse. Questo testo troppo lungo lo metto da parte e semplicemente guardo e recito solo il *Magnificat*.

Sera, il tramonto del sole

Non riesco a trattenermi dal fare un certo bilancio. Don Tadeusz una volta mi ha detto: «Grazie a Dio, tutto nella tua vita si volge verso il bene, rendiamo grazie a Dio per questo». Tutto si volge verso il bene non solamente nella mia vita, ma in ogni vita, perché è Dio che governa la vita.

Vorrei fare tutto ciò che un essere umano può fare, per essere vicino a Dio. «Benedicat anima mea Dominum...».

C'è in me lo slancio del desiderio
di essere vicina,
di essere una cosa sola con lui,
di afferrare qualcosa di lui,
di... ma non so esprimerlo, la povertà delle parole.

Non sono capace di descrivere l'ammirazione, la gratitudine, la consapevolezza della grazia e della bontà e dell'amore e della sua vicinanza: tutto questo non può essere contenuto in parole!

25 agosto domenica

Oggi la preghiera mi ha stancato, in effetti non avevo idea che ci si potesse stancare tanto con la tensione nella preghiera. Riflettevo sulla Provvidenza: che cosa significa e che cosa ne risulta. Se c'è la Provvidenza di Dio che «tiene d'occhio» tutto, allora l'uomo, in un certo modo, si consuma per niente in tensioni e preoccupazioni che avrebbe la possibilità, avrebbe il diritto di lasciare a Dio stesso, se avesse sufficiente fiducia.

Ho dovuto pensare alla fiducia e al bisogno di pregare per la fiducia. Non è facile affidare davvero del tutto a Dio il proprio destino e tutto quanto. Provvidenza vuol dire amore pratico, che entra nei dettagli della nostra vita. Ma come trovare il giusto mezzo per non diventare passivi e nello stesso tempo per non agitarci attorno a questioni che avranno comunque la loro soluzione? Bisogna presentare questo continuamente a Dio, perché lui governi noi e il nostro agire.

Lo strumento di Dio nell'opera della salvezza è proprio l'uomo!

Ore 12, *Angelus*.

Adesso ogni ora mi suggerisce una preghiera, ogni attimo della giornata e quindi della vita.

* * *

[Rokiciny 1963, l'originale nel quaderno è scritto a matita]

+ *Carissima Dusia,*

Mi sono portato tutto questo agli esercizi spirituali, l'ho letto per la seconda volta, ho fatto segni sui margini. Penso che tutto indichi enormi cambiamenti. Una nuova consapevolezza e co-

me una nuova personalità, che nasce dalla preghiera e poi anche dalla grazia. Hai moltissima buona volontà e moltissima luce. Sono contento che tutto questo abbia potuto costituire anche una piccola parte dei miei esercizi spirituali.

Fr.

* * *

Le vacanze terminarono. Tornai al lavoro, ma continuavo le mie riflessioni e le scrivevo, perché questo faceva ormai parte della mia giornata. Meditazioni quotidiane, così chiamerei il testo che segue, sul quale lui mi scrisse la lettera sopra riportata.

MEDITAZIONI

6 ottobre domenica

«Dirigat corda nostra, quesumus Domine,
tuae miserationis operatio:
quia tibi sine te placere non possumus».
«Chiediamo, Signore, che la tua misericordia
diriga i nostri cuori, perché senza di te
non possiamo piacerti».

Tutto con lui e in lui per la sua grazia. Mi sento come fuori dal mondo; ho l'impressione che in me ci sia un mondo diverso, non estraneo, ma semplicemente diverso, lo sento. D'altronde non so se posso dire «sento», ma in certo modo so che tutto andrà bene solo quando da questo «mondo interiore» deriverà il resto.

Forse sento la mia anima?

Non posso comprendere niente senza di lui, il che significa che ci deve essere la consapevolezza dell'agire della grazia. Dirò di più, la consapevolezza della necessità della grazia. Dio agisce in modo sorprendentemente generoso, quando l'uomo capisce questo e si apre all'azione della grazia, accumulando in se stesso quanto dovrebbe diventare sorgente di pace e di gioia per lui e per gli altri. Così semina Dio.

Dalla generosità di Dio deve nascere in noi la nostra generosità per gli altri. Deve nascere il nostro amore per Dio. Tutto dalla sua grazia, per quanto lui vuole. Bisogna quindi chiedere questo amore fervido, che ci cambia fino in fondo. Mi colpisce quando l'uomo dice a Dio «tibi», «te», «tu», ma in questo «tu» è contenuta pertanto tutta la sensazione di ciò che è grazia appunto per il fatto che possiamo così. Grazia e amore. È proprio l'amore che giustifica questo «tu».

Il suo amore, non il nostro – il nostro non basterebbe e non ne avrebbe la forza – ci ha permesso di rivolgerci a lui in tale forma, che altrimenti sarebbe un'offesa. Ma può essere anche un abuso e invece noi diciamo tranquillamente: «Tu, tu Padre, tu Dio».

E Dio ammette l'uomo così vicino a sé, in questo dialogo meraviglioso.

7 ottobre lunedì notte

È difficile trascorrere la giornata con il pensiero: «Voglio piacere a Dio». Questo ci sfugge – lo si vede solo in un esame di coscienza. Bisogna fissare quel pensiero in modo definitivo sul «piacere» e comprendere che cosa esso voglia dire, in ogni attimo della giornata.

Non si tratta neanche di riuscirci, non ci si riuscirà subito, ma importante è averne consapevolezza.

8 ottobre martedì

«In omnibus divites facti estis in illo».
«In lui siete stati arricchiti di tutti i doni».

Piove. Capisco il versetto scelto per oggi? All'inizio mi sembra sempre che sia troppo difficile, tanto da non capirlo.

«Dives», ricco.

Ricco in lui.

Durante tutto il giorno questo pensiero è passato e ripassato in me. Mi sono resa conto che, di tutti i doni di Dio – che sono tanti – praticamente il più grande è la consapevolezza di questo dono. Avrei potuto non saperlo e non lo so per merito mio: questo è il più grande dono, perché attesta la vicinanza di Dio. Niente mi avvicina tanto a lui, quanto la consapevolezza

che sono,
che sono opera sua, come tutto il mondo;
che compartecipo in quest'opera, in diversi modi
– le bambine, la gente, la professione;
che tutto il mondo davanti a me è aperto dalle sue mani;
che lui vuole dare,
che è generoso,
che è buono,
che è magnifico.

È cresciuta in me una strana sensazione: che sono nelle sue mani, che lui lo vuole e mi ama. È cresciuta in me la certezza che tutto è nelle sue mani.

9 ottobre mercoledì

«Nihil nobis desit in nulla gratia
expectantibus revelationem Domini nostri».

«...[così che] non ci manca più alcun dono di grazia, mentre aspettiamo la manifestazione di nostro Signore».

Cresce in me la fiducia nella Provvidenza.

10 ottobre giovedì

«Fiat pax in virtute tua et abundantia in turribus tuis».

«Sia pace sulle tue mura, sicurezza nei tuoi baluardi».

Che cos'è la «pax»? La serenità dell'anima? C'è in me la serenità? Mi sono convinta di sì, anche se non ne sono tutta compenetrata. C'è in fondo la serenità e se mi inquieto, è perché i nuovi modi di pensare e di essere in me non sono ancora «automatici», sono per scelta, non per abitudine, quindi ogni volta essi esigono uno sforzo cosciente per la loro realizzazione, e quando sono stanca non posso permettermi questa fatica e allora tornano gli automatismi, nei quali una volta ero ben radicata.

Penso che raggiungerò la pace in me solo quando sarò continuamente consapevole del suo significato; infatti la «pace» significa «Dio in me». Il compito dell'uomo è rendersi conto di questa verità, che Dio è in noi.

11 ottobre venerdì

Meditazioni sulla trama delle parole: che cosa è più facile, dire: «Ti sono rimessi i tuoi peccati» o dire: «Alzati e cammina»?

Rifletto sul miracolo della comunione e sull'assoluzione, sulla realtà dei miracoli, su quanto facilmente ci abituiamo a questi miracoli; e su come è difficile ritrovarli, che siano ritrovati. Quante volte l'uomo partecipa alla comunione meccanicamente!

Io lo so che l'uomo è sempre indegno, ma... all'improvviso mi sembra che forse si faccia troppa attenzione a questa indegnità dell'uomo, invece che alla grandezza del miracolo. Oggi ho detto: «Non sum dignus – Non sono degna» e, forse per la prima volta, ho sentito così chiaramente la non completezza di questo atteggiamento. Non si tratta di me, si sa che non sono degna. Questo mi fa soffrire e ne sono pienamente cosciente. L'uomo è più facilmente cosciente del peccato, che della grandezza di Dio. A questo pensiero «non sum dignus» ho aggiunto un successivo pensiero su Dio, sul suo amore, in cui trova posto la mia indegnità, in un certo modo vi si scioglie.

Mi ha illuminato ancora di più la grandezza del momento. Dal suo punto di vista mi sono resa conto che la comunione l'ho sempre vissuta fino ad ora dal mio punto di vista: io, essere umano indegno, prendo Dio. Oggi mi ha invece colpito un altro aspetto: Dio, in tutta la sua magnificenza, che è oltre la mia comprensione, mi prende, mi accoglie, perché lo vuole, fa in me miracoli, può tutto. La preghiera per le vocazioni sacerdotali mi è venuta da sola. Dispensatori di miracoli ogni giorno. Come la gente ha bisogno di voi ogni giorno, non tanto per la conversione, quanto per la vita; non tanto per l'esempio, quanto per quelle mani che portano Dio.

Le donne generano i sacerdoti,
una donna ha generato Dio – un cerchio stranissimo di misteri.

Mi si è aperto un mondo completamente diverso.

Ho pensato che non ci sono limiti ai miracoli che Dio compie per l'uomo. Dio non pone limiti. Illimitato – lui e il suo amore. È l'uomo che limita la sfera d'azione di Dio con se stesso, con la sua piccolezza, forse addirittura con la sua stupidità o con la sua rabbia. Per questo bisogna «perdere se stessi», cioè smettere di chiudere la strada a Dio con noi stessi, e allora ti avvolge questo mare di miracoli, il mare delle grazie, che è perenne.

Mi ha invaso una straordinaria consapevolezza di questa realtà del miracolo e la gioia, per il fatto che Dio ci sia e sia così.

13 ottobre domenica

Ho riflettuto su una parola: doveva essere: «Deus, Deus meus es tu, sollicite te quero – Dio, tu sei il mio Dio, con ansia ti cerco». Ma mi sono fermata su una parola, «meus».

Mio, mio Dio. Che cosa significa «mio»?

Ho riflettuto che «mio» si può dire solamente se dall'altra parte una persona ci viene incontro e lo vuole; è Dio che vuole essere mio, permette, ammette, dà. Io da sola non posso fare in modo che sia mio, anche se lo volessi e lo amassi; non posso fare in modo che qualcuno sia «mio».

Se dico: «mio Dio», allora in questo «mio» è contenuta la consapevolezza di questo miracolo che Dio dona davvero se stesso all'uomo, ogni giorno, oggi...

Se Dio è mio... allora posso dire che ho diritto a lui? Può l'uomo avere il diritto di possedere Dio?

Dio stesso dà all'uomo queste enormi possibilità – avere Dio stesso. Come fare in modo che sia davvero mio? «Mio» presuppone vicinanza e comprensione. Se lui è «mio», significa che io so qualcosa di lui, che so che cosa vuole...

che cosa gli piace,
che cosa gli dà gioia;
che cosa so io di Dio?
In questo «mio» è contenuta anche la reciprocità:
se lui è mio, io sono sua.
In quale modo?
«Mio» è la misura della vicinanza.
Voglio capire, voglio comprendere,
voglio conoscere,
voglio essere con lui.
C'è in me come una bramosia di conoscere Dio, lo voglio.

14 ottobre lunedì

«Salus populi ego sum».
«Io sono la salvezza del popolo».

Salvezza o salute? Non ne sono sicura. Ma posso io in genere pensare alla salvezza? Troppo difficile, non lo capisco.

Cristo è la verifica della salvezza. E poi di seguito per oggi:

«Te sitivit anima mea, desiderat te caro mea ut terra arida et sine aqua...».

«La mia anima ha sete di te, ti desidera il mio corpo come terra arida e assetata, senza acqua...».

Se si riflette un po' più profondamente sulla salvezza, allora è impossibile Dio non desiderarlo; mi ha trattenuto però un altro pensiero: «Caro mea desiderat te – il mio corpo ti desidera».

Il corpo?

Il ruolo del corpo...

Tranquillamente, senza traumi, per la prima volta ho pensato così alla partecipazione del corpo all'opera della salvezza.

Il corpo di Cristo, la passione, il dolore umano, il mio dolore: timidamente includo l'uno nell'altro.

Non lo so, ma sicuramente c'è qualche ruolo del dolore fisico nella mia vita. Il corpo può desiderare Dio? Sono giunta alla conclusione che può, che tutta la nostalgia del corpo per la purezza è proprio nostalgia di Dio.

Non bisogna averne paura
e non c'è motivo di non dirlo a se stessi,
a se stessi,
e anche a Dio,
che io lo desidero con tutta me stessa, anche con il mio corpo...
Il corpo è davvero la casa dell'anima.
Unione stranissima del corpo e dell'anima.

Anche l'anima vive ciò che è del corpo, e in un modo molto più profondo! L'avvicinamento dell'uomo all'uomo avviene con il corpo, però non solo con esso. Il corpo ha una piccola parte nella possibilità di vivere l'avvicinamento: la vicinanza si può realizzare più profondamente che non con l'esperienza corporale.

15 ottobre martedì

«Quia melior est gratia tua quam vita».
«Dato che la tua grazia è migliore della vita».

È troppo difficile pensare che la grazia sia migliore della vita? Questo è un pensiero molto difficile, ben radicato in me e probabilmente in ogni persona. L'istinto della vita; la vita sembra essere il bene sommo, anche per la coscienza, in cui tale gerarchia è troppo difficile da modificare.

Se però è troppo difficile, occorre pregare lo Spirito Santo affinché ci illumini. Se l'uomo pone veramente Dio al di sopra della sua vita, la tensione dell'esistenza se ne va, se ne va la fretta e appare la prospettiva dell'eternità. Ma quanto è difficile capirlo.

Una volta hai detto: *Pretiosa in conspectu Dei mors sanctorum eius – È preziosa davanti a Dio la morte dei suoi santi.* Anche questo pensiero era troppo difficile, nonostante che attorno ci fosse un bosco magnifico.

Allora avevo imparato a memoria quelle parole, ma non le avevo capite, troppo difficili: il desiderio di stare vicino a Dio in me non era maturato a tal punto da superare la misura dell'uomo. Perché probabilmente occorre un amore sovrumano, sovrannaturale, per poter desiderare Dio sopra ogni cosa e per desiderare la morte.

Per domani ho delle parole, che da sole mi escono dall'anima:

«Adhaeret anima mea tibi, me sustentat dextera tua».

«Che la mia anima aderisca a te, che la tua destra mi sostenga».

Mi sono come risvegliata, sono rinata.

Questo è vero, è la verità su di me e anche su Dio.

Questo grande vertice del triangolo: sempre tra le persone c'è Dio, che non allontana le persone; al contrario, le avvicina e le unisce. Queste parole sono la mia verità, mi riguardano direttamente e «adhaeret» è una parola molto appropriata: mi sento proprio così, «aderente» a Dio.

Camminando per i viali del parco Planty, oggi dorati, pensavo appunto a quante cose mi erano capitate. Si tratta di una ricchezza incredibile, che ho dentro di me. Non è superbia, è così difficile esprimerlo in un altro modo: sono cresciuta interiormente e ora tutto è così diverso; sento più vicina la presenza di Dio, che ci fa crescere in modo inverosimile e insieme ci dà sicurezza: «Me sustentat dextera tua – che la tua destra mi sostenga». Ho la serena convinzione, che nelle sue mani si deve stare bene. Adesso vivo così. Davvero.

Mi sveglio pensando a lui, esco sulla stupenda piazza del Mercato e recito il *Magnificat*. Non riesco a fare in tempo tutto e prego: «Aiutami»; non riesco ad aiutare col mio consiglio chi soffre per difficili problemi umani, e prego: «Prendi questa situazione nelle tue mani». Se riesco a fare qualcosa, si accende in me un'ardente gratitudine. La sera mi corico stanca, prego per avere ancora forza, per riuscire a fare bene tutto quanto devo, secondo la sua volontà.

Voglio davvero vivere di Dio. «Ogni giorno crescono in me la fiducia e l'amore». Compare però una difficoltà. Cresce in me la sensazione di una certa diversità nei confronti di altre persone, cresce il mio mondo interiore. In qualche caso questa sensazione di diversità è positiva, ma in qualche caso rasenta l'egoismo, o meglio l'egocentrismo.

Il mio mondo, il mio io a tu per tu con Dio.

20 ottobre domenica

«Qui autem perdere querunt anima meam introibunt in profunda terrae».

«Quelli che cercano la rovina della mia anima scenderanno negli abissi della terra».

Anche questo testo l'ho riferito a me stessa. Ultimamente mi sentivo «assediata dalla gente». Ho delle difficoltà: provavo paura della gente, senza che alcuno lo sospettasse e devo invece apprendere a essere fiduciosa.

Se Dio mi ama, mi protegge anche dalla gente, perché ne è capace, ne ha il potere. Non conta che mi protegga dall'avversione delle persone, non da essa mi proteggerà Dio, ma da coloro che potrebbero perdere la mia anima e quindi da quelle persone con cui potrei peccare – non dalle difficoltà della convivenza con le persone. Il Signore non è un cerotto per i graffi, penso anzi che egli permetta quel tipo di esperienze con gli altri che devono insegnare l'umiltà. Il Signore non annienterà quelli che mi irritano, mi fanno venire i nervi e non mi vogliono bene. Dio non annullerà alcun bene che è in me o in loro, mi salverà invece da ciò che è negativo o in me o in loro.

Prego, ma in un altro modo, non facile da descrivere, da un nuovo punto di vista. Percepisco la misericordia divina e attraverso di essa guardo al prossimo in modo diverso: attraverso la presenza di Dio, l'aiuto di Dio e la possibilità di un intervento sempre più profondo di Dio.

Fino ad ora non avevo mai pensato che «tocco» Dio attraverso ogni uomo.

21 ottobre lunedì

«Induite novum hominem qui secundum Deum creatus est».
«Rivestite l'uomo nuovo, creato a immagine di Dio».

Che cosa vuol dire «secundum Deum»? Come sempre, ho pensato che fosse troppo difficile, perché in fondo come si può saperlo? Poi mi sono però resa conto che so moltissime cose su questo argomento, che so nei dettagli che cosa vuol dire «creato secondo Dio»; se non agisco bene, non è perché mi manchi la conoscenza del tema sopra indicato, che mi è ben noto. So perfettamente come si devono risolvere grandi e piccoli problemi.

A volte però agisco in contraddizione con quanto so, l'esame di coscienza quotidiano me lo indica in modo sempre più preciso: so come Dio vuole che agisca, so cosa è bene, ma perché non sono capace di farlo in tutti i particolari; perché non sono capace di attuare pienamente questa direttiva? Ho vicino un esempio chiaro, convincente, eppure non so imitarlo come vorrei.

La vita interiore dell'uomo ha la sua dinamica, tutto si compie in lui a suo tempo, lentamente.

Il grano matura nel tempo dovuto, a volte bisogna solo aspettare, niente di più. Aspettare, pregando.

So che c'è in me il Signore, il mio rapporto con lui è sempre più stretto. Ho scritto «il mio rapporto» e sto riflettendo, se non ci sia in questa espressione qualcosa di scorretto: in che senso posso parlare di un «mio rapporto»? So infatti che esso è opera sua, anche questo senso di vicinanza è una sua grazia, e così questa normalità del rapporto, che è in fondo così straordinario. Io sono sempre con lui e prego non solo spontaneamente, ma quasi in modo automatico, da me la preghiera esce da sola, continuamente.

Ne sono sorpresa.

Sono incantata da Dio e dalla sua esistenza.

Dio c'è e questo decide dell'uomo, del suo destino e di tutto.

Sono tranquilla e nello stesso tempo tanto immersa in lui, che non riesco neanche a immaginare un mio ritirarmi da lui. Non sento il peso della fede, non sento l'obbligo di comportarmi secondo la sua volontà. Al contrario, questo mi risulta sempre più facile.

Prima temevo che avrei pagato la grazia con il dolore o la sofferenza. Oggi so che la grazia è in un certo modo pagata, per il fatto che è grazia. Nel concetto di «grazia» è contenuto il fatto che è un dono generoso e disinteressato.

22 ottobre martedì mattina

Per martedì ho questo testo, su cui mi sono fermata:

«Irascimini et nolite peccare».

«Adiratevi, non peccate» – qualcosa del genere.

Mi sfugge nuovamente il significato: non si tratta comunque di accettare l'ira, anche se penso che in certi momenti l'ira non sia un peccato. Penso che gli scatti d'ira possano essere «innocenti», se prima faccio di tutto per evitarli, se non mi attacco a essa, ma subito ne esco e riparo quanto con essa ho distrutto, se ne chiedo perdono: allora l'ira può diventare una strada verso l'umiltà; tuttavia essa non deve essere un metodo, anche quando è giusta.

23 ottobre mercoledì, ore 23

Dovrei forse nella fede mettere e apprendere qualcosa di nuovo? Essa è in me un fatto così semplice, così nello stesso tempo «non conquistato a fatica»; non sento il bisogno di alcuna ulteriore formazione religiosa e invece sento un enorme bisogno di preghiera. Quando per un attimo la mia mente è libera dalle questioni umane, automaticamente si dirige verso Dio.

Non è del tutto così – perché in fondo anche gli affari umani li vivo, per così dire, dalla parte di Dio – come se aiutare un paziente significasse semplicemente aiutarlo ad arrivare a Dio.

Il problema di portare aiuto al prossimo, questo è il problema del consultorio. Quanto più mi occupo di «educazione», tanto più vedo che non si tratta di questo, che il centro di gravità non è qui, non è la scienza, ma il riferimento a Dio. Il sapere da solo non può aiutare. Le donne che uccidono i loro bambini lo faranno ancora, se in loro stesse non cambierà qualcosa. Non c'è in loro una motivazione, manca un punto di riferimento.

Sono sempre più convinta che qui si tratti di un problema di quella che chiamiamo «vita interiore», «essere in confidenza con Dio». Bisogna insegnare agli uomini l'amore verso Dio, o meglio convincerli che il Signore li ama; i peccati cessano da soli, se l'uomo vuole fare tutto con Dio.

Man mano che guardo più da vicino questi problemi, vedo le cose in modo diverso: una donna che prega non uccide il suo bambino. Una coppia che capisce che cosa voglia dire il sacramento del matrimonio è capace di praticare l'astinenza sessuale, ed è capace di liberarsi dall'egoismo.

Un altro mondo si apre allora davanti all'uomo. Ma come avvicinare Dio agli uomini? Ci penso sempre più spesso, sempre di più prego per quelli che sto aiutando.

Come trasmettere la fiducia agli uomini infelici, sofferenti, che non vedono altro che il dolore in cui sono immersi?

Rifletto sulla sofferenza. Il mondo è infatti immerso nel dolore, di vario genere; il dolore porta l'uomo alla solitudine; il dolore che sembra essere senza limiti, chiude l'uomo nel cerchio della solitudine, lo immobilizza su se stesso ed è come se gli chiudesse la strada sia verso Dio sia verso gli uomini.

Nel dolore si sviluppano l'amarezza e la ribellione. Quando la crosta dell'amarezza si fa spessa, è difficile arrivare al cuore dell'uomo, alla sua anima, la sofferenza sembra portare l'uomo alla perdizione.

La cosa più difficile è comprendere la sofferenza alla luce dell'onniscienza di Dio, perché sembra che Dio condanni l'uomo a una sofferenza, che solo lui sa che verrà e che tuttavia permette. Il problema più difficile da capire è appunto la sofferenza, che si incontra ovunque, intorno a me e in me!

Non possiamo capirla, dobbiamo accettarla, ma come accettarla, se sembra al di là delle nostre forze? Il senso della croce non lo si può conoscere, anche se esso deve esistere. Tuttavia, in questo mare di preoccupazioni che dominano il mondo, il destino del singolo perde quasi significato.

L'eccesso della sofferenza disumanizza quasi l'uomo. Dentro di me c'è il ricordo di cuori induriti dalla sofferenza, di persone che maledicevano Dio e gli altri, di uomini offesi oltre ogni misura, tanto da non potere ritrovare il senso della sofferenza. Cuori impietriti, come un deserto senza acqua, senza lacrime, senza lamenti, si seccano del tutto, e non solamente i cuori freddi.

Quando l'uomo non spera più niente, non ha più alcuna eco, non ha più corde per accompagnare un canto lamentoso di disperazione. Il cuore umano è ormai pietra e il cielo sta a un'altezza irraggiungibile, nell'aldilà.

Erano senza ritorno, non avevano davanti a sé alcuna strada, andavano in un posto, dove con il fumo finiva la loro marcia funebre. Morivano così, senza una parola di lamento, senza capire alcunché. Ma qui hai detto: *La sofferenza degli innocenti è il più grande mistero di Dio, non si può comprenderla, bisogna solamente accettarla.*

26 ottobre sabato

«Inclinate aurem vestram».
«Porgete il vostro orecchio».

Ascoltare le parole di Dio vuol dire assorbirle in me stessa, vuol dire realizzare la parola nell'azione, includervi tutta me stessa...

Mi impegno in una grande ricerca delle parole di Dio, nella loro profonda comprensione e realizzazione. Anche se penso in modo sbagliato, mi sforzo tuttavia di capire. C'è sempre una certa frattura tra la parola ascoltata e la sua realizzazione.

27 ottobre domenica

La giornata di Cristo Re. Re è colui che decide di noi, il che garantisce un enorme sollievo.

28 ottobre lunedì

Non mi inquieta neppure il fatto di non essere grata. Il Signore non elargisce doni all'uomo per ottenere gratitudine, ma perché lo ama e il suo amore è assolutamente disinteressato. Essere coscienti dell'amore di Dio ci costringe però alla gratitudine, che ci obbliga ad amare, e si crea così la catena dell'amore. Più c'è amore e più c'è gratitudine; più c'è gratitudine, e più c'è amore. Non si tratta quindi di fermarsi alla gratitudine; essa infatti, per così dire, porta frutto.

Come potrei manifestare gratitudine? Un tempo avrei probabilmente ricambiato con cose straordinarie, la cui offerta avrebbe dato soddisfazione anche a me. Oggi penso che lui sappia benissimo come posso ricambiare e dono semplicemente tutto, tutta la mia vita nel suo quotidiano scorrere, ora dopo ora, giorno dopo giorno, situazione dopo situazione; in ognuna includo la preghiera e voglio realizzare la sua volontà.

29 ottobre martedì

Riflettevo sul mio lavoro attraverso il prisma della passione di Cristo. È un pensiero frequente, continuamente diverso e sempre più consapevole; in piena consapevolezza accolgo il mistero dell'Amore, un amore che arriva molto lontano, alla passione dell'unico Figlio. Questo è molto difficile, molto incomprensibile e più mi immergo in questo tema, meglio percepisco la preziosità di ogni uomo da lui redento.

Il valore dell'uomo. Non è possibile dire come, ma in un certo modo capisco sempre di più sia il dolore della passione sia la gioia della redenzione. La gioia di Cristo sofferente e non dell'uomo redento. In quell'orribile momento della passione doveva infatti esserci in lui anche la gioia della consapevolezza degli effetti di quella passione, la gioia del senso della sofferenza per amore; il senso è radicato nell'amore. Quale contributo può dare in questo l'uomo, gravato appunto da questo debito? Il prezzo di ogni goccia di sangue!

Oggi capisco che l'espressione «preziosissimo sangue», che una volta mi sembrava retorica, viene dallo sforzo di trasmettere qualcosa di inesprimibile, il prezzo del sangue di Dio. Neanch'io trovo parole adeguate, ma al di là delle parole cresce in me la consapevolezza. Oggi ho pensato tutto il giorno a come l'uomo possa diventare degno della redenzione, pur restandone sempre indegno.

È chiaro che c'è sempre un abisso tra me e Dio, ma esso è annullato dal prezzo straordinario del suo sangue, dal sangue del Figlio di Dio. Io posso amare Dio perché la strada è ora percorribile, perché tutto è «pagato» con il suo sangue.

1° novembre venerdì

Durante la messa serale pensavo al mistero dell'eternità. Comprendo la necessità e la normalità quasi dei misteri. È chiaro che ciò che riguarda Dio debba essere grande e misterioso, questo mi sembrava comprensibile. Ho pensato a quale luce e a quale gioia il sacerdote debba ricevere dalla celebrazione della messa.

«Reconciliare omnia – riconciliare ogni cosa con me stessa», raccogliere me stessa attorno a lui, integrarmi nelle cose di Dio. L'uomo in se stesso è disintegrato e la sua disintegrazione si acuisce, quando si allontana da lui. Tutto ciò che è contro Dio è anche contro l'uomo, contro la sua integrità interiore. L'integrità dell'uomo sta nella fiducia e nella pace. Dio infatti dà la pace, una pace che non è né impoverimento né diminuzione dell'uomo, ma una pace che apre a un nuovo immenso mondo tutto interiore, a una ricchezza incredibile.

Il concetto di «eternità» è incomprensibile, inimmaginabile. Mi sono resa conto però che, se l'uomo dovesse stare «faccia a faccia» con Dio, il ruolo del sacerdote sarebbe finito, dato che la sua missione è appunto portare l'uomo a Dio.

Don Tadeusz mi ha scritto: «Che il regno di Dio cresca in te». Esso cresce, lo so, anche se è difficile comprendere come questo avvenga, tuttavia so che cresce, cresce in continuazione.

* * *

La messa l'ho vissuta con un'enorme commozione e concentrazione. Il sacerdote ha fatto una bella predica sulla santità, con parole semplici, normali e trasparenti su Dio. Durante quella messa continuavo a pensare all'eternità, al fatto che la fede in Dio, pur non essendo razionale, dato che supera la ragione, non la cancella; capisco anzi la necessità e la «normalità» quasi dei misteri.

Ho pregato, ma in modo diverso dal solito, senza alcuna

parola, praticamente senza temi, ma senza che questo fosse accompagnato da un senso di stranezza né di eccitazione; al contrario, questo mi è sembrato molto semplice, normale, ovvio e chiaro, perché era semplicemente il senso della presenza di Dio.

Ho scritto «semplicemente», ma non si tratta di un fatto semplice, perché l'uomo raggiunge questi momenti dopo un lungo cammino. Ho vissuto la comunione, l'unione con Dio – questo non è un simbolo, ma un fatto. Come l'uomo stesso si autolimita! Là, in chiesa, dopo la comunione, ho avuto una sensazione di infinito, quasi un senso di quell'eternità, su cui non sono capace di meditare. Ho avuto l'impressione di essere una persona nuova, di non esistere al di fuori di lui.

In chiesa ho avuto pace, ma subito dietro l'angolo ecco l'inquietudine; come si può avere un tale contrasto? In fondo so tutto ciò, eppure... Si tratta di una scuola di umiltà, questo contrasto tra quello che l'uomo vorrebbe essere e quello che è ogni giorno; l'uomo si vede in modo sempre più chiaro, sempre più preciso e sempre di meno piace a se stesso. In compenso però cresce il senso della presenza di Dio e della sua vicinanza. L'illuminazione divina... Contemporaneamente vedo il grande destino dell'uomo, al quale Dio dona se stesso – il mistero dell'amore di Dio.

Il rapporto dell'uomo con Dio, il dialogo con lui;
l'intesa;
la vicinanza, l'unione.
Come cresce l'uomo in tutto questo!
Notte.
Da qualche parte, non si sa da dove, viene fuori l'ansia, una paura irrazionale.
Della morte?
Della vita?
Del destino?
Non lo so – una paura orribile e incontrollabile.

Leggo le mie parole rotonde, piane, piene di fiducia, che in fondo erano la pura verità. Come sfugge facilmente allo sguardo dell'uomo la verità più evidente! Perché ho esitazioni? Perché dubito, perché tutto mi sembra irreale? Perché mi sento perduta?

* * *

Oltre la finestra la piazza del Mercato illuminata come in una favola: fantastica. Ma in me tutto crolla, tutto trema, tutto è indebolito; scrivo questo però e lo confesso e questa è la mia medicina, trovo una via d'uscita dalla situazione in questo quaderno; scrivo semplicemente, perché confido così di liberarmi dalle mie apprensioni, se le confesso. L'atmosfera del momento non può distruggere nulla, la paura non può essere peccato.

Come costringere il Signore a darmi fiducia?

Mi è passata... Ho sorriso a questo ultimo pensiero e da questo sorriso è nata in me la pace... una reazione infantile – «costringere il Signore»!

La pace mi è venuta attraverso la paura, ma c'è in me anche un po' di sorpresa: perché questa paura? Da dove viene? Che essa aumenti il desiderio della vicinanza di Dio?

Penso. Cerco di pensare con calma a come la fiducia si verifichi attraverso l'inquietudine. Non si può metterla alla prova nel silenzio senza titubanza. Non importa che io abbia paura – della morte, dell'inferno, della vita, io stessa non so di che cosa. Non importa che io abbia dei dubbi. Il Signore è di certo ugualmente con me. La fiducia non può essere superficiale, deve essere profonda, fino in fondo, più profonda delle reazioni irrazionali e deve penetrare bene in me.

Penso alla fiducia...

Mi calmo, anche se il cuore mi batte forte, e dico il nome di Cristo come una formula magica.

Ma non è magia, è la mia realtà; in me c'è solo inquietudine, dal mio io viene solo inquietudine, la pace viene solo da Dio e si trova in Dio.

Sono stata forse troppo sicura della mia pace? Ne ho gioito troppo?

«Ad te omnis caro veniet – A te ritornerà ogni corpo». La fine infatti sarà questa: il ritorno a te; Signore, perché allora tanta inquietudine? Questo infatti è l'annuncio di miracoli.

3 novembre domenica

«Si iniquitates observaveris, Domine, quis sustinebit? (...) Quia apud te propitiatio est, Deus Israel. De profundis clamavi ad te Domine, Domine exaudi vocem meam».

«Se consideri le colpe, Signore, chi potrà sussistere? (...) Ma presso di te è il perdono, Dio di Israele. Dal profondo a te grido, o Signore; Signore, ascolta la mia voce».

Sento davvero che questa è la mia verità. Se Dio fosse solo giusto... È difficile parlarne, ma egli è anche buono, paziente e ama. Quando mi sento del tutto abbattuta, so che bisogna semplicemente aspettare. «Con la vostra perseveranza salverete le vostre anime».

4 novembre lunedì

«Qui coepit in nobis opus bonum».

«Colui che ha iniziato in noi l'opera buona».

Un'altra testimonianza dell'amore di Dio per noi è il fatto che vuole, che si degna di agire in noi, dunque tutto va bene, basta aprirsi all'azione della grazia. Non esiste altro modo che la sua grazia – si occupa dell'uomo, di ogni uomo. È una fortuna, che io sia nell'orbita della sua grazia. Dalla consapevolezza che Dio agisce in me vengono fiducia, paura e timore contemporaneamente.

La fiducia... si ha perché se è lui che agisce, tutto andrà per il meglio; si ha poi paura di rovinare tutto, di potersi anche solo minimamente allontanare; il timore perché «non sum dignus».

Tutto però si è molto semplificato in me.

* * *

«Et hoc oro, ut caritas vestra magis ac magis abundet in scientia et in omni sensu».

«E prego per questo, affinché la vostra carità si arricchisca sempre più in conoscenza e in ogni genere di discernimento».

Io stessa appunto ho pregato per questo, per questa pienezza d'amore, perché l'anima possa sempre di più e di più e di più. Posso però essere vicina a Dio più di quanto sono? Cioè non in senso generale, ma nel momento attuale. Tutto nell'uomo matura e non ci possono essere salti: prima la semina, poi i frutti. È vero. Una volta questo provocava in me rabbia, ribellione, tensione e disperazione. Oggi guardo a questo con serenità.

Occorre aspettare il proprio momento.

* * *

Giudico velocemente e in modo immediato, ma vedo già che di questo pensiero bisogna trattenere solo una parte: l'esattezza del giudizio e addirittura la severità del giudizio; bisogna però aggiungere che non sono io che devo giudicare e che bisogna prima osservare le cose da ogni punto di vista, per scorgerne il valore effettivo; occorre cioè vedere l'uomo che sta dietro le apparenze, l'uomo che intendeva riuscire in qualcosa, ma ha fallito, quell'uomo che ha un'anima e per il quale Cristo ha sofferto, come per ogni altro uomo – e allora la stessa severità del giudizio diventa diversa.

6 novembre mercoledì

«Qui timent Dominum sperant in eo».
«Confida nel Signore colui che lo teme».

Non ho paura di Dio, ne avevo paura una volta, avevo paura della sua giustizia e avevo paura anche del suo amore, che mi avrebbe assorbito fino in fondo. Oggi ho paura solo di perdere Dio, tremo per l'ansia di poterlo offendere o di non piacergli. Ma ho paura sufficiente a garantire la qualità delle mie azioni?

Penso di averne troppo poca. In teoria so, capisco cosa sia questa paura, che in effetti non è paura, ma un enorme rispetto; praticamente però non agisco sempre come dovrei alla sua presenza, di fronte alla sua divinità, o meglio al cospetto della sua «maestà» – non sempre.

Faccio l'esame di coscienza. Il controllo dei pensieri, dei desideri, delle parole, non solamente delle azioni, perché tutto questo è chiaro davanti a lui. La conseguenza della semplice fede in Dio deve essere la consapevolezza prima di tutto della sua presenza continua, senza sosta.

Penso che l'uomo non pecchi mai per mancanza di fede, perché la fede è una grazia che l'uomo riceve; pecca invece per la mancanza di un serio ragionamento sul fatto della fede e per mancanza di una coerente realizzazione.

Non ho mai smesso di credere in Dio, eppure sono vissuta centinaia di volte, come se Dio non esistesse. Forse una donna in qualche modo ha più difficoltà a «inserire» la fede nella ragione?

Adesso sono pienamente consapevole di Dio, in tutta evidenza. Allo stesso tempo non posso non vedere da dove venga questa evidenza – anche questa è grazia.

«Sperant in eo», questo è evidente, non esige riflessione, questo è semplicemente da accettare. Si moltiplicano la gratitudine e la fiducia, come conseguenze della consapevolezza della presenza di Dio. È un continuo ritorno al pensiero che lui c'è, è per noi, niente esiste senza di lui.

Prego, perché questa consapevolezza della presenza di Dio non mi opprima, ma mi purifichi.

* * *

«Da sermonem rectum in os meum, ut placeant verba mea».

«Fammi parlare in modo retto, perché le mie parole ti siano gradite».

Quante parole inutili ho detto?

Quante volte ho detto parole in se stesse innocenti, che però diventavano inopportune in rapporto con la presenza di Dio?

Occorre sorvegliare le parole, ma come fare? Bisogna ottenerlo con la preghiera, proprio così: «Da, da sermonem rectum», da sola non ne sarei capace. Ho dei rimorsi di coscienza per quello che ho detto, per lo stile, per la forma, per il tono, per il modo. Quante accentuazioni si possono mettere su quest'unica cosa.

Abitudini, giudizi, i consueti discorsi sulle persone, ai quali non vale la pena di opporsi o forse nei quali anch'io in qualche modo «ho provato piacere».

8 novembre venerdì

«Tu es, Domine, fortitudo mea... quare tristis incedo?».

«Tu sei il Dio della mia difesa... perché me ne vado triste?».

Sono triste. Eppure hai scritto proprio così: «quare tristis incedo», appunto. Mi tormenta il fatto che sono troppo poco preoccupata di Dio e troppo preoccupata di me stessa. È questo il problema.

Non devo disperarmi per la mia imperfezione. Bisogna far propria la verità che è Dio la forza dell'uomo. Vuol dire che posso attingere a lui a piene mani sempre e posso sempre contare sul suo aiuto. Da questa verità viene una pace profonda. Queste verità profonde tuttavia sfuggono alla consapevolezza umana. C'è la tendenza ad appiattire i problemi. Del resto forse questa è una colpa solo mia, forse gli altri non ruotano così facilmente intorno a se stessi.

Chiedo l'aiuto di Dio, perché io sia capace di non andare dietro alle mie reazioni, ma dietro alla sua verità.

10 novembre domenica

«Amen dico vobis, quidquid orantes petitis, credite quia accipietis et fiet vobis».

«In verità vi dico: tutto quello che chiederete nella preghiera, abbiate fede di ottenerlo e vi sarà accordato».

C'è pace in questo. L'uomo sicuramente può migliorare, se lo chiede nella preghiera; il Signore sicuramente lo ascolterà, lo sappiamo per certo. Ma...

Allo stesso tempo bisogna capire che il Signore ascolta sicuramente le nostre preghiere a determinate condizioni: quella del tempo, cioè a suo tempo: è Dio che sceglie il momento giusto, e non quando lo vuole l'uomo; quella del modo, che può essere completamente diverso da come lo immaginiamo noi.

«Chiedete con la preghiera»: ma come?

«Emitte lucem tuam et veritatem tuam».

«Fa' scendere la tua luce e la tua verità».

Non medito, ma prego perché venga la luce, la conoscenza della verità di Dio. Conoscere la verità, questo è grazia.

«Exurge Christe, adiuva nos (...) linguam refrenans temperet ne litis horror insonet».

«Cristo risorgi e aiutaci (...) perché l'uomo freni con moderazione la lingua e non risuoni l'urlo del litigio che incute terrore».

Da qualche tempo rifletto spontaneamente sulle parole, sul linguaggio; un campo dove domina la debolezza umana.

Ore 23, sono tranquilla e nel profondo silenziosa, ma ho tuttavia dei rimorsi di coscienza per certe parole, che solo per una sottigliezza possono essere buone e per altre, quasi uguali, che già suscitano rimorsi di coscienza.

«Sermonem rectum», un discorso retto, sono in una fase in cui parlare mi è difficile, più facile sarebbe stare in silenzio; non si tratta però del silenzio ma del parlare; come avviene con la purezza, che si ha per un pelo e anche lì non si tratta di passività, perché la purezza per mancanza di azioni è di dubbio valore; lo stesso vale per il parlare: è dubbia la purezza del parlare di chi tace.

Per il momento però non riesco a trovare una via di mezzo. Quando sto in silenzio, mi sento artificiosa e sconfitta, invece quando parlo le parole mi sembrano inopportune nei confronti di Dio. Non nei confronti della gente: la gente spesso non vede e non sente niente di inopportuno, non si può misurare questo in base alla gente. Forse la cosa più facile è parlare con i pazienti, perché durante il colloquio semplicemente prego, affido la questione direttamente a Dio, questa è già un'abitudine acquisita. In quello che dico ai pazienti c'è Dio, almeno qualche volta. Ma il resto, le altre persone e soprattutto i colleghi, sono la parte più difficile per me: barzellette, critiche, maldicenze, cattiverie...

Mi si spezza il cuore, quando mi rendo conto di tutto questo male, in qualche modo questo mi fa particolarmente male. Mi è difficile. Forse mi è difficile introdurre subito Dio in tutti quei discorsi. Bisogna sempre parlare, come se Dio stesse lì accanto. Ma questo è il tema di domani: «Linguam refrenans temperet, ne litis horror insonet – Perché l'uomo freni con moderazione la lingua e non risuoni l'urlo del litigio che incute terrore». Ho anche un secondo tema: «Exurge Christe, adiuva nos – Cristo risorgi e aiutaci». Da alcuni giorni rifletto sulle parole, sulla lingua, sul linguaggio, soprattutto durante l'esame di coscienza.

È ora questo il problema centrale di cui mi occupo, prima non lo vedevo. Prego con ardore Dio di aiutarmi. In parte questo dipende da me, ma quello che vedo che è da fare, lo faccio; sicuramente però tante cose continuo a non vederle, così come per lungo tempo non ho visto questo.

«All'inizio era il Verbo»: anche questa è una riflessione sulla parola, che cosa ne capisco?

14 novembre giovedì notte

Oggi non ho meditato, me ne è mancato il tempo; mi ha completamente occupata l'ascoltare una paziente. Per tutto il tempo ho pensato a come aiutarla. Più di tutto avrei voluto far dire una messa per lei, adesso reagisco così, cerco l'aiuto di Dio, ma esamino anche la situazione dal punto di vista umano e cerco di capire che cosa si può dare alla gente.

Una povera creatura confusa, un'isterica egocentrica, che potendo tenersi il marito, che la tradisce, inconsciamente fugge nella malattia. Senza un lavoro, senza una formazione professionale, con un senso enorme del torto subìto chiama il figlio e il marito «le due pietre».

L'ascoltavo, l'ascoltavo, tenendola pazientemente per mano, poveretta. Non di quella povertà, che investe una persona e in qualche modo addirittura la innalza, ma di quella povertà che distrugge l'uomo dal di dentro, di quella che l'uomo stesso si attira addosso e sotto la quale crolla.

Non so, però, se riuscirò a raddrizzare tutto ciò e ad aiutarla. Dovrei aiutare anche quei due uomini, il figlio e il marito: un quadro deleterio. Più che parlare, l'ascoltavo e per tutto il tempo pensavo a quelle parole da meditare: «Linguam refrenans temperet».

È difficile elaborare un modo di parlare, che possa piacere pienamente a Dio, so che anzi senza il suo aiuto è impossibile; allora ho pregato: «Adiuva nos».

Per domani ci sono i due testi: «Et libera nos propter nomen tuum e Visum fovendo contegat, ne vanitates hauriat – E liberaci per il tuo nome; che il nostro sguardo ci protegga con cura dalle vanità». Accanto c'è scritto: «E al contrario saper guardare e in tutto vedere molte cose».

Il testo per la riflessione dell'indomani me lo scrivo sempre alla sera e ci rifletto subito per un momento; nel silenzio notturno è più facile trovare il raccoglimento che non più tardi, nel chiasso della giornata.

Mi preoccupa sempre come comportarmi con le altre persone; è venuta da me una suora con cui ho usato parole dure, sono stata dura con lei, pur senza volerlo, ma ho ritenuto necessario comportarmi così. Come fare a trasmettere con dolcezza delle verità dure, univoche?

Eppure Cristo non era mai duro, ma c'erano in lui e in quello che insegnava delle cose dure e irremovibili nella loro durezza: si tratta delle cose fondamentali, con le quali a volte mi sono scontrata fino a farmi male. E tuttavia sapevo che erano buone – e quella durezza, e quel dolore e quella necessità della durezza in sé e per sé.

Come fare?

16 novembre sabato

«Ut semper ad tuam iustitiam faciendam nostra procedant eloquia, dirigantur cogitationes et opera».

«Che in noi le parole, i pensieri e le opere siano sempre rivolti a fare la tua volontà».

Non ho avuto un attimo di tranquillità, per riflettere su un tema così importante per le mie necessità, ma un giorno ci tornerò sopra. Infatti su questo faccio una fatica enorme, per inserire tutto, «eloquia, cogitationes, opera», nella corrente di Dio. Questo è il problema fondamentale: come immettere sui nuovi binari di Dio l'attuale vita caotica delle persone, come ritrovare chiaramente la gerarchia di Dio nelle cose?

La riflessione mi impegna tutta, perché non si tratta più di aggirarmi in pensieri semplici, ma si tratta di avvicinarmi in modo autentico a Dio. Questa è la via verso Dio – il pensiero umano: come possiamo avvicinarci in un altro modo? La riflessione dovrebbe condurmi a questo. Non si tratta di eccitarsi per le possibilità del ragionamento umano, ma di farne oggetto di preghiera. Forse bisogna anche frenarlo un po' questo flusso disinvolto di pensieri, perché il tema della meditazione di ieri era appunto che «i pensieri devono servire per operare la giustizia di Dio».

18 novembre lunedì, ore 24

Non riesco ad avere il tempo sufficiente; tuttavia per non arrendermi, per non rassegnarmi, per dimostrare a me stessa che non devo avere fretta, che il tempo lo devo trovare, prego lo Spirito Santo di aiutarmi,
di consigliarmi,
di rendermi coraggiosa,
di darmi tutti i suoi doni.

È semplice infatti: avrò tutte le forze necessarie, se quello che farò sarà secondo i piani di Dio. Ho sempre più impegni di lavoro e non vedo altra soluzione.

Per tutta la giornata – una giornata un po' sfortunata, come se tutto mi andasse storto – ho cercato di mantenere la calma. In tutta quella fretta ho cercato di mantenere il silenzio del raccoglimento.

19 novembre martedì

La giornata è stata pesante come piombo, ma «benedicam te in omni tempore – ti benedirò in ogni tempo»; vuol dire che l'atmosfera della giornata non conta, in ogni difficoltà e in ogni brutto momento ti voglio lodare. Basterà l'intenzione?

Penso che proprio nel momento della stanchezza e dello sfinimento ci sia bisogno della preghiera di ringraziamento, che assicura una rinfrescata e distacca lo sguardo dalla frammentarietà della visione prodotta dalla stanchezza. Non ci vuole niente a pregare, quando la preghiera si alza da sola, come un inno, dall'anima umana; come invece pregare, quando la preghiera non viene spontanea, quando in un certo modo non ci si può distaccare dal peso dell'esistenza, quando l'uomo sembra abbattuto fino in fondo?

Quando nell'anima non c'è niente che aiuti, quando in più l'atmosfera è contraria alla preghiera stessa, solo allora essa è più profonda – libera dallo slancio dei sentimenti, indipendente dal fluttuare degli stati d'animo – è la preghiera di una volontà tutta concentrata in quell'unico intento.

Notte

Trascrivo il testo per domani: «Dominus regit me et nihil mihi deerit – Il Signore è il mio pastore, non manco di nulla». Accolgo in me questo testo. E questa è la mia ascesi, che ogni pensiero che mi viene lo colloco accanto a queste parole, ogni pensiero deve concludersi qui.

Mi sono resa conto del fatto che in effetti ora il mio primo compito è la fiducia, se così si può dire; i testi delle meditazioni conducono a questa meta, per questo cerco di afferrare il senso, approfondire il contenuto, avviarmi incontro ai risultati. Nello stesso tempo questo mi riesce inaspettatamente facile: come non avere fiducia in un tale Dio?

Ho scritto «tale», come se fossi capace di sapere qualcosa di lui – ma lo so davvero.

In me c'è davvero una visione dell'indefinito – so bene che non posso sapere, tuttavia lo so.

So che egli non è contenuto in alcun limite né in alcuna misura né in alcuna rappresentazione, eppure io me lo immagino in qualche modo, pur senza rappresentazioni, dirò di più, non ho bisogno di alcuna rappresentazione, non sento il bisogno di una precisazione, di una restrizione. Proprio in questa smisuratezza ritrovo Dio.

Dico «io», ma ho la consapevolezza del fatto che non sono io, ma è lui, e questo è stranissimo.

Ho riflettuto sul mio cammino verso Dio, un cammino strano: come potrei esprimere la mia gratitudine per esso?

«Quare deprimeris anima mea, et tumultuaris in me, spera in Deum».

«Perché ti deprimi, anima mia, e ti agiti in me? Riponi la tua speranza in Dio».

21 novembre giovedì

La piccolezza dell'uomo causa inquietudine, bisogna dunque sopportare noi stessi nell'umiltà. Semplicemente *trovare il cancello dell'umiltà.*

È venuta da me una ragazza giovanissima, di diciotto anni, che vive con un uomo che ha quindici anni più di lei. Oggi si è ubriacato e l'ha presa a calci; è arrivata insanguinata, con la faccia gonfia, un labbro spaccato, i capelli appiccicati; o Dio, che facciamo con il tuo amore?

Non ho detto nulla, le ho accarezzato la testa dai capelli tagliati corti e ho pregato la sua santa patrona. Questa visita medica è stata strana; non ho prescritto alla ragazza alcuna medicina e neanche mi sono sforzata di «darle una regolata», mi faceva pena. Piccola creatura umiliata e offesa – che importa che non sia pienamente consapevole del torto che subisce? Una situazione che rende tutto più tragico.

Ho pregato per lei, che non sapeva nemmeno di poter pregare.

24 novembre domenica

Un colloquio con due coniugi, tra i quali si è creato un abisso; vedo però un carico di buona volontà, per cui lentamente il rapporto dovrebbe stabilizzarsi. Lei alla fine mi dice: «Lo so che è colpa mia, che lui non sappia niente di me, che mi ami in modo diverso da come sarebbe necessario; non mi sono fatta conoscere, invece di aprirmi a lui con dolcezza ho reagito con rabbia ostinata, sono stata cattiva e caparbia per delle sciocchezze, che sono diventate alte come montagne. Così è tuttora, anche se in fondo mi impegno a migliorare la situazione, ma non sono stata aperta con lui. Quanto devo cambiare me stessa!».

Questo è un bene, è il giusto punto di partenza, quando lei e lui dicono: «Devo cambiare me stesso» (ma in genere si esprimono diversamente: «Tu devi cambiare»). Quando si dice: «Io devo cambiare, è colpa mia», allora c'è una possibilità di successo, perché l'uomo è libero e può cambiare se stesso.

La grazia ci cambia più velocemente di quanto facciamo noi stessi, ma anche questo succede col tempo.

25 novembre lunedì

Mi rivolgo a Dio – cosa che assolutamente non sapevo fare; adesso mi rivolgo a lui per ogni problema, sempre più spesso, con sempre maggiore coraggio, con sempre maggiore semplicità e sicurezza. Cresce in me la fiducia e per me è chiaro che, nelle mani di Dio, tutto procede bene.

Cerco continuamente Dio, ma in verità non lo cerco, perché c'è. Lo invoco però continuamente, per ogni problema mio o di altri.

«Meditor nocte et scrutatur spiritus meus – Medito di notte e il mio spirito scruta». Queste parole sono una risposta ai miei dubbi, che si riferivano al problema della quantità degli impegni e alla mortificazione del corpo – è un problema fondamentale per curare le nevrosi e le persone disordinate, nervose: c'è un certo bisogno di mortificazione e c'è il silenzio notturno, che favorisce il raccoglimento.

La mortificazione ha un suo fine e un suo senso, ma esige un dono straordinario di prudenza e di moderazione, onde evitare che ci siano sia scalpore sia inquietudine. Quante volte la mortificazione suscita inquietudine ed è contraria al progresso dell'anima! Come realizzare questo programma? La mortificazione veramente produttiva sta in ogni giornata, è accettare la giornata, con tutto ciò che essa porta e accettarla tranquillamente: questa è la mortificazione positiva.

Per domani: «Sancta est via tua – La tua via è santa». Che cosa so della santità? Facevo la fila per comprare la carne, e pensavo che cosa vuol dire e se io so veramente che cosa significa «santo». In riferimento a Dio.

Se penso a un uomo santo, penso subito al fatto che è rivolto verso Dio, ma la santità stessa di Dio, ne potrei avere una qualche idea?

Penso che dicendo «sanctus» non sappiamo che cosa voglia dire di preciso. Forse non posso semplicemente capirne nient'altro, se non che è oltre la mia comprensione. Quando penso al termine «santo», in realtà voglio esprimere qualcosa di inesprimibile, qualcosa che è al di là di tutto.

La parte successiva di questa frase, che cosa ci sia al disopra di Dio, è invece semplice e la capisco, è una conseguenza della prima parte: la santità è qualcosa di grandissimo ed è chiaro che la persona, che è santa, è al di sopra di tutto; capire questo non mi crea difficoltà. Capisco che di Dio diciamo il «Santissimo», questo è chiaro.

Fino a mezzanotte ho avuto un duro colloquio con dei ragazzi su un tema molto difficile – sono profondamente coinvolta nei loro problemi, in quelli difficili del prossimo... Come risolverli?

28 novembre giovedì mattina

Piove, c'è una nebbia fitta e non ho voglia di alzarmi, ma ho promesso di intervenire subito al mattino, per una nostra impiegata anziana. È malata, vecchia e abita in uno sgabuzzino sotto le scale.

Mi alzo, sono triste perché lo faccio a forza, senza un briciolo di entusiasmo. Ho perfino un pensiero, di cui mi vergogno; penso: perché devo correre io dietro a questa cosa, quando nella clinica lavorano moltissime altre persone ugualmente interessate a essa?

Mi vergogno di questo pensiero e recito il *Confiteor*; ma mi preoccupa l'origine di questo pensiero e mi scruto.

Forse è la stanchezza? Oppure una nascente freddezza del cuore?

Prego con l'inno mattutino, le *Laudes*, e penso che l'uomo abbia una lunga strada da percorrere, perché il contenuto delle parole delle preghiere diventi contemporaneamente un preciso contenuto della vita di ogni giorno.

«Redemisti brachio tuo populum tuum».

«È il tuo braccio che ha salvato il tuo popolo».

Domani è venerdì e ho la meditazione sulla passione del Signore. Non so bene come farla – rifletto in modo frammentario. Adesso, nel silenzio della notte, penso in modo più organizzato; di notte mi piace pensare in silenzio al Signore. Una volta i miei pensieri notturni spesso erano cattivi, se non esplicitamente, in modo indiretto, attraverso il loro potere distruttivo. Adesso indirizzo tutto a Dio, in realtà non lo faccio io – si verifica per un processo spontaneo.

Sento in questo la grazia, non può avere altro nome. Ora domino più facilmente i pensieri, mi sono abituata a meditare, recito il Breviario, che mi assicura un ritmo di preghiera sistematica per ogni momento del giorno. Le meditazioni in genere le faccio male, in modo caotico, forse anche in modo egocentrico, ma comunque mi distolgono dal pensare a me stessa e mi indirizzano verso Dio sempre più pienamente.

Sento «l'asse dell'integrazione di Dio nell'uomo». Voglio comprendere il mistero della croce. Comprendere? Non si tratta di comprensione, è che voglio essere più vicino a Dio; questo succede attraverso la comprensione? Forse no, voglio essere vicino anche al Crocifisso, prego per questo e cresce in me la certezza che questo succeda non attraverso la comprensione, ma in un altro modo, precisamente «attraverso l'amore», ma io posso dire che amo Dio?

Le parole non hanno capacità di espressione e nello stesso tempo spaventano l'uomo, ma d'altra parte i pensieri bisogna precisarli nelle parole. I pensieri – tuttavia ci si avvicina al senso giusto oltre o al di là dei pensieri, al di là dell'immaginazione. Un circolo di misteri... La redenzione si attua attraverso la passione, il senso della sofferenza è da qualche parte unito strettamente all'amore. Viviamo ogni giorno in questo circolo di misteri, senza rendercene conto.

Mi muovo nel circolo dei misteri e la loro grandezza mi rapisce.

29 novembre venerdì mattina

Mi sono svegliata troppo tardi, perché nella notte varie volte mi ero alzata per la piccola Maria, che è malata, ha la febbre alta; adesso dorme e anch'io mi ero addormentata. Sono interessanti i meccanismi della vigilanza materna: adesso posso dormire, dunque gli altri stimoli non mi svegliano, ma appena la piccolina sospira sono subito da lei, prima che si svegli. Il legame tra una madre e un figlio è straordinario, anche questo è di Dio: la partecipazione alla creazione, il corpo della donna ha il privilegio di trasmettere la vita; non avevo mai pensato in questo modo al mio corpo.

La notte favorisce una riflessione chiara, il rumore del giorno disturba. L'uomo deve stare un po' in silenzio. L'uomo? Però quale grandezza! L'uomo, che Dio salva attraverso la sua passione.

Non sono capace di ripetere i miei pensieri, ma mi sono sentita «importante». Non per il mio valore, ma per il valore della croce.

Dio per noi ha accettato la passione – quale prezzo!

30 novembre sabato

«Ut ab immanentibus peccatorum nostrorum periculis te mereamur protegente eripi».

«Perché siamo degni, con il tuo aiuto, di essere liberati dai pericoli».

Di nuovo un testo per la meditazione che sembra fatto apposta per me. Mi sento così minacciata, così assalita dalle possibilità di quanto è in me. È un bene, che nella mia consapevolezza torni il pensiero della possibilità del peccato e la consapevolezza del pericolo per l'uomo di toccare il fondo.

So che l'uomo dentro di sé deve ricominciare sempre di nuovo, anche quando quel «fondo» si fa sentire, soprattutto allora. Penso però con calma a questa eventualità, con una nuova fiducia che deriva da una nuova consapevolezza.

4 dicembre mercoledì, santa Barbara

La piccola Barbara è ubbidiente fin dal mattino, penso a lei con commozione. Penso poi alla Terra Santa – non posso farne a meno. Il mio pensiero si indirizza verso quei luoghi dove l'immaginazione umana deve riempirsi del passato e di come viverlo. In effetti non riesco a immaginare che questa esperienza non riesca a colpire l'uomo. Voglio andarci, vorrei camminare direttamente sulle orme di Cristo.

Una giornata di fatica. In simili momenti, quando cado nello scoraggiamento, capisco che ci vuole pazienza, che forse questa è una purificazione e forse addirittura una penitenza, questo dolore dell'uomo che desidera così tanto essere con Dio con ogni palpito del suo cuore, senza riuscirvi...

quando non pecca più,
quando lo vuole,
lo desidera,
vi si impegna,
e vede appunto che in lui c'è sempre qualcosa che non va
una lezione d'umiltà.

Come su un campo non coltivato – a ogni passo o un sasso o una radice o dei vecchi calcinacci.

Com'è difficile.

Com'è difficile tirar fuori l'uomo da questi piccoli peccati, dato che le loro radici sono profondamente fissate nel peccato originale. Una verità alla quale non avevo mai pensato, ma ora sento in modo tangibile in me questa inclinazione per cose che non voglio.

La facilità di andare da quella parte e la fatica di andare «verso l'alto».

5 dicembre giovedì

Basia ha avuto un nuovo attacco d'asma, il respiro pesante della bambina non mi ha permesso di dormire per tutta la notte. Lei ha dormito un po', mentre la sorreggevo in posizione quasi seduta; il meccanismo della sua asma è strano, infatti sembra neurogena, ma si manifesta chiaramente quando c'è la nebbia. Penso con preoccupazione al suo futuro. Come sarà la vita di questa bambina, con un tale peso?

Affido la bambina alle mani migliori, quelle di Dio, ma questo non esime il cuore di una madre dalla preoccupazione per l'oggi. Prego per la bambina. Dorme.

Sul fare del giorno il respiro è peggiore, le ore peggiori sono sempre prima dell'alba, mi fa molta pena, respira a fatica, come un pesciolino, il piccolo corpo trema tutto. Deve aver preso troppo a cuore la festa di San Nicola, perché è una creatura piccola e sensibile.

L'affido alla Madre Santissima e qui arrivo a un'intesa con lei; lei lo capisce e qui mi apro una strada verso di lei, attraverso la bambina ammalata.

7 dicembre sabato sera

Non rifletto sul testo, ma ho fatto una meditazione infantile sul tema: «Qualunque cosa chiederete nel mio nome, ve la darò»; ho parlato col Signore come una bambina e così ho fatto una meditazione infantile e una preghiera.

8 dicembre domenica

Oggi è una festa che supera la comprensione umana – l'Immacolata Concezione – ma nello stesso tempo in essa vediamo una chiara logica: che la Madre di Dio deve, doveva essere concepita immacolata.

Ha camminato con lui su questa terra, quando era un bambino – com'è strano e insieme semplice! Ho trovato un modo nuovo di vedere questo problema. Ho pensato a lei in un modo nuovo, non ci avevo mai pensato così. Un tempo avevo forse un certo rancore verso di lei, perché era la più pura; perché non capiva l'uomo, che non è puro; perché non poteva comprendere che cosa fosse il peccato, perché colei che era stata concepita senza peccato originale, che cosa poteva sapere della debolezza della natura umana?

Oggi ho capito che, al contrario, proprio lei capisce il peccato, perché l'uomo che vive nel peccato non capisce il peccato, lo capisce solo chi è puro. Quando l'uomo comprende veramente che cosa sia il peccato, smette di peccare, perché il peccato non è solamente contro Dio, ma anche contro l'uomo, gli porta via il bene, ma proprio di questo l'uomo non ha idea.

14 dicembre sabato

«Sion renovaberis et videbis iustum tuum qui venturus est in te».

«Ti rinnoverai, Sion, e vedrai il tuo giusto che deve venire a te».

Ho fatto una riflessione sul testo, che mi ha conquistato; molte volte l'avevo letto, ma oggi mi ha portato in una profonda meditazione sulla sua trama. «Mi sento rinnovata fino in fondo», ma non ho riflettuto su questo, bensì sulla seconda parte della frase – dato che il «renovaberis» mi era già noto. Devo essere grata a Dio per quanto di nuovo è nato in me, ma mi sono fermata sul «qui venturus est in te – che deve venire a te», perché mi ha colpito: Dio vuole essere in me. Si ha qui un accumularsi di contenuti: i piani di Dio nei confronti dell'uomo, la potenza dell'amore di Dio.

Voglio capire al più presto i piani di Dio nei miei confronti e realizzarli in piena consapevolezza. Devo collaborare ai suoi piani, impegnarmi in questo con la massima profondità.

Prego per questo.

1° dicembre 1963

+ Cara Dusia!

L'ultima lettera conteneva buone notizie, per quanto riguarda i problemi interiori – continuano a essere buone quelle relative allo stato di salute tuo e delle bambine, anzi sono meglio di prima. Per quanto riguarda le conclusioni e gli impegni, che derivano per te da ogni riflessione, prendi pure appunti, ma nello stesso tempo guardati dalla fretta e dal correre «dall'interno». «Nella vostra pazienza possederete le vostre anime»; questa è la prima cosa, inoltre la struttura della vita spirituale è tale che, in essa, un aspetto si forma e si sviluppa attraverso l'altro. Proprio per questo «Nella vostra pazienza...». Ringrazio Andrzej, che aggiunge qualche riga in ogni tua lettera; e oltre a questi auguri telegrafici, voglio scrivergli degli auguri per lettera. Andrzej, ti auguro non solo il dottorato, ma anche di comprendere in modo profondo la vita e quel rapporto con i valori grazie al quale ci riesce facile intenderci.

Ti auguro inoltre di essere un buon marito e un buon padre, il che con il passare del tempo deve significare sempre qualcosa di nuovo.

E adesso ti scrivo ancora un po' di temi per la meditazione (...).

[seguono i temi in latino]

Forse basta per ora. Il resto lo scriverò a Cracovia. Vi saluto di cuore, vi bacio e vi raccomando a Dio.

Fr.

* * *

+ Mia carissima Dusia!

Ho portato questa lettera in tasca per alcuni giorni e l'ho letta alcune volte. Ho fatto anche sul margine dei piccoli segni e delle note e in questa forma te la mando. Scrivo in breve che cosa penso. Il rapporto con Dio. *Quando leggo quanto è nella lettera, penso che per te adesso sarebbe utile la lettura di alcuni brani di san Giovanni della Croce. Serve soprattutto alle donne, che con tanta penetrazione vivono nel mondo del «sentire», e vivono con sofferenza (come «notte») la mancanza di questi senti-*

menti nel rapporto con Dio. Si tratta per loro di una dura prova e di un grande sacrificio. Ma proprio su questa strada, *attraverso una tale «notte», si consolidano la loro fede e anche la speranza (la fiducia in Dio) e l'amore. Nel periodo delle esperienze infatti, nella fase dei sentimenti, l'anima* si attacca di più a quello che vive che a Dio stesso. *Si attacca perfino senza accorgersene. Invece la fede, la speranza e la carità ci indirizzano verso Dio stesso e non verso emozioni e sentimenti di Dio.*

Questo dovrebbe essere essenziale. L'argomentazione relativa alla «nostalgia» non è essenziale, è sussidiaria. Il riferimento all'uomo non può essere l'immagine completa del rapporto con Dio. Tutte le analogie vengono meno. Ti bacio di cuore.

Il Fratello

V

Le meditazioni

MEDITAZIONI DEGLI ANNI 1964-1966
APPUNTI SCRITTI COME SEMPRE PER IL FRATELLO

17 gennaio 1964 venerdì

Hai detto: *La strada verso Dio di ognuno di noi, è solo il Signore Gesù*[1]. Durante la messa ho capito che questo irrevocabile patto tra Dio e l'uomo esiste sempre. L'uomo è la creatura e lui il Creatore e in fin dei conti l'uomo appartiene sempre a Dio, che lo voglia o no, che lo sappia o no!

Mi hai fatto vedere Dio da un punto di vista al quale non pensavo da anni. Un Dio che tiene molto all'uomo, che semplicemente lo ama. Da questo nasce la mia fiducia: le mani amorevoli di Dio sono vicino all'uomo. Bisogna sempre crederci e gioirne; ma bisogna anche farlo capire all'uomo e questo è il ruolo del sacerdote.

Si può camminare sulle acque, come Pietro... ma bisogna mantenere questa grande fiducia, per la quale appunto bisogna pregare.

Ogni uomo è proprietà di Dio, ma con questa appartenenza non solo non perde se stesso, ma anzi al contrario si realizza pienamente. L'uomo appartiene a Dio e, di più, gli assomiglia. Il pri-

[1] Le mie meditazioni contengono gli appunti scritti per il Fratello.

mato dell'anima sul corpo – il corpo è santo. La teologia del corpo.

Sì, ma c'è qualcuno che ostacola la comprensione, o piuttosto non tanto la comprensione, quanto la realizzazione della santità.

Tempo fa ho chiesto al professore don Ignacy Różycki fino a che punto Satana avesse accesso all'uomo. Mi ha risposto che Satana non ha potere sulla volontà umana.

Leggo il libro di Giobbe, ma non lo capisco.

La fiducia piena è più profonda di quanto non la sentiamo. L'uomo nella sua interiorità ha qualcosa che forse è la sensazione dell'anima stessa, spogliata di tutto – e il senso del nulla e la debolezza non allontanano l'uomo da Dio, perché proprio per quella debolezza umana Dio ha dato suo Figlio, per riempire l'interiorità dell'uomo.

Occorre solamente sapere questo di noi, sapere come siamo pronti al peccato, alla debolezza, e custodire un'unica cosa: la consapevolezza della presenza di Dio. L'uomo da solo non può sottrarsi a quella debolezza, non può vincere se stesso, ma proprio Dio può tutto in lui. Improvvisamente vedo che «ho bisogno» del Signore, per «essere me stessa». L'uomo rovina se stesso, non so se con la partecipazione di Satana o senza, mentre Dio poi lo salva e lo realizza.

Ignacy dice che l'unica soluzione è la preghiera, ma si è soffermato anche sul battesimo. Durante il battesimo delle gemelle ho pensato anche a questo, ma ora vedo in modo diverso il mistero del santo battesimo!

Sono battezzata, vuol dire che il Signore stesso mi ha riconosciuto come sua figlia. Inserita nella Chiesa, quindi in lui e nel suo raggio d'azione. Il battesimo è la restituzione dell'anima umana, di tutto l'uomo a Dio. Il battezzato si dirige direttamente verso Dio, nella luce della sua grazia attraverso tutti i sacramenti. Lì inizia la vita dell'uomo nell'orbita di Dio. L'uomo dovrebbe sempre ringraziare per la grazia del santo battesimo. L'uomo è come viziato dalla grazia che ha a disposizione, non ringrazia per essa, riceve la grazia come qualcosa che gli è dovuto.

Adesso capisco il significato del «Millennio»[2].

La preghiera è un'arma contro Satana, che si muove attorno a noi.

8 marzo, l'ingresso (dopo la morte dell'arcivescovo Baziak)

La «bolla» del papa. Eravamo confusi nella folla al Wawel e tu con le tue insegne in quel santuario, che ricorda i secoli!

Poi hai tenuto il discorso. A mano a mano che ascoltavo le tue parole, cresceva in me la consapevolezza. Hai detto davanti a quella folla: *Sono nato di nuovo*. Hai parlato di te stesso e del mondo nuovo. Lì al Wawel mi è diventato chiaro che cosa sia questo «mondo nuovo», il mondo dello Spirito, o piuttosto bisognerebbe dire, il mondo che viene dallo Spirito. Il tuo discorso suscitava la visione di quel mondo nuovo – e quello scenario, il Wawel, la cattedrale, nella quale abita la tradizione e nella quale è racchiuso il passato e l'attualità del passato! Ho avuto l'impressione che tu stessi evocando degli spiriti, improvvisamente il mondo si è riempito di spiriti, il mondo attuale, reale, quello che ci circonda. È stato come se, sotto l'influsso delle tue parole, non esistesse più il limite del tempo e della vita; mi sono sentita assorbita da qualcosa di grande, alla presenza di Dio stesso che, non solo esiste, ma dona la vita.

Avevo l'impressione di toccare cose intoccabili, sembrava che tu richiamassi le anime di tutti quelli che riposano al Wawel – un corteo di grandi spiriti, di giganti della storia.

Quella visione mi ha perfino spaventato per la sua straordinarietà, ma mi è sembrato che solo allora, per la prima volta, capivo pienamente cosa voglia dire «vincere la morte», «immortale» ed «eternamente vivo»; mi sono sentita in qualche modo misteriosamente unita a tutti quei morti, inserita nella corrente della

[2] Si riferisce al Millennio del battesimo della Polonia, celebrato poi a Jasna Góra nel 1966 [NdT].

storia, ho capito che cosa sia «la comunione dei santi», e ho capito quello che una volta avevi detto nel bosco, *pretiosa mors sanctorum – la morte dei santi è preziosa*: il corso ininterrotto della vita, sempre diversa e sempre nuova. Ho compreso che soltanto questo è la vita vera ed è sorta in me la convinzione che io stessa sono inserita in questa corrente della vera vita. Una nuova gioia e nuova gratitudine!

Gratitudine per questa mia «nascita». Hai detto che *la Chiesa madre ti ha fatto nascere* e così è sorto in me il giusto concetto di «Chiesa». Ovviamente avevo sentito altre volte i sacerdoti che parlavano della «Chiesa nostra madre», tuttavia il significato essenziale di «madre dello spirito umano» non era per me così ovvio, come è diventato ora. Le tue parole, con il loro grande contenuto, entravano in me in quella cattedrale tutta illuminata. Mi sono sentita vicina a te *nell'attimo luminoso della comprensione delle cose di Dio sulla terra*. Legami invisibili.

E contemporaneamente ho capito quello che tu hai detto, che *l'amore deve essere libero*; ho capito che cosa ci lega, quali sono i nostri vincoli, e nello stesso momento che cos'è la libertà dell'anima, che cos'è questo stranissimo essere vicini e che cos'è l'essere lontani – e queste grandi questioni, che tolgono, ma nello stesso tempo proprio per questo danno all'uomo. L'arcipastore, un dono per gli uomini, egli «dona la sua anima per le sue pecore».

La nuova luce ha fatto nascere in me una preghiera ardente, perché accadesse il miracolo della nascita, della rinascita di tutta quella gente affidata oggi alla tua cura.

Fino ad ora hai sempre parlato di Dio. Qui oggi hai parlato di te stesso, ma quello che dicevi di te era anche relativo a Dio in un modo particolarmente commovente, che penetra fino in fondo all'anima. Ho capito ogni parola e ho avuto l'impressione di vivere appunto quella *nascita dallo spirito*.

Nello stesso tempo però mi ha quasi spaventato la consapevolezza della grande responsabilità che ora è ricaduta su di te, la responsabilità di tutte quelle persone! Tale peso mi ha improvvisamente spaventata così tanto che ho perso la pace, ma proprio allora hai parlato della fiducia e hai confessato a quella folla, a quella gente estranea, non solo che ti fidavi con fiducia perfino incomprensibile, ma hai anche precisato che ami Dio e da questo amore proviene la tua fiducia. Non si può dimenticare quanto hai detto.

Con tale confessione e testimonianza è diventato ovvio che Dio, così come tu lo mostri, deve essere amato, che lo si deve amare, perché è così attraente, degno di tutto l'amore – lo dicevi dal profondo dell'anima.

È stata una grande confessione.

Hai esposto fatti apparentemente semplici, date, eppure hai svelato i misteri del tuo sacerdozio. Parlavi a gente apparentemente estranea, ma era gente di cui accogli la piena responsabilità, tu la consideri «un tesoro», «il tuo gregge», e le racconti quello che è davvero accaduto. Poi hai parlato di comunità, di corresponsabilità e collaborazione. Una volta mi hai detto: *Figliola della mia anima, ora nata*; è quanto ho vissuto in quel grande momento al Wawel e quello è rimasto in me per sempre.

* * *

17 maggio 1964

Carissima Dusia,

Oggi è una grande festa e l'amore di Dio è riversato nei nostri cuori. Attraverso lo Spirito Santo, che ci viene dato.

Quell'amore è sorgente e base di ogni amore che l'uomo deve creare con fatica; ma che egli non abbia paura della fatica.

Fr.

Fate un salto da me stasera[3].

[3] Testo scritto su un'immaginetta che rappresenta lo Spirito Santo; l'originale è stato donato da me a don Marcin Węcławski il 21 ottobre 2006 a Częstochowa.

***

I giorni scorrevano, uno dopo altro, quasi uguali l'uno all'altro, pieni di lavoro, qualche volta abbastanza faticosi. Aspettavamo le vacanze, un po' di respiro, per rinnovare le forze. Finalmente il momento arrivò.

Domenica

La fretta di fare i bagagli; manca sempre il tempo, ma finalmente partiamo. La strada sembra diversa rispetto a quando si cammina, come ci passa velocemente accanto la gente! Ma dove andiamo? Dalla strada maestra svoltiamo in una strada laterale, accidentata, «in capo al mondo».

Il bivacco. Un piccolo scarabeo verde cammina sulle pietre sott'acqua. L'acqua è troppo bassa per fare il bagno, ma è rinfrescante e il bosco è molto bello.

Lunedì

Mattinata nuvolosa, pioverà? La messa sulla china del monte, non siamo andati molto lontano.

Ore 14, è venuto fuori un sole magnifico. Montiamo le tende «dove capita», sotto un grande pino nero, con i rami alti nel cielo e il tronco proprio accanto a noi, nudo e contorto in maniera strana. Attorno ci sono tanti piccoli abeti, i cui rametti di due colori brillano al sole.

Il verde scuro dei rami vecchi è circondato dal colore chiaro e fresco di quelli giovani, in basso scorre un ruscello. Dalla parte dove sono state montate le tende la sponda è ripida, mentre dall'altra parte c'è il burrone di un ruscello laterale, che mormora piano; l'acqua cade sui ciottoli, un'acqua, come sempre in montagna, limpida e fredda. Uno scrittore la definirebbe «cristallina».

Le tende le ho montate io, fra grandi felci. Queste profumano così forte, strette sotto il pavimento delle tende. Silenzio. Il silenzio del bosco però non è per niente silenzioso: ci sono tanti suoni. Il più forte viene dallo stormire delle cime alte degli alberi, soprattutto abeti, sullo sfondo del cielo. Si vede come ondeggiano i rami là in alto, qui in basso non si muove nulla, ma il fruscio dall'alto arriva a ondate, cresce e poi di nuovo tace. Qui più in basso vicino a noi ronzano i calabroni, ogni tanto uno si ferma per un momento, con il suo piccolo addome a righe gialle e poi vola via come un accordo del tamburo nella musica del bosco.

Sotto di noi scorre il ruscello. Anche qui si sentono alcuni toni: quelli forti, singoli, che arrivano da destra sono quelli di una piccola cascata, l'acqua cade sui ciottoli. Il suono che viene da sinistra è quello dell'acqua più abbondante che passa velocemente tra le pietre e scroscia. Il silenzio è pieno di suoni e il verde è pieno di colori! Il silenzio e il verde mi entrano nel cuore. Tutto tace, racchiuso in esso.

La notte però è ancora agitata, placata dal pensiero: *Tu solus constituisti me – Tu stesso mi hai creato.*

La sera: compieta e la vicinanza di Dio. La pienezza della fiducia.

Martedì

Mattinata senza vento, il bosco è tranquillo. Da lontano un ragazzo fischia, è quello che ieri è passato con il cane, un «pettegolo di campagna».

La messa tra i cespugli bassi, un ramo si piega sopra l'altare, più in alto l'ombra dei vecchi alberi. La terra profuma di freschezza e di umidità. Poi andiamo in giro, in cerca di un posto per il bivacco.

Mi stupisco anch'io che sia così facile trovare Dio tra gli alberi verdi. Questi sono i nostri esercizi spirituali sui Beschidi. O forse è Dio che ritrova l'uomo?

Che albero! È il più grosso e il più alto, ma a metà del tronco è tagliato o spaccato, forse a causa di un temporale. Da quel punto crescono verso l'alto dei nuovi rami, che conto: tre, quattro, cinque rami nuovi, praticamente già dei tronchi, che si protendono verso l'alto, come braccia tese direttamente verso il cielo, all'inizio leggermente piegate, e più in alto diritte. Non avevo mai incontrato un albero simile, si potrebbe abitare lì, tra i suoi rami. In basso il tronco è liscio, senza rami laterali.

Vicino a me si dondola sul suo filo un piccolo ragno; non ho idea di dove questo filino sia appeso, in cielo, sembra, perché scompare in alto nell'aria. Una piccola creatura verde si dondola su questo filino, appesa nel vuoto.

Accanto c'è un secondo albero, anch'esso magnifico; anche il suo tronco è grosso, ma ben ramificato. Questo faggio occupa un bel pezzo di bosco e assicura un'ombra meravigliosa. Il terreno alla base è asciutto e le foglie sono così fitte che impediscono di vedere il cielo. Il tronco è grigio e le foglie sono verde chiaro. Per terra, intorno al tronco, i nostri piedi provocano il fruscio delle foglie secche dell'anno scorso. Andiamo avanti, praticamente scappiamo da qui aggirando una collinetta. Andrzej è caduto sotto il suo «fardello». Non riesce a salire sul valico, dove io salgo due volte. Prima scendiamo giù, vicino a una bella chiesetta ortodossa rossa, nascosta tra gli alti alberi, poi attraversiamo il villaggio e di nuovo risaliamo in alto.

Il bivacco è organizzato sulla china del monte, vicino a un ruscello, sotto un pino ben ramificato, con vista sui ginepri e sul piccolo fiume, ma tra il fiume e le tende c'è un altro piccolo ruscello. Montiamo in fretta le tende, perché la rugiada scende abbondante. Domani sarà bel tempo.

Mercoledì

Il tempo è stato perfetto: il sole. La mattinata, per prendere il sole e leggere un libro. La messa è tra i noccioli presso l'acqua, all'ombra, lì si svolge anche il pranzo.

Verso sera partiamo, il sole è già al tramonto, facciamo la strada indicata da Andrzej, nella zona in cui prima c'era un villaggio. La strada è bella, verde, deserta.

Il bivacco è come un sogno, su una sponda alta, sotto alcune betulle, una radura nascosta al mondo, in basso scorre un ruscello limpido, freddo, con una cascata. Sulla radura il sole, di fronte l'alta sponda, con l'erba alta, non falciata.

Giovedì

Di notte e al mattino è piovuto, ma ha smesso prima della messa. La tenda ci ha protetto bene dall'acqua. Al pomeriggio il tempo si è rasserenato: passeggio e raccolgo le fragoline di bosco.

Venerdì

Al mattino c'è la lettura e, come sempre, si prende il sole sul materassino. La conversazione è strana, profonda, sui misteri dell'anima umana. Al pomeriggio, una passeggiata nel folto del bosco e alla sera c'è il dispiacere che tutto sia finito.

Sabato

Al sabato di nuovo la messa sotto le betulle.

Partiamo nel pomeriggio, cerchiamo un passaggio per andare dall'altra parte del burrone, attraversiamo il folto del bosco, poi scendiamo, attraverso un bosco ricco di fragoline. Ecco sotto di noi la vista su un ampio villaggio. Al limitare del bosco vediamo dei bambini spaventati e delle mucche, ma andiamo avanti.

L'ultimo bivacco è tra le betulle e l'erba molto alta. C'è un piccolo ruscello, in basso dietro i noccioli, nel profondo del bosco, un posto bellissimo.

Domenica

Al mattino la messa tra le betulle, le formiche non mi permettono di inginocchiarmi.

Siamo alla fine: che tristezza!

Abbiamo già fatto i bagagli, andiamo ormai solo su un piccolo prato. Andrzej è andato a prendere la macchina e il bastone da montagna, io sono sdraiata sull'erba e rifletto, mentre prendo il sole per l'ultima volta.

Passa una donna, mi guarda e agita la mano: «D'accordo, potete prendere il sole qui, questo prato è mio».

Andrzej arriva e torniamo a Cracovia. Le vacanze sono finite. Come sempre scrivo le mie riflessioni, sulla base dei testi che mi hai dettato.

JP II: ho letto tutto [annotazione sotto il testo]

* * *

Carissima Dusia e caro Andrzej,

Ho ancora negli occhi l'ultima impressione di Cracovia: le vostre due figure, che guardavo ancora mentre andavate alla macchina. Vi ho raccomandato di tutto cuore a Dio. I nove giorni (non sette) del nostro camminare insieme mi hanno avvicinato molto a voi. Vi sono molto grato: sono stato benissimo e le giornate sono passate letteralmente in un baleno. Penso però che esse, nel loro trascorrere, abbiano lasciato qualcosa dentro di noi.

10 settembre giovedì, ore 23

«Adesto Domine – Sii presente, Signore».
«Adsumus, adsum – Siamo presenti, sono presente».

Desidero tanto essere a disposizione del Signore. Interiormente sono «pronta agli ordini». Dio mi si rivela sempre in modo diverso, ma sempre più come Padre. Il motto dell'ultima predica è stato «vincere se stessi» – occorre nascondere bene i propri sentimenti nel profondo, non «andare» dietro a essi.

Occorre incontrarsi solo nella preghiera: il Breviario, il rosario, le litanie alla Madre di Dio, al mattino la «preghiera gesuitica», ecco il programma della giornata.

La nostalgia occorre nasconderla in questo programma. Perché in realtà che cos'è la nostalgia? Una mancanza, un senso di mancanza di qualcosa, ma contemporaneamente, nonostante la separazione, la lontananza è il senso, dirò di più, la certezza, della vicinanza.

La fiducia permette di dominare la nostalgia; la fede nella reciprocità dei sentimenti vince la nostalgia. La fede nell'amore assorbe la nostalgia e la rende materiale d'amore. La nostalgia si può in un certo modo «utilizzare» per approfondire l'amore.

La lontananza approfondisce la vicinanza,
la lontananza purifica l'amore;
essa è «disinteressata».

La nostalgia per una persona la trasferisce in una dimensione diversa, quella di Dio.

La nostalgia del bene che ti viene da un'altra persona deve trasformarsi in preghiera, se il valore era autentico.

La nostalgia tende alla vicinanza. Che cosa avvicina più della messa?

«Suscipe Sancte Pater hanc immaculatam hostiam».
«Accogli, Padre santo, quest'ostia immacolata».

Accogli, Dio mio, questo sacrificio. Quale grande mistero è contenuto nella messa! Andiamo in chiesa in modo così «disinvolto», eppure può esserci un mistero più profondo?

Il mistero dell'amore di Dio per l'uomo, perché questa è in fondo la sorgente della messa.

Dio ama noi, gli uomini.

Dio ama; da questo comincia tutto.

Il mondo e la sua storia.

Cristo e la sua passione.

Tutto ha la sua sorgente in quell'amore.

«Partecipiamo» dell'amore di Dio.

Attraverso Cristo quell'amore torna sempre a noi, il mediatore dell'amore di Dio è suo Figlio.

Sembra tutto così semplice, ma come tutto è profondo, come giunge lontano, com'è incomprensibile!

Il sacrificio dell'ostia è proprio l'inserimento in quella corrente d'amore; da Dio all'uomo bisogna passare attraverso il sacrificio del Figlio, non esiste un'altra strada.

«Un cerchio d'amore».

«Io sono la via».

Mi sembra di essere davvero «racchiusa in questo "cerchio d'amore", l'amore di Dio abbraccia l'uomo».

La trama della meditazione di oggi, però, doveva essere «vincere se stessi». Grazie a Dio l'uomo può vincere se stesso.

In questo modo ci si unisce al concilio. Il rinnovamento di se stessi vuol dire cambiare, buttare via quello che ostacola Dio, oppure trasformare ciò che non si può eliminare completamente.

«Appetitus irascibilis – inclinazione all'ira»: occorre trasformarla in dolcezza.

Il mio pensiero torna alla mia prima insegnante di religione, suor Armela[4], che insegnava ai bambini della scuola materna, nella Crociata eucaristica, a raccogliere «i fiorellini per Gesù Cristo» e i bambini erano pieni di entusiasmo.

[4] Suor Armela Skibińska, la mia prima catechista.

Quella suora, allora molto giovane, che amava Gesù, attirava a sé i bambini. Come fruttificano ora quelle lezioni di tanti anni fa! Oggi prego per lei.

11 settembre venerdì

Torno alla riflessione sulla nostalgia. Ci sono in essa tanti elementi che bisogna in qualche modo «scomporre», portarli alla consapevolezza, per poterla efficacemente dominare.

Nella nostalgia è contenuto anche il desiderio di avere vicino a noi la persona oggetto di tale nostalgia. La vicinanza diretta dà indubbiamente gioia, la semplice gioia, che nasce dall'essere vicini. Questa gioia della vicinanza però aumenta proprio nella lontananza, nella separazione. La nostalgia allora diventa produttiva, in qualche modo accresce il valore posseduto. Al contrario, il valore dell'oggetto della nostalgia aumenta e insieme giustifica la forza della nostalgia.

C'è in questo un'interdipendenza. Non si può non desiderare un bene di cui si ha un'alta stima. La nostalgia diventa normale, semplice, comprensibile, quando si sa di che cosa si ha nostalgia.

A un certo punto però la nostalgia diventa cattiva, distruttiva: quando? Penso che avvenga quando, in qualche modo, si unisce all'immaginazione, l'immaginazione si mette come a sua disposizione e ciò che immaginiamo copre l'essenza stessa del valore di cui si ha nostalgia, suscita uno stato d'animo di «cupa malinconia» che paralizza la volontà e agisce in modo distruttivo.

Tutto questo bisogna vincerlo.

Si può invece trattenere la nostalgia, con tutta la sua forza, là dove essa si trasforma in gratitudine, nella consapevolezza di possedere un dono, il dono di un uomo.

La nostalgia è buona nella misura in cui sottolinea, mette in evidenza il valore del dono. La lontananza permette la contemplazione del dono, dà il tempo di meditare sui fatti accaduti nel passato e di rendersi conto della loro profondità, dei loro contenuti e delle loro conseguenze.

Se la nostalgia decompone l'uomo, lo rivolge contro l'amore. Della vicinanza decide non la presenza fisica, ma la vicinanza spirituale, la «communio personarum». Quello che veramente unisce gli uomini è oltre il tempo e oltre lo spazio, ma per compiere tale riflessione una persona deve essere costretta, forse non tanto una persona in generale, ma soprattutto una donna. La femminilità tende alle reazioni del cuore, perché nella nostalgia c'è prima di tutto la reazione del cuore.

La nostalgia deve essere fortemente radicata nella gerarchia dei valori. Il pensiero della gerarchia dei valori mi dirige verso la fonte, verso la riflessione sulla messa, perché in fondo «tutto inizia da Dio».

* * *

«Indignus famulus... offero tibi...».
«Il tuo servo indegno... ti offro...».

«Indignus», penso che non si tratti di un atteggiamento di falsa umiltà: «io indegno sono un nulla», ma prima di tutto della sproporzione di ciò che ci è superiore. Sono così tanto consapevole di questa sproporzione, che da essa spunta non solo il senso di «indegnità», ma anche al contrario il senso di «essere elevato». L'uomo, in tutta la sua indegnità, è a tal punto elevato da Dio, dall'amore di Dio.

Proprio la messa dona all'uomo questo posto, abbraccia gli uomini, un sacrificio per tutti, incomprensibile.

L'amore di Dio non conosce limiti.

La messa c'è perché l'uomo possa «approfittare» dell'amore di Dio.

La messa e le mani del sacerdote sono come l'anello che unisce Dio al mondo.

C'è in me gioia, gioia e stupore.

12 settembre sabato

«Deo vero et vivo meo».
«Al mio Dio vivo e vero».

«Meo», l'uomo può pensare così a Dio.
«Il mio Dio»,
il mio Dio vivo? Vero?
Mio.
Capisco sempre meglio, che Dio mi ama – il mio Dio.
Lo ripeto tante volte.
Il mio Dio è colui che ama me, personalmente.
La consapevolezza che Dio ama così tanto l'uomo, da permettergli di dire «mio», dovrebbe cambiare tutta la vita!
Come tener viva questa consapevolezza?
Come mantenerla attuale in ogni momento?
Questo è appunto nelle parole: «Adesto Domine...».

13 settembre domenica

«Pro omnibus peccatis, offensionibus et negligentis meis».
«Per tutti i miei peccati, offese e negligenze».

Mi pento facilmente per i peccati, ma è difficile capire la grandezza del sacrificio di Cristo. I miei pensieri giungono alle cose ultime – i peccati umani praticamente non contano. L'uomo talvolta ingrandisce i suoi peccati, dà a essi una dimensione importante. Eppure che cosa sono essi nella relazione con Dio?

Non lo so, ma mi sembra che il Signore sia in qualche modo «aperto» ai peccati dell'uomo, in qualche modo li prende, li purifica, li perdona e ordina al Figlio di soffrire. L'amore di Dio si manifesta proprio nel rapporto di Dio col peccato umano – Dio vuole perdonare e come va lontano, in questo sforzo di salvare l'uomo! È una cosa completamente inaudita, l'enorme fedeltà di Dio e la sua pazienza nell'amore per l'uomo.

14 settembre lunedì,
Esaltazione della Santa Croce

Sono stata alla messa «conciliare». Ho riflettuto sull'unità della Chiesa e sul mio posto in essa. Come è difficile trovare il proprio posto, un posto normale, «nella folla delle anime» e ritrovare un senso d'unità con tutti.

Occorre rendersi conto della propria irrilevanza in base all'uguaglianza di tutti davanti alla forza della redenzione, e in proporzione alla Chiesa universale – «pro omnibus...».

Quella messa mi ha aiutato ad afferrare la proporzione della relazione con il mondo delle persone, delle anime – proporzioni vere, obiettive. La consapevolezza che sono una delle tante anime mi avvicina il mistero dell'amore di Dio, che infatti abbraccia tutti nello stesso modo in cui abbraccia me, cioè ognuno in modo particolare.

15 settembre martedì

«Deus qui humanae substantiae dignitatem mirabiliter condidisti».

«Dio, che hai creato mirabilmente la dignità della natura umana».

La dignità della natura umana!

L'uomo «del Signore».

La creatura di Dio.

Rifletto sul fatto della creazione dell'uomo. Dio vuole ricreare l'uomo, riempirlo di se stesso. Bisogna aprirsi a questo. Allargare i confini dell'amore. I confini dell'agire dell'amore sono nell'uomo – non porre ostacoli con la propria persona. Dio ci crea!

17 settembre giovedì

«Da nobis per huius aquae et vini mysterium eius divinitatis esse consortes».

«Fa' che, attraverso questo mistero dell'acqua e del vino, partecipiamo della sua divinità».

La partecipazione alla divinità: questo infatti è il destino promesso all'uomo per l'altra vita, ma anche per oggi. Allontano il pensiero di tutte le mie imperfezioni, non mi soffermo su di esse, perché esse non significano nulla di fronte al fatto di poter ricevere l'assoluzione dei peccati e la comunione e di poter partecipare alla messa.

Rifletto dunque sulla gerarchia dei valori: il valore del dono, la consapevolezza del dono, di tanti doni. Confronto questa consapevolezza con la gratitudine: c'è in me gratitudine sufficiente?

18 settembre venerdì

«Qui humanitatis nostrae...».

«Il quale la nostra umanità...».

Le meditazioni sono diventate un'abitudine per me.

* * *

L'uomo riceve Dio mirabilmente «in proprietà». E quello stesso uomo è debole, sottoposto alle leggi del corpo umano; tuttavia lo stesso corpo è santificato o piuttosto in qualche modo «riconosciuto» da Dio, per il fatto dell'incarnazione di Dio nell'uomo.

Come sono lontane le conseguenze di ciò!

Non avevo mai riflettuto finora su cosa significhi «incarnazione». L'umiltà del corpo umano o forse in generale tutta l'umiltà inizia qui, quando Dio si sottopone alle leggi del corpo. È interessante, quanti pensieri si possano trarre da questo per la medicina, per un corretto atteggiamento nei confronti del corpo, sia di quello del malato sia del proprio. Ma non solo questo: il dovere di essere subordinati a ciò che è naturale, che deriva dal fatto di essere uomini.

Una serie di pensieri sul tema dell'importanza delle leggi di «natura», perché in fondo anch'esse rivelano Dio, i semplici processi dell'uomo, e ancor più quelli complessi: il cervello umano.

Dio si è espresso anche con questo strumento: l'uomo. Quante conseguenze per noi medici! Non solo la redenzione per l'eternità, ma anche indicazioni per l'oggi: attraverso il corpo bisogna leggere l'uomo e tener conto del corpo, tener conto del ruolo del corpo per l'anima. Cristo, proprio con la sua incarnazione, ha dato importanza al corpo umano.

La purezza: è più facile per gli uomini mantenere la purezza, quando si conferisce dignità al corpo.

«La dignità» non è in contrasto con l'umiltà, quando c'è la consapevolezza del dono: la dignità non ammette il peccato, che in fondo la colpisce direttamente.

È stato Cristo a dare questa dignità al corpo, lì c'è la sorgente della dignità del corpo dell'uomo.

22 settembre martedì

«Pro nostra et totius mundi salute».
«Per la salvezza nostra e di tutto il mondo».

Per la salvezza nostra e di tutto il mondo.

L'offerta della passione del Figlio di Dio.

Sto pensando, fino a che punto mi interessa la «salvezza del mondo»?

Eppure questo desidera Dio.

Ogni opera di Dio sulla terra tende alla salvezza del mondo e questo è il senso dell'esistenza.

La via della salvezza.

La mia, la nostra, quella degli uomini.

Il gregge – le grandi prospettive di Dio nei confronti dell'uomo.

Ma questo si realizza solo attraverso quanto succede durante la messa «pro – per»...

Per che cosa?

Per chi? Per noi tutti!

23 settembre mercoledì

Oggi la mia meditazione è stata dettata da una situazione concreta. Don S. N. rifiutava con sdegno l'idea di far diventare la categoria dei medici «schiava» della Madre di Dio. Anche a me dà fastidio questa forma col suo contenuto, ma ci ho riflettuto sopra a lungo. Forse altre persone sono più mature e più umili e vogliono «diventare schiave della Madre di Dio»?

Ho riflettuto su quando un uomo potrebbe accettare di «essere schiavo». Quando ha fiducia, quando sa che non si abuserà di questa relazione. Questo ci riconduce al problema dell'affidamento, però nel concetto stesso di «schiavo» c'è un elemento che suscita protesta.

Nell'uomo c'è l'istinto della libertà e solo una cosa può togliere a questa parola il significato peggiorativo: che si è schiavi di Dio, cioè di colui che è infinitamente più grande e infinitamente degno della nostra fiducia. Allora la sfumatura peggiorativa può sparire. Basterebbe volere questo, perché scompaia il senso della «schiavitù». L'uomo che vuole essere schiavo e che per questo lo è, è ovviamente libero. Nel concetto di «schiavitù» si nasconde una costrizione e quando essa non c'è, scompare la schiavitù. Schiavi per scelta.

L'atto della «schiavitù» però non può essere imposto a nessuno. «Non bisogna agire con la forza, ma aspettare che l'idea maturi».

24 settembre giovedì

Tuttavia ho preparato un programma di preparazione dei medici che vogliano offrirsi come schiavi alla Madre di Dio. Ho detto che quella era semplicemente superbia, che la criticavamo, che siamo tenuti a essere leali e obbedienti nei confronti del primate e ho ripetuto anche le mie riflessioni di ieri sulla schiavitù – che quando voglio, allora sono libero – e che offrirsi come schiavi non è altro che mettersi sotto la protezione, che c'è una situazione di pericolo, è giustificata la ricerca della protezione. Infine un'ultima mia riflessione: «essere schiavi della Madre di Dio» deve essere un'azione all'interno dell'uomo, non all'esterno e solo allora è motivata, quando è dentro di noi e per questo bisogna preparare le persone.

Ho proposto il giorno di san Luca, per la presentazione del programma delle giornate di raccoglimento per i medici.

1. A novembre, per il primo, ci sarà apparentemente il tema del concilio, ma in realtà quello della posizione di ognuno di noi nella Chiesa, della posizione di ognuno nel «gregge» e della responsabilità per esso.

2. A dicembre, nel giorno dell'Immacolata Concezione di Maria, forse potrei chiedere a Ignac di ripetere la sua eccellente conferenza sulla «Regalità di Maria Madre di Dio»? Naturalmente gli incontri saranno sempre con la messa, perché bisogna trasformare questo in preghiera.

3. L'ultimo giorno di raccoglimento sarà ormai sulla «schiavitù», forse potrebbe condurre l'incontro l'arcivescovo stesso.

***

«In spiritu humilitatis et in animo contrito...».
«Nello spirito umile e col cuore contrito...».

Più l'uomo sa di Dio, più gli è facile avere l'umiltà, perché la proporzione è ovvia. La contrizione nell'uomo cresce, non quando il peso dei peccati lo opprime, ma quando lo attira il bene, la virtù – la consapevolezza di ciò che l'uomo distrugge peccando, accresce il pentimento.

26 settembre sabato

«...et sic fiat sacrificium nostrum in conspectu tuo hodie...».
«...e che il nostro sacrificio si compia così oggi al tuo cospetto...».

Rifletto sulla messa, con sempre maggiore umiltà mi getto in ginocchio davanti a questo grande contenuto. «Il nostro sacrificio»? Che cosa capisco di questo? Desidero però unirmi a questo sacrificio!

27 settembre domenica

«Ut placeat tibi, Domine Deus».
«Perché piaccia a te, Signore».

Prego.

28 settembre

Il sesto anniversario del grande giorno della tua consacrazione – un mucchio di ricordi. Le parole non possono esprimere cosa sento, meglio tacere.

29 settembre martedì

«Veni sanctificator, omnipotens aeterne Deus».
«Vieni donatore di santità, onnipotente, eterno Dio».

Questa è un'invocazione di aiuto, la ripeto spesso. Ho la consapevolezza della mia debolezza: solo Dio, lo Spirito Santo con la sua potenza, con l'onnipotenza può entrare nella profondità dell'uomo, per l'uomo stesso incomprensibile, e trasformarla.

Lo Spirito Santo – la fonte della grazia, dell'ispirazione, della conoscenza, della luce, posso del resto capirlo? Tutto questo è al di là di una possibile comprensione. So però che non si tratta di capire, ma di accogliere e di sottomettersi all'azione della sua grazia.

«Colui che santifica». Il desiderio della santità è la reazione corretta alla consapevolezza dell'amore di Dio: se l'uomo sa che Dio lo ama, allora deve desiderare ardentemente partecipare alla sua vita, a lui; la tensione verso la santità è una risposta all'amore di Dio. Il cielo è pieno di santi.

Ognuno è chiamato alla santità. È come se lo Spirito Santo fosse pronto «agli ordini».

È incredibile!

I santi sono quelli che sono stati capaci di aprirsi alla sua azione.

* * *

Il trionfo del male nell'uomo non è quando qualcosa non è riuscito bene, ma quando, scoraggiato dalla sconfitta, egli rinuncia e persiste in questo stato di «ripugnanza di sé». Solo fino a un certo punto il provare ripugnanza di noi stessi è positivo, il resto bisogna «immergerlo nella fiducia».

30 settembre mercoledì

Il sole non viene eliminato in una giornata nuvolosa, anche se niente fa pensare che ci sia. Cerco di ritrovare la fiducia attraverso tutto ciò che succede.

1° ottobre giovedì

«Adoro te devote latens Deitas».
«Ti adoro in umile devozione, Dio nascosto».

Come si può adorare il Santissimo Sacramento? Certo non solo con le parole, ma con tutta me stessa, accettandolo, con la fede nel fatto che quel pezzetto d'ostia è Dio.

Penso, tuttavia, che la forma migliore di adorazione sia fare la comunione in piena consapevolezza.

Domani, primo venerdì del mese, ci sarà l'adorazione per tutto il giorno, nella chiesa di Sant'Anna, per il concilio.

2 ottobre venerdì

«Gratias agamus Domino Deo nostro».
«Rendiamo grazie al Signore Dio nostro».

La gratitudine a Dio deve esserci, anche quando tutto va diversamente da quello che programmiamo. Lodare Dio non con le parole, ma con la silenziosa sottomissione alla sua volontà.

Quanto facilmente l'uomo prova rancore per varie cose! Eppure, avendo ricevuto in dono la vita e il mondo intero, dovrebbe avere in sé uno stato d'animo di adorazione, e dovrebbe accrescere quello stato d'animo.

La profondità di un'esperienza non dipende dal sentimento, ma dall'impegno della volontà e della consapevolezza.

Prego Dio che mi illumini. Non si tratta del senso della molteplicità delle emozioni, né dell'accumulo dei sentimenti, ma di quella profondità vera che si manifesta solo con la concentrazione e la semplificazione, con l'abbattere i pensieri in un unico atto di gratitudine per la grandezza del dono dell'amore.

Per avere quella profondità, che non spadroneggia nell'uomo, distruggendolo con la tensione dei sentimenti, ma che, completando la persona, le dà pace e libertà, io semplicemente prego.

3 ottobre sabato

«Tibi se cor meum totum subicit».
«Ti offro tutto il mio cuore in sacrificio».

Come donare il proprio cuore al Signore? Non basta dirlo con le parole: «Io dono»; non si tratta di parole, non si tratta solo di un'intenzione, ma il cuore donato a Dio deve perdere, in un certo modo, la sua autonomia e la sua indipendenza in piena subordinazione. Come farlo?

Penso che l'uomo in qualche modo senta, quando segue il suo cuore e quando segue Dio. Forse però per questo ci vuole tempo e pazienza e bisogna continuamente aprire il proprio cuore a Dio.

4 ottobre domenica

«Vere dignum et iustum est aequum et salutare nos tibi semper et ubique gratias agere».
«È veramente cosa buona e giusta, nostro dovere e fonte di salvezza, renderti grazie sempre e in ogni luogo».

Da questo testo tiro fuori la parola «semper», perché penso che si tratti appunto della perseveranza. L'uomo ha facilmente uno slancio di gratitudine, ma ha difficoltà a mantenere questa disposizione costante.

Come fare per ricordare sempre la giusta gerarchia di valori e per seguirla sempre?

Questo «semper» l'ho meditato a mio uso, nel contesto degli eventi della giornata. Mi sono resa conto che l'abitudine a rifletÂtere è per l'uomo produttiva, unificante. Il fatto stesso dell'analisi più profonda possibile rassicura e crea le condizioni per la pace interiore. Ho in me Dio, attraverso il Vangelo, i testi ispirati e infine ho Cristo stesso, attraverso il sacramento della comunione.

La via verso Dio attraverso Cristo – questo è infatti l'indicatore di direzione – e tutto in noi può diventare «via verso Dio attraverso Cristo», se siamo fedeli.

5 ottobre lunedì

«Sanctus, sanctus, sanctus Dominus Deus».
«Santo, santo, santo il Signore Dio».

Durante la giornata ho riflettuto in modo frammentario sulla santità di Dio. Nel concetto di santità è compreso qualcosa di perfetto, che si può osservare, ammirare.

Quando mi sforzo di pensare a questo, anche se sono alquanto ignorante a riguardo, ne ho un concetto più intuitivo che razionale. La «santità» è qualcosa di prezioso, per cui l'uomo prova sia ammirazione sia rispetto, qualcosa che ha un valore inestimabile ed è infallibile, che garantisce una qualità senza difetti e dà la pienezza della perfezione. Senza dubbio l'uomo involontariamente rende Dio antropomorfo, ne ha forse il diritto dal punto di vista psicologico, a causa dell'incarnazione.

È come se Cristo avesse aiutato gli uomini a comprendere verità incomprensibili, proponendole nella misura della forma umana.

Perché la santità di Dio la si può forse comprendere attraverso la più comprensibile santità della vita di Cristo, una santità che si può analizzare e, a partire da essa, si può giungere nell'incomprensibile. Non so come definirlo, eppure in qualche modo capisco e c'è in me una completa adesione, quando mi inginocchio al suono del campanello per il «Sanctus».

6 ottobre martedì

Nonostante tutta la mia disponibilità ad accettare questa sfida, non posso tuttavia in tutta libertà sottoscrivere l'atto di consegna dei medici alla schiavitù di Maria. C'è in me un certo, potrei dire, «cristocentrismo». Non riesco a staccarmi da Cristo. Anche se cerco di capire il significato di questo atto, tuttavia la persona di Maria è per me «periferica», ed è come se la sua stessa santità lo volesse, in quanto essa si realizza appunto nel fatto che dà agli uomini il Figlio, e non se stessa. E forse esaudisce anche i desideri di lei l'uomo che aderisce non a lei, ma appunto a lui. Perché in fondo lei in un certo senso non conta, così come, ragionando in termini umani, non conta il dolore del parto, non conta la partoriente, ma solo colui che nasce.

Forse dovrei avere più zelo per questa causa, ma lasciamo questi pensieri e contiamo sull'azione della grazia.

* * *

«Pleni sunt coeli et terra gloria tua».
«I cieli e la terra sono pieni della tua gloria».

Lo riferisco a me stessa: voglio che ci sia in me la «tua gloria». Guardavo il parco Planty tutto colorato; «terra» è tutto il mondo, pieno dell'ordine e della bellezza di Dio, ma io voglio che sia così dentro di me, che in me sia così «pleno».

Per riempire se stessi dei contenuti di Dio, però, bisogna fare posto a Dio dentro di sé.

Finisco le riflessioni con l'esame di coscienza.

10 ottobre sabato

«Uti accepta habeas et benedicas haec dona».
«Affinché tu accetti e benedica questi doni».

«Haec»? Di quali doni si tratta?

Li capisco?

Che cosa ha l'uomo da donare?

Tutto è stato dato all'uomo: che cosa può dare l'uomo?

Là, dove Dio dona se stesso, che cosa si può dare di più? Che cosa si può «aggiungere»?

Occorre unire tutto in questo ordine di Dio – tutti noi stessi.

Quanto il sacerdote compie nel nome di Cristo, quella ripetizione misteriosa della passione supera la comprensione, è un mondo di miracoli.

Che cosa può l'uomo?

Quali «dona» io posso dare a Dio? Supplicarlo che si degni di accoglierli e benedirli?

Quanto lui mi ha donato?

Quello di cui non sono capace? Quello che non mi riesce?

La mia giornata piena e contemporaneamente non piena?

O al contrario, quanto mi è riuscito bene, quello di cui sono stata capace?

I miei pensieri?

I miei errori e le mie insicurezze?

La mia lotta con me stessa?

Normalmente durante la messa cerco di indirizzare tutto questo a Dio; dono tutta la mia incapacità, dono tutto ciò che è difficile, sconosciuto e che mi supera.

Donare tutto, perché Dio lo benedica.

Questo sembra semplice, ma quale profondità di contenuto c'è nel fatto che Dio stesso dona all'uomo tutto e nello stesso tempo gli dà «le vie per donarsi», mi dà anche il fatto che io possa donare.

Dio lascia perfino all'uomo la convinzione, che siamo noi a donare a lui. Donando, ci lascia la gioia di donare, dalla quale nasce un «merito». Dio lascia all'uomo come la possibilità di dare realmente qualcosa a Dio.

* * *

19 dicembre

L'ho letto tutto. Ho fatto dei segni, a volte ho aggiunto qualche parola. Sono molti i pensieri che mi vengono. Provo a farne una piccola sintesi.

a. i punti d'integrazione [con Dio] *sono molto evidenti. Dio mi ama e me lo fa conoscere attraverso l'uomo, io voglio poter contraccambiare,*

b. le energie irrazionali, ancora molto vive, il che distrugge la pace più spesso di quanto la dia,

c. prevale però il bisogno d'integrazione, ed anche la capacità d'integrazione.

(C'è forse bisogno della «longanimitas» = il completamento positivo della pazienza).

Tutto mi dà l'impressione di un percorso di illuminazione piuttosto avanzato, ma con un contributo ancora notevole del percorso di purificazione. Siamo al confine.

Questo periodo, del resto, è stato per diversi motivi particolarmente difficile.

Il Fratello

RIFLESSIONI SU «RAGGI DI PATERNITÀ»[5]

Sto appunto lavorando sui «bambini di Auschwitz» – un nome simbolico che comprende i bambini di diversi campi di concentramento, che erano tanti, e scrivendo dei «bambini di Auschwitz» consulto il tuo testo *Raggi di paternità*. Trovo in esso quello che mi interessa, il contenuto più profondo, l'origine divina di ogni uomo.

[5] Testo pubblicato sulla rivista «Znak» (Il segno), XXXI 1979, pp. 1119-1145; Karol Wojtyła, *Poezje i dramaty*, Kraków, «Znak», 1979, pp. 228-258. In Italia il testo è stato pubblicato in Giovanni Paolo II, *Fratello del nostro Dio e raggi di paternità*, Città del Vaticano, Libreria Editrice Vaticana,1982, e in Karol Wojtyła, *Tutte le opere letterarie*, Milano, Bompiani, 2001.

Su questo canovaccio sviluppo diversi pensieri, che è difficile esprimere, tanti sentimenti contraddittori e problemi complessi. Quanto si è allontanato l'uomo da Dio!

Mi si delinea tutto il problema della gioventù, il destino di quei giovani persi in se stessi e nel mondo; forse di più in se stessi.

«I bambini di Auschwitz». I ragazzi si sviluppano in direzione della psicopatia e pertanto, senza che io lo voglia, sorgono in me dei pensieri che vengono dalla mia professione. Tutta questa psicopatia in realtà può essere non tanto congenita, quanto piuttosto condizionata dal destino e forse in effetti è più giusto parlare di «sociopatia».

Gli adulti ne sono colpevoli, ovviamente, e anch'io mi sento in qualche modo responsabile dei destini di questi bambini, di questi miei pazienti e di tutti, in generale. La corresponsabilità degli adulti per i destini della gioventù.

Invece di riflettere su un contenuto religioso, penso continuamente a questo: dov'è nell'uomo il confine tra la sua colpa e la patologia? Lo psicopatico che esplode è colpevole della sua rabbia, eppure quell'ondata d'ira nasce in lui spesso in modo indipendente – lui in fondo è innocente.

Penso a tanti ragazzi, a Kolia e a quelli «sconosciuti», forse anche loro bambini di qualche Auschwitz, di quello conosciuto o di un altro luogo ugualmente orribile.

Ho preso *Raggi di paternità* e per la prima volta l'ho letto così profondamente. Ho seguito la trama e forse afferro il significato più profondo, di cui tratta.

Ne scaturisce la più viva preoccupazione per «il fondo» dell'uomo, per la sua predestinazione, per la sua sorte.

Tale contenuto è anche una confessione, alla quale io non sono estranea, anche se la trama è diversa. Penso che in fondo tutto si riconduca alle radici di Dio nell'uomo: se il sacerdote è in lui profondamente radicato, trasmette la grazia di Dio agli uomini.

Il mondo interiore dell'uomo – quanto è profondo! – e l'interiorità ricolma di grazia giunge agli altri uomini attraverso parole e pensieri comprensibili, attraverso le emozioni e, qualche volta, attraverso rigidità incomprensibili. Il contenuto colpisce per l'armonia della fedeltà e per l'unità. Capisco quello che una volta è stato detto di te, «l'uomo dell'unico amore, totus tuus».

Mi commuove questa scoperta a ogni pagina della confessione e insieme della chiamata, che è come se inserisse l'uomo in quella corrente, nel mondo dello spirito. L'interiorità dell'uomo in un certo modo si rivela a lui stesso, c'è una corrente nuova, un torrente di emozioni più profonde di tutto quello che c'è stato finora. Le impressioni esteriori passano in secondo piano, conta solamente il loro contenuto interiore. L'uomo è nato di nuovo.

Far nascere l'uomo dallo spirito vuol dire trasmettergli qualcosa della verità di Dio e questo rimane ormai un valore dell'altro. Nascere dallo spirito vuol dire legarsi a Dio in modo irreversibile, per il solo fatto di esistere. «Tuo», «tua» fino in fondo, significa del tuo contenuto, questo non vuol dire nient'altro che l'inserimento nella corrente che parte dalle giuste radici, l'inserimento nel tronco di Dio.

Come si compie questa «nascita dallo spirito»?

Vuol dire avere il senso più profondo di appartenenza a Dio, vuol dire che l'uomo sa che non è né di se stesso, né tuo, è solo suo, interamente e per sempre. Questa poesia è piena di Dio.

Penso a quelle parole che vengono da temi profondi, parole profonde e belle insieme.

Dio qui è il tema principale, non è al margine, e leggendo si sente un desiderio enorme di essere anche suo strumento, perché in fondo si tratta di questo.

Lo strumento della grazia di Dio: ci può essere un destino più grande per l'uomo?

L'irraggiamento dei contenuti di Dio.

La meditazione è diretta allo Spirito Santo: molto bene, perché anche la mia corrente personale giunge a questo stesso contenuto, al luogo in cui voglio riflettere appunto su questo.

L'appartenenza a Dio: l'uomo è sua proprietà e lui vuole essere nell'uomo, ecco appunto l'azione dello Spirito Santo. È possibile capirlo del tutto?

Come definire tutto questo? Del resto non si tratta di una definizione; il contenuto più profondo sfugge a ogni definizione.

La presenza di Dio nell'uomo non si può descrivere, eppure è realtà; analogamente del resto alla presenza della persona amata nell'altra persona, anche questa è in profondità e vi lascia la sua impronta. L'amore infatti cambia davvero l'uomo, immaginiamo poi un tale amore!

Non riesco a trovare parole adeguate e prego con le parole di lei: il *Magnificat*.

Nel silenzio notturno, prima di addormentarmi, rifletto su come scendere alle radici più profonde di Dio nell'uomo, in me e anche negli altri, nei miei pazienti, in quelli che non ne sono neppure consapevoli né intuiscono che Dio è in fondo a loro.

Come scendere senza banalizzare e senza disgregare?

Senza volerlo, penso a come agire: come si può essere efficaci? Il pensiero si sposta subito di nuovo dalle mie possibilità allo Spirito Santo: non c'è altra strada. Questa è l'unica e adeguata sorgente delle possibilità per l'uomo.

30 gennaio 1965 sabato pomeriggio

Cresce in me la tensione. Forse ne è causa la pressione di problemi esterni? Oppure c'è un altro problema? Sicuramente c'è il problema di come comportarmi nei confronti di questa pressione.

Lo so che non si può mettere da parte alcun problema umano, *bisogna trascinarlo con sé e si troverà l'aiuto di Dio.* Questo è semplice, c'è solo bisogno della fede e bisogna essere fedeli a questo: se qualcosa è nei piani di Dio, allora si troverà il tempo e le forze, occorre stare tranquilli.

Penso che la più grande difficoltà, che come un fermaglio le lega tutte, è la mancanza di pazienza – forse è congenita? Senza dubbio in parte è congenita, non dipende da noi e non ne siamo colpevoli, tuttavia l'uomo matura per modellare le sue caratteristiche congenite secondo una norma adottata, quindi è un segno di immaturità giustificarsi con la propria impazienza congenita e reagire sempre in tal modo perché questa non è una giustificazione.

Dunque bisogna semplicemente concludere la riflessione con una preghiera allo Spirito Santo: «Sine tuo numine nihil est innoxium – Senza la tua divinità non esiste alcunché senza colpa».

Lo sento molto, proprio così, letteralmente. So molto poco dello Spirito Santo, ma sento in modo molto chiaro come un bisogno organico dell'aiuto dello Spirito Santo, in ogni problema, in ogni cosa che faccio, in tutto.

2 febbraio martedì sera

«In toto corde meo».
«Di tutto cuore».

Quanto più profondamente conosco la mia indegnità, tanto più desidero Dio e so che solo lui può cambiarmi e completarmi con quanto mi manca. Nello stesso tempo però vedo chiaramente me stessa e da questa nuova visione nasce in me una certa paura – questo però lo faccio vedere anche a Dio, non lo nascondo e non mi ci soffermo.

In me accade così: più mi sento piccola, più grande è in me il bisogno della vicinanza di Dio.

La paura è forse paura della giustizia, ma contemporaneamente c'è la misericordia di Dio – e in questo pensiero trovo la pace.

Cristo invita ripetutamente alla fede nella misericordia di Dio.

Ricordo tutto ciò che Ignac ha detto di suor Faustina[6].

3 febbraio mercoledì mattina

«Quia misericordia tua magna est super me».
«Perché la tua misericordia per me è grande».

[6] Si tratta di una grande mistica, santa suora Faustina Kowalska (1905-1938), la «segretaria» della misericordia divina.

Mattina, mattina presto, perché sono le tre, ma non mi sono addormentata, perché Barbara ha di nuovo un attacco di asma; non è facile guardare la bambina che non riesce a respirare, non è facile sopportare il suo sguardo pieno di paura; la dispnea suscita sempre paura nei pazienti, tanto più nei bambini!

Pongo la paura e l'inquietudine nelle mani di Dio, lui sa tutto.

Occorre solo perseverare in questa fede nella sua misericordia.

4 febbraio giovedì notte, ore 23-24

«Deus meus es tu».
«Tu sei il mio Dio».

Dio, ma dov'è? Il ponte tra Dio, che è irraggiungibile, e l'uomo è il sacerdote, l'anello che ci collega, il recipiente che elargisce la grazia.

Senza il sacerdote non si raggiunge Dio, come lo si può dimenticare? Tutto l'anticlericalismo è una mancanza di realismo della fede. Chi potrebbe raggiungere il cielo senza l'assoluzione?

5 febbraio venerdì notte

«Et confitebor tibi».
«E ti loderò».

Sono stata inginocchiata finché ho potuto ai piedi del bel crocifisso della chiesa Mariana. Ho fatto la comunione, come ogni giorno, e i miei peccati li vedo come alla luce di un riflettore. Non ho il coraggio di dire nulla, mi mancano le parole, non ho trovato alcuna parola per la preghiera, eppure la mia paura è scomparsa e in me c'è il silenzio.

Direi che c'è perfino un vuoto, come se fosse cambiato l'assetto; non posso vedere come una volta e ancora non so che cosa ci sarà in futuro; c'è una certa sospensione, che risulta dall'illuminazione per la presenza di Dio: «Tu es Deus meus!».

6 febbraio sabato notte

Sono andata da Marianek[7], ma francamente non sono stata capace di spiegargli che cosa mi succede, e lui mi ha lodato, perché sono «coraggiosa»; quella lode mi è sembrata completamente ingiustificata; a meno che non si chiami «coraggio» tutto quello che faccio, dato che in effetti lavoro moltissimo; ma io chiamerei «coraggio» qualcos'altro e appunto non mi sento «coraggiosa».

Forse solo adesso però capisco l'incarnazione di Cristo e la redenzione; dico «capisco», ma è forse esagerato; in qualche modo capisco che, nelle storie dell'Antico Testamento, è come se l'uomo si fosse chiuso la strada del cielo da se stesso. Nel cielo, Dio, grande, magnifico e sulla terra l'uomo, con tutta la sua debolezza.

Mi si è rivelata tutta la grandezza dell'amore di Dio: Dio stesso infatti ha dato all'uomo la via verso di lui, e nonostante la sproporzione tra il Creatore e la creatura, egli getta un ponte, suo Figlio. Cristo è la via dell'uomo verso il cielo. Soltanto oggi lo comprendo pienamente: come non amare Cristo? Ma si pone anche la domanda: come amarlo?

Con lo sguardo fisso in questo grande amore, di nuovo comprendo il sacerdozio in modo diverso. Capisco ancora meglio la necessità di questa vocazione e infine arrivo semplicemente alla preghiera per le vocazioni sacerdotali, perché siano sufficienti per tutti gli abitanti del globo terrestre.

[7] Don Marian Jaworski.

7 febbraio domenica notte

«Misericordia tua magna est super me».
«La tua misericordia per me è grande».

Cresce in me un'enorme gratitudine per Cristo, Dio, che vuole dare all'uomo così tanto. Come sarebbe stato il destino dell'uomo se non ci fosse stata la misericordia di Dio? Il sacerdote è lo strumento della divina misericordia.

8 febbraio lunedì notte

«Et liberasti animam meam ex inferno inferiori».
«E hai strappato la mia anima dal profondo degli inferi».

Dio stesso salva, vuole salvare l'uomo dall'inferno. La natura umana ha i suoi condizionamenti, che, per così dire, la tirano da una parte, ma Dio stesso salva l'uomo, come se lo salvasse dalla sua stessa natura. Tuttavia penso che bisognerebbe formulare questo in modo tale, che in qualche modo bisogna far sì che io «non esista». Forse ora capisco quello che si diceva e che si trova in santa Caterina da Siena: «Non vivo più io, ma Cristo vive in me», parole che mi erano sempre sembrate incomprensibili e impossibili. Adesso le capisco e c'è in me un grande desiderio, ma come chiamarlo? La distruzione di tutto quello che c'è in me, perché scompaia, perché in me non ci sia nulla, perché esista in me solo Dio e lui agisca.

9 febbraio martedì mattina

«In die tribulationis meae clamavi ad te».
«Nel giorno della mia tribolazione ti ho chiamato».

In me è proprio così, tutto in me grida aiuto, anche se non trovo le parole. Vorrei con delle parole supplicare Gesù, perché mi ricolmi di se stesso.

Affronto tanti problemi difficili, praticamente solo quelli difficili, altri non me ne capitano. Risolvo tutto come se fosse niente, ma è come se in me ci fosse un altro mondo, separato. C'è una certa discrepanza fra quello che faccio tranquillamente e questa mia interiorità piena di tensioni.

Qualche volta rifletto su dove stia il confine tra le esperienze dell'anima e le manifestazioni psicopatologiche; oggi ho fatto un'analisi differenziale tra la depressione ossessiva e lo stato dell'anima, che scopre se stessa, e ho cercato di fissare un confine tra questi fenomeni.

La cosa più importante è che il pensiero ruota intorno a Dio, e la paura viene dopo, essa deriva dal riconoscimento della grandezza di Dio e della piccolezza dell'uomo; presso i malati di nevrosi ossessiva invece non c'è consapevolezza della sproporzione fra il Creatore e la creatura, la paura è irrazionale e il pensiero ruota intorno a quella paura. Per il secondo punto io, nonostante la paura, sono tranquilla, invece i pazienti vivono senza pace. In me c'è un desiderio ardente della vicinanza di Dio, cosa che in loro non c'è. Infine io, nonostante sappia bene di essere indegna, ogni giorno ricevo la comunione, invece i pazienti dominati dalla paura patologica non sono capaci di superarla e non si accostano alla comunione, neanche subito dopo la confessione. Oltre a questo la mia attività all'esterno è sempre più armoniosa, più di prima, invece i pazienti sono apatici, incapaci di qualsiasi attività.

Questa è l'analisi che ho fatto.

«Quia exaudisti me...».

«Perché mi hai esaudito...».

12 febbraio venerdì notte

«Factus est mihi Dominus in refugium».

«Il Signore è mio rifugio».

Tutta la giornata è stata occupata dalle persone – da persone molto infelici. Senza volerlo confrontavo le loro vite con la mia, così piena di grazia.

«Et Deus meus in auxilium spei meae».
«E il mio Dio è l'aiuto della mia speranza».

«Spes»: mi è difficile però decidermi ad avere fiducia, non perché io non abbia fiducia in Dio, ma perché mi fa paura questa mancanza di proporzione fra Dio e il misero uomo. Nonostante questa paura, lavoro tanto e probabilmente bene, ma come con un impulso diverso. Desidero tanto essere uno strumento nelle mani di Dio, uno strumento della grazia di Dio.

13 febbraio sabato notte

«Eripiet me de inimicis meis».
«Mi strapperà dalle mani dei miei nemici».

Cresce in me la consapevolezza che la fiducia in Dio è anche un suo dono e non un mio atto interiore. Forse finora mi sembrava che la fiducia fosse «mia», che fosse un mio atto di abbandono a Dio. Adesso invece che la voglio così tanto, essa non c'è in me. Capisco improvvisamente che anche questo è stato ed è un dono di Dio. Bisogna quindi aspettare in umiltà il dono della fiducia e resistere a oltranza.

La facilità della fede, della preghiera, della fiducia sono tutti doni immeritati.

14 febbraio domenica mattina

«...fortissimis (inimicis)...».
«...i più pericolosi (nemici)...».

Il più grande nemico di me stessa sembro essere proprio io. L'uomo infatti fa i danni più gravi a se stesso, peccando. Dio protegge l'uomo anche da lui stesso.

Dio... Non smetto di pensare a lui, anche se in realtà è più che pensare: io so che lui c'è.

15 febbraio lunedì mattina, ore 7

«Et factus est Dominus protector meus».
«Il Signore è il mio difensore».

Mi sono resa conto che, qualunque cosa faccia, qualunque cosa accada, avviene davanti a Dio, alla sua presenza. Semplicemente l'uomo è di continuo a tu per tu con Dio, Dio è continuamente presente in modo diretto, indipendentemente da chi mi sia accanto e da che cosa stia succedendo.

C'è qualcosa in me, che non so definire e che sembra essere un paradosso, perché in effetti ho paura di questa vicinanza di Dio e insieme, nonostante tutto, c'è in me la gioia per il fatto che Dio c'è, benché io avverta anche la paura!

«Misericordiam et iudicium cantabo tibi».
«Ti canterò la misericordia e la giustizia».

17 febbraio mercoledì, ore 7

«Psallam et intelligam in via immaculata».
«Canterò i salmi e sarò prudente sulla via immacolata».

31 aprile domenica, ore 22

Per me è difficile, ma mi ricordo le parole pronunciate: «La sua misericordia è più grande dei nostri peccati», e durante la messa improvvisamente ho visto la vita in modo diverso, il dono della vita, ho visto il valore della vita come via verso di lui, verso Dio...

Quanto tutto è diverso da come è stato fino ad oggi!

Ho sempre avuto il senso del valore della vita, forse puramente biologico; solo oggi però improvvisamente mi sono resa conto del senso e del fine della vita, senza questo non si può arrivare a Dio, tornare a lui. Improvvisamente ogni momento della vita ha acquistato un grande valore e questo mi ha colpito con tale intensità, che mi sono sentita stanca, come esaurita dalla consapevolezza di questi grandi significati.

Nello stesso tempo ho capito in modo diverso il significato del corpo umano, del corpo vivo, che è necessario per questo cammino. Ho visto i compiti del corpo, che può aiutare l'anima.

Infine il mio pensiero si è trasformato in uno slancio di gratitudine per la vita, per la vita fisica dell'uomo.

2 maggio lunedì notte

«Confitebor tibi Domine...».
«Ti loderò, Signore...».

Sento tutta la mia indegnità, anche se c'è qualche differenza fra il senso soggettivo dell'indegnità e lo stato oggettivo dell'anima. Si può dire che la consapevolezza del peccato sia un senso soggettivo? Si tratta in fondo di una verità oggettiva relativa all'uomo, a ogni uomo, a ogni uomo segnato con il marchio del peccato originale di Adamo.

* * *

Nel pomeriggio mi ha fatto visita padre Józef Bucholz. Quella visita mi ha fatto piacere. Ricordo sempre la confessione fatta a lui il 2 febbraio 1941, forse perché fu una confessione la cui grazia doveva bastarmi per tanti anni, l'ultima confessione prima dell'arresto.

Mi ha sorpreso, quando a un certo punto mi ha detto: «Ammiro la tua pazienza», e io in confessione parlo proprio della mia impazienza!

Ho meditato su questo: c'è sempre differenza fra «subiectum» e «obiectum», c'è anche un altro modo di vedere le cose; non voglio certo fare nulla di male, ma sento tuttavia più chiara la mia indegnità, quando mi accosto alla comunione.

Ho meditato sulla confessione. Il Signore sa tutto dell'uomo, ma la confessione dei peccati è, in qualche modo deve essere, un atto di fiducia da parte dell'uomo che li confessa nella speranza dell'assoluzione. La confessione è necessaria all'uomo, come atto di fiducia. Naturalmente l'uomo non può nascondere nulla a Dio, ma se non confessasse, se volesse nascondere qualcosa, il peccato nascosto lo allontanerebbe da Dio; il peccato confessato unisce a Dio, facendo scattare la sua misericordia. Solo così l'uomo può avvicinarsi a Dio, rivelando se stesso, anche se Dio lo conosce meglio di lui stesso.

Tante diverse reazioni e debolezze separano l'uomo da Dio e diventano una barriera, solamente il mostrare tutto questo a Dio demolisce quella barriera.

Aspettiamo sempre con impazienza le vacanze, adesso, come sempre, le faremo insieme. Che gioia quando arriva questo giorno!

Ci siamo: le vacanze del 1965.

LE VACANZE DEL 1965

Come sempre, programmiamo una vacanza itinerante; andiamo in montagna, sui Beschidi, perché questa è la nostra tradizione.

18 luglio domenica

Al mattino il ritmo di lavoro è stato faticoso e agitato, quindi siamo partiti tardi. Pernottamento in un giuncheto su un torrente, non so quale, subito dopo Grybowo. Piove.

19 luglio lunedì mattina

Abbiamo lasciato la macchina a Śnietnica presso le suore domenicane, delle suore simpatiche. Piove ancora. Dalle 11 camminiamo nel bosco, per trovare un luogo per il bivacco. Andrzej ha trovato le fragoline di bosco e un prato, che però è risultato fradicio.

20 luglio martedì

Non ci siamo mossi, sono stata io a non volerlo, perché mi sentivo male. La messa è stata celebrata sotto un grande albero, l'abete più grande, presso un torrente non grande, ma con l'acqua limpida. Ha smesso di piovere per un po' e si è fatto vedere perfino il sole.

21 luglio mercoledì

La messa sotto lo stesso albero e un sole splendente, ci abbronziamo.

22 luglio giovedì

Nel pomeriggio ci siamo messi in cammino. Abbiamo vagato per un bosco pieno di grandi larici, perché la strada era finita e siamo usciti direttamente sul pendio dall'altra parte di Śnietnica. Il bivacco è sul pendio, le tende sono storte a causa della superficie in pendenza. In compenso una gran quantità di fragoline di bosco.

23 luglio venerdì mattina

La messa nel fitto di un noccioleto. Una donna è passata con un bambino. La sera siamo partiti, abbiamo viaggiato velocemente e siamo andati lontano, in compenso il bivacco era bellissimo, come in una favola: un torrente magnifico con la cascata da un vecchio ponte, tutto intorno larici giganteschi mescolati a pini, e meravigliosi ginepri alti e snelli. Un bivacco come in una foresta incantata.

24 luglio sabato mattina

La messa è stata celebrata sotto un abete enorme, un ramo basso serviva da base per l'acqua e il vino. E poi facciamo il bagno in quell'acqua limpida e prendiamo il sole: mi sono bruciata le spalle.

25 luglio domenica

Siamo partiti molto presto, ma è stato comunque troppo tardi e la giornata si è rivelata difficile, perché troppo calda. Inoltre io mi sono persa nella foresta, raccogliendo le fragoline di bosco. Poi ci siamo fatti strada attraverso i rovi con gli zaini pesanti e infine siamo giunti «sulla cresta».

La messa in un'immaginaria cappella di abeti secchi, sotto i piedi un soffice tappeto dei loro aghi.

Improvvisamente è cominciato a piovere, ma ha subito smesso. Una strada in discesa attraverso un pendio molto bello, attraverso un bosco misto fino a un prato con un fiume e il bagno. Su questo fiume una bella frittata, un improvviso acquazzone e la fuga al villaggio. Io rido ancora di quel cane che all'improvviso è saltato fuori e i miei uomini sono scappati davanti a lui, mentre io ridevo.

Pioveva già, quando siamo partiti per Jurków. Siamo tornati dalle bambine attraverso una bella foresta, ma sotto la pioggia.

Ci siamo salutati e mio Fratello mi ha lasciato, per la settimana successiva, i testi per le meditazioni. Li ho presi con me e siamo partiti con le bambine per i monti Tatra slovacchi.

26 luglio lunedì

«Gloria (in excelsis) Deo...».
«Gloria a Dio (nell'alto dei cieli)...».

Come è difficile «proclamare la gloria di Dio», perché in fondo non si tratta di parole... ma... di disporre tutta me stessa in modo che tutto in me proclami la gloria del Signore.

Il viaggio, la macchina piena, l'aria soffocante, l'impazienza. A sera siamo arrivati a Podbańskie, continua a piovere...

27 luglio martedì

«...et in terra pax hominibus...».
«...e in terra pace agli uomini...».

È la grazia che dona la pace all'uomo. Come mi manchi tu e come mi manca la messa. Sono proprio un misero strumento, un misero ricevente della grazia...

Una volta hai detto: *Bisogna sapere prendere. C'è una sovrabbondanza di grazia, un mare intero...* Prendere la grazia. Come?

Non siamo saliti sulla montagna, pioveva a dirotto e siamo scappati nella valle del fiume Wag dove c'erano il sole, i panorami, i musei e una cittadina incantevole, piena di case antiche, Ružomberok. Nella parte alta la chiesa, dalla quale si godeva un ampio panorama.

Pace agli uomini... Che cosa mi succede? Ho tutte le condizioni per essere tranquilla e invece in certi momenti si scatena in me la rabbia. Dici: *appetitus irascibilis*[8], ma che cosa posso farci?

[8] Impulso irascibile.

Cerco di pregare, mi impegno a essere vicina a Dio e contemporaneamente ho l'impressione che questo non dipenda da me.

Dormiamo sempre a Podbańska, ma le montagne non si vedono.

28 luglio mercoledì

«...bonae voluntatis...».
«...di buona volontà...».

Hai detto che a me non manca la buona volontà, ma io ho dei dubbi, almeno in alcuni momenti. Quando mi arrabbio, allora mi sembra che mi manchi appunto la buona volontà... Che importa quello che voglio prima e dopo? «La buona volontà» vuol dire una certa subordinazione, essere buona, umile e ubbidiente, sottomessa a Dio.

Il tempo è un po' migliorato. Siamo andati attraverso la valle Koprowa fino a Zawory e abbiamo attraversato tutta la Cicha, un gigantesco burrone, siamo tornati verso le ore 24. Il tempo era nuvoloso e faceva freddo, ma senza pioggia.

Lungo la strada ho pregato in silenzio. Tutto mi è sembrato più facile, la giornata è stata «vincente». Mi sento meglio.

29 luglio giovedì

Siamo saliti sul monte Krywań. Inaspettatamente un sole e dei panorami meravigliosi, che sono durati solo fino alla nostra partenza.

«Laudamus te, benedicimus te...».
«Ti lodiamo, ti benediciamo...».

Ho meditato strada facendo, al ritorno sono stata un po' indietro con Anusia e le ho detto che cosa stavo pensando. Lei è abbastanza grande per ricordare e forse qualcosa rimarrà in lei.

Il panorama dal Krywań è incredibile, rapisce il cuore, nascono dall'anima solo «laudes». Quando eravamo ancora sulla cima, hanno cominciato a radunarsi le prime nuvole, accrescendo la varietà delle emozioni – svelavano all'improvviso dei panorami straordinari.

La gita però è stata stancante.

30 luglio venerdì

Non ho dormito per tutta la notte, per la prima volta da quando sono qui. Mi faceva così male il collo. Niente di strano, il bel tempo è finito. Dal mattino piove a dirotto. Togliamo le tende, scappiamo discendendo a valle.

Il viaggio con il treno suburbano attraverso molte città.

«Adoramus te, glorificamus te...».
«Ti adoriamo, ti glorifichiamo...».

Come? Come può l'uomo adorare Dio? L'uomo non ne è capace. Lo aiuta il mondo meraviglioso della natura, che è la strada verso Dio. Attraverso la bellezza è più facile arrivare a Dio, almeno alla sua adorazione, che non attraverso la fatica.

Ci siamo fermati in un rifugio ben attrezzato a Podspady e da lì siamo tornati a Cracovia. Fine delle vacanze.

31 luglio sabato

«Gratias agimus tibi...».
«Ti rendiamo grazie...».

Lo facciamo veramente? Penso che appunto non sappiamo essere grati.

Una volta hai detto che non si tratta di manifestare la gratitudine, ma di *essere grato*. Lo capisco, ma mi dispiace il fatto che non sono capace di manifestare gratitudine a Dio. Mi sembra che la gratitudine debba in qualche modo essere radicata nell'azione dell'uomo, altrimenti è «vuota». In qualche modo deve esternarsi, anche se ovviamente so che non si tratta della sua «manifestazione», ma di «essere grati». Questo suppone appunto un particolare modo di essere e quindi un sentimento di gratitudine. Non può essere diversamente... Forse del resto questo sentimento si manifesta più nell'intenzione che nel modo stesso di agire, più nel pensiero. La gratitudine dovrebbe permeare i contenuti dei pensieri e dettare le intenzioni delle azioni, si intende di tutte le azioni, perché come potrebbe essere altrimenti?

[Roma] *5 ottobre 1965*

Miei carissimi Dusia, Andrzej!

Vi ringrazio per l'ultima (e insieme la prima) lettera del 20 settembre, che ho ricevuto una settimana fa. Poi, il 28 settembre, ho ricevuto il telegramma. Che Dio vi benedica per il ricordo. Io stesso vi ho mandato una lettera, forse il 19 settembre, e questa è la seconda. Nella lettera c'erano le riflessioni sul tema del Magnificat, *oggi proveremo a trovare un altro tema. Almeno una frase costituisce sempre il punto di partenza. Sono contento per le buone notizie, per la sintesi della trama delle vacanze, che tranquillizza, per l'equilibrio psichico e la pace interiore. Sono contento anche di un certo risveglio, diciamo, dell'istinto di conservazione, del fatto che pensi alla necessità di curarti, anche se contemporaneamente mi preoccupo per il tuo stato di salute e per le tue forze. Ogni giorno prego il Signore affinché ti conservi la salute e ti permetta di compiere tutti i tuoi compiti e quelli vostri comuni.*

Per quanto mi riguarda: mi attengo con la massima precisione possibile alle raccomandazioni sulle vitamine. I primi giorni sono stati di adattamento, adesso mi sento pienamente bene. Il tempo qui è bello, perfino in un certo senso afoso. Gli impegni sono tanti, quindi le giornate passano velocemente. Che Dio ti renda merito per le preghiere e per tutto l'aiuto spirituale che ricevo.

Adesso le riflessioni. Prendo di nuovo un testo semplice e facile da ricordare: l'inno eucaristico di san Tommaso d'Aquino (sul Santissimo Sacramento): [i temi delle riflessioni in latino].

Qui interrompo, la seconda parte delle meditazioni nella prossima lettera. Il testo comunque si trova nel Messale, dove lo si può verificare, se il mio scritto fosse illeggibile. Vi saluto con affetto e vi bacio insieme alle bambine.

Fr.

Roma 25 novembre [1965]

+ Cara Dusia e Andrzej!

Gli auguri e le frasi aggiunte delle bambine mi hanno fatto molto piacere, come anche la telefonata.

Solo oggi posso occuparmi di fissare altri temi per le meditazioni, perché per quasi due settimane ci sono stati tantissimi impegni e soprattutto di corrispondenza. In generale qui gli impegni sono molti ed è possibile che saranno ancora di più. Tuttavia questo è un tempo benedetto, che si vive in una concentrazione piuttosto buona, direi addirittura nella contemplazione di questioni profonde. Questa atmosfera incide su altri settori. Si può fare tanto con la riflessione, la vita della preghiera è ordinata entro limiti rigorosi, inoltre c'è tempo sufficiente per essa, il che non sempre succede a Cracovia. C'è anche occasione di staccare e di andare da qualche parte di sabato o di domenica – in Italia i posti da visitare non mancano. Anche se, per quanto riguarda la bellezza della natura, dalle nostre parti ne abbiamo tanta ed è anche direi «più ospitale». Qui dappertutto c'è ormai la civilizzazione, anche se ci sono tante montagne.

Il tempo corre molto velocemente. Ogni giornata è piena. Mi sento bene. La vitamina C è già esaurita. La vitamina B da sola. Tanta frutta. Sono molto contento, che «le radici» [dei nervi] *abbiano smesso di farti male e che ti sia più facile muoverti. Sono ancor più contento per i beni della vita interiore, per i frutti della grazia, ma questo non si può esprimere con le parole né scrivere. Bisogna seguirlo.*

Quindi adesso, per seguirlo, metto giù i temi della meditazione per i prossimi giorni.

[i temi delle meditazioni in latino]

Bacio e saluto con molto affetto te, Andrzej e le bambine.

Fr.

Vacanze 24 luglio domenica

Partiamo da Cracovia con una pioggia torrenziale; durante il viaggio ancora piove, ma si tratta di temporali passeggeri. Ci siamo fermati vicino a Limanowa, con una magnifica veduta.

Un'attesa gesuitica a Nowy Sącz e un'enorme preoccupazione che sia successo qualcosa di grave: perché così tanto tempo? Finalmente l'incontro, ma è già notte. Bivacco nel buio, là c'è l'acqua? Da sotto i piedi di Andrzej si è lanciato fuori uno stormo di quaglie, non sappiamo che cosa ci fosse. Non si sa.

25 luglio lunedì

Al mattino pioviggina, senza sole, il bivacco è risultato abbastanza bello, tra l'erba piena di fiori e c'è anche un fiume, la Jasiołka, largo, ma torbido come il caffè. La sponda è tra i cespugli, difficilmente raggiungibile, sono caduta in una buca.

La macchina si è impantanata nel fango, ma andiamo avanti. A Sanok prendiamo il caffè e mangiamo il gelato. Poi percorriamo ormai una bella strada al sole, ma a Komańcza la strada finisce, più avanti è sterrata. Ci fermiamo in una macchia di alberi alti, dietro un recinto una tomba nuova e delle vecchie croci, spezzate – è un cimitero! Colgo le ciliegie, mentre Andrzej è andato a cercare un posto per il bivacco. Noi leggiamo.

Non ha trovato nulla. La notte al margine di un cimitero, la messa al tramonto, su una tomba.

26 luglio martedì

Di notte è piovuto a dirotto e anche al mattino cade la pioggia. Riflessioni su sant'Anna. Andrzej è andato a portare la macchina e noi aspettiamo. Dal mio posto si vede solo il cielo, un ramoscello sullo sfondo del cielo e un fiorellino con i petali blu tagliati diritti.

La meditazione. Il primo pensiero – la prima parte «analitica» – che già in lei, nella madre della Madre è iniziato il processo dell'incarnazione, sua Figlia è in lei concepita senza peccato originale, all'uomo si avvicina Dio, nel suo amore, attraverso questa incarnazione del Figlio di Dio e di una donna. «Veni electa, in te ponam meum... – Vieni eletta, su te poserò la mia...». Lei sarà salvata dalla fiducia, accetterà tutto, il resto verrà da lui.

Andrzej è tornato. Marciamo per una strada, sembra lunga. C'è un sole magnifico, ma la strada è ancora piena di fango. Giriamo a destra, attraverso le erbe alte, attraverso un monte, in giù... Il fiume Wisłok serpeggia alcune volte sotto di noi, arriviamo sul posto, la tenda è nascosta come non mai.

La sponda del Wisłok è sassosa, ma c'è una radura, degli arbusti e una sponda alta, in alto una foresta, in basso le erbe alte e una gran quantità di fiori, fra i quali ci facciamo strada.

La messa sotto un cespuglio, vicino alla tenda; un carpino o un ontano, non lo so, tronchi grigi e snelli, e in alto un delicato merletto di foglie. La messa verso le sei e poi il pranzo, di nuovo in ritardo.

27 luglio mercoledì

Il sole – la mattina prendiamo il sole sul prato, fra i fiori, poi il bagno e la messa, nello stesso posto di ieri. Nel pomeriggio, un temporale.

28 luglio giovedì

Il Wisłok. La messa nello stesso luogo. Nel pomeriggio di nuovo un temporale e per questo i calabroni ci hanno punto così!

29 luglio venerdì

Per tutto il giorno piove, stiamo nella tenda. Andrzej è andato in paese a prendere da mangiare, è tornato tutto bagnato. La messa nella tenda.

30 luglio sabato

Tempo incerto. Andrzej è andato alla baita e ha portato una gran quantità di siero di latte di pecora. Abbiamo trovato un bel posto per il bivacco dietro la montagna. Non ci siamo trasferiti però e la messa è nello stesso luogo.

31 luglio domenica

Non ci siamo trasferiti, perché il temporale ce lo ha impedito. E a te dispiaceva di non poter nuotare, solo lunedì abbiamo cambiato luogo.

1° agosto lunedì

La mattina c'è il sole, ma è così timido, attraverso le nuvole.

Il Wisłok. Nel pomeriggio andiamo avanti attraverso il pendio; è faticoso, ripido, ma con panorami meravigliosi; il bivacco ideale.

Sopra di noi la parete scura e compatta del bosco, il torrente serpeggiante fra gli alberi snelli, uno è così piegato che ci si può sedere sopra. Il prato, con l'erba non tanto alta, ma piena di fiori. I ginepri e una gran quantità di lamponi. Ho fatto in tempo a coglierne abbastanza per il dessert.

2 agosto martedì

Abbiamo fatto un'escursione in salita, nella foresta. Abbiamo incontrato un grande albero, il tronco ricoperto di verde muschio vellutato, come dei gradini, e ci si poteva salire sopra; più in alto abbiamo trovato un sentiero: dei panorami meravigliosi si aprivano a tratti, come finestre sulla valle. Siamo tornati al bivacco attraverso l'erba più alta di me.

Lungo la strada, meditazione sulla femminilità e la virilità sullo sfondo del libro della Genesi. La donna è più armoniosa, lui contiene in sé una certa frattura.

Il bagno, poi la messa e poi il pranzo – cucina sempre Andrzej. Nel pomeriggio la lettura e poi colgo i lamponi.

3 agosto mercoledì

Al mattino, il temporale. La messa nella tenda, alla sera una passeggiata verso il triangolo geodetico, dal quale, dall'alto, si ha una veduta meravigliosa. Torniamo però velocemente, perché si fa buio.

Lungo la strada, come sempre, il rosario e le litanie, e il sole sta tramontando.

4 agosto giovedì

Di notte c'è stato un temporale e la tenda ha un po' di «rugiada». La mattina però non piove, io colgo i lamponi e loro leggono Gandhi. L'ora santa, «Vigilate per non cadere in tentazione».

L'ultima gita – sul Berdo, verso il triangolo geodetico. Un sentiero incantevole, sulla dorsale, il sole, le vedute, l'erba alta, non falciata, la salita ripida e il ritorno su un pendio dolce. Peccato che questa sia l'ultima serata. Si è alzato un vento a raffiche.

Di notte, il temporale.

5 agosto venerdì

Una giornata molto laboriosa. La mattina presto, tra le gocce di rugiada, la messa; la tenda ha fatto in tempo ad asciugarsi. La messa sotto un grande pino, ben ramificato, con degli alti verbaschi al posto delle candele.

Continua la meditazione sul libro della Genesi e il Vangelo, «Chi guardi una donna...». Essa vuole appartenere a lui, questo non è solamente sull'uomo, questo è anche sulla donna, essa vuole attirare gli sguardi. In lui è diverso, la prontezza a possederla, la voglia della subordinazione, lui ha bisogni diversi, la qualità è diversa. La struttura è diversa, questa diversità giunge molto lontano. Lei ha bisogno di appartenere a qualcuno, come se volesse «ancorarsi». In lui è diverso. I ragazzi non sanno guardare, bisogna insegnarglielo – lei ne è inconsapevole. La trama del nostro discorso prosegue sulla differenza e sul modo di giungere alla gioventù con questo argomento. Andiamo avanti. Poi faremo i bagagli.

Una marcia lunga, dopo il temporale di ieri il livello del torrente è troppo alto, non passeremo a guado, bisogna girarci attorno. Ma no, passiamo due volte, togliendoci le scarpe.

Più avanti la strada sulla dorsale, guardiamo dentro una vecchia chiesa ortodossa, poi, al sole, una lunga marcia verso il paese, verso la macchina.

Sono le 13.30, pranziamo a Sanok.

Poi il viaggio, lungo la strada le poesie e la compieta, arriviamo troppo tardi da Marianek a Zawoja.

6 agosto sabato

Ci alziamo alle cinque, è nuvoloso. La messa sulla Trasfigurazione del Signore nella cappella. Partiamo, perché alle nove dobbiamo essere a Cracovia.

* * *

Io ho prolungato le mie vacanze ancora con un'escursione a Zakopane, non subito, ma a settembre.

26 settembre lunedì,
Zakopane, Kalatówki

La cappella delle suore è bella, semplice, sull'altare il crocifisso – niente in essa disturba, il pensiero si dirige subito verso il Signore.

Ho con me la tua preghiera, quella che mi hai scritto a Prehyba nel febbraio del 1963: è sempre attuale. Vedo molto chiaramente la mano di Dio in me, sia nei fatti esteriori della vita, sia nella mia struttura interiore più profonda sono cambiata molto.

La gioia che ne ho è completamente indipendente dalla soddisfazione personale. Il pensiero centrale riguarda il Signore; leggo nella mia vita le tracce dell'amore di Dio, un mistero mirabile; quanto tatto c'è in questo, come il Signore mi conduce teneramente e dolcemente a sé, con quale preoccupazione per le più piccole cose.

* * *

L'opera di Dio in me. Il Signore farà tutto in me nel modo migliore, nel modo più pieno e con amore – e anche attraverso di me – per quel tanto che sarà possibile e per quanto lui vorrà.

Questo è fondamentale[9]

Il Signore al momento opportuno, al momento giusto, mi aiuterà.

Qualcosa di questo piano di Dio l'ho compreso qui, in questa cappella, ai piedi della croce.

La mia preghiera qui è come più piena, forse perché le montagne e lo spirito di frate Albert[10] mi sono vicini. Ho visto quale grande destino sia essere completamente nelle mani di Dio.

27 settembre martedì

Penso al culto di Maria. Se è così come la presenta il Vangelo, essa allora dovrebbe volere l'adorazione per suo Figlio, non per se stessa; non le si può dare gioia più grande che adorando suo Figlio.

Prego Dio, lo Spirito Santo, affinché io possa amare con il contenuto e la forma che a lui piace. Cristo è la sostanza e il fine della mia vita, la questione centrale, l'asse della mia integrazione e la mia gioia.

Questo è il fondamento della venerazione per lei

La consapevolezza della presenza di Dio in me contiene ovviamente la consapevolezza del fatto dell'incarnazione e quindi dell'esistenza

[9] Le note al margine dei miei appunti le ha scritte il Fratello. [Le annotazioni e le sottolineature di Karol Wojtyła sono state rese in corsivo, NdT].

[10] Si tratta di sant'Alberto Chmielowski (1845-1916), un pittore convertito molto caro a Giovanni Paolo II, che poi diventò fondatore degli albertini e protettore dei poveri ed emarginati.

di sua Madre, ma ella non è al centro – non riesco a fare diversamente.

C'è in me un bisogno di preghiera adorante, senza parole, l'adorazione di Dio che è così vicino!

28 settembre mercoledì, ore 7.30

Oggi il tuo anniversario. Tu sai, come ti sono vicina. Durante la messa ho pensato a quanto dicevi, durante un'escursione, sulla *trascendenza dell'amore*. Hai detto che devo imparare la trascendenza dell'amore; cerco di capire come mai io abbia una così ardente convinzione che il Signore mi ami e sia con me. E che nello stesso tempo ogni persona possa vivere la stessa cosa. Da questo amore io posso esigere, o piuttosto non esigere, ma avere delle aspettative, perché esso è un amore perfetto e la fiducia dell'uomo ha la sua sorgente nella fiducia nella qualità dell'amore di Dio.

Deo gratias

Ho capito che questo amore che ora esiste ci sarà in ogni situazione (anche in previsione dell'infermità): ora lo capisco.

C'è in me una preghiera ardente: che io non intralci in nulla e non offenda in nessun modo l'amore di Dio per me. «Accedamus in conspectum eius cum laudibus, cum canticis exsultemus ei»[11].

I testi che mi hai dato vanno d'accordo con il mio umore e perfino, al di là dell'umore, potrei dire: con lo stato della mia anima.

[11] Accediamo con le lodi al suo cospetto, cantandogli inni con gioia.

Tutto in me adora Dio, voglio cantare a lui, la preghiera è per me una gioia.

Questo è scoppiato in me con un così ardente fervore, che senza difficoltà mi invade tutta, in un certo senso mi perdo nella preghiera, non sono in grado di fare nient'altro. Mi lascio annegare in Dio. Questo è il mio compito per questi giorni.

Il fine dell'attività pastorale è far scoprire la verità sull'amore perfetto.

Sì

Perché il Signore mi ama? Non c'è alcun motivo, c'è la sua bontà, l'uomo stesso è opera dell'amore di Dio.

Teologicamente molto bene

Ho in me un enorme desiderio di essere all'altezza di questo amore, come a pagamento del debito dell'esistenza.

29 settembre giovedì

«Nam Deus magnus est Dominus et rex magnus super omnes deos»[12].

La grandezza di Dio, la grandezza della sua maestà mi parla, ma ora in primo piano non mi si evidenzia la grandezza della sua maestà, ma la grandezza del suo amore, il che mi libera dalla paura e mi dà uno strano coraggio: accanto a tutta la soggezione per la maestà nasce un'audacia molto timida. Adesso non ho paura di Dio, so che non mi farà alcunché di male, so che mi ama veramente – e questa è una grande felicità, una gioia immensa.

[12] Poiché il Signore è Dio grande e re grande sopra gli dèi.

Ho scritto il discorso previsto sul celibato per don Kazimierz Majdański; penso che l'educazione al celibato sia come l'educazione al matrimonio, lo stesso problema con una diversa realizzazione, ma il fondamento è lo stesso.

!! È la tua vocazione

Mi tenta la questione della teologia nella psichiatria; qui leggo alcuni articoli francesi quasi cattolici. Pensavo che impostassero la psichiatria in riferimento al problema di Dio e dell'anima umana, ma questo è del tutto un'altra cosa. Eppure questo è il bisogno del momento: rivelare l'asse di integrazione di Dio, nel mondo nevrotico del XX secolo. Non posso magari smettere di essere una psichiatra?

30 settembre venerdì mattina

«In manu eius sunt profunda terrae et altitudines montium ipsius sunt».

«Le profondità della terra sono nella sua mano e le altitudini dei monti appartengono a lui».

Il tema della meditazione è proprio per me. Lo so che tutto è nelle sue mani, sia quello che si vede – dato che non si possono non vedere i monti – sia quello che è nascosto, «profunda terrae», lo riferisco anche a me stessa – tutto gli è noto, quanto è in me.

Se adesso le cose importanti mi riescono meglio che nel passato, so che è appunto perché il Signore agisce in me.

C'è in me una gioia e una fiducia infantile,

ma anche un desiderio enorme, che sia sempre così e in più sono convinta che sarà così, perché il Signore Dio mi ama e basta! So che tutto va *bene*.

nisi efficiamus sicut[13]

Rispetto a Dio, mi sembra di non dover dire niente, perché lui sa tutto e controlla tutto e io posso tranquillamente stringermi a lui e stargli vicino; è così?

C'è in me la gioia per quanto è stato (la sua passione) e grazie a ciò mi posso confessare e niente può ostacolarmi, perché la sua potenza supera il male in me e io posso accogliere Dio direttamente – nella comunione.

via illuminationis[14]

Vedo, sperimento che nel lavoro su me stessa non sono sola e ce ne sono i risultati, ma offro tutto al Signore.

Sento come se ci fossero in me dei suoi pensieri, non miei, e delle sue ispirazioni, non mie – io parlo davvero con Dio – non so dire come, perché non ne sento la voce, ma in qualche modo lo so.

Tutta la grazia e ogni grazia è la risposta

Vivo un miracolo, senza sentirne il carattere miracoloso; non si tratta della coscienza, perché questo non è solo un rimorso di coscienza, questo è contemporaneamente una forza che mi guida.

1° ottobre sabato, ore 8 mattina

È difficile per me parlarne, ma la sicurezza della presenza di Dio è stata completata in me

[13] Se non diventeremo come.
[14] La via dell'illuminazione.

dalla particolare esperienza della presenza di Satana. C'è in me il ricordo di quella strana esperienza, di notte, ma non ne voglio scrivere.

Sera

Ho fatto una gita con padre Paweł Molski; non è stata faticosa, ma c'è stata un'avventura, perché ci siamo persi nella nebbia. Mi ha detto che ho «il carisma della comprensione del sacerdozio».

Penso alla Madre di Dio e a Satana. La Chiesa e il suo popolo sarebbero scomparsi per sempre, se ella non avesse paralizzato i piani di Satana.

2 ottobre domenica

Pensieri su Satana. Capisco che il suo destino è rovinare e far saltare l'opera di Dio negli uomini, e mi sono resa conto che ciò che voglio fare, cioè insegnare agli uomini l'amore puro, è rivolto direttamente contro Satana; nello stesso tempo ho capito perché tu mi hai ordinato di porre tutto questo problema nelle mani della Madre di Dio. Il mio desiderio di servire Dio si è fatto più intenso e si è consolidato: desidero essere uno strumento nelle mani di Dio.

VI

Il grande viaggio

2 gennaio 1967

La tua lettera è stata per me fonte di sentimenti contrastanti. Dici che le cose vanno bene, che hai delle soddisfazioni e che ha valore questa «strada dello psichiatra». Dovrei dunque rallegrarmi, ma dentro di me le cose non sono così semplici.

I miei pensieri toccano questioni così grandi, che provo la voglia di fuggire.

2 gennaio sera

La tua telefonata è stata come su richiesta. Mi ha tranquillizzato e ha spostato l'accento dalla paura alla speranza, alla fiducia. Mi hai detto: *Gesù, Dio che salva*[1]. Io infatti da ieri riflettevo in questa direzione. L'imposizione di pensare alla Madre di Gesù mi ha costretto anche a pensare a questioni alle quali non avevo

[1] I corsivi (sottolineature nell'edizione polacca) e le annotazioni al margine sono dell'arcivescovo Wojtyła.

mai pensato, non avevo avuto la necessità di pensare; la mia fede era basata su delle scorciatoie. Da quando ho ascoltato la tua omelia nella chiesa dei francescani, i miei pensieri superano decisamente la mia stessa intelligenza.

In cosa credo?

Questo è un tale tormento, che sono dovuta ritornare al testo del breviario di domenica: «Fides autem catholica haec est...»[2]. E continuo a leggerlo, rifletto, eppure non lo capisco. Ma si può comprenderlo?

Dio non creato, ma creatore – il Figlio di Dio. Da dove è venuto? Cristo esisteva prima della sua nascita? O solo l'umile consenso della Madre di Dio lo ha dato agli uomini? La redenzione del mondo è stata nelle mani di lei? Dio mi voleva mostrare questo?

Il ruolo della Madre di Gesù è, nella comprensione dell'uomo, limitato dalla comprensione stessa; almeno in me era così. Non riuscivo, non riesco a capirlo. Nella vita di ogni giorno il credente semplifica a tal punto i misteri della fede, che essi gli spariscono dall'orizzonte.

Rimangono le evidenze dei fatti, ma l'intero mistero sta più in profondità, nella causa di quei fatti.

Probabilmente è facile credere così: il Figlio di Dio nacque da una madre, benché Vergine. Il fatto della nascita di un figlio è un fatto comprensibile. Eppure è incomprensibile *come e perché* questo sia accaduto. E perché così. Indubbiamente *la teologia ha le sue modalità*

[2] La fede cattolica invece è questa...

per indagare sui misteri di Dio con la mente umana, ma a me manca l'intelligenza, e mi tormentano delle questioni, che forse bisogna chiamare *ultime o piuttosto prime*.

Non è che io dubiti delle verità della fede; no, anzi, non ho mai creduto in modo così chiaro. Penso a ciò non perché io dubiti, ma lo so appunto, non dubito, vorrei soltanto sapere di più, capire! Questa non è la parola adatta, perché come potrei mai capire? Eppure bisogna capire, per credere. Da dove è venuta l'affermazione che l'intelligenza intralcia la fede? È il contrario invece, *senza intelligenza non si può credere*.

il dono dell'intelligenza

Ed io avverto appunto una carenza di intelligenza. Se avessi più intelligenza, potrei capire di più. Prego lo Spirito Santo, perché mi dia l'intelligenza e la saggezza, per comprendere in modo adeguato il ruolo di Maria – della Madre di Gesù. Per capire, accettare e amarla. So che da sola non potrò farlo.

Parlo con me stessa, o piuttosto parlo continuamente con Dio, parlo a Dio in modo completamente diverso da prima, non con le parole. Non formulo pensieri, *solo c'è in me questo desiderio di comprensione*. Diverso da prima. Non per avere la consapevolezza «sono saggia» o più saggia degli altri (come a volte è accaduto). *Desidero capire*, perché *desidero obbedire a Dio*. Tu così hai presentato la questione, che è Cristo stesso che mi indirizza verso sua Madre, e io lo accetto.

Stando in ginocchio in chiesa a mezzanotte, ho pensato che *la strada verso la Madre di Dio comincia dal mistero della Santissima Trinità*. E se comincio a riflettere, mi viene fuori questo. Sicuramente non riesco a comprendere qualcosa, perciò devo cominciare dall'inizio.

nato dal Padre e a lui coessenziale, Dio da Dio

La Santissima Trinità c'era prima della nascita di Gesù? Ma se esisteva il Figlio, qual è stato allora il contributo di lei? Della Madre? È sempre esistita?

Io sono semplicemente ignorante di religione e perciò non riesco a capire questo – mancanza di cognizioni.

E perché quel Figlio, che esisteva dall'eternità, è dovuto nascere? Per noi, lo so, infatti questa è la condizione della redenzione, ma *non doveva affatto – è Dio che l'ha voluto – il mare dell'amore di Dio.*

Questo è difficile da capire, ma qualcosa ne comprendo, che l'amore di Dio non avrebbe raggiunto gli uomini, se Cristo non fosse nato. Capisco un po' come una sciocca la mediazione di lei – questo è semplicemente un fatto. È stato così. È avvenuto così per volontà di Dio; qui non c'è da stare a pensare, se lei sia o non sia Mediatrice, perché questo è fuori dubbio, è un fatto.

E giustamente la reazione di una persona a questo fatto – il suo assenso o la mancanza di assenso – non ha significato, perché quel fatto si è verificato. Dio non ha lasciato un'altra strada, non ha dato all'uomo la scelta, ha voluto così. E la mia fede e il mio rapporto personale con Cristo al di fuori di lei erano un po' irreali.

questa è la strada del Fratello

Infatti è una situazione reale, l'incarnazione di Cristo e la sua nascita. Senza questo, quello è sospeso nel vuoto. Ho sempre pensato che nel culto di Maria ci fosse un certo sentimentalismo, che non potevo approvare, è contrario alla mia natura.

Ma *in me non ci sono resistenze ad accettare il realismo di questa situazione*. Questo è stato ed è l'ordine reale, non ce n'è un altro, perché Dio non ne ha voluto un altro, ha scelto questo e l'ha realizzato. L'eloquenza dei fatti. Qui nell'azione nasce senza fatica la mia accettazione della mediazione di lei.

L'accoglienza, l'approvazione del fatto che è – questa forse è la prima tappa nel mio cammino verso di lei.

3 gennaio

È dunque Mediatrice della grazia – da Dio all'uomo si può andare solo attraverso di lei, ovvero tutta la grazia di Dio per l'uomo passa attraverso di lei? *in un certo modo*

E lo Spirito Santo dove si colloca? Di nuovo non capisco niente.

Ieri mi pareva che tutta la Santissima Trinità mi «intralciasse» nella comprensione del ruolo di Maria, mentre oggi mi «intralcia» lo Spirito Santo. Se c'è lo Spirito Santo, a cosa serve la mediazione di lei? Lo Spirito Santo non poteva salvare l'uomo senza Cristo? Può esserci lo Spirito Santo senza Cristo, se Dio è uno solo? Nella testa ho proprio una gran confusione, forse dovrei iscrivermi a Teologia? Forse mi insegneranno qualcosa? Forse la salvezza dell'uomo attraverso lo Spirito Santo non era in accordo con la giustizia?

Il Signore Gesù ci ha redento, ha pagato a Dio, suo Padre, per noi il prezzo del suo sangue, ha saldato il conto.

L'uomo, creato da Dio, aveva peccato – è vero.

un dono

Da quel momento la grazia è chiusa e la apre non lo Spirito Santo, ma il Figlio, cioè la Madre. Sono loro insieme. Era allora.

E ora, esiste ancora la necessità della mediazione di lei? Per un attimo ho immaginato che lei non ci fosse, ma questo non è possibile.

Perché infatti questo perdura, dunque la presenza di Cristo nell'Eucaristia è la conseguenza reale, e dunque la conseguenza duratura, della sua nascita, non è venuto da noi per un'altra via.

Il realismo di questa situazione perdura.

4 gennaio al mattino

Ho dormito poco, il dolore non me lo permetteva. Penso esclusivamente al Signore Dio, non riesco a pensare ad altro. C'è in me l'obbligo, la necessità di riflettere sulle questioni della fede. Non è così come era una volta, che avevo un enorme bisogno di preghiera. *Non so affatto se questi pensieri si possano chiamare «preghiera». Si fanno delle affermazioni relative ai «novissimi».*

l'essenza stessa della preghiera

Davanti a me sta l'evidenza e la necessità della fede in Dio. Non della fede in generale «in un qualche Dio», ma la necessità della precisazione di ogni punto della fede. In una nuova luce. Dirò, forse in modo non del tutto adeguato, che sto vivendo il realismo della fede in Dio, tale quale tu me l'hai mostrato e quale è. Mi colpisce l'ordine, di più, il sistema e *l'eccezionale coerenza dei fatti, di quelli di Dio*.

L'ordine divino del mondo, lo vedo.

Di notte, quando i dolori erano più forti di adesso, ho dovuto pensare che Cristo ha salvato il mondo non solo attraverso la sua nascita, ma attraverso la passione accettata di propria volontà, senza costrizione, davvero ha voluto soffrire per me ed è morto per me.

Vorrei essere santa, non perché questo innalza il valore di una persona, ma perché allora forse finalmente il mio io non sarebbe di impedimento all'amore di Dio.

Il santo è infatti la persona che beneficia pienamente dell'amore di Dio.

Dei pensieri che mi vengono, alcuni sono strambi, anche se fin dal risveglio mi tormenta la domanda, se per il Signore Gesù «sia valsa la pena» di morire per gli uomini in generale, e per me in particolare. Infatti l'uomo non merita questo, non ne è degno, perché non ne sa beneficiare, e lo stesso vale per me.

Hai detto che *non si tratta neppure di purificazione, ma di approfondimento di sé*. Come può una persona approfondire se stessa? Francamente forse non lo so. Hai detto «unirsi all'operare di Dio». Come? Nella tappa nella quale mi trovo?

Io posso intendere la «chiamata» di Dio (hai scritto così nel tuo quaderno, la «chiamata»)?

Cristo ha sofferto affinché io potessi tornare dal Padre – è un tuo pensiero – ma anche un mio desiderio, avvicinarsi a Dio significa aprirmi con tutta me stessa a Dio, come lui vuole!

Era necessaria! Te lo spiegherò. Anche il dogma dello Spirito Santo, il dogma della grazia

Perché evito questo pensiero che è in me? Il Signore Dio vuole che io onori e adori sua Madre e io continuo a opporre resistenza; forse non oppongo resistenza, ma questo non mi riesce. Per lei sola la passione di Cristo non era necessaria. Lei sola è, era senza peccato, dunque il contributo di lei alla vita di Cristo è stato del tutto «disinteressato». Ha dato «lui» a noi. Riesco a capirlo? Penso di no.

Notte

(Mi sento male, mi sa che il dolore sta aumentando).

Penso anche che ho bisogno d'aiuto – è molto forte in me il senso di debolezza e di impossibilità, la prospettiva della partenza lo accresce.

Sarò senza di te, in una situazione difficile. Una prova? Sicuramente anche una prova – è strano questo mio destino – la mia storia. Una ricchezza di avvenimenti forse eccezionale – una molteplicità di esperienze. Quante vite ci si potrebbero «colorire»! Il Signore Dio non mi toglie quella «molteplicità», ma come è diverso ora il mio rapporto con questo! Forse qualcosa è cambiato in me, nella mia stessa natura. Ho sempre avuto una certa avidità di eventi, una propulsione, una gran quantità di idee, una gioia dovuta al ritmo e alla ricchezza, ora *è del tutto diverso.*

Si delinea davanti a me la molteplicità degli obiettivi, in modo molto chiaro sì, ma da un altro punto di vista – *vedo l'operare di Dio nel mondo, nella vita degli uomini*, nella mia; *ed in me c'è un enorme desiderio di cooperare con la grazia. Partecipare all'opera di Dio – non voglio niente di più.*

Mi trattengo dal mio stesso agire – hai detto: «apostolo». Oh se potessi, se potessi, anche in minima parte, essere un apostolo! Uno strumento scelto da Dio, che serve la stessa causa di Cristo. Sì – posso dire così, che questo ruolo appunto mi attira. Quante energie ho speso in un vario agire, che era un agire per conto mio! Quanto me ne dispiace! Nello stesso tempo non sono sicura di ciò che accade oggi – sospetto di continuare a seguire me stessa.

In effetti da questo dovrei imparare molto ad affidarmi alla grazia, a cooperare con essa, cioè a fare molto di più di ciò che una persona può. Ho abbastanza fiducia nella grazia? Ho fiducia così come risulta dalle mie esperienze? Sicuramente no, perché allora non ci sarebbero in me paura e inquietudine.

Ma un essere umano, come me, è troppo piccolo per capire pienamente che cosa sia l'azione della grazia. Il povero, piccolo cuore umano, il mio, non può avere una tale fiducia, quale sarebbe adeguata alla «qualità» della grazia. Perché, se ammettiamo che nella grazia tutto è possibile?

Non provo commozione, sono molto meno coinvolta nelle esperienze. Eppure quanto più forte ho il senso della presenza di Dio! Di quella che opera anche in me, mi spinge, mi cambia, mi conduce...

5 gennaio al mattino

(Il dolore aumenta e risveglia in me la paura).

Dio esiste e l'uomo con la vita si avvicina a lui – la vita stessa mi avvicina a Dio. Ma quell'incontro come sarà? C'è in me «un'improvvisa paura della morte». Mio padre è morto tra le mie braccia, sorridente, diceva che la Madre di Dio lo avrebbe portato via, in lui non c'era traccia di paura. Aveva vari difetti e non era un santo, ma la amava autenticamente e intensamente.

Ho bisogno d'aiuto, perché è difficile sia l'oggi (non ho la forza di alzarmi, eppure devo sconfiggere questo dolore) che, ancor più, il domani. Se mi alzo con questo dolore, è perché c'è in me il ricordo della passione di Dio e c'è la speranza che forse questo dolore è il mio piccolo contributo alla visione dell'amore di Dio, alla tua visione dell'amore.

LE MIE RIFLESSIONI SULLA BASE DEGLI APPUNTI DEL VESCOVO KAROL WOJTYŁA RELATIVI AI SUOI ESERCIZI SPIRITUALI DI TYNIEC DEL 1963

7 gennaio, sera

Ancora non dormo, perché leggo le tue riflessioni – grazie di esse – leggevo diversamente da come pensavo. Pensavo che a «darmi gioia» più di tutto fossero le «relazioni con le persone», mentre è emerso che più di tutto mi ha rapito quello che scrivi sulla Madre di Dio e su Dio e sono rimasta concretamente sull'argomento, che mi ha portato una soluzione per l'oggi.

Il problema della «penitenza» che mi tormenta: la giustizia dell'uomo nei confronti di Dio mi ha chiarito fino in fondo quello che hai scritto durante gli esercizi spirituali di Tyniec del 1963 – proprio quello intendevo, di quello avevo bisogno, sentivo qualcosa, ma non riuscivo né a capirlo, né a esprimerlo. Lì hai scritto tutto, come se leggessi nella mia anima.

Mi sono tranquillizzata. Del resto l'hai scritto per esteso, senza le tue solite abbreviazioni, come se prevedessi la richiesta della sorellina.

Il problema della giustizia – della giustificazione – del rapporto della persona umana con la Persona di Dio. Il ruolo di Cristo e della grazia.

Questo mi era molto necessario, mi permetti di trascriverlo così per intero?

La tensione è subito diminuita. Ho capito. Mi sembra in modo corretto.

Non devo cercare delle forme ricercate di penitenza, ma capisco il suo significato, quello che hai detto, che *l'essenza della penitenza è la conversione*.

Voglio essere in stato di grazia – ora capisco che questa è la giusta relazione di «giustizia» nei confronti del Signore Dio.

E se è così, come hai detto, non serve un cambiamento nella forma, ma nel contenuto. Il contenuto della vita deve diventare contenuto di Dio – vita nella grazia.

In effetti questo è difficile? Se Dio elargisce la sua grazia così generosamente e così senza misura, perché questo è difficile? Che cosa l'uomo sente come una difficoltà? La fede? Eppure anch'essa è grazia? La fiducia? Perché nascono le difficoltà di riportare l'uomo a Dio, se sono così enormi le possibilità dell'uomo attraverso la grazia? Perché ci sono i non credenti? Perché i credenti non sono convertiti? Perché i convertiti non sono santi?

Che cosa intralcia Dio, che *vuole* salvare tutto il mondo, tutti gli uomini? *L'uomo stesso?*

Dapprima perché pecca, come me, e poi, perché perfino quando smette di peccare, non capisce.

Ma mi è diventato anche molto più chiaro, per quale motivo siano necessari i doni dello Spirito Santo. Lo Spirito Santo aiuta l'uomo. E Cristo aiuta l'uomo sulla strada verso Dio, ognuno dunque può giungere a Dio, ogni persona che si mette nelle sue mani.

Hai scritto: «Dio vuole che l'uomo sia giusto (attraverso Cristo) nei suoi confronti, ovvero in modo indiretto vuole anche che sia in qualche modo "eguagliato" nei confronti di Dio – naturalmente attraverso la grazia».

Lo capisco, nella mia testa si è fatta chiarezza e qualcosa è tornato a posto, e ho visto anche qualcosa di «più sottile» in me, una continuazione della mia conoscenza di me; sicuramente avrei potuto vederla prima.

Infatti esisto.

Esisto per la sua grazia e il suo Amore e la mia esistenza dipendente da lui posso riempirla di lui.

grazia e libero arbitrio

Sì? Si tratta di questo? Di eliminare in sé tutto il resto, di fare posto a Dio – anche non così – quello sarebbe di nuovo il posto a mio presunto servizio. Infatti è una sua grazia il fatto che in me lui stesso si faccia posto.

Essere. Essere in modo silenzioso e umile. Essere in modo da essere il più possibile come lui vuole, un essere umano da lui creato e redento; e tu, tu sei il suo sostituto.

Ho letto i tuoi appunti su di me. Ma non sono loro ad avermi colpito. Mi ha colpito la proporzione. La grandezza del dono. Nell'immensità delle questioni nella visione del mondo intero c'è un posto per me, per ogni persona – grande mistero dell'amore che si annoda tra le persone. La persona di Dio e quella dell'uomo.

L'amore di Dio non distrugge l'uomo, non lo «annulla», non lo fa annegare nel suo mare, al contrario realizza ogni persona separatamente. Questo è qualcosa di così incomprensibile. E così affascinante. *Questa è quella visione dell'amore, per la quale l'esistenza acquista un senso – solo allora vale la pena di esserci.*

E in questo l'enorme gioia della creatura.

È strano questo – con quanta chiarezza ho visto il tuo ruolo nella mia vita – perché che cosa mai ha a che fare la mia piccola vita con la tua realtà di arcivescovo?

Eppure questo è quel pezzetto, così il Signore Dio ama l'uomo, ognuno diversamente, ognuno separatamente, riempie ognuno di sé ed è pronto a santificare ognuno – come se fosse indipendentemente dalle sorti del mondo, da una qualche realizzazione universale.

Più di una volta ho pensato che il tuo tempo fosse sprecato per me, «sprecato» – ma Dio non pensa così – Dio dà senza misura.

Dio può occupare con se stesso l'intera persona in modo tale che *le dà tutto* – come se non le togliesse nulla – non «come se», *davvero non togliendole nulla, che non sia contro di lui.*

Nell'amore si può solo crescere, pertanto riceverò sempre di più. La speranza che ho, la fiducia che tu stesso mi hai insegnato, viene in me dalle tue parole: «Dio non toglie, a meno che non sia per dare di più».

Penso anche che questo mi sia di insegnamento anche per gli scopi «sociali». Vivere per Dio deve significare: agire per Dio. Agire nella misura in cui egli agisce in noi. Appunto per questo scopo bisogna scoprire le vie dell'azione di Dio nell'uomo e dell'uomo in Dio.

Forse questa partenza accresce la mia tensione – umanamente parlando, ho il diritto di avere paura, di preoccuparmi e di esitare. Eppure *c'è in me un desiderio perfino arrogante di applicazione della «misura di Dio», nella quale tutto è bene, meglio che mai quando egli è dentro di me.*

9/10 gennaio notte

Non dormo, perché mi fa male.

Il dolore fisico aumenta probabilmente di giorno in giorno. O forse diminuisce la mia resistenza? È così dominante, che penso a esso – che non mi è concesso dimenticarlo.

Il dolore oggi. La paura del dolore domani. La paura del domani in generale.

Hai scritto che tu stesso sei stupito di «come la grazia anticipa la natura», che hai elaborato il concetto di «grazia anticipante», che «risulta più di quello che l'uomo avrebbe potuto realizzare».

Oggi mi sono soffermata su questo punto, perché *questa è ora la mia necessità.*

Il concetto di grazia che avevo «prima di te» è diverso da quello di oggi, ma non ho ancora quella fiducia, che può derivare dal concetto di grazia che tu formuli: la grazia anticipa e supera l'uomo. Il puntare su una tale grazia è la fiducia, nella mia anima si svolge ora una «lotta per la fiducia».

Quale fiducia? In fondo ne avevo una, ma essa era insufficiente, la situazione ne richiede un'altra. La situazione, e quindi Dio, che dirige la realtà.

La mia fiducia ha su che cosa fondarsi, eppure come è difficile, com'è difficile per l'uomo scavalcare se stesso, abbandonarsi davvero nelle mani di Dio! Lo intralcia una gran quantità di cose, quelle che sicuramente chiameresti «naturalia», ma anche altre.

Non ho fiducia? Non sento la quiete e la gioia, la fiducia di un bambino, è vero. Ma questo vuol dire che non ho fiducia? Non lo so, che cosa so io nel settore della mia anima, «nel settore «fiducia»?

1. So per certo che Dio è quale è, cioè che ama gli uomini e me e questo è il primo principio, lo so. Niente dentro di me mette in dubbio questo, anche se io non sento affatto ciò.

2. So che sono completamente dipendente da lui, nella relazione della creatura nei confronti del Creatore, ma di una creatura che ha cominciato a esistere dal compimento dell'amore, in un certo modo la condizione della mia esistenza è l'amore di Dio per me – e quindi esiste sempre.

3. Se tutto il mio «essere» è conseguenza dell'amore di Dio, questo Amore non può essere tolto, se io lo accetto, lo voglio, do il mio consenso e lo chiedo.

Solo che qui c'è forse una difficoltà: io lo accetto? Cioè io approvo pienamente quella visione dell'amore, che il Signore Dio vuole? In generale? E in particolare per me?

Forse si tratta *della piena approvazione dei progetti di Dio nei confronti dell'uomo.* Qui però il progetto di Dio nei confronti della mia vita giustificherebbe la mia più completa approvazione.

La mia ricca vita è infatti così piena, è così crescente la ricchezza dei doni! Tutto il mio passato accanto a te mi insegna questo. Eppure non ne sono ancora capace. Che cosa mi intralcia?

Forse meno di tutto il dolore fisico, poiché in effetti accetto questo aspetto sorprendentemente bene.

Non c'è, non c'è mai stata in me, neppure a Ravensbrück, la domanda «perché io soffro?», «perché mi fa male?».

Non ho mai domandato questo, forse ciò è legato alla mia caratteristica naturale di un certo razionalismo? Non lo so. Anche ora però il dolore non costituisce un ostacolo, non domando a Dio «perché?», «a che scopo?» e neppure «per quale colpa?».

Non posso neanche ammettere il concetto di dolore come punizione terrena per i peccati, *questa visione non mi appartiene* – ora non mi appare il Dio che punisce, ma l'amore.

Mi sembra che la punizione da sola non basti, perché Dio voglia il dolore per l'uomo; il dolore, se viene da Dio, deve essere esso stesso un bene – e così lo accetto, non capisco, ma *so che è un bene*.

E dunque non è il dolore fisico – del resto ho sempre la sensazione che *il dolore mi avvicini a Cristo*; infatti potrei dire qualcosa di assurdo, che «mi piace» quando mi fa male, in qualche modo sono contenta del fatto che Dio mi dia ciò. È semplice, il dolore fisico è qualcosa di semplice, di chiaro e in effetti inequivocabile. Esso non mi fa diminuire la mia fiducia in Dio. Allora che cosa?

Che cosa mi intralcia?

La paura. Ma che tipo di paura è? Se non è paura del dolore, di che cosa ho paura?

In fondo forse ho paura della morte. Non voglio morire. Voglio vivere. Ho così tanto da fare – su questa linea delle questioni di Dio, non proprie, non mie. La morte appare come la causa ultima della mancanza di fiducia. Eppure so che proprio questo è sempre nelle mani di Dio. Ho la chiara consapevolezza del fatto che la vita è limitata dalla volontà di Dio, dal momento del concepimento fino alla morte. Solo Dio decide.

A Ravensbrück avevo l'arrogante certezza che ne sarei uscita, anche se a quel tempo non pensavo a Dio – oggi sta di nuovo davanti a me la possibilità della morte. Che cosa devo fare?

La preghiera umana non è mai così buona, da costringere Dio ad agire sulla linea dei desideri umani.

È Dio che è così buono, da darci solo il bene. La richiesta dell'uomo «rende attivo» l'amore di Dio? Penso di sì, questo insegna infatti il Vangelo: «Chiedete».

va un po' diversamente! (padre Jacek Woroniecki, La pienezza della preghiera*)*

Penso che questa sia la chiave delle mie difficoltà: la mancanza di umiltà. *Se fossi più umile, pregherei Dio e sua Madre semplicemente in modo diretto, come una persona, che sa di essere interamente sospesa alla sua grazia*. Questo mi manca.

Come elaborare in me una tale umiltà, che dà all'uomo la fiducia?

Ti ho chiesto l'«estrema unzione», forse anche un po' «magicamente», che mi preservi dalla morte. Continuo a chiederla, ma con una più chiara consapevolezza, voglio attingere a tutti i mezzi dati all'uomo da Dio.

I mezzi divini. Di umani non ce ne sono là, dove terminano le possibilità umane. Le esperienze sovrumane dell'uomo – in un certo senso è così. *Da un po' di tempo tutto ciò che accade in me, in effetti, giudicando in modo umano, mi supera*.

Torno al tuo concetto della «grazia che supera e oltrepassa l'uomo». In fondo non devo neppure credere in essa, l'ho sperimentata attraverso di te e accanto a te. Ora trasferire ciò nel futuro ignoto – con un atto di volontà.

Con un atto di consapevolezza? La fiducia esige la consapevolezza, l'intelligenza umana.

Questo mi sembra strano, mi era sempre sembrato che la fiducia fosse una virtù irrazionale, mentre ora in fin dei conti vedo che per essa mi manca l'intelligenza.

Ritorno alla preghiera allo Spirito Santo, per avere la saggezza. Il dono dell'intelligenza. *La fiducia* non è affatto irrazionale, infatti *deriva dalla costanza*.

Nell'uomo c'è anche una fiducia irrazionale, in me c'era; ma essa non resiste alla prova – *ho bisogno della fiducia più profonda*.

Ora vedo l'enorme differenza tra l'ingenua affermazione fiduciosa «sarà quel che sarà» *e la profonda fiducia dell'affidarsi a Dio sulla linea del suo amore costante*. Prego per avere questa fiducia, che è prodotto di una fede consapevole in un Dio, verso cui non c'è affatto un altro rapporto che non sia l'affidarsi a Dio. Da te infatti ho imparato che l'affidarsi è la misura dell'amore.

Riesco a farlo? Sicuramente no – questo so di me – e perciò *prega per me a questo scopo, per la pienezza della fiducia*. Di una fiducia tale, quale Dio si aspetta da me – perché forse è così, *Dio si aspetta questo da me*. Posso pensare così? *Sì*

Il dolore – in effetti lo sopporto più pazientemente di quanto derivi dalla mia natura, forse addirittura questa è l'unica questione, nella quale sono paziente. Senza dubbio esso ha il suo senso, questo dolore. Lo accetto, senza protestare e senza ribellarmi.

Riesco ad accettare in questo modo la morte? O almeno la prospettiva di essa? No, so che non ci riesco.

Ma questo appunto presento a Dio – e forse

in questo è racchiusa tuttavia la mia fiducia? – Gli presento e gli affido quello che non riesco a fare? Di cui non sono capace?

Come cresce la tensione della mia vita interiore! (Posso dire così?).

Sì

2 febbraio

Il consulto dei neurochirurghi – il dottor Łucjan Czerwiński, il professor Adam Kunicki e il professor Jerzy Choróbski – ha deciso in definitiva di mandarmi in America per un'operazione, perché i medici hanno esaurito i metodi di cura e i crescenti mutamenti all'altezza del segmento cervicale della spina dorsale minacciano di paralisi tutti gli arti. Dunque alla fine ho acconsentito all'operazione e ho fatto richiesta del visto per l'America.

Il console mi ha ricevuto e mi ha chiesto perché voglio andare in America, e io ho risposto che non voglio affatto, ma che i neurochirurghi mi ci mandano «a forza» – io preferirei di no. Perché lì – e proprio a Honolulu? Il professor Adam Kunicki mi ha detto che lì appunto c'è un neurochirurgo, che si occupa solo di operare il segmento cervicale della spina dorsale e ha elaborato un nuovo metodo sicuro, l'«anterior approach», per operare la spina dorsale da davanti, cosa che nessuno aveva fatto prima d'ora. In Europa i neurochirurghi operano raramente la colonna cervicale, mentre lui lo fa quattro volte alla settimana. Perciò proprio a Honolulu, perché il dottor Cloward ha la sua clinica lì.

E questa parola Honolulu suscita in me delle associazioni d'idee, perché quando ero così piccola, che per le gite lunghe mio padre mi portava sullo slittino, e un posto doveva essere molto, molto lontano, mi diceva: «Andiamo a Honolulu».

Mentre compravo il biglietto alla Lot, la signorina allo sportello mi ha chiesto incredula: «Dove vuole andare? A Honolulu?». Proprio così, a Honolulu. Mi hanno comprato il biglietto «around the world» e posso fare scalo dove voglio.

E così parto per questo viaggio incredibile: Vienna, Londra, Parigi, New York, Honolulu, Roma ecc...

* * *

+ Carissima Dusia!

Allego le lettere per il viaggio. Leggile e dimmi se in esse non si debba aggiungere ancora qualcosa – e se non si debba scrivere ancora a qualcuno. Per quanto riguarda gli Stati Uniti, mi rivolgerò alla madre referente delle suore feliciane. E ora voglio dirti ancora – in un certo modo completando ciò che ti ho già detto venerdì: ho fiducia in Dio, al quale raccomando te e la tua prova con un'umile supplica. Sei così tanto necessaria: ad Andrzej, alle tue figlie, alla Chiesa, ai sacerdoti, alle coppie di sposi, a me. A noi tutti è necessaria la tua persona e la tua salute. Ti raccomando a Cristo e ti affido a sua Madre. Poiché, per quest'ultimo punto, hai ancora delle difficoltà interiori «con te stessa» – dunque questo punto voglio, se così si può dire, farlo mio. Anche il mio affidamento nei confronti di questa Madre del resto è venuto gradualmente ed è venuto con una certa difficoltà. Mi ha fatto tornare da lei il Figlio. E il santo L. de Montfort mi ha insegnato quanto il rapporto con lei sia radicato nel rapporto con il Redentore e con la Santissima Trinità. Ti prego di non preoccuparti per queste difficoltà. Faccio mio questo tuo problema. E ho fiducia. Prima della partenza ti darò anche uno scapolare.

Fr.

Preghiera per mia sorella nella sua malattia

Dio mio, ti chiedo con fervore la grazia necessaria per la piena utilizzazione della mia malattia. Nella mia vita ho sofferto già molte volte, ma non ho mai sentito, così come ora, che tra la sof-

ferenza e la conoscenza di te e l'amore esistesse un legame così stretto. So che esiste – ma non capisco appieno in che cosa consista. E perciò imploro te, che conosci la tua creatura in tutta la sua pienezza, di darmi la grazia dei frutti della mia sofferenza.

E nello stesso tempo ti chiedo di tornare in salute. Voglio lavorare per gli altri, voglio adempiere i miei doveri in famiglia. Dammi la salute, senza la quale tutto ciò è impossibile, o in ogni caso è ostacolato.

Ti ringrazio, per il fatto che mi guidi, che entri ogni giorno in me, che mi concedi di conoscere sempre meglio il tuo amore. E con totale fiducia mi abbandono a te, come un bambino al Padre.

Appunti scritti in viaggio – quasi stenografici.

17 febbraio

Varsavia – mi accompagnano Andrzej e Paweł, Krysia[3] e Władka.

I monti Tatra – li vedo dal finestrino dell'aereo.

L'aeroporto di Vienna – le scale mobili; seguo la corrente. Controllo doganale: «Haben Sie Schnaps?»[4].

All'uscita mi aspettano con i fiori frau Lonny Glaser a sinistra e don Staszek Kluz a destra.

Lungo la strada «Unterhaltung»[5].

La cattedrale di Santo Stefano – buia, resti di vetrate, enormi colonne sotto il cielo – più un museo che una chiesa.

Facciamo il giro della città in taxi.

Serata solitaria in un appartamento superlussuoso e supertedesco. Tutto ripulito dallo sporco e dalla personalità; comodo fino alla nausea.

[3] Krysia Czyż-Wilgat e Władka Dąbrowska, le mie amiche del periodo di Ravensbrück.

[4] Ha della vodka?

[5] Conversazione.

18 febbraio, Vienna

Al mattino Kahlenberg, perché non c'è la messa così tardi (cioè alle 8) e frau Lonny nei giorni feriali non va in chiesa – in generale sono stupiti del fatto che io voglia la messa in un giorno feriale.

A Kahlenberg un missionario polacco chiacchierone, ma simpatico. Papa Innocenzo e il nunzio, Sobieski e gli stemmi – bisogna mandare delle cartoline ai bambini.

Pranzo da Lonny.

Poi in macchina attraverso la città: l'Hofburg, Schönbrunn, l'Opera e *La traviata* in italiano. Un edificio imponente. Magnifici la sala degli arazzi e il buffet.

No, non posso affermare che questo mi sia vicino. Tornerò a Vienna? Non ne ho voglia.

Cena a casa di don Kluz e commiato – affettuoso.

19 febbraio, ore 5.15

Sto seduta in un catorcio americano, che è arrivato da Tokyo; decollo; ho un posto di lusso accanto al finestrino.

Ore 16

Francoforte: nebbia, bagnato, pioggia, ma sulle montagne c'erano un sole e un panorama splendidi.

Nel complesso la «Pan American» è un catorcio troppo reclamizzato e schifoso. Trema, c'è un sacco di gente – mi sono trovata molto meglio con la «Lot» polacca. È lo snobismo umano che esalta questo catorcio oppure il vino, che io non bevo, dà loro alla testa. Disgustoso!

Però ho un ottimo posto (prenotato da «Herr Direktor») e posso prendere appunti.

Al mattino sono stata a una messa puerile, «moderna», alla «Jazzmesse für Fastenzeit»[6] – orribile.

Ricevono la comunione stando in piedi, e in generale è difficile per un polacco pregare in una chiesa tedesca.

La messa mi ha stancato come dei lavori pesanti. Poi un'ancor peggiore «Unterhaltung» con gli attivisti. Che Dio sia con loro – ma tutto ciò è stato molto difficile. Mi hanno accompagnato in macchina all'aeroporto e hanno fatto proseguire il bagaglio. (Il «bagaglio» sono io, non la mia valigia).

Ho visitato l'aeroporto di Vienna: impressionante, nuovo. Andando all'aeroporto ho attraversato anche tutto il Prater di Vienna: un magnifico giardino. A pranzo conversazione sugli operai turchi, che vengono invitati in massa a lavorare – in Austria non c'è chi faccia i lavori pesanti.

Visita dai Miller – per fare bella figura, bisognerebbe proprio scrivere un romanzo su di loro. I bambini sono bambini, umani – quattro – ho mostrato loro Honolulu sul mappamondo.

Come accade che da simili bambini poi vengano simili adulti? Anime umane smarrite – ho fatto fatica a resistere, ma tutto è stato imputato ai miei dolori. Peggio sarà al ritorno, se effettivamente non avrò dolori.

Che succederà? Questo pensiero non mi abbandona, penso che con quella difficile preghiera nella chiesa tedesca mi apro in certo qual modo un conto.

Oltre tutto sono malata. Mi fa male la testa, ho il raffreddore, la tosse, forse la febbre... mi sento così male. Ma... a chi importa? Eppure tutto mi segnala che non si tratta di questo, a chi importa.

Appunto: le cose stanno in modo del tutto diverso. Come sono strani e contrastanti i sentimenti dentro di me, che neppure sospettavo ci fossero, ci potessero essere...

Approfondita purificazione.

Quanti strati ancora nell'uomo da gettare o da mostrare? Forse è un altro ancora lo scopo di questo?

[6] Messa jazz per la Quaresima.

Smarrita nel mondo – estranea a tutti.

Sto seduta accanto al finestrino, oltre il quale comincia a imbrunire, un gran numero di persone è sceso a Francoforte. C'è più posto.

New York, ore 24 (ora locale)

Un tremendo senso di solitudine e smarrimento in questo schifoso catorcio. Londra di notte come una favola, ma mi sono stancata terribilmente.

È stato un certo sollievo incontrare Jaśka Jabłońska[7], affettuosa, pronta, con tutta la famiglia, al mio servizio. Suo marito, Antoni Podbielski, è rimasto con me all'aeroporto, per mettermi sull'aereo domani.

Sono a letto, troppo stanca per dormire. Dio, tienimi sotto la tua protezione! Piango come una bambina.

Ore 7

Da tre ore non dormo, non ci riesco – sono stanca. La camera è lussuosa, estranea, brutta, anche se vorrebbe essere molto bella, perché ha decorazioni bizzarre e disgustose e tende verdi-celesti.

Non sono adatta ai viaggi solitari e forse ora non sono affatto adatta all'autonomia.

Ore 9

Sto di nuovo seduta in un aereo di lusso, stavolta veramente comodo. Quel catorcio dall'Europa era orribile.

[7] Janka Jabłońska-Podbielska, amica di Ravensbrück, al momento della liberazione del campo andò a ovest, io a est.

Il marito di Janka ha dormito nello stesso albergo, per mettermi oggi sull'aereo. Tutto è così supercomodo, il massimo delle agevolazioni, è perfino disgustoso – e in generale, come si può vivere qui?

Mentre aspettavo, ho avuto con lui una lunga conversazione. È una persona buona, tenace, figlio di un emigrante, la seconda generazione. I ragazzi – la terza generazione – parlano polacco, ma per loro non c'è ritorno. Janka non vuole farli tornare in Polonia, dice: «Che abbiano da qualche parte le radici, non come me... Io non ho radici». Subito dopo la guerra è vissuta per tre anni a Vienna, lì è nato il figlio maggiore Tadeusz. Non lo sapevo, ma posso immaginare, che cosa abbia passato lì.

20 febbraio, San Francisco

Le 3 si sono trasformate nelle 12.15, dunque aspetto fino alle 14.

Il volo è stato splendido, è una giornata di sole. Dapprima un'enorme spianata di neve, poi solo le cime delle montagne nella neve, e le valli tiepide.

A San Francisco l'aereo arriva aggirandola dal mare: un panorama splendido, e quando ormai si abbassa, sembra che cada nell'acqua, perché l'aeroporto sporge verso il mare, e si vede come sulla riva le persone prendono il sole e stanno sulle sedie a sdraio.

L'aeroporto è bello e quelle attrezzature incredibili: le scale mobili per salire e per scendere, le valigie che si muovono da sole sui nastri, un gran numero di persone di colore.

Mi aspettava una ragazza col viso giallo e piatto e gli occhi neri, e con le palpebre dipinte di celeste.

Mi fanno andare avanti come un pacco. Da New York c'è stata la telefonata che arrivavo – la protezione di «Herr Direktor» da Vienna – dunque fino a qui. Dandomi il biglietto, di nuovo telefonano più avanti, a Honolulu, dicendo che sto arrivando e «help her»[8] – dunque tutto liscio, eppure quanto mi è difficile!

[8] Aiutatela.

In aereo ho mangiato il «lunch» ed è andata però meglio di ieri a digiuno (ieri avevo paura di mangiare). Danno da mangiare come per le bambole: piccole stoviglie piene di varie cose, una gran quantità di verdure, che ho lasciato. Ma quello che ho mangiato, forse erano granchi o gamberi, mi è piaciuto molto. Mi è dispiaciuto che non ci fosse Basia, le sarebbero piaciute quelle pietanze colorate nelle stoviglie in miniatura.

Il pensiero delle figlie non mi abbandona. Come vorrei essere già di ritorno! Per tutto questo non ho né la forza né il coraggio. Eppure so che non si può più tornare indietro.

Di nuovo una giornata senza chiesa – perché come sarebbe stato possibile?

21 febbraio martedì, ore 21, Honolulu

All'aeroporto di Honolulu mi aspettavano. Mi hanno regalato quattro ghirlande di splendidi fiori diversi – ma sono accanto a me, e io piango.

Sto sdraiata nella camera d'albergo e piango come una bambina: ho paura. Di tutto, a partire dal professor Cloward, che mi ha mandato incontro un'infermiera e un polacco gentile, fino al cinese che è di servizio all'ascensore. Forse del resto è un giapponese?

L'operazione non si sa quando avverrà, perché il professore è malato, lui stesso ha avuto un'operazione al ginocchio.

Non li capisco per niente. Sono così nervosa che non parlo in nessuna lingua, ho solo voglia di piangere.

Di una chiesa neanche a parlarne.

Si sono scusati, perché l'albergo è di terza categoria, ma non ce n'erano altri e il tizio polacco, Ed Collins (Edek Polański) mi avverte di non parlare con nessuno qui e di non lasciarci i soldi.

Non riesco a raccapezzarmi: il professore opera all'ospedale, ma ha la sua clinica.

Dove sarò io?

Honolulu è esotica.

Il polacco voleva essere premuroso, mi ha portato su una montagna, in un ristorante, che ruota tutto intero e si vede un panorama sempre nuovo.

E io ho così tanta paura!

22 febbraio mercoledì mattina

Ho dormito a sufficienza, ma non so affatto che cosa accadrà. Il professor Cloward è malato.

Edek, un simpatico compatriota – effettivamente molto gentile – mi ha già telefonato e insieme a un altro mi consigliano di trasferirmi in un albergo di Waikiki, perché questo si trova in un quartiere così malfamato, che mi consigliano di non andare in giro da sola e di non lasciarci proprio niente, il che accresce la mia paura. Il cinese dell'ascensore ha una faccia tale, come se mi volesse ipnotizzare – ho paura di lui.

Ore 23

Mi hanno trasferito. Dormo ormai nell'elegante Alexander Young Hotel, sullo stesso piano sul quale il dottor Cloward ha il suo ufficio; la visita è prevista per domani mattina alle 10.

Oggi ho passato la giornata con la famiglia Collins, nella loro casa.

Di giorno ho visitato Honolulu – una città stupenda – e questo incredibile sfarzo, e questa mancanza di speranza della gente, che vive per i soldi. So già che la chiesa è a Waikiki, ma non so se la troverò, è lontano da qui.

La spiaggia è splendida.

L'operazione non sarà questa settimana. Al mio compatriota il professore ha detto che slitterà di sette giorni, quindi un giorno della prossima settimana.

La casetta dei Collins è graziosa e la moglie è come nella canzone, «una mogliettina dalla riviera delle palme», i bambini carini ed educati.

La cena in casa, mentre il lunch in un ristorante allestito a forma di nave sull'oceano. Ho mangiato il pesce raccomandato dalla mia guida, squisito. Per il momento ero a carico dei miei compatrioti.

Domani devo andare sulla spiaggia col professor Gillet (che si è offerto da solo e ha rintracciato i Collins).

Sono molto stanca – tutto questo è troppo. I miei compatrioti sono indifferenti dal punto di vista religioso, non si può chiedere di un sacerdote.

«Verumtamen oculis tuis spectabis et mercedem peccatorum videbis».

«Tuttavia guarderai con i tuoi occhi e vedrai la ricompensa dei peccati».

Fino ad ora non mi sono decisa a scrivere neanche una parola a te, ma ci penso continuamente. Ti tengo stretto per la mano, attraverso un momento molto difficile. Non sono coraggiosa, sono spaventata e questo terribile senso di solitudine.

In chiesa sono stata soltanto domenica a Vienna – una messa difficile e un confronto – se veramente «ho perdonato». Quella messa nella chiesa tedesca e il soggiorno a Vienna nel suo complesso mi hanno mostrato una parte della mia anima, che non è stata raggiunta dalla purificazione. Quella messa mi è costata cara. Ed è stata l'ultima.

Lunedì tutta la giornata in aereo, e ieri a Honolulu non ho trovato una chiesa, i polacchi incontrati non sono affatto credenti, non sanno neanche se qui ci siano delle chiese cattoliche.

Quanto è ricca la nostra povera vita polacca, in confronto alla vita povera di questa gente: i figli non battezzati, contano solo i soldi. Poveri – e nello stesso tempo, quando si attraversa mezzo mondo, le proporzioni si spostano. Oggi so che c'è una chiesa cattolica a Waikiki, ma è lontano e non farò in tempo, alle 10 ho la prima visita – una bambina piccola smarrita nel grande mondo.

Le donne da qui vanno a Tokyo a interrompere la gravidanza, perché in America è vietato, di Holt non hanno sentito parlare[9]. Anche a Vienna c'è una legge che lo vieta, ma non ci sono neanche i bambini.

Mi fa male e ho tanta paura dell'operazione, qui prego la Madre di Dio. È una cosa strana, come questa situazione di pericolo in solitudine abbia liberato in me la disinvoltura nel rivolgermi a lei; per uno strano meccanismo, non oso rivolgermi a Dio direttamente, mi sgomenta la sua grandezza. Potevo pregare lui accanto a te, quasi seguendo te: trasferivo su di te la paura del contatto con la maestà divina. Tu potevi parlare con lui dalla posizione di suo sacerdote, io stavo inginocchiata dietro di te, e quando tu non ci sei non oso parlare direttamente con lui.

Cerco una mediazione – o meglio, forse ho compreso la necessità della mediazione di lei, prego come un bambino piccolo: «Concedimi di tornare». La gente qui ha per il professor Cloward un'enorme stima e racconta miracoli sulla sua abilità. Io non l'ho ancora visto, era malato e perciò la mia visita è soltanto oggi e non la farà lui, ma qualcun altro.

Sono preoccupata, vorrei pregare in silenzio davanti a un altare; francamente non capisco proprio come queste persone possano vivere senza Dio. So che in tutto il mondo si celebra continuamente la messa, il cui carattere miracoloso sfugge alla loro vista.

L'attesa della guarigione sembra l'attesa di un miracolo, ma in fondo il vero miracolo della transustanziazione forse non è diventato banale per me?

[9] L'Autrice fa riferimento agli studi di J.G.H. Holt, tra i primi (insieme a Palmer, Döring, Vollman, Rendu e Ferin) a esaminare il rapporto tra temperatura e fertilità. In italiano fu a suo tempo pubblicato un suo saggio, *Fecondità e continenza periodica nel matrimonio*, a cura del Centro italiano di sessuologia, Roma, Tip. ATEL, 1962, tradotto dalla quarta edizione olandese, *Het Getij. Periodieke onthouding in het huwelijk*. Il volume è reperibile anche in lingua inglese, *Marriage and periodic abstinence*, London, Longmans, 1960² [NdT].

Penso ai modi di agire di Dio, continuano a essere al di là della nostra comprensione, «soprannaturali»...

Vorrei che il compatriota che mi ha incontrato, attraverso di me incontrasse Dio; e mentre ieri pregavo per questo (è un bravo ragazzo, ha vagato per tutta la durata della guerra, si è stabilito qui, ha una moglie greca e tre figlie, di cui due gemelle), in fondo pregavo anche per un miracolo, e lo facevo direttamente, convinta di poterlo fare.

Sera

Il signor professore non si è degnato di vedermi; mi ha visitato, molto superficialmente, un giovane medico imbronciato. L'operazione avrà luogo sabato 25 febbraio, venerdì entrerò in ospedale, o forse perfino domani pomeriggio.

Sabato è il giorno della Madre di Dio. Questo mi ha rallegrato, ma di ricevere la comunione all'ospedale, neanche a parlarne, non riesco a incontrare un cattolico.

Carla mi ha portato a pranzo con sé. In un bel ristorante con la terrazza sull'oceano, sotto degli alberi incredibili. Uno splendido albergo e ristorante – e poi una gran quantità di parole incomprensibili. Non capisco affatto Carla, farfuglia come una pazza. Però mi ha mostrato tutta la città ed anche la sua folle sorella, che è infermiera e verrà a trovarmi in ospedale, e che ha quindici gatti e una casetta che puzza di gatto in un quartiere di lusso, con molti splendidi alberi e panorami.

Ho ottenuto questo: so dov'è la chiesa. Ci sono stata per un attimo, una funzione stava finendo. Non ho la certezza che questa chiesa sia cattolica, verificherò domani.

23 febbraio

«Nam refugium tuum est Dominus».
«Infatti Dio è il tuo rifugio».

Sempre più profondamente mi raggiunge la consapevolezza di appartenere a Dio, o meglio: esclusivamente a Dio; il distacco da te mi fa male, nello stesso tempo c'è in me la disponibilità a sottomettermi, riconosco con tutta me stessa Dio come Creatore, Signore, Sovrano, ha su di me pieno diritto, voglio accettare questo.

Ma ho paura, so che questo timore è una certa mancanza di fede e forse mancanza di fiducia, ma è in me. È la paura che mi indirizza verso la Madre di Dio, c'è in me una certa vergogna, per il fatto che tale è il mio percorso verso di lei, perché non ci sono riuscita in altro modo se non nel bisogno. Nello stesso tempo penso che sia giusto così, questo è il suo ruolo – e forse non può arrabbiarsi per questo.

Conto sul suo aiuto. Passo delle giornate pesanti, provo vari dispiaceri, qui il rapporto che hanno con me è lontano da un rapporto umano, i medici mi trattano come una cosa, una cosa che vale poco, perché non è possibile convertirla in dollari.

Tremendo.

Lo sopporto, in qualche modo lo approvo perfino, lo faccio passare attraverso la verità della Quaresima.

24 febbraio venerdì

È passata solo una settimana dal momento in cui hai celebrato la messa per me, e mi sembra che siano passati dei secoli. Solo oggi sono riuscita ad andare alla messa, alle 7 del mattino. Il sacerdote giallo, il calice rosso e rosse le vesti, dicono tutto in inglese, ma ho ricevuto la comunione. Sono concentrata e tranquilla – tra poco andrò all'ospedale.

«Non accedet ad te malum»[10] mi hai scritto per oggi. Leggo queste parole e c'è in me un'attesa silenziosa. Difficile, è vero, elaborata, o meglio perfino un po' forzata, perché oggi sono tranquilla, non piango come in questi ultimi giorni.

[10] Che il male non abbia accesso a te.

Quale grazia per l'uomo è la comunione!

Lo avverto con tutta me stessa. La paura, il dolore e tutta la fatica di quello che sto vivendo, li unisco alla sua passione – del Figlio.

So che dici continuamente: «Totus tuus» e che nella tua fervente preghiera ci sono io.

So che il Signore Dio mi ama, so che il senso della vita umana sta in Dio, so che la mia vita mi conduce a lui e che ha senso solo quello che conduce a lui, e so che lui solo può aiutarmi a passare attraverso tutto.

Lo so.

La mia fede è oggi diversa e chiara: sono venuti meno tutti gli aspetti oscuri e le «vie traverse». Questo non significa che nulla conti; al contrario, tutte le cose hanno acquistato il significato di segni di Dio.

Recito la preghiera *Sotto la tua protezione* senza resistenze e molto semplicemente. Dal momento della messa, e forse addirittura da prima, da ieri sera, mi sono tranquillizzata.

Ho riflettuto ancora una volta sul sacramento dell'unzione degli infermi – oggi ho ricevuto la comunione e sono preparata, sono così preparata, come se avesse voluto prepararmi Dio stesso – dunque sono tranquilla.

E se morirò? Mi hai raccomandato di avere questo realismo della fede, quindi non arretro davanti a questo pensiero, non cado in preda al panico, lo accetto nel modo più calmo che sia dato a un essere umano, ma ho fiducia in Dio.

Certo che il modo di vedere umano è diverso, e il fatto che mi sembri che la mia morte ora sarebbe qualcosa di negativo, può non essere affatto la verità, ma lascio questo a Dio, glielo lascio fino a tal punto che *faccio progetti per la vita*, faccio progetti per varie questioni. E molto umilmente gli chiedo la vita e la salute. Non mi prostro con le braccia aperte, perché qui non c'è la tua cappella, ma ho un tale atteggiamento di sottomissione e da questa posizione di sottomissione alla croce io chiedo.

So che domani mi accompagnerà la tua preghiera, la preghiera di Dio, perché infatti, se celebri la messa per me, non sei solo tu, ma Cristo stesso è come se intercedesse per me.

Ore 20 sera

Quanto è stato difficile questo primo giorno all'ospedale – ma quanto ricco del mio proprio contenuto – fiducia al di là della possibilità di provare fiducia.

La calma più profonda attraverso il dolore e la preoccupazione. Cristo nell'Orto degli Ulivi così vicino.

È appena uscito dalla mia stanza un sacerdote, un amabile cinese, che sorrideva in modo meraviglioso e parlava in modo chiaro, cosicché non ci sono stati problemi di comprensione. Viene qui due volte alla settimana a portare la comunione, domani appunto, il sabato, e il mercoledì. Verrà alle 6.50 e alle 7.30 ci sarà la mia operazione.

Al mattino, dopo le terapie, avevo forti dolori. Ho pregato, ho meditato sulla via crucis. Per tutto il tempo fino a oggi mi sono sentita abbandonata, mentre dal momento in cui ho ricevuto la comunione mi sembra di avere tutto.

Anche domani verrà da me il Signore Gesù: che cosa posso volere di più? Ora vado a dormire, avvolta nelle ali dell'angelo. Il signore Dio è così buono con me! L'operazione dovrebbe durare *quattro ore*.

Il piccolo sacerdote mi ha benedetto e mi è stato più vicino dei miei compatrioti – come il signore Dio avvicina alle persone... Mi è difficile scrivere stando sdraiata, e quando potrò di nuovo?

25 febbraio mattina

«Angelis suis mandavit de te, ut custodiant te in omnibus viis tuis».

«Ai suoi angeli diede ordine riguardo a te, perché ti custodissero su tutte le tue strade».

Si poteva scegliere meglio il testo per oggi? Tra un'ora mi taglieranno, e tra un momento verrà il sacerdote cinese con il Signore Dio – in me non c'è agitazione, c'è sottomissione a Dio solo – ed è lui che mi tiene nelle sue mani, non quelle persone, che mi rigirano come una cosa. Dio solo.

Comprendo il senso della sofferenza non come punizione, ma come grazia di avvicinarsi a Dio che soffre per noi. La Quaresima dà senso al mio dolore. Sempre, quando mi fa male qualcosa, cerco di «metterlo da parte» sul tuo conto. Tuo come pastore, affinché tu possa aiutare tutti loro – per la nostra causa, che mi sta tanto a cuore e mi permette di essere vicino a te. La causa della pastorale delle famiglie.

Qui del metodo della temperatura nessuno ha sentito parlare. Le donne ricche ingoiano la pillola, e quando se lo dimenticano e c'è una gravidanza, allora vanno a Tokyo, perché lì lo fanno senza nessuna difficoltà.

Povero mondo umano – vedi, a questa causa voglio dedicare le mie fatiche.

Aspetto il sacerdote e rifletto sugli angeli – e così è come se sentissi che mi sono accanto. Non lo sento, ma c'è l'evidenza di questa verità. Intorno a me è come se nessuna preoccupazione, nessun male turbasse la mia serenità, proprio come se intorno a me ci fosse una barriera di ali angeliche, non può capitarmi niente di male e quello che mi capiterà, sarà sicuramente un bene.

Sono venuti a farmi qualcosa.

* * *

4 marzo

Per un'intera settimana non sono stata in grado di tenere in mano la matita. Dio, che settimana...

Non si può descrivere. Te lo racconterò sottovoce all'orecchio, ma non avrei creduto di poter sopportare così tanto. C'è stata una notte *in cui ho chiamato a gran voce in aiuto la Madre di Dio*; non così ad alta voce, gemevo in modo sommesso nella solitudine in cui mi trovavo. Chiedevo la grazia della morte, se non potevano cessare i dolori, perché non avevo più la forza. È stata la notte della crisi risolutiva, il giorno dopo andava meglio, ma tuttora è terribile.

Ho avuto fiducia in Dio, non nelle persone, le persone non mi ispiravano fiducia, al contrario.

Ho sperimentato tutta la mia miseria, *la miseria della creatura*, non mi sono ribellata, ma forse perché non avevo forza per la ribellione?

5 marzo

Mi è difficile scrivere, le braccia sono pesanti e mi fanno male, ma il dottor Cloward afferma che non fanno male e basta...

«Et sit splendor Domini Dei nostri super nos».

«E che lo splendore del Signore, del nostro Dio sia su di noi».

Né messa né comunione, solo questo ardente desiderio in me e questa vicinanza della croce attraverso il dolore, che continuo a sentire.

Non riesco a scrivere. Domani esco dall'ospedale, ma sono del tutto priva di forze.

Ore 18.30

In cielo i primi colori del tramonto, qui il cielo è così colorato... Dio è sopra di me – in me c'è quest'unico pensiero. *Sono uscita da questa operazione per miracolo vista tutta la negligenza umana*, nessuna complicazione, come se avessi vent'anni di meno, io stessa non riesco a capacitarmi, solo ora sono molto debole.

So che *questa debolezza richiede un ulteriore abbandono*

nelle mani di Dio, un abbandono fino in fondo, fino ai limiti del possibile. Prego tutto il giorno – Dio è sopra di me –. Lo supplico di chinarsi su di me, sulla miseria umana della persona.

Ora vedo quanto mi era facile accanto a te; sia vivere, che pregare, ora vedo la grandezza del dono di un grande fratello. Ora la mia gratitudine per il fatto di avere te è tale quale dovrebbe essere.

Ma scrivere mi risulta difficile, le mani sono come di piombo...

6 marzo

«Et opera manuum nostrarum dirige super nos, et *opus manuum nostrarum dirige*».

«E favorisci le opere delle nostre mani sopra di noi, sì, favorisci le opere delle nostre mani».

Le tue parole sono come un sostegno, ogni giorno la frase da parte tua mi salva.

Sono le 8.30 del mattino, tra un'ora uscirò dall'ospedale, estremamente debole, con i dolori, con una ferita sul collo non rimarginata, non sono in grado di vivere autonomamente. Ho una voglia matta di salire in aereo e di tornare a casa per la via più veloce. Mi sento terribilmente male da sola, mi sento così abbandonata. Prego, ma sono smarrita, non riesco a comunicare con i medici, che sostengono che tutto va molto bene. In effetti i dolori al braccio sinistro sono scomparsi senza lasciare traccia, ma si sono manifestati, non so perché, dei dolori analoghi dal lato destro, e loro sostengono che non ci sono ragioni per il dolore e fine. Non discuto con loro, è inutile, sopporto i dolori e desidero tanto essere già a casa.

Ore 13

Sono sola in albergo. Mi sono trascinata per le 12 alla messa in quella chiesa, che già conosco – una via crucis, ogni passo pieno di dolore. Durante la messa mi sentivo mancare, in fin dei conti questo è il nono giorno dopo una grave operazione e in Polonia sarei semplicemente a letto, ma volevo andare in chiesa. Dio, come mi sento debole...

Come faccio a recuperare le forze qui? Non è possibile. Sono così debole, che ora mi devo sdraiare. Nessuno mi porterà il pranzo a letto, ma io non ho la forza di andare al ristorante...

Dio, che misera creatura sono. Mi sono trascinata in chiesa e in questo le mie forze si sono esaurite. Sto in una stanza buia, opprimente, chiudo la finestra, perché dalla strada viene un frastuono insopportabile; non mangio, perché non ho la forza di andare al ristorante – sola come un cane.

I miei compatrioti si sono ormai stufati di occuparsi di me; non mi stupisco e non ce l'ho con loro, ma sono sola in modo disumano – questo è impossibile da descrivere. L'intera permanenza in ospedale, tutto questo è come in un brutto sogno.

Il dottor Cloward si è congedato da me cordialmente, mi ha salutato baciandomi e basta. Non importa niente a nessuno del fatto che io sia a una settimana da una grave operazione, che non riesca a lavarmi, a vestirmi, a pettinarmi. La ferita sul collo apparentemente si è rimarginata alla perfezione, ma c'è ancora il gonfiore e dei dolori incredibili – e che altro?

Sto pensando se tuttavia non andare subito dalle suore feliciane – almeno mi darebbero da mangiare, mentre così non ho nessuna possibilità di riprendermi in questo albergo.

7 marzo martedì mattina

Una notte piena di incubi, insonne. In seguito a essa non sono più forte, al contrario...

La sera mi sono accadute strane cose, come se fossero dei sogni, o forse delle allucinazioni, perché avevo gli occhi aperti, e quando sono andata a letto mi sembrava che qualcuno mi strozzasse con un nastro teso attraverso il collo. Un'orribile sensazione di paura, di morire soffocata. Infine ho rinunciato al sonno, sono stata semiseduta, quanto sono infelice; in vita mia non avevo mai avuto simili paure: come continuare a vivere qui? Sicuramente di giorno va meglio, ma dopo quella notte insonne le forze non sono aumentate. Prego con la preghiera del poveraccio, mi inginocchio piano piano ai piedi della croce, non chiedo nulla, non dico nulla, ripeto soltanto: «Abbi pietà». Di notte soltanto *lo scapolare mi ha un po' calmato*, ma anche ora tremo tutta.

Non voglio stare qui, voglio andare subito a casa.

«*Dirigere* et *sanctificare*, regere et gubernare dignare, Domine Deus, rex coeli et terrae, hodie *corda* et *corpora nostra*».

«Signore Dio, re del cielo e della terra, degnati oggi di dirigere, santificare, governare e guidare le nostre anime e i nostri corpi».

Non riesco molto a riflettere, ancor meno a scrivere, *mi abbandono a Dio, come posso, tutta intera*, tutta in questa umana miseria.

Sera

Eppure non mi aspettavo così tanto dolore. Dal momento dell'operazione sono scomparsi del tutto i dolori al braccio sinistro, mentre sono presenti al destro, cosicché scrivere è un supplizio.

Lo sopporto...

Ma non sono coraggiosa, supplico Dio perché il dolore cessi, per avere le forze, l'aiuto. Non accolgo il dolore, chiedo di non sentirlo più, non ce la faccio più... Vorrei essere a casa, io non sono fatta per la solitudine, io ho semplicemente paura...

Sera

La brava Carla mi ha salvato ancora una volta – lei e Stanisław Piekarski. Penso che il peggio sia ormai passato, ma è terribile stare così male in un paese straniero. Non pensavo che sarebbe stato così pesante – questi dolori e questo non saper che fare...

Il dottor Cloward sarà in «office» solo venerdì, eppure io dovevo essere sotto la sua cura – strana gente e strano paese.

La messa e Piekarski mi hanno salvato – ha portato da me sua figlia, che è più grande di Kasia. La conversazione mi ha risollevato il morale, e anche il cambio di camera – quella era orribile.

Perché ho dei dolori al braccio destro? Non dovrebbero esserci, invece sono tali da rendermi difficile lo scrivere, non riesco a scrivere.

8 marzo

«*Sensus, sermones* et actus nostros *in lege tua* et in operibus mandatorum tuorum».

«I nostri sentimenti, parole e azioni secondo la tua legge e i principi dei tuoi comandamenti».

È difficile dire che io mediti, *rimango davanti a Dio*, presento molto me stessa e attendo molto la sua misericordia, intesa così, in senso umano, perché cessino i dolori.

Ho avuto di nuovo una nottata molto pesante, ma migliore, cosicché non ho avuto una paura così terribile. Ho dormito un po', anche se poco, ma *col rosario e lo scapolare*. Come un bambino credo che il rosario scacci le paure.

Le ha scacciate...

Ma i dolori continuano. Non mi lamento, mi sforzo di unirmi alla passione di Cristo, ma mi risulta estremamente difficile. *Mi è difficile essere impotente*, dipendente, del tutto priva della possibilità di qualunque azione, in più c'è il dolore fisico, in più la totale indifferenza delle persone che mi circondano, la completa solitudine.

La nostalgia per le persone care.

Si può elencare a lungo tutto ciò che vivo qui, la mia strana

Quaresima; mi chiedo se io abbia mai compreso così la passione di Cristo come ora...

Ore 11.30

Tuttavia la signora Idyk ha avuto pietà e ha telefonato per dirmi che il dottore ha ordinato di applicare le lampade, quindi ho avuto venti minuti di riscaldamento. Non so come andrà a finire, perché la lampada precedente mi aveva provocato dei dolori terribili, ma forse ora non sarà così.

La giornata è splendida, e io devo stare in questo albergo, non posso muovermi, perché la spiaggia è lontana, e lo sciopero degli autobus continua.

Attendo che i compatrioti abbiano pietà di me. Piekarski fedelmente ha telefonato che verrà a prendermi verso le 12 e mi porterà a casa sua per tutto il pomeriggio. Forse là ci sarà un giardino. Loro abitano da qualche parte fuori città e sua moglie ogni giorno alle 7 di sera va alla messa; andrò con lei là, nella loro chiesa.

È la prima buona giornata.

Ho preso il sole, e mentre stavo sdraiata al sole sull'erba nel giardinetto dei Piekarski il dolore è cessato: il primo riposo dal dolore, ancora non oso crederci.

Mi ha portato a Pali: una vista splendida sulle montagne e sull'oceano in basso, un bosco bellissimo. Alberi, piante di bambù, banani, palme e mille altre. Il golf club con una straordinaria piantagione di ibischi di vari colori. Le prime persone a me care, le canzoni polacche, persone sensate e piene di tatto, intelligenti.

Un maschietto cinese, Tim. Mi sono riposata molto. Forse questo si supererà. Grazie a Dio.

Com'è diversa una giornata al sole e con la sensazione della vicinanza – in chiesa li ho ritrovati – subito familiari.

Non perché lui sia polacco, perché lei è hawaiana, ma per il fatto che insieme a me si sia accostata alla comunione e che ogni giorno vada alla messa; lavora in parrocchia. Una donna saggia e cordiale – una persona.

Da loro sull'erba ho ripreso fiato. Guardo al domani più tranquillamente.

Sera

In me tutto si è calmato; il dolore, nel quale rimango, cambia le proporzioni delle cose e fissa diversamente la gerarchia dei valori. Il valore della passione di Dio – e il mio contributo umano a essa.

La prova. Lo so, ma so anche quale può essere il risultato della prova, una persona scopre la propria miseria.

Sì...

Eppure c'è una certa mia partecipazione a questa prova, la partecipazione dell'abbandono, dell'accettazione fino alla fine della mia miseria, e anche, oltre al dolore, una certa strana gioia radicata in esso; non riesco a spiegarlo, perché in me non c'è neanche una traccia di gioia, eppure è qualcosa che dà gioia – non so come chiamarlo. Un *più profondo senso di appartenenza a Dio, all'ordine divino delle cose in questo mondo.*

Durante la messa mi sono venuti vari pensieri. Il Signore Dio è il Padre di tutti gli uomini, una molteplicità incredibile. In questo momento per me si è allontanato il pericolo della paralisi grazie a un pezzetto di osso cinese – l'amore per il prossimo deve abbracciare tutto il mondo. In effetti fino a oggi questo per me aveva un altro significato. Un sacerdote di colore, delle persone di colore unite dalla comunione – lo vedo in modo un po' diverso.

E la Madre di Dio che protegge ugualmente tutto questo mondo.

Da me è scomparsa la paura, che mi aveva accompagnato fino a ora in questo viaggio, una paura terribile delle persone estranee.

Ho smesso di avere paura, il primo respiro più profondo. Un

polacco mi ha portato a fare una bellissima passeggiata alla ricerca di fiori e alberi. Com'è stupendo! E Dio al di sopra di questo. Il mondo si allarga in modo meraviglioso. Oggi mi è più facile. Più facile ringraziare e più facile sopportare.

9 marzo, ore 8.30 del mattino

«Ut hic et in aeternum *te auxiliante*, salvi et liberi esse mereamur, *Salvator mundi*».

«Affinché qui e nell'eternità meritiamo la salvezza e la liberazione, col tuo aiuto, o Salvatore del mondo».

Ho dormito di più e mi fa meno male. A lungo però non sono riuscita ad addormentarmi e ho pensato a questo, di poter andare in Terra Santa. Forse potrei tuttavia avere le forze per spingermi a tanto? Io stessa non lo so, non c'è nessuno che mi possa consigliare. Forse il Signore Dio stesso lo mostrerà. Qui ho imparato a far dipendere tutto da lui per la decisione. A casa mi è sempre risultato difficile questo abbandono fino in fondo, perché subito compariva la mia iniziativa, che qui non ho. Ritorno debole e impotente. Conto i giorni che mancano al ritorno e ho una tale voglia di andare direttamente a casa!

Prego. Credo in Dio. Ma in questo sta accadendo qualcosa, la fede è libera dall'esperienza, è una cosa ovvia, al punto che mi chiedo se questa sia realmente fede. *Io so che c'è il Signore Dio, semplicemente* lo so: si può dire così?

Tutto ciò che ho, è attraverso di lui; non ho niente direttamente, ho tutto attraverso Dio. Il Signore Dio qui me lo mostra così chiaramente: *il mondo è per l'uomo, ma attraverso Dio*.

Mi sono fatta coraggio e sono andata da sola a colazione, poi sono andata a fare la terapia con la lampada e una passeggiata.

La chiesa episcopale di San Pietro, ma era chiusa. Poi ho visitato la cattedrale di Sant'Andrea e sono andata nella mia cattedrale per l'ora santa e la messa.

Piekarski come sempre mi aspettava fedelmente e mi ha portato a pranzo fuori.

Poi passeggiata a Meho Meho, al monumento e al palazzo reale, dove ci sono quegli alberi stupendi.

Ma nell'insieme mi sento meglio.

Pomeriggio

Ho recitato l'ora santa, così mi hai insegnato, ma questo mi ha fatto vergognare molto. La profonda consapevolezza della mia ingratitudine: avevo tanto l'occasione di unirmi alla passione di Dio col mio dolore e qual è stata la mia risposta? Supplicare per non provare dolore, quella tremenda notte. In me c'era solo questo: concedimi di non provare dolore, neanche l'ombra della gioia della partecipazione alla croce, subito il desiderio di aiuto e la sua implorazione. Ora, che il dolore è meno forte, parlo di unirmi nella via crucis, ora medito sulla passione di Dio, quando posso sopportare il mio dolore, la cui intensità è diminuita.

Che creatura meschina e misera sono! Ma questa verità su di me la offro al Signore Dio; *non posso dare niente di più che riconoscermi tale quale sono più profondamente, onestamente fino in fondo. Del resto il Signore Dio conosce questa mia interiorità meglio di me.*

Non sono stata all'altezza della prova.

In me non c'era nient'altro che lo stare in ginocchio e il supplicare pietà – senza riflessione, senza preghiera, senza adorazione di Dio, uno straccio di persona gettato ai piedi di Dio – tutto qui.

Tuttavia la verità di questo periodo ha prodotto in me qualcosa di buono. Questa è stata una via verso l'umiltà, un «passaggio d'umiltà», come dici tu; ho guardato molto me stessa *e mi sono molto riconosciuta, davanti a Dio e anche davanti a me stessa.* E questa forse è la cosa buona, che da questo si è riversata su di me.

Perché non è neppure un problema di volontà, la volontà può

essere indirizzata verso Dio, ma è questa miseria dell'uomo, della quale in effetti non si ha idea. Le varie dichiarazioni dei santi sulla loro miseria mi erano sempre sembrate esagerate, *ma ora capisco*, che questo non si può esprimere, *mancano le parole per questa percepita proporzione Dio-uomo tale uomo-io.*

12 di notte

Sono tornata da un lusso incredibile: cena da circa 300 dollari nel ristorante più elegante, danze hawaiane.

Un'enorme compassione per queste persone: i bambini vanno a dormire senza lavarsi nella loro casa elegante. Il ragazzo polacco paga 30 mila dollari di tasse, ha tutto e non ha il senso della vita. I bambini non sono battezzati. Un vuoto incredibile. Prego per loro. Sono buoni.

10 marzo, ore 9

«Quaerite Dominum, dum inveniri potest».
«Cercate il Signore, finché si fa trovare».

Ma i miei pensieri sono abbastanza disordinati, è difficile parlare di una riflessione ordinata, mi è difficile trovare la concentrazione, la grande pressione dei sentimenti e dei ricordi e la nostalgia mi intralciano molto. Ciò nonostante cerco di indirizzare questi pensieri verso la corrente fondamentale dell'abbandono a Dio grande e unico, che tutto decide riguardo a me e che è contenuto fondamentale della vita umana.

Ieri sera ho avuto un saggio di quanto sia diverso il mondo in cui vivo. I miei compatrioti mi hanno portato a un'esibizione di danze hawaiane nell'albergo più elegante di Honolulu, un ambiente estremamente confortevole. E in me la sensazione lampante della futilità di questo mondo, tutto ciò mi è sembrato letteralmente misero, tutto quello sfarzo e quelle persone impelagate nei dollari, infelici. Mi sono sembrati sprecati i soldi spesi per la cena, avrei potuto comprarci un registratore per i miei scopi o forse due, non so. Povere persone alla folle caccia dei dollari, che qui guadagnano in gran quantità e che in fin dei conti non sanno come spendere, per avere una qualche gioia.

Non mi sono divertita affatto. Quelle infelici ragazze seminude in una danza folle per fare spettacolo, il vilipendio del corpo umano – alcune molto giovani, altre che cominciavano ad invecchiare. È stato orribile, ma loro volevano davvero farmi piacere.

Pomeriggio

È arrivata la lettera di Andrzej con il tuo breve post scriptum: come vorrei essere già con voi!

11 marzo, ore 8

Finalmente il sole, forse oggi potrò stare un po' sdraiata e riscaldare il mio collo dolorante... come sogno il bivacco, in questa città affollata!

«*Invocate eum*, dum *prope est*».
«Invocatelo finché è vicino».

Così è in me, con tutta l'anima, con tutta me stessa invoco Dio, così entro in questa giornata.

12 marzo domenica, ore 15

Inaspettatamente ieri sono stata privata della messa, non mi è venuto in mente che il weekend riguarda anche la messa, il sabato sera non c'è – sono rimasta delusa.

Ore 21.20

Oggi non ho meditato affatto, ma ho pregato come ho potuto, sono stata alla messa, durante la quale i bambini si accostavano alla prima comunione, e mi sono sentita in qualche modo più leggera.

Poi il mio compatriota mi ha portato a un concerto sinfonico e la musica (del resto l'orchestra era eccellente) mi ha calmato, e nello stesso tempo mi sono resa conto di essere in una psicosi ansioso-depressiva, che è aumentata dopo Vienna in modo reattivo. I sogni ansiosi, collegati a Ravensbrück, sono cominciati là e durano tuttora.

Ero tutta paura «condensata», e le condizioni esterne effettivamente giustificavano al massimo l'aggravarsi della psicosi. Ora lo capisco.

Questo non è del tutto al di fuori di me. Desidero tanto andarmene da qui.

«Miserere mei, Deus, *secundum multitudinem misericordiarum tuarum dele iniquitatem meam*».

«Abbi pietà di me, o Dio, nella tua benevolenza, nell'immensità della tua misericordia cancella la mia iniquità».

Non riesco a meditare così. Faccio appello come posso alla misericordia di Dio.

Sera

Ieri ho visitato il cimitero nel cratere: da lì una splendida vista sulla città, le montagne e l'oceano, poi il mausoleo reale.

* * *

Domani ho l'incontro con la stampa e gli psichiatri.

13 marzo lunedì mattina

«*Penitus lava* me a culpa mea et a peccato meo munda me».
«Lavami dalla mia colpa e purificami dal mio peccato».

È strano tutto ciò, ma come sento la mano di Dio in queste mie vicende!

Questa è una *scuola di umiltà e di abbandono* – dura, certamente, lo sento, ma in me non c'è ribellione. Forse, se fossi più forte, non riuscirei ad abbandonarmi così al Signore Dio, né a chiedere aiuto così alla Madre di Dio.

Credo che questo sia necessario.

Ore 20

Continuo a non avere la forza, continuo a provare dolore. È arrivata una lettera di Andrzej del 5 e un telegramma preoccupato di oggi, affinché io vada da Uwiera, ma non ho la forza di incontrare degli estranei.

Ho passato il pomeriggio tranquillamente con Carla, su una brutta spiaggia sporca vicino al porto, ma c'era un po' di sole e una bella vista sull'oceano, la spiaggia però non è un'attrazione per me.

Niente del tutto.

No, tuttavia non vedo il senso di prolungare il soggiorno qui; sull'isola grande non ci andrò, è costoso e lontano, qui non fa neanche bel tempo e quella spiaggia è così lontana. Del resto è la settimana santa, per me sarebbe troppo difficile. Manderò un telegramma di risposta. Devo semplicemente sdraiarmi, mi fa male.

14 marzo al mattino

«Nam iniquitatem meam ego agnosco et *peccatum meum contra me* est semper».

«Infatti io riconosco la mia iniquità, e il mio peccato mi è sempre dinanzi».

Sera

Il dolore non passa, nonostante il sole. Tuttavia forse dovrei stare sdraiata, così mi sembra in base al buon senso, ma non ho a chi chiedere consiglio.

Andrzej preoccupato mi ha telegrafato di restare, ma io non voglio stare qui più a lungo. Le suore mi hanno invitato, sarà la settimana santa, hanno sicuramente una cappella: potrò pregare sommessamente e forse stare sdraiata? Forse faccio male, non ho nessuno che mi consigli; ho deciso di andare sabato a New York, mezza giornata e una notte in aereo, forse sono troppo debole per questo, ma che fare?

Chiedo consiglio alla Madre di Dio. *O Madre del Buon Consiglio!*

15 marzo

«*Tibi soli* peccavi, et quod malum est coram te, feci».

«Contro te solo ho peccato e ciò che è male ai tuoi occhi io l'ho fatto».

Nei confronti di Dio sono diretta più che mai nella mia vita – sola davanti a lui. Ne ho la consapevolezza. Questa consapevolezza mi plasma? E come? Plasma la mia vita? Sicuramente troppo poco, ma cresce sempre più profondamente. Questa è probabilmente la base della mia esistenza ora.

16 marzo

«*Ut manifesteris iustus* in sententia tua, rectus in iudicio tuo».

«Cosicché ti dimostrerai giusto nella tua sentenza e retto nel tuo giudizio».

Non so se capisco bene, ma *ho paura della giustizia di Dio, chiedo che abbia pietà* – posso fare solo così.

Ieri era ormai tardi, quando sono tornata; al mattino ero stata all'ufficio, poi con Collins mi ero procurata il biglietto. Infine l'incontro con Tomi, con la sua amica – uno psicologo in forma di «girl» e col suo amico sociologo. Sono andata con loro dall'altra parte dell'isola, all'ospedale psichiatrico. Nuovo, costruito sei anni fa: grandi alberi, una vista splendida sulle montagne, ma camerate da 35 letti ognuna, alcuni padiglioni di coeducazione, i letti accostati – l'interno apparentemente bello, ma freddo.

I malati stanno seduti: vecchie schizofrenie, deficienze, tutto insieme. Veramente i vestiti erano colorati, ma tutto insieme terribile. Il nuovo direttore, è lì da quattro mesi, il dottor Joseph Lemer, mi piace, si è formato sulla psichiatria classica tedesca. Ama la musica e si regola con il buon senso, ma gli manca il personale, le infermiere e – come dice – non ha ancora fatto in tempo a cambiare tutto. Ho parlato con due giovani medici, uno specializzato in psicoterapia freudiana, che, da quello che ha detto, penso non applichi affatto.

Un atteggiamento benevolo nei confronti dei pazienti ce l'ha solo il direttore. I pazienti mediamente sono ospedalizzati per circa 24 settimane. Le condizioni sono francamente peggiori che da noi, solo gli edifici e il clima sono migliori. Poi ho avuto un colloquio «terapeutico» con una psicologa, che è – come sostiene – una socialista infelice nel regime capitalista, ma io penso che sia una donna delusa, che è stata lasciata dal marito. Lei gli ha lasciato anche il figlio, perché non aveva soldi, e ora lavora all'università come «teacher» e cresce una figlioletta di colore, che ha quattro anni. È stata a Innsbruck all'università e ha nostalgia dell'Europa.

17 marzo

Le persone mi hanno riempito tutta la giornata, oggi sarà ancora peggio, perché tutti vogliono salutarmi.

«Ecce *in culpa natus sum* et in peccato concepit me mater mea».

«Ecco sono nato nella colpa e nel peccato mi ha concepito mia madre».

Dovrei meditare sul peccato originale, ma questo è precisamente quello che non capisco – e in effetti dovrei impararlo, perché la visione umana della questione è diversa da quella di Dio. La responsabilità per gli altri e la punizione per gli altri fino a un certo punto sono sicuramente comprensibili, ma non così. Forse sono semplicemente poco istruita, *anche se capisco già l'importanza del battesimo.*

Mi sento più forte, ma desidero tanto fuggire da qui e sono contenta che andrò via da questo mondo meraviglioso domani, voglio chiudere questo difficile periodo del soggiorno a Honolulu.

Ora le persone fanno a gara per stare con me, non sono più sola, ma non è molto meglio. Non ho la forza per le continue conversazioni con la gente.

Mi trovo bene solo con i Piekarski. È stato lui ieri a notare che ho cominciato a ridere – effettivamente ieri con loro ho passato il primo giorno di distensione. Mi hanno portato a fare una gita nei campi di ananas e di canna da zucchero. Non avevo idea di come crescesse l'ananas e di come lo si piantasse (si pianta nella terra il ciuffetto stesso e ricresce). E la canna da zucchero è alta ed effettivamente molto dolce.

Poi abbiamo visitato varie spiagge selvagge e incantevoli, sulle quali starei sdraiata volentieri tutto il giorno al sole, ma che si trovano a 50 chilometri da Honolulu. Abbiamo visitato anche un tempio dei mormoni.

Dalle 9 alle 15 al sole e in splendidi panorami: le montagne, l'oceano, dei magnifici alberi, i fiori. Anche l'acqua è celeste, come il cielo. Tuttavia mi sono stancata.

Nel pomeriggio mi sono riposata a casa loro, ascoltando Mozart e Chopin. La sera, insieme a Paula, che indossava un lungo abito rosa, mi hanno portato al ristorante per l'ultima cena. Le ragazze sono molto belle con quelle gonne lunghe, quanto più belle che con le gambe nude!

18 marzo

Sono andata alla messa alle 7 del mattino, perché oggi la giornata sarà in aereo.

«Ecce sinceritate cordis delecteris et in praecordiis sapientiam me doces».

«Ecco nella rettitudine del cuore troverai diletto e mi insegnerai i misteri della sapienza».

La messa su san Giuseppe – ho scelto questo giorno per il viaggio, qui per tutto il tempo *non ho potuto contare sulla cura delle persone, conto sulla cura del cielo*. San Giuseppe me l'hai fatto notare tu. Lo prego per avere aiuto, l'aiuto esteriore, per avere protezione, e anche per avere aiuto per la mia anima. Vorrei poterlo imitare nel servizio umile e nella responsabilità.

I miei compatrioti si sono offesi con me, perché non mi entusiasmo, ma io non fingo. Ho detto loro che sono molto contenta di andare via da qui e che non potrei vivere così, come vivono loro. La cena è stata spaventosamente noiosa. Questa gente si sforza di mangiare qualcosa di «interessante»: tutto lo sforzo viene speso per escogitare qualcosa da mangiare!

Al ristorante giapponese mangiano con le bacchette. Al piano terra per i turisti annoiati un allevamento di scimmiette, al piano superiore un giardinetto giapponese con piccoli alberi nani: hanno cento anni e sono così piccoli; andavano in visibilio, ma quale confronto con i monti Bieszczady!

Mi hanno dato le ghirlande tradizionali, belle e profumate. Sono stati come sempre privi di tatto, con quel loro parlare dei dollari e della Polonia povera.

Ma l'ho sopportato, perché ormai è la fine. Sono molto contenta di andar via da qui.

19 marzo sera, New York, presso le suore feliciane

Ringrazio Dio per le suore: sono buone, cordiali e mi hanno accolto molto calorosamente.

Ho affidato il viaggio a san Giuseppe, tutto come nelle mani più affettuose. Tiro un respiro, anche se dopo il viaggio mi fa più male.

Ti ho scritto la mia prima lettera.

Un mese a Honolulu – impossibile da dimenticare.

20 marzo sera

Ieri non ho meditato, perché ero molto stanca, e oggi mi sono alzata soltanto ora, ho dormito tutta la notte e tutto il giorno, alle 7 sono stata solo alla messa, per ringraziare il Signore Dio. Poi ho dormito fino ad ora, le suore si muovevano intorno a me in punta di piedi e mi hanno svegliato solo per i pasti.

Finalmente sono rilassata. Dal punto di vista psicologico va molto meglio, ma sento ancora dolore.

«Fac me audire gaudium et laetitiam exultent *ossa* quae contrivisti».

«Fa' in modo che io oda la gioia e la letizia, che si rallegrino le ossa che tu hai sgretolato».

Medito un po' «a lato», penso al fatto che ho avuto troppo poca fiducia in Dio, eppure si trattava solo di questo. Ora, che questo è dietro di me, mi vergogno della mia debolezza, ma la accetto anche. E vedi, ho sperimentato ancora una volta questo, che il Signore Dio conosce i limiti delle mie possibilità meglio di me stessa. E il Signore Dio mi conosce tale quale sono, sono io che non conosco abbastanza me stessa, il Signore Dio mi conosce.

In questo c'è del sollievo, in passato questo avrebbe fatto male al mio orgoglio, oggi lo accetto con sollievo, il fatto che sono debole, e il Signore Dio lo sa bene. Faccio un'analogia con te, quello che derivava dalla mia debolezza non mi staccava mai da te, al contrario, risvegliava in te maggiore bontà e affetto, sempre quanto più mi era difficile, quanto più ero debole e povera, tanto più cercavi di aiutarmi. Il Signore Dio nello stesso modo non respinge il debole, gli dà forza, lo aiuta. Oh, come lo avverto su di me, quanto Dio mi tiene nelle sue mani!

Lo ringrazio come posso, e ringrazio sua Madre e san Giuseppe, al quale mi sono rivolta all'improvviso – come se qualcuno mi avesse fatto voltare verso di lui – per avere aiuto, come a una persona che è premurosa. Mi sono rivolta a lui, per la prima volta in vita mia, come a una persona reale, che mi poteva aiutare: un santo protettore, a chi meglio che a lui?

Questa mia svolta verso san Giuseppe è stata per me stessa qualcosa di inaspettato, ma così reale, come se parlassi direttamente con lui; a lui ho affidato tutto il viaggio, forse perfino ingenuamente, come un bambino. Mi sono resa conto che le mie cognizioni sui santi fino ad ora erano in effetti molto ridotte, ammesso che ci fossero.

In me c'è qualcosa di nuovo, un'enorme consapevolezza della realtà. San Giuseppe è tale quale me lo avevi mostrato. È realmente.

L'altro ieri, il giorno della partenza, è stato pieno di fiori e di persone. Mi hanno dato un bel mazzo di fiori per Jaśka, incartato da Sara; è tornato molto utile, perché è venuto fuori che ieri Jaśka e Antek festeggiavano il ventesimo anniversario di matrimonio.

Il volo è stato bellissimo: il sole, dapprima l'isola vista dall'alto, poi l'immensità dell'oceano, poi la vista su San Francisco e il meraviglioso sorgere del sole sull'oceano, uno spettacolo incredibile.

I Podbielski mi aspettavano: mi hanno portato a fare colazione, poi a casa loro. Una casetta carina, l'appartamento piccolo, ma bello, l'atmosfera affettuosa. Poi la messa, in una chiesa piena di fiori e di persone, che però sembravano quasi nascondere il fatto che sono polacchi, e i loro figli non parlano in polacco. Nel pomeriggio mi hanno portato dalle suore feliciane a Lodi (New Jersey), dove ho tirato un sospiro di sollievo. Il sacerdote presso di loro prega in polacco e anche le suore; le più anziane parlano tutte in polacco, le più giovani lo studiano. Qui abito in una stanza lussuosa nell'infermeria. Il letto è come in ospedale, da mille dollari, come dice Ed.

Le mie preoccupazioni si sono dileguate. Ieri ero appena arrivata, già aveva telefonato a Jaśka Lonny da Vienna, dicendo che mi mandava i soldi e oggi è arrivata una lettera da un amico, don Tadeusz Fedorowicz, che un suo conoscente è pronto a dare 500 dollari per quegli strumenti neurochirurgici. Mi sono tranquillizzata e tutto è sistemato.

Oggi al mattino la messa, e poi ho dormito tutto il giorno.

21 marzo martedì, Lodi, 1967

«*Averte faciem tuam a peccatis meis* et omnes culpas meas dele!».

«Distogli il tuo volto dai miei peccati e cancella tutte le mie colpe!».

Dopo aver dormito per ventiquattro ore (perché praticamente ho dormito per ventiquattro ore) mi sono sentita più in forze, ma sto ancora molto a letto. Prego, medito.

Il mio modo di vedere il peccato ora è diverso, infatti scopro in me delle cose, che prima sfuggivano alla mia vista oppure non avevo, per così dire, tempo per esse, occupata com'ero con maggiori difficoltà. Ora in un certo modo «levigo» i dettagli, non voglio peccare mai, in niente, non c'è in me nessuna tendenza al peccato, ma c'è *la consapevolezza della dipendenza dalla grazia di Dio.*

Prima mi sembrava che la santità di una persona dipendesse da lei stessa; ora vedo la santità come privilegio di grazia, mare di grazia rivolto all'uomo. Dunque in me c'è forse perfino meno sforzo per agire, o piuttosto per aprirmi a Dio, direi che mi adopero di più per avere l'aiuto di Dio, che non per fare un mio sforzo. Forse bisogna fare il contrario, ma ho sperimentato così tanto la mia nullità e impotenza, che mi sono sentita del tutto dipendente da Dio.

22 marzo

«*Cor mundum crea* in me Deus et *spiritum firmum* renova in me».

«O mio Dio, crea in me un cuore puro e rinnova in me la saldezza dello spirito».

Mi sono appena svegliata (mi alzo per la messa, e poi dormo ancora). Il sonno mi fa bene, recupero le forze, mi sento in modo del tutto diverso che a Honolulu.

Prego e dormo: mi addormento pregando, prego svegliandomi; prego san Giuseppe in modo appassionato e infantile, ho bisogno di protezione.

Rifletto, mentre mi addormento, che anche la mia interiorità *è affidata a Dio con la preghiera* per avere tutte le virtù. Comprendo, so che il bene in me non viene da me, *lo so molto bene e questo pensiero non mi dà dispiacere, come accadeva in passato, al contrario mi apre delle prospettive*: infatti posso essere sempre migliore su questa base appunto, dell'operare di Dio nell'uomo, perché la grazia è illimitata. Certo che non posso dettare né il momento né la «quantità» della grazia, ma so che è il Signore Dio a conoscere l'«adeguatezza» del momento, che mi darà tutto ciò che è necessario al momento opportuno. Non so quali siano le «condizioni» di Dio, ma Dio stesso trova il modo di purificare l'uomo, lo vedo molto bene.

Oggi ho visto il film *Giuseppe e i suoi fratelli*, apparentemente sulla Bibbia, ma orribile e continuamente interrotto in modo spietato da stupide pubblicità. Non so come loro riescano a sopportarlo. Liberi schiavi della pubblicità e del dollaro non hanno la propria opinione su niente, finché non lo vedono in televisione. Il principio di valutazione è: «Non è se una cosa è bella o brutta, ma se è costosa o a buon mercato», e a suscitare ammirazione è quella costosa.

Le suore però sono buone, anche se americanizzate. Ma forse questo non intralcia la santità... non lo so. A volte ho dei dubbi.

Gli operai vengono a lavorare dalle suore in macchina. Le allieve della scuola vanno via in macchina. Oggi con le pale liberavano le macchine dalla neve, perché ne è venuta tanta nella notte – paesaggio invernale, tempesta di neve.

Non esco affatto dalla mia stanza, vado solo nella cappella, che ha delle vetrate enormi e molto brutte. È come una scatola piatta e spigolosa, ma semplice e pulita.

Nella mia stanza, una pianta di gigli profuma. Non posso buttarli via, sono stati preparati con il messaggio: «Benvenuta, ospite, ti auguriamo la salute». In effetti è il luogo ideale per rimettersi da una malattia.

Davvero Dio ha guidato i miei impulsi. Rifletto sul bivacco, del quale ho nostalgia. Non voglio prolungare il mio soggiorno in America, perché? a che scopo?

Voglio vedere New York, Washington e forse un altro paio di cose.

Ho scritto un racconto su Edek: «Globetrotter».

23 marzo Giovedì Santo, Lodi

«Ne proieceris me a facie tua et *Spiritum Sanctum tuum ne auferas a me*».

«Non respingermi dal tuo volto e non togliermi il tuo Santo Spirito».

Prego con una certa tenacia, non faccio nient'altro: voglio recuperare pienamente l'equilibrio, e so che per questo è necessaria la grazia.

I dolori ci sono sempre, francamente non so perché, mi fanno male il collo, la spalla destra e il braccio destro.

Il testo di oggi per le meditazioni è il contenuto della mia preghiera spontanea, prego solo per questo, perché lo Spirito Santo sia sempre con me. La condizione da parte dell'uomo è solo questo abbandono e la richiesta di questo; non posso fare altro che chiedere, desiderare questo, l'agire è nelle mani di Dio. La verità sull'amore di Dio permette di sperare che Dio non ci respingerà, perché dovrebbe respingere una persona, se ama?

Cerco dunque di non preoccuparmi per me, di non occuparmi di me, mi sforzo continuamente di vivere la settimana santa con lo sguardo fisso su Cristo.

Questo mi riesce?

In qualche modo addirittura non bado molto a quello che non mi riesce: ho imparato anche questo, che *se conto su quello che mi riuscirà, riesce molto peggio di quando conto sul Signore Dio*.

Sono sola in silenzio nella stanza accanto alla cappella, accanto al Santissimo Sacramento. Il silenzio e la solitudine favoriscono il raccoglimento. Per ora non pianifico niente, nessuna visita, nessun incontro, voglio vivere nel raccoglimento la settimana santa, questo mi era assolutamente necessario e il Signore Dio l'ha reso possibile – ne approfitto e lo ringrazio.

24 marzo Venerdì Santo, Lodi

Ieri ho ricevuto la Vostra lettera. Dormo, prego e scrivo lettere – nient'altro – ma recupero la tranquillità e le forze. I dolori ci sono, ma meno forti.

25 marzo sabato

«Ne proieceris me a facie tua et *Spiritum Sanctum tuum ne auferas a me*».

«Non respingermi dal tuo volto e non togliermi il tuo Santo Spirito».

Hai trascritto due volte lo stesso testo, ricordo il momento in cui l'hai scritto, mi sembra che sia passato tanto tempo. Ma non importa, rifletto sullo stesso, penso alla passione del Signore Gesù.

Ieri volevo saltare la cena e vegliare per tutta la notte, adorare. Ma tutto quello che devo fare, prima di farlo, cerco di mostrarlo a te, e ho pensato che mi avresti ordinato di andare a dormire. Il Signore Dio stesso lo mostra: a Honolulu per un tempo abbastanza lungo non ho mangiato e non ho dormito. Quelle condizioni di tormento del corpo le dava Dio stesso attraverso la situazione quale era. Ora è il contrario, ho delle condizioni lussuose di riposo per il corpo e la cappella vicino. E sono andata a dormire, ho pensato che servisse qualcos'altro e che forse fosse più importante in me l'abbandono a Dio, l'assoggettarmi a quello che viene da lui, piuttosto che le mie proprie mortificazioni. E del resto in me c'era vergogna, per il fatto che ora, che sto ormai meglio, sono disposta a «mortificarmi», mentre quando le condizioni erano difficili, volevo fuggire da ciò.

Ho pregato dapprima con le suore in cappella, poi da sola in camera. Si è verificato in me qualcosa, per cui distinguo «dove» accade dentro di me, perché sono più consapevole dello spazio della mia anima – vedo come questo accade nell'uomo, questo mi è necessario. Mi si delinea una concezione della personalità dell'uomo, nella quale c'è spazio per l'anima, che mi permette di vedere diversamente i complessi psichiatrici. Questo è molto strano. Non mi aspettavo che il Giovedì Santo potesse avere influenza sulla mia visione psichiatrica. Del resto non solo questo, anche se questo mi ha colpito.

È un bene che io sia venuta qui, questo per me vale di più delle meraviglie che avrei potuto vedere in California. Del resto probabilmente il Signore Dio mi guida così: in questo ho fiducia, che questa sia la sua mano.

La passione di Dio in un corpo umano mi insegna varie cose nuove, un certo *rispetto per la debolezza del corpo* – come dire – il dolore, la malattia e la morte assumono un altro significato attraverso la partecipazione di Cristo. Forse questa è la cosa più umana in una persona? In questo una persona ha Dio come fratello? Le opere umane, le azioni, l'intelligenza e le forze non danno la vicinanza che dà la debolezza del corpo. Se soltanto l'uomo fosse capace di sfruttare questo!

Ieri ho ricevuto la lettera del 18 marzo col tuo *post scriptum* e sono convinta che sia stato tu, pregando sabato durante la messa, a «spingermi» verso san Giuseppe – e di nuovo comprendo meglio, perché questo viaggio è stato così facile e «pianificato» nei dettagli. La mia crescente gratitudine abbraccia anche te, anche se è diretta a Dio, perché tu hai ottenuto questo per me col lavoro e con la preghiera. La mia strada verso Dio passa attraverso di te e solo così la vedo. Dunque la mia gratitudine verso di te aumenta, non ha altra modalità di espressione se non una fervente preghiera di ringraziamento.

Mi trovo bene qui in questo silenzio e nella preghiera solitaria.

Ore 13

Sono stata due ore in cappella. Non si possono riassumere le mie riflessioni, nelle quali in effetti c'erano poche parole, ma l'enorme gratitudine per l'oggi involontariamente si estende sia al passato sia al futuro.

Ed è nata in me un'enorme richiesta «per domani», il desiderio di non sprecare niente del grande dono della passione di Dio; la richiesta che i miei pensieri e le mie azioni e tutto quello che ci sarà nella mia vita, servano solo per quest'unica causa: il mio avvicinamento a Dio.

Ho pregato per il futuro mio, tuo, delle mie figlie – del mondo. La consapevolezza che posso pregare per il domani mi ha fatto capire che quel domani mi è stato dato, che vivo, mentre così poco tempo fa avevo la sensazione di essere in pericolo di vita. Mi sono resa conto del fatto che fino ad ora in effetti non ho ringraziato Dio per questo. In generale tutto ciò che è in me, che scorgo, dispone alla gratitudine. Dunque anche la richiesta a Dio, affinché io possa manifestare questa gratitudine. Quali possono essere le manifestazioni della gratitudine umana verso Dio? Non lo so. Questa sproporzione Dio-uomo priva l'uomo della facoltà: non c'è proporzione. Dunque presento a Dio soltanto questo, il mio desiderio di contraccambiare, che è debole come l'uomo. È Dio che apre la strada all'uomo.

Vorrei essere in Terra Santa. Posso chiedere a Dio che mi conceda questo? Non lo so. Mi comporto come un bambino, dentro di me dico a Dio che lo desidero – e aspetto. Quanto mi hai insegnato ad aspettare!

Tutto è nelle mani di Dio. Il mondo intero. Chiedo a Dio che mi conservi per sempre la visione che ho ora, che questa non mi sfugga, *che nulla mi oscuri questa proporzione che ho afferrato.*

25 marzo al mattino, Lodi

Ieri ho passato tutto il pomeriggio e la sera in cappella, un po' da sola, un po' con le suore. Mi ha stupito sentire le novizie americane che cantavano benissimo in polacco «Amare sofferenze» (Gorzkie żale)[11], smentendo quello che dicono i polacchi dei loro figli, che la lingua polacca per i loro figli americanizzati [è] «hard»[12]. Un problema a sé, ma qui ci sono dei rapporti tali che io non mi potrei adattare. Queste persone si vergognano di esse-

[11] Sono lamentazioni sulla passione di Cristo e di sua Madre, cantate dai fedeli durante la Quaresima.

[12] Troppo difficile.

re polacche: gli americani disprezzano in modo evidente i polacchi.

Ho pensato al nostro problema. Penso che si debba «spingere» l'America verso il metodo di Holt, ma non con degli argomenti. Soltanto forse così come padre Karol Meissner – calcolare la quantità di dollari – e quando vedranno che «affare» è, cominceranno a diffonderlo. Vedo già come sarebbero i programmi televisivi; solo che loro di questo non sanno niente, non leggono la letteratura francese per la semplice ragione che non conoscono nessun'altra lingua. Non leggono, guardano soltanto la televisione. Bisogna mostrare loro il grafico della temperatura in televisione, accanto a una montagna di pillole per milioni di dollari. Calcoleranno rapidamente e... cominceranno a usarlo. Ma chi dovrebbe fare ciò? Bisogna cercare degli «attivisti cattolici».

Ma questo per «dopo». In questo momento non farò niente, bisogna avere pronto il materiale in inglese.

Per oggi:

«*Redde mihi laetitiam salutaris* tui et spiritu generoso confirma me».

«Rendimi la gioia della tua salvezza e rafforzami con spirito zelante».

Di nuovo un testo «verso la realtà», ora mi è necessario riacquistare sia la gioia sia un certo «animo»: sono ancora molto «raggomitolata» su me stessa, nonostante ormai un certo rilassamento, ma tutto ciò è troppo recente.

Qui il Sabato Santo non c'è la comunione, solo la risurrezione nella notte.

Una mia amica oggi pomeriggio mi porta a casa sua. Le suore non mi trattengono, e a me premeva, soprattutto in questi ultimi giorni, di poter avere una cappella, dunque probabilmente mi congederò dalle suore. Avevo intenzione di tornare qui dopo le feste, ma loro considerano questo chiaramente un addio.

Di nuovo ho un po' paura di questo viaggio in Inghilterra, però nulla mi trattiene qui.

So già che vorrei andare in Terra Santa, ma come faccio ad andare da questi francescani e a dire: «Datemi 350 dollari per il viaggio, perché io lo desidero»? Dovevo portare con me una lettera del padre provinciale di Cracovia, ma me ne sono dimenticata, ora lo rimpiango.

Prego come posso. Penso di aver vissuto questi due giorni più profondamente che mai, e ho meditato nel pomeriggio di ieri in cappella. Ma so che sono stata molto in questo, *in questa realtà della passione di Dio e dell'adorazione della croce.*

Non è possibile descrivere ciò che mi hanno dato questi giorni. Per questo sono grata al Signore Dio e a queste suore.

29 marzo Bayonne, New Jersey
(sono presso una compagna di Ravensbrück a casa sua)

Ho meditato «a lato» e mi è stato difficile scrivere.
«Victimae paschali laudes immolent christiani».
«I cristiani rendano omaggio alla vittima pasquale».

Ho trascorso le feste con delle persone: conversazioni e analisi psicologiche degli emigrati e della situazione della Chiesa. Quanto è più profonda la corrente religiosa in Polonia e che sacerdoti hai tu! Qui i sacerdoti polacchi contano poco, ma spesso sono limitati, governano la Chiesa i tedeschi e gli irlandesi.

30 marzo

«Agnus redemit oves».
«L'agnello ha redento le pecore».

Passo questa giornata di sole con una compagna di Ravensbrück, Staszka Bis, che è venuta dal Canada apposta per vedermi.

Il problema degli emigrati: come sono poveri qui...

Medito senza comunione, perché qui la messa è solo alle 7, ma è lontano e non c'è chi mi accompagni. La comunione mi manca molto.

3 aprile, New Canaan

«Dic nobis Maria quid vidisti in via?».
«Dicci, o Maria, cosa hai visto lungo la strada?».

Le persone mi intralciano nella meditazione, e forse io stessa mi sono stancata per l'intensità della settimana santa – non riesco a pregare così, ma sono sempre davanti a Dio. Ieri la messa mi ha trasportato da te, questa è infatti la via dell'avvicinamento. Continuo a leggere i salmi secondo il tuo Breviario.

Ma desidero continuamente ritornare, desidero stare con voi.

Ho visitato un ospedale e ho partecipato a una riunione di medici, ma qui non mi piace niente. Le conversazioni sulla «regolamentazione dei concepimenti» dimostrano l'incredibile ignoranza di queste persone e una limitatezza più profonda che da noi. Mi si apre una nuova visione della questione, mi sembrava che noi fossimo arretrati, ma qui vedo che precediamo il mondo. Bisogna soltanto mostrarlo e formularlo in modo diverso.

4 aprile, Bayonne

«Sepulchrum Christi viventis et gloriam vidi resurgentis».
«Ho visto il sepolcro del Cristo vivente e la gloria del risorto».

Ripeto che vorrei essere in Terra Santa. Stare in piedi su quella terra... Anche se forse questo è un certo sentimentalismo? Non lo so. Oggi di nuovo non posso ricevere la comunione, nei giorni feriali qui è impossibile. Voglio tornare dalle suore, ma per ora resterò qui altri due giorni. Sono necessaria.

5 aprile mercoledì

«Angelicos testes, sudarium et vestes».
«I testimoni angelici, il sudario e le vesti».

Cerco di pensare al grande mistero della risurrezione, che spetterà anche all'uomo, grande destino che il Signore Dio dà all'uomo. Ma il mio pensare è «pallido», senza emozione, è un esaminare i fatti senza commozione, anche se in fondo dovrebbe esserci in me uno slancio di gratitudine. Che creatura misera sono! Il dolore provoca una reazione, ma quando il dolore diminuisce, la tensione della fede e della gratitudine si riduce: forse per questo ho così tanto dolore nella vita? Mi mostro però al Signore Dio tale quale sono, e chiedo aiuto anche a san Giuseppe – mi hai insegnato che il mercoledì è il suo giorno.

6 aprile giovedì, ore 13, Lodi

Sono tornata dalle suore, al mattino ho potuto partecipare alla messa.

«Surrexit Christus spes mea, procedet vos in Galileam».
«È risorto Cristo, mia speranza, vi precederà in Galilea».

So che in lui sta tutta la speranza della mia vita, so anche che «approfitto» della sua passione e risurrezione – la comunione che oggi ho ricevuto. E tuttavia questa consapevolezza è in me abbastanza chiara? Il pensare mi si interrompe, mi intralcia la nostalgia, mi aspettavo una lettera da voi.

Piove, il cielo è cupo, si pensa facilmente a sé, difficilmente a Dio.

Preghiera a forza...

Meditazione resa molto difficile da varie digressioni. Il mondo estraneo, che osservo, attira la mia attenzione. È difficile pregare. È difficile anche perché perdura questo «spegnimento» – lo conosco già, so che capita così: so che la fede di questo vuoto è più profonda della fede dell'esperienza, ma in qualche modo è continuamente necessaria la vigilanza, e per essa quanto è necessaria la grazia! Voglio pregare per averla; ma più che pregare, sento la sua necessità, tutto il mio essere ha bisogno della grazia di Dio. Sempre. Sempre di nuovo, per la stessa cosa e anche per cose nuove. L'uomo *dipende* da Dio in tutta la sua esistenza. Tutti i problemi umani, il groviglio delle trame ingarbugliate dagli uomini, solo in Dio si può semplificare, non c'è altra strada, prego perché il mondo si converta. Tutte le persone. Come mai prima.

E solo questo sarebbe l'utilizzo del sangue di Dio.

Così tante persone nuove passano accanto a me, tante vecchie questioni umane, tante osservazioni veloci e vivide. In me la scoperta di una verità, Dio è necessario a ognuno e questo mi lega a loro, all'uomo più estraneo; e questa è la somiglianza umana, la miseria dell'uomo e il bisogno dell'aiuto di Dio. Avvertito da ognuno per uno scopo diverso, come da un lato diverso, ma il bisogno della stessa cosa!

10 aprile, Bayonne

Per due giorni ho visitato vari luoghi e non ho avuto un attimo per scrivere, anche se perfino per strada ho potuto meditare tranquillamente.

«Dicant qui timent Dominum: "In aeternum misericordia eius"».

«Dicano quelli che temono il Signore: "La sua misericordia in eterno"».

Medito, prego... Ma mi sembra continuamente di essere in sospeso, e non riesco neanche ad afferrare il senso di questo mio soggiorno qui: per quanto tempo si può fare la turista? Sicuramente non è questo l'importante, vedere nella vita più cose possibile.

Come è cambiata la mia visione! Ma cerco di fruttare ogni attimo per quello che devo fare.

I cattolici qui la pensano un po' diversamente, il cattolicesimo dell'americano medio è qualcosa di completamente diverso che da noi. E questi immigrati polacchi; mi tormenta il problema della «responsabilità per gli immigrati polacchi». Sono curiose anche le sensazioni di appartenenza a un popolo. Vivendo in Polonia, questo non si vede.

Certamente, l'orizzonte si allarga, ma in qualche modo si restringe anche; ho nostalgia di voi e questo forse mi disturba più di tutto. Nell'insieme è una situazione complessa, nella quale comincia a dominare l'inquietudine.

11 aprile, Bayonne

La tensione aumenta, non riesco ad avere la meglio su me stessa, l'attesa mi uccide, nessuna notizia da casa. Nello stesso tempo sono malata, mi sono raffreddata, sicuramente ho la febbre, mi fa male la gola, la testa, starnutisco: sono fuori combattimento, e questa sensazione di perdere tempo. Nello stesso tempo so che non si possono mettere le cose così; in qualche modo anche questo è necessario. Mi è difficile pregare, tanto sono spazientita. Mi scuso con Dio come posso.

Il mio collo mi preoccupa. Francamente non so affatto che cosa lui mi abbia fatto lì, e come io dovrei comportarmi, ma i dolori ci sono. Da due giorni mi fa male anche nei pressi della ferita. Non capisco e questo mi fa arrabbiare!

«*De tribulatione invocavi* Dominum, exaudivit me Dominus et liberavit me».

«Nella tribolazione ho invocato il Signore, il Signore mi ha esaudito e mi ha liberato».

Appunto questo cumulo di inquietudine. Voglio così tanto ritornare ormai, questa «battuta d'arresto» mi disturba molto. Prego per avere la pazienza – in fondo dovrei semplicemente riposare – non posso.

15 aprile sabato notte, Cavendish, Inghilterra

Non riesco a dormire. Perché il 12 sera sono partita da New York – la notte in aereo, alle 10 a Londra, poi la macchina – e ho fatto un errore, ho portato la borsa pesante con gli strumenti. In seguito a ciò sono a letto da due giorni, i dolori sono tornati con tale intensità che ieri non ho dormito e oggi per tutto il giorno ho inghiottito antidolorifici.

Ieri non sono riuscita ad alzarmi affatto. Anche se forse mi sarei alzata, ma non c'era la macchina per andare in chiesa, oggi sono stata solo alla messa, poi a letto. Di notte mi si è formato un doloroso versamento intorno alla cicatrice – ho paura che si apra. Continuo a non essere in condizione di viaggiare.

«Melius est confugere ad Dominum quam confidere in homine».

«È meglio rifugiarsi nel Signore, che riporre fiducia nell'uomo».

Ancora una volta mi «confronto» con me stessa, la mia fiducia è effettivamente abbandono diretto a Dio? Forse sì, ma vedo che facilmente mi rifugio in Dio dalle difficoltà della vita e delle persone, più difficilmente da me stessa; questo abbandono continua a essere così «congiunturale»: quando provo dolore, quando sono debole, quando sono povera, allora mi rifugio in Dio. Quando va meglio, l'intensità della preghiera, la consapevolezza diminuiscono, non riesco a «mantenermi» a quel livello. A essere in ogni momento e in ogni questione nelle mani di Dio, ho piena consapevolezza di questo.

16 aprile notte, Cavendish

Le cose stanno andando male, i dolori aumentano e tutta l'area intorno alla cicatrice mi si è gonfiata, dall'orecchio fino al braccio. Ho paura; non di «morire», ma di nuovo non so che fare. A Parigi ci voglio andare, per la «nostra grande causa», quello è l'unico posto in cui posso venire a sapere qualcosa. Andarci in questo stato non è possibile, non so come curarmi, non c'è un medico; e anche se ci fosse, non potrebbe sapere: è necessario un neurochirurgo. Ho paura a toccare.

Sono venuti a trovarmi degli ospiti da Londra, degli amici di padre Placyd: una lunga conversazione, interessante ma stancante.

Non ho meditato.

Ora per la notte prendo il tuo testo «in me», ma ingoio anche le pillole contro il dolore, forse anche in eccesso. Non voglio più il dolore, ma lo sento comunque, anche se prendo le pillole. Durante la messa ho pregato per la salute – semplicemente, come un bambino. Non ricordo di quale santo mi hai detto che è il protettore del collo, non riesco a ricordarlo, mentre volevo chiedergli aiuto. Qui mi sono «convertita» a tutti i santi, è strano quello che accade in me. Si può dire che la mia fede diventa sempre più primitiva. *Credo in tutto.*

Ho scritto così e ho riflettuto che effettivamente è nel *Credo*: *la comunione dei santi*. La fede nei santi in me era in qualche modo taciuta, forse eccetto san Paolo, che mi ha sempre affascinato, ed eccetto san Giuseppe. Ora «mi si sono moltiplicati i santi». Prego tutti i santi e li scelgo dettagliatamente e di nuovo, come con la Madre di Dio; questo è venuto da solo dentro di me, senza nessuna mia propria riflessione, direttamente come «scienza infusa». Non oso pensare che il Signore Dio stesso guidi così in dettaglio me e il mio pensiero, ma mi sembra che ora mi mostri un passo dopo l'altro.

Voglio incontrare Padre Pio. Mi hai chiesto perché: non lo so esattamente, non riesco a dare una motivazione, è come un impulso imperioso – e voglio andare in Terra Santa. Ma... se il mio stato fisico peggiorerà, forse sarebbe meglio volare non stop a Varsavia?

La situazione è difficile, un'infezione in questo punto del midollo, dal punto di vista medico, significa cose terribili, le peggiori.

Di nuovo una situazione di sospensione.

Penso che il Signore Dio mi voglia di nuovo mostrare qualcosa. Chiedo aiuto. A Dio stesso direttamente e alla Madre Santissima e a tutti i santi, come un bambino.

«O multae gentes *circumvenerunt* me, in nomine Domini contrivi eos».

«Mi circondarono numerosi popoli, (ma) li annientai nel nome del Signore».

17 aprile notte

Sue Ryder mi ha portato delle notizie: sei a Roma, domani potrei essere lì con te. La tua lettera è arrivata e anche il post scriptum nella lettera di Andrzej, so che preghi; ma mi fa così male, come prima dell'operazione, come se tutto fosse stato inutile. Nella notte ho pregato Padre Pio; non lui, ma «attraverso di lui»: se è così come scrivono di lui, allora lo sa. Se allora la sua preghiera è stata efficace, lo sarà ora. Ho chiesto che questo rigonfiamento del collo, del quale ho paura, scompaia; ma per tutta la notte mi ha fatto male, dunque ho preso le medicine. Al mattino il gonfiore si era ridotto, ma mi fanno male l'orecchio, la mascella, e ho questi forti dolori cervicali, che sono molto forti quando mi alzo: non posso certo stare continuamente a letto in casa d'altri.

Ora vedo che il mio stare a letto presso le suore aveva senso, perché mai ho portato quella borsa! Oggettivamente nel punto della cicatrice va meglio, il rigonfiamento è minore, ma i dolori alla spina dorsale sono immutati: acuti quando mi alzo o scrivo.

Oh Dio, stavo ormai così bene, avevo già voglia di andare e

di nuovo questo viaggio! Me la prendo con me stessa... Non riesco ad accettarlo. Una vita da invalida: io non voglio il dolore...

Ho ingoiato due pastiglie di antidolorifico e due di sonnifero, troppe, ma finalmente voglio dormire e non voglio sentire il dolore.

So che in me c'è nostalgia del fatto che il corpo smetta di governarmi: sono in qualche modo «schiava» del corpo; a differenza di prima, tuttavia, il dolore del corpo mi oscura tutto, non riesco a essere al di fuori di esso. Leggo di Padre Pio, cammina con i piedi trafitti e muove le mani doloranti e vive una persona così..., mentre a me il dolore fa passare la voglia di vivere, non voglio passare la vita con il dolore. Era così subito dopo l'operazione ed è così ora; non voglio una vita simile nel dolore continuo, voglio essere sana, voglio che non mi faccia male, voglio poter muovere liberamente le braccia e la testa. Lo voglio – e con questo?

Scelgo delle parole indietro: «Dominus mecum est, adiutor meus – Il Signore è con me, il mio soccorso», ripeto soltanto questo. Questa non è una meditazione.

18 aprile notte

Ieri ho ingoiato così tante pastiglie che non riuscivo a svegliarmi. Sono andata alla messa, ma non riuscivo a pregare e, quando sono tornata, mi sono sdraiata immediatamente e ho dormito fino alle due del pomeriggio.

Quando sto sdraiata, mi fa meno male e il gonfiore è ridotto. Nel pomeriggio sono stata a letto e mi sono venuti a trovare tutti, uno dopo l'altro, non ho avuto un attimo di solitudine, solo di notte.

Le frasi che mi hai scritto né le capisco né riesco a interpretarle, ci tornerò un giorno, quando avrò il testo; ma ho meditato. Ho meditato su me stessa.

E ho pensato che portare la mia croce dietro a Cristo non significa nient'altro che portare la mia debolezza, non sforzarmi di «eguagliare» Dio, che soffrì come un agnello, ma riconoscermi profondamente, davanti a me stessa, tale quale sono. E ho ritrovato anche la mia impazienza, che mi impedisce di aspettare e di sopportare.

Naturalmente ieri ho ingoiato troppe pastiglie in tale impazienza, che era la mia colpa, ma ritengo che in linea di massima mi avresti detto, come una volta: «Sforzati di non prenderle»; non mi hai detto: «Non le prendere». Io mi sono sforzata? E in generale «vale la pena» di sforzarsi di sopportare il dolore? Non è meglio ingoiare subito le pastiglie?

Cristo ha sofferto volontariamente per me, se è da qualche parte in questo luogo per mia «iniziativa», probabilmente proprio qui, ma... e questa è la conquista della meditazione di oggi – non sono né coraggiosa, né capace di resistere, né paziente.

20 aprile giovedì

«*Robur meum et fortitudo mea est Dominus* et factus est mihi Salvator».

«Mio sostegno e mia forza è il Signore, che è diventato il mio Salvatore».

Questo è del tutto contrario alla mia natura, essere all'estero e stare a letto. Senza volerlo mi sembra che non abbia senso perdere tempo a letto. Nello stesso tempo quando mi alzo (oggi ho camminato per mezza giornata) il dolore aumenta moltissimo, alla fine mi sdraio. Divento impaziente. Non so come devo comportarmi, mi manca molto un saggio consiglio. Domani sarà una settimana che sto di nuovo a letto, mi alzo solo per la messa. Che fare? Sono impotente e sospesa, e il Signore Dio non risponde direttamente.

Mi sono ricordata: è san Biagio, il protettore del collo, e in questa mia impotenza prego san Biagio per avere «un collo sano». Il versamento, con lo stare a letto e gli impacchi, si è ridotto.

La tua telefonata mi ha indicato la via per una soluzione. Accogliere, in nome di una grande causa. Ma io per questa causa voglio fare qualcosa di completamente diverso dal sopportare il dolore. Il mio contributo dovrebbe essere questo? Io non voglio. Voglio essere sana e «agire». Appunto.

21 aprile al mattino

Le cose si complicano col mio visto – perché mai non ho saputo prima, che ora saresti stato a Roma? Avrei sistemato prima il visto e sarei potuta partire prima, per martedì non farò in tempo.

Durante la notte ho smesso di chiedere di non provare dolore.

La conversazione telefonica con te infatti ha acquietato qualcosa dentro di me – lo so, che devo accettare – e mi ha aperto di nuovo delle prospettive, posso sopportarlo nell'intenzione di una grande causa. In qualche modo me lo imponi perfino. Ma... abbi pietà, io non voglio avere il dolore. Mi sembra di non poterlo sopportare.

Ma naturalmente lo sopporto, perché nel dolore c'è una costrizione, non c'è scelta e perfino se io giacessi in silenzio senza muovermi, in me ci sarebbe anche questa pena, io non sono capace di stare sdraiata senza far niente e anche ora – un certo paradosso della situazione, forse non viaggerò mai più e passo questo tempo prezioso stando a letto. E neanche di questo sono capace.

Lo so che mi offri una via d'uscita, mi dai la possibilità di «agire» col mio dolore, di unirmi alla causa appunto così. Ma io così non voglio... o forse non è che «non voglia», io non posso.

Ho meditato durante la messa e mi sono calmata, non è vero che «non posso», dato che lo sopporto. Perché lo sopporto. Vuol dire che *è colpa mia.*

«*Dextera Domini fortiter agit*, dextera Domini erexit me».

«La destra del Signore si è levata in alto, la destra del Signore manifesta la sua forza».

Appunto, sempre così sopra di me le mani di Dio, che mi «fanno passare al di là». Dalla sensazione che sono nelle mani di Dio dovrebbe venire sollievo e questo era accaduto a Honolulu, in una situazione terribilmente difficile. Il fatto di essere nelle mani di Dio stesso mi aveva dato sollievo. Ora questo mi spaventa ed è come se mi scoraggiasse questa continua sensazione in cui «non so che cosa il Signore Dio farà di me». Perché non lo so. E per questo appunto mi manca l'assenso in me stessa, cioè mi manca il pieno abbandono e la piena fiducia.

Si è impadronita di me l'enorme sensazione della potenza di Dio sull'uomo, su di me. In me c'è una certa ribellione contro questo. Cerco di elaborarla dentro di me, di rifletterci sopra, addirittura di vincerla, ma tuttavia c'è. Tutto in me si ribella contro la «potenza di Dio»: io so che Dio mi ama, me lo ripeto, io devo e voglio credere in questo, ma questo amore mi raggiunge come una forza, che mi schiaccia fino a farmi male. Non riesco a far fronte alle esigenze dell'amore di Dio e a quello stesso Dio affido questa mia incapacità e impotenza. Che altro mai posso fare?

Pomeriggio

La situazione cambia in direzione della possibilità di andare a Roma. Mi hanno promesso il visto per lunedì, posso essere a Roma martedì alle 11.40.

Sera

Oggettivamente il versamento sul collo si è ridotto, ma i dolori ci sono. Ho saggiato le mie forze e nel pomeriggio sono andata a visitare un antico monastero di suore benedettine. Verso la fine i dolori erano molto forti. Certo, quando sto a letto immobile diminuiscono. Dopo una lunga permanenza a letto, a volte spariscono perfino, ma ritornano. Non riesco a sopportare il dolore e non riesco a sopportare l'immobilità.

Notte

Di nuovo la stessa cosa, non dormo dal dolore.

22 aprile sabato mattina

«Non moriar sed vivam et enarrabo opera Domini».
«Non morirò, ma vivrò e annuncerò le opere del Signore».

Ho telefonato all'ambasciata italiana, il mio passaporto non è arrivato. Se questo non andrà a buon fine, andrò a Cracovia e rinuncerò a tutto.

Sono piena d'inquietudine, non riesco a trovare un posto per me.

27 aprile, Roma

«Sic in sanctuario *contemplor* te, ut videam potentiam tuam et gloriam tuam».

«Nel tempio ti contemplerò, in modo da vedere la tua potenza e gloria».

Ho passato tutto il pomeriggio nella basilica di San Pietro: mi è difficile descriverlo! Ma non mi ha colpito la mole di questo tempio né la bellezza delle opere dell'uomo lì accumulate, ma appunto la potenza di Dio, l'accumulo di sostanza! Che cosa mai si può descrivere? Tu stesso l'hai vissuto più d'una volta: sei stato inginocchiato davanti alla tomba di san Pietro e hai preso in te *la continuità della responsabilità* per le anime e ti sei rafforzato in questo ruolo di pastore – è penetrata in me questa consapevolezza!

Tutto il resto per me era meno importante. Mi ha colpito quella presenza dell'idea di Dio, incarnata nelle generazioni dei successori di san Pietro. Ho pensato a san Pietro e al papa e, attraverso di loro, in generale al sacerdozio. La Chiesa di Dio sulla terra! Nella gente, anche in me!

Non riesco a descrivere quello che ho sentito e continuo a sentire, ma ho ringraziato davvero tanto Dio per il fatto che sono potuta venire qui!

Il pomeriggio, però, ho dovuto passarlo a letto, tanto mi erano aumentati i dolori! Ho meditato sul significato del dolore e sul mio rapporto con il dolore: mi hai detto che «non si può attaccare il dolore della croce frontalmente», ma che bisogna accoglierlo con umiltà, senza lottare con esso; bisogna solo semplicemente perseverare. Lo so, ma l'atteggiamento passivo è per me il più difficile!

Sono stata inginocchiata in solitudine nella cappella, davanti alla croce e mi sembrava che Cristo stesso mostrasse il senso del dolore! Il dolore è il mio futuro, perché l'operazione ha tolto solo il rischio della paralisi, ma i dolori ci sono e probabilmente ci saranno: tale è la prospettiva della mia vita; là nella cappella mi è sembrato che questo dolore fosse una questione mia, tra me e Cristo crocifisso – volevo capire questo. In ogni messa Cristo non soffre fisicamente, eppure rievoca continuamente quei momenti e il mondo non può dimenticare quella passione. Il mistero della messa non si può comprendere fino in fondo, ma in fin dei conti esso è inscindibilmente legato al dolore.

E Dio stesso ha voluto da suo Figlio una soddisfazione nella forma del dolore fisico, del dolore del corpo, e attraverso ciò ha innalzato il dolore a un livello incommensurabile: questo è un certo modo di compensazione.

Sento così, come se il Signore Dio mi desse questo dolore, come se volesse che io provi dolore! Eppure la mia visione di Dio ora è diversa da quella che avevo a Ravensbrück, dove pure il dolore fisico non mi mancava!

Dio è amore, e tuttavia traccia la via della mia vita attraverso il dolore: perché? Pongo questa domanda assolutamente senza ribellione, solo c'è in me il desiderio di comprendere e di interpretare la volontà più profonda di Dio!

Se ora dovessi dire la verità più profonda su di me, in me è così: pregando per non provare dolore, sento che tolgo qualcosa a me stessa – e anche al Signore Dio – e che il Signore Dio usa nei miei confronti questo «metodo»: manda il sollievo, certo, ma poi di nuovo mette alla prova, come se aspettasse il momento, in cui accetterò questo in modo diverso.

L'intensità del dolore è fluttuante, ma non sparisce!

28 aprile venerdì, Roma

«Quia melior est gratia tua quam vita, labia mea predicant te».

«Poiché la tua grazia è meglio della vita, le mie labbra ti glorificheranno».

Fino a che punto capisco questo testo?

È una verità molto difficile che la grazia è meglio della vita stessa. In un certo modo lo so, perché per nulla al mondo vorrei perdere la grazia, ma preferirei addirittura morire?

La grazia è amore e, dato che è venerdì, dunque ho recitato anche la via crucis nel silenzio di questa cappella. Vorrei comprendere la gioia del dolore, la gioia della croce!

Ho passato la mattinata con don Stanisław Kluz. Per la prima volta oggi ho pregato tutti i santi martiri, persone reali che hanno saputo accettare il dolore per Cristo, affinché mi aiutino!

Voglio andare da Padre Pio, non per chiedergli che il dolore mi passi, ma affinché io capisca che è nel potere dell'uomo accettare il dolore e il martirio. Se Dio vorrà dare questa grazia, una persona riuscirà a vivere la sofferenza del corpo come una grazia, che aiuta lei e gli altri!

29 aprile sabato

«Sic benedicam tibi *in vita mea*, in nomine tuo attolam manus meas».

«Così ti benedirò nella mia vita, eleverò le mani in tuo nome».

Ho preso in me questo testo per tutta la giornata!

Al mattino ho visitato i Musei Vaticani, nel pomeriggio sono stata in un incantevole teatro filodrammatico, in cui si rappresentava la vita di santa Caterina da Siena: che popolo questi italiani, tutti attori nati; sia gli attori che il pubblico!

E nella meditazione dopo la messa ho chiuso la questione del dolore, ultimamente mi sono occupata troppo di questo – devo sopportare il dolore. Non è una verità che io debba capire, ma devo indirizzarlo, accoglierlo con un'intenzione nota. L'uomo non può capire fino in fondo i progetti di Dio, bisogna accettarli!

1° maggio lunedì, Roma

Le visite turistiche non mi hanno lasciato tempo per le annotazioni. Ieri mattina ho visitato il Campidoglio e il Museo Capitolino con un giovane sacerdote assegnatomi da monsignore, nel pomeriggio mi ha stremato Kluz, e la sera ho tenuto una conferenza alle suore!

E stamattina sono andata con le suore ad Assisi, siamo tornate solo alle 23.30.

Per tutto il giorno ho meditato su santa Chiara e san Francesco, e sul loro amore, sullo splendido amore, di cui deve essere partecipe ogni uomo! Lungo la strada però i dolori mi sono aumentati, fino a diventare come prima dell'operazione; dovrei evitare gli scossoni!

Soltanto ora prendo il testo da meditare.

«Cum memor ego tui super stratum meum, in vigilis meditabor de te».

«Quando ti menziono sul mio giaciglio, penso a te durante le mie veglie».

Mi ha commosso un'anziana monaca, suor Mary Maximilia, che ora è venuta da me, perché ha visto che avevo la luce accesa e non dormivo, dunque forse avevo bisogno di qualcosa. È venuta a frizionarmi con un balsamo all'una di notte!

Mi ha dato sollievo.

2 maggio martedì

«Et enim factus es *adiutor meus* et sub umbra *alarum* tuarum exulto».

«Perché sei diventato un aiuto per me ed esulto all'ombra delle tue ali».

«*Adiutor meus*»: mi soffermo su questo, perché mi sento di nuovo peggio, sia fisicamente che psicologicamente!

Anche se forse è colpa mia, perché questo ritmo delle visite turistiche, le ore passate in macchina... ma come non vedere i tesori qui accumulati?

La giornata di ieri mi ha dato moltissimo, non importa che lì fosse pieno di gente, sono riuscita a non notarlo affatto e ho meditato sull'amore. Come sono contenta di essere stata là, anche se pago per questo con l'acuirsi dei dolori!

Lo so, che sono sotto la protezione delle ali di Dio stesso e so che basta abbandonarsi a lui! Il Signore Dio può aiutare in ogni questione, che non sia contro di lui, «adiutor meus» davvero!

Ho passato il pomeriggio con don Kluz. Siamo stati a Frascati con le sue «donne» – una casa bellissima – e poi siamo andati anche al lago di Albano. Là è molto bello, ma tuttavia a me estraneo, ho sentito nostalgia del nostro bosco!

Notte

Il piccolo pretino di ieri è stato così buono da venire in macchina e da portarci (Kluz, l'austriaca e me) ai laghi di Albano e di Nemi e su una montagna: splendidi panorami! Una cosa indimenticabile; non ricordo i nomi: devo procurarmi una cartina.

Mi fa un male del diavolo, la zona cervicale è completamente rigida.

E fuggirei via di qui, se non ci fosse il dovere di «vedere il mondo».

* * *

Mi trovo in difficoltà.

* * *

Delle istantanee...
Strade strette,
gli italiani gettano i rifiuti dappertutto. È terribile.
E un gran numero di santi –
padre Tomasz O'key!

3 maggio mercoledì

«Adhaeret anima mea tibi, me sustentat dextera tua».
«La mia anima aderirà a te, la tua destra mi sostiene».

In effetti forse posso dire che in qualche modo sono «attaccata» a Dio – penso continuamente a Dio, praticamente senza sosta – questo è il mio pensiero centrale e mi sento molto nelle mani di Dio!

Volevo vedere il Santo Padre, ma non so dove si prendono i biglietti, perché è venuto fuori che bisogna avere un biglietto d'ingresso!

Dunque per tutto il giorno ho visitato basiliche con il sacerdote assegnatomi. Ma gli autobus italiani, con i quali mi muovo per la città, hanno degli scossoni terribili, lo sento nel mio collo!

Ignac aveva ragione, quando mi consigliava di alloggiare da

qualche parte più vicino delle suore feliciane, che sono lontane dal centro e devo sempre viaggiare in autobus.

Notte

Giornata piena d'impegni. Giro turistico con don Gabiga a ritmo accelerato. Dapprima il museo Borghese – in una galoppata, e pensare che ci sono così tante cose da vedere! Poi la basilica di San Giovanni in Laterano (ecumenica), la chiesa di Santa Pudenziana – splendidi mosaici, assolutamente incredibili. Il Colosseo – dentro – il sole, la gente. Il Pantheon, davanti a esso l'obelisco, la magnifica cupola. L'arco di Traiano e di Tito. Il Foro dall'altro lato. Santa Maria Maggiore, l'interno, le colonne ioniche. San Pietro in Vincoli con lo splendido Mosè di Michelangelo. La Scala Santa al Laterano.

4 maggio giovedì

«Qui autem perdere querunt animam meam introibunt in profunda terrae».

«Quelli che desiderano far vergognare la mia anima, scenderanno nelle profondità della terra».

Mattino soleggiato, come nella canzone sul cielo italiano!

5 maggio venerdì, Roma

Ieri ho conosciuto gli immigrati polacchi. Alle 10 messa nella chiesa di San Stanislao, piccola, buia, poca gente. Donne anziane, ex ufficiali, suore e strani tipi con la barba. Poi, in una salетta, l'incontro – stranissimo. Sola come un cane. Ma monsignore mi ha promesso il passaporto vaticano.

Poi mi hanno detto di «rimanere in piedi», che presto sarebbe arrivato quel sacerdote e... ho aspettato un'ora, per poi sapere che lui era andato all'aeroporto, ma che «la cosa era molto semplice». Ognuno risponde così: è molto semplice, ma io non so come fare.

Sono tornata a casa con l'aiuto del signor Langman, un bizzarro scultore con una grande capigliatura che mi ha accompagnato alla fermata dell'autobus 96. Conosco già quella strada, grazie alle orsoline: la parrocchietta vicino ai cappuccini, l'ospedale e si sale sulla collinetta, poi il giardino delle suore.

Nel pomeriggio sono andata con le suore dalle nazarene. La cappella e tutta la casa sono nuove, costruite da poco, un po' in stile americano. Poi la benedizione e la «psicoterapia» di suor Isabella.

Oggi sto seduta qui da stamattina e non ho voglia di muovermi. Le vie sono incredibilmente sporche. La posta giace per mesi, perché scioperano e non importa a nessuno. Una piccola suora si dà da fare intorno a me.

Don Kluz ieri è andato via, senza aver mantenuto nessuno dei suoi propositi. Ha un certo fascino e mi piace. Me ne sto seduta e scrivo lettere.

Le finestre di San Paolo fuori le Mura sono d'alabastro?

«Tradentur in manus gladii, portio vulpium erunt».

«Verranno consegnati sotto le spade, diverranno preda degli sciacalli».

Non capisco bene la frase, non sono sicura, non ho il dizionario: cadranno a causa della spada? Diverranno preda degli sciacalli? O degli avvoltoi? Non lo so, ma questo è un testo vendicativo, che non mi colpisce; forse lo salterò, perché suscita in me la paura. E dato che è il primo venerdì del mese, trasformo la meditazione nella via crucis e rifletto sulla passione del Signore Gesù.

Oggi è nuvoloso e anche questo fa aumentare il dolore. Ho il corpo straziato dal dolore!

Don Cader ha telefonato, dicendo che ha per me il biglietto per l'udienza di domani, ma le suore, che sanno sempre tutto, hanno dichiarato che non è possibile, perché le udienze ci sono il mercoledì. Ma il sacerdote ha telefonato dicendo che ha un buon posto, nel settore dei giornalisti, dunque domani ci andrò da sola. Alle 10.30 ho sentito il telefono e, non so perché, ma ero sicura che fosse per me. Non mi aspettavo che foste Voi! Accolgo questa telefonata come una prova della grazia.

Mi ordini semplicemente di pregare, per non provare dolore!

Medito su quello che hai detto: hai detto che sto saltando l'Orto degli Ulivi. Il Signore Gesù disse: «Allontana da me questo calice». Questo significa che non è il fatto del dolore di per sé, che avvicina l'uomo a Dio, questo fatto di per sé può allontanarlo, può agire come una forza centrifuga; non si tratta del dolore, ma del modo in cui viene accettato.

In fin dei conti è un problema di umiltà.

6 maggio sabato

«Rex vero laetabitur in Deo, gloriabitur omnis qui iurat per eum quia obstruetur os loquentium iniqua».

«Il re invece si rallegra in Dio; andrà orgoglioso ognuno, che su di lui giura, perché si chiuderanno le bocche di quelli che dicono menzogne».

Rendiamo grazie a Dio. La tua telefonata ha spezzato il cerchio delle mie reazioni, non mi occupo più del dolore, lo sopporto in silenzio e recito il *Padre nostro*. Ho passato l'intera giornata in preghiera.

Al mattino però c'è stata l'udienza nella basilica e il mio posto era ottimo, nella prima fila del palco, ho visto il Santo Padre da vicino, ma in fin dei conti sono rimasta delusa, perché pensavo che ci sarebbe stata anche la messa, mentre è stato un po' uno spettacolo: l'udienza era per le persone che lavorano nei mezzi di comunicazione, per la gente del cinema, del teatro, della televisione e della radio. Stavo seduta nel palco dei giornalisti e guardavo quell'uomo, che ha su di sé un tale peso. Era sereno, conversava con gli attori, ma io volevo dirgli che bisogna utilizzare queste persone per risolvere il nostro problema della difesa della vita umana. Infatti quello è l'enorme apparato che crea l'opinione pubblica – la radio, la stampa, la televisione – e quelle lì dovevano essere persone credenti, erano venute dal papa. Per tutto il tempo ho riflettuto su come trasmettere questo messaggio al Santo Padre. Certo non io stessa, ma qualcuno così importante, che lui dovrebbe dire questo a loro, parlare della loro responsabilità!

A che cosa serve che io stessa lo dica a padre Tomasz Rostworowski della Radio Vaticana? Bisogna diffonderlo ampiamente in tutto il mondo, in tutte le lingue del mondo, con la massima pubblicità, quasi mi sembra di vedere come si potrebbe farlo!

Poi la conversazione con don Cader, che in un certo senso si è aperto con me. E poi ho camminato per il Foro romano e ho pregato senza parole, solo recitando il *Magnificat*.

Il Foro è splendido. Una giornata indimenticabile. C'era il sole. Ero sola.

7 maggio domenica

«*Docebo* iniquos *vias tuas* et peccatores ad te convertentur».

«Insegnerò ai malvagi le tue vie e i peccatori si convertiranno a te».

Cambio un po' il testo, perché io devo imparare le «vias tuas», devo convertirmi di nuovo!

Mi fa meno male, perché il clima è secco, il sole splende! Per tutto il giorno sono andata in giro per le chiese e ho pregato, ho cercato di dire il *Magnificat* e nient'altro. Ho seguito le orme dei martiri. Quanti di questi luoghi ci sono a Roma! In questa città, in cui ci sono le tracce dei martiri, come si può parlare del proprio dolore? Mi vergogno!

8 maggio lunedì sera, Roma

Al mattino ho telefonato a don Grzegoszek, perché mi portasse all'ambasciata francese. È venuto con me e, volendo accorciare la strada, si è perso in alcune viuzze incantevoli, come via Cappellari e simili, stupende. Quando si è perso, è diventato di buon umore, all'ambasciata mi hanno servito immediatamente e senza chiedere denaro.

Mentre ritornavo, in una viuzza piccola e stretta, con un incantevole mercato pieno di frutta, ho incontrato don Cader, dunque siamo andati insieme a bere una birra e da lì a pranzo dalle suore. Dopo pranzo ho camminato da sola fino al Colosseo e poi, attraverso il Monte Esquilino, ho guardato le rovine della Domus Aurea di Nerone e sono andata a piedi a Santa Maria Maggiore a incontrare don Langman, insieme al quale ho passato un'ora incantevole. È un tipo estremamente strano, ma un conoscitore dell'arte – mi ha dato tre libri – e mi ha portato nella chiesa di Santa Maria Maggiore.

Tanto non riuscirò a ricordare questo, ma mi ha fatto vedere un bellissimo presepe scolpito, al quale non sarei arrivata da sola, sotto l'altare, dove si crede che ci siano le reliquie della mangiatoia.

Sono tornata per una nuova strada all'inizio di via del Casaletto e poi ho camminato per mezz'ora con un bellissimo tramonto.

Ho ricevuto la notizia che domani arriva padre Paweł Molski: ne sono stata contenta. Mi ha stancato questo rimbalzare tra persone estranee, che in effetti non sono entusiaste del fatto che io sia qui, mentre Paweł sarà contento di stare con me e io rinascerò in questa atmosfera.

Vorrei tanto già ritornare, sono ormai stanca di questi viaggi.

Le mie conversazioni con gli italiani sono eccellenti, devo leggere almeno un po' della loro lingua.

Quante cose ci sono da vedere qui! Ci si sente la testa confusa. Sto in casa e scrivo, perché questo è l'ultimo momento!

«Libera me a poena sanguinis, Deus, Deus Salvator meus: exsultet *lingua mea* de iustitia tua».

«Dalla punizione del sangue liberami, o Dio, mio Salvatore, che la mia lingua esalti la tua giustizia».

Ho camminato per tutto il giorno e mi sono sforzata di nuovo di recitare continuamente il *Magnificat*. La bellezza mi parla, dà gioia al cuore.

Ma sto progettando un viaggio in Terra Santa. Forse riuscirò a farlo?

9 maggio martedì

«Domine, labia mea aperies et os meum annuntiabit laudem tuam».

«Aprirai, Signore, le mie labbra e la mia bocca annunzierà la tua gloria».

Così appunto mi sforzo di pregare in modo laudativo, ripeto questo di continuo e questo è anche un modo per mettere a tacere i miei pensieri sul dolore, che non si lascia dimenticare!

Recito il *Magnificat* e le sequenze dello Spirito Santo moltissime volte durante la giornata!

11 maggio giovedì

Il dolore è tale che la notte non ho dormito affatto! Ho passato la mattinata al cimitero – un'esperienza stranissima questo camposanto – e ora vado da Padre Pio! Mi fa male, nonostante ci sia il sole!

«*Sacrificium meum*, Deus, *spiritus contritus*».
«Il mio sacrificio, o Signore, è lo spirito contrito».

Effettivamente tutto ciò che posso dare a Dio è il mio cuore pentito! Il dolore fisico però mi rende in qualche modo soggetta al corpo!

Sera, San Giovanni Rotondo

Un albergo di San Giovanni Rotondo. Ho una stanza tutta per me – le suore feliciane viaggiano senza badare a spese. Da Foggia in taxi, albergo di lusso, camera con bagno.

Dal treno belle vedute di Scauri: montagne, una gran quantità di alberi in fiore: l'acacia e il ginepro, moltissime capre.

Ora cominciano le grandi emozioni. «A incontrarci» è venuto inaspettatamente il sacerdote, che metteva le lettere nella cassetta e, tra un discorso e l'altro, ci ha promesso di portarci domani separatamente da Padre Pio. Sono molto emozionata per questo. Il fatto stesso che io sia qui mi commuove profondamente.

Il paese è in alto tra le montagne, piccolo, la chiesa ora è chiusa – non so come sia all'interno. Niente di eccezionale, con la facciata un po' simile ad Assisi. Frati cappuccini con la barba.

Una quantità infinita di bancarelle con Padre Pio – poveretto, conteso tra la curiosità e l'avidità umana. Non può nascondere il suo amore per Dio.

Che cosa mi aspetto? Perché in fondo mi aspetto qualcosa, molto chiaramente. È stata tua l'idea che io venissi qui, ma con me ci sono tre suore, per questo le condizioni sono così lussuose. Del resto qui non ho timori, qui riuscirei a stare da sola in albergo, ma preferisco essere con le suore. Dubito che riuscirò a dormire, dobbiamo uscire alle 4 di mattina. La messa è alle 5.

Non riesco a credere di essere qui.

12 maggio sera, San Giovanni Rotondo

Una giornata lunga! Siamo uscite alle 3.30, dalle 4 siamo state in fila vicino alla chiesa, il sole stava sorgendo: incantevole. Poi nell'assalto alle porte, aperte alle 5, mi hanno strappato i bottoni. Ma il posto in chiesa era ottimo, vicino all'altare.

Dentro di me mi sento in modo tale che non trovo le parole, non voglio scrivere niente, non voglio parlare con nessuno. Ti racconterò quando ci incontreremo – ma... solo ora so con certezza che cosa è successo nel novembre del 1962. Lo so, ma come esprimerlo? Mancano le parole, e ora c'è in me finalmente l'acquietamento.

Padre Pio[13] è come in fotografia, ma ormai vecchio e stanco; dopo l'elevazione mette i guanti.

Il sacerdote ha mantenuto la parola: ci ha messo ad aspettare in un piccolo corridoio, da sole, vicino alla porta, dalla quale sarebbe uscito Padre Pio.

Finalmente è uscito alle 7.30 e guarda direttamente me. Io mi inginocchio e lo guardo, e ho dimenticato tutto, sorrido soltanto. Viene diritto verso di me; ha messo una mano dopo l'altra sulla mia testa e mi ha detto: «Va bene?»[14]. Una donna accanto a noi si è messa a piangere e dice che è stata qui tante volte, ma lui non ha mai toccato nessuno, che siamo fortunate. Lo so che quello era per me, nessuno me lo potrà spiegare. È attraverso di me che ha accarezzato anche le suore. Ma quello era per me: mi ha riconosciuto. E ora in me c'è finalmente l'acquietamento.

Siamo ritornate prima a Foggia, con il taxi, poi io sola in treno, assorta nella preghiera. Bellissimi paesaggi, il sole. Vigneti circondati da siepi di cactus, un'infinità di papaveri... molto bello. Io vado direttamente a Napoli. Un inglese mi porta alla metropolitana.

[13] Qui e il successivo, in italiano nel testo [NdT].
[14] In italiano nel testo [NdT].

Ho ritrovato Hania N. – bella e smunta, e infelice – i bambini insopportabili. È venuta con me in un giardino, dal quale si vede un bellissimo panorama del golfo – un incantevole cortile con le colonne – poi dalle piccole sorelle, ma loro non c'erano. Poi all'Acquario, pieno di pesci incantevoli e di terribili meduse e con un mostro: una tartaruga marina.

E quasi mi dimenticavo il castello[15] con vista sul Vesuvio.

13 maggio siesta, ore 15.30, Napoli

I padroni di casa dormono; stamattina sono stata con Hania in gita: Pompei e il Vesuvio. Un'emozione incredibile: Pompei è qualcosa di straordinario, e quell'orrore che incute la città improvvisamente spazzata via. Una città enorme, tuttora viene ancora riportata alla luce. Si potrebbe camminare e camminare, ma Hania non può camminare, è subito stanca, perché è «molto esaurita dal punto di vista nervoso». Un problema a parte.

La strada che porta al Vesuvio è stupenda: serpentine in salita e poi alla fine quel pezzetto in seggiovia... magnifico.

Il mondo in basso – lo stare sospesi sulla terra nel seggiolino – è un'esperienza molto interessante e il cratere è incredibile. Il panorama dall'alto è molto bello, ampio, si vede tutta Napoli. Pensavo che sarei mai stata qui?! Tutto insieme è magnifico! Il castello reale di Napoli è imponente. Mi sono bruciata la faccia e scaldata le spalle a Pompei – che razza di associazione mentale!

Sera

Nel pomeriggio siamo andate alla solfatara di Pozzuoli, dove ci sono delle sorgenti permanenti di acqua calda, di lava calda,

[15] In italiano nel testo [NdT].

dei laghetti con la lava che gorgoglia. Le pietre sono gialle per lo zolfo e c'è puzzo di zolfo. Mi sono bruciata i calzini.

Al ritorno abbiamo incontrato la processione, che ritornava dalla chiesa di San Gennaro e siamo andate in chiesa. Poi alle 7 la messa.

* * *

Rolkina – la domestica italiana di Hania – è simpatica. Il figlio è nel seminario minore, ha dieci anni.

* * *

È proprio un altro mondo, questa Italia!

* * *

14 maggio, ore 23, Napoli

È stata una giornata di sole. Dapprima il «rapido»[16] – un motoscafo che in 35 minuti conduce a Capri – ma dopo le Hawaii, Capri non mi colpisce. Poi in barca alla Grotta Azzurra, lungo il tragitto l'imponente costa tagliata a strapiombo – e la Grotta Azzurra, nella quale non si scende, ma davanti a essa si passa su una barca ancora più piccola, che ondeggia terribilmente. Si entra nella grotta buia «sdraiati», e lì quell'acqua stupenda per cinque minuti o meno!

Un mulinare di turisti – oggi ero dietro a un'americana. Neanche l'ombra di una spiaggia libera e selvaggia. Dio, che nostalgia di un normale prato in Polonia! Poi raggiungiamo la parte alta. Nell'hotel Luna una terrazza magnifica e cactus enormi. Poi la messa.

[16] In italiano nel testo [NdT].

Poi siamo andate alla Villa San Michele e quella mi ha colpito. Avere una casetta così! In ogni caso Axel Munthe non era povero. Delle terrazze incredibili, i fiori, la pergola, le sculture.

Ritorno passando per Sorrento.

16 maggio martedì

«Veni *Pater pauperum*, veni dator *munerum*, veni lumen cordium».

«Vieni, Padre dei poveri, vieni, datore dei doni, vieni, luce dei cuori».

Per tutta la mattinata sono stata effettivamente molto povera, «pauper», ho girato per gli uffici. Mi sono stancata. Padre Paweł Molski è venuto con me, entrambi con padre Jerzy mi aspettavano alla stazione. Siamo andati in via delle Botteghe Oscure a prendere le mie carte e siamo usciti senza niente. Poi all'ambasciata della Giordania, dove ci hanno informato che bisogna aspettare tre mesi.

Nel pomeriggio aspettavo ospiti, sono venuti in tre: i sacerdoti del Sacro Cuore e don Mazur.

17 maggio mercoledì

«*Consolator* optime, dulcis *hospes* animae, dulce refrigerium».

«Vieni, consolatore, dolce ospite dell'anima, dolce ristoro».

Oggi sto in casa, perché aspetto varie telefonate, mi sto dando da fare per questo viaggio in Terra Santa.

Durante la messa ho riflettuto: Dio stesso vigila, in questo aumenta la fiducia.

Dio opera in me e in questo pensiero trovo riposo, «refrigerium». Dio è il mio sostegno e la mia speranza, ma mi è difficile!

18 maggio giovedì

Oggi non ho meditato, perché sono stata a Montecassino: oggi era l'anniversario della battaglia. Il vescovo Rubin ha celebrato la messa, c'erano due sacerdoti e tre suore. Mi sono vergognata nei confronti degli italiani, questa comunità polacca in Italia è un po' strana – e perché tutti i sacerdoti polacchi che vivono a Roma oggi non erano lì a pregare insieme, per la Polonia e per i caduti? Non lo capisco.

Montecassino: bellissimi panorami. Si preparava un temporale; la pioggia, cosicché la messa nella basilica, il vescovo senza assistenti. Poi il discorso al cimitero, ormai sotto il sole, e i papaveri rossi. Che emozione: quanta sostanza in quel luogo!

* * *

Oggi è il tuo compleanno, vorrei telefonare. Prego con questa intenzione, affinché la Madre di Dio, che ami così tanto, sia sempre tuo sostegno in tutto quello che fai e farai.

20 maggio sabato mattina, Roma

Il pomeriggio di ieri si è trasformato nella psicoterapia di don Langman e nella lettura della sua opera, ma sicuramente questo per lui era necessario – e anche interessante.

Sera

Una giornata no: tutto è andato storto. Dapprima padre Paweł ha ritardato; siamo corsi come pazzi da padre Centis, che non aveva sistemato niente per noi. Non è via Baiardo, ma Boiardo – questa differenza abbastanza fondamentale ci è costata di nuovo il taxi.

Poi San Giovanni in Laterano e l'incontro con «George» e con una tedesca.

«Come fa Lei a conoscere il tedesco?».

«Quattro anni in KZ»[17].

«Oh, bene».

E tu che cosa avresti replicato? «Very good indeed»[18].

Siamo andati al Colosseo, alla chiesa dei Santi Cosma e Damiano e poi passeggiata per il Foro: mi piace sempre e ci ritrovo sempre nuove parti. Oggi sono stata nel senato, la «Curia» – prima non ero arrivata fin lì – e ho osservato bene la facciata del palazzo di Flavio: quanta bellezza c'è lì!

Poi siamo andati dalle suore della risurrezione.

Suor Maximiliana è molto cara, buona, cordiale.

Solo ora comincio la meditazione, ma per ora metto da parte il testo, che avevo per oggi dalla messa, una frase dalla lettura da una lettera di san Paolo:

«Quod tribulatio patientiam operatur».

«Poiché l'oppressione porta frutto nella pazienza».

Mi sono soffermata su questo pensiero. La preoccupazione serve a tirare fuori la pazienza, e la pazienza la speranza, e la speranza non delude. La pazienza nel sopportare tutto, anche questo dolore fisico, quindi ringrazio Dio per questo mio percorso e vedo che si tratta sempre di fiducia!

Prego lo Spirito Santo affinché queste mie riflessioni maldestre siano una preghiera! Una volta hai tenuto un'omelia così bella sulla preghiera, me la riporto alla mente e voglio pregare secondo quei consigli. Mi rendo conto della presenza di Dio stesso, ma poi bisogna rendersi conto non solo del fatto che egli è,

[17] È l'abbreviazione per *Konzentrationslager*, cioè campo di concentramento [NdT].

[18] Molto bene davvero [NdT].

ma di chi è Dio: il pensiero di chi egli è, di chi è Dio, per così dire, amplia lo spazio per lui nella vita e nel cuore dell'uomo, nell'anima umana! Ma questa conoscenza la può dare davvero solo lui, dunque la mia meditazione si riassume nella richiesta di conoscere Dio, di sapere il più possibile su di lui e di amarlo più pienamente possibile!

* * *

Sono stata dai francescani che organizzano i viaggi in Terra Santa, ma non possono aiutarmi, devo aspettare la risposta, dieci giorni!

Prego per questo come un bambino, voglio andare in Terra Santa; un bambino desidera e chiede: perché il Padre, che mi ama, non dovrebbe darmi questa gioia? Io sono pronta a dare tutto alle persone che amo, quanto più elargisce il Signore Dio!

Dunque forse è ingenuo che io creda che il Signore Dio me lo concederà? Deve concedermelo! Infatti io in Terra Santa non voglio fare la turista, io voglio ritrovare le sue tracce, per un amore più grande!

* * *

La giornata è stata difficile, c'è aria di temporale, di tanto in tanto piove, mi fa più male. Non ho notizie da casa, sento la solitudine!

Mentre camminavo per il Foro romano, pregavo e riflettevo anche su questo, che il fatto stesso che io viva è una prova dell'amore di Dio per me! E il fatto che io stia camminando qui, mostra la qualità di quell'amore!

Ieri nella messa c'era che è «suavis»[19]. Da Dio non potrà venirmi mai niente di male; dunque voglio affidargli me stessa sempre più pienamente, più di quanto io riesca!

La mia fiducia in Dio assume altri accenti, qualcosa si trasfor-

[19] Amabile, benigno.

ma, si semplifica e nello stesso tempo si approfondisce. Sto inginocchiata davanti a Dio, e nello stesso tempo timidamente acquisto coraggio. Quanto più sono timida, tanto più audace è la mia fiducia (qui a margine hai scritto: san Paolo ai romani).

Sono molto consapevole della proporzione, il dono del timor di Dio, la sicurezza che Dio ama dà un'enorme audacia, che però non distrugge la soggezione per la sua grandezza – «timor Dei»! –, in qualche modo si concilia con essa, e perfino scaturisce da essa.

La sicurezza che da sola non posso nulla, mi ha condotto all'affidamento a Dio, alla fiducia: *Magnificat*!

21 maggio domenica mattina

«O lux beatissima reple cordis intima tuorum fidelium».
«O luce beatissima, riempi l'intimo del cuore dei tuoi fedeli».

Prego molto lo Spirito Santo, per avere aiuto, luce.

La giornata è andata bene; ho pregato tutto il giorno: sono stata a due messe, prima qui dalle suore, perché padre Tomasz Rostworowski voleva che ascoltassi la sua omelia, e poi alla messa di rito orientale. Tuttavia io ho un'anima slava e mi è piaciuta molto! Il canto, l'inno dei cherubini, e quella porta, e quelle dorature, e le icone, e tante cose insieme! «Hospody pomiłuj»[20].

La chiesa polacca di Roma è così misera, là era buio, silenzioso, mentre la festa di oggi esigeva le luci, il canto, lo splendore!

Tuttavia non senza ragione nel corso dei secoli sono aumentati quegli abiti, quelle vesti e quegli ornamenti in chiesa. L'uomo sente il bisogno di esprimere un grande contenuto. Per me quella messa di rito orientale non è stata né troppo lunga, né troppo sfarzosa! Al contrario, era in un certo senso adeguata alla mia interiorità. Sono stata grata a padre Jerzy, per il fatto che ci ha portato lì.

Poi ho meditato sul mistero della Santissima Trinità, sul miste-

[20] «Signore, pietà» in slavo ecclesiastico, la lingua della messa di rito orientale [NdT].

ro dell'unità. La Trinità è comprensibile, ma l'unità è inconcepibile; modello di amore nell'unione con lo Spirito.

Ho pensato all'amore, che mi dà sempre più pienamente il Signore Dio; a come cresce in me la comprensione dell'amore e la capacità di amare davvero! So che ora saprò amare meglio tutti, sia Andrzej, sia le mie figlie, sia Dio stesso. Voglio tornare più piena a tutto quello che devo fare e anche per questo volevo andare a Gerusalemme, per completare l'opera.

«Lux beatissima – Luce beatissima»: in un certo senso avverto questo dentro di me, anche se mi è difficile esprimerlo. Ma so che il Signore Dio mi ha mostrato se stesso; è difficile descriverlo.

Quando sento in me l'inquietudine, trovo facilmente le parole per definire questo stato, ma quando mi invade questa luce, mi mancano le parole, perché questo non si può esprimere; recito solo il *Magnificat*!

E forse ora capisco che cosa volevi dire, quando dicevi: «Un passaggio di umiltà». Che Dio ti benedica, prego per te!

Ore 11.30 di sera

Avete telefonato proprio al momento giusto. Dio ve ne renda merito! E volevo la conferma del fatto che devo aspettare quel viaggio in Terra Santa. Non perdo tempo, anche se mi è difficile aspettare, volevo ritornare.

Ora in me c'è pace; la mano di Padre Pio sul mio capo. *Non ne parlo*, ma la sento molto, mi ha aiutato a ritrovare la pace più profonda.

22 maggio lunedì sera, Roma

Per tutto il giorno ho ripetuto il *Magnificat*!

Ho visitato un gran numero di chiese, tutto l'Aventino, poi piazza Remuria. Sono passata da una chiesa all'altra con padre

Paweł e insieme abbiamo recitato il Breviario. La gratitudine dell'umiltà è diversa dalla gratitudine della superbia, la mia gratitudine oggi è molto timida con un'aggiunta, direi, di timor di Dio, qualcosa di simile c'è in me... Esisto: già questo solo impone la gratitudine.

Mi pare, come se io facessi gli esercizi spirituali; il Signore Dio è direttamente davanti a me.

La prima giornata «facile», fin dal mattino si «mette bene». Inaspettatamente, quando non era ancora il suo turno, è arrivato padre Benedykt ed è venuto con noi da padre[21] Centis e ha procurato i biglietti ai «ragazzi».

Quindi poi con lui da una compatriota a prendere il caffè; molto strana (la compatriota, non il caffè). Di nuovo un esempio di naufrago.

Siamo tornati a casa attraverso un ponte.

Il tramonto del sole sul Tevere.

Il ritorno.

23 maggio martedì

«Sine tuo numine nihil est in homine, nihil est innoxium».

«Senza la tua forza non c'è nulla nell'uomo, non c'è nulla di innocuo».

Qui hai interrotto la sequenza e per gli ultimi due giorni hai scritto «Totus tuus», ma io starò qui più a lungo di quello che avevo programmato, dunque mediterò su questo testo della sequenza fino alla fine. La preghiera allo Spirito Santo è una mia esigenza; la recito continuamente, e questo testo di oggi è scritto in me molto profondamente!

È la verità piena sull'uomo, su di me! Lo so che in me non c'è nulla senza i doni dello Spirito Santo, ma proprio per il fatto che

[21] In italiano nel testo [NdT].

lo so, sono tranquilla, in me le cose sono semplici; capisco semplicemente che è così.

Penso anche a Padre Pio, sono convinta che il suo gesto non sia stato un caso, mi guardava così direttamente, come se mi avesse riconosciuto, e quel gesto tranquillizzante della sua mano mi ha così colpito! È stata la stessa cosa che tu dici a volte: «Va bene»[22], anche se in fin dei conti io non sentivo quel «bene». Spesso accetto per fede questo «bene», quando sento diversamente, e quel gesto di Padre Pio l'ho accolto nello stesso modo. Lui sa che va bene!

E l'ho accolto così, e dà i suoi frutti. Ora sono più tranquilla e non analizzo la questione del dolore.

24 maggio, Roma

Alle 6.15 del mattino la messa, la colazione con padre Benedykt, alle 9 partenza per l'ospedale psichiatrico di Guidonia con un sacerdote procuratore, che non ha detto una parola per tutta la mattina, e con monsignore, che non è stato zitto neanche per un secondo.

È un bell'ospedale nuovo, costruito dieci anni fa, ma in esso le condizioni sono buone solo per le suore malate, che hanno lì un bel reparto. Gli altri malati sono trascurati, semplicemente stanno lì. Usano moltissimo l'elettroshock – al curaro. C'è una fattoria nella quale i malati cronici fanno i lavori pesanti, un loro panificio, cinque quintali di farina al giorno, dei begli alberi.

Un sacerdote malato. Lo vanno a trovare una volta l'anno: orribile. Ma lui è contento.

Ritorno al Collegium e pranzo luculliano, e poi una vera pennichella. Sono stata su una sedia a sdraio, ho dormito tre ore. Poi sono venuti padre Paweł e padre Jerzy.

Per domani ho organizzato una gita a Orvieto per la processione.

[22] In italiano nel testo [NdT].

Cena con Sua Eccellenza Rubin.

La suora di turno aveva chiuso tutte le porte.

25 maggio Corpus Domini, Orvieto

Orvieto! Alle sei di mattina sono uscita di casa, treno. Padre Jerzy si è rotto un braccio: viaggio con padre Paweł. L'incontro con i sacerdoti (don Kubiś, don Swierzawski) e tutta la giornata con loro.

La processione: molto bella, ma quella non è una processione religiosa, non pregano affatto. Il corporale è meraviglioso: il crocifisso, quello che parlò a san Tommaso. Ritorno attraverso le tombe etrusche e i campi. Treno. Conversazione con don Swierzawski.

26 maggio, Roma

Al mattino attesa di una telefonata dall'ambasciata della Giordania: «tra una settimana». Incontro con padre Paweł alle 11. Obelischi, passeggiata per piazza Navona; ci siamo smarriti per le viuzze, non abbiamo trovato il Pantheon, ma via delle Botteghe Oscure.

Pranzo presso le suore del Sacro Cuore. Incontro con don Cader, telefonata a don Andrzej Deskur, incontro con Sua Eccellenza. Andiamo da «George».

Ospedale, no, non ospedale: clinica (delle suore naturalmente). Tutto bello, la cappella al centro, il giardino e le palme. Poi giro turistico delle chiese.

27 maggio notte, Roma

Nel pomeriggio siamo andati a Fiumicino, sulla spiaggia. Le navi erano belle, ma la sabbia è sporca, nera, una quantità incredibile di rifiuti, assolutamente inverosimile. Padre Paweł ha nuotato, ha fatto yoga.

Sono tornata per una conversazione di un'ora con padre Tomasz sulla parapsicologia.

È arrivata una lettera da madre Zbigniewa e una cartolina da Andrzej. Ma le mie lettere non le ha ricevute e neppure le cartoline: non capisco, arrivano solo a Marysia. Voglio andarmene di qui, al più presto.

28 maggio domenica sera, Roma

Tutta la giornata a Ostia Antica: silenzio, poche persone, bellissimi mosaici, alberi, un magnifico teatro. La profondità dei pensieri, la solitudine. La pace, il cielo terso. I pini marittimi e i cipressi. Il sole.

Troppo sole; visitiamo un po' vari templi. Noi abbiamo molto caldo, ma tutte le donne hanno le maniche lunghe.

29 maggio, Roma

La berretta cardinalizia funziona, mi aiuta. Dapprima la Giordania, poi monsignore[23] in Vaticano, poi la splendida casa generale delle orsoline con madre Konstantyna Baranowska. Poi don Langman.

Giornata pesante; devo di nuovo aspettare.

Ho mandato ad Andrzej e al Fratello un telegramma – non ho resistito!

30 maggio, Roma

Sera: per la prima volta i sacerdoti polacchi si sono presentati tutti a me, e il vescovo Rubin ha dato una cena e ognuno mi ha detto qualcosa; e monsignore, nonostante la salute debole, ci ha fatto da guida per due ore e mezzo attraverso il Vaticano e i giardini.

[23] In italiano nel testo [NdT].

La Cappella Paolina con gli affreschi di Michelangelo: la *Conversione di san Paolo* e la *Crocifissione di san Pietro*; sul soffitto gli affreschi di Raffaello.

Un magnifico chiostro a tre piani, con gli affreschi di Raffaello e della sua scuola. La carta della Polonia con l'iscrizione.

I giardini. Il monumento alla pace, il palazzo d'estate (sede della Pontificia Accademia delle Scienze). La stazione ferroviaria.

31 maggio, Roma

La mattinata con monsignore all'ospedale Monte Mario: tremila malati, quattro padiglioni d'osservazione, due per i bambini. Cappella, cucina (sporca in modo incredibile). Sale: pareti vuote, grandi dormitori; trenta malati in una sala legati al letto, senza far niente. Uno spettacolo orribile, anche se conosco tutto ciò. Pranzo presso monsignore.

Poi la chiesa di Sant'Eusebio: piccola, uno dei più antichi titoli cardinalizi presbiterali. Costruita sulle fondamenta dell'antica casa di sant'Eusebio (sacerdote e martire, 357), rifatta nel 1229.

2 giugno mattina, Roma

Ieri mattina sono stata «in casa», era nuvoloso. Alle 14 è venuto a prendermi padre Paweł insieme al padre generale, con una bella macchina; siamo andati, passando per Castel Gandolfo e Albano, a Nettuno, dove ci sono la basilica, il corpo e la casa di santa Maria Goretti: una bambina di dodici anni assassinata da un ragazzo che tuttora vive.

Alla canonizzazione era presente la madre della santa, ora è morta. Povera madre, che cosa deve aver passato! E quella canonizzazione «sarà servita a qualcosa»? Sicuramente essere la madre di una santa sarà pure una gioia, ma questo è difficile da capire.

Siamo ritornati passando per il Lido (io ho richiesto la deviazione sul mare e il generale è stato elegante). Nel complesso mi è piaciuto, ma non sono riuscita ad attaccare discorso con lui, perché Paweł mi ostacolava. Ho esaminato tutta questa costa: non c'è da nessuna parte una spiaggia decente.

Poi ho visitato la loro casa e sono rimasta da loro a cena.

La casa, come tutti i conventi che ho visto a Roma, è ben lontana dall'essere povera, ma arredata piuttosto con gusto, comoda e con un bel giardino con le palme. Capisco però che «Giorgio» in questa casa si senta solo. Tutto questo è difficile.

Notte...

3 giugno notte, Roma

Al mattino la messa, come sempre, ma mi ero svegliata già prima. Poi alle 9 sono andata con le suore alla basilica. E la messa del Santo Padre per il suo precursore Giovanni XXIII. Un magnifico coro di voci bianche. Un'emozione profonda.

Poi un breve incontro con monsignor Andrzej Deskur e l'idea di padre Paweł: i Giardini Vaticani, effettivamente belli.

Abbiamo camminato fino alle 14. Poi siamo saliti sulla cupola della basilica; stancante, ma splendido panorama e i mosaici da vicino. Il sotterraneo.

Dopo il ritorno conversazione con monsignor Mantej.

Aspetto che la situazione si chiarisca. Per domani non ho programmi, forse la giornata si riempirà da sola, la metto nelle mani della Provvidenza: vedremo!

4 giugno, Roma

Al mattino la messa con un'omelia barocca. Colazione prolungata con monsignore; telefonata di don Langman; telegramma di Andrzej: «Rimani».

5 giugno, Roma

La guerra in Israele. La decisione definitiva che sicuramente non andrò in Terra Santa, quindi vado a Parigi.

Stamattina, andando a incontrare il «Padrone»[24], ho visto finalmente la meravigliosa chiesa barocca dei gesuiti detta «il Gesù», la cappella del Sacro Cuore di Gesù e la popolare Madonna della Strada. La cappella incredibilmente decorata di sant'Ignazio e di sant'Andrea Bobola con le reliquie, e tutto.

Mercoledì andrò a Parigi con padre Paweł. Roma mi è cara, familiare, ma ora fa troppo caldo. Voglio fuggire da qui...

7 giugno mercoledì notte, Parigi, le suore nazarene

Una giornata lunga. La messa.

Ore 10

Le Alpi, Parigi – i sacerdoti del Sacro Cuore – Ivry. Il convento delle nazarene: atmosfera ingessata e di un secolo fa. In giro per il «Quartier latin». Notre-Dame. Batignolles. L'église de Saint-Sévère. L'incontro con madame Winowska, la passeggiata forzata per i giardini del Luxembourg.

Parigi come da manuale, tutto familiare, piacevole.

9 giugno venerdì sera

Parigi. La giornata di nuovo piena di cose da visitare con padre Paweł... «pesante».

[24] In italiano nel testo [NdT].

Al mattino la messa concelebrata all'Institut Catholique. Insieme attraverso i giardini del Luxembourg al Seminario Polacco, da un altro rettore, che è anche monsignore.

Qui c'è il seminario minore e quello maggiore, e i sacerdoti che fanno il dottorato, ma non so come vivano lì. Al ritorno abbiamo visitato il Pantheon in alto e in basso, ma guardare Parigi dopo Roma... non è niente di interessante. L'architettura della città e le piazze a forma di stella mi sono piaciute. Poi per un momento la chiesa di Santa Genoveffa e la piazza – e per delle piccole viuzze fino alla Senna –; le «boutiques» mi entusiasmano sempre.

Siamo saliti ancora una volta sulla cima della cattedrale di Notre-Dame, per fare le fotografie. Giù sull'«Isle», ma «Libella» era chiuso. Poi attraverso il boulevard al Jardin des Plantes, ma non mi ha entusiasmato, e allo zoo: gli elefanti, delle deliziose scimmiette e degli esseri strani, delle grandi salamandre.

Lì abbiamo mangiato tartine, caffè e omelette. Poi fino alla fine del Jardin des Plantes e alla Tour Eiffel con la metropolitana.

Abbiamo visitato un sacco di posti, come seguendo una guida.

10 giugno sabato, Parigi

Alle ore 15 la messa in cappella, silenziosa, tranquilla. Mi stanco a forza di «passare il tempo».

Al mattino, dapprima lunga attesa, perché Paweł ha fatto tardi. Poi l'ambasciata italiana con padre Józef, poi un caffè con loro.

Il Bois de Boulogne, il lago, i cigni. Viaggio in autostop su richiesta di padre Paweł fino a casa sua.

La conversazione con suor Beata. Gli «studi» di Kasia sistemati. L'incontro con una scout.

La telefonata al professore, questa volta andata a buon fine; ed è tutto per oggi. Come ne ho abbastanza!

11 giugno domenica mattina, Parigi

Padre Paweł è in ritardo, fa freddo. L'incontro con la signora Sobieska. Una passeggiata al Vieux Campeur con suor Maria Louise, alla Medaglia Miracolosa, a San Vincenzo de' Paoli. La Sorbona. Il monumento a Montaigne, i boulevard.

La conversazione col professor Minkowski e le notizie dalla Polonia. Un saggio, ma già molto anziano.

* * *

Questa seggiolina della Madonna: molto strana.

Il Louvre: una sfilza di ore con Giuseppe e padre Paweł. A piedi attraverso Rue de la Seine (dal Senato – Palais de Luxembourg). Al Louvre il pranzo.

Non è possibile elencare quelle opere. Rembrandt e van Gogh – e del resto tutte.

Poi il Giardino delle Tuileries, Place du Carrousel e l'Avé de Carrouse[25] napoleonica con la quadriga e un'infinità di altri posti.

Cena, tour di Parigi, notturno.

«Et voilà tout, assez»[26].

12 giugno lunedì, Parigi

Di nuovo una giornata lunghissima. Al mattino l'attesa di padre Paweł, di nuovo fino alle 10.30. Con lui sono andata in metropolitana alla stazione Abbesses, vicino al Sacré-Coeur. Lungo la strada abbiamo visitato l'Abbaye St. Denis, poi il Sacré-Coeur; veduta dal basso sulla scalinata e quelle tre cupole: bella (l'altezza del pavimento è pari al secondo piano della Tour Eiffel).

[25] Si direbbe un riferimento all'arco di trionfo del Carrousel [NdT].

[26] Ed ecco tutto, è abbastanza.

In chiesa un brutto mosaico, un enorme cuore di Gesù e la continua esposizione del Santissimo.

Padre Paweł ha fatto una corsa da padre Kowalski, che – per i miei gusti – è troppo «français». Poi la torre e lì effettivamente delle splendide vedute di Parigi: i tetti indimenticabili di Parigi! Da lì alla chiesa di San Pietro – proprio allora era in corso un matrimonio. Antica, del 1134; colonne e volte. Da lì un giro attraverso Montmartre: stupendo.

Le viuzze tortuose e la ricerca dei mulini. Prima nel Jardin des Plantes (un giardino davvero francese), il Moulin de la Galette, poi giù per via «Lepic» fino al Moulin Rouge – e in base al mio senso della città, attraverso Rue Blanche accanto al Théâtre de Paris – e alla Église de Sainte Trinité.

Poi il pranzo in una taverna e un giro per le vetrine più belle a Place de l'Opéra, Place Vendôme e alla chiesa di San Rocco, dove è stata allestita una cappella degli ex detenuti. Da lì lungo il Louvre a Giovanna d'Arco e poi all'Oratoire.

Place de Palais Royal, Palais Royal, Saint Germain l'Auxerrois – bellissima, gotica; poi Conciergerie e la Sainte-Chapelle.

«A casa» una sorpresa: una lettera delle mie bambine dell'8 giugno e una cena con delle polacche prive di senso dell'umorismo.

«Voilà tout!».

Andrzej però ha ottenuto per me le ferie fino al 17 luglio.

13 giugno martedì, Sant'Antonio, Parigi

Al mattino, come sempre, la messa. Ho fatto un po' tardi, poi ho aspettato a lungo Magda. Con lei in banca per gli assegni. Poi mi hanno offerto il pranzo al «Libella». Zosia Górska e suo marito Romanowicz[27].

[27] Zosia Górska-Romanowicz, compagna di lager a Ravensbrück.

Il marito è affascinante. Verso la fine è emerso che ha il mio libro, ma non mi aveva collegato al libro; e nell'insieme mi ha trattato come una parente povera, ma non me ne importa.

L'incontro con padre Paweł e Magda, siamo andati in Prefettura. Mi hanno prolungato il visto senza problemi e senza farmi pagare, fino al 19, quindi quel giorno andrò a Vienna.

Poi la passeggiata con padre Paweł attraverso i boulevard fino a Les Invalides, ma era ormai troppo tardi, dunque passeggiata di ritorno.

E per oggi ne ho già abbastanza.

Nel complesso mi sto tranquillizzando, perché sono contenta del fatto che il mio soggiorno a Vienna sarà più breve, avevo dei timori a riguardo.

16 giugno venerdì sera, Parigi

Mattinata all'Ospedale Psichiatrico, dal prof. Sivadon a La Verrière; molto bello, ma per noi irreale: un personale di 300 unità per 300 letti. Mi ha fatto da guida il dottor Chanoit, e poi un'infermiera. Della Polonia non sanno nulla, conoscono solo il cognome «Jus»; mi hanno offerto un pranzo luculliano.

Poi, nel pomeriggio, presso i padri del Sacro Cuore, lunga conversazione con padre Józef.

La prenotazione del biglietto: partirò in aereo lunedì alle 14. Per Vienna un'ora di volo: incredibile.

17 giugno sabato, ore 14, Parigi

Ho passato la mattinata da sola per le piccole viuzze. Dal Carrefour de l'Odeon attraverso viuzze antiche e buie – «passage» – intorno all'Institut de France e all'Hôtel de la Monnaie.

Per un antico boulevard (1313) fino alla Senna e poi a Saint

Germain-des-Prés. Poi sono andata al mausoleo di Napoleone e a casa, incontrando lungo la strada la chiesa di San Francesco Saverio e il boulevard de Montparnasse.

Vado in giro per Parigi con disinvoltura.

18 giugno domenica, Parigi

La mattina, passeggiata per la parte più antica di Parigi da Place du Châtelet passando per l'Hôtel de Ville, la chiesa di Saint-Gervais, Rue Rivoli fino alla chiesa di Saint Paul, Place de la Bastille fino a Place des Vosges (incantevole). I ponti, la chiesa di Saint-Julien-le-Pauvre (è di rito orientale) – per i boulevard sono arrivata dalle suore per il pranzo.

Tutto il pomeriggio fino alla sera passato a chiacchierare; ora sono stanca e sono a letto. Fine della mia Parigi – mi resteranno negli occhi Notre-Dame e le boutiques – una città incantevole. Notte; come è strano che fuori dalla finestra ci sia Parigi!

Mi piacciono molto i boulevard sulla Senna.

Non riesco a dormire: l'agitazione prima del viaggio e le difficoltà della decisione.

20 giugno, martedì sera, Vienna

Ieri in volo dalle 13.15 in effetti fino alle 17, perché con l'attesa ecc. Padre Paweł mi ha accompagnato con Józef ed è stato molto carino.

A Vienna mi aspettava con la macchina la signora Lonny Glaser e una lettera di don Staszek, che alle 18 ci sarebbe stata la messa per me, quindi ci sono andata da sola.

Bizzarra «concelebrazione» a sedere, non fa per me: io voglio stare in ginocchio. Nello stesso luogo la cena e la serata con i giovani di don Kluz, ma prevalentemente parlavano in inglese.

Stamattina il direttore Mach, per tutto il pomeriggio don Kluz, e ora sono fuggita nel suo appartamento da scapolo.

Per Vienna non posso girare da sola: ho paura.

Aspetto la telefonata di Andrzej.

21 giugno sera, Vienna

Al mattino incontro con «psicoterapia» e giro turistico: l'Opera, l'Hofburg, la Nationalbibliothek – splendida. Poi «Rettet das Kind»[28]: da loro ho ricevuto un registratore e dei libri.

Nel pomeriggio Schönbrunn con Lonny e pranzo con lei.

La serata con le dottoresse – e ne ho abbastanza. Voglio andarmene da qui.

22 giugno giovedì, Vienna

«Long day...»[29].

Al mattino sono andata a prenderli alla stazione, ma non sono arrivati: non so cosa sia successo. Poi a colazione da Madame, che incontrava il Kaiser per strada ogni giorno nello stesso posto.

Poi al Museo del Belvedere e nei giardini: barocco, ma in fin dei conti bello, particolare.

Poi la Klinik-Hoff[30]: orribile. Il reparto dei bambini con venti letti, caos, nessuno viene intenerito da niente, struttura vecchia e orribile.

Poi il pranzo in un incantevole vecchio ristorante. Poi Lanzendorf, un istituto di riabilitazione per schizofrenici, quaranta persone. Un vecchio edificio e un bellissimo giardino.

***

[28] «Salvate il bambino»: è il nome di un'associazione per la tutela dei bambini fondata in Austria nel 1956. Cfr. *www.rettet-das-kind.at* [NdT].

[29] Una lunga giornata... [NdT].

[30] È la clinica psichiatrica universitaria di Vienna [NdT].

Le viennesi girano per strada con il grembiule. Bei vestiti solo nelle vetrine.

Sono stanca, voglio fuggire.

24 giugno sabato sera

Ieri ho trascorso il mio onomastico, in una giornata caldissima, a Vienna, praticamente in solitudine.

Al mattino una ragazza zoppa mi ha portato da madre Lore, ma la madre si è rivelata rigida come una colonna e mi ha mandato dal signor docente della Klinik-Hoff. Il signor docente aveva un mucchio di pazienti, dunque ho aspettato, del resto visitare un'altra volta la clinica era un'esagerazione.

Dunque la piccola mi ha portato alla Karlskirche e sulla Stephansplatz, dove ho pregato per un'ora e ho ricevuto la comunione.

Poi con un ragazzo (Gert) ho cercato di comprare degli pneumatici con varie peripezie, ma alla fine li ho comprati e spediti.

Poi la sera al Burgtheater ad assistere a *Faust II*, uno spettacolo molto strano, non sapevo affatto che cosa fosse, molto barocco, come Vienna. Davanti al teatro, le rose del Volksgarten – un giardino imperiale, che un «Prinz»[31] aprì al pubblico – bellissime rose.

(Giovedì sera ha telefonato Andrzej).

25 giugno, Roma

Stamattina alle 7.40 alla stazione a prendere mio Fratello, poi con lui in cappella e la messa.

Con Lonny all'aeroporto in taxi, dove abbiamo conversato per un'ora. Lungo la strada «ho visto» dall'alto un cimitero. Il volo col sole, una stupenda carta geografica; un'ora e mezzo. Poi l'at-

[31] Principe [NdT].

terraggio, l'aeroporto e con il taxi dalle suore. E i giri alla ricerca di un biglietto. Ovviamente per me non c'è, anche se tutti me l'avevano promesso, ma forse «qualcosa» si troverà.

Sento Roma come la mia città, ma fa un caldo tremendo.

27 giugno mattina, Roma

Tra poco arriverà mio Fratello per la messa. Domenica mattina sono stata alla stazione, c'ero andata in autobus da sola. Poi mio Fratello ha celebrato la messa a San Stanislao, perché ci potessi essere.

Quindi ho passato con lui l'intera giornata. Ieri mattina è venuta a prendermi una Opel e mi ha portato alla messa e a colazione. Poi, ormai insieme, mi hanno portato al Palazzo Pio, dove c'era la consegna della nomina cardinalizia.

Bellissima sala, il «nostro» era il più giovane. Poi il pranzo insieme.

Ho telefonato a padre Jerzy, ha tolto il gesso. Abbiamo camminato insieme per la città caldissima.

A piazza Navona abbiamo bevuto un Campari e un caffè. Ritornando ho incontrato padre Benedykt, ridotto pelle e ossa, che ancora una volta si è lamentato della gente.

Lo studio della «gente dell'Ovest» mi ha insegnato molto.

Notte, Roma

Mezza giornata passata in una folle corsa dietro al biglietto, alla fine andrò a Varsavia, con un volo diretto, sabato 1° luglio alle 14.40: sono contenta.

Lungo la strada, con padre Jerzy abbiamo fatto un salto in tutte le chiese.

Il pranzo in trattoria, don Langman e finalmente sono tornata a casa, tardi e molto stanca.

Al mattino mio Fratello ha «per me» la messa presso le orsoline grigie[32].

29 giugno giovedì notte, ore 1

Ieri nella Cappella Sistina alle 17 l'investitura cardinalizia, avevo un ottimo posto.

Abbiamo fatto la claque, il «nostro» è stato il primo cardinale che è stato applaudito, poi anche gli altri, noi abbiamo dato il via. Il papa dava il «birretum rubrum» e baciava ognuno. Mi sentivo molto «malinconica», mi ha toccato profondamente – molto.

Oggi una scena ancora più bella: la concelebrazione sulla piazza davanti alla basilica di San Pietro alle 18. Una scena indimenticabile: la sedia pontificia sullo sfondo grigio, su di esso la «barca» di san Pietro fatta di fiori, l'altare in mezzo.

Il «nostro» di fronte.

La messa del papa. Il Santo Padre è arrivato a piedi, ha parlato anche in polacco, in una lingua polacca commovente. Le delegazioni. Le offerte in dollari e il vino e il pane anche. I bambini. Gli invalidi.

La comunione, il Santo Padre ha dato la comunione ai bambini.

Il sole stava tramontando; una folla incredibile sulla piazza, il corteo dei cardinali.

Uno spettacolo, ma anche una profonda esperienza religiosa.

30 giugno venerdì notte, ore 1, Roma

7 del mattino. Le suore della risurrezione. Poi l'ultimo giro turistico di Roma. Cammino da sola, piena di sentimenti contrastanti.

[32] La Congregazione delle Suore Orsoline del Sacro Cuore di Gesù Agonizzante, chiamate anche orsoline grigie, costituisce uno dei rami della famiglia delle orsoline ed è stata fondata da santa Orsola Ledóchowska [NdT].

10 luglio l'incontro a Cracovia

Basia e Marysia hanno aspettato me per ricevere la prima comunione, e Ania per il sacramento della cresima, dunque questa doppia celebrazione nella cappella privata di via Kanoniczna 21, e dopo di essa una colazione privata.

È stato allora che la mamma ha detto: «Lei, cardinale, diventerà papa, ma io non farò in tempo a vederlo».

E tu allora non hai risposto, hai soltanto sorriso.

***

Per le vacanze siamo potuti partire solo il 25 luglio.

IL BIVACCO DEL 1967
(AI PIEDI DELLA CERGOWA)

25 luglio martedì

Prima siamo andati a cercare il bivacco con Kasia; in macchina fino al ponte. La strada vicino alla chiesetta ortodossa attraverso il ruscello, più avanti un magnifico bosco di pini e misto. Siamo arrivati al pino.

Un pino splendido, con i rami stesi in tutte le direzioni, rosso, con quattro biforcazioni del tronco; e sotto di esso, perché fosse più colorato, anche il groviglio rosso di un albero secco. In quel punto bisogna lasciare la strada ed entrare tra i cespugli, la macchia spinosa, i rovi, i biancospini. Finalmente è apparsa la radura, le erbe alte, la menta. La radura però è risultata bagnata e su di essa un esiguo ruscello, ma con delle ramificazioni.

Una l'ha già ripulita Kasia. La tenda abbiamo dovuto però montarla un po' più in là, ormai nel bosco, dove era asciutto, in un punto assolutamente selvaggio, su una vecchia strada, non utilizzata da molto tempo e invasa dalla vegetazione. Dietro un albero secco abbattuto, rosso ed estirpato con le radici; e davanti alla tenda un enorme pino abbattuto da poco, verde scuro, profumato.

Abbiamo l'abitudine di stare seduti vicino a esso. Di fronte alla sua punta abbattuta ho trovato il posto per la cappella. Kasia è rimasta con me, Andrzej è tornato indietro a prendere il macinino e ha portato il carrello; è ritornato quando già imbruniva.

Un bosco bellissimo.

Kasia cerca con lo sguardo gli uccellini, ma gli occhi le si chiudono: si è addormentata.

26 luglio mercoledì

Al mattino sono partiti; sono rimasta sola e ho passato tutta la giornata lungo il ruscello, mi sono divertita a bonificare un ruscelletto.

Ho preso il sole da sola in questo bosco. Una poiana cacciava, perché era bel tempo. Nel pomeriggio ho scoperto, in fondo al ruscelletto, una sua grande ramificazione con una trave di traverso, sulla quale si può benissimo stare seduti, ma la via per raggiungerla passa solo per il ruscelletto.

Attraverso il torrente è stato gettato un tronco, può servire come attaccapanni e mensola per l'asciugamano e il sapone. Pareti ripide, a sinistra è pieno di alti fiori rosa-violetti: sono erigeri, sono come candele presso un altare. Sopra di noi gli alberi alti.

Il silenzio; cala nell'anima col raccoglimento. Il bosco è concentrato in sé nel silenzio. Fa molto caldo. La fresca acqua di montagna scorre con una corrente rapida; bagna e va via, le rive rimangono le stesse. L'acqua sparisce, ma l'onda successiva sciaborda sulle pietre.

Qui, presso quest'albero abbattuto, l'acqua è più profonda; è nata una specie di piscina circolare, come se volesse fermare quest'acqua. Ma lei scorre via comunque. Inesorabilmente va via l'onda di quest'acqua e non torna più...

Ho aspettato fino a sera. Alle 19.30 ha cominciato a fare il suo verso il gufo reale – davvero! Ho continuato ad aspettare, facendo segnali con la voce e con la lanterna. Ma non sono arrivati, solo all'1 di notte sono apparsi, perché il nostro macinino si era appena guastato. Stanchi, con i vestiti strappati, avevano vagato. Finalmente erano arrivati alla meta.

Ma allora c'era ormai la luna: grande, argentea, come in una fiaba.

27 luglio giovedì

Andrzej è andato a far accomodare la macchina. Colazione dal termos.

Passeggiata a un praticello con vista sulla Cergowa e più avanti, seguendo la traccia di una strada sterrata nel bosco. La Cergowa è bellissima, abbiamo camminato su di essa fino al tramonto del sole e lungo la strada abbiamo recitato l'ora santa, come ogni giovedì. Conversazione sulla croce, sull'Orto degli Ulivi e sulla vocazione. L'amore e la croce.

28 luglio venerdì

Al mattino meditati i misteri di Dio. Il piano di Dio dell'incarnazione e il ruolo della donna, sullo sfondo del testo liturgico, perché la messa era su santa Marta. Poi, dato che era venerdì, meditazione sulla via crucis.

Passeggiata per una strada che sale attraverso dei cespugli di lamponi, il bosco buio e il limitare del bosco con vista sul Pioruś. Ritorno un po' troppo tardi, era già buio.

La passeggiata era per una via scoperta che scendeva, ma la via terminava in un prato.

A conclusione della giornata, per completare, meditazione sulla rivelazione della bontà e dell'amore.

Silenzio nel bosco.

29 luglio sabato

Mattinata sul ruscello e passeggiata lungo la riva del ruscello, un enorme prato verde falciato, su di esso più sole. Lungo la strada recito il rosario.

Notte calda e silenziosa.

30 luglio domenica

Fa molto caldo... Bellissimi fiori profumati. La messa su ciò che fa a noi la grazia. Poi il pranzo – il bagno c'era stato prima della messa. Dopo pranzo sono partiti da soli, mentre io aspettavo con impazienza, in grande agitazione. Non mi piace restare sola.

Sono stata seduta; il bosco silenzioso, neanche una traccia di vento o di movimento degli alberi. Gli insetti ronzano, la musica degli insetti come sfondo, su di esso a tratti qualche uccello. Se ne fanno sentire alcuni.

Sono già le 17.30, da noi intorno alla tenda non c'è più il sole, ma i margini colorati dei pini nel cielo sono ancora un po' illuminati da occidente.

Non mi piace stare sola nel bosco, anche se in passato mi piaceva. Proprio accanto a me dei piccoli abeti, da destra mi nasconde la chioma fitta del pino abbattuto, quello ancora fresco. Profuma.

A sinistra la nostra casetta bianca. Abbiamo deciso di tingere il telo esterno di verde, spicca troppo (anche se di sera questo è utile a noi stessi). Da sotto la tenda e qualche passo davanti a me il pendio cade a picco verso il fondo del ruscelletto. La riva opposta è più erosa. Fa caldo; fino ad ora tutte le giornate dorate dal sole.

Solo a mezzogiorno passano delle nubi, ma per breve tempo; danno un po' di respiro nella calura della giornata, anche se qui sul ruscelletto non fa molto caldo. Un colombo cambia albero, tuba una volta da questa parte, un'altra volta dall'altra parte in cerchio.

Silenzio.

In me c'è un mare di gratitudine, che cosa sarei, se non ci fosse la grazia?

Sono tornati alle 19, più presto di quanto pensassi.

31 luglio lunedì

Al mattino, la messa su sant'Ignazio. La forza della grazia, in lui e al di fuori di lui. Meditazione sul timor di Dio. Poi passeggiata e incontro con i cinghiali.

1° agosto martedì sera

Al mattino, la messa. La liturgia sulla necessità degli esercizi spirituali. Le candeline per la messa le metto su un albero. Preghiamo, come sempre. Poi leggiamo dei libri al sole, sul prato. La resina di questi pini abbattuti si appiccica, bisogna fare attenzione!

Sono rimasta di nuovo sola, leggo *Persona e atto*. Sono andata a fare una breve passeggiata, con la paura di perdermi.

Silenzio, notte solitaria.

2 agosto mercoledì, ore 12

Ho dormito dodici ore. Sono sola, un picchio mi viene vicinissimo. Il fruscio del bosco. Un sole molto caldo, mentre lo prendo, continuo a leggere *Persona e atto*. Aspetto, analizzo.

Il bosco è bellissimo, vicino a me dei piccoli abeti, degli abeti grandi e dei grandi pini. Le piccole foglie delle fragole di bosco e i licopodi. Il silenzio pieno dei suoni del bosco. Gli insetti suonano; gli alberi sono immobili.

3 agosto giovedì

Ieri dalle 16 alle 20 attesa piena di preoccupazione. Verso le 17 dei tuoni lontani, ma ancora il sole e molto caldo.

Sono andata qui vicino, a cercare un posto per il bivacco dei bambini. Un pino, perfetto per arrampicarsi, e un grande, vecchio albero abbattuto dal torrente. Un praticello lungo il torrente, una discesa dolce fino al torrente, ma uno spazio un po' ristretto.

Sono tornata attraverso i cespugli, che mi arrivavano alla vita, e a un certo momento il bosco mi è sembrato così estraneo, che ero sicura di essermi persa: improvvisamente un avvallamento, dei pini rovesciati, tutto diverso. E tutto a tre minuti di strada dalla tenda.

Magnifico il folto della foresta!

Finalmente alle 20 Andrzej è arrivato, da solo (è morto don Machay).

4 agosto venerdì

Oggi la prima giornata nuvolosa, verso le 13 la prima pioggia, i tuoni in lontananza. Una pioggia molto leggera, non è passata nemmeno attraverso il telo esterno. Il bosco è diverso nella nebbia, silenzioso... Andrzej alle 14 è andato dai bambini, dovrebbero tornare la sera da giù. Ho sgomberato il torrente, in modo che nessun ramo li colpisca al buio.

Verso occidente è apparso il sole al tramonto. Sono le 19 meno un quarto, è chiaro, c'è silenzio. Il mio colombo tuba – se questo è il mio colombo, ma probabilmente sì – solo che lo fa di sera. Forse però è una civetta?

Sto seduta nella tenda, davanti a me il pino abbattuto, dietro di esso la varietà del verde: bassi, chiari cespuglietti frondosi, dietro di essi scuri, piccoli abeti, dietro di essi grandi pini che raggiungono il cielo. Sono immobili, a volte un uccello urta contro un ramo, non si sente nessun rumore umano, neppure la solita ascia serale che si sentiva da qualche giorno...

Da qualche parte, molto lontano, un cane...

Qui vicino un uccellino, lo stesso di sempre, cinguetta in modo così sottile da sembrare comico, non si riesce a imitarlo con nessun suono umano. Il cielo è ancora chiaro per il tramonto, è più chiaro di ieri.

Ieri a quest'ora vivevo un supplizio, non sapendo che cosa fosse accaduto. Avevo deciso che, se non fossero arrivati entro le 20, avrebbe significato che era successa una disgrazia.

Andrzej è spuntato dai cespugli alle 20 meno cinque, era già buio.

6 agosto domenica mattina

Il giorno della Trasfigurazione del Signore e l'omelia sulla trasfigurazione del corpo. Lettura fatta insieme di *Persona e atto.*

Il cielo azzurro come mai prima, un azzurro carico. Molto caldo. Poi il pranzo, un po' in ritardo, e la lettura sul prato. Il sole al tramonto e i fiori colorati sul prato. Si è fatto sentire il rospo.

Poi passeggiata attraverso la montagna, veduta sulla Cergowa e ritorno per un prato basso, attraverso cespugli incredibili. Era già piuttosto scuro...

7 agosto lunedì, ore 16

Venerdì erano tornati di nuovo a notte fonda, attraverso terribili cespugli da giù, perché Andrzej si era perso. La mia via nel ruscello inutile...

Il sabato è stato soleggiato. La messa al mattino. Uno splendido sole, molto caldo. Stiamo seduti, leggiamo; è fin troppo caldo. Verso le 18 all'improvviso buio e temporale; i fulmini sono in lontananza, ma è chiaro per i lampi.

Oggi, cioè lunedì, dal mattino pioggia; una pioggerella fine per un'ora, dunque la messa alle 13. Ha ormai smesso di piovere, ma del sole non c'è traccia ed è molto rinfrescato.

Sono andati a fare una passeggiata a Szklary e io sto qui sola. Il bosco è silenzioso, non ci sono insetti, solo a tratti un picchio.

Mi fa molto male tutta la spina dorsale e mi sento come bastonata.

Omelia sull'univocità, affinché prima ci curiamo del regno di Dio, e il resto verrà da solo. Al mattino sul bosco girava un piccolo velivolo, facendo innervosire Andrzej. Ora è tranquillo... troppo tranquillo, questo silenzio è inquietante.

8 agosto martedì

Vigilia di San Lorenzo, la pianeta viola.

9 agosto mercoledì

La messa al mattino, perché Andrzej è andato al carrello e dai bambini. San Lorenzo.

Un sole favoloso. Al mattino su un prato, nel pomeriggio verso il tramonto, su un altro. Davanti a noi alberi e fiori favolosi. Andrzej ci ha trovato lì. Lungo la strada raccolgo gallinacci.

Una passeggiata per un'incantevole via selvaggia sul pendio dopo i panorami, ma che alberi! Il ritorno attraverso cespugli selvatici giù fino al praticello.

10 agosto giovedì

Il sole. La messa al mattino. Una passeggiata tutto intorno al pendio, per un sentiero in salita dal nostro praticello.

11 agosto venerdì

Bel tempo. Passeggiata sulla cima della Cergowa, con un delizioso panorama attraverso l'albero finestra. Abbiamo trovato uno stagno.

12 agosto sabato

La messa al mattino. Santa Chiara. Una passeggiata per dei «viottoli», sul prato dei cinghiali, per una strada sterrata e ritorno.

Poi marcia attraverso la montagna, ai piedi della Cergowa. Un tronco. L'attesa sulla strada. Il ritorno in macchina. Mangiamo un gelato a Krosno. La luna sorge proprio ora.

13 agosto domenica

Siamo rimasti noi con le bambine, il Fratello è andato via. La messa a Dukla (i dieci lebbrosi). Partenza a mezzogiorno con Józek. Vicino alla chiesa, una chiesa ortodossa, è risultata essere una chiesa cattolica. Un sacerdote sconosciuto. Un sole favoloso. Notte di luna e stelle, ma nella notte la pioggia e al mattino nuvoloso. Tutto il lunedì cupo, nebbioso. Disperazione, perché è morto Pufcio[33]. Passeggiata con le gemelle per i «viottoli».

Non ci sono panorami, c'è la sostanza.

15 agosto martedì mattina, ore 9.30

Il bivacco spostato in basso, su un prato, ma mi resta impressa nella memoria tutta la settimana precedente, giorno dopo giorno.

[33] Pufcio, l'amato porcellino d'India di Ania, che era con noi.

Il tempo è migliore, splende appunto il sole da dietro le nuvole. Il prato è incantevole.

Nella notte è piovuto, ma la giornata è migliore di ieri. Siamo scesi giù alla chiesetta ortodossa, che ora è una chiesetta cattolica. C'è stata la messa alle 18, con una lunga omelia, e le bambine hanno avuto una gioia, mentre io ero spaventata e insieme divertita, perché il sacerdote sconosciuto ha parlato di me e le bambine erano contente che parlasse della mamma. Nella chiesetta ortodossa era quasi buio, perché non c'è la luce elettrica, e c'era quel poco di luce che davano le candele sull'altare. Il sacerdote ovviamente non sapeva che ascoltassi ciò. Mi è piaciuta molto la sua omelia sulla presenza corporale della Madre di Dio in cielo – un'ottima omelia. Si vedeva che il sacerdote esprimeva le sue riflessioni, e quello che diceva mi persuadeva. I suoi pensieri mi erano necessari: semplice, ma profondo realismo della fede.

Mi sento bene, silenziosa e tranquilla; sono piena di fiducia e c'è in me, nel mio cuore e negli occhi, la giornata della Trasfigurazione del Signore – quel ramo piegato sull'acqua scura e i fiori rossastri-lilla sulla parete chiara, che pendevano dal versante ripido.

Quante grandi idee sono contenute in questo bosco! Quanta preghiera c'è stata qui e pensieri profondi! Sono fortunata a poter stare ancora qui e a camminare per gli stessi sentieri.

Ho meditato sul Salmo 95.

«Andate, rallegratevi nel Signore, cantiamo a Dio, al nostro Salvatore»: in me è proprio così, mi rallegro nel Signore, c'è in me una gioia e una gratitudine che non si può esprimere, una gratitudine senza fine!

16 agosto mercoledì

Il sole tramonta, la giornata è stata bella, anche se a mezzogiorno ci sono state un po' di nuvole. Il prato, sul quale abbiamo piantato la tenda, è tutto il giorno al sole, dalle 6 del mattino fino alla sera.

«Alziamoci col canto davanti al suo cospetto, cantiamogli un salmo».

Sono tutta un inno di ringraziamento e una preghiera di ringraziamento. Gratitudine a Dio e a mio Fratello, per il tempo che ha passato qui. Come si potrebbe esprimere questa gratitudine? Che dire? Mancano le parole per esprimere tutto ciò; non ci sono parole, lo posso solo chiudere nel mio cuore, nel silenzio!

17 agosto giovedì

Bel tempo come una settimana fa! Giornata magnifica, soleggiata, senza una nuvoletta. Fa molto caldo; sono sul nostro «prato di mezzogiorno», sola davanti a Dio, la cui presenza è per me evidente.

C'è silenzio.

Le more nel bosco sono maturate nell'arco di una giornata, pendono nere, luccicanti al sole, dolci.

Perché non una settimana fa? Neanche di un giorno si può accelerare l'ordine della natura; il tempo della maturazione viene da solo!

E in me è lo stesso: mi sento come se fosse entrato in me uno splendido ordine, mi sento silenziosa e tranquilla. Sono così fusa con questo bosco e qualcosa di questo silenzio, pervaso del contenuto più profondo del grande sacrificio, entra in me. E anche se in me c'è della nostalgia, però questo non mi lacera e non distrugge la pace: la pace di Dio.

È maturato. È maturato in me, così come avevi detto, e quello che prima non riuscivo a scorgere, ora si apre in me con una nuova consapevolezza, un nuovo contenuto divino mi riempie.

La maturazione dell'anima nella grazia, che supera l'aspettativa dell'uomo e gli insegna cose impossibili.

Un dono; e che magnifica cornice del dono! Come una gemma incastonata nel prodigio della natura.

Nessun occhio scorge questa possibilità dell'uomo, si può conoscere ciò solo col cuore aperto a Dio. E mi sembra che sia stato Dio stesso a programmare per me questo splendido tempo soleggiato, fin nei più piccoli particolari, questo dono in tutta la leggiadria del bello, il piano di Dio in me.

Anche a me stessa guardo con occhi nuovi, come un raggio riflesso dalla lastra di uno specchio ritorna all'occhio. Come sono diversa! Andrzej dice: «Questa è la tua estate».

La mia estate, la mia meravigliosa estate! C'è in me una nuova maturità, che però non rovina affatto l'atteggiamento del bambino. Io stessa osservo questo, come attraverso la maturità si arriva all'atteggiamento, o perfino di più: alla posizione di un bambino. Il bambino di Dio: che prospettiva affascinante! Quanto mi ha portato lontano questa estate, l'estate ai piedi della Cergowa, l'estate dopo le Hawaii!

Quanto cambia l'uomo questa consapevolezza dell'essere bambino... di Dio; lo cambia, senza rovinare nulla. Soltanto ora sono consapevole di chi è l'uomo, di chi sono io.

Leggo il libro del Fratello *Persona e atto* e mi stupisce il suo contenuto, lo rivivo ancora una volta. Mi ha sempre colpito l'autonomia e l'indipendenza di pensiero, qui ancora più che mai. Perché anche se si tratta di questioni che crescono nelle persone, tuttavia proprio questa riflessione profonda mi stupisce, e mi entusiasma questa capacità di scorgere autonomamente, in modo approfondito, le cose più profonde.

La poiana gira sopra di me, la stessa, la nostra!

Il bosco risuona, perché sulla montagna c'è vento, in basso calura e silenzio.

Quanto sono privilegiata! Ricevo così tanto, anche se in fondo non ne sono degna. Ma proprio l'essere disinteressato è la misura del dono!

E c'è in me solo un enorme desiderio di essere all'altezza, di non rovinare nulla, di non diminuire con me stessa, con la mia piccolezza, il grande dono!

Che tesoro ho nelle mie mani!

L'abbandono fa aumentare la disponibilità e la fedeltà, l'abbandono accresce la dimensione dell'uomo. Quanto poco le persone hanno fiducia in sé e in Dio: perché?

Osservo molto ogni pensiero in me e ogni palpito del mio cuore e ogni emozione; l'abbandono esige coraggio, ma nello stesso tempo l'abbandono dà coraggio!

Un circolo di influenze reciproche, e con Dio pare sia lo stesso: quanto più l'uomo crede, la fede è nello stesso tempo abbandono, tanto più Dio si mostra, dona se stesso, il dono più alto!

E in questo bosco mi sento come se qui dominasse la sostanza che proveniva direttamente da quelle messe, che in questo bosco sono state celebrate – dunque ci sono ed è come se un ardore entrasse in me da quella sostanza. Anche se oggi qui non ci può essere la messa, quella sostanza è rimasta ed è in me. Qui tutto il mondo è immerso in quella sostanza, sono continuamente consapevole di quel sacrificio del Figlio di Dio, e mi colpisce il pensiero che in fondo questo è vero per tutto il mondo, perché non solo questo bosco, ma tutto il mondo è inserito in questa sostanza del Santissimo Sacrificio. Questa verità diventa qui evidente in modo incontrovertibile.

Oh, come ringraziare per QUESTE VACANZE! So, naturalmente, che tra qualche giorno esse dovranno finire e io dovrò tornare alle fatiche di ogni giorno, ma anche se so che cosa mi aspetta, aumenta in me la gioia dell'adempimento e da questo, come da una sorgente, scaturiscono la gioia e la pace, e una certa forza, che non è mia!

La grazia semplicemente.

E penso che questo equilibrio, che è nato qui, mi aiuterà là a perseverare attraverso tutto!

«Perché Dio è un Dio grande, grande re su tutti gli dèi! Perché nella sua mano sono tutti i confini della terra. Sue sono le cime dei monti...» e sua sono io!

E proprio da questa appartenenza deriva la mia enorme gioia e sicurezza.

E se c'è in me una traccia di preoccupazione per questa pienezza, è che è così piena di profondità, che per così dire non trova abbastanza spazio nella mia anima; e l'unico rimedio davanti a questa pienezza di mistero è appunto diventare come un bambino e tenere la sua mano. Un bambino non può capire i misteri e ne ha tutto il diritto: dalla posizione di un bambino una persona lo può sopportare, perché allora è come se stesse sulla soglia. E anche se ciò è grande, è la sua quota, non lo distrugge però con la sua grandezza, e lui non si perde in questa pienezza, perché il Padre lo tiene per mano. Così è in me, e guardo questo con i tuoi occhi, tenendomi alla tua mano. Mi pervade tutto il mistero dell'esistenza!

19 agosto sabato, ore 10

Sul prato «del mattino» mi congedo dal bosco.

Giovedì pomeriggio ho celebrato l'ora santa, ma una delle mie bambine mi disturbava. Ho pensato che, quando la mia estate finirà, non sarà facile trovare queste ore tranquille di contemplazione che sono state possibili qui. Nel normale andamento della mia vita può essere impossibile trovare un'intera ora libera. E ho pensato che devo risolvere questo in modo diverso. Il mio vegliare nell'Orto degli Ulivi presso Cristo non può essere la preghiera, ma può sempre essere la consapevolezza – attraverso tutto ciò che mi capiterà di fare – e questo mio vegliare si può riflettere sulla qualità di quello che farò, sulla qualità del mio lavoro, sul mio impegno.

E così appunto mi ripropongo di vegliare con Cristo, cioè in modo particolare cercherò di fare nel raccoglimento tutto ciò che dovrei fare; ma diversamente, perché sempre col pensiero rivolto a lui. Una volta in passato mi sono lamentata con don Tadeusz di non saper pregare «senza far niente», dicendogli che prego molto meglio se faccio qualcosa. Allora mi disse che potevo fare così, potevo pregare attraverso ciò che facevo, perché quello era il mio modo. Dunque anche ora penso di poter fare così.

* * *

Ieri, dopo un temporale notturno, è stata una bellissima giornata. Ho camminato con Kasia e Ania per una strada sterrata e pensavo che, anche se non sono capace di educare le bambine così come desidererei, forse riuscirò comunque a trasmettere loro l'ammirazione per la bellezza di questo bosco!

Ieri pomeriggio sono andata da sola nel bosco in cerca di more, volevo recitare la via crucis, ma non mi riusciva, la mia bocca da sola cantava il *Magnificat*, e varie analogie mi passavano per la mente, mentre raccoglievo quei frutti.

Un grappolo di frutti enorme, al sole, bacche squisite, nere ed enormi; un altro accanto in ombra, stentato, sta addirittura scomparendo, senza arrivare alla maturità, con i frutti ancora verdi si secca. Pensavo all'uomo e alla grazia, che tira fuori quella succosa maturità. Pensavo allo sviluppo dell'essere umano sulla trama del tuo libro, ai modi di agire sull'uomo e attraverso l'uomo; pensieri un po' sulla famiglia, e un po' sui miei pazienti.

Ho capito molto bene che l'uomo si sviluppa pienamente solo nella grazia, come un frutto al sole: l'uomo matura nella grazia e questa maturazione è legata appunto al sentirsi un bambino rispetto a Dio.

Penso alla maturità e alle sue condizioni. Quanto più l'uomo si sente un bambino di Dio, tanto più agisce da persona matura; l'eredità divina dell'anima umana acquista splendore per il corpo e per tutte le opere delle mani dell'uomo. La persona, liberata dalla preoccupazione irrazionale, dalle ambizioni egoistiche, tutta immersa in Dio, senza desiderare nulla, nello stesso tempo acquista abilità, per così dire, dal di fuori di sé.

Dopo questo bivacco «da re» domina in me la gratitudine e nello stesso tempo il senso di sicurezza; è in questo bosco che è cresciuta la certezza che posso tutto, se questo corrisponde sicuramente alla volontà di Dio stesso. Qui abbiamo imparato proprio questo. L'unica condizione delle azioni dell'uomo! Basta verificare, se corrisponde alla volontà di Dio – e allora l'uomo può di più di quello che gli sembra, e riceve di più di quanto si aspetta!

Questo bivacco, sempre al sole, è stato cruciale: ci ha mostrato una nuova dimensione della vita dell'uomo, e ci ha mostrato anche, e con quanta chiarezza, l'essenza del sacerdozio. Penso che i laici non si rendano conto fino in fondo di quello che ricevono, avendo accanto a sé un sacerdote!

Per oggi hai scelto come testo da meditare: «Andiamo, inchiniamoci a Dio e pieghiamo le ginocchia davanti al Signore, che ci ha creato, perché egli è il nostro Signore, e noi il suo popolo, il gregge che egli pasce». Il testo corrisponde a quello che c'è in me; sento molto nettamente l'appartenenza a Dio e non vorrei perdere mai questo, questa consapevolezza, che è cresciuta qui, in questo bivacco!

E so anche che a Dio è dovuta la venerazione da parte della creatura, dell'uomo, e anche la venerazione e la gratitudine a sua Madre per il suo «fiat». Qui, in questo bosco, sento una tale pace, un tale ordine interiore è sceso su di me, dopo questo bivacco, che è come se niente in me ostacolasse l'aprirmi a Dio e al servizio alle persone, perché naturalmente l'apertura significa l'ingresso nel cerchio del progetto di Dio per l'umanità. Questo bivacco è in fin dei conti una preparazione all'azione, sono stati degli esercizi spirituali!

C'è in me una fervente gratitudine per Dio, proprio per questa consapevolezza di appartenere a lui.

22 agosto martedì

Abbiamo passato la domenica dalle suore a Miejsce Piastowe, perché io lì esaminavo le candidate.

Il dolore fisico aiuta a vedere le giuste proporzioni della vita: bisogna viverla nel modo più pieno, nel lavoro per la diffusione del regno di Dio sulla terra; ora lo vedo chiaramente!

23 agosto mercoledì

Penso a malincuore al ritorno alla clinica, anche se in fondo amavo il mio lavoro. Ma non voglio tornare in quell'ambiente!

Naturalmente so che devo tornarci, ma tutto in me desidera qualcosa di diverso; prego lo Spirito Santo perché mi dia luce e aiuto, e la Madre di Dio; questo bivacco è una certa apertura alla Madre di Dio, sono sparite le mie vecchie resistenze. Da te mi è venuta la gratitudine per lei, a lei chiedo aiuto nella realizzazione del mio futuro più prossimo.

Andrzej mi dice: «Fa' velocemente l'abilitazione»[34], ma facendo solo l'abilitazione dovrei lasciare tutto quello che ora mi sembra molto più importante di tutti i titoli e gradi accademici!

Sento il bisogno di pregare lo Spirito Santo, perché devo pur prendere una decisione.

26 agosto sabato

Ricordo ogni parola pronunciata in questo bosco e mi colpisce il fatto che fino ad ora non ho mai ringraziato Dio per la fede; eppure è grazia.

Oggi parlavo con un ragazzo che era venuto qui a chiedere aiuto. E nel contrasto con le sue confidenze ho visto quanto è facile la mia fede, e che devo essere grata a Dio di questo! Considero la fede come un dono immeritato e penso a come trasmetterlo alle persone. Ma è davvero possibile?

Ho la sensazione che questo bivacco abbia dato inizio a una nuova tappa della mia vita – un'altra dimensione. Sono trasformata!

Cammino per il bosco e, benché preghi, si tratta di una preghiera senza parole, perché non riesco a trovare le parole giuste. Tutte non rendono pienamente quello che sento! Prego con questo entusiasmo: Dio ha permesso di chiamarlo Padre e ama come un Padre.

Questo bivacco da re ai piedi della Cergowa è il punto di svolta della mia vita!

* * *

[34] L'abilitazione in Polonia è il titolo accademico che viene dopo il dottorato [NdT].

16 settembre 1967

+ Cara Dusia!

Sono stato a Jasna Góra anche per questo, per «prepararti un posto». Probabilmente capisci, che cosa voglio esprimere con questa metafora. Vedo che, dopo un lungo periodo, ti è difficile rientrare e trovare la proporzione delle cose, tanto più che queste cose «si abbattono» su di te a causa di questioni arretrate e aspettative. Vedo anche che ti stanchi, non solo fisicamente.

Ho riflettuto su questo, qui e in viaggio. Ho riflettuto e in un certo senso ho cercato di anticipare la tua presenza e le tue richieste. È assolutamente necessario che la tensione tra quello che «devi» e quello che «vuoi» in te, in qualche modo, trovi un equilibrio. Che trovi un equilibrio attraverso ciò che è più importante: cioè il desiderio di una partecipazione attiva e creativa all'opera di Cristo. Quest'opera è dappertutto, e le possibilità di parteciparvi anche. Il senso della venerazione per la Madre di Dio (e questa è forse la venerazione più profonda e il senso più essenziale) è questo, che lei ci aiuta a partecipare all'opera di suo Figlio e permette a tutti di trovare le giuste possibilità di questa partecipazione.

In questo spirito ho pensato alla tua venerazione per lei. Infatti la tua venerazione per lei in qualche modo la pongo ormai così dentro di me. Mi sono reso conto di ciò in modo particolare a Jasna Góra, per questo te ne scrivo. Desidero tanto che tu stia bene e abbia più forze possibile. Ma desidero anche che tu colga le proporzioni tra i vari compiti della tua vita, cioè tra i vari elementi costitutivi della tua partecipazione all'opera di Cristo. Desidero che non ti tormenti. Che la Madre di Dio ti aiuti in questo.

Non ti preoccupare per Persona e atto. *L'ho menzionato senza necessità. Io stesso sono sul punto di elaborare una giusta concezione, per quanto riguarda «l'integrazione della persona nel-*

l'azione». Per cui la «richiesta» delle tue considerazioni è prematura. Infatti non puoi trascrivermi tutta la fisiologia e la psicologia dell'uomo. In una nuova concezione questo si deve delineare in qualche modo diversamente.

Ti raccomando allo Spirito Santo, che dobbiamo alla passione e morte di Cristo.

Fr.

PS
Passerò stasera verso le 21.

VII

La fruttificazione

Secondo quanto suggeritomi, ho scelto alcune delle mie annotazioni. Non è possibile menzionare tutto ciò che accadde in quegli anni, dal 1967 al 1978, e quello che provai. Allego quindi varie annotazioni, senza un piano particolare. Non sono annotazioni biografiche, anche se a volte vi compaiono anche dati concreti su dove sono stata e cosa ho fatto.

Sono state scritte tutte per mio Fratello e lui le ha lette tutte, allegando, a volte, le sue considerazioni.

* * *

5 febbraio 1968 lunedì, ore 14

Penso continuamente ai collaboratori; il mio contatto personale con la gente può giovare a questo. Dalla nostra ultima conversazione ho preso questo, che ho un approccio diverso a questo problema. Non si tratta di cacciare via una persona, ma di trovare per ognuno un posto nel quale sia utile. Da una persona bisogna tirare fuori il massimo. E se lei non riesce, forse è perché nessuno l'ha guidata, ma si possono trascinare le persone solo quando si mostra loro un valore. Devo trovare delle persone, se l'istituto deve nascere!

Ieri, durante la messa, mi ha colpito quello che san Paolo diceva della propria disciplina. E ho pensato che forse in me c'è troppo poca di quella disciplina, di quell'autocontrollo. Fino ad ora non avevo mai pensato che devo sforzarmi di essere un «apostolo». Prego lo Spirito Santo per avere tutto quello che è necessario in questo ruolo, e penso che si tratti non solo di propositi, ma della loro immediata realizzazione.

In ogni caso ora devo concretamente riuscire a trovare dei collaboratori per questa causa, la cui realizzazione mi sembra il mio primo compito, ma so che questo deve essere «ottenuto con la preghiera», quindi comincio da questo, dalla preghiera.

6 febbraio martedì mattina

Ieri si è tenuto l'incontro con i cosiddetti conferenzieri, ma sono venute meno di dieci persone e si giustificano, dicendo che non hanno tempo. E io ho pensato: "Io ne ho forse di più?". Ma ho taciuto, sono riuscita a non reagire. Poi c'è stata la messa, e dunque un'occasione per guardare le cose con tranquillità, e le parole di san Paolo: «Vi ho scelti, perché diate frutto». Per tutta la messa e, a lungo, dopo ho pensato a come convincere quelle persone del fatto che la cosa più importante è ciò che fanno per il Signore Dio. Come renderli sensibili al problema? Mi cadono le braccia!

Ho pensato anche a questo, che questa è la sorte di tanti sacerdoti pastori di anime, che per anni interi cercano di convincere la gente che le cose di Dio sono le più importanti: quante volte quei sacerdoti devono sentirsi scoraggiati! Ho riflettuto su cosa fare, affinché tuttavia ci sia frutto. Ieri sera, come consolazione, ho ricevuto una lettera da don Jerzy Czartoryski, con il ringraziamento per il 28 gennaio. Scrive che la mia conferenza ha appunto dato un incoraggiamento alle persone che erano presenti. Ma questo è poco. Bisogna fare tutto ciò più profondamente, più ampiamente e più pienamente. Non so come, ma penso che lentamente questo si elaborerà. Per ora io stessa organizzerò un nuovo gruppo di conferenzieri tra i medici scolastici e gli insegnanti. Persone nuove, troverò ognuna di loro separatamente e a quattr'occhi le spiegherò di cosa si tratta. E questo bisogna farlo sempre di nuovo. Non perdere di vista quelle, ma cercare continuamente nuove persone. Il Signore Gesù si rivolse personalmente a ogni apostolo e personalmente lo conquistò con se stesso. E in fondo, questo «conquistare» una persona per questo lavoro significa metterla, nel modo più pieno, sulla sua via personale verso la santità!

In effetti, da un po' di tempo valuto ogni persona incontrata sotto questo aspetto: per che cosa la si può conquistare?

10 febbraio sabato mattina

Sono arrivata da Poznań dopo due giornate laboriose. Sono stata dai Chrystusowcy[1]: una nuova esperienza, nuove persone. Penso con gratitudine a Dio, che mi rende necessaria! Ma scopro sempre nuovi bisogni della Chiesa in Polonia e vedo il mio posto – posso essere utile.

Gli incontri con i seminaristi mi fanno vedere quanto ci sia bisogno di una corretta preparazione al sacerdozio – deve essere la stessa che per il matrimonio: attraverso la castità – e in questo bisogna aiutare i giovani. E io ho accesso a loro, parlo la loro lingua e loro mi parlano di sé più che ai loro superiori. A volte mi sembra che, nel seminario, oltre al padre spirituale sarebbe necessaria una «madre spirituale» per quei giovani. Infatti loro arrivano da questo mondo, dove tutto è mescolato e non tutti sono capaci subito di distinguere il chicco dalla pula!

E sempre più chiaramente mi si delinea la «concezione di un istituto per i laici e per i sacerdoti»! Questo è necessario non solo alla diocesi, ma su scala nazionale; dovunque io vada, c'è lo stesso problema: come fare?

[1] Congregazione religiosa fondata dal cardinale August Hlond che si occupa principalmente dell'apostolato a favore dei polacchi residenti all'estero. Il suo nome per esteso è Società di Cristo per gli Emigrati della Polonia (in latino Societas Christi pro Emigrantibus Polonis, in polacco Towarzystwo Chrystusowe dla Polonii zagranicznej) [NdT].

Prego molto; chiedo a Dio che, mentre mi mostra questi compiti, mi dia anche la facoltà di realizzarli. Chiedo questo davvero molto, e nello stesso tempo lavoro al problema dei collaboratori. Ho commesso un errore, contando su un gruppo di persone. Qui bisogna fare diversamente. Penso che si debba seguire, individualmente, ogni persona che possa essere adatta per questo. Conquistare ognuno individualmente e formarlo e farlo affezionare non a noi, ma all'«opera». Penso a me stessa, a come da quel libro (*Amore e responsabilità*) è cominciato a germogliare in me quello che ora è diventato la sostanza della mia vita.

Ricordo Piazza San Pietro a Roma il 29 giugno 1967, quando si è compiuta in me una speciale conversione, della quale allora forse non mi resi neppure conto, ma ora vedo quanto profondamente questo è calato in me! C'è in me una direzione così chiara, una tale evidenza dell'idea, un tale amore per essa, come mai prima!

14 febbraio mercoledì

Stamattina e ieri sera mi hanno «raggiunto» cinque sacerdoti; cinque nuovi impegni: Katowice, Łódź, Bytom, Cracovia, il Seminario della Slesia. Mi sono bloccata tutte le domeniche, ma come dire di no? Per ognuna di queste «iniziative» prenderò qualcuno dei giovani – che imparino – e forse questo farà presa?

Ho trascurato però le meditazioni. Penso che dovrei pregare di più in silenzio. Sicuramente ho troppo poco raccoglimento! Mi manca la pace – hai detto che «l'inquietudine viene sempre da noi» – lo sento, ma mi assillano troppo le questioni dall'esterno. Non riesco a difendermi: forse mi manca una giusta gerarchia di valori? Questo mi sfugge di mano, troppe questioni umane! Infatti non posso affidare le cose così completamente a nessuno. Devo verificare, incitare e sorvegliare. Sono così attiva, come non sono mai stata, lavoro senza sosta.

Mi tormenta però il problema delle mie figlie, non le starò trascurando? Prego i loro angeli custodi. Nello stesso tempo so che il mio tempo deve essere tempo di Dio, non appartiene a me, perciò non posso perdere nemmeno un'ora!

Ho meditato sull'ascesi e su qual è il suo posto nella mia vita: si può considerare una mortificazione il fatto che accetto tutto? Rinuncio a ogni domenica libera e dico a Dio, come un bambino: «O Dio, intraprendo tutto questo per te, ma tu in compenso sii con me e bada che ci siano i frutti!».

A dire il vero nella mia vita c'è continuamente il dolore fisico. Hai detto che sono abbastanza «mortificata», ma mi sembra sempre che ciò che l'uomo deve sopportare non sia una mortificazione, che la mortificazione dovrebbe essere una volontaria rinuncia a un bene, a una gioia, mentre se «devo», in fondo in questo non c'è nessun merito!

15 febbraio giovedì mattina

Ieri mi ha incoraggiato la lettura di san Paolo che «non dà da se stesso» e con zelo, e perfino con insistenza, cerca di conquistare degli ascoltatori. Parlavo alla gente e continuavo a domandarmi, se quello «si sarebbe seminato» in qualcuno. Poi, la sera, ho avuto un incontro con i giovani. Ho cercato di mostrare loro il «profilo della paternità» e della maternità come maturità dell'amore! «Dottoressa, scriva un libro sull'amore» – mi hanno detto – e io vorrei tanto scriverlo, ma tutte queste cose mi premono! La gioia di essere necessaria! Ma anche questo libro sarebbe necessario. Quante più persone cercano di incontrarmi, tanto più mi rendo conto dell'enorme quantità delle cose da fare. Penso anche che tutto questo è «il tuo gregge». Quante più cose abbraccerò col mio lavoro, tanto più questo sarà utile al Pastore!

Ma come raggiungere questi «collaboratori»? Ieri ne ho portata una con me, alla conferenza per i giovani, ma c'è stata di nuovo questa reazione: «Io non sono capace di fare come Lei, dottoressa». Quante volte liquidano così: «Non ci riesco», e in me subito cresce la rabbia. Che cosa vuol dire, perché non dovresti riuscirci?

I collaboratori che affermano: «Io non sono adatto» mi fanno arrabbiare. Io sono forse adatta? Non sto a pensare a questo, perché so che bisogna fare ciò, essere uno strumento nella mano di Dio, e allora devo essere adatta! Vedo i miei limiti, dunque chiedo a Dio: «Aiutami».

* * *

Domani andremo da Kasia (è a scuola a Zakopane).

16 febbraio venerdì notte

Il materiale è una questione più difficile di quanto mi sembrasse. Esige concentrazione, deve comprendere ogni aspetto. Sto raccogliendo per questo vari elaborati e già vedo che, se devo fare questo, devo rimandare tutto il resto a marzo!

Anche le lezioni nel seminario, con i sacerdoti missionari, mi prendono più tempo di quanto pensassi, perché comunque devo un po' prepararmi, anche se questo è il mio argomento e mi «sta a cuore».

18 febbraio domenica, Zakopane - Kalatówki

Andrzej scia con Marysia e Kasia. Io sto dalle suore, davanti alla cappella, al sole, degli uccellini cantano, a parte questo silenzio!

Penso continuamente alla vocazione e al mio ruolo, a che cosa potrei fare di più. Le parole di san Paolo, che la forza si rinvigorisce nella debolezza, in qualche modo mi rincuorano, perché in effetti in questo momento sono certa che, da sola, non riuscirò a fare nulla. Prego lo Spirito Santo.

Ieri pomeriggio ho tenuto una lezione di educazione sessuale nella classe quinta del liceo geologico. Non sapevo bene come fosse accaduto, che ero stata invitata ufficialmente in quella scuola, ma durante la lezione la cosa si è chiarita. Un ragazzo era stato a una lezione di religione nella parrocchia di don Józef Rozwadowski, a San Floriano, e quando avevo chiesto ai pochi ragazzi presenti perché a quella lezione di religione non ci fosse tutta la classe, uno aveva risposto: «Non si riesce a farli venire». Avevo parlato loro anche della responsabilità del cattolico per l'apostolato. E quel ragazzo ora, sorridendo, mi ha fatto un inchino e ha detto che non aveva potuto trascinare i compagni alla lezione di religione, ma era riuscito a trascinare me davanti a tutta la classe. Appunto: di gente del genere c'è bisogno, devo ricordarmi di questo ragazzo. Ognuno al suo posto deve agire e solo l'unione di tutti questi sforzi può dare frutto!

Una persona non è apostolo di per sé, è il Signore Dio che la rende tale! La persona deve soltanto aprirsi a Dio, fargli posto dentro di sé.

19 febbraio lunedì mezzanotte

Giornata pesante, piena di lavoro. Sono stata a Bochnia, ho portato con me delle dottoresse, nella speranza che da loro escano delle collaboratrici, forse!

Un anno fa atterravo a Honolulu: come è stato pieno questo anno! Quante cose sono cambiate dentro di me e quanto è piena ora la mia vita! Dopo lunghe riflessioni mi sto dedicando anche alla questione che mi piace di meno, la pastorale dei medici! Da anni mi «spingi» in questa direzione, e io non me la sentivo e l'ho intrapreso non senza indugio, ma ora questo è al centro della mia attenzione. Ho bisogno di medici per questo lavoro.

20 febbraio martedì mattina

Sono giunta alla conclusione che tuttavia le persone si debbano «sollecitare». Doveva esserci un incontro dei conferenzieri per i giovani e finora niente. La catechesi per i giovani non è all'altezza, ma non basta constatarlo, bisogna porvi rimedio. Don Albin Małysiak ha mandato un vicario a chiedermi di fare, per due settimane, la catechesi per le classi undicesime[2]. Ma l'ho mandato dalla dottoressa Klinowska. Non posso fare tutto da sola, il vicario però si impunta, dice: «Il parroco afferma che Lei lo farà meglio di tutti». E dappertutto le stesse risposte: non posso mandare un sostituto, perché i sacerdoti non vogliono nessun altro!

È vero che io ho una disinvoltura nel parlare che loro non hanno, ma se non cominciano non l'avranno mai; e inoltre bisogna studiare, per «sentirsi a proprio agio» nell'argomento. Io conosco la problematica, perché in fondo vivo di questo, «abbiamo trattato così tante questioni durante le vacanze»! Io stessa leggo moltissimo e vedo continuamente che è ancora poco, perché il problema si ingrandisce. C'è così tanto da fare, ma ringrazio molto il Signore Dio, per la visione sempre più chiara della questione, e vedo sempre meglio il modo reale della sua realizzazione. Quanto più la concezione è completa, tanto più è facile mostrarla. *Amore e responsabilità* di Karol Wojtyła è l'idea fondamentale!

21 febbraio mercoledì mattina

Studio quello che hanno scritto i nostri teologi e ho la soddisfazione interiore di vedere le cose esattamente allo stesso modo anche senza studi teologici! Ho imparato durante le nostre passeggiate la giusta dottrina. Pongo i problemi nello stesso modo, anche se di alcune questioni non sapevo che avessero trattato i testi del concilio.

Bisogna sostenere la biologia con l'etica! Dovrebbe esistere

[2] L'undicesima classe corrisponde al terzo anno di scuola superiore ed è frequentata da ragazzi di 17 anni [NdT].

qualcosa del tipo della «bioetica», o come chiamarla? Le leggi naturali sicuramente non possono contrastare le leggi morali e questo appunto bisogna mostrare.

Dopo la problematica della famiglia, la più cara al mio cuore è la questione dei seminaristi, e forse nella mia consapevolezza passa addirittura in primo piano, perché per i problemi della famiglia c'è già qualche persona, mentre qui è peggio – e forse queste necessità sono più scottanti. Di coppie sposate ce ne sono e ce ne saranno abbastanza, mentre i sacerdoti mancano, e si tratta di fare in modo che siano i migliori possibile. Chissà se non dovrei impegnarmi di più in questo settore? Le cose del resto stanno andando da sole in questa direzione: gli esami dei seminaristi, l'assistenza medica a loro, le conferenze nei seminari – questo arriva da solo nelle mie mani.

Invece delle meditazioni ho sempre in mente l'Istituto della Famiglia e il suo raggio d'azione, ne vedo la necessità su scala nazionale e mondiale!

Vorrei dettare ai seminaristi i temi delle tesi di laurea e di dottorato, perché entrando più profondamente in questa problematica vedo che anche nella teologia ci sono delle lacune; e inoltre bisogna dare la teologia ai laici, anche ai nubendi, perché dove impareranno questo, se non nel corso prematrimoniale? Ci sono degli argomenti che io stessa vorrei approfondire: mi mancano le cognizioni. Ad esempio mi tormenta il problema della Santissima Trinità. I laici hanno bisogno di una lezione di teologia, perché quale cattolicesimo consapevole può esserci senza teologia? Quanto più vado in profondità, tanto più ampie si aprono le prospettive! «Tutto quello di cui abbiamo parlato durante le vacanze, è entrato in me come i singoli mattoni in una costruzione». Ora è il momento di comprendere questo in un quadro complessivo; vedo la necessità di unificare i singoli elementi.

Leggo i documenti del concilio e vedo che tutto era nel libro di K.W. (*Amore e responsabilità*); tutto, così come ora lo pone il concilio. E soltanto ora capisco perché il concilio non sia stato per me una «rivelazione»: io sapevo tutto ciò da quel libro. Le concezioni profetiche di Karol Wojtyła. Per me una rivelazione è stata la sua concezione dell'amore e immediatamente l'ho considerata come mia, quindi gli scritti del concilio non mi svelano niente di nuovo sull'amore, perché questo era in quel libro. Il suo pensiero ha preceduto il concilio! Il concilio lo conferma soltanto.

23 febbraio venerdì

È venuto da me don R. con la proposta di fare degli esercizi spirituali senza sacerdote per le coppie sposate! Io gli ho replicato che gli esercizi spirituali devono portare alla confessione, e non ad altro. Lui, che vuole dei «conferenzieri interessanti»; e io, che non si tratta di una conferenza interessante, solo della conversione delle persone. Lui, «per parlare in modo così interessante delle questioni umane»; io, che bisogna radicare le questioni umane in Dio. Alla fine gli ho dettato gli argomenti di quattro incontri e a fatica l'ho convinto che è necessaria la conferenza di un sacerdote, ma per tutto il tempo ho avuto l'impressione che a lui interessasse solo l'effetto: «Manderemo 1700 inviti».

* * *

Stamattina ho tenuto la prima conferenza nel Seminario dei padri missionari, per i seminaristi del VI anno, sulla preparazione alla pastorale familiare, e domani comincio un ciclo completo di lezioni di medicina pastorale. Questa per me è una certa inversione degli argomenti, perché anche se molto tempo fa ho studiato tutto Niedermeyer[3] in originale, tuttavia per le conferenze devo prepararmi, e anche così ho già tanti altri impegni.

In realtà è necessario un libro di testo polacco di medicina pastorale, perché ai seminaristi bisogna dare ciò in polacco.

[3] Albert Niedermeyer, *Handbuch der speziellen Pastoralmedizin*, Wien, Herder, 1950-1952.

Inoltre, con l'intento di trovare dei collaboratori, ho intenzione di occuparmi della pastorale delle infermiere. Le infermiere vanno benissimo per questo.

Finora mi ha aiutato più di tutti padre Czesław Drążek e per questo faccio presso di lui l'incontro con le infermiere. Si potrebbe aggiungere padre Drążek nel settore della preparazione al matrimonio. Lui comprende e conduce correttamente la sua pastorale per gli universitari e prepara davvero le persone all'attività pastorale e all'apostolato!

24 febbraio sabato

Domani è l'anniversario della mia operazione – il 25 febbraio! Faccio talmente tante cose e mi passano per la testa così tanti argomenti, che mi ha invaso la paura di vivere troppo superficialmente e mi sono detta che devo andare più in profondità e pregare di più. Cerco di fare tutto quello che faccio sulla base di Dio: davvero sto seguendo lui? Lo verifico continuamente, questo mi preoccupa continuamente, ma spero che in linea di massima vada bene; penso che il Signore Dio voglia questo da me, così mi pare, così spero!

Domani andrò col mio gruppo alla Casa della Cultura di Stadniki. Voglio avere argomenti per la mia lotta, perché il tribunale di seconda istanza mi ha condannato[4] con una motivazione assurda.

Forse questo non è necessario, ma voglio avere una posizione inattaccabile. Non voglio che mi allontanino; al contrario, voglio stare lì, perché questo mi dà la facoltà di penetrare negli ambienti che in chiesa non vengono: voglio avere un campo d'azione più ampio!

Ieri ho tenuto una conferenza sul matrimonio agli studenti, e poi ne è seguita una discussione: le ragazze non vogliono avere figli! I ragazzi no, ma le ragazze sono nettamente contro un fi-

[4] Si tratta della sentenza per aver tenuto un discorso in chiesa.

glio; c'è questa corrente fra loro: «Non sono così sciocca da avere un bambino».

Quanta fatica e pazienza ci vuole, per mostrare loro un'altra scala di valori! Ma questo è colpa degli adulti: le madri si lamentano e nasce l'idea che la sciocca ha i figli e una vita difficile, mentre la saggia si organizzerà la vita diversamente. Quanti problemi!

Don Juliusz Turowicz ha tenuto una bellissima conferenza per le coppie sposate. Andrzej l'ha ascoltata e ne era entusiasta. A partire da settembre voglio mettere insieme un gruppo più grande per queste conferenze. Organizzerò questo per loro: per tutto l'anno un corso di teologia fatto bene!

26 febbraio lunedì

Si avvicina la Quaresima. Vorrei vivere questo periodo nel modo più profondo possibile. Oggi, durante la messa, ho provato un senso di impotenza. Stavo inginocchiata davanti al tabernacolo e praticamente in me c'era solo un pensiero: che il Signore Dio era lì e io davanti a lui!

Ma le dottoresse (ho parlato con ognuna di loro separatamente) mi hanno detto: «Qui bisogna credere come fa Lei, dottoressa, io non credo così». Questo mi ha fatto arrabbiare. Davvero bisogna credere in modo speciale, per fare qualcosa? Che cos'è in realtà il motore dell'azione? Ho riflettuto su questo e tuttavia forse è così. Effettivamente il mio agire ha un riferimento diretto al Signore Gesù; altrimenti non ha senso, questo in fondo è un problema di conversione. Eppure non posso pensare che la mia fede sia migliore della loro! Tuttavia loro valutano in un altro modo, quindi bisogna mettersi a cercare collaboratori con modalità ancora diverse. È la chiave che deve essere diversa; forse proprio per questo mi è più facile intendermi con i sacerdoti che con i medici? E per questo mi è più facile con i seminaristi? O forse, per la grande causa della santità della famiglia, mettere in moto le suore? Loro dovrebbero comprendere meglio il progetto di Dio, a loro dovrebbe stare più a cuore la diffusione dell'amore casto nel mondo! Forse con le suore mi intenderei meglio che con le dottoresse? Vedo che bisognerebbe creare delle cornici, un assetto formale. E se radunassimo così delle coppie di sposi selezionate, che facessero dei voti aggiuntivi, per così dire? Che volessero lavorare, forse che fossero tenute all'obbedienza? Fondare un «istituto delle coppie caste», che oltre al giuramento dell'amore matrimoniale prestino un giuramento aggiuntivo, un voto di castità inteso in modo più profondo, e vogliano servire autenticamente questa causa? Che siano anche solo dieci, ma che si sappia che sono pronte, che si può affidare loro l'incarico!

* * *

Fuori dalla finestra c'è la neve fresca e camminano le persone, delle quali mi occupo. In modo così strano mi sono resa conto del fatto che, in fondo, mi occupo di tutte le persone, così fondamentalmente e davvero. E tuttavia come è difficile mettere l'amore per il prossimo in ogni singolo rapporto interpersonale!

Torno col pensiero a ciò che è accaduto un anno fa (a Honolulu). Allora si è compiuto in me il grande abbandono al Signore Dio, direttamente nelle sue mani. Il Signore Dio mi ha dato la vita ancora una volta, me l'ha messa a disposizione. Leggo in questo un grande impegno. Mi sento nelle mani di Dio, e se faccio male qualcosa, in modo maldestro, imperfetto, chiedo al Signore Dio di correggerlo al mio posto. Ma ho questa certezza, che io e la mia vita apparteniamo a lui – e questa è la mia felicità. Ed è anche vero che la mia vita è più piena di quella delle altre persone, per questa consapevolezza della presenza di Dio. Questo è il dono più grande che una persona possa ricevere (il telegramma: un segno della cura amorevole e del ricordo).

29 settembre domenica

Szymanów: giornata piena di lavoro fino all'impossibile! Io stessa sono stupita della mia resistenza e ringrazio Dio!

Ieri ho avuto davvero la sensazione che non fossi io a parlare, i pensieri uscivano da soli, come dettati dallo Spirito Santo. Posso pensare così? Forse è arroganza, ma so, in fondo, che da sola non potrei nulla!

La mia vita ha acquistato pienezza, ha acquistato profondità. Come è diversa la sostanza!

Sempre nuovi vescovi mi invitano. Ma vedo che la formulazione dell'enciclica HV[5] dovrebbe essere più chiara in alcuni punti. Non è stato posto in modo abbastanza chiaro il problema dell'astinenza periodica, perché la si tratta come un metodo, mentre è un principio dell'agire umano: per questo la Chiesa la può accettare. Infatti la normale vita sessuale della coppia deve essere periodica; per che cosa litigano i vescovi?

Il mio articolo, respinto dal TP[6], lo pubblica «in extenso» il «Przewodnik Katolicki»[7].

Non sarò a casa in nessuna domenica fino a Natale, ma il Santo Padre Paolo VI mette la questione così, di prendere questo come «primo compito pastorale»; quindi, per avere la forza e l'abilità, prego la Madre di Dio più ardentemente che posso!

Il Signore Dio mi aiuta davvero; quanto meno conto su di me, quanto più prego e cerco di fare tutto ciò che posso, fino in fondo, tanto più ottengo!

Abbiamo stabilito che la dottoressa Teresa Kramarek raccoglierà i grafici delle donne che, sulla base del metodo termico, hanno «programmato» il quarto, il quinto e il sesto figlio: documentazione che simili casi esistono. Le persone, sotto l'influenza dell'amore, programmano anche il sesto figlio. L'amore purificato desidera portare frutto!

[5] Si tratta dell'enciclica di Paolo VI *Humanae vitae*.

[6] «Tygodnik Powszechny» [«Il settimanale universale», NdT].

[7] «La guida cattolica» [NdT].

Giorno dopo giorno lavoro sempre di più, ma lo sopporto bene ed è così strano, come se, dopo la fatica, le forze aumentassero! Il Signore Dio mi aiuta sempre.

30 settembre lunedì, Varsavia

Ho avuto una giornata così piena di lavoro, che vedo che sono necessaria e ringrazio Dio per il fatto che mi «usa».

Oggi resto ancora a Varsavia, perché domani registrerò delle conferenze per la radio; poi nella notte tornerò a Cracovia, e la mattina andrò in clinica!

2 ottobre mercoledì, Cracovia

Notte insonne in treno. Vedo un nuovo aspetto dell'attività pastorale: servono i mezzi! Ma nello stesso tempo vedo quanto è diverso il mio atteggiamento verso queste cose. Le persone vogliono anche fare qualcosa, ma loro devono «avere il loro tornaconto», mentre a me tutto «dà un tornaconto». Il mio guadagno è il fatto che vada a buon fine, che salverò almeno una persona, che ci sarà almeno un peccato in meno!

Ma in questo sono abbastanza sola, un po' come una matta, alla quale si guarda in modo più o meno indulgente. Il Vangelo di ieri mi ha consolato. Con quanta chiarezza vedo lo scopo della vita umana – e lo scopo della mia!

Notte

Nel pomeriggio sono andata a Wieliczka. Per la prima volta ho pensato che, oltre all'avversione da parte dei laici, può comparire anche un ostacolo da parte dei sacerdoti: avevo sempre protestato, quando lo diceva Teresa, avevo sempre ritenuto che i sacerdoti vivessero per la gente, come tu mi hai insegnato. Ma vedo che non è così. Tu sei unico; non tutti sono così! Anche a loro l'attività pastorale deve «dare un tornaconto», neanche loro vogliono pagare di più per questo; ma in fondo qual è lo scopo della loro vita? E per che cosa altro sono loro necessari i mezzi materiali, se non per questo? Sono ritornata piuttosto demoralizzata; oh, se così potessi mobilitare più persone di buona volontà!

Il Signore Dio mi dà forze oltre misura, ma ogni giorno partecipo alla messa.

3 ottobre giovedì notte

Forse sto trascurando le mie figlie? Vedranno che il bene sommo è affidare tutto a Dio? Basterà che vedano come vivo io? Riusciranno a capirlo? Sono in difficoltà.

Mostro tutto ciò che mi tormenta direttamente al Signore Dio e imploro aiuto. Prego la Madre di Dio per avere le forze. Voglio lavorare di più, voglio fare tutto quello che è possibile!

A Varsavia ho sgobbato in modo disumano, e qui il ritmo sarà ancora più veloce! Da sola non posso nulla, ma con le forze di Dio posso tutto! Non riesco però a discernere in che misura l'uomo ha il diritto di aspettarsi le forze dal Signore Dio. Posso chiedere di averne ancora di più?

4 ottobre venerdì notte

Alla clinica le cose vanno in modo ideale: tutti mi vogliono bene e grande è la gioia per il mio ritorno[8]! Ma io sono tesa, perché come farò fronte a tutto questo? Ho potuto fare così tanto, perché avevo l'aspettativa senza stipendio, ma ora il lavoro a tempo pieno, più tutto quello che facevo fino ad ora! Ho troppo lavo-

[8] Ero tornata dopo un'aspettativa senza stipendio durata dal 1° dicembre 1967 al 30 settembre 1968.

ro, mancano le persone. Vivo al massimo delle mie possibilità: per quanto ci riuscirò?

La festa degli Angeli Custodi mi ha spinto a riflettere su questa mano affettuosa della Provvidenza: se ognuno di noi ha il suo angelo che gli stende sotto le ali, in effetti è difficile trovare un aiuto migliore. Mi rivolgo al mio angelo custode e a tutti i santi. Ora, per questi problemi umani, ho bisogno dell'aiuto di tutto il cielo!

Devo fare varie cose, ma non faccio pressione, prego semplicemente il più possibile. Recito più volte varie preghiere, con questa sola intenzione. In effetti anche la mia preghiera è così «recitata meccanicamente», senza slancio, senza emozioni, praticamente «a peso», io stessa non so da dove questo mi venga; non ho mai pregato «a peso», ma ora bado a pregare il più possibile. Ma questa preghiera vale qualcosa? Non approfondita, meccanica, di continuo la stessa cosa, con insistenza e quasi senza pensare, senza pensare a Dio, anche se con grande consapevolezza della sua presenza! Approfitto di ogni minuto della giornata per la preghiera, perché sia di più! In un certo modo ho scambiato la qualità con la quantità: si può fare così? (in questo punto hai scritto: *sì*). Avrei un po' paura di questo, se non sapessi che a volte tu stesso preghi così, recitando tante volte l'*Ave Maria*; dunque ti imito!

Affido continuamente a Dio tutto quello che faccio.

Tutta la mia attenzione è rivolta verso l'esterno all'opera, al lavoro secondo la tua linea, tutto il mio spazio interiore si apre in questa direzione. Le altre questioni le noto, le registro, ma non mi ci soffermo, tutta dedita a quest'unica causa.

6 ottobre domenica notte

Il Seminario di Tarnów reclama gli esami dei seminaristi. Andrò là sabato e domenica, poi a Jarosław, a Nowy Sącz, a Varsavia, a Wrocław e a Danzica. Tutte le domeniche occupate fino a Natale, ma posso dire di no? Non posso, e le mie figlie lo devono capire! Ma è pesante per me.

Con Kasia ho avuto una lunga conversazione sull'enciclica HV. È emerso che la mia figlioletta corregge quello che dicono le sue compagne, ma voleva sapere in modo dettagliato. Non avevo un testo per lei, ma mi ha stupito la corretta intuizione di mia figlia; tuttavia là dove c'è una riflessione più profonda, non ci si può sbagliare: l'errore di pensiero è un errore di superficialità. Kasia è in fondo una ragazza di 17 anni, ma è pura, il suo sguardo è puro. Con gioia suggerisco a mia figlia che cosa può dire ai compagni, e questo mi ha dato una gioia della maternità più profonda che mai, quando è emerso che questa figlia pensa a modo mio, è «mia». La gioia della maternità spirituale. Una volta mi hai detto così: «Io ti ho fatto nascere per me». Oggi lo capisco!

Una figlia dell'anima!

8 ottobre martedì, ore 6

Ieri dalle 9 alle 16 sono stata in tribunale come perito!

La direttrice del «Club del medico» mi ha chiesto un ciclo di conferenze di etica professionale per i medici; sei conferenze: ho accettato. Potevo dire di no?

L'apostolato, è una cosa strana come coinvolga l'uomo. Io infatti vivo solo di questo. Il mondo della clinica mi è estraneo, benché anche quelle siano persone: un ambito di missione.

Quanto lavoro c'è e quanto c'è bisogno di persone! Il mio punto di vista è cambiato. Mi fa male, quando arrivano da me delle situazioni umane difficili; mi dispiace così tanto per quelle persone e mi fa così male il fatto che non capiscano, che passino accanto ai valori più alti, senza vedere quanto perdono!

Come sono profondi questi condizionamenti e quanto mira in alto l'amore di Dio per l'uomo; ma nello stesso tempo come è difficile comunicare con le persone, che non collegano affatto i loro problemi a Dio, che semplicemente non prendono in considerazione Dio: come si può «compensare» questa trascuratezza nei confronti di Dio?

9 ottobre mercoledì

Una giornata piena di dolore e di lavoro, è difficile elencare tutto. Oggi una particolare fatica dell'apostolato. Mi sento sola. Sono in un certo senso al di là delle persone: vedo in modo più evidente, vedo chiaramente ciò che loro non vedono, ed è cambiato del tutto il mio assetto interiore. Quanto in passato cercavo continuamente la luce, la strada per me, tanto ora metto tutto il mio sforzo in questo, come potrei dare ciò alle persone. Che fortuna che dietro a questo ci sia il Signore Dio stesso! Altrimenti non ci sarebbe su cosa basarsi.

Che lavoro difficile e faticoso, quanti sforzi ci vogliono!

* * *

Oggi, dopo la mia conferenza, gli studenti mi hanno tenuto fino alle 23 a discutere per strada: sono alla ricerca. Come mostrare loro quel Dio che non vedono?

Come guardo diversamente al sacerdozio: da un altro lato, dal lato dell'attività pastorale. C'è in me un'enorme ammirazione per la perseveranza nell'atteggiamento del pastore di anime e la gratitudine per i sacerdoti che intraprendono questo. E da questa giornata piena di fatica sale in me una preghiera per i sacerdoti, perché abbiano in abbondanza quella grazia di cui hanno così tanto bisogno per il loro lavoro. Prego per i pastori di anime e le loro pecorelle e per le mie proprie figlie, che forse sono danneggiate da questo mio apostolato.

11 ottobre venerdì

Stasera un incontro con le coppie sposate. Sono venute 56 coppie. Non c'era posto per tutti nella cappellina. Le suore non hanno permesso che la messa si svolgesse in una sala più grande.

Don Juliusz Turowicz ha parlato benissimo e molto a proposito, ha spiegato molto chiaramente il loro ruolo nella Chiesa e ha collegato tutta la conferenza all'enciclica, cosicché non si è verificato quello che io un po' temevo: che, parlando dei fondamenti dell'etica, sarebbe sembrato alla gente troppo lontano dal presente. Ma ha parlato appunto in modo molto concreto e ha analizzato sempre le loro esigenze attuali. Nella discussione naturalmente è venuta fuori la domanda, se l'enciclica HV sia la dichiarazione definitiva!

Le conferenze verranno registrate. Il programma:

I. principi di teologia morale generale;

II. l'etica matrimoniale;

III. l'enciclica.

Poi si potrà cominciare in altri centri più piccoli.

Domani andrò a Tarnów, le mie figlie rimarranno di nuovo sole. Mi fa male il cuore, ma ormai non c'è alternativa. A causa del mio lavoro, tutti i viaggi programmati devono essere di domenica. Ho paura che il ruolo di apostolo danneggi il ruolo di madre!

12 ottobre sabato

A Tarnów devo esaminare 54 seminaristi! Se non farò in tempo, verrò un'altra volta. Questi esami mi danno gioia, perché molti ragazzi sono molto positivi: ragazzi puri, buoni, particolarmente amati da Dio. In questi tempi in cui i giovani sono così difficili, questo gruppo effettivamente si distingue. A uno però ho dovuto fare la diagnosi, che ci sono degli ostacoli per la realizzazione del sacerdozio. Vedo che qui sono necessaria e in questo c'è gioia, ma contemporaneamente preoccupazione: come conciliare tutto questo nel tempo?

13 ottobre domenica notte, Tarnów

Non ho fatto in tempo a esaminarli tutti e soltanto ora, alle 23, ho finito l'incontro con il rettore e con il padre spirituale. Ho già un programma per il lavoro con i seminaristi:

- esame psichiatrico preliminare;
- conferenza generale sul ruolo del medico psichiatra e di questi esami nonché sul ruolo del medico nel «coltivare la vocazione»;
- conferenze sui fondamenti della sessuologia per il loro uso;
- conferenze di medicina pastorale;
- assistenza medica durante gli studi, perché se andranno da uno psichiatra qualsiasi potranno sentirsi dire che il mal di testa è effetto del celibato!

Le vocazioni migliori sono tra i chierichetti. Raccolgo le esperienze e conosco sempre più profondamente la problematica dei seminari. Tarnów ha fiducia in me e accolgono tutte le mie osservazioni e i miei progetti.

15 ottobre martedì notte

La quantità dei problemi cresce di giorno in giorno, e anche il senso di estraneità, perché io vivo diversamente dalle altre persone, ho un'altra gerarchia di valori. Dedico tutto a una causa. Ma c'è in me la paura per le mie figlie, la paura di trascurarle, perché torno sfinita, quando loro di solito dormono già.

Sabato mattina andrò a Jarosław, tornerò lunedì. Non posso fare diversamente; sento una così enorme pressione dei bisogni, che devo fare tutto quello che posso!

Prego continuamente la Madre di Dio perché mi dia le forze; devo avere le forze, devo ottenerle, prego ostinatamente. Devo avere degli effetti, perché in fondo questa è l'opera di Dio!

A novembre si aggiungerà anche il consultorio!

18 ottobre venerdì

In via Kanoniczna c'è aria di trasloco[9]!

Gli anni passano, il lavoro insieme. Gestisco un consultorio in una stanza, che il cardinale mi ha dato, del suo appartamento di via Franciszkańska. Lavoro accanto a lui – a volte entra e scambiamo qualche parola, a volte la sera all'improvviso il signor Franciszek Wicher mi porta la cena – «perché il cardinale l'ha ordinato, perché la dottoressa lavora tutto il giorno». Spesso vado via alle 23.

Lavoro, ma cerco di non trascurare le meditazioni, di cui ricevo sempre l'argomento da mio Fratello: lo stesso testo, ne parliamo insieme, e quando lui non c'è scrivo i miei pensieri, che lui legge sempre, facendo i suoi segni al margine.

* * *

Jasna Góra, 4 maggio

\+ *Cara Dusia!*

Tempo fa ti ho scritto da Jasna Góra che volevo affidare alle tue mani in modo particolare la questione della famiglia. Oggi voglio tornare su questo ancora una volta. La questione della famiglia e la questione del matrimonio, che è contenuta in quella e sta in un certo modo alla sua base, è sempre stata di primo piano nella mia visione. È diventato espressione di questa visione il libro Amore e responsabilità*: quel tentativo di scoprire e di sistemare i valori, che forse oggi possiede, dopo il concilio e la* Humanae vitae*, un significato più generale rispetto ad allora, quando trovò espressione nel mio (e tuo) libro.*

Da qui la necessità della pastorale familiare e dell'apostola-

[9] Il trasloco del cardinale Karol Wojtyła da via Kanoniczna al palazzo vescovile in via Franciszkańska 3.

to dei laici in questo campo appare chiaramente. È chiaro anche che, per guidare queste attività, bisogna avere una visione totalmente corretta dei valori dei quali si tratta. Tu possiedi una tale visione, come pochi altri. Possiedi anche una dedizione alla causa totale e che non si risparmia. Anche per questo continuo a voler affidare questa causa nelle tue mani. Penso anche che per questo io abbia lavorato, e prima di tutto che così abbia disposto la Provvidenza.

Perché io voglia affidarti questa causa, attraverso l'Istituto della Famiglia, l'ho già spiegato più volte. Si tratta di creare un centro «superiore» rispetto alla pastorale e all'apostolato delle famiglie che, attraverso questa «superiorità», possa essere nei confronti dell'una e dell'altro pienamente «di servizio». Potrebbe anche costituire per loro un adeguato sostegno. Ti ho sempre detto che il tuo compito sarebbe dovuto consistere sempre di più non tanto nell'azione diretta, quanto nella preparazione degli altri all'azione. E anche se so che ami e apprezzi l'azione diretta (che del resto la tua posizione nell'Istituto della Famiglia non elimina), sono in fondo il bene della causa e le future prospettive del suo sviluppo a esigere appunto tale atteggiamento. Per questa ragione ho tirato fuori la questione dell'abilitazione.

L'Istituto della Famiglia e tutta l'attività pastorale e di consulenza sono al servizio di un grande rinnovamento: il rinnovamento della coppia e della famiglia in Gesù Cristo e nella grazia dello Spirito Santo. E perciò vedo anche, con particolare chiarezza qui, a Jasna Góra, il bisogno di creare una base soprannaturale per questa attività. Una base di preghiera e di sacrificio, per la quale bisogna per così dire «reclutare» gente, se tutta questa attività deve portare dei frutti autentici. E di questo in fondo si tratta e a questo non smetto di pensare e di aspirare.

Ti raccomando in modo particolare alla Madre di Dio.

Fr.

+ Cara Dusia!

1. Dio è amore, e noi partecipiamo di questo amore.

2. Venite tutti a me, voi che lavorate e siete oberati, e io vi darò ristoro.

3. Qualunque cosa farete a uno dei miei più piccoli, l'avrete fatta a me.

4. E io pregherò il Padre per voi e vi darà un altro Consolatore: lo Spirito di verità, perché abiti con voi per sempre.

Cito queste frasi a memoria, forse non del tutto esattamente.

E prego continuamente per te, per la tua salute e per l'adempimento della tua difficile missione.

Prego anche per Andrzej e per le tue figlie, ora soprattutto per le piccole.

Tuo Fratello
ricevuta Łódź il 3 novembre '70

* * *

7 novembre

+ Cara Dusia!

Ho letto le tue annotazioni durante gli esercizi spirituali a Tyniec. In esse afferro prima di tutto due idee: lo sforzo legato all'umiltà e la «pace del profondo». Anche se entrambe le questioni sono scritte nel complesso delle annotazioni in modo molto discreto. Soprattutto la seconda, la «pace del profondo», è coperta da un certo stenogramma di inquietudine e di tensione.

Durante gli esercizi spirituali ho pregato per te e continuerò a farlo, chiedendo le forze per tutto ciò che fai, chiedendo che tu scelga bene e decida nel modo giusto, chiedendo la pace non solo «nel profondo», ma anche «sulla superficie» della tua anima, chiedendo infine per le persone, con cui collabori, affinché tu le abbia, chiedendo – molto – per le tue figlie e per Andrzej, per tutti i bambini, soprattutto quelli per i quali ti affatichi di più, chiedendo che questa fatica non ti nasconda mai il tuo amore, che metti in essa.

Quello che fai è buono e serve per il bene. Un'altra cosa è che il bene è più grande di tutto ciò che chiunque di noi possa fare. A te per giunta è stato dato di fare il bene, combattendo il male. Chiedo a Dio che tu lo faccia con tranquillità, servendo con tutte le forze, ma non «tirando troppo la corda». Che tu abbia il senso dei «tuoi limiti» e in tutta umiltà resti all'interno di essi. Chiedo a Dio che accolga la tua preghiera, quella che gli offri, e che ti dia il tempo per la preghiera, secondo il bisogno del tuo cuore.

La pratica mostra che sei più te stessa nei contatti individuali con la gente, con i giovani, e questo sicuramente è un dono di Dio, un carisma che bisogna mantenere. Dall'attenzione all'ampiezza delle questioni bisogna però imparare a dirigere, a «utilizzare» le proprie persone, a organizzare i contatti ecc. So anche che verso la questione «Witkowice»[10] *ti attira fondamentalmente lo stesso amore che ti ha portato all'Istituto della Famiglia. Lo Spirito Santo aiuterà in qualche modo a risolvere ciò. Prego per questo insieme a te e continuerò a farlo.*

Fr.

11 novembre mercoledì mattina

«Introito: O Signore, tu vedi che con le loro forze non sopravviveranno».

Ieri mi sono addormentata durante il rosario. Quanto l'uomo è dipendente dal suo corpo! La debolezza mortifica, ma nello stesso tempo bisogna studiare la propria debolezza e, per così dire, utilizzarla. Bisogna conoscere i propri limiti; anche se, a dire il vero, quello che siamo riuscite a sopportare a Ravensbrück oggi sembra impossibile.

[10] Si tratta dell'offerta di dirigere il riformatorio per minorenni con condanne penali.

Ovviamente esiste un limite di resistenza, ma capita anche la tentazione della debolezza e della pigrizia; la debolezza spesso si potrebbe superare, se una persona facesse davvero il massimo sforzo; forse attraverso lo sforzo si potrebbero dominare quei momenti di debolezza, forse ieri, se fossi stata in ginocchio, sarei riuscita a non addormentarmi e a finire il rosario.

Medito sulla parte successiva del *Credo*.

«Padre, creatore del cielo e della terra». Una verità evidente, ma come è difficile averla sempre nella memoria, così facilmente nella vita di ogni giorno sparisce questa consapevolezza, questa origine divina del mondo e di tutti gli uomini!

Il mondo immerso in Dio, protetto da Dio e radicato in Dio! Come è straordinario! Questa consapevolezza trasforma il nostro modo di essere, scompare la superficialità, l'uomo deve fermarsi e riflettere più profondamente. La fretta è contro Dio e contro l'uomo. La forma divina del mondo! La bellezza del mondo è stata spesso per me fonte di gioia; forse di questo ho goduto troppo poco! Perché la bellezza del mondo è per l'uomo, per la sua gioia, per riprendere fiato, per riposare, nella bellezza del mondo si manifesta la bontà di Dio. Traggo una conclusione: devo sempre assicurarmi il tempo per la meditazione.

Il sole splende, dà il tono ai miei pensieri, questo pensiero relativo a Dio mi acquieta; senza questa meditazione non c'è tranquillità in me!

Questo mio proposito deve essere realizzato, anche se dovesse esigere un grande sforzo. Capisco il significato di questo, il suo valore, il significato integrante del pensiero relativo a Dio – per questo si deve trovare il tempo!

Ore 24

Faccio un bilancio della giornata a Łódź e penso che, tuttavia, un'ora con un solo paziente non si possa paragonare a un incontro con un gruppo. Come ieri – la sala gremita, un silenzio incredibile – parlavo della «communio personarum» e del significato dell'unione, e anche del significato dell'atto sessuale! Ma il risultato è stato che il sacerdote mi vorrebbe «a tempo pieno»: vogliono avere un corso di formazione.

12 novembre giovedì, Łódź

Sono andata a teatro, ma esclusivamente per allacciare un rapporto più stretto con la moglie di un medico che è venuto al consultorio. Una coppia fortemente in conflitto. Penso che sia principalmente per il fatto che lui non la capisce affatto, e in più, come dice lei, è convinto di essere santo; dunque lei distingue il concetto di «cattolico» da quello di «cristiano». Cattolico è suo marito, di mentalità ristretta e presuntuoso, fariseo, mentre il cristiano è una persona che prova dei sentimenti e ama. Maldisposta nei confronti dei cattolici, a causa del marito, è andata in una chiesa evangelica alla ricerca dei cristiani! Dice che tutti i cattolici che vanno da suo marito sono uguali a lui. E penso che possa aver ragione, perché è facile deformare l'idea di Dio, ma voglio salvare questo matrimonio perché, dato che si sono imbattuti in me, mi sento responsabile per loro. Ma questo di nuovo fa sì che nasca in me un dilemma, perché da una parte si può fare così tanto, avendo contatto con un gruppo, ma non si possono certo tralasciare questi singoli problemi umani. Nasce un dilemma perché il tempo è limitato e ci sono anche la mia casa e le mie figlie! Come calibrare queste proporzioni?

La giornata di oggi avrebbe potuto essere esemplare, perché è stata così composta: quattro ore dedicate ai seminaristi, quattro ai gruppi laici, tre ore di teoria – di lavoro intellettuale – e due ore di conversazioni individuali con le persone. Sì, ma... questa è una giornata a Łódź, a Cracovia ci sono anche la casa e le figlie! Con quanta precisione devo programmare ogni giornata e con quanta costanza realizzarla, perché si trovi il tempo per la messa quotidiana e la comunione, perché lì è la fonte della mia forza e di tutte le possibilità! Devo chiedere aiuto allo Spirito Santo.

Notte, seconda parte

Durante il viaggio in treno ho meditato su: «Creatore di tutte le cose visibili e invisibili».

Il mondo visibile scorreva dietro ai finestrini, un mondo bellissimo, era una giornata di sole. Il mio pensiero si è soffermato sulla parola «invisibili»: che cos'è questo mondo invisibile? Gli angeli? L'angelo custode? Il mondo degli spiriti, ma di questo non capisco niente, la cosa più facile per me è capire l'angelo custode, quindi ho pensato a lui, e quella meditazione si è trasformata in una preghiera infantile all'angelo custode. Penso però che gli adulti dovrebbero imparare dai bambini questo rapporto con il proprio angelo custode, perché non è una favola, ma un dono di Dio, una prova della cura di Dio per l'uomo!

13 novembre venerdì, ore 23

«Credo nell'Unigenito Figlio di Dio».

È difficile vivere bene la giornata! Però sono riuscita a realizzare il programma. Solo la meditazione ho dovuto accorciarla un po'. Troppo grande era la pressione della gente.

Un tema per me caro e comprensibile. La persona di Cristo ha sempre costituito, se così si può dire, il centro della mia religiosità. Una persona per me viva e che è il legame tra me e Dio. Se so qualcosa di Dio, è attraverso Cristo. Se mi sforzo di amare Dio, è attraverso Cristo, attraverso la sua passione.

Ho fatto questa meditazione oggi, davanti alla croce nella chiesa Mariana[11]. Pensavo a questa realtà, che Dio è diventato per me appunto una realtà dal momento in cui, nella chiesa Mariana, ho vissuto quella grande confessione e lì ho ricevuto anche questo semplice consiglio: «Vieni ogni giorno alla messa». Mi ha invaso la gratitudine!

[11] Si tratta della chiesa Mariana nella piazza principale di Cracovia.

Stasera sono stata alla casa dello studente. La sala comune era piena di ragazzi. Ho cominciato lì un ciclo di conferenze sull'educazione sessuale. Ma nel complesso lavoro meglio e sono più tranquilla. Quest'estate mi ha dato una pace profonda. L'estate nel bosco con te.

Notte, seconda parte

Mi ha invaso il senso di colpa, perché nella mia vita c'è troppo poco spazio per Cristo. Apparentemente vivo per Dio, eppure ieri era giovedì e io non ho pensato all'ora santa. Mi sono rattristata, per averlo lasciato in un certo senso solo nell'Orto degli Ulivi, mentre potevo ricordarmene! E mi sono resa conto del fatto che il mio amore per Dio, per Cristo, non è vivo, come mi sembrava, non è così reale da dominare tutti i miei pensieri e le mie azioni! Quali possono essere degli atti d'amore verso Dio? Di quali atti si potrebbe trattare? Devo prima riflettere su questo e poi realizzarlo! Potrebbe essere tutto quello che faccio, se lo accompagnasse questo pensiero, questa intenzione, questa premessa, che così desidero onorare e amare Dio. Le mie azioni sono spontanee. Hanno il peso di un operare di alto valore morale? Sto seguendo Cristo o me stessa?

La mia vita è così piena, la dimensione della mia vita è così diversa da quella degli altri, che a tratti mi invade la paura. La dimensione viene data alla mia vita da Dio stesso. Questo eccesso, che è il mio problema, è in fondo nello stesso tempo «fonte di grazie». Me ne sono resa conto così chiaramente che... forse per la prima volta termino la giornata, non con quella preoccupazione che non farò in tempo, che tutti vogliono qualcosa da me, ma con la gratitudine per questa dimensione di vita!

L'agitazione perché non faccio in tempo scompare. Dio stesso allarga la mia anima, Dio, che arriva a me attraverso il sacerdote e la comunione! La comunione mi ha dato gioia e ha rivolto di nuovo il mio pensiero verso Cristo. È cresciuta in me la consapevolezza del suo ruolo. Mi ha colpito molto profondamente questa verità: Dio, che si è avvicinato all'uomo attraverso l'incarnazione del Figlio. La fonte della mia vita è Dio stesso, che si è avvicinato a me attraverso il Figlio, attraverso Cristo. E vedo che, se garantirò il tempo per la comunione e la preghiera, tutto il resto si sistemerà; cresce in me la pace, la pace di Dio.

14 novembre sabato

Una corrente di preoccupazione per la pastorale delle famiglie. C'è il problema dell'addestramento, devo far venire la dottoressa Teresa Kramarek. Mancano i collaboratori indipendenti! A volte provo risentimento nei confronti delle persone, perché bisogna sorvegliarle. Ma in effetti dovrei ringraziare Dio, che mi permette di servirlo. È vero che «siamo servi inutili», ma mi sforzo come posso. Lavoro molto, sempre di più.

Sera

Ho fatto qualcosa che è sembrato fuori luogo, perché ho lasciato tutta la gente che aspettava e, dopo la conferenza nel Seminario di Częstochowa, sono andata nella chiesa dei francescani, alla messa, e ho partecipato alla via crucis e alle meditazioni. Ho preso di nuovo la «verticale», ho realizzato il mio programma interiore, anche se ho un po' ridotto quello esteriore.

Continuo a meditare sul *Credo*.

«Ex Patre natum ante omnia saecula».
«Nato dal Padre prima di tutti i secoli».

Un mistero profondo, incomprensibile, che Cristo è Dio, nato prima di tutti i secoli. Dio è il Padre e c'è in lui una tale pienezza di paternità, così grande, che tutto ha origine da lui e le prospettive dell'uomo per questo si ampliano. Tutti i miei pensieri sono confluiti in uno, che Dio è un mistero e che «è» e praticamente non sono potuta andare al di là di questo – «è colui che è» – e ho concluso questa meditazione con la richiesta a Dio di avere un posto presso di lui. Alla fine ho riflettuto sulla mia realtà: tutto quello che faccio, serve a questo? Attraverso quello sono presso Dio? Attraverso ciò che faccio, e anche attraverso quello che non riesco a fare, ma vorrei: forse addirittura mi avvicina di più a Dio la mia debolezza! Durante la via crucis ho semplicemente chiesto aiuto!

15 novembre domenica, ore 6

Non c'è entusiasmo in me per il lavoro che mi attende oggi. Vorrei, come tutte le madri, passare almeno una domenica con le mie figlie. Non posso. Il lavoro nella pastorale esige appunto le domeniche! La settimana di lavoro dei genitori disgrega la famiglia, ma la domenica la cementa. Le nostre figlie però non hanno questo, resteranno da sole, perché Andrzej mi accompagnerà... mi dispiace.

Eppure devo andare lì; è il terzo anno che non passo una domenica con loro, come mi pesa!

Notte

La giornata è stata laboriosa: sei ore di conferenze a Niedzieliska, poi le consulenze nell'Istituto di Krzeszowice. Nelle pause tra le conferenze ho pregato, affinché la mia assenza la domenica non fosse un danno per le nostre figlie. Ma quando sono tornata la sera, è venuto fuori che solo allora facevano i compiti, perché erano andate al cinema. Era mancato l'occhio dei genitori!

Tutta la giornata è stata in chiesa, davanti al tabernacolo. È bella una tale giornata di lavoro. Ma nello stesso tempo mi sono resa conto del fatto che dovrei «insegnare agli insegnanti», lavorare più ampiamente, non per una sola parrocchia, anche se la gente ha ascoltato molto bene, soprattutto gli uomini, peggio di tutti le ragazze.

«Deum de Deo, lumen de lumine, Deum verum de Deo vero».
«Dio da Dio, luce da luce, Dio vero da Dio vero».

Mi sono resa conto del fatto che non ho mai avuto dubbi sulla divinità di Cristo, per me è sempre stato un fatto evidente che fosse Dio. Questo per me è evidente come la vita stessa! Addirittura di più: il mio cammino verso Dio è attraverso Cristo, Cristo è per me «la prova di Dio». Accolgo in un certo modo «di ritorno» la presenza del Padre attraverso il Figlio. L'autenticità del Padre si basa, nella mia esperienza, sull'autenticità del Figlio. In effetti potrei dire che credo nel Padre, perché credo nel Figlio. Ma perché io creda nel Figlio, non lo so, perché questo non è un sapere acquisito da una fonte evidente. Le fonti, i Vangeli, completano le mie conoscenze su Cristo, ma non costituiscono le fonti della fede; la fede viene da un qualche luogo al di là delle fonti: ho sempre saputo che Cristo è Dio, ma solo ora, attraverso di te, ho capito che Cristo mi ama, che Cristo è stato dato agli uomini, appunto per l'amore di Dio Padre per l'umanità. La fede era presente in me, ma la conoscenza di come lui è, è frutto delle vacanze!

E ho capito che questo è come un dono immeritato.

Scrivo e penso che non farò in tempo a scrivere quello che c'è in me, perché è una tale ricchezza di trame di pensieri religiosi, ogni parola della messa suscita nuove riflessioni. Non è possibile annotare tutto, ma tutta la giornata è stata piena di pensieri su Dio. Infatti era il «giorno del Signore», domenica. Forse dunque è perfino un bene, che in questo giorno io mi sia occupata di Dio più che delle nostre figlie?

Per le mie figlie ho pregato, come sempre, chiedendo la stessa cosa, la loro santità.

Ho preso una decisione definitiva: non accetterò il posto a Witkowice; devo avere tempo per l'attività pastorale.

16 novembre lunedì, ore 13

Sono andata nella chiesa Mariana; una suora stava appunto spegnendo le candele, e il sacerdote distribuiva la comunione. Mi sono accostata alla comunione, ma questo non mi è bastato, mi mancava la messa, sono rimasta per quella successiva.

«...genitum, non factum...».
«...generato, non creato...».

In effetti non ho mai riflettuto su questo, e forse questo non si può capire fino in fondo, anche se deve essere così, che Dio è uno: è Dio, non una creatura, ma questo è un mistero che non si può capire in nessun modo. Che carattere ha questa relazione di Dio con il Figlio, del Dio Padre con il Dio Figlio: è sempre esistito? Era lui in lui. Non lo so; ci credo, qui l'intelligenza non basta.

La fede esige l'umiltà dell'intelletto, il riconoscimento della grandezza dei misteri, ma, anche se ho dei problemi con l'umiltà in altre questioni, qui non ho problemi. Per me è evidente che Dio e i suoi misteri sono al di là dell'intelligenza umana, che sono al di sopra della comprensione e che così deve essere! E non c'è in me il desiderio di indagare, non ho bisogno di cercare prove dell'esistenza di Dio.

Io ci credo.

Con lo sguardo rivolto a Cristo, tutto il resto lo vedo diversamente da prima e so che questo è un dono ottenuto dal sacerdote pastore di anime. Su questo sfondo medito ancora sul ruolo del sacerdote, il sostituto di Cristo sulla terra – e anche questo è un dono immeritato!

C'è stato in me un momento di così profondo raccoglimento

al di là dei pensieri e delle emozioni, come un immobilizzarsi nell'ammirazione per l'immensità dell'amore di Dio!

Ma la tesi di abilitazione la faccio passare tuttavia in secondo piano; non mi sembra così importante, come Ignac vorrebbe che pensassi. Sono stata da lui l'altro ieri. Mi sembra più importante la meditazione su Dio. Del resto, sullo sfondo dei ricordi delle vacanze e dei pensieri lì espressi, tutto in me si integra, si concentra e indica una direzione. La direzione verso l'interno, non verso l'esterno!

I pensieri, i sentimenti, tutto ciò che c'è in me deve essere a disposizione di Dio stesso; bisogna essere uno strumento nelle sue mani. Bisogna dare a Dio spazio in se stessi, in noi e nella nostra vita, e soltanto allora fare qualcosa. Nasce in me una nuova consapevolezza, frutto di queste vacanze.

Cresce in me la consapevolezza della sostanza divina nell'uomo, consapevolezza che semplifica tutto e nello stesso tempo mostra la prospettiva smisurata del destino dell'uomo nelle intenzioni di Dio. Le parole diventano inadeguate, quando si vuole esprimere quella sostanza!

17 novembre martedì

«...per quem omnia facta sunt...».
«...per mezzo di lui tutte le cose sono state create...».

Sto partendo per Tarnów. Porto con me in viaggio il tema delle meditazioni. So che Dio è lo scopo delle mie aspirazioni, ma c'è un certo contrasto con il progetto umano, c'è continuamente in me il contrasto tra la teoria e la pratica. Non sempre riesco a distinguere quello che è più importante e chiedo a Dio la luce, l'aiuto. A volte questo scontro nasce dalla mancanza di tempo: andare alla messa od occuparsi delle figlie? Non è affatto facile decidere perché, anche se sembra che ovviamente le figlie siano più importanti, dato che sono una madre, nello stesso tempo so che, se mi mancherà la comunione, mi mancheranno anche le forze. Il rosario e le meditazioni ho avuto modo di farli in treno. Ma il treno mi provoca sempre dolori alla zona cervicale, e il dolore acuto disturba la meditazione, perché ferma l'attenzione su di sé. Ho deciso di lasciare da parte Tarnów[12], da gennaio lascerò soltanto le conferenze nel Seminario.

La meditazione sull'origine divina di tutte le cose ha condotto la mia mente ai ricordi delle vacanze. Mi sono passati davanti i giorni, uno dopo l'altro, pieni di bellezza, di luce e della profondità della preghiera: gli altari nel verde e l'ostia bianca sullo sfondo del cielo!

(Come attività secondaria, faccio tuttavia la tesi di abilitazione).

Sera, in realtà notte

Prego molto di più di quanto abbia mai fatto prima, sento il bisogno della preghiera e sento il suo significato per il mio acquietamento e la mia integrazione.

So già che il tempo assicurato alla preghiera non è perso, ma al contrario: quando non partecipo alla messa, la giornata diventa più breve e ci stanno dentro meno cose.

Ho fissato l'ordine degli impegni: la messa e le meditazioni le metto al primo posto, mentre il resto: il rosario, il Breviario li lascio un po' in disparte, perché a volte posso farli da qualche parte lungo la strada.

Hai detto in modo così bello del signor Jerzy Ciesielski, che «era un uomo che da molto tempo tendeva consapevolmente alla santità». Involontariamente penso: "Io tendo consapevolmente alla santità?". Vorrei! In ogni caso mantengo una pace tale come non mai – questo è conseguenza delle nostre vacanze. Sono pervasa da quel clima di silenzio e di profondità. Ringrazio Dio per questo e prego affinché sia duraturo.

[12] A Tarnów ispezionavo il riformatorio.

18 novembre mercoledì

«...qui propter nos homines et propter nostram salutem descendit de coelis...».

«...che per noi uomini e per la nostra salvezza discese dal cielo...».

Dio per me è disceso dal cielo e non è stata una discesa nella gloria, ma nella fatica, nell'accettazione della passione: quale mistero è questo!

La prontezza ad affrontare la fatica è la misura dell'amore...

Sera

Questa giornata è trascorsa in modo così equilibrato «da meritare una medaglia»; oh, se potesse essere sempre così! Alle 7 ha celebrato la messa don Marian Jaworski, e poi un'intera giornata di lavoro. Non ho sprecato neppure un minuto e c'è entrato tutto. Vedo che bisogna sempre calibrare le proporzioni con estrema cura, questo esige semplicemente disciplina.

Ho cominciato la meditazione ai piedi del crocifisso, nella chiesa Mariana. Pensieri un po' caotici, ma una prevalenza del dispiacere, perché mi manca quella gratitudine che sarebbe la reazione adeguata alle così tante grazie che ricevo. «Sempre l'uomo non riesce ad abbracciare il bene» così mi hai scritto. Soltanto oggi ho capito questa proporzione: Dio – bene e uomo – creatura, ma in fondo creatura aperta al bene e destinata al bene. L'uomo sta bene con Dio: magari ne fossi sempre consapevole!

Prego per il mondo. Quanto più prego, tanto più facilmente realizzo il progetto e tanto più posso fare! Tutto «funziona» meglio, e le questioni umane oggi si sono sistemate in modo tale, come se tutto fosse stato appositamente pianificato, neanche un minuto sprecato. Dio pianifica meglio di me, bisogna solo arrendersi a questo!

19 novembre giovedì, ore 24

(Alle 15.30 c'è stato il funerale del professor Szafer).

Solo mezz'ora fa sono uscita dal consultorio. Una volta hai detto: «Questo è il tuo carisma». Sicuramente senza la grazia di Dio non riuscirei a reggere, senza una grazia particolare non potrei aiutare così le persone; del resto tutta la giornata è stata per me la prova dell'intervento di Dio nella mia vita. C'è stato tempo per tutto: la clinica, il tribunale, la scuola e i pazienti al consultorio. Il rosario e la meditazione e, dopo pranzo, sono stata anche al funerale del professor Szafer. Ho meditato in parte durante la messa: «...et incarnatus est de Spiritu Sancto ex Maria Virgine – ...e per opera dello Spirito Santo si è incarnato nel seno della Vergine Maria». Meditazione all'inizio forse perfino un po' bizzarra, perché mi sono resa conto del fatto che la maternità verginale di Maria, staccata dall'atto fisico, non dà un modello santo per questo atto: in un certo modo, fin dall'inizio, esso è in un'aura di peccato, è comparso dopo il peccato[13]. Una teologia del corpo dovrebbe mostrarlo diversamente: la trasmissione della vita deve essere un progetto di Dio e bisogna scoprirlo. La nota della verginità della Madre di Dio, in un certo modo, rende più difficile la comprensione della santità dell'atto coniugale, bisogna tirare fuori questo e mostrarlo alla gente. Sento il bisogno di una «teologia del corpo».

«Incarnatus» indica la bontà di Dio, che si china verso la creatura, ma «ex Virgine» in un certo modo nega l'atto fisico: ovviamente non poteva essere diversamente, ma questo ha dovuto pesare sul pensiero umano; eppure il corpo umano è divino. A partire da questo punto, ho meditato sulla sacralità del matrimonio e sul ruolo del sacerdote nella vita degli sposi.

Inoltre sono stata a scuola e al consultorio, e so che devo realizzare questo mio carisma e non posso rinunciare né agli incon-

[13] Non esiste un modello santo dell'atto corporale dei coniugi nel senso che tutti gli uomini sono peccatori e come tali «trascinano» la dimensione del peccato nell'atto coniugale. Invece la Vergine Maria era libera dal peccato e concepì per opera dello Spirito Santo.

tri con i giovani né ai pazienti: sono loro necessaria. Devo fare semplicemente tutto, a seconda di ciò che porta il destino, perché questo «destino» è il progetto di Dio e per esso si devono trovare le forze e il tempo!

Il progetto di Dio nei miei confronti è ricco – una ricchezza faticosa!

20 novembre venerdì

Il numero delle persone che mi cercano aumenta continuamente. Gli altri medici stanno al consultorio, prendono il caffè e leggono il giornale, mentre da me c'è sempre una folla! Passo sempre più tempo in chiesa e nelle questioni della pastorale. La proporzione si sposta continuamente, ma penso di dover mettere la pastorale al primo posto!

* * *

È passato di nuovo qualche anno, è il 1975 e nella mia vita si ripete la situazione del 1967: la mia vita è di nuovo in pericolo, ne ho di nuovo la consapevolezza, perché in fin dei conti sono un medico e conosco il decorso delle malattie. Potrei non saperlo, se non avessi queste cognizioni, ma lo so.

Naturalmente non c'è la certezza, per ora il sospetto: la diagnosi viene confermata dopo l'analisi di un campione di tessuto; di nuovo una situazione simile. Mio Fratello è a Roma e io sono di nuovo nelle mani di un chirurgo oncologo! E di nuovo un consulto e, come allora, in primo luogo Lutek Czerwiński.

9 ottobre giovedì

È venuto Lutek per un consulto: di nuovo la mia vita è in pericolo, di nuovo serve un chirurgo oncologo e al più presto. Lutek mi incita a far presto, domani vuole parlare con la professoressa Leńczyk. Acconsento, perché che altro posso fare? Lo scenario si ripete. Tu a Roma, e io che rischio di nuovo l'invalidità o addirittura la morte. Lo vivo da sola, nessuno lo sa, ma i dolori mi provocano una certa suscettibilità.

Questo nuovo pericolo pesa sulle mie decisioni. So che bisogna lavorare il più possibile – tutto quello che si fa in tempo a fare. La paura che era nata in me è sparita durante la messa. Infatti sono nelle mani di Dio!

Sono tornata col pensiero alla nostra ultima passeggiata nel bosco e da lì è scesa su di me la pace, era così bello... Ma l'avvicinarsi della prospettiva della morte cambia le proporzioni e cambia le reazioni, ho più pazienza. Ho riflettuto sulla lettura di ieri su Giona, ma la mia fiducia è tuttavia troppo poca. Attingo fiducia da ciò che hai detto di me, che «sono insostituibile e necessaria». Allora devo ancora vivere!

10 ottobre venerdì

La giornata è stata piena di disgrazie umane, una giornata pesante, ma quanto si possono aiutare le persone!

Oggi ho salvato tre bambini!

Inoltre è venuta da me una ragazza: 21 anni, da gennaio ha rapporti sessuali con un ragazzo e da gennaio ha interrotto la gravidanza tre volte, glielo ha fatto il dottor Z. per 1200 złoty. Soltanto oggi ho compreso perché lui si rifiutava di far parte della presidenza della nostra sessione di febbraio. E io che credevo che lui non uccidesse mai i bambini e che non volesse fare il presidente per umiltà! Questo mi ha colpito come una mazzata in testa, ma andrò direttamente da lui e gliene parlerò.

Questa però non è stata la fine dei problemi di oggi, c'è stato anche un uomo anziano, dall'ufficio del procuratore. La figlia ritardata è incinta e il procuratore ha ordinato di interrompere la gravidanza, ma il padre si è opposto e, davanti alla commissione dalla quale lo avevano mandato, ha dichiarato che non permetterà di uccidere il bambino, perché è peccato. Però un medico presente nella commissione ha detto che... lui ha delle vecchie informazioni, perché ora è diverso, e gli ha dato il nome e l'indirizzo di un sacerdote che avrebbe fatto chiarezza nella sua mente, spiegandogli che non è affatto peccato. E l'uomo è andato là, ma per fortuna quel sacerdote moderno non l'ha trovato, perché era andato da qualche parte. Si è imbattuto in don Tadeusz Janikowski e lui l'ha mandato immediatamente da me. Salveremo quel bambino.

Non sono riuscita ad andare alla messa, me ne è mancato il tempo. Interiormente sono tranquilla e concentrata, ma non riesco a tenere il passo con l'agire esterno: bisogna cambiare qualcosa!

Richiamo alla memoria quest'estate, quel donare da parte di Dio, e combatto con me stessa per avere fiducia, perché l'immaginazione, sulla base di tutte le mie cognizioni mediche, mi mostra tutte le peggiori possibilità.

In via Franciszkańska non c'è nessuno, tutti sono andati a Roma, per un attimo anch'io ho avuto questo desiderio, ma non sapevo affatto che ci andassero. Ho pensato, per un momento, che forse presso San Pietro avrei ottenuto la pace e la salute.

Una cosa so con certezza, che tu preghi per la mia salute, come hai fatto tante volte, e in questo trovo sostegno.

11 ottobre sabato sera, Międzybrodzie

Ho colto l'occasione per salire sul monte Żar - che panorama!

14 ottobre martedì notte

La giornata è stata molto pesante, in me c'è questa tensione, che non confido a nessuno, ma mi salvo col fatto che ricevo ogni giorno la comunione e recito il rosario, e col pensiero fuggo nel «nostro bosco».

Sono andata dalla dottoressa Leńczyk: è un tumore maligno da togliere rapidamente. Il pensiero della morte si presenta da solo, anche se in realtà la morte è sempre vicina all'uomo e questo non dovremmo dimenticarlo.

Ore 3

Mi ha svegliato il dolore. Marysia mi ha portato da Roma un piccolo crocifisso colorato di san Francesco; l'ho appeso sopra al letto e lo guardo. Avverto la limitatezza del corpo. Il Signore Dio così mi guida e mi tiene sospesa, mi mostra la mia piccolezza, la mia incapacità; mostra che ci vuole umiltà e fiducia, e io ne ho troppo poca. Prego senza parole, perché non riesco a trovarne di adeguate. Ho la lampante consapevolezza della presenza di Dio e della necessità dell'inevitabile incontro con lui, ma nello stesso tempo so che mi separa da Dio il mio stesso limitato «io», non riesco ad avere fiducia così, senza limiti.

Come può l'uomo avvicinarsi a Dio, se lui si stacca da sé ed è limitato da se stesso! In questa consapevolezza della mia miseria umana, quanto profondamente capisco il fatto che l'uomo non riesce ad avvicinarsi a Dio: è Dio che si china verso l'uomo, Dio è amore.

Il prezzo dell'amore: la croce.

Sopra di me è appeso quel piccolo crocifisso colorato, quello non è il mio prezzo per l'amore, è il suo prezzo, infatti è Dio che paga per la debolezza umana, e non il contrario. Il mistero della croce mi ha sempre affascinato; ora mi attira e mi spaventa nello stesso tempo!

Dio per me, al posto mio sulla croce! E io al posto suo non voglio andarci!

Sarei voluta andare, tenendoti per mano, in un bel bosco, e non in questa miseria di umiliazione, dolore e debolezza. Non la voglio, ma so che il mio «non voglio» non ha nessun significato e, nei confronti della croce, la volontà non ha il potere di allontanare!

E da questa paura fuggo nei ricordi delle vacanze, in quell'unico meccanismo di difesa. Ricordo la bellezza e la gioia provata lì e ritrovo fiducia, perché Dio è con me anche qui, non solo là.

17 ottobre venerdì

Ho avuto un altro, inaspettato, motivo di inquietudine. Un impiegato del museo di Auschwitz mi ha portato le nostre lettere da Ravensbrück, che sono state ritrovate, e, come in un film, è tornato da me il campo di concentramento. Sono passati trentun anni, ma immediatamente ho avuto una serie di associazioni d'idee; troppe immagini di quel passato terribile, che è in me. E di nuovo è emerso che è sempre vivo.

Ma, nello stesso tempo, quelle lettere ora ritrovate le scrissi allora, sicura che non sarei tornata; e invece sono viva, quindi forse si può ritrovare anche in questo la fiducia, già così tante volte ho avuto l'impressione che sarei morta!

E improvvisamente questa associazione di idee mi riempie di fiducia: cioè, perché proprio oggi queste lettere ritrovate sono arrivate a me, oggi, che mi sento di nuovo in pericolo?

18 ottobre sabato

Non ho resistito alla tensione e sono andata da Marian, ma ha reagito in modo univoco. Vuole che mi faccia immediatamente operare!

Dunque vado.

Sono andata, mi hanno operato, ma sono riusciti ad asportare tutto il tumore e non sono state trovate metastasi: dunque continuo a vivere!!!

Non ero soltanto io a scrivere le mie riflessioni per mio Fratello. Anche lui, quando partiva, scriveva per me.

Uno scambio di pensieri su Dio, nostro Padre. Mi mandò le sue riflessioni da Roma.

* * *

amDg (ad maiorem Dei gloriam)
Totus tuus ego sum
Il Vangelo di Giovanni, 13 (pensieri)
1. E nel mondo
«avendo amato i suoi, li amò fino alla fine».
– Il Signore Gesù ama fino alla fine.
2. «Il Padre mi ha dato tutto nelle mani...».
– tutto è nelle sue mani (anche se a noi a volte dovesse sfuggire di mano).
3. «Cominciò a lavare i piedi ai discepoli» (prima dell'istituzione dell'Eucaristia)
lo fa continuamente, in ogni confessione.
4. «Signore, tu vuoi lavare i piedi a me!» le parole di Pietro –
il senso di indegnità: Signore, non sono degno – e proprio questo è la condizione,
perché Cristo si avvicini a noi, perché ci dia se stesso.
5. ...Pietro discute con il Maestro, anche noi, a volte, discutiamo con lui in vari modi.
Cristo usa l'argomento definitivo: «Se io non ti laverò,
non avrai
parte con me» e allora Pietro cede.
La cosa più importante è mantenere la comunione con Cristo.
Nonostante tutte le difficoltà.
6. «Anche voi dovreste lavarvi i piedi a vicenda»
(come io ve li lavo)
– a volte può essere difficile, resta sempre il suo esempio.
7. «In che cosa non è più grande...»
cercare sempre in Cristo un aiuto per la nostra umiltà.

8. «Non accoglieranno quello che io manderò»

– per avere sempre le forze per accogliere, e abbastanza amore... e per avere da dare

non del nostro,

ma di quello che abbiamo da Dio («accoglie me, e chi accoglie me,

accoglie

colui che mi ha mandato»).

M et omnia mea tua sunt

9. «Là dove io vado» dice il Signore Gesù a Pietro –

a volte ci capiterà di andare dietro di lui, in modo simile a Pietro,

rimanendo delusi di noi stessi, affinché si manifesti più pienamente la forza della grazia.

10. «Conoscete la via: io sono la via, la verità e la vita»

perciò riceviamo la comunione, perché lui è la via.

11. «Chi ha visto me, ha visto anche il Padre...»

scorgere in Cristo il Dio invisibile –

la «visibilità di Dio» in Cristo: «Credete a me, che io sono nel Padre e il Padre è in me».

12. «Qualunque cosa chiederete nel mio nome, io la esaudirò».

«Io chiederò al Padre, e vi darà un altro Consolatore».

* * *

+ Cara Dusia!

Sono pensieri dal Vangelo di san Giovanni, secondo i capitoli previsti. Più avanti darò il seguito. Ti prego di salutare Andrzej e le figlie.

A Kasia e ad Andrzej ho scritto, mentre per Marysia allego una cartolina.

Fr.

28 ottobre

PS

Dovevo dare questo a don Jakubiec, che parte oggi in aereo, ma è venuto fuori che erano già andati all'aeroporto.

XP (Chrystus)

Accipio Te in mea omnia

13. Vi darà un altro Consolatore... lo Spirito di Verità, che nessuno può accogliere, poiché non lo vede, né conosce... Ma voi lo conoscete, poiché è in voi e sarà in voi... Non vi lascerò orfani. Verrò da voi

– nello Spirito Santo appunto hanno ottenuto Cristo per sempre: veni, sancte Spiritus... ripetuto così tante volte... così fondamentale: il principio della nostra vita, della vita di tutto l'uomo, dell'essere fatto di spirito e di corpo. Lo stesso essere nella dimensione «del mondo» – e lo stesso nella dimensione dello Spirito. Un confine stranissimo, ma non uno «sdoppiamento». Bisogna soltanto che la dimensione dello Spirito pervada sempre di più la nostra debolezza e trasformi la dimensione del «mondo».

14. E tutto questo fino al giorno in cui «conoscerete che io sono nel Padre mio, e lui in me, e io in voi»

– questa è nello stesso tempo la rivelazione della verità, che in seguito san Paolo definì come il corpo (mistico) di Gesù: Cristo è la nostra vita, Cristo è il nostro futuro.

15. Ed ecco il seguito della medesima verità, la più essenziale della teologia: se uno mi ama, conserverà il mio insegnamento, e il Padre mio lo amerà e noi verremo a lui e staremo in lui:

la verità sull'inabitazione di Dio in noi, la Santissima Trinità risiede nell'anima. Quanto è grande la dimensione dell'uomo!!

* * *

amDg
Praebe mihi cor mundum
16. Tutto ciò è opera dello Spirito Santo per la causa di Cristo. Lo Spirito Santo, che il Padre manderà in nome mio, lui vi insegnerà tutto...
la scienza interiore
la teologia del cuore
sensus fidelium
la verità di Dio nella Chiesa
nel Vangelo
nella coscienza.
17. «Vi lascio la pace, vi do la mia pace...»
la pace attraverso tutte le nostre preoccupazioni, tensioni,
paure; la pace «che il mondo non può dare» ...la pace, frutto dello Spirito.
18. «Che il vostro cuore non si preoccupi, né abbia paura...»
il timor di Dio come inizio della saggezza (?)
il timor di Dio – il timore filiale (infantile)
– come prova dell'amore
il timore necessario
– e il timore umano, che deriva dalla nostra
debolezza, dalla «misura dell'uomo»
che il primo (timore) aiuti a sconfiggere il secondo.
19. Vado via e di nuovo verrò da voi
il mistero pasquale:
Venerdì Santo – Pasqua – Pentecoste
– Eucaristia.
20. Cristo: la vite, noi i tralci
il Padre... la coltiva... la ripulisce, affinché porti frutti abbondanti
Voi rimanete in me, e io / rimarrò / in voi
Ecco tutto il programma, ecco il senso della continua comunione, sia per rimanere in lui che per «permettere» a lui di rimanere in noi.

* * *

J+M [Gesù+Maria]
Maria Mater gratiae.

21. «Senza di me non potete far nulla» – lo ripeto continuamente a me stesso, si tratta invece di lasciare che lui operi attraverso di me (attraverso di noi) e che il nostro operare abbia effetto: un frutto da lui, che sia il frutto da lui voluto...

22. Per questo invece è adorato il Padre: «Mio Padre per questo sarà adorato, che porterete molto frutto... e diventerete miei discepoli».

Il frutto è noto a Dio stesso, essere discepolo –
è testimonianza di vita e di azione
Cristo riferisce tutto al Padre – e noi tutto ugualmente
se perseveriamo in lui.
23. «Come il Padre ha amato me, così anch'io ho amato voi...»
ci troviamo al centro della comunione più profonda.
La nostra comunione rispecchia quella, ci introduce in essa
«perseverate nel mio amore».
24. I comandamenti:
«che vi amiate gli uni gli altri, come io vi ho amato».
L'amicizia:
«Sarete miei amici, se farete quello che vi ho ordinato».
Un circolo chiuso:
il comandamento – l'amore – il comandamento
questo è il senso del comandamento, la cui sostanza è l'amore.

XP
Mater misericordiae.
25. Se il mondo vi odia...
se foste del mondo, il mondo vi amerebbe come sua proprietà *(questa è anche la genesi e la motivazione dei conflitti: non siamo «proprietà del mondo») perché* «io vi ho scelti dal mondo»
il mistero dell'esistenza «in Cristo».
26. «Il servo non è più grande del suo padrone»
hanno perseguitato me – perseguiteranno voi

hanno osservato la mia parola – la vostra verrà osservata
(Cercare da varie parti la comunione col Cristo della comunione).
27. Quando verrà il Consolatore... lo spirito di verità... Egli mi renderà testimonianza.
Ma anche voi siete testimoni...
(il mistero del Paraclito
e nello stesso tempo il mistero della Chiesa – cfr. «Lumen Gentium» 1
siamo continuamente uniti a Cristo nello Spirito Santo – da lì deriva la qualità della testimonianza).
28. Vi ho detto questo affinché non vi lasciate abbattere nella fede...
(O Signore, aumenta la nostra fede!
O Signore, rafforza la mia fede!
in mezzo a tutte le vicissitudini
della vita e a tutte le sue delusioni).
29. Vi mando...
(a volte ci sentiamo esclusi, isolati)
ma io vi ho parlato di queste cose
(dunque chiediamo a Cristo il senso di questa esclusione, per trovare in Lui sostegno).
30. Vado da colui che mi ha mandato...
(tutti andiamo dietro a Cristo dal Padre).

* * *

amDg
Tu nos ab hoste protege.
31. La tristezza ha riempito i vostri cuori
(a volte li riempie, la vita diventa triste e difficile). Tuttavia vi dico la verità (!) (È il «tuttavia» di Cristo).
32. È utile per voi che io me ne vada. Perché se non me ne andrò, non verrà da voi il Consolatore. Ma se me ne andrò, ve lo manderò.

La chiave del mistero:
Cristo se ne va attraverso la morte,
questa morte come sacrificio è la condizione della Venuta
– del continuo venire – dello Spirito Santo.
33. ...da voi
significa dalla Chiesa, dagli apostoli, da tutto il popolo di Dio, dai vescovi, dal Padre [Santo]
– da ognuno di noi: ognuno partecipa
dei frutti della partenza di Cristo.
34. Lui invece, quando verrà, convincerà...
(in lui e nello Spirito Santo c'è questa
forza di persuasione dell'animo umano).
35. ...riguardo al peccato – perché non credono in me
riguardo alla giustizia – perché vado al Padre...
riguardo al giudizio – perché il principe di questo mondo è già stato giudicato
(parole molto strane di una profondità incommensurabile, tutta la teologia della giustificazione si fonda su di esse).
36. Quando verrà lui, lo Spirito di verità, vi guiderà alla verità tutta intera
(tutta intera – significa pure: anche a quella che richiede una data epoca – ad esempio la nostra: la Chiesa nel mondo contemporaneo –
o a quella che richiede una data situazione dell'uomo...).

+ Carissima Dusia

Ti mando i miei appunti, tratti dalle meditazioni proposte prima della partenza. A dire il vero non un «quaderno», ma dei fogli staccati. Ho sentito il bisogno interiore di annotare questi pensieri – e in questo modo di essere con te.

Da Roma ho scritto a Kasia e ho ricevuto risposta da lei – buona nel contenuto, cioè buone notizie. Quindi le ho scritto un'altra volta, prima di partire.

Ho scritto una lettera anche a Marysia, ma non l'ho spedita da Roma. La spedirò ora da Cracovia. Ti saluto molto cordialmente e ti aspetto.

Fr.

15 novembre '77

VIII

La grande svolta della storia

I preparativi per le vacanze del 1978

30 giugno 1978

+ Cara Dusia,

Come hai detto, oggi ho intenzione di passare da voi dopo le 21, per parlare delle vacanze. Ti raccomando a Dio.

Fr.

PS: Ho portato con me la tua lettera agli esercizi spirituali e ci ho fatto un'annotazione. Ho pensato anche tra me, leggendo il libro Il segno del perdono, *che alcuni brani, soprattutto iniziali, potrebbero esserti utili.*

Ho pensato anche che, sul fiume Wisłok, bisognerà sfogliare i vecchi quaderni.

Fr.

* * *

Ma quelle vacanze, nell'agosto del 1978, vennero interrotte. Domenica 6 agosto, al mattino, disse a colazione: «Non sogno mai niente, ma stanotte ho sognato il Santo Padre Paolo VI che mi faceva un cenno».

Pioveva, ma in realtà cadeva una pioggerellina fine fine, così leggera che andammo sul monte di Sant'Anna. Lassù pioveva più forte, dunque ci riparammo sotto l'albero a Cinque Bracci e io tenevo la mia mantella sulla sua testa, come un tetto, perché il breviario non si bagnasse.

Dopo che fummo tornati, venne fuori che Basia aveva sentito alla radio della morte di papa Paolo VI, e a me si strinse il cuore, da un po' di tempo avevo la convinzione, la sensazione che sarebbe andato via di lì.

Lasciò il bosco l'8 agosto, mentre noi restammo ancora qualche giorno.

Da Varsavia, prima di partire per Roma l'11 agosto per il conclave, mi scrisse una lettera:

10 agosto '78

+ Mia cara Dusia!

Ho appena saputo che è arrivata Kasia – l'ho saputo per caso da Terenia – e che viene da te. Ne sono stato molto contento, perché la presenza di Kasia ti sarà di aiuto. Penso anche che vi porterà questa lettera, che domani daranno ad Andrzej.

Io parto domani. Confido che le cose si concluderanno entro questo mese. Sono sicuramente questioni grandi e importanti. Bisogna prepararsi molto a questa loro grandezza interiore – quella che viene da Dio. Così bisogna entrare in esse. Del resto tu lo sai, per qualche altro verso, che bisogna cercare appunto tale grandezza delle cose. Ti sei sempre sforzata di cercarla insieme a me. Questa è anche la tua dimensione e la tua verità. E il fatto che spesso ti sia difficile, con questa verità, conciliarti con quello che ti porta la vita, non significa che quella verità non sia la verità.

Tuttavia chiedo per te la pazienza, proprio per i problemi quotidiani che ti fanno uscire: è come se ti facessero uscire da quella verità. E prego Dio ogni giorno per Andrzej e per tutte le tue figlie. Il Signore Dio mi ha affidato te con questo tuo profondo, e nello stesso tempo non facile, «io» e con tutta la tua vita, con tutto ciò che la compone, a Dio renderò conto di questo. Non smetto di avere fiducia, in tutto questo, in Cristo e in sua Madre.

Non ti scrivo i temi delle meditazioni per ogni giorno, ma chiedo che ti attenga a Giovanni, capitolo 6,22-71 (l'annuncio dell'istituzione dell'Eucaristia); anch'io mi atterrò a questi testi.

Ti lascio nelle mani di Dio, sul fiume Wisłok, a Cracovia e a Przemyśl – dovunque.

Fr.

A Roma si ricordò di me e mi mandò le sue meditazioni.

+ Cara Dusia,

A Roma ho preso degli appunti riguardo al testo di Giovanni, 6, del quale ti ho scritto prima della partenza. Ti mando questi appunti attraverso Andrzej.

Spero anche che presto ti vedrò. E anche Kasia, se non altro per un momento, prima del suo ritorno a Parigi.

Ringrazio il Signore Dio, perché ha diretto le cose: «scrutator cordium».

Fr.

8 settembre 1978

* * *

13-20 agosto

Vangelo di Giovanni 6, 22-71.

Il discorso eucaristico (= l'annuncio dell'istituzione dell'Eucaristia)

1) dopo la moltiplicazione miracolosa dei pani *(Gv 6,1-15)*

«Gesù, sapendo che stavano per venire a prenderlo per farlo re, si ritirò di nuovo sulla montagna, tutto solo».

2) dopo l'attraversamento miracoloso del lago *(Gv 6,16-21)*

l'indomani *i partecipanti alla miracolosa moltiplicazione dei pani (sfamati in modo miracoloso) trovano Gesù* a Cafarnao *(Gv 6,22-25).*

Comincia la conversazione *sul tema del significato fondamentale del miracolo.*

Il Signore Gesù: «Procuratevi non il cibo che perisce, ma quello che vi darà *il Figlio dell'uomo (: annuncio!). Perché su di lui il Padre, Dio, ha messo il suo sigillo».*

Gli interlocutori: «Che cosa dobbiamo fare per compiere le opere di Dio?».

Il Signore Gesù: «Questa è l'opera di Dio (voluta da Dio): credere in colui che egli ha mandato...».

La gente: «Quale segno farai?».

E si richiamano al segno della manna *nel deserto (manna = pane dal cielo).*

21 agosto

Il Signore Gesù: «Non Mosè vi ha dato il pane dal cielo, ma soltanto il Padre mio ve lo dà... *Io sono il pane della vita».*

(questa frase ha un significato fondamentale: la manna è stata preannuncio [anticipazione]) [il pane della vita è Cristo accolto con fede], *poiché «Chi viene a me, non avrà più fame e chi* crede *in me non avrà più sete».*

In questa dichiarazione costituiscono un tutto unico Cristo – la fede – il cibo.

22 agosto

Le parole successive sono un approfondimento di questo sistema – «avete visto... non credete». A coloro che credono *si riferiscono le parole seguenti: «Tutto ciò che il Padre mi dà, verrà a me...» – e dunque quelli che credono sono quelli che gli* «ha dato *(affidato) il Padre, e Cristo li accoglie...» perché è disceso dal cielo per fare la volontà del Padre (= di colui che mi ha mandato). Questo rafforza ulteriormente quel «ha dato» (ha affidato).*

Conclusione: La nostra fede è ancorata, radicata *in questo* affidamento di noi al Figlio da parte del Padre.

23 agosto

(continuazione) Che significa quel «dono»? Quell'affidamento?

Dice Cristo:

1. È la volontà di colui che mi ha mandato, che io non perda nulla di quanto egli mi ha dato, ma lo risusciti *nell'ultimo giorno – la fede (io credo)* nella risurrezione della carne.

2. Questa è la volontà del Padre mio, che chiunque vede il Figlio *e* crede in lui, *abbia la vita eterna. (E io lo risusciterò nell'ultimo giorno).*

la fede (io credo) nella vita eterna

Conclusione 1. Cristo vuole *per noi la vita eterna. Il Padre ci ha dato la vita eterna in Cristo.*

Conclusione 2. La speranza della vita (della salvezza) eterna al di là della nostra debolezza.

Conclusione 3. La vita eterna in Cristo è legata alla risurrezione dei corpi *(teologia del corpo).*

24 agosto

Ma i giudei mormoravano, perché aveva detto: «Io sono il pane disceso dal cielo» e dicevano: «...».

La protesta di fronte al mistero

Questa protesta è nell'uomo... una «resistenza del mezzo»... superata con la fede.

Gesù dice: «Nessuno può venire a me*, se non lo* attira *il Padre, che mi ha mandato».*

Conclusione: il Padre attira *verso Gesù quelli che gli* dà.

La dimensione del Mistero.

25 agosto

Inizio del conclave
tema: Isaia 30
Expectat Dominus ut misereatur vestri
(Il Signore aspetta per avere pietà di voi)
beati omni qui expectant eum
(beati quelli che sperano in lui)
In silentio *et in spe erit* fortitudo *vestra,*
(nel silenzio e nella speranza sarà la vostra forza!)
Queste parole arrivano all'essenza stessa della giornata!

26 agosto

il conclave, la festa della Madonna di Częstochowa, *l'elezione del papa*

Meditazione sulla base *del Vangelo del giorno:*
quello di Cana di Galilea – *durante la prima votazione.*

Maria nel mistero di Cristo – ma in un certo senso Cristo «nasce» dal mistero di sua Madre.

27 agosto

continuazione Gv 6,45 e seguenti
La via verso Gesù
a) nei profeti sta scritto: «Tutti saranno ammaestrati da Dio»

b) l'uomo ode «dal Padre»
chiunque «ha udito e ha imparato»
VIENE A ME
c) viene per avere la VITA eterna
(= Io non lo respingerò nell'ultimo giorno)

28 agosto

Gv 6,47
La fede nella vita eterna
a) Cristo *vede il Padre*
(= colui che è in Dio)
b) Nessun altro lo vede
Cristo dice: chi crede in me ha la vita eterna
(la fede = la strada attraverso Cristo per vedere il Padre)

29 agosto

Gv 6,48
Tutto ciò che è stato detto finora, costituisce come un'introduzione a questa frase:
IO SONO IL PANE DELLA VITA
promessa centrale del mistero eucaristico
si tratta della vita di Dio nell'uomo
si tratta della vita eterna per l'uomo

30 agosto

Gv 6,48 e seguenti
a) il riferimento alla manna: «...hanno mangiato la manna nel deserto e sono morti»
(questo è un altro riferimento)

Ora segue una seconda affermazione:

A) Gesù è il pane vivo, disceso dal cielo

B) chi mangia di questo pane vivrà in eterno

IL PANE che IO DARÒ, È LA MIA CARNE *per la vita del mondo*

in questo è contenuto:

1. la prospettiva del sacrificio *della croce (la carne per la vita del mondo)*

2. quella dell'Eucaristia (il pane è la carne – significa nello stesso tempo «La carne è il pane» = La carne sotto forma di pane; ma tutto questo per ora nei limiti di un'anticipazione).

31 agosto

Gv 6,52 e seguenti

a) La protesta degli ascoltatori: come è possibile

b) suscita una nuova affermazione ancora più precisa: anticipa i contenuti!

1. «Se non mangiate la carne... non bevete il sangue... non avrete in voi la vita

2. lo stesso in forma affermativa: Chi mangia... e beve...

...ha la vita eterna e io lo risusciterò nell'ultimo giorno...».

Siamo testimoni quasi dell'ingrossarsi della stessa idea fondamentale – del suo approfondimento – del suo consolidamento nella consapevolezza degli interlocutori.

1° settembre a Torino

Visita alla Sacra Sindone – con una profonda emozione al pensiero che quella tela-reliquia ha avvolto il vero corpo di Cristo, dopo la deposizione nel sepolcro, e che è stata muta testimone della risurrezione. *Sono sbalorditive quelle tracce sulla Sindone, tutti i misteri dolorosi: la flagellazione, le spine, il peso della croce, la crocifissione – sono rimasti in essa con particolare precisione...*

affinché dopo così tanti anni, guardandola, rendessimo più profonda la nostra fede!

2 settembre a Torino

Era ovviamente una tela-sudario, lui attraverso quella tela – nel sepolcro – avvolto nel sudario della terra e un giorno

concepito nel grembo della Vergine Miriam era stato avvolto per nove mesi dal sudario di quel grembo

e così aveva introdotto nella nostra vita imperfetta – un'altra vita, nella vita mortale – la vita eterna: la prospettiva dell'Eucaristia, che meditiamo nel Vangelo di Giovanni (Gv 6).

3 settembre

Gv 6,57 La stessa idea fondamentale continua ad ingrossarsi:

«Come il Padre, che ha la vita, ha mandato me, e io vivo per il Padre, *così anche colui che mangia di me,* vivrà per me».

L'Eucaristia ci permette di vivere attraverso Cristo – *cioè di indirizzare tutta la vita* verso il Padre.

Oggi solenne inizio del pontificato di Giovanni Paolo I: che possa vivere attraverso Cristo nel modo più pieno – e indirizzare...

...l'umanità verso il Padre – *questo è l'augurio per questo giorno e questa la preghiera*

(le parole successive di Gv 6,58-59 sono un nuovo riferimento alla «manna» nel deserto – e la ripetizione dell'anticipazione dell'Eucaristia).

4 settembre

Cominciano le obiezioni.

Gv 6,60 «questo linguaggio è duro; chi può intenderlo?» –

mormorio tra i discepoli, il linguaggio del mistero è sempre «duro»

a) L'ascensione – *il ritorno al Padre («...se vedeste il Figlio dell'uomo salire là dove era prima...»)*

b) L'invio dello Spirito Santo («...è lo Spirito che dà la vita, la carne non giova a nulla. Le parole che vi ho detto sono spirito e vita...»).

(contrapposizione Spirito ↔ carne – persona che vive dello Spirito Santo ↔ persona che è soggetta alla natura corrotta)

c) infine: le prospettive del Padre, *dal quale ha origine la grazia (Cristo ripete la frase detta in precedenza: «nessuno può venire a me, se non gli è concesso dal Padre mio»).*

(concesso – dono – grazia)

e questa è nello stesso tempo la piena prospettiva del mistero eucaristico.

5 settembre

Alla domanda del Signore Gesù ai dodici (posta di fronte alla protesta di molti): «Forse anche voi volete andarvene?» risponde Simon Pietro: «Signore, da chi andremo? Tu hai parole di vita eterna. *E noi abbiamo creduto e conosciuto che tu sei il santo di Dio».*

(dobbiamo sempre rispondere così al Signore Gesù con le parole e con il ricevere l'Eucaristia)

* * *

Da Roma, da quel primo conclave, tornò il 5 settembre, e seguirono delle settimane di lavoro molto intenso: viaggi, riunioni, con un ritmo ancora più veloce del solito.

La notizia della morte di Giovanni Paolo I fu per tutti una sorpresa, e lui mi disse: «Pensavo di avere più tempo».

Mentre partiva per la seconda volta e ci salutavamo, gli chiesi: «Quale nome prenderai da papa?». Andrzej, mio marito, rispose tranquillamente: «Come "quale", Giovanni Paolo II, è logico». Lui non rispose.

Partì da Cracovia il 2 ottobre 1978, ma ancora da Varsavia mi scrisse una cartolina:

Varsavia 2 ottobre 1978

Mia cara Dusia!

Domani mattina partirò per Roma. Come tema di meditazione prendiamo il testo di Giovanni sul Buon Pastore. Allego anche i soldi per l'Istituto per ottobre. Ti ricordo sempre nella preghiera – e ti raccomando a Cristo e a sua Madre – te, i tuoi cari, i tuoi problemi – con totale fiducia.

Fr.

3 ottobre

Ho ricevuto la tua lettera da Varsavia e il tema delle meditazioni sul Buon Pastore. E la paura che non tornerai. Ma come sempre ho continuato a «funzionare».

7 ottobre

Ho partecipato a un incontro con i giovani sul matrimonio: hanno parlato Klinger, la Hennelowa e padre Piotr Lenartowicz.

Klinger ha parlato dell'«amore in sé e per sé, non mescolato a nessuna responsabilità», e la Chiesa cattolica lo distrugge. Il gesuita afferma che «la Chiesa cattolica effettivamente distrugge l'amore e non ha mai avuto nei suoi confronti un rapporto corretto». La Hennelowa: «Non si può mai imporre all'uomo l'amore».

Caos, e io guido la meditazione «assegnata»: La strada verso Dio attraverso il Buon Pastore.

Diventerai il più grande pastore del mondo e non tornerai da noi!

10 ottobre

L'esame dei seminaristi. Mi piace seguire le vie della vocazione: tocco il mistero.

13 ottobre

È venuto uno slovacco e dice che tutta la Slovacchia prega perché tu diventi papa.

14 ottobre

A Wadowice è arrivato un rappresentante dell'ambasciata italiana, per fare un'indagine su di te. Ho ricevuto la tua lettera.

Roma 14 ottobre 1978

Cara Dusia!

Ieri ho ricevuto la tua lettera con il post scriptum di Andrzej, e anche di Basia. Mi ha fatto molto piacere quella lettera e ringrazio tanto te, Andrzej e Basia. Sono contento che abbia dei bei ricordi dell'estate e ho fiducia che le sue questioni si sistemeranno bene. E Andrzej è colui che è nella filosofia polacca, indipen-

dentemente dal «beneplacitum regium». Invece il fatto della sospensione della sua nomina merita solo un commento. Penso che si dovrà tornare di nuovo su questo. Prego soprattutto per te e per voi nel rosario. Tutte le questioni che ogni giorno al mattino legavamo alle prime «Avemarie» (Dusia – Andrzej – Kasia – Andrzej – Ania – Marysia – Basia) le unisco ora all'invocazione della Madonna del Rosario. So che anche tu non smetti di recitare il rosario. Oltre a ciò scrivo per te dei pensieri legati al Vangelo del Buon Pastore.

A Kasia, e anche a Marysia, scriverò ancora in giornata. Con un saluto affettuoso e la richiesta della benedizione di Dio

Fr.

PS: Cordiali saluti ai partecipanti dell'Istituto della Famiglia per il giorno dell'inaugurazione.

15 ottobre

Fumata nera.

16 ottobre

Ho portato via dalla tua stanza tutte le mie carte e il sacco a pelo. Tu mi avevi autorizzato a portarlo via.

Sera

Per primo l'ha saputo Andrzej dalla radio (ha sentito la trasmissione dell'«Annuntio vobis...»), poi subito la nostra TV.

Andrzej è malato, ma è saltato fuori dal letto. Siamo andati da don Marian, poi alla messa nella chiesa Mariana.

Una folla di gente in delirio – rintocca la campana Zygmunt[1]. Come continuare a vivere?

17 ottobre

La tua telefonata: «Venite».

Il 20 ottobre alle 4 del mattino dobbiamo essere in pullman. Resteremo a Roma solo fino a martedì.

* * *

20 ottobre 1978

+ *Cara Dusia!*

È bello che io abbia potuto sentire al telefono, il 17 ottobre, sia la tua voce che quella di Andrzej e di Marian. Mi fa piacere che veniate qui. Spero che potrò incontrare voi, te, non in modo «collettivo», ma in modo «familiare». Almeno per poco tempo. Il Signore Gesù ha voluto che quello che a volte veniva detto, quello che tu stessa avevi detto il giorno dopo la morte di Paolo VI, diventasse realtà. Ringrazio Dio per avermi dato, questa volta, così tanta pace interiore – quella pace che mi mancava in modo evidente ancora in agosto – che ho potuto vivere tutto ciò senza tensione. Con la fiducia che lui e sua Madre dirigeranno tutto, anche in queste relazioni, preoccupazioni e responsabilità più personali. Con la convinzione che – se non seguirò la chiamata – anche in questi rapporti posso rovinare tutto.

Capisci che, in tutto questo, penso a te. Da oltre vent'anni, da quando Andrzej mi disse per la prima volta: «Duśka è stata

[1] Si tratta di una campana del Wawel che prende nome dal re Zygmunt I il Vecchio, che la fece costruire nel XVI secolo. Viene suonata soltanto in occasione delle più importanti feste civili e religiose e per eventi di particolare importanza, come l'elezione di Karol Wojtyła nel 1978 e la sua morte nel 2005 [NdT].

a Ravensbrück», è nata nella mia consapevolezza la convinzione che Dio mi dava e mi assegnava te, affinché in un certo senso io «compensassi» quello che avevi sofferto lì. E ho pensato: lei ha sofferto al mio posto. A me Dio ha risparmiato quella prova, perché lei è stata lì. Si può dire che questa convinzione fosse «irrazionale», tuttavia essa è sempre stata in me – e continua a rimanerci.

Su questa convinzione si è sviluppata gradualmente tutta la consapevolezza della «sorella». *E anche questa appartiene alla dimensione di tutta la vita. Anch'essa continua a rimanere.*

Mia cara Dusia! Tutta quella dimensione rimane in me e deve rimanere in te. È sempre stata radicata e «fissata» in Dio, nella sua grazia – ora deve esserci fissata ancora di più. Per questo sono state così appropriate le parole che ho sentito per telefono il 17 c.m.: «Noi ci saremo». Bisognerà realizzarle in modo nuovo. Come farlo nei dettagli, ancora non lo so, ma confido che il Signore Gesù ci insegnerà, così come ci ha insegnato per vent'anni. Io stesso me ne stupivo e a volte pensavo con timore: che cosa qui proviene da lui, e che cosa è «mio» e forse contaminato dalla debolezza umana? A volte quel timore in me prevaleva – e anche tu lo vedevi. Ma più spesso ero stupito di quanto arrivasse lontano la sua grazia, di quanto più lui, Creatore e Redentore, accettasse nell'uomo, nell'umanità, tutto ciò che l'uomo non è capace di accettare. Entrambi siamo stati consapevoli di questo. Devo ammettere che dall'esterno mi ha aiutato in questo don Tadeusz, e anche, a volte – anche se in modo più indiretto – don Marian. Rievoco questo, per parlare delle persone che potranno aiutarti quando io non sarò lì.

Voglio però continuare a camminare con te, in un certo senso, giorno dopo giorno. Non solo la continua preghiera, ma anche una catena di «pensieri-meditazioni», così come ho fatto recentemente. Così anche questa volta. Lo testimoniano i fogli di carta gialla allegati. Oltre al fatto che – cosa comprensibile – non posso «emigrare» del tutto da Cracovia, e che tutta Cracovia, ma soprattutto le persone a me più care, troveranno ospitalità nella mia casa di qui, o almeno la possibilità di incontrarmi.

Da Roma ho scritto, ancora prima del 14 c.m., a Kasia e a Marysia. Ho chiesto a Kasia di salutare anche Andrzej. Mi hanno fatto molto piacere, nella tua ultima lettera, le parole che «l'estate dava i suoi frutti in Basia». Ho fiducia che – pur con tutte le delusioni – in qualche modo tutto ciò si sistemerà, con l'aiuto di Dio. Penso anche che forse smetteranno di «vendicarsi» su Andrzej. Saremo in contatto ai piedi del Santissimo Sacramento, attraverso la messa, attraverso la preghiera e anche con le occasioni umanamente possibili. Naturalmente la posta può entrare in gioco solo in misura ridotta.

Desidero anche che tu esamini con precisione tutti i tuoi «quaderni», che tu faccia quella selezione dei testi, della quale ti parlavo, e che il resto semplicemente lo distrugga. Ma la selezione bisogna farla assolutamente, perché lì ci sono delle pagine stupende – soprattutto nel primo periodo: la via illuminante. Più tardi si fanno sentire sempre di più la sofferenza interiore e i guai della vita.

Questi guai appunto ti hanno allontanato ultimamente dal lavoro nel DR[2]*. Eppure sono convinto che la tua enorme esperienza a cavallo tra la medicina e la pastorale non dovrebbe essere sprecata. L'esperienza – e, nello stesso tempo, la precisione della visione delle cose alla luce della fede e della dottrina. Raccomando questo problema alla Madonna del Buon Consiglio.*

Raccomando sia te tutta intera che tutti voi: Andrzej e Kasia, con il suo Andrzej e i piccini che devono nascere, e Anka e le «gemelle»: con entrambe in qualche modo, negli ultimi due anni, ho «comunicato», sia con Marysia che con Basia. Ho fiducia. La grazia di Dio è più potente della nostra debolezza. «Tutto posso in colui che mi dà forza».

Fr.

[2] «Duszpasterstwo rodzin», la pastorale delle famiglie.

24 ottobre martedì sera, Cracovia

Troppe emozioni, non ho dormito. Sei così diverso, così trasfigurato – mi immagino così il monte Tabor! Lì veramente c'era Dio stesso, Gesù, mentre qui c'è il suo vicario. Sei apparso a noi «nel fulgore della gloria»! E non si tratta di quello scenario, sia pur splendido, ma proprio dell'interiorità. Sei sempre stato la persona più completa che io abbia conosciuto. Più volte ho detto che sei come una roccia, un uomo tutto d'un pezzo, ma ora questo è ancora aumentato, è difficile descriverlo.

So però che si è verificata una trasfigurazione, anche se apparentemente tutto è uguale; tuttavia quanto è diverso! È cambiata la gerarchia dei valori e sono cambiate le proporzioni: domenica l'ho visto in modo così chiaro. Guardi la terra come dall'alto, ora con le braccia avvolgi tutta la terra, e in questa dimensione scompare l'essere umano e scompare la persona, diventa solo un puntino, quando si guarda dall'alto! Mi ha rallegrato però il fatto che tu non sia abbattuto per la solitudine, ma al contrario; irraggi quella forza che viene direttamente dal cielo. E anche se hai detto che siamo le persone a te più care, e so che è la verità, questa verità diventa ora fonte di paura e nello stesso tempo fonte di umiltà: perché quale diritto ne deriva? E quale responsabilità? Esclusivamente il diritto di nascondersi e di scendere nel profondo di questa sostanza, di questo silenzio del cuore.

Leggo la tua lettera e vedo come si sposta l'accento, dalla preoccupazione alla pace profonda in Dio! Una persona inequivocabilmente teocentrica, come è sempre stato, ma ora questo si è moltiplicato: semplicemente il Santo Padre!

In che rapporto con questa trasfigurazione sta il significato della parola «fratello»? Un Fratello così grande e noi, le persone più vicine; ma io presagisco che questa vicinanza indica le dimensioni della croce. Essa dà diritto al sacrificio, al dolore, all'abnegazione!

Col pensiero ritorno all'inizio, alla cappella della Madonna di Ostra Brama nella chiesa Mariana. È capitato che, scendendo dall'aereo, avessimo accanto don Czesław Obtułowicz che, nel salutarci, ha detto che presto verrà nella chiesa Mariana a celebrare la messa, e io gli ho chiesto di celebrarla in quella cappella in cui ventun anni fa, proprio lì, mi dicesti: «Verrai ogni giorno alla messa». E così è stato per tutti questi anni!

25 ottobre, ore 23, Zakopane

Sono venuta apposta per scrivere per il «Licht» qualcosa di interessante e breve sul tema «Licht von Osten»[3]. Al mattino sono andata alla messa di Marianek; il Vangelo era come scelto per me: «A ognuno al quale è stato dato molto, verrà chiesto molto; a chi è stato affidato molto, si chiederà di più».

Mi è stato dato così tanto, che non si può comprenderlo. Mi invade la paura di quello che si esigerà da me! La stessa paura che ho provato in passato, nella chiesa dei santi Pietro e Paolo, e la paura ai piedi della Mogielica! La paura provata presso l'albero della Trasfigurazione del Signore.

Marian mi ha detto che tutto ciò che mi accade deve essere un sacrificio, ma io ho replicato che se l'uomo deve, dov'è il sacrificio? Ma lui ha risposto in modo tale, che credo di aver capito, perché ha detto: «Se tu potessi scegliere, avresti la soddisfazione della scelta, ma così non hai niente. Questa è la vera purificazione, soltanto quando prendi la croce, che ti cade sulle spalle e ti ferisce; e il sacrificio è appunto accettare la volontà di Dio, e non la propria scelta». Tu fai sempre soltanto quello che Dio vuole; ed ora, quando Dio ti ha portato via da noi per la sua gloria, mi hai risposto in modo così strano: «Dusia, tu sei una grande persona» – mentre io sento appunto la mia piccolezza!

26 ottobre giovedì, ore 6

Sono così contenta di sapere che aspetto ha la cappella del Vaticano e di potermela immaginare! Il privilegio di una sorella

[3] «Luce dall'Oriente» [NdT].

è il privilegio della croce! I santi desideravano la croce, san Francesco come premio per il suo amore per Cristo ricevette le stimmate.

L'elezione del papa è l'innalzamento letteralmente sulla cima, fino al cielo, fino a una tale vicinanza a Dio, che non riesco neppure a immaginare! Lo sento attraverso questa «trasfigurazione», ma da quell'altezza tutto ha un aspetto diverso. Mi hai scritto, andando via dal Wisłok: «Ti lascio nelle mani di Dio», perché sapevi che mi lasciavi, che ci lasciavi! La dimensione attuale supera tutte le dimensioni umane, è al di là di tutte le persone, al di là di tutto!

Forse io sola so quale cambiamento c'è stato. La gente non lo sa, non può scorgere questa incredibile compattezza ricolma di Dio. E anche se hai detto che «tutto ciò che è stato, rimane in noi», io so che in una proporzione del tutto diversa! È un po' come se fossimo sì insieme su un'unica piattaforma, ma noi non avessimo le ali per librarci nel cielo.

Scrivo queste metafore maldestre, perché ciò che è non si può esprimere a parole. Dovrei arrendermi a questa illuminazione e cantare la gloria di Dio, ma il mio cuore piange!

Tra poco andrò alla messa, perché ora possiamo incontrarci solo in Dio, nella comunione.

Ho scritto quell'articolo per il «Licht», ma non mi è venuto bene, so troppe cose, sono troppo vicina per poter parlare o scrivere!

Wacek Geiger ha trovato quell'insolita poesia di Słowacki[4] sul papa polacco, una visione profetica del 1848: «Tra le discordie il Signore Dio colpisce»; è incredibile come quella splendida poesia sia diventata attuale!

Egli distribuirà amore come oggi i sovrani
Distribuiscono armi
Egli mostrerà la forza sacramentale,
Avendo preso in mano il mondo.

[4] Juliusz Słowacki (1809-1849), poeta romantico polacco [NdT].

Ogni parola profetica!

Una svolta nella storia del mondo.

E io sono come un albero su un terreno improvvisamente inaridito. Come una campana vuota, che non risuona, perché le manca il batacchio! Come un bosco in autunno, senza speranza di primavera. Come un convolvolo, a cui è venuta a mancare la quercia; infatti abbiamo vissuto insieme così tanti anni, un bel pezzo della vita! Oggi questo splendore ci acceca e per ora non vedo un futuro. Il passato non minaccia il futuro, ma riesce a crearlo? Una via crucis. Una volta hai detto che l'uomo non ha mai accesso a Dio, solo Dio scende dall'uomo: è sceso attraverso la croce. Ogni giorno, la sera, leggo quest'ultimo testo e sempre più profondamente vi scopro qualcosa.

27 ottobre venerdì notte

Sono ancora a Zakopane! Durante la messa ho pensato che la grazia di Dio, che ti ha innalzato alla cattedra di Pietro, in fondo comprenda anche noi e che il futuro sia nelle mani di Dio. Non so come, ma mi sono ricordata la tua invocazione alla Madre di Dio: in lei bisogna aver fiducia, Totus tuus! E io, in qualche maniera, devo trovare il modo giusto di svolgere il ruolo di sorella del Santo Padre. Prego per ottenere la forza per te e per me!

28 ottobre sabato

Il successore di Pietro: non riesco a distogliere il pensiero da questo fatto!

Dal tempo del mio pellegrinaggio in Terra Santa porto con me un sassolino – voglio averlo nella bara, quando morirò – che viene dal lago di Genezaret, da quel luogo in cui il Signore Gesù chiese a Pietro: «Mi ami?». Quella scena mi ha commosso più profondamente di tutte, come se presagissi quello che è avvenuto. Anche la tua risposta è tale: «Signore, tu lo sai che ti amo, tu sai tutto!».

Le suore nella cappella, nel luogo in cui di solito stavi in ginocchio, hanno appeso un tuo grande ritratto, e ora lì sto inginocchiata io.

Ho negli occhi una scena dell'ultimo giorno, sotto l'albero della Trasfigurazione. Pioveva, ma pregavi tranquillamente, perché io tenevo la mia mantella a formare una tettoia. In un certo modo garantivo la tranquillità di quella preghiera.

E come arrivava in profondità la mia consapevolezza! Ero sicura della presenza di Dio. Il promesso sposo era con noi!

Cracovia, ore 24

Andrzej dorme, mentre io, dopo il viaggio, ho di nuovo dei forti dolori, ma sopporto il dolore fisico abbastanza bene e scrivo lettere!

29 ottobre domenica, ore 6

Il dolore mi ha svegliato già molto tempo fa; di notte, quando non dormo, torno sempre col pensiero al nostro bosco.

Mi assale il pensiero della morte.

Andrzej, invece, fiorisce, improvvisamente è diventato uno specialista della tua filosofia, scrive. Dice di se stesso: «Sono chiaramente un'altra persona, sento la grazia». Dice che per lui è un grande cambiamento, che sente Dio. Il tuo grande destino con un certo riflesso ricade su di lui.

Martedì è l'anniversario della tua consacrazione sacerdotale. Allora è cominciato, ora è l'apogeo!

Ho deciso di andare sul fiume Wisłok: forse là troverò la pace che mi manca. Quel giorno voglio essere sul monte di Sant'Anna. Viaggerò di notte in treno, perché l'autobus non c'è più.

31 ottobre martedì, sul fiume Wisłok

Ho passato una nottata pesante in treno, perché sono stata in piedi tutto il tempo e in più il treno ha avuto tre ore di ritardo. Sono riuscita ad acchiappare l'ultima messa, e non tutta intera.

Ieri ho fatto ordine nella tua stanza, ho trovato il tuo vecchio scapolare e me lo sono preso.

Da Krosno sono andata a Rymanów Zdrój e, per il sentiero rosso, come più volte con te, ho camminato sotto la pioggia: è piovuto per tutto il tempo! Camminavo sempre più bagnata, sempre più stanca, dopo la notte passata senza dormire; la strada era difficile perché scivolosa e fangosa. Per tutto il tempo ho recitato il rosario, come in passato.

Poi ho attraversato l'alto fiume Wisłok. L'acqua fino alla vita e piuttosto fredda, sono passata a stento, perché la corrente era forte! Sono arrivata al prato e all'improvviso mi ha colpito una bellezza straordinaria. Là, lungo la strada, c'era stato qualche albero con i colori dell'autunno, ma lì il nostro prato e il sentiero che partiva dal prato, come in una favola. I larici hanno il colore dell'oro puro.

Tutto intorno quella bellezza stupefacente e il silenzio. Quel luogo è la fonte della mia pace e della mia forza!

Ripeto senza fine le avemarie, sempre i misteri dolorosi del rosario.

Mi hai scritto, a dire il vero, che vuoi come in passato «camminare con me giorno dopo giorno», ma non hai scritto, come prima, i temi per le meditazioni[5].

Due ore più tardi

Questa bellezza mi ha acquietato, questo magnifico bosco di Dio. Il Signore Dio è qui e non mi abbandonerà, anche se mio

[5] Quei temi mi vennero mandati più tardi, li cito qui.

Fratello è così lontano! Nella contemplazione della bellezza ho ritrovato la presenza di Dio e la speranza! Qui stavi in ginocchio e qui c'era la messa. Il bosco è impregnato di preghiera, pieno di tracce! E prego per te, perché so quante forze ora ti saranno necessarie. Ti affido alla Madre di Dio!

Si fa già buio: anche se sono solo le cinque, le giornate sono corte; quando eravamo qui erano lunghe!

Prego un po' per te e un po' rivolgendomi a te, perché io so che tu sei un santo, l'ho sempre saputo! Oggi, nella vigilia della tua festa, offro in sacrificio per te quello che ho, il mio dolore. Il dolore del corpo e il dolore del cuore! Lo chiudo in me con questa intenzione, affinché tu sempre ti realizzi e nello stesso tempo realizzi la volontà di Dio!

1° novembre venerdì, ore 7

Ho dormito dodici ore senza sogni! Come un sasso. Ora sono nel sacco a pelo, perché fa freddo. Poi mi alzerò e andrò a fare il mio santo pellegrinaggio nei luoghi santi del nostro bosco!

Come il 6 agosto, andrò all'albero della Trasfigurazione e sulla cima del monte di Sant'Anna e da lì al sentiero e al valico e, se farò in tempo, sulla nostra punta e di ritorno fino al sentiero rosso e tornerò a Rymanów. Ma ho poco tempo, perché già alle 16.30 c'è l'ultima messa e oggi, naturalmente, devo partecipare alla messa e ricevere la comunione!

Sono tranquilla, qui è cresciuta in me la certezza che non perderò mio Fratello, perché in fondo il Signore stesso ti ha dato a noi! E nessuno può distruggere un dono di Dio, neppure tu stesso, né nessuno può portarlo via. E la verità della vocazione non ti permetterà di lasciarmi, perché il Buon Pastore entra per la porta e prende le sue pecore. Sui santini disegnano il Buon Pastore che tiene in braccio la sua pecorella!

Ieri ero allo stremo delle forze. Forse è stato questo primo sonno pesante a darmi le forze, ma non credo che fossero solo forze fisiche. Non è solo l'influenza positiva dell'esperienza estetica della bellezza di questo bosco dorato: sono sicura che sono forze dal cielo! Don Tadeusz ha detto: «Che cosa importa che sia diventato papa? Continua a essere un Fratello!».

C'è in me la consapevolezza di questa profonda «communio», che nulla può distruggere. Quell'affidamento, la fiducia reciproca c'è e rimane. Perché è cresciuta sotto gli occhi di Dio stesso, davanti a lui, in totale verità, niente è stato falsato!

Oggi per la prima volta vivi l'anniversario della tua consacrazione come Santo Padre. Eppure so che, anche se ora pensi a tutto il mondo come a un tuo compito, pensi anche a noi e a questo angolino di mondo, in cui sono oggi!

Ho voluto vivere questa giornata qui, senza nessuno, nella profondità di questo silenzio e della sostanza qui racchiusa.

Tutto ciò che è stato, è in te – tu stesso me l'hai scritto nella tua lettera più lunga – proprio ora!

Qui, in questo bosco, ci sono le tracce delle tue mani e dei tuoi piedi e l'eco della tua preghiera! È qui che recitavamo la «preghiera gesuitica», della quale non riuscivo mai a ricordare le parole, dunque me le hai scritte.

Quindi cammino così, passo passo dietro di te, senza guardare dove vado, perché so che tu mi guidi.

Mi metto in cammino per raggiungere i nostri luoghi santi!

Penso a quello che è successo – comprendo tutta la grandezza della natura umana, che Dio stesso dona all'uomo, e la grandezza del tuo affidamento a Dio – e questa dimensione scende anche su di me. Anche la grandezza, che è aumentata per tutta la tua vita, e ora ha raggiunto il suo apogeo, allarga la mia anima. Questa grandezza del donarsi, questa assolutezza investe anche me, perché questo tuo donarti a Dio è stato appunto il fondamento di tutto il nostro rapporto!

«Omnia mea tua sunt – Tutto ciò che ho, appartiene a te» ripeti, e appunto in questo ci siamo noi! E nonostante il tuo incredibile innalzamento, rimane questo nostro posto.

Perché in fondo, mio grande Fratello, attraverso di te volevo amare Dio con tutte le forze, ringrazio Dio per la tua santità e per il tuo sacerdozio, la cui dimensione qui ho conosciuto meglio!

Proprio qui, su questi sentieri nei boschi, ho visto crescere la santità. Qui, su questi sentieri nei boschi, meditavi su Dio, che amavi così tanto, e ci mostravi il suo amore! E oggi recito qui il *Magnificat*!

Ore 11.30 l'albero della Trasfigurazione

La pioggia è cessata, a tratti fa capolino perfino il sole. Ho camminato esattamente per la stessa strada del 6 agosto! Ho recitato ad alta voce il rosario, come allora, e ora sono in ginocchio sotto questo albero e recito i misteri dolorosi del rosario. E qui, da questo albero, scende su di me la consapevolezza della grandezza del dono, l'immensità del dono! E scende su di me anche la consapevolezza della responsabilità di questo dono. Don Tadeusz molto tempo fa, 23 anni fa, a Laski mi disse: «Electio Dei». Allora non capii, eppure è così; non sono stata io a guidare i miei passi, né i tuoi, Dio stesso ci ha portato qui!

La cima del monte di Sant'Anna.

L'albero abbattuto giace intatto – il nostro albero!

Così poco tempo fa eravamo qui insieme, e sembra così lontano!

Continuo a pregare, medito sul mistero della flagellazione di Cristo. Anche su questo, proprio qui, abbiamo riflettuto insieme.

E accanto cresce quell'enorme cespuglio di felci, le foglie ampie, alte quasi come me, e il verde sempre vivo! È qui che, già allora, ho avuto la sensazione intuitiva che il mondo intero fosse il tuo santuario! Allora dissi così: «Questi grandi alberi sono il tuo santuario». I grandi alberi sono ora sopra di me, sto in piedi senza parlare, non c'è vento, non si muove una foglia: la pienezza del silenzio!

Un silenzio come quello che c'era sempre in noi, un silenzio che era consapevolezza della presenza dell'Altissimo, un silenzio pieno dei contenuti più profondi. La consapevolezza sempre crescente delle cose grandi. Un silenzio pieno di paura e di preghiera, pieno di gratitudine per il dono del Fratello!

All'improvviso ha cominciato a splendere il sole e si riflette con i colori dell'arcobaleno sulle goccioline di pioggia, che ancora rimangono sulle foglie di felce e sui cespugli. Il sole crea una striscia dorata sulla terra, che è già piena di foglie dorate, proprio qui, accanto a me, risplende una macchia di sole!

Starò seduta qui fino alle 12, per recitare proprio qui l'*Angelus*. Ringrazio Dio per tutta la verità della realtà, che c'era qui e della quale partecipo.

Hai seguito la chiamata: come avrebbe potuto essere altrimenti? In fondo tutto quello che hai fatto finora da quel giorno, in cui il Signore Dio ti ha chiamato al sacerdozio, tutto è stato solo ed esclusivamente realizzazione della chiamata. Ma... anch'io ho un posto in ciò, perché tu infatti mi hai ricevuto da lui, anche come un compito. Da qui dunque aumenta la mia tranquillità. O grande Padre di questo mondo, che il Signore Dio continui a darti quella grazia che supera tutto!

Qui, in questo nostro posto, insieme ai raggi del sole, nasce in me la fiducia.

Il sole illumina tutto l'albero e me!

2 novembre sabato, ore 6, Cracovia

Ieri ho fatto in tempo ad arrivare a Rymanów per la messa e sono arrivata a casa di notte. Ma la nostra punta non l'ho raggiunta, me ne è mancato il tempo. Sono scesa dal valico a Puławy e poi, per il sentiero rosso, a Rymanów, come una volta.

Se fossi stata un poeta, ieri sarebbe nato in me il più bell'inno di lode, dunque per tutta la strada ho recitato il *Magnificat*. Non ho incontrato nessuno, ho camminato da sola, immersa nella bellezza della natura, piena dello splendore dell'autunno dorato.

Anche se in realtà era nuvoloso, sulla nostra punta però il cielo si è aperto, chiaro, celeste, come simbolicamente, come segno che tutto ciò era gradito a Dio!

Non riesco ad annotare tutti i miei pensieri, ma in fondo il Wisłok e ciò che esso simboleggia è cominciato nella tua vocazione sacerdotale, della quale ora vivi la pienezza!

Il Vicario di Dio, che a lui conduce.

Oggi è il mio compleanno.

Andrzej è partito per Varsavia, ma sulla scrivania, come regalo di compleanno, mi ha lasciato un articolo su di te, ben riuscito. Non aveva mai scritto niente così velocemente. Forse effettivamente c'è nella sua vita questa nuova era piena di grazia?

Kasia ha spedito da Parigi un intero mucchio di articoli di vario genere. Che cosa non riesce a scrivere quella gente! Ma leggo tutto avidamente e vedo quale peso ricade su di te, insieme a questo mondo! Un giornalista ha scritto che, nel momento in cui veniva annunciata la tua elezione, sul tuo viso scorrevano le lacrime.

Tutte le mie figlie mi hanno mandato delle lettere, perché è il mio compleanno. Ania scrive: «Noi piangiamo, solo Marysia è pazza di gioia». Marysia ha buon cuore, ha scritto che il giorno della tua intronizzazione, a cui ha assistito alla televisione, è stato il giorno più grande della sua vita.

Kasia ha scritto che è tranquilla per i suoi bambini, perché: «Lo zio mi ha scritto che prega». (Ania ha scritto che Kasia non si sente bene e non può camminare; sta a letto, perché ha le contrazioni troppo presto, il parto è previsto per gennaio! A me, con le gemelle, è successo lo stesso, per questo venisti da me a casa con il Signore Gesù).

Ieri ad Andrzej è arrivato un telegramma da Napoli; don Marian Jaworski ha avuto l'idea che Andrzej tenga lì una conferenza inaugurale dal titolo: «L'essere umano negli scritti di Karol Wojtyła». Il primo dicembre potrà vederti!

Come faremo con le feste natalizie? È ovvio che dobbiamo stare insieme, come in passato! Marian dice: «Aspetta, aspetta soltanto!». Io aspetto.

Guardo questi giornali occidentali, pieni di articoli su di te, e il cuore mi fa male, la tua foto accanto a immagini pornografiche!

Penso che dovresti mostrare al mondo la dignità dell'uomo e del suo corpo, per mostrare la verità sull'uomo. Il fatto che tu sia papa è una grande occasione per il mondo.

Aspetto il nuovo vescovo con preoccupazione, come sarà?

4 novembre lunedì

San Karol! Non ti abbiamo mai chiamato per nome, perché ci hai permesso di chiamarti Fratello, e questo è il tuo nome per noi!

4 novembre, ore 23

Lavoro come un robot! Alle 7 Marian ha celebrato la messa per te nella chiesa Mariana, nella cappella della Madonna di Częstochowa. Ma la voce gli si spezzava, quando recitava le preghiere per te, e io semplicemente piangevo!

Alle 14 sono arrivata qui. Sono a Krystynów. Già molto tempo fa l'avevo promesso a don Gil. Ho avuto due ore con i bambini, e domani avrò tutte le omelie! Il sacerdote vuole l'argomento «La vita religiosa nella famiglia».

5 novembre martedì

Ho pensato questo, che il Signore Dio stesso ha creato l'uomo per una certa nostalgia, per averlo con sé e amarlo: dunque il desiderio della vicinanza, dello stare insieme, nell'uomo è in un certo modo codificato dal pensiero di Dio.

Don Macharski in segno di amicizia mi ha regalato una bella foto di Padre Pio; la gente dice che Padre Pio ti aveva detto che saresti stato papa. In generale si dicono varie cose, ma io considero Padre Pio una persona santa e non dimenticherò mai che cosa mi disse e come. E ora cerco aiuto presso di lui, perché non ho nessuno. Padre Pio mi guardò con affetto e disse: «Va bene, va bene» e in quel suo sguardo c'è qualcosa che mi permette di pregarlo, per avere aiuto. Io stessa non so quale aiuto chiedo, ma glielo dico.

Sono passate solo due settimane, e mi sembra che siano secoli! Ma oggi ho recuperato, tenendo cinque omelie e due conferenze.

8 novembre mercoledì notte

Ieri sono stata a Poznań. Mi avevano pregato di andare da un'ammalata. Sono tornata in treno al mattino, ma naturalmente tutta la notte senza dormire. Come faccio a reggere? Io stessa mi stupisco.

I giornali scrivono: «Il papa superstar», la prima persona al mondo!

In treno pensavo che questa è appunto l'occasione per fare santo Padre Pio!

Sono stanca, sto meglio lungo il fiume Wisłok, lì mi ritorna la pace, nonostante il dolore del cuore.

Come sempre, vado ogni giorno alla messa, vivo un po' come un automa e in modo un po' doppio, perché esteriormente sono tranquilla e faccio tutto, mentre nel cuore ho tristezza e nostalgia!

9 novembre giovedì,
festa della basilica di San Giovanni in Laterano

Marian ha celebrato la messa, mi ha detto che gli hai scritto di occuparsi di me, perché lui capisce meglio di tutti.

Forse meglio di tutti mi capisce don Józef Dowsilas. Lui apparentemente non sa nulla, ma mi vuole bene. L'ho incontrato stamattina. Ora mi bacia la mano e dice: «Povera dottoressa». E ha aggiunto: «Io le sono sempre stato fedele e le voglio bene, ma ora tutti loro cambieranno». Sento però l'azione della grazia e sono sicura che tu preghi per me; questa forza al di fuori di me in un certo qual modo cementa e acquieta. Consolo Terenia, mi telefona in lacrime più volte al giorno e io la tranquillizzo, nonostante che anche il mio cuore soffra e ci sia in me la paura riguardo a come vivremo ora. Infatti tutta la mia famiglia poggia su di te!

Più d'una volta mi hai detto: «La grazia agisce», ma allora la grazia era come una conferma del mio sforzo, ora io non sono capace di fare uno sforzo, e la grazia agisce del tutto senza la mia partecipazione, indipendentemente da me, trasformando tutto. Una forza enorme al di fuori di me che, in qualche modo, mi trasforma. Da me stessa non riuscirei mai a controllarmi così! È perfino strano, perché dentro di me è come se tutto piangesse, ma questo non trapela all'esterno! A Roma ho preso coscienza della tua potenza, ma qui, a Cracovia, sento la potenza di Dio e ora capisco quello che mi hai detto una volta: «La grazia rende l'uomo santo». Non ho mai sentito in modo così chiaro, così univoco, l'azione della grazia. Non riesco a descriverlo. È come se io stessa non reagissi affatto, perché questa forza spegne in me le mie reazioni e le trasforma e questa potenza mi governa. Lo potrei esprimere in modo maldestro, dicendo che la potenza dell'Altissimo mi invade e mi riempie!

Notte

Marian ha telefonato, per dirmi che devo fare domanda per il passaporto valido più volte, per me e per Andrzej. Si è creata la speranza di un incontro! Don Dąbrowski deve prendere la domanda e sbrigare la cosa.

Domani notte andrò a Laski, il dottor Zdzisław Jaroszewski organizza un incontro di psichiatri e psicologi, come una volta. Don Tadeusz ci sarà e penso che troverà del tempo per me.

10 novembre venerdì sera

Ho lavorato tutto il giorno. Sento questa grazia unificante, che non chiedo neppure, ma ricevo! E questa azione della grazia supera le mie aspettative e i miei calcoli, è al di là della mia immaginazione. Questa forza crea sopra di me come una campana di vetro, che mi circonda. Vedo tutto come prima, ma questo non entra in me e non mi tormenta, bensì tutto diventa come semplificato! Apparentemente sono in mezzo, ma il vetro della grazia, che mi circonda, mi costringe a conservare una certa distanza nei confronti di tutto ciò che accade.

Non riesco a descriverlo, ma in me è come vicino e lontano, molto caldo e freddo, come un isolamento, chiaramente visibile e nello stesso tempo intangibile. E questo funziona in entrambe le direzioni, verso l'esterno e verso l'interno. Il mondo mi si avvicina e si allontana nello stesso tempo. Tutto è vicino, ma non mi attira e non mi divora. E questa cupola di vetro sopra di me mi difende dal mondo ed esteriormente sono del tutto tranquilla. E all'interno? La luce, questo «vetro», non copre nulla, ma mi dà la possibilità di agire tranquillamente.

Ho la sensazione che il Signore Dio stesso mi prenda nelle sue mani, ora in un certo qual modo direttamente, da quando sono mancate vicino a me le mani del Fratello! Infatti avevi scritto così: «Ti lascio nelle mani di Dio». Ora lo sento!

Don Franciszek Macharski ha detto che Marian sarà il vescovo di Cracovia. E io l'ho ripetuto a lui, ma lui ha negato e ha detto che gli faceva piacere che lo avessi detto, perché dal 16 ottobre mi ha visto sorridente per la prima volta!

11 novembre sabato, Laski

Ho viaggiato tutta la notte e il treno ha avuto due ore e mezzo di ritardo.

Per tutta la giornata ho ascoltato le conferenze e ho partecipato alla discussione, e penso che dovrei scrivere di psicoterapia (il professor Roth qualche giorno fa, durante le conferenze di Vienna, ha detto che in Polonia c'è una dottoressa che ha elaborato un metodo di psicoterapia basato sulla concezione di *Persona e atto* di Giovanni Paolo II, me l'ha riferito Ela Wójcik).

Il gruppo è prevalentemente femminile, solo due uomini (venti persone). Naturalmente, oltre a discutere di *Persona e atto*, si è parlato anche di te e da soli hanno anche proposto l'iniziativa di recitare l'*Angelus*. La gente ti ammira, si stupisce, cita le tue parole, dice: «Come ha fatto a nascondersi così fino ad ora?». Mentre io, ascoltando a volte quello che dicevi, sapevo quale sarebbe stata la frase successiva, il pensiero successivo, perché io conosco il filo dei tuoi pensieri e delle tue preghiere.

Sei diventato il primo uomo del mondo. Nella mia percezione è stato sempre così, più di una volta ti ho detto: «Sei la persona più grande del mondo». Ora questo è stato annunciato al mondo e questo fatto, nello stesso tempo, in un certo modo mi «innalza» al di sopra degli altri, per così dire, automaticamente. Sono la persona più vicina – noi lo siamo – e questo non si può negare. E del resto non vuoi negarlo.

La forza che ti ha innalzato sulla cattedra di Pietro costringe me al silenzio, a entrare nell'ombra. Nel Vangelo di ieri c'erano delle parole sulla Madre di Dio, che «ricordava tutto e lo conservava nella memoria»; così anch'io ricordo tutte le parole e i gesti, tutta quella ricchezza di contenuti la conservo nel cuore, nel profondo dell'anima. E questo non si può trasmettere a nessuno, perché è mio per sempre.

La grandezza del dono deve arricchire chi lo riceve. Una persona cresce in proporzione alla grandezza del dono. La grandezza del dono del Fratello mi costringe all'umiltà, mi trasforma.

Così agisce la grazia.

12 novembre domenica notte

Ho cercato di parlare con don Tadeusz, infatti per questo ero andata a Laski: per avere aiuto, consiglio e consolazione. Non li ho avuti però. Mi ha detto molto duramente: «Sei addolorata, e allora? Questo non importa a nessuno. L'amicizia non ha bisogno della vicinanza». Poi ha aggiunto: «Il Signore Dio ti ha viziato, perché ti ha dato lui» e mi ha ordinato di bruciare tutte le mie annotazioni e le tue lettere. Ma ha detto questo al di fuori della confessione e io non brucerò neanche una delle tue parole. Di te ha detto che «hai abbandonato tutto e tutti, donandoti tutto a Cristo». Ma nonostante tutto gli ho chiesto di confessarmi.

In confessionale si è dimostrato più mite, ha detto che capiva che per me fosse difficile e mi ha ordinato di ripetere «sia fatta la tua volontà» e come penitenza di pregare la Madonna del Perpetuo Soccorso; infine mi ha baciato e benedetto. Gli ho detto che non sapevo come vivere, mi ha detto: «Aspetta». E questo mi ha aiutato più di tutto, perché io appunto aspetto. Ma ho capito anche che non posso aspettarmi niente (aiuto) dalle persone.

Un'altra sua frase mi ha aiutato, ha detto: «Non importa che sia diventato papa, in fin dei conti è sempre la stessa persona» e ha aggiunto anche che la mia «intelligenza grande e precisa ti è necessaria e bisogna semplicemente metterla a servizio». Ha detto che «non devo fuggire, ma al contrario, intraprendere tutto ciò che ti può essere necessario». Ma cosa sarebbe questo «tutto»? Sto riflettendo...

Per il momento ho portato un po' avanti le questioni degli psichiatri, di quelli di Laski. L'argomento successivo sarà «l'essere umano» nei tuoi scritti, sarà la relazione di Andrzej.

Don Tadeusz ha detto ancora: «Gratuitamente dato, gratuitamente tolto». Lo so che il dono era gratuito, ma tu mi avevi detto qualcosa di diverso, che: «Il Signore Dio non toglie mai, a meno che non sia per dare di più».

13 novembre lunedì notte, Cracovia

Dicevi: «Siamo partecipi dell'amore di Dio». Il Signore Gesù come ritrovò l'amore di Dio Padre sul Calvario? Il mistero della croce.

Don Tadeusz ha chiamato il mio dolore «amor proprio». Ma io desidero un incontro, è evidente che lo desidero. Nello stesso tempo non posso cambiare la realtà, devo resistere.

Ma hai detto: «È stato, dunque è». Leggo le tue lettere e arriva la pace, la sicurezza: «È stato, dunque è».

15 novembre mercoledì, ore 24

È difficile per me, questo distacco mi fa male. Cerco però di pensare in modo oggettivo; in fondo non è per questo che il Signore Dio ti ha fatto papa, per strapparti a noi, ma poiché ti ha fatto tale, dunque questo distacco doveva esserci. In effetti dovrei domandare diversamente: «Perché il Signore Dio mi ha dato il dono così singolare del Fratello, dato che sapeva che doveva essere papa?».

Don Tadeusz mi ha detto anche qualcosa del genere: «Tutto ciò è stato per prepararlo a questo».

Tutto il giorno fisso la croce. Mi hai scritto così: «Cristo mi ha chiamato e io vado dietro a lui».

E io? Io voglio venire dietro a te. Ma è la stessa cosa, dietro a te vuol dire dietro a lui.

Quante volte abbiamo celebrato insieme l'ora santa. La solitudine di Dio nell'Orto degli Ulivi volevi «riempirla», risarcirlo per i discepoli che si erano addormentati – quante volte!

Prego con i misteri dolorosi del rosario, è quello che mi riesce più facile. Ma io vivo in un'altra dimensione rispetto alle persone intorno. Una vita doppia! Ruoto continuamente intorno alla croce.

16 novembre giovedì notte

È passato il primo mese di distacco: quante cose sono successe! Ma non voglio descrivere quello che c'è dentro di me, devo aspettare.

18 novembre, ore 6

Al mattino Marian ha celebrato la messa nella cappella della Madonna di Ostra Brama, nella cappella del nostro incontro, che del resto non avevo pianificato.

La grazia ha superato tutte le mie aspettative.

La messa col ricordo della basilica di San Pietro e il Vangelo: «Perché hai dubitato?». Ma chi può capire che cosa mi sta accadendo?

Sono andata da don Julian Turowicz e sono scoppiata a piangere come un bambino, e lui, quel sacerdote anziano e mezzo cieco, è riuscito ad aiutarmi, perché ha detto: «Non cercare aiuto presso nessuna persona, nessuno ti aiuterà, perché quando una persona si sente così, solo il Signore Dio può aiutarla. Prega».

L'irreversibilità degli avvenimenti.

Marian mi consola: «Lo vedrai, ci andrai».

Sono stata da lui, perché proprio come sotto ipnosi ero andata davanti alla tua porta, come tante altre volte. E all'improvviso ho avvertito che lì non c'eri e sono andata su da Marian. Anche lui piange. Anche lui sente la tua mancanza.

21 novembre 1978

Cara Dusia!

Ti mando in allegato le «meditazioni» dal 28 ottobre (al 21 novembre). Ti mando anche il tuo quaderno, con le mie annotazioni. Già nella lettera precedente avevo scritto che impressione mi aveva fatto la lettura di questo «quaderno». Questo trova espressione in quelle sottolineature, e perciò te lo mando, come del resto facevo sempre.

Prego per te e per voi tutti, ogni giorno, la mattina e la sera. Presento a Dio questa «esperienza» in tutta la sua verità interiore, così come ho sempre fatto. Ora lo faccio ugualmente. Ma quando lo faccio, sempre di nuovo sono consapevole del fatto che – così come sempre – essa consisteva nell'affidamento alla grazia: cioè al suo Amore; così ora deve consistere in questo. Solo allora potremo capire il significato della nuova tappa. Capire, per andare dietro a lui.

A Dio affido te, Andrzej e tutte le vostre figlie – e ogni vostra giornata.

Fr.

PS: Oggi ho ricevuto la tua lettera, che mi ha portato il vescovo Julian.

Gli allegati (le meditazioni) non si sono persi, solo ho dimenticato di metterli nella busta per Andrzej; mando gli auguri più cordiali per il 30 novembre[6]*, ma – come emerge dalla lettera – allora sarà a Vienna, o piuttosto sarete lì insieme. Don Stasiu dovrebbe essere a Cracovia dopodomani, dunque stabilirete i dettagli.*

Il Rutinoscorbin[7] *lo sto prendendo.*

Fr.

Il 4 dicembre è l'onomastico di Basia e mi ricordo di lei ogni giorno e la raccomando a Dio, dille questo da parte dello zio.

L'8 dicembre – l'onomastico di Marysia – scrivile, che la ricordo.

Fr.

19 novembre domenica, ore 6

Il giorno delle conferenze dell'Istituto della Famiglia. Trascino queste conferenze, ma senza entusiasmo e con delle difficol-

[6] Il 30 novembre è sant'Andrea, l'onomastico del marito di Wanda [NdT].

[7] Nome commerciale di un farmaco a base di rutina (rutoside, vitamina P) e acido ascorbico (vitamina C) [NdT].

tà. Dovevo avere il materiale della prima sessione, mi avevano promesso di stamparlo don Grzybek e don Małysiak. Dalla censura è arrivato già un anno fa, e benché l'abbia chiesto tante volte, nessun risultato. A loro questo non preme, preme solo a me! Ma ora nessuno mi appoggia e mi aiuta.

E gli americani hanno già fatto in tempo a pubblicare il tuo libro. Li invidio – solo per questo.

Ore 23

Per tutta la giornata ho lavorato con la precisione di una macchina: è davvero sorprendente quello che mi succede! Dentro di me il dolore, quasi la disperazione, ma quando vado dalla gente, agisce in me questa strana forza, che agisce in me da sola. È incredibile, ma io parlo addirittura «sotto dettatura» e faccio tutto «sotto dettatura». Mi sembra che in questo stato potrei camminare sull'acqua a comando. Ma questa non è la mia fede, è la mia impossibilità di fare qualcos'altro. È come se qualcun altro agisse in me!

E io dico al Signore Gesù sulla croce: «Non imputarmi questo come una colpa, che non voglio farti compagnia, che non riesco a superare la mia piccolezza; sono limitata da me stessa e non riesco a desiderare la croce» – eppure in qualche modo la porto – senza accettarla, costretta a farlo!

Ma nello stesso tempo sono tranquilla: la doppia corrente della vita!

20 novembre lunedì mattina

Mi sono svegliata con la sensazione della solitudine: io e Dio e non c'è un intermediario! Non prego con le parole, perché non le trovo, ma sto davanti a lui.

Dio sa tutto di me! Ha sempre visto ed è sempre stato sul monte di Sant'Anna ed è qui con me – c'è sempre! Perché ho paura? L'uomo è sempre di poca fede!

Recito continuamente i misteri dolorosi del rosario.

21 novembre martedì

Don Staś ha telefonato e ha detto che sarà un'ottima cosa, se verrò insieme ad Andrzej, e la speranza dell'incontro mi dà forza!

22 novembre mercoledì notte

Vivo come in trance. Andrzej mi dice: «Resta lì per tutto dicembre, fino a Natale, col Fratello, e io andrò a Lublino dalle zie». Restare, ma come? Dove?

24 novembre venerdì, ore 7

Non ho dormito per tutta la notte, ho letto le meditazioni che erano arrivate. Hai scritto: «Dobbiamo essere obbedienti», ma io penso che, per una fede e una fiducia in Dio quale tu hai, ci voglia il tuo formato!

Come fare per fidarsi così?

24 dicembre 1978

+ Mia cara Dusia!

Oggi è la vigilia di Natale. Insieme ci siederemo a tavola, insieme canteremo i canti natalizi, ci divideremo l'«opłatek»[8]

[8] Ostia rettangolare non consacrata, che in Polonia viene utilizzata nello scambio degli auguri di Natale [NdT].

e ci faremo gli auguri. Poiché in quegli auguri non tutto si può esprimere, dunque scrivo. Scrivo, rispondendo in un certo senso alle lettere che ho ricevuto da te negli ultimi tempi. Leggendole, ho visto quanto soffri, come ti affatichi con te stessa, quali pensieri ti «assalgono», cosa provi. È un bene che tu mi scriva tutto: ho sempre detto così e anche oggi lo dico, proprio perché so che solo al «Fratello» puoi scrivere (o dire) tutto questo. Leggendo tutto ciò che scrivi, in qualche modo sono con te. In seguito rifletto su quello, e prego sul canovaccio di quello che ho letto. Ho sempre fatto così. Questo era il mio «metodo» per essere fratello. E anche ora faccio lo stesso. Forse anche più di prima? Da questa partecipazione alle tue vicende, dalla riflessione e dalla preghiera sul canovaccio di quella partecipazione, emergono certe «conclusioni», che vorrei inserire negli «auguri».

[...]

La seconda «conclusione» è di natura più esteriore. Si tratta del mantenere i contatti, di una certa loro continuità nell'attuale assetto cambiato. Mi è difficile a questo proposito dare (per ora) una risposta più dettagliata. Ho già condotto i primi colloqui con la commissione per la famiglia e penso che lì si realizzeranno dei cambiamenti, ma questo deve andare per gradi. Invece, cercando una risposta alla domanda sul «carattere» (il fondamento) dei contatti futuri, bisogna semplicemente formularla così: sei stata e rimani il mio esperto personale *nel campo della* Humanae vitae. *È stato così per più di vent'anni e questo bisogna continuare a mantenerlo. Nel contesto di quell'«esperto» entrano varie questioni, delle quali de facto ti occupavi e delle quali ti intendi, il problema della regolazione etica dei concepimenti, l'educazione dei giovani «all'amore» e la medicina pastorale.*

Della tematica possiamo parlare in modo dettagliato. Anche del metodo della graduale realizzazione di quella tematica: penso che questo si dovrebbe attuare tra Cracovia e Roma, e anche tra Roma e altri centri ancora. Penso che dovresti mantenere a

Cracovia l'«IF»[9] *e la medicina pastorale. Invece la funzione di «mio esperto» consisterebbe nel seguire e riferire quello che accade in questo campo nel mondo e in Polonia. La questione del «finanziamento» dell'IF e dell'esperto bisogna vederla come la continuazione di ciò che facevo a Cracovia (naturalmente con altri mezzi), prendendo in considerazione i viaggi ecc.*

Cara Dusia! Queste sono le due conclusioni, che voglio inserire negli auguri. Ti prego, figlia mia, non ti tormentare, mantieni la calma. Il Signore Dio dirige tutto. Penso anche ad Andrzej e alle vostre figlie. Sai che non c'è un giorno in cui io non preghi per tutti loro: per Ania, Marysia, Basia, per Kasia insieme ad Andrzej e a Queï Due che devono venire al mondo. Divido con te l'«opłatek» e – come a Cracovia – cantiamo i canti natalizi.

Fr.

PS: Ho letto tutte le tue lettere. Ho sottolineato quello che è importante per le summenzionate conclusioni.

Allego i temi.

Per la mia vita successiva, ho ricevuto questa lettera:

Lettera-preghiera

5 gennaio 1979

Ci uniamo con la preghiera e col cuore presso di te, o Dio, nostro Padre, che sei Amore.

Ci uniamo col pensiero e il cuore presso di te, o Cristo, nostro Redentore.

Crediamo che «tutta la creazione – come ha scritto san Paolo – fino ad oggi geme e soffre... aspettando la rivelazione dei figli di

[9] Istituto della Famiglia [NdT].

Dio... ma non solo essa, ma anche noi stessi, che già possediamo le primizie dello Spirito... con tutto il nostro essere soffriamo, aspettando la redenzione del nostro corpo» (Rm 8).

Ti ringraziamo per tutto ciò che è frutto della tua redenzione in noi.

E chiediamo che quel frutto duri.

Chiediamo che tu ci conceda di partecipare sempre più pienamente dell'Amore, che abbraccia tutto l'uomo: l'anima e il corpo – e gli permette di scoprire i misteri di quella comunione di persone, alla quale siamo chiamati in te.

Permetti a noi, che abbiamo ricevuto la tua grazia, di servire te solo nei nostri cari, in ogni persona, di servire soprattutto la grande causa dell'amore umano e della responsabilità dell'amore.

O Madre dell'amore meraviglioso
prega per noi
O Protettrice del Figlio di Dio
prega per noi
Veni dator munerum
Veni lumen cordium

Amen.

5 gennaio 1979

+ Cara Dusia!

Ho ricevuto due lettere. Una da New York, la seconda di mercoledì/giovedì. Questa seconda è molto bella, profonda. A dire il vero non ho fatto nessun «segno» al margine, ma avrei dovuto «segnare» tutto il testo. Io so che tale è stato il senso dell'esperienza, lo condivido e continuo a metterlo davanti a Dio. Quell'esperienza (esperimento), perché potesse essere tale quale è stata, doveva avere la radice più profonda nella sua grazia. Espressione di questo è anche quella paura della quale ti ho par-

lato più volte (e anche tu ne parli): il timor di Dio, la paura nei confronti della santità, nei confronti del «sacrum». La paura al fine di «essere responsabile», di «non rovinare». È la verità anche ciò che scrivi, che questo faceva parte della «totalità della direzione».

Non ti tolgo quella «direzione», la mantengo. Cerco delle possibilità nella mia nuova situazione. Se così si può dire: non ti lascio cadere dalle mie mani. Voglio che tu parta da qui con questa convinzione. E con la tranquillità.

Le questioni di cui scrivi nella lettera del 1 c.m. sono numerose. Non riesco a rispondere a tutte.

La cosa fondamentale è che tu entri nella funzione di «esperto», cioè continui il contributo esterno dato finora tra Cracovia (la Polonia) e Roma. A Cracovia bisogna mantenere tutto quello che hai fatto finora, per quanto riguarda Roma le cose si definiranno (in modo formale) gradualmente. Ma già in questo momento so che alcuni lavori, che hai «in cantiere», bisognerà completarli, perché saranno utili, e qui si potrà pubblicarli più facilmente (almeno l'elaborazione delle tue ricerche al consultorio sulle conseguenze dell'«abortus» o anche sulle conseguenze dell'«anticoncezione»).

Di questo problema, del resto, dobbiamo ancora parlare, prima della tua partenza (così come della nuova edizione di Amore e responsabilità*).*

Le questioni dei viaggi (piuttosto: delle tue venute) a Roma restano in relazione con il punto precedente. Questi viaggi si spiegano semplicemente con la tua collaborazione, e inoltre si spiegano con la nostra amicizia di tanti anni. Concordali con Marian e Andrzej. Ritengo che possano e dovrebbero essere alcune volte l'anno. Naturalmente non per tre giorni, ma almeno per una settimana. Per quanto riguarda il luogo in cui alloggerai a Roma, penso che – considerate le circostanze – sarà meglio che tu rimanga dalle suore (forse tra qualche tempo ci sarà una «casa polacca»).

Per quanto riguarda le figlie. Qui ho una competenza minima, ma in generale penso che quello che è successo allo Zio piuttosto le aiuterà nell'avvicinamento a Cristo. Ringrazio Dio per il fatto che durante le ultime vacanze ho potuto ancora stare con Basia. Ania è ora in un periodo migliore. Bisogna consolidare questo, soprattutto nella prospettiva del suo matrimonio. Marysia è buona. Per Kasia prego ogni giorno la Madre di Dio.

Le altre questioni – da trattare prima della partenza. Anche la confessione prima della partenza. E forse perfino domenica mattina, dopo la messa.

Ti raccomando senza sosta a Dio.

Fr.

PS: Allego una lettera «da leggere per la sera» e i temi delle meditazioni.

+ Mia cara Dusia,

Oggi è Giovedì Santo. Ti prego tanto affinché, nel corso di questi giorni, ti unisca a me nella preghiera, nel vivere le sofferenze di Cristo e quel mistero pasquale che ci prepara alla risurrezione.

La giornata di oggi è la giornata del sacerdozio. I miei pensieri tornano alle questioni, agli argomenti che tocchiamo continuamente – anche ieri. Il mio sacerdozio, e piuttosto il sacerdozio di Cristo, al quale mi lasciò avvicinare oltre trenta anni fa, sono la dimensione fondamentale di tutte queste cose. Questa è la mia fede, e la mia speranza nello stesso tempo. Tutto quello che si compone a formare i nostri venti (e più) anni «insieme», tutta l'«esperienza» e il monte di Sant'Anna e il Wisłok – tutto questo è in qualche modo iscritto in questo sacerdozio. Questa è la mia consapevolezza, e sono convinto che sia anche la tua. Altrimenti tutto questo non ci sarebbe stato.

Il sacerdozio porta con sé determinati compiti e determinate rinunce. Proprio grazie a quelle rinunce, sono possibili i compiti. Un tale compito è anche la scoperta dei valori e dei significati che sono legati al matrimonio, alla purezza, al corpo, che Dio stesso vi ha racchiuso attraverso l'opera della creazione e della redenzione. Hai camminato passo passo con il mio sacerdozio e hai partecipato per tanti anni alla scoperta di questi significati e di questi valori. Hai partecipato in modo creativo. Non puoi dire che ora non vedi un «posto» per te. Questo posto è legato al rendere testimonianza di tutti questi valori e significati. Proprio per questo li ho scoperti con te e li ho iscritti per tanti anni nel mio sacerdozio, affinché tu potessi rendere questa testimonianza, affinché avessi per questo, in un certo qual modo, una copertura personale nell'esperienza. La copertura è personale, ma l'esperienza è già «profetica»: serve, deve servire a trasmettere la verità e a convincere.

Questa è sempre stata la mia visione di questa cosa. Questa motivazione ho trovato – e continuo a trovare – per essa nella mia coscienza. E nel mio sacerdozio credo parimenti che – se il Signore Gesù ora mi ha chiamato qui – mi ha chiamato in un certo modo «con questo». Se rifletterai su ciò, dovresti trovarci la risposta alla domanda sul tuo «posto»: qui.

Prego tanto per te. Anche tu prega in modo particolare nel corso di questi giorni, affinché ci prepariamo bene al calice della risurrezione.

Fr.

[Roma, 12 aprile 1979]

Seconda parte

I RITORNI

Spiegazione

I testi che ho raccolto sotto questo titolo sono fondamentalmente diversi dai capitoli precedenti. I pensieri annotati qui provengono dal periodo in cui mio Fratello era già il Santo Padre e sono stati scritti su sua richiesta.

C'è un angolino della terra polacca – i monti Beschidi – che ci piacque così tanto, che dopo un po' di tempo rinunciammo alle vacanze itineranti e piantammo un bivacco permanente nel bosco, e organizzavamo le passeggiate intorno a quel luogo.

Da lì egli partì il 7 agosto 1978, per non tornarci più (una volta, durante un viaggio in Polonia, riuscì a sorvolare quel posto in elicottero).

Partì con dispiacere: sapeva che non sarebbe tornato, anche noi lo sapevamo. Ma io ci sono tornata, ci torno tuttora. Lui sapeva che ci sarei tornata e mi disse: «Se sarai lì, non sarai mai sola, io ci sarò sempre». Aveva nostalgia di quel luogo, lo ricordava e tutte le volte che tornavo a Roma mi chiedeva quasi di ogni albero.

Ricordava soprattutto la montagna che chiamavamo il monte di Sant'Anna, perché l'avevamo trovata proprio il 26 luglio e sul suo fianco avevamo piantato il bivacco. Da allora questo nome divenne il simbolo dei ricordi dei Beschidi, e quando tornavamo a essi con il pensiero, si diceva: «Andiamo sul monte di Sant'Anna», anche se in realtà andavamo nel giardino di Castel Gandolfo o sul tetto, in Vaticano. Un simbolo che significava la bellezza del mondo e la gratitudine per il Creatore.

Sono tornata più volte in quel luogo in tutti questi anni, dal settembre del 1978, ho camminato lì per ventotto anni interi. Ci sono tornata in varie stagioni dell'anno, mentre lui conosceva quell'angolino solo d'estate. Le gite invernali per sciare si dirigevano verso i Tatra e i Bieszczady. Io visitavo quel luogo durante tutto l'anno, dunque voleva sapere come fosse lì. Glielo descrivevo – sono descrizioni della natura, per i «non iniziati» possono essere forse noiose, ma a lui facevano piacere – e quando, nel gennaio del 2005, gli ho chiesto se dovevo bruciare quelle annotazioni, mi ha detto: «È un peccato, sono bellissime».

Dunque ci sono...

Non le ho disposte in ordine cronologico, ma semplicemente secondo i mesi: da settembre ad agosto, di diversi anni.

Naturalmente sono testi selezionati, perché erano troppi. Del resto le descrizioni erano a volte simili tra loro, perché in fondo la primavera e l'autunno si ripetono continuamente, ma lui ne era sempre contento.

Ho concluso questi «ritorni» in modo non conforme allo stato dei fatti, perché io torno lì tuttora, ma li ho conclusi in modo per così dire simbolico, con la gita che feci con un altro celebrante, che in quel luogo celebrò per me la messa, con l'arcivescovo Józef Michalik, il 1° novembre 1994; perché ho descritto questo per il Santo Padre e lui ha letto quel testo e l'ha approvato, come del resto tutto ciò che è scritto qui.

Comincio questi appunti selezionati dei miei ritorni con la sua lettera del 10 maggio 1979.

10 maggio 1979

+ Mia carissima Dusia!

Ora vivo in una torre – e cammino in un giardino, ma ancora più spesso percorro il passaggio da una torre (più alta) a un'altra (più bassa). Guardo gli alberi e la fresca vegetazione.

E continuamente li confronto con altri alberi e un'altra vegetazione. A volte un frammento mi «colpisce» per una particolare somiglianza, ma nell'insieme manca quella distesa di vegetazione, nella quale l'uomo poteva immergersi, e quando stava «alla finestra» poteva immergere lo sguardo. Un grande, ricco territorio, unito a tutto il paesaggio, condotto da ogni parte fino all'orizzonte, e in basso il Wisłok, come un nastro trasparente, attraverso il quale trapelano le soglie rocciose del fondo, e più in là le case, i villaggi. A volte un frammento qui mi ricorda un frammento di là, ma anche quando gli alberi sembrano scendere per i pendii in modo simile a quelli sul Wisłok, manca loro quella rapidità e quel carattere selvaggio. Una cosa è il giardino e un'altra la foresta.

Ti scrivo questo, perché tu sappia che anch'io continuo a camminare per il monte di Sant'Anna, e forse ormai camminerò così fino alla fine della vita. Oggi, mentre pregavo, ho pensato che quella montagna e tutto il territorio intorno a essa è quella che è ed è rimasta tale, perché è stata ed è un'area di particolare presenza di Dio. Dio è ovunque, ma è soprattutto là dove l'uomo lo scopre e dove lui «ritrova» l'uomo. Noi abbiamo portato in quel territorio il più grande mistero dell'amore di Dio per l'uomo, che è l'Eucaristia, la messa. Vi abbiamo portato molta preghiera fatta in comune, il rosario recitato insieme, la via crucis, le meditazioni, l'adorazione, l'ora santa. Dalla preghiera abbiamo cercato di estrarre quella verità, che si può chiamare «teologia della creatura» e «teologia del corpo». Forse è troppo ingenuo pensare questo, ma ho pensato che quella pioggia e quel brontolio di temporale, con il quale mi sono congedato dal Wisłok, fossero anch'essi un «segno» della presenza di Dio.

Se tornerai lì, non sarai sola. Nello stesso tempo, invece, bisogna pregare per una nuova dimensione della presenza di Dio nella nostra vita, per una nuova cornice, per un nuovo orizzonte. La vocazione dell'uomo è «essere in cammino» e lungo il cammino incontrare Dio, prima di arrivare da lui.

A Kasia ho pensato tutto il tempo, soprattutto nel giorno del suo onomastico. Per lei e per i bambini ho celebrato la messa.

Quando verrai a Roma, mettiti d'accordo con le suore per quanto riguarda la messa.

Fr.

PS: Allego i tuoi testi, che ho letto.

Il monte di Sant'Anna

Non è molto alto, tutto coperto di boschi. Si innalza sul fiume e dalla parte del fiume è ripido: il fiume si insinua in esso e forma qui una svolta profonda, come un canyon. L'acqua nella parete della montagna ha scavato nei secoli un tale dirupo, da creare una parete perpendicolare al fiume; la parete svela degli strati di roccia biancorossa: in quel punto dal fiume non si può salire sulla montagna, bisogna continuare ad aggirarla e andare più su per un pendio ormai più dolce. Si può anche soffermarsi lì, sulla riva ripida, e guardare in basso il fiume e davanti a sé lontano fino alla montagna, perché su quella riva ripida è stata creata da un albero come una finestra.

Una finestra che dà sul sole che tramonta!

La finestra è a metà strada dalla vetta. Questa prima parte, dal fiume alla finestra, è coperta di bianche betulle sottili e di piccoli abeti verde vivo. Le betulle sono alte, mentre gli abeti sono bassi, e qua e là, al di sopra dei bassi alberi, si slanciano dei bei faggi vecchi che formano una corona con i rami. Per raggiungere la cima, non c'è nessun sentiero – non c'è proprio nessun sentiero fatto dall'uomo su quella montagna – c'è solo una traccia aperta dai cinghiali, lungo la quale gli animali scendono all'acqua.

A partire dalla finestra, salendo, prima c'è un fitto boschetto di abeti, più su delle grandi vecchie betulle e faggi, un po' di abeti: un bel bosco misto, nel quale ogni albero ha una sfumatura di verde leggermente diversa. Ormai vicino alla cima, dove ci sono i grandi alberi più vecchi, ne domina uno: un faggio con cinque grandi rami principali che escono subito dal tronco, piuttosto in basso, in modo tale che in mezzo a quei rami ci si può nascondere.

L'albero a Cinque Bracci...

Da questo grande albero la cima è ormai vicina, è tutta verde; dalla cima non si vede il panorama, il panorama si vede solo dalla finestra.

La cima è un groviglio di vecchi alberi, che un tempo il vento ha gettato a terra, e un largo tronco, coperto di muschio, invita al riposo. Intorno al tronco, sulla cima del monte, rovi spinosi aggrovigliati ed enormi felci – una montagna come sicuramente se ne possono incontrare altre nei Beschidi polacchi. Su quella cima arrivammo per la prima volta il 26 luglio, nel giorno di Sant'Anna, anche se sicuramente sulla carta geografica ha un altro nome.

Un angolino pieno di incanto, un luogo deserto! Lì era facile pregare, nessuno ci disturbava e la vista dalla finestra sul sole al tramonto attirava lo sguardo. Su quella montagna tornavamo spesso. Dal fiume alla cima celebravamo la via crucis, sulla cima il *Magnificat*, e alla finestra la preghiera della sera, compieta.

Tornavamo lì, anno dopo anno, perché ci attirava l'incanto di quel posto, e me, in seguito, i ricordi.

È un posto sacro, una meta di pellegrinaggio, perché la cima della montagna, sotto quegli alberi elevati, sembra essere il più bel santuario dedicato a Dio Creatore.

Su quella montagna faccio degli esercizi spirituali esclusivi!

Esclusivi, perché di gente lì non ce n'è affatto, mentre Dio è vicino.

In ogni stagione dell'anno torno lì e in ogni stagione quel bosco mi sbalordisce con la sua bellezza, e in ogni stagione è fonte di pace e di gioia; il Signore Dio ha creato la bellezza del mondo per la gioia dell'uomo e per il riposo.

La montagna, scoscesa dalla parte del fiume, dall'altra parte degrada dolcemente verso il valico e si può raggiungerla anche dall'altro lato, dall'ampio valico con un ampio panorama, ma bisogna avere più tempo!

Sulla vetta c'è sempre la musica del bosco, perché gli alberi stormiscono e mormora il fiume, a volte sciaborda piano piano, mentre a volte, gonfio d'acqua, rimbomba minacciosamente: il bosco ha il suo linguaggio; nel mormorio del fiume sento sempre la melodia dei canti intonati qui. Il fiume ha racchiuso in sé quel canto e lo riproduce col suo mormorio: quel fiume, il nostro fiume, con l'accompagnamento del vento che fruscia tra gli alberi, canta sempre il *Magnificat*.

Torno continuamente su questa montagna.

E continuerò a tornarci sempre, finché... finché potrò.

È stato... dunque è

Nessuno ha potere sul passato, nessuna forza umana, né addirittura sovrumana può cancellarlo dalla storia del mondo e dalla storia di una persona: è stato; sono stati i momenti e i giorni, le settimane e gli anni, e sono. Sono nella memoria, sono nel cuore e sono nell'eternità, che non ha inizio né fine.

Il cuore umano domina il passato, la memoria umana lo richiama e lo salva. Le questioni grandi e piccole nel cuore acquistano la loro dimensione.

Ognuno ha il proprio passato, vive con esso e non può staccarsene, neanche se lo volesse. Ma può esserci un passato tale, che l'uomo vuole vivere di esso, richiamarlo e ritrovare le tracce di ciò che è stato: così appunto è stato qui, dove per anni abbiamo camminato per il bosco, e ora sono rimaste solo delle tracce nel cuore, ma è rimasto anche il mondo, lo stesso – e la terra!

Come la Terra Santa porta le tracce indelebili dei piedi di Cristo e niente potrà cambiare questo fatto, così il nostro monte di Sant'Anna e il bosco rimangono e contengono in sé le tracce dei piedi che sono passati da qui, e nell'aria continua a echeggiare il suono dei canti intonati e si mantiene la memoria del santo sacrificio qui eseguito – un luogo sacro. Ognuno ha nel proprio cuore qualcosa di magicamente sacro, per il quale potrebbe dar via tutto il resto e che non darebbe via per nulla al mondo. I ritorni nel bosco sacro sono diventati sostanza di vita e punto di riferimento; luogo di riposo, fonte di forza per la fatica ordinaria di ogni giorno e fonte di gioia.

La memoria è una forza che ripristina! Il passato viene ripristinato dal desiderio e dalla memoria. Un passato il cui valore è inestimabile, perché è nascosto nello smisurato cuore dell'uomo, la cui profondità nessuno conoscerà mai fino in fondo.

Questa seconda parte intitolata «I ritorni» è la descrizione autentica delle passeggiate attraverso quel bosco pieno di ricordi e di contenuti racchiusi. Le passeggiate – gli «esercizi spirituali sui Beschidi» – sono durate molti anni, e i ritorni sono durati e continuano a durare, e sono come pali confinari che scandiscono la vita umana, che va avanti con il suo proprio ritmo, una volta moltiplicando le ore e allungandole, un'altra accorciandole in modo misterioso.

I ritorni non sono una fantasticheria né un'imitazione. I ritorni nei luoghi sacri, tutti i pellegrinaggi umani nei luoghi sacri, sono un'esperienza autentica e diventano fonte di forza. Rigenerano l'uomo, e nello stesso tempo gli permettono di vedere sempre più pienamente dei contenuti, il cui significato cresce coll'andar del tempo.

Il contenuto acquista profondità di significato, perché il tempo agisce come un riflettore sempre più forte: vedi la stessa cosa sempre più pienamente, perché la luce aumenta e si può distinguere quello che prima era invisibile, anche se c'era, ma soltanto la luce fa emergere la sua piena forma, e a ogni ritorno cresce la sempre maggior consapevolezza del dono, la cui pienezza non si può valutare; cresce continuamente, cresce la gratitudine per il dono!

* * *

amDg

+ Cara Dusia,

Appunti dagli esercizi spirituali, destinati a te.

1. C'è un bosco lungo il Wisłok e il monte di Sant'Anna, dove avverti particolarmente l'esistenza di Dio. Quel bosco è bello della bellezza della natura, e anche della grazia, che si è iscritta nella bellezza della natura. Quello stesso bosco a volte è minaccioso, sembra addirittura «ostile».

Quel bosco è una piccola parte del mondo, attraverso il quale siamo in pellegrinaggio, facendo varie tappe. La tappa attuale sembra più difficile. Tuttavia in questo mondo Dio è presente. Presente come Creatore. Presente come Redentore. È presente lo Spirito Santo. È presente con la potenza della Pasqua e della Pentecoste. È una presenza escatologica. Dio, verso il quale siamo in pellegrinaggio.

Le energie di Dio sono più grandi di qualsiasi debolezza dell'uomo. È necessaria la speranza, la pazienza, il coraggio. «In hoc signo vinces».

2. Pensieri pratici:

a) Chiedi spesso in che modo puoi essermi d'aiuto, rifacendoti a quello che è stato nella tappa precedente.

b) La risposta (sulla quale ho riflettuto ancora una volta): prima di tutto attraverso questo, CHI sei. Attraverso «l'esperienza», che è sempre presente in te. Continuamente anche si «fa presente» di nuovo, in quanto siamo sottomessi alla grazia che ci guida.

c) Quando ti ho consegnato la «teologia del corpo»[1] *nella sua interezza, ho scritto: varie persone ci scrivono sopra dei com-*

[1] Questo lavoro è stato pubblicato solo più tardi con il titolo *Mężczyzną i niewiastą stworzył ich* e porta la firma di Giovanni Paolo II.

menti, e perfino molto appropriati. Tu avresti più di tutti da dire o da scrivere. Tuttavia non penso che questo sia necessario. Più importante di un commento scritto è la realtà stessa. In fondo il testo stesso (commentato) voleva essere un «commento» proprio a questa realtà[2].

Chiamo questa realtà «pre-sacramento». Essa è estremamente importante. Senza questo «pre-sacramento» non si possono risolvere i problemi legati al «sacramento» (e questa è appunto la trama principale della tua attività, del tuo apostolato).

3. Non smetto di pregare con te e per te. In questi giorni, ancora di più. Che questo controbilanci la «regola del silenzio».

Fr.

[2] Sulla teologia del corpo Giovanni Paolo II tenne numerose catechesi, pubblicate poi da vari editori: *Uomo e donna lo creò: catechesi sull'amore umano*, Roma, Città Nuova - Libreria Editrice Vaticana, 1985; *Teologia del corpo*, Roma, Edizioni Paoline, 1981-1984; *Sessualità e amore: catechesi di papa Wojtyła sulla teologia del corpo*, Padova, Messaggero, 1981 [NdT].

Settembre

Gli anniversari

Settembre – il bosco ancora non preannuncia l'autunno – è verde.

Un mese pieno di ricordi lontani e di quelli più vicini, un mese unico. Sicuramente ogni giorno è «unico», non ci sono gli altri giorni, ma alcuni si imprimono nella memoria e rimangono come le perle più preziose, mentre altri ci spaventano nelle notti.

Il 22 settembre 1941[1] ci fu il trasporto delle detenute dal castello di Lublino a Ravensbrück. Una giornata molto calda, piena di tensioni, il futuro ignoto, che poteva anche non esistere affatto. Forse era semplicemente la fine?

Sul treno, in una stazione, di notte, riuscii a buttare fuori attraverso il buco del gabinetto un foglio e quel foglio, appunto, qualcuno lo spedì ai miei genitori. C'era la notizia che andavamo verso l'ignoto, e la persona che lo spedì aggiunse dove era stato trovato. Quei giorni del trasferimento non si possono dimenticare, anche se poi la vita ha portato tante altre grandi giornate.

[1] Cfr. Wanda Półtawska, *E ho paura dei miei sogni...Una donna nel Lager di Ravensbrück*, Milano, Sic, 1998; nuova edizione: *E ho paura dei miei sogni. Quando la morte non vince*, Alessandria, Ed. dell'Orso, 2008.

28 settembre 1958: il Wawel. Ricordo l'interno buio della cattedrale, pieno di luci; per la prima volta vediamo da vicino la consacrazione di un vescovo, una scena sconvolgente. Il capo avvolto in un fazzoletto bianco sembra tormentato e mi ricorda il capo della Sindone. Ci fermammo là in sacrestia, nella fila delle persone in attesa, che volevano anche loro, come noi, fare gli auguri: che cosa si dice in un tale giorno? Che si può dire?

Cerco le parole, ma non le trovo e non dico niente; e lui, il nuovo vescovo, si avvicinò e disse: «Vi ringrazio, grazie».

E io penso: "Di che cosa ringrazia, e chi?". E penso che quello sia espressione di un contenuto interiore.

Lui ringrazia quasi al di sopra di noi, ringrazia Dio per quella giornata e ci guida a questo pensiero: ringraziate. Ma accanto a me c'è una donna semplice, col fazzoletto in testa, e gli rivolge la domanda: «È la sorellina?», e lui risponde affermativamente: «Sì, la sorellina». Così affettuosamente, così normalmente e così è rimasto da quel settembre.

Una sorella...

Della quale aveva cura come un Fratello e in seguito manifestò questa cura, molto più tardi. E il mio pensiero settembrino si impiglia in un altro anniversario: nella notte tra il 22 e il 23 settembre 1968, la morte di Padre Pio nella lontana Italia, apparentemente una persona a me estranea, ma che era comparsa sul cammino della mia vita, anche lui segnando una svolta. Il vecchio frate cappuccino italiano, che strascicava i piedi doloranti, la cui presenza nella mia vita si conferma continuamente in modo meraviglioso.

Il 22 settembre: in questo giorno cerco sempre di essere in questo bosco sacro, in cui tante volte abbiamo recitato il rosario e celebrato l'ora santa. E attraverso questi anniversari, che sono sempre il ricordo della sofferenza di donne affamate, picchiate e coperte di parole oscene, passa il ricordo del corpo sfinito dalle sacre stigmate e infine il pensiero deve ritornare alla fonte. Al corpo sfinito di Cristo, alla santa croce. Settembre per me è sempre collegato alla meditazione sul corpo dell'uomo e su quello di Dio incarnato: attraverso il corpo sulla croce è accaduto tutto ciò che è accaduto.

Settembre dunque è il mese della gratitudine per il dono della passione di Cristo e per il dono del corpo umano, attraverso il quale l'uomo stesso si possiede e realizza la sua vocazione. Il pensiero del corpo di Cristo e del corpo dell'Unto del Signore, e in generale del fatto che ogni corpo umano rivela lo Spirito.

Il corpo umano è destinato alla santità, all'eternità.

Le giornate di settembre, qua e là già dorate dalle foglie del primo autunno, piene di un sole che non brucia, e piene di meditazione sul destino dell'uomo.

Quanto mi piacciono queste passeggiate settembrine attraverso il mio bosco...

* * *

22 settembre 1978, il monte di Sant'Anna

La montagna è coperta di boschi, una gran quantità di alberi – da qui non c'è vista panoramica.

E il vento è così forte che non fa ondeggiare gli alberi, ma li piega fino a terra!

Il sole è annebbiato, ma getta macchie dorate sulla terra. Quante volte ho osservato queste macchie di sole che danzavano in questo bosco...

Prego.

Qui prego sempre, come se questo luogo facesse scattare spontaneamente in me una preghiera di ringraziamento; qui recito sempre il *Magnificat*, perfino quando arrivo piena di dolore.

Gli uccelli cantano e anche la mia anima canta.

La bellezza avvicina a Dio, qui Dio è vicinissimo... La bellezza è come piena della sua presenza – la bellezza del mondo, un dono per l'uomo. La bellezza del mondo qui è un dono per me.

Le passeggiate qui, questo è appunto ciò che amava profondamente il mio cuore. Questo bosco, la bellezza del bosco è il mio più grande tesoro.

L'ammirazione che qui invade sempre la mia anima è... è il mio respiro e la mia gioia.

Mi rallegra questo sole pallido, le cui macchie danzano per il bosco, mi rallegrano queste foglie dorate e il loro fruscio. Quante sono le sfumature di quest'oro! Quanti fruscii! Sto seduta sotto l'albero a Cinque Bracci, ma è segnato: devo verificare se è destinato all'abbattimento. Non permetterò che lo taglino, LUI è mio!

Vado sulla cima.

La cima del monte di Sant'Anna!

Il nostro tronco giace illeso, intatto, lo stesso! E c'è lo stesso grande, ampio cespuglio di felci.

L'albero dorato sullo sfondo e la felce verde.

Che sfondo meraviglioso – un gioco di colori e di luci.

Più su il cielo azzurro, terso.

Sullo sfondo del cielo azzurro la corona degli alberi e il tronco scuro.

Un tempio magnifico, l'uomo come una formica, piccolo in questa proporzione.

Dalla cima sono andata, come facevo spesso, al sentiero.

Le erbe, quelle alte sono dorate, ma quelle basse sono ancora verdi – uno sfoggio di colori.

La nebbia, il sole pallido. Si è alzato il vento e fa ondeggiare queste erbe alte.

Il bosco intorno è verde, perché qui ci sono gli abeti, solo il prato è dorato.

Silenzio – in me il ricordo, ma quasi il farsi presente. Qui è sempre reale la presenza di Dio, del Creatore di questa bellezza!

23 settembre 1985, il monte di Sant'Anna

Fin dal mattino cammino per il bosco. Sono arrivata attraverso il valico, dall'altra parte, e poi per il sentiero fin sulla cima del monte di Sant'Anna. Soffia un forte vento! Il tronco è intatto; intorno, come sempre, enormi felci: le loro foglie mi arrivano alle spalle!

Il rumore del bosco! Un magnifico canto! Prego – qui posso solo pregare!

L'albero dell'ultima preghiera, il 6 agosto 1978.

Allora pioveva...

L'albero a Cinque Bracci, ma oggi due bracci sono segnati per il taglio, ci sono state delle persone qui: le guardie forestali!

Ma questo è un bosco sacro, il custode dei misteri di Dio!

La finestra.

Quanto è familiare il panorama, e quanto è bello!

Il prato in basso è ancora intensamente verde, ma alcuni degli alberi nel boschetto che taglia il prato sono già dorati dall'autunno, e sotto di me, nel bosco, c'è già un tappeto di foglie dorate.

La piccola betulla, quella vicino alla finestra, è tutta dorata; le macchie mobili del sole danzano. Il piccolo fiume luccica nel sole, le pietre sbiancate spiccano!

Il bosco da quella parte è ancora tutto verde, perché quello è il versante settentrionale, mentre quello qui sulla nostra riva è già colorato!

Dalla cima fino alla finestra non c'è più il sentiero, qui nessuno cammina; una coccinella si è posata sul foglio sul quale sto scrivendo. Una creaturina di Dio, non consapevole di nulla, ma il forte vento l'ha afferrata, è volata via.

Sono sola e nello stesso tempo non lo sono!

I pensieri turbinano...

Quanta sostanza in questo bosco!

La finestra.

Gli alberi sono quasi senza foglie, perché le ha strappate il vento; in compenso le foglie hanno ricoperto la terra: uno splendido tappeto d'oro. Un solo piccolo albero sul pendio è ancora tutto dorato, e in profondità, sullo sfondo, c'è il prato tutto verde; il piccolo fiume si sente appena, mormora leggermente, dando un sottofondo alla musica del bosco, perché gli uccelli cantano. Come sto bene qui e come è bello! Come avevo bisogno di riprendere fiato! Questa giornata mi è stata regalata. Il sole inargenta l'acqua, luccica e scintilla. Nel nostro posto è cresciuto del soffice muschio verde scuro, come un divano di lusso che invita a riposare qui. Il muschio è nuovo, fresco, ma l'albero nero che forma la cornice è vecchio, sembra secolare, resistente al trascorrere del tempo!

Nella cornice di questa finestra, all'orizzonte la nostra punta, una cima impressa per sempre nella memoria umana e nella storia del mondo! Quante volte hai ripetuto: «È stato, dunque è, perché in Dio non c'è il tempo» e questo pensiero che è e sarà sempre, è una grande gioia e una speranza. Com'è bello in modo incantevole il mondo intorno! I piccoli abeti bassi, verde scuro, le betulle dorate, sui sottili tronchi bianchi oscillano leggermente, come fanciulle nella danza. La scarpata ripida marrone e dorata. La gamma dei colori autunnali! Dall'altra parte del fiume, di fronte, al di sopra della strada, la linea scura del bosco, e in esso alberelli dorati che interrompono quella linea scura come punti esclamativi d'oro! Questa bellezza toglie il respiro. Quanto sono poche le persone che approfittano di questo dono di Dio, della bellezza di questo mondo!

Qui, in questa bellezza, riesco a staccarmi dalla croce di ogni giorno – questo è il monte delle Beatitudini: Signore, è bello per noi stare qui!

Cresce in me una gratitudine così profonda, che in essa si immerge perfino la croce, come se il dolore si sciogliesse in questa bellezza e si fondesse nel *Magnificat*, che canta questo bosco e io con esso.

Le fatiche della vita si ritirano nell'ombra e in primo piano avanza la gratitudine, la gratitudine per tutto e per il dono del Fratello!

Più avanti, attraverso questo bosco favoloso, per la strada che conosciamo, che va dalla finestra in giù attraverso il pendio ripido. Anche qui la terra è cosparsa di foglie dorate. Il sentiero passa nel folto di bassi abetini, quasi non lo si vede. Gli alti larici sono ancora verdi. Questo indica che farà ancora caldo. Il sole, attraverso le foglie, manda il suo oro, macchie dorate tremolanti, perché le foglie si muovono leggermente. Tutta l'aria è piena di questo oro. Come vorrei fermare questo nei miei occhi e continuare a portarlo nella vita!

Gli alberi intorno ora sono alti, sono cresciuti. Coprono il cielo, ne rimane appena un lembo là in alto. Il vento si rafforza, porta via le foglie dorate e le mette a danzare; volteggiano per un attimo, prima di adagiarsi sulla terra, sulla stessa terra sulla quale ci sono le tue tracce. Il leggero fruscio di queste foglie che cadono si unisce al rumore del fiume, che quaggiù si sente più forte. Una melodia familiare: il silenzio del bosco è pieno di sostanza. È sempre una melodia, sempre un inno di lode in onore del Creatore. Il silenzio assoluto capita qui solo prima di un temporale, ma ora è un silenzio pieno di suoni conosciuti, pieno di armonia, senza nessuno stridore estraneo.

Qui spesso stava l'altare; qui, in questo bosco, in questo stesso luogo si svolgeva il miracolo della discesa di Dio sulla terra. Un angolo reso sacro una volta per tutte e così è, e così sarà nei secoli dei secoli! Questo quadro: l'alta parete dei larici, i tronchi dritti senza foglie, solo in alto le foglie sullo sfondo del cielo; un merletto di foglioline, in basso dei bassi cespugli colorati e la terra completamente dorata, sulla quale risplendono le macchie di sole. Questo quadro prendo nel mio cuore; nell'anima, perché questo luogo è sacro, perché qui, in questo stesso luogo, lo Sposo è stato con noi.

Un bosco sacro. Il quadro mi rimane negli occhi e nell'anima.

14 settembre 1988

Al mattino sono stata alla messa al villaggio. Mi piace la chiesa del villaggio; del resto non si tratta neanche della chiesa, ma dell'atmosfera: mi piace ascoltare mentre quelle donne anziane cantano le ore con voce sottile, ma limpida. Mi piace pregare con loro. Poi ho camminato attraverso il bosco scuro – era buio. Prima in salita, fino alla casa della guardia forestale, poi al di sopra del fiume; lungo la strada, come sempre, ho celebrato la via crucis. Sono tutta immersa in questa sostanza, insieme al mio personale e molto intenso dolore. E il mio cuore qui prova sempre sollievo.

La piscina piccola. L'acqua scorre via, ma la terra rimane e le rive qui sono intatte, le stesse, la stessa grande pietra. La terra, la riva del fiume piena di ricordi; è ormai praticamente un simbolo questa pietra, come un monumento: «È stato, dunque è».

Ma non è facile per me; mi unisco alla sofferenza di Cristo. A lui comparve sulla fronte sudore di sangue – mi immergo in questi contenuti, passando da una pietra all'altra, sulla riva del fiume sotto il dirupo. Dall'alto pendio, sotto al quale siamo passati tante volte, è precipitato un grande macigno, lasciando una traccia fresca, come una ferita!

Questa traccia taglia il pendio con una striscia più chiara, si vede il cammino percorso rotolando giù e dove giace così, sporgente nell'acqua verde, perché l'acqua è verde. L'acqua sta aumentando, ho fatto appena in tempo a passare quando proprio dietro di me è precipitata un'alta ondata d'acqua schiumosa e torbida. Già ora non sarebbe più possibile passare. Rimbomba e l'acqua è sempre di più: aumenta sotto i miei occhi, occupa tutto il primo livello fino ai cespugli; i «nostri gradini» sono sommersi.

Ma più in alto il bosco è silenzioso, là, tra le foglie fitte, la pioggia bisbiglia soltanto. Camminando sotto questi alberi, non mi sono neppure bagnata, anche se continua a piovere.

La vista è la stessa, solo gli alberi intorno sono molto più alti, del cielo si vede solo un piccolo lembo al di sopra degli alberi. Qui c'era l'altare e qui, e qui... tutto questo bosco è un unico grande santuario, con gli altari laterali e l'alta volta del cielo e le pareti fatte di alti alberi!

Resisto, accetto, cerco di accettare la croce, cerco, ma è sempre la stessa cosa: mi è più facile accettare il dolore stesso, che il suo carattere imposto.

La cosa più difficile per me è sopportare una situazione passiva, che non si può cambiare in nessun modo – l'impotenza dell'uomo è come se lo privasse di se stesso, lo piega fino a terra.

Questo è appunto la caduta sotto la croce: Cristo chinato sulla terra, in questa sua caduta si può ritrovare se stessi.

In generale da qualche giorno penso alla morte, perché del resto domenica sono stata da Ewa Czerwińska[2] e ora si vede ormai che sta morendo. Mi ha riconosciuto ancora, ma è come una candela che non fa più luce, ma cova. In fin dei conti, ho pensato, ormai sarebbe meglio che morisse. Come se ne va lentamente e con quanta pena! Lutek è tranquillo, rassegnato e molto fedele, nella presenza premurosa! Rimane accanto a lei giorno e notte.

Qui, in questo bosco, prego per lei, anche se forse non così chiaramente per lei, perché qui, in questo bosco, mi invade una tale presenza viva di Dio, che mi fondo in essa senza parole. Apparentemente ripeto le parole del rosario, ma questo è come il fruscio del bosco e il rumore dell'acqua, e la sostanza è una sola: Dio è qui!

In questa consapevolezza annego tutto il resto.

15 settembre 1988 giovedì

Sono andata alla messa al villaggio, non posso fare a meno della messa. Sono passata attraverso questo bosco bagnato di pioggia per la via nota – una terra consacrata.

Ho attraversato il grande prato, il profondo burrone che dà sul ruscello e sulla montagna: il fiume è enorme, di guadarlo neanche a parlarne. Anche attraverso il bosco è difficile passare, perché gli alberi sono stati abbattuti e tagliati a pezzi: qui lavorano i boscaioli. Oggi no, perché piove a dirotto, ma i sentieri praticamente non si riescono a ritrovare – sono passata come attraverso una giungla!

Un intrico di alberi e di rami, tutto fradicio, scivoloso. L'attraversamento è durato due ore. Nonostante la pioggia, sono stata

[2] Si tratta della moglie di un mio compagno d'università, il dottor Łucjan Czerwiński.

seduta per un po' alla finestra con vista sul fiume, a fissare quello spettacolo così familiare.

Davanti a me un mare di verde, in varie sfumature; sotto di me, scrosciante, il grande fiume Wisłok, che spingeva avanti grandi masse d'acqua!

Nel bosco, silenzio: quando piove tutti gli uccelli tacciono, è come se non ci fossero! Questo silenzio mi sembra non tanto minaccioso, quanto triste.

Oggi è la festa della Madonna Addolorata!

In chiesa c'era molta gente che cantava i semplici vecchi canti della Quaresima: «Stabat Mater dolorosa»!

Camminando attraverso questo bosco bagnato e silenzioso, pensavo a lei, anche se di solito mi è più facile pensare a Cristo, al suo unico Figlio. Tutta la mia fede è sempre cristocentrica, ma oggi penso a lei e le intono dei canti.

La Madre di Dio ha avuto un dono grande come nessun altro, eppure quel dono era coronato dalla croce. Vedo questa analogia nella vita dell'uomo: quanto più grande è il dono, tanto più è vicino alla croce. Umanamente si parla del prezzo di un dono: quanto più è prezioso, tanto più costa!

E tuttavia questo trova posto nella logica di un dono, che io capisco sempre più pienamente, e cresce in me, attraverso la croce, la gratitudine per quel dono!

24 settembre 1988

No, non posso staccarmi da questo bosco... Sto seduta sul fiume.

Nel posto dal quale siamo passati tante volte, ritornando; prima qui c'era un ponte e un sentiero che saliva con una catena, ora di questo non c'è traccia. Ma c'è lo stesso ripido pendio.

In basso c'è poca acqua, ma luccica al sole. Proprio sulla riva, verdi erbe alte; dietro di esse, quasi verticale, una chiara parete di sabbia dorata; su di essa, alti alberi frondosi completamente dorati; al di sopra della roccia, frassini dorati; più vicino, sulla nostra strada, frassini verdi; in alto, un cielo cristallino, senza neanche una nuvola. Sto seduta sull'erba verde, ma accanto ci sono anche cespugli dorati.

E se guardo a destra (sto col viso rivolto al fiume, ma ormai dall'altra parte) si vede la cima della montagna intermedia – quella ai piedi della quale andasti da solo per l'ultima passeggiata – mentre dietro di me si delinea la nostra punta, ancora verde e da questa distanza quasi nera. I verdi mescolati con l'oro.

Anche la striscia della strada al sole è chiara, perché è argilla essiccata; in lontananza si odono dei cervi. Oggi è tutto il giorno che li sento. Una guardia forestale mi ha spiegato che gemono così dal dolore! La strana legge della natura.

L'acqua è calda, si può fare il bagno. Il vento un po' più fresco. Questa giornata mi è stata regalata – mezza giornata – perché ora lascio ormai questo nostro bellissimo bosco. Come sempre, esso suscita in me uno slancio di ammirazione e di gratitudine. Come la gente non riesce a vedere questa bellezza!

A dire il vero, questo è il mio unico piacere; di più: la mia unica gioia. Posso, potrei stare delle ore così a guardare questo bosco, ripetendo il *Magnificat*.

26 settembre 1988 lunedì

Il 22 settembre non ho potuto essere qui, perché c'è stato il funerale di Ewa Czerwińska. È stata sepolta nella nostra tomba al Salwator.

Qui riprendo fiato, l'aria è fresca, l'acqua nel fiume pulita e le persone vere.

Il sacerdote dice che sicuramente, nella sua parrocchia, nessuna donna ha ucciso il suo bambino: conosce la gente!

È nuvoloso, ma non piove.

Il bosco è silenzioso, i larici ancora verdi, ma gli altri alberi già dorati! Il vecchio pero è tutto dorato... Il fiume è povero d'acqua, mormora appena, lo si sente appena! Si odono invece i cervi, da qualche parte qui vicino, due voci rauche, minacciose!

28 settembre 1988, ore 8, la piscina piccola

C'è il sole e fa caldo. Cammino dalla casa della guardia forestale lungo la riva del fiume, l'acqua è bassa.

La piscina piccola è identica, qui non è cambiato nulla. Sono passata attraverso il prato, sul quale, in un angolo sotto i cespugli, stava la tenda e qui, in un angolo del prato, c'era la messa. Il prato è stato falciato – siamo passati di qui così tante volte! La pietra è la stessa e così anche la soglia di pietra, che non è cambiata e che trattiene sempre l'acqua. Perfino quando il fiume è piccolo, qui è profondo allo stesso modo. Anche la grossa pietra sulla riva è troppo grossa perché l'acqua la possa portare via, anche la più forte delle correnti. Il bordo della roccia, che è sotto l'acqua, forma una specie di vasca nella quale si può sempre nuotare!

L'acqua è verde chiaro. La roccia dall'altra parte quasi bianca e sulla sua cima gli alberi dorati; le foglie dorate cadute da essi sono finite in un crepaccio e formano una decorazione. Un luogo sacro dorato!

Mi fermo qui e prego – il *Padre nostro* e il *Magnificat* – come sempre.

Il cielo è senza una nuvola! Ma soffia un forte vento e tutto il bosco stormisce e l'acqua mormora. La musica del bosco.

Sono andata più avanti, lungo il fiume, e ho gli occhi pieni di quella bellezza. I boschi verdi e dorati, l'acqua verde e argentata, con la schiuma bianca sulle pietre! Il sole scintilla in quest'acqua e nelle gocce di rugiada! Tutto il prato è come un arcobaleno a causa di questo splendore del sole. Mi piace stare qui!

Ore 10, il prato grande

Il vento forte strappa le foglie, cadono come una pioggia dorata! Qui, dove mi sono fermata, non c'è il sole, quindi vado sul prato. I crochi fioriscono come in primavera e l'erba è ancora del tutto verde, solo le foglie formano delle macchie dorate là, dove cadono. Il cielo, di un azzurro intenso, trapela tra i tronchi degli alberi! Il vento arriva e se ne va, per ritornare di nuovo dopo un momento. Gli alberi oscillano, la terra è la stessa!

Si riversa su di me la quiete di questo angolo, il silenzio e la certezza della presenza di Dio. Lui qui c'è sempre. Mi attirano questa bellezza e questo silenzio. Questo è il mio posto, il mio posto prediletto su questa terra, qui mi sento a casa!

Il sole riscalda come d'estate, e il vento rinfresca!

Un dono più grande di quanto l'uomo possa capire, il dono di Dio per l'uomo, e qui so che Dio vuole portare l'uomo a sé, alla sua santità. Tutta l'indegnità dell'uomo non lo priva del dono: Dio lo ama così e da ognuno vuole tirar fuori quell'unica dimensione che viene da lui. A immagine di Dio! L'uomo, nella sua debolezza, può ridurre quella dimensione, ma Dio dà sempre un'occasione, dà la grazia!

Qui torno appunto per attingere le forze, come a una sorgente d'acqua limpida, in questo angolino in cui la presenza di Dio non è offuscata da nulla ed è rafforzata dal ricordo! Qui provo sempre gratitudine per il dono. Per tutti i doni non meritati in nessun modo.

La grazia è necessaria per raggiungere la vita eterna!

Cristo per questo è venuto in questo mondo, da tutti i peccatori.

Il mistero del dono.

Gli aghetti di larice sullo sfondo del cielo formano un delicato merletto. Guardo il cielo attraverso questi aghi, ogni sguardo intorno rivela una nuova bellezza! Gli aghi fremono, mossi dal vento.

I grandi alberi stanno saldi, immobili, ed è come se permettessero ai rami di giocare con questo vento, loro stessi imperturbabili – immobili tronchi scuri, intorno ai quali luccica il fogliame verde e oro.

Il vento soffia in alto; in basso è tranquillo, i fiori sul prato non si muovono: il vento non arriva fino a terra, danza in alto... Oh, proprio ora è giunta una forte folata e, come a dispetto di quello che sto scrivendo, ha piegato fino a terra tutti i fiori e le erbe, ed è volata oltre! Di nuovo silenzio. Ma le erbe mosse ancora ondeggiano!

Sono scesa di nuovo all'acqua. Sono stata qui così tante volte! Dall'altra parte del fiume tutti i cespugli e gli alberi sono dorati! L'acqua porta via le foglie dorate, che volteggiano in un vortice prima che l'acqua le trascini oltre. Presso le rive, a una curva, si soffermano e formano una bordura dorata tra le pietre bianche, l'acqua è argentea sotto il sole. È bellissimo questo angolino, con questo dirupo e col grande tiglio chino sull'acqua! Le sue radici contorte avvolgono il pendio ripido e penzolano ormai nel vuoto, sospese si riflettono nell'acqua! L'albero si china, come se già dovesse precipitare in quell'acqua nella quale si riflette.

L'albero ben noto! Il dirupo ben noto! Unico: non ce n'è un altro simile al mondo! E un'unica grande pietra, che sporge in mezzo al fiume, come una volta. Amo questo bosco e questo fiume e tutto ciò che è qui!

29 settembre 1988 giovedì

Devo però andar via di qui, quanto mi dispiace!

22 settembre 1989 venerdì

Mi sono ferita a una gamba in modo tale che non posso camminare. È strano che, proprio oggi, sia venuto qui un contadino ed è stato un bene, perché ha portato i cavalli e sono venuti a prendermi e mi hanno portato da dei conoscenti, dove avrei dormito, ma per tutta la notte il dolore lancinante non mi ha fatto dormire. Mi sono sforzata di celebrare la via crucis e ho pensato al dolore di Cristo, quando gli conficcavano i chiodi; ho pensato a quei chiodi, che hanno lacerato il corpo di Dio e a tratti mi invadeva – non dirò una gioia, ma una certa consapevolezza, che ero stata ammessa a parteciparne! La co-sofferenza...

Ed anche se volevo passare questa giornata in modo del tutto diverso, tuttavia ho scoperto che anche questo è un dono, un dono difficile, ma che trova posto nella logica dei fatti che hanno avuto luogo qui! L'aumento della vicinanza di Dio.

Infatti è qui che si è verificato...

Mentre stavo seduta e aspettavo il carro, guardavo questo bosco.

Attraverso i larici splende su di me il sole e sento una profonda gioia, che non riuscirei mai a giustificare in modo teorico e neppure a capire, e tuttavia c'è in me una conoscenza irrazionale della «gioia della croce».

Ho sopportato spesso dei dolori, infatti ne ho avuti abbastanza nella mia vita, ma non così; li ho sopportati senza capire. L'anniversario di oggi è convalidato da questo trionfo di gioia della croce.

Il pensiero della croce porta al pensiero della peccaminosità del mondo, perché per il peccato infatti Cristo ha accettato la croce, per il peccato dell'umanità, per salvarla. E la potenza della croce, la potenza di quel sacrificio sposta i miei pensieri sul sacerdozio, penso a questo grande dono fatto a delle persone scelte, alle quali Dio dà il potere sul peccato, il potere di perdonare.

Tu hai detto: «È stato, dunque è», ma solo ciò che è buono, perché i peccati degli uomini, una volta rimessi, spariscono e rimane ciò che è buono!

Una foglia di frassino, scossa via dal vento, è caduta vicino a me, è ancora verde e già cade – il trascorrere e il rimanere. L'uno trapassa nell'altro e questa appunto è l'eternità, e questa è l'eternità di Dio e l'immortalità dell'uomo: il corpo passa, ma ciò che è stato, rimane!

I peccati del mondo verranno cancellati dalla potenza del sacramento della confessione. Rifletto su questa grazia che, non solo rimette i peccati, ma rende capaci di comprendere cose incomprensibili.

Sempre, ma soprattutto in campo di concentramento, ho provato gratitudine per Dio per il dono della confessione, per il sacerdozio, per quelle «indicazioni stradali» date alle persone nel bisbiglio dell'affidamento, ma non mi ero mai resa conto prima, con tale forza, delle fonti di questo potere sacerdotale, infatti questo è appunto il frutto della passione di Dio e il senso della passione di Dio!

E questo cammino della vita, da una confessione all'altra – la grazia che guida e rianima. Il senso della croce mi si mostra da un altro lato – quello di una benedizione per l'uomo – e rimane la gratitudine per la fatica di questa attività pastorale.

Un picchio è volato qui; su un larice accanto a me picchia alacremente. In alto soffia il vento e di tanto in tanto cadono le foglie. L'autunno si avvicina. I larici sono ancora verdi; perdono gli aghi più tardi di tutti, prima diventano dorati. All'alba bramivano i cervi e ora uno si fa sentire, con un sordo gemito.

9 settembre 1990 domenica, ore 11

Fa freddo e piove. In ciò che è la croce della vita, nessuno può essere d'aiuto, tuttavia la consapevolezza del fatto che ci sei mi aiuta, insieme alla certezza che «è stato, dunque è».

Sento la rovina del corpo, che comunque mi serve bene da molto tempo, ma il tempo porta con sé vari dolori; bisogna sopportarli e offrirli.

Il dolore indirizzato acquista un senso!

In effetti, giudicando dal punto di vista psicologico, la vecchiaia è crudele, una punizione senza fine per il peccato di Adamo; a volte è difficile accettare questa concezione divina del mondo.

Parlavi delle «cause secondarie»: sì, lo so, non si può accusare Dio di tutto quello che accade all'uomo, ma gli effetti secondari delle cause secondarie come sono difficili!

Questo non è il il progetto iniziale di Dio, ma Dio in fondo sapeva e sa che cosa fa l'uomo, e non gli ritira i suoi doni! Non resta nient'altro che tornare alla croce...

Il Signore Gesù nell'Orto degli Ulivi pregò: «Allontana questo calice»: pregò così, anche se in fondo sapeva che quello non sarebbe successo, che avrebbe accettato quella croce; tuttavia lo chiese. Anch'io so che non accadrà nessun miracolo, che questa nostra croce della vita è la nostra sorte, che dobbiamo bere questo calice fino in fondo e per giunta non sappiamo neanche dov'è questo fondo.

Il Signore Gesù lo sapeva? Conosceva tutti i particolari della passione, che gli uomini gli avevano preparato? Sapeva che sarebbe stato picchiato, flagellato, coperto di sputi? Incoronato di spine? Denudato? Sapeva tutto ciò? O forse la grazia del donare agli uomini il corpo era nello stesso tempo la grazia di ignorare il futuro?

Perché, nonostante tutto, penso che il fatto che non possiamo conoscere il futuro sia un segno della misericordia di Dio. Io avrei avuto il coraggio di vivere, se avessi saputo tutto quello che avrei passato?

Cristo ha sofferto come un uomo, perché tu hai detto: «Dio non soffre». Se però ha sofferto come una persona, forse anche, come noi, non sapeva che cosa sarebbe accaduto? Anche se poteva avere quel presentimento, che è dato alle persone sensibili? Quel sudore di sangue – quello era il presentimento della passione!

Ripeto con lui: «Sia fatta la tua volontà», lo ripeto cento volte e mi riesce più facile dirlo.

La maternità! Quale forza vi si nasconde, quante cose le madri riescono a sopportare, quante volte, quando, dal punto di vista umano, sembrerebbe che il cuore dovesse spezzarsi dal dolore, le madri sopportano tutto con una sorta di accanimento, indifferenti al proprio destino, pur di salvare un figlio. Come trepida di solito il cuore di una madre, e come doveva presagire, colei che poi stette ai piedi della croce?

La Madre addolorata...

In quel suo stare ai piedi della croce si avvicina a tutte le madri. Lì la concepita senza peccato è come ogni donna, che trepida per un figlio, lì lei incontra tutte le madri.

È come dice don Tadeusz Fedorowicz: «Non sei l'unica. Quante madri soffrono!». Il mare della sofferenza umana!

Il cielo è grigio, senza luce, ma qui c'è stato il sole ed è stato con noi Dio, che è al di sopra di tutto ciò che lo offusca!

L'eterno mistero dell'economia di Dio: la sofferenza è la base della ricompensa eterna!

16 settembre 1990 domenica, ore 15

Fa freddo, le mani mi si gelano mentre scrivo!

Il fiume scroscia. Questo bosco acquieta sempre tutto dentro di me e mi permette di accettare la sorte, perché questa sorte è il progetto di Dio nei confronti dell'uomo.

Il bosco è silenzioso, si sente solo il rumore dell'acqua; è nuvoloso, ma non piove. Gli alberi sono così immobili, come se ascoltassero rapiti il rumore del fiume. Una gazza è volata qui e gracchia, annuncia la pioggia. Il Vangelo oggi è sulla misericordia, o piuttosto sullo scontro della misericordia con la giustizia. Un signore aveva condonato un debito, ma poi tuttavia ritirò il condono, quando il servo fu cattivo con gli altri.

Il condono, il dono: il dono più grande per l'umanità è la croce di Cristo; i miei pensieri ruotano continuamente intorno al dolore, alla croce, alla sofferenza.

Sopportare il dolore, la sofferenza, come Cristo, perché in fondo questo significa andare dietro a lui; e allora la pace prevale sul dolore, è come se tenesse il dolore imprigionato.

3 settembre 1991 martedì

Mi hai mandato la lettera di san Paolo sulla sofferenza, che «non conta» e io non capisco: perché proprio ora, che da un mese intero sopporto questi dolori pazzeschi, speravo che essi contassero! Leggo questa lettera, non capisco – o è troppo difficile, oppure in me manca qualcosa – perché ora faccio ormai fatica a sopportare il dolore sempre più forte.

Le nottate insonni per il dolore le riempio col rosario: i misteri dolorosi. Sono sola, perché preferisco così, affinché nessuno veda quanto mi fa male. Ma questo dolore manda a monte tutti i progetti, ogni movimento è così doloroso, che non posso muovermi; tutto il corpo è un unico dolore!

E ora vorrei ormai il miracolo, che smettesse di farmi male.

Torno però a questo testo di san Paolo, lo rigiro nei miei pensieri: il significato della sofferenza si rivela, prima di tutto, con la gloria della risurrezione, perché essa non ci sarebbe stata senza la passione precedente! Dunque la sofferenza deve contare. Cosa vuol dire san Paolo, dicendo che la sofferenza non conta?

Forse si tratta del fatto che l'amore è più grande della sofferenza ed è esso che conta?

22 settembre 1991 domenica

Ore 15: l'ora promessa dalla divina misericordia a suor Faustina come ora dell'esaudimento!

Sono venuta qui contro il buon senso e contro i consigli dei medici!

Sento sempre dei dolori alla spina dorsale, ma questo mio viaggio da una parte è un pellegrinaggio di ringraziamento, dall'altra di supplica, per avere le forze. Io non posso stare male, io devo essere forte e, per avere queste forze, sono venuta qui, nonostante che arrivare fin qui e passare attraverso il fiume sia stato per me un grande problema; ma fare il giro sarebbe stato ancora peggio, dunque sono qui e... devo stare bene!!!

Per tutto agosto ho avuto dei forti dolori; ora c'è la paresi, ma il dolore è diminuito.

23 settembre 1991 lunedì

Ho dormito tutta la notte senza dolore e mi sono svegliata senza dolore. Non c'è dubbio che la tua preghiera per me, per la mia salute, abbia dato frutti di grazia!

Il sole è caldissimo, ma il vento è freddo; il bosco è ancora verde, ma in questo verde ci sono già le prime tracce dell'autunno. Alcune foglie sono ormai dorate e, rapite dal vento, cadono; per terra ce n'è già in abbondanza, di un marrone dorato!

Il fiume luccica al sole, sono scesa all'acqua. È così bello, ringrazio Dio per questa splendida giornata e per il fatto che sono potuta venire qui!

Dovevo venire qui a cercare la fonte della forza, perché io qui subito riprendo vita; vengo qui a cercare le forze e la gioia, senza la quale in fondo l'uomo non può vivere, deve avere qualcosa che lo consoli, lo rallegri: qui è la mia festa, e ieri nel mio bosco sacro c'è stata l'«indulgenza»! Una giornata particolarmente sacra!

Ho intrapreso questo viaggio perché tu hai detto: «Tutto posso in colui che mi dà forza!».

E io ho potuto, ho potuto venire, nonostante tutto, e cammino senza dolore!

C'è silenzio, non c'è nessuno; i fiori e le erbe autunnali profumano, il vento è forte, ma quasi allegro, viene e va come a balzi, sferza le erbe, fruscia tra gli alberi e all'improvviso si calma. Allora si sente come, tra l'erba, i grilli fanno cri cri e il fiume scroscia allegramente!

1° settembre 1994 giovedì

Tuona; gli uccelli tacciono, si fa scuro, i lampi! Già piove, le prime gocce grosse, pesanti, isolate, e dietro di esse si avvicina una parete mobile di pioggia fine fine, che copre i larici come una nebbiolina: come è bello! Come in una fiaba. La vegetazione è leggermente coperta dalla tenda mobile: qui più vicino le foglie del frassino sciacquate dalla pioggia luccicano e, mosse dal vento, scintillano. Il rimbombo del tuono si unisce alla luce abbagliante del lampo: il temporale è qui!

Ma da occidente si scopre un lembo di cielo chiaro; qui è ancora buio per le nuvole, là appare già un chiarore argenteo.

Il rimbombo dei tuoni si allontana e si separa dai lampi...

Conto. Tra il lampo e il tuono la differenza è sempre più grande; il tuono non è più un forte rimbombo isolato, ma si protrae a lungo e riecheggia, come se enormi sfere rotolassero per la volta del cielo! Le gocce ora sono di due tipi: quelle fini e fitte della pioggia e quelle isolate, lente e grosse, che cadono dalle foglie. E dall'altra parte già trapela scherzosamente il sole attraverso i rami, come se ridesse e facesse vedere alle nuvole nere che non hanno il potere di spegnere i suoi raggi.

Fa caldo e le gocce d'acqua evaporano subito, sull'erba s'innalza una nebbia bianca, i vapori. E apparentemente non ci sono altri colori, solo questo verde, eppure variegato, in mille sfumature, e questa trasparenza dell'acqua, che biancheggia per la nebbia, e gli obliqui raggi dorati del sole.

Com'è bello questo mondo! Questo angolino suscita in me sempre ammirazione, in ogni stagione dell'anno, con ogni tempo, la bellezza di questo bosco mi toglie sempre il fiato! I tronchi degli alberi, bagnati di pioggia, sono diventati più scuri e luccicanti e gli aghi dei larici, sullo sfondo dei tronchi, sembrano più chiari!

2 settembre 1994 venerdì, ore 10, la finestra

È incantevole. È uscito il sole, ma nel bosco c'è il fruscio della «pioggia», perché il vento fa cadere dalle foglie le gocce di pioggia, mentre il sole si riflette in esse con mille lucchichii iridescenti!

Ahimè, non riesco a descriverlo in modo adeguato. La cornice nera della finestra, in essa le foglie di un rosso dorato delle piccole betulle che crescono vicinissimo al pendio, e in profondità, sullo sfondo, il bosco verde, più in alto il prato dorato e, al di sopra di esso, il profilo della nostra punta.

Questo nella finestra stessa. Accanto a essa, a destra il ripido pendio che cade nell'acqua, un deposito di piccoli ciottoli marroni e color sabbia.

In basso il fiume, povero d'acqua; dappertutto sporgono delle pietre bianche o verdi, coperte di muschio. Il fiume oggi mormora dolcemente, il sole lo fa scintillare: luccica tutto.

Subito oltre il fiume, una striscia di cespugli: il verde picchiettato d'oro, il prato di un verde dorato, il boschetto al di sopra del prato tutto dorato! E il prato in alto ancora verde, oltre la strada il pendio altrettanto colorato!

A destra del tronco subito uno sfondo pieno di colori, ma come sono splendidi! Vicinissimo al tronco, un caldo color oro fuso alle estremità sfuma nel rosso, e sullo sfondo di questo oro, un piccolo cespuglio tutto verde chiaro, in profondità un unico albero verde scuro, circondato tutt'intorno dall'oro delle latifoglie, come da un'aureola.

Il muschio verde scuro è anch'esso decorato dall'oro e dal rosso delle foglie che cadono. Una meraviglia! La mia anima cresce... Mi riempio di questa bellezza il cuore e gli occhi, costruisco su di essa un «baluardo difensivo» da ciò che domani mi attende a Cracovia.

Non hai mai visto questo spettacolo, non siamo mai stati qui insieme in autunno. Ma la terra è la stessa – e l'albero. E come allora rispondo: «Recitiamo il *Magnificat*». Faccio un bilancio: la mia vita ricca, piena; il dono del Fratello... Non so come si potrebbe esprimere la gratitudine.

Hai detto una volta: «L'uomo ha bisogno di estasi». Qui appunto è il luogo delle nostre, delle mie estasi! Come nel giorno della «trasfigurazione». Ma che cos'è l'estasi? Il distacco da una dimensione, che trattiene l'uomo, lo tiene prigioniero e lo limita. La liberazione da se stesso, dalla piccolezza dell'uomo che vorrebbe comprendere tutto. Uno strano momento, nel quale la consapevolezza della piccolezza si trasforma nella grandezza senza limiti! L'apertura del cuore, dell'anima, di tutta la natura umana verso l'infinito.

Che dire? L'intuizione del cielo? Non riesco a definire che cos'è questa mia estasi. In essa c'è la gioia, la pace profonda, un mare di gratitudine – è semplicemente preghiera. Una preghiera in cui non ci sono parole, solo un unico grande slancio di adorazione!

Così sicuramente pregano gli angeli. No, non è superbia la mia, che ora penso di pregare come un angelo; è solo il tentativo di trovare parole adeguate.

L'uccello che preannuncia la pioggia è venuto qui da me e gracchia. Le nuvole hanno coperto il cielo. Il sole è sparito... Ma in me rimane l'immagine luccicante di questo luogo; la porto via con me!

Ore 15, sul fiume

L'acqua luccica al sole e scroscia, dice qualcosa: si può aggiungerle il contenuto che si vuole, basta solo ascoltare attentamente. L'uomo dà un contenuto alle cose. Per me quest'acqua oggi ripete: «Soror, soror, soror mea...».

Gli alberi al di sopra dell'acqua sono dorati.

Non posso guardare l'acqua, un tale chiarore dà fastidio agli occhi.

Questo angolino è un pezzetto di paradiso.

Che cosa posso fare ancora, per «essere all'altezza»?

Hai detto che il Signore Dio ama le cose piccole. Volevo domandare, ma non ho osato, se questo significa che dobbiamo lasciare tutte le cose «grandi».

30 settembre 1994 sabato

«Pro omnibus». Sono stata alla messa «conciliare» e ho riflettuto sul fatto che esiste un'unità della Chiesa, delle persone vive e di quelle morte, per le quali Cristo morì sulla croce, per tutte! E la solennità di oggi, dell'Esaltazione della Croce, il concilio e il tuo vescovado.

Com'è difficile trovare per sé il posto giusto, uno dei tanti, quello normale, e anche quello nella folla di molte anime, e quel senso di legame con tutte loro!

Il rendersi conto della propria poca importanza, sulla base dell'uguaglianza di tutti di fronte alla forza della redenzione!

Medito sul concilio, sulla tua opera «pro omnibus», su questo strano legame con le persone in Cristo, nostro Signore.

Rendersi conto del fatto che l'uomo è uno tra tanti è nello stesso tempo rendersi conto dell'amore di Dio, che avvolge tutti, ognuno in modo particolare: l'amore individuale di Dio per ognuno, e nello stesso tempo la dimensione del seme di papavero, in questa molteplicità di individui, e con ognuno quel rapporto unico, personale – il mistero dell'amore di Dio!

«Deus, qui humanae substantiae dignitatem mirabiliter condidisti».

La dignità della natura umana – ma io sento l'imperfezione di questa mia «natura», riferisco il testo anche a me stessa, come ognuno sono una creatura di Dio e anche opera dell'amore di Dio!

Ottobre

Gli anniversari

Nel 1917 i bambini di Fatima parlarono con la Madre di Dio. Allora lì vennero pronunciate grandi predizioni, che attesero il loro tempo.

La Madonna di Fatima passa nella grande storia del mondo e in quella personale di una singola vita, e si intreccia con la nostra montagna sacra!

Gli anni confermano, in modo sempre più evidente, quegli invisibili legami d'amore con lei. Ottobre è il suo mese, in tutto il mondo è il mese dei grani del rosario fatti scorrere tra le dita; anche qui, in questo bosco, quante volte quella preghiera, così semplice e così piena di sostanza, si è levata verso il cielo, che qui è così vicino.

La preghiera del rosario, una preghiera potente, che trasforma il mondo! Ma non è solo l'anniversario di Fatima a dare rilievo a questo mese. C'è stato infatti il giorno in cui a Cracovia improvvisamente cominciò a oscillare la campana Zygmunt. Dodici ragazzini la misero in movimento a un'ora insolita della notte e la gente impazzì di gioia. La grande notizia passava di bocca in bocca e le chiese si accesero di luci e si sprigionò verso il cielo un grande «Te Deum» in onore dell'Unto del Signore che veniva da Cracovia. E subito qualcuno ricordò la predizione di un vate ispirato, di tanti anni prima!

Cracovia visse la sua grande notte e così tutta la Polonia. Ed allora divenne chiaro che si era ormai realizzato il mio presentimento di agosto! E attraverso la gioia e la speranza, una stretta al cuore, perché mai più, mai più su questa montagna si sarebbe ripetuto il sussurro del rosario né la meditazione dell'ora santa. Mai più! In fondo una tristezza, che non si ha il diritto di manifestare.

Un grande destino, le cui radici in fin dei conti sono qui, in questo bosco ricolmo di preghiera. Sicuramente ovunque sulla terra qualcuno prega, eppure questo luogo è il luogo di una particolare condensazione della sostanza della preghiera.

Ottobre, pieno di larici dorati e di faggi rossi, è iscritto nella storia del mondo e resterà per sempre questo grande anniversario, che fa parte della storia del mondo!

E un piccolo anniversario, impresso in un cuore e in un destino umano. Una grande svolta nel cammino della vita. Non si vede che cosa accadrà dopo.

Dal bosco verde, che profumava di resina e di erbe, dallo scroscio del fiume e della cascata, il salto nei palazzi di marmo e nella grande piazza! Come è diverso lo scenario! Ottobre fa da ponte tra il bosco, il monte di Sant'Anna e il colle Vaticano, pieno di sostanza eterna.

La basilica di San Pietro – un santuario monumentale – oscura il tempio boschivo della nostra montagna. Come sono diverse le pietre dure e luccicanti dalle rocce del nostro fiume, che biancheggiano al sole!

Ottobre: ognuno, un anno dopo l'altro, festeggia questo anniversario e, in Polonia, lo trasferisce a ogni sedicesimo giorno del mese! Alle intenzioni di preghiera se ne aggiunge una volta per tutte una: «Che il tuo cuore difenda il Santo Padre dalle imboscate dei nemici! Che lo protegga dalle sventure!». Quante volte questa preghiera si alza verso il cielo e quante persone si uniscono a essa!

Ai piedi di una piccola statua della Madonna di Fatima, in un angolino della terra amata, la sussurrano le labbra e i cuori! La

Madonna di Fatima viaggia per varie strade, la portano dappertutto le persone che cercano la speranza, perché la sua missione è una missione di speranza.

Ottobre è il mese della speranza. Attraverso tutto ciò che deve e può accadere, e la speranza di ottobre poi si realizza nella sua festa di maggio!

La Madonna – la Madre della speranza e Madre del Bell'Amore – è appunto colei verso la quale tutto converge, come la luce nel cristallino.

In questo mese, i canti mariani in tutto il mondo circondano la terra con un mantello. Il culto mariano cresce e suscita la forte protesta del re delle tenebre!

Ottobre è il mese della lotta per la santità del mondo. Pregate per quelli che non pregano; adorate per quelli che non adorano; fate penitenza per quelli che peccano.

Dal monte di Sant'Anna attraverso piazza San Pietro passa l'arcobaleno delle lotte degli uomini.

***

1° ottobre 1979, ore 11, il prato piccolo

Il cielo è senza una nuvola; il sole scalda, ma di notte la temperatura era di -3°C e al mattino il prato era di un bianco argenteo per la brina – bello!

Non posso rimanere qui a lungo, perché fa freddo e comincia a imbrunire troppo presto, ma ora, al sole, posso scrivere.

Sto seduta nello stesso posto in cui avevi l'abitudine di sederti col breviario. Sto bene qui e non ho voglia di andarmene! Ho ricevuto i temi per le meditazioni fino alla fine di novembre. Non li ho qui con me e oggi medito su quello, che per me è già stato più volte materia di meditazione: «Noi partecipiamo dell'amore di Dio». Ogni persona partecipa dell'amore di Dio, per il fatto stesso che esiste! E il Signore Dio assegna all'uomo l'amore per ogni persona, in un certo modo, come compito aggiuntivo, come se fosse una sovrastruttura rispetto a quella base d'amore che esiste, perché deriva dal fatto della creazione. E questo amore da persona a persona deve crescere, come da una base, da quell'amore di Dio.

«Il buon pastore dà la vita per le sue pecore» appunto allo scopo di condurle a questo amore: l'amore è una forza che permette all'uomo, per così dire, di superare se stesso!

Qui, proprio su questo fiume, abbiamo imparato quell'amore, qui è diventato chiaro che l'affidamento a Dio permette all'uomo di realizzare un amore di cui non sospetta neppure l'esistenza, quando conta solo su di sé. La dimensione divina dell'uomo è più grande di ogni concezione di lui. Qui, appunto, abbiamo imparato questo, che «tutto posso in colui che mi dà forza». Qui è cresciuto in noi questo profondo senso di appartenenza a Dio.

* * *

Per oggi doveva esserci la meditazione sui santi: Giacomo, Filippo, Bartolomeo, Matteo e Taddeo, ma io di loro non so niente; solo a volte «uso» san Taddeo perché qualcuno una volta mi ha insegnato che è il patrono delle «cause impossibili», dunque a volte lo prego.

Ma gli altri mi sono sconosciuti, in realtà avrei dovuto informarmi su di loro, molto tempo fa, dato che se ne parla così tante volte durante la messa. Sono curiosa di sapere se i sacerdoti, insegnando religione, parlano ai bambini di questi santi del Canone. Dovrebbero farlo, se le persone devono partecipare in modo consapevole alla messa.

Dunque mi soffermo su questo pensiero, che il cielo è pieno e tutto questo cielo pieno, io lo prego di proteggere quest'uomo eletto, perché so bene qual è ora la dimensione dei suoi compiti e delle sue responsabilità!

Prego con tutta la forza della mia anima!

La giornata, senza messa, mi sembra vuota e persa; non sono più capace di vivere senza quella forza che dà l'Eucaristia.

Il bosco è silenzioso. Il tramonto.

Il sole tramonta, tramonta dietro una nuvola e dietro degli alberi dorati. Mi sforzo di continuare a pregare tutti questi santi apostoli, ma in effetti mi è difficile pregarli così, tutti, in modo impersonale, e alla fine, invece che agli apostoli, mi rivolgo nella preghiera al «mio vecchietto», a Padre Pio, e chiedo aiuto a lui! In modo così normale, ingenuo, forse anche rozzo! Ma così mi è più facile. Lui ha conosciuto me e io lui, ho con lui un rapporto personale.

Prego anche san Giuseppe. A fare questo ho già imparato ed è il mio santo personale; degli apostoli mi è vicino più di tutti san Paolo, vicino per temperamento – è pieno di fervore, lo capisco. Scelgo anche Giuda Taddeo e san Carlo Borromeo! E infine prego la Madre di Dio, con la massima umiltà, perché continua a risultarmi difficile, continuo a essere non «mariana», ma «cristocentrica».

Il sole è apparso ancora una volta; sulle montagne è distesa ormai la nebbia della sera, ma le cime degli alberi brillano ancora per il sole!

E in questa bellezza si riversa su di me la grazia della pace: «Vi do la mia pace»!

L'inquietudine viene sempre dall'uomo, mentre il cielo dà la pace ed è come se l'inquietudine si sciogliesse nella quiete di questa sera! Questo cielo, del quale non dubito! Rendo grazie a Dio e nell'anima uno slancio – il *Magnificat*.

Da Varsavia, quando stavi partendo, all'ultimo momento ho ricevuto da te una lettera: «Ti lascio nelle mani di Dio!».

La nuvola si è dileguata da qualche parte e di nuovo splende il sole nel cielo limpido, al di sopra del bosco! Imbrunisce già così presto, ma ancora il sole dorato trapela attraverso i rami, basso sulla terra! I larici tutto intorno sono dorati e per terra c'è il tappeto dorato degli aghi d'oro dei larici. Guardo, come sempre con avidità, la bellezza del bosco. Allora non c'erano mai qui i larici dorati, allora erano sempre verdi. Com'è bello questo angolino!

Il vento si è calmato; il verde e varie sfumature d'oro. Questo bosco autunnale è così bello che, nonostante tutte le preoccupazioni, mi viene fuori dall'anima un inno di ringraziamento – il *Magnificat* – così come allora, quando all'imbrunire lo recitavamo insieme.

O Dio, che hai creato per noi questo mondo, donagli una potenza, una forza e una speranza più forte di tutto il resto.

O Dio onnipotente, dona al tuo figlio, che hai scelto, la gioia e proteggilo dal dolore!

Padre Pio, veglia su di lui!

San Michele, difendilo da tutto il male!

O Maria, regina della Polonia, concedi che questo tuo figlio, che ha amato così tanto questa terra, possa essere tranquillo riguardo a essa!

O Madre del Buon Consiglio, sorveglia tutte le sue azioni!

O Madre del Bell'Amore, sta' con noi!

O Cristo, esaudiscici.

Recito questa mia litania personale. Una volta, quando ti ho detto di proteggerti e di aver cura di te, hai risposto: «Non c'è la protezione, c'è l'olocausto»; ma io penso che si possa proteggere ogni persona e qui imploro dal cielo l'aiuto per te!

Sono arrivata, come facevamo sempre, dal fiume. Soltanto ora questa salita mi sembra più ripida di come era!

Soffia un vento fortissimo, intorno c'è una gran quantità di betulle abbattute, ma il nostro albero è intatto! Come è bello, è impossibile descriverlo!

Proprio sotto di me c'è una piccola betulla dorata; dietro di essa, attraverso la finestra, si vede lo sfondo verde del prato interrotto ora dall'oro dei cespugli. Nella finestra il rosso intrecciato con l'oro, sullo sfondo del verde scuro degli abeti, che crescono più lontano.

Più in alto, sullo sfondo del cielo, la forma scura della nostra montagna, la nostra punta, e, a sinistra dell'albero, un pendio così colorato che non si può descrivere!

Tutte le sfumature dell'oro e del rosso, tutti i colori del fuoco, picchiettati qua e là di verde. Il mondo magnifico di Dio.

Con questo forte vento cammino per il bosco e celebro la via crucis, come tante volte. Si accumulano delle matasse di nuvole, pioverà a dirotto. Diventa freddo e il forte vento rovescia gli alberi; in effetti la situazione è minacciosa, pericolosa!

Sto seduta sul prato, il sole scalda. È così bello questo bosco nei colori dell'autunno, anche se i larici sono ancora verdi, ma gli altri alberi sono già dorati! Silenzio. Il mondo splendido di Dio! Uno sparviero pigola: sarà bel tempo, perché lui caccia solo se il tempo è bello.

Sono andata a passeggiare sul prato grande e da lì ho guardato avidamente questo bel pendio, al di sopra della piscina grande: che vista! L'acqua argentea al sole, il pendio addirittura sgargiante di rosso e d'oro! Le rocce bianche, i ciottoli bianchi, e gli alberi colorati. Che gioco di colori, com'è bello questo mondo creato da Dio!

Il sole è mite, non più molto caldo, ma scalda. Si è alzato il vento, le foglie colorate danzano, gli alberi stormiscono forte; delle macchie di sole luccicano, quando il vento muove le foglie e cambia il posto dei raggi!

Sull'erba sotto di me giace un tronco contorto, bizzarro. Una volta ho portato qui questa cosa strana, giace morto, contorto come una persona che provi dolore, ma prima era un ramo verde, vivo! Si slanciava, con le sue foglie verdi, verso il cielo e, mosso dal vento, ondeggiava in un inno di lode in onore del Creatore. Una volta forse si ergeva diritto, prima che i venti e i temporali lo deformassero, e questo avanzo contorto ora giace davanti a me, come un simbolo della vita umana: una volta un bell'albero, e ora una radice nera e contorta.

C'è il sole, tutto il bosco è dorato, la terra è coperta di foglie dorate, ma i larici sono ancora verdi, il che, a quanto si dice, indica un inverno tardivo. Il fiume luccica!

L'albero, che una settimana fa era verde, ora è tutto dorato, ciò che è caduto e giace nell'acqua è anch'esso dorato e c'è un tale impazzare di oro! Le foglie dorate si muovono sotto l'acqua, perché l'acqua scorre, e anche quelle al di sopra di essa scintillano, perché c'è vento, e si riflettono nell'acqua e danzano, e non si sa quali siano l'immagine riflessa e quali quelle vere! Tutto questo luccica e freme al sole.

In me c'è silenzio, la mia anima è stata spinta al silenzio dal pensiero di questo «anniversario» di ottobre!

Com'è difficile il tuo grande destino!

Non si può arrestare la corrente del fiume della vita!

Scorre, scorre continuamente in modo inarrestabile, ma i miei ricordi trattengono quella corrente.

Qui è come se il tempo si fosse fermato, come l'eternità, nella quale il tempo non esisterà!

Il sole scalda, il vento fruscia, il fiume canta ed è come se ci fosse quello che non c'è. «È stato, dunque è!».

Soltanto ora lo capisco, lo capisco e lo sento!

Oggi c'è stato il funerale della madre di Grażyna Piekarska. L'ho avvisata, che non ci sarei stata.

La morte: la fine e l'inizio! Davvero sono sicura che la morte sia un inizio? Il pensiero della morte torna spesso da me e un po' lo allontano. So che quel momento verrà, ma ora mi sarebbe difficile morire. Trepido per la sorte delle nostre figlie!

Sono qui sola e nello stesso tempo non sola! Questo bosco è pieno di Dio!

Il mistero dell'esistenza: come cambiano qui le proporzioni! Tutto diventa senza importanza, c'è solo questo, che Dio esiste! Ma com'è facile per l'uomo andare dietro a qualcos'altro – non importa a che cosa – e smarrire quell'unica verità! Eppure si tratta di un'unica cosa!

Questo bosco, questo splendido bosco è come l'anticamera del paradiso. Bellezza e quiete, e questa solitudine piena di contenuti. Tutto qui è preghiera e il mio destino è intrecciato al tuo grande destino, come il destino di una foglia su un grande albero – e questa foglia attinge la linfa dall'albero.

Bosco benedetto! Sacra questa terra, sacre le tracce!

25 ottobre 1987

Si fa scuro, il silenzio risuona nelle orecchie.

Ho viaggiato tutta la notte in treno da Poznań, e da Przemyśl ho preso un taxi, per riuscire ad arrivare qui di giorno.

Com'è magnifico adesso questo bosco! Ora i larici sono dorati in modo vistoso, tutta la terra è coperta di foglie dorate. Anche l'erba è dorata. Solo i tronchi marroni degli alberi danno a quest'oro una cornice, qua e là c'è anche il verde dei piccoli abeti.

Sono passata attraverso il fiume e, nell'attraversarlo, ho fatto fuggire due caprioli: una madre con una piccola femmina che bevevano l'acqua. Sono fuggite, arrampicandosi sulla parete ripida, facendo cadere dei sassolini, in preda al panico! Belle e agili creature!

In basso si stende la nebbia, dando a questo bosco la forma irreale di una fiaba. I rami aggrovigliati degli alberi abbattuti, i tronchi contorti.

Qui c'era l'altare!

Una forza irresistibile mi attira qui. Nessuno lo capisce. «Lei non ha paura di camminare così sola per il bosco?» mi domandano. No, non ho paura nel bosco.

In questo bosco...

Qui appunto riacquisto le forze, qui il bosco è pieno di Dio, qui il mare della sua grazia invade l'uomo direttamente! Un bosco pieno di un Dio che non si può capire, così come non si può capire il destino umano, ma qui non domando perché.

Persevero nell'umiltà e so che lui sa tutto.

E io?

Anch'io capisco qualcosa, attraverso il dono del Fratello sacerdote.

Quanto poco capiscono le persone del sacerdozio! E perfino essi stessi, quegli uomini scelti, quante volte sminuiscono questa dimensione divina! Le mani sante dei sacerdoti abbracciano il mondo. I problemi del mondo intero! E portano quelle intricate questioni umane direttamente al cospetto di Dio.

Un intermediario, un vaso pieno di grazia!

Un dispensatore di grazie, perché infatti la grazia arriva attraverso un uomo.

Uno strumento della potenza di Dio!

27 ottobre 1989

La croce della vita mi sembra troppo pesante! Sono venuta qui a cercare la forza. In me non c'è ribellione, solo una grande stanchezza. Qui Dio per me è più vicino che là, a Cracovia!

Ma Dio è in qualche modo al di sopra del dolore; non so, qui termina la mia possibilità di capire. Giudicando in modo umano, Dio dovrebbe essere per così dire «deluso», vedendo che cosa fa la sua creatura; ma in qualche modo è al di sopra di ciò, perché in fondo sapeva tutto e lo sa – non so come, ma so come è stato nell'Orto degli Ulivi!

E qui, in questo bosco, prego sempre allo stesso modo: la via crucis, i misteri dolorosi del rosario, e, attraverso questo, capita, come un raggio di sole, il *Magnificat*!

Anche se sono nel momento peggiore, nel dolore, quando sono qui in questo angolino della terra devo cantare un inno di ringraziamento – anche ora.

Qui è sempre bello, anche se ora i larici hanno ormai perso le foglie, perché c'è stato un forte vento e la terra è coperta di queste foglioline; la terra è dorata, ma gli alberi sono nudi; i cespugli più bassi qua e là hanno ancora le foglioline verdi, su di essi ancora il verde è picchiettato d'oro, ma gli alberi alti protendono i loro rami scuri verso il cielo.

Silenzio. Torno all'Orto degli Ulivi: Cristo ha voluto soffrire. Io non posso dire che «voglio», ma sopporto tutto, perché del resto che altro potrei fare?

La verità è che vorrei trasformare questo nuovo dolore del cuore in qualcosa di diverso, che faccia meno male – meno o anche solo in modo diverso – ma mi sforzo di credere che, tuttavia, tutto ciò che capita a me, a noi, è anch'esso progetto di Dio!

Forse una nuova prova?

Forse una nuova grazia?

Il mistero della croce – per Dio ogni uomo è il più caro!

Il Padre ha dato per noi suo Figlio – questo appunto comprendo qui. In generale, tutte le mie ultime preghiere sono cristocentriche, o potrei dire addirittura «crocecentriche»!

Non riesco a distogliere il pensiero dalla croce, e non solo perché ora così tante questioni mi addolorano, in vari modi, ma anche perché ha raggiunto il fondo della mia consapevolezza la verità riguardo alla croce, il miracolo del concepimento. L'incarnazione, perfino il mistero della risurrezione, senza la croce non avrebbe la sua potenza!

Con una nuova consapevolezza ripeto le parole dei canti della Quaresima: «Nella croce la salvezza...». Forse soltanto ora lo capisco fino in fondo, non so perché ha dovuto essere così, proprio così, ma capisco la sua potenza, la potenza salvifica della croce!

Qui hai detto più di una volta: «La terra è redenta»; ora lo so!

Soffro, ma c'è in me – oserei dire – la profondità della fede tranquilla nel fatto che Dio, in qualche modo, è in tutto ciò che esiste!

* * *

Sto seduta nel luogo in cui stava a volte l'altare. Attraverso la nebbia si intravede il sole pallido; gli alberi mi proteggono, sotto di me la terra dorata; il bosco è splendido, silenzioso, incantato! Sacro bosco, sacra terra! Cristo, chino sulla terra, cade sotto la croce e avvolge questa terra e tutto con le sue braccia, e all'improvviso, nonostante tutto, qui mi sento sicura nelle mani di Dio!

Ore 11.15, la finestra

Sono arrivata qui per la più difficile delle strade, direttamente dalla cascata, per il pendio ripido. Lungo la strada continuavo a meditare sulla croce e mi ha colpito anche un altro pensiero, che la croce non è solo il dolore, ma anche la potenza dell'amore. E proprio l'amore dà forza alla croce: Cristo cade dal dolore e dall'amore e con le sue braccia amorose avvolge la terra; cade sulla terra, dalla quale l'impronta del suo corpo e la potenza dell'amore di Dio avvolge anche me!

«Nam si ambulavero in terra umbrae mortis non timebo mala quoniam tu mecum es!»[1].

Ore 13, mercoledì, la punta

Non venivo qui da molto tempo! C'è un gran vento, fresco e forte; gli alberi si piegano, ondeggiano sullo sfondo del cielo, mentre io in basso, in questo stesso luogo, tra i cespugli, non sento un alito di vento. Qui è caldo, nella radura soleggiata!

Il sole è caldo, ma coperto da piccole nubi bianche. Lo stesso luogo – l'identità dei fatti. Il luogo è lo stesso, gli alberi gli stessi, ma mancano i tuoi occhi.

Il bosco mi ha dato il benvenuto, qui, sulla cima, con una sorpresa: sono fioriti i crochi, come in primavera. Fiorellini graziosi, delicati. Tutto intorno il bosco è ancora verde, l'autunno si vede solo sull'erba, che è dorata.

Penso al mistero del dono: alla profondità del mistero, alla grandezza del dono e alla mia limitatezza! L'uomo non comprende fino in fondo questo mistero; l'uomo in generale, e l'uomo del XX secolo in particolare... Come trasmetterlo alle persone?

* * *

Tutto il bosco nell'orgoglio di una bellezza intatta! La bellezza della natura rivela il Dio creatore! Qui, in questo bosco indimenticabile, la rivelazione della profondità!

[1] Anche se camminassi nella terra scura della morte, non temerò alcun male, perché tu sei con me.

La sostanza, che viene da questa montagna, da questa punta, cambia le proporzioni di tutto! Qui c'è l'alito diretto di Dio stesso, e anche il contatto diretto con l'uomo, la «communio personarum»!

È proprio qui, in questo bosco, che mi si è rivelata la dimensione divina della natura umana. L'uomo unito allo Spirito Santo, opera di Dio, immagine di Dio!

Canto il *Magnificat*. La mia voce svanisce nel rumore del vento, svanisce, o forse piuttosto si armonizza con la melodia del mondo!

Il fruscio degli alberi è forte, e dentro di me la quiete. La profondità della quiete, che è fissata con le sue radici in quei giorni e cresce, in armonia con questo canto del bosco!

Nonostante tutto il contenuto molto difficile della vita, nonostante la croce, perdura in me la quiete e anche se il dolore non svanisce, qui, su questa montagna, c'è l'annuncio del cielo! Sto sdraiata al sole, ma il vento arriva fin qui e mi avvolge col suo soffio. L'estasi per il contenuto annotato qui, per il contenuto della presenza di Dio. Ripeto le tue parole: «L'uomo non può vivere senza estasi!».

Quando sono scesa al fiume, mi sono fermata piena di ammirazione – le pietre di un bianco luccicante, l'acqua alla svolta spumeggia, anch'essa con una cresta bianca, ma scorrendo oltre, riflette il sole con l'argento – e sull'altra riva una favola: le foglie colorate ammucchiate, l'erba, più in basso, gialla come la paglia, i cespugli, un po' più in alto, di un rosso dorato, gli alberi al di sopra di essi, di vari colori dall'oro al rosso, interrotto qua e là dal verde dell'abete.

Mi sono fermata così, non so per quanto tempo, e la mia anima pregava da sola.

Un albero, uno di quelli sotto i quali a volte si svolgeva la messa, eroso dal basso, è precipitato nell'acqua e giace oltre la svolta. Le radici sono ancora fissate nella parete verticale, la chioma è verde nell'acqua, il tronco nero forma un ponte. Le radici sono contorte, bizzarre, come le braccia malate di reumatismi di un vecchio, come se implorasse aiuto, con quel che resta agganciato alla riva delle sue forze.

Qualche giorno fa la portata del fiume era enorme, se ne vedono le tracce, ma oggi l'acqua è tranquilla, limpida, sembra che ora accarezzi l'albero, mentre prima l'ha trascinato via brutalmente. Mi dispiace per questo albero, in modo irrazionale, perché in fondo che cos'è un albero? Eppure in questo quadro c'è il senso simbolico della fugacità di questo mondo, anche di questa bellezza – la realtà del destino umano –, della morte...

L'albero abbattuto mi fa pensare alla morte – non solo ci penso, cerco di prepararmici – anche realmente. Ho deciso di concludere tutto quello che ho iniziato, di tutelare per quanto è possibile le mie figlie.

La morte...

Ho paura? In effetti no, ma sento quasi un'«immaturità»: non sono ancora pronta.

Ieri sono dovuta andare in chiesa, volevo accostarmi alla mensa del Signore, questo appunto sentivo. Ho provato sollievo tra le persone, che stavano in ginocchio davanti all'ostia e non osavano tendere le mani, ho provato sollievo per il fatto che il chierichetto con cura metteva sotto la patena: perché là, nel mondo, questo si sta perdendo?

Dopo la messa, il rosario. Mi ero seduta nella prima panca – mi piace stare vicino all'altare – del resto era vuota, ma è venuto fuori che, per il rosario, vanno nella prima panca le donne che fanno parte del rosario vivente: massaie anziane, tranquille e dignitose, ognuna con una candela accesa. Non mi hanno cacciato via, anzi, mi hanno dato una candela.

Quanto mi è piaciuto quel rosario! In ginocchio, per tutto il tempo con la candela accesa. Il sacerdote mi ha visto e ha reagito, ha detto: «Oggi il rosario è nell'intenzione del Santo Padre».

Dopo il rosario, le litanie, dopo le litanie, di nuovo l'esposizione del Santissimo Sacramento, cioè l'esposizione per tutto il tempo, ma ancora canti e preghiere. C'era molta gente, per un villaggio così piccolo – era già buio, quindi nei campi non si poteva lavorare (ora raccolgono le patate).

Sono ritornata nel buio più completo attraverso il bosco familiare, attraversando a guado il fiume, l'acqua era molto fredda!

La sera una gazza gracchiava ed ero sicura che, anche se il sole era tramontato in modo meraviglioso dietro il bosco e non dietro una nuvola, avrebbe piovuto! In effetti nella notte è piovuto – una nottata molto calda.

Conosco la voce di questo uccello, forse del resto non è una gazza, ma quell'uccello, il cui verso gracchiante ci preannunciava sempre il maltempo.

22 ottobre 1994 sabato

La giornata è bella, anche se fredda, ma il sole scalda ancora. Sto seduta qui, dove tante volte si è svolta la messa.

Sull'albero accanto un picchio batte, non ha paura di me, anche se continuamente piega il capino e mi guarda.

Il bosco comincia ad avere i colori dell'autunno, ma i larici sono ancora verdi. I frassini invece sono già del tutto privi delle foglie, che sono cadute e coprono tutta la terra, e quando si cammina su di esse, frusciano.

Il fiume non si sente, del resto c'è così poca acqua, ancor meno che in estate: dappertutto sporgono le pietre bianche e si può passare sull'altra riva senza bagnarsi i piedi.

Gli aceri hanno le foglie di un rosso dorato. Accanto a me ce ne sono alcuni piccoli, che prima non c'erano, si sono seminati da soli.

La strada non si vede, tutta coperta di foglie cadute. In alto, piccole nuvole attraversano il cielo, velocemente, perché lassù il vento è più rapido che qui in basso.

Il sole getta macchie dorate sulle foglie; come sempre qui è bellissimo e vorrei portarti in dono questo quadro, sia per il grande giorno che si avvicina, del 1° novembre, sia per il 4 novembre, festa del tuo santo patrono[2]. Al mattino sono stata alla messa al villaggio. La gente di qui canta ancora le ore – gente buona e tranquilla. Il sacerdote la loda molto, è un buon villaggio.

Nel bosco silenzio, perché per fortuna non c'è più nessun ospite. Sul prato compaiono vari tipi di marrone e sfumature dorate, perché una parte dell'erba si è già seccata, ma ancora tutto su uno sfondo verde.

Penso... al cielo. Ho terminato appunto il ciclo delle mie riflessioni sulla trama della «Lettera alle famiglie»[3] e il pensiero del cielo mi è apparso come il culmine logico dell'«amore meraviglioso», perché in fondo tale è il destino dell'uomo e tale è la prospettiva. Qui, in questo bosco, c'è come un assaggio del paradiso: così tanto silenzio, tanta bellezza e così tanti profondissimi contenuti.

Il cielo come incontro definitivo e apogeo dell'amore.

E anche se questo cielo deve essere preceduto dalla morte, per me il giorno del 1° novembre, dedicato ai morti, è sempre un giorno di speranza e appunto di vita.

Di una vita meravigliosa...

Cresce qui dentro di me, in questo bosco, la gratitudine per il dono di questa vita, che ho avuto, che ho – nonostante il dolore e la sofferenza, che però, fusi nella profondità del mistero, perdono la loro intensità – e nello stesso tempo, come l'ombra fa risaltare la luce, così anche tutto ciò che nella nostra vita è doloroso e difficile, fa aumentare il peso e il valore di questo bene, che qui ho conosciuto.

La mia gratitudine cerca un'espressione e... non la trova, non ci sono parole abbastanza adeguate.

[2] Il 1° novembre ricorreva l'anniversario dell'ordinazione di Karol Wojtyła (1946), mentre il 4 novembre si festeggia san Carlo Borromeo (cfr. capitolo successivo) [NdT].

[3] *Na kanwie «Listu do Rodzin» Ojca Świętego Jana Pawła II* (Sulla trama della «Lettera alle famiglie» del Santo Padre Giovanni Paolo II), Częstochowa, Edycja Świętego Pawła, 2003. Cfr. *Lettera di Giovanni Paolo II alle famiglie*, 2 febbraio 1994, Cinisello Balsamo (MI), Edizioni Paoline, 1994.

Canto qui un inno di gratitudine per la grazia del sacerdozio e per il privilegio della partecipazione a essa, per questo bosco e questo fiume, per la vetta del monte di Sant'Anna e per questa cornice scura dell'albero – della finestra. Per tutte le grazie dell'intera vita, e soprattutto per la grazia di questo bosco, dei giorni passati qui!

Novembre

Gli anniversari

Grandi anniversari. Il ricordo del 1° novembre nella cripta di San Leonardo, nel sotterraneo presso le tombe reali: un sacerdote, appena ordinato, celebra la prima messa della sua vita. Quanti profondissimi significati e quale simbolo!

Novembre è sotto il segno dei contenuti soprannaturali, è immerso nel mistero dell'esistenza e tende all'eternità! Un sacerdote per sempre, alla maniera di Melchisedec!

Il sacerdozio per sempre e l'esistenza per l'eternità e queste date simboliche! La festa di Tutti i Santi e la nascita di un bambino. Una catena di significati i cui anelli soltanto ora diventano visibili, nella stranissima logica del dono. Il dono dell'esistenza, il dono della vita e il dono del sacerdozio.

E in novembre quell'incontro, così carico di conseguenze, in un buio confessionale della chiesa Mariana!

Novembre, un mese più affine al cielo che alla terra, benché molto profondamente radicato nella vita terrena dell'uomo. In novembre voglio sempre essere qui e vivere appunto qui questi anniversari, perché il sacerdozio, iniziato là, ha rivelato qui la sua piena dimensione, ha raggiunto il cielo. Perché il monte di Sant'Anna tocca direttamente il cielo! Qui il mondo è immerso in Dio, qui Dio pervade il mondo e riempie della sua grazia tutto ciò che esiste – lo Spirito che santifica la terra.

Il sacerdozio e il servizio sacerdotale nel confessionale – un seminatore di doni...

Qui penso sempre alle mani dei sacerdoti, consacrate appositamente per prendere Dio in quelle mani e darlo alla gente come nutrimento! Qui il tempo sembra scomparire, perché l'avvicinarsi dell'eternità toglie significato al tempo; qui si sente che tutto ciò che è stato, è e sarà sempre. Novembre è, per me, un mese immerso nell'eternità, non solo perché ricorda tutti coloro che già stanno là, ma prima di tutto perché indirizza il pensiero ai contenuti ultraterreni: rivela la verità sulla vita, che è un cammino verso l'eternità.

La terra, strada verso il cielo.

La strada e i cartelli stradali.

Il volto scuro della Madonna di Ostra Brama in quella cappella unica, la cappella dell'incontro.

Novembre ricorda sempre questa dimensione, che l'umanità contemporanea vorrebbe dimenticare. E questo mese particolare nasconde in sé ancora un anniversario, l'onomastico di un bambino che ha ricevuto questo nome. Il ricordo del patrono, che un bambino riceve al momento del battesimo.

Pochi pensano al fatto che il nome, in effetti, non è solo un nome, ma anche la scelta di un patrono, di un santo, che è già in cielo. Si sceglie il nome di un uomo che è riuscito a realizzare la sua vita in armonia col progetto di Dio e si pone il bambino sotto la sua protezione.

Quante persone non ci pensano! E quante persone non sanno nulla del loro patrono! Noi però sappiamo e questo giorno è il ricordo di un patrono, san Carlo Borromeo, sulla cui tomba si reca l'uomo che ha ricevuto questo nome.

Il giorno della nascita di un bambino è anche la festa di una madre, perché ella vive allora una grande giornata, partecipa al mistero della creazione, è strumento della potenza creatrice di Dio! L'onomastico invece è la festa del bambino, che deve ricordarsi del suo patrono e può sempre avvalersi del suo aiuto.

Il patrono ha dei doveri nei confronti delle persone poste sotto la sua protezione.

La comunione dei santi...

L'onomastico avvicina anche il pensiero al cielo, perché il patrono è in cielo. Sicuramente, perché tale sentenza è stata emessa nella capitale apostolica, dove la sua vita è stata scrupolosamente analizzata.

Dunque anche qui, su questo monte, ricordo il santo vescovo e gli ricordo il suo dovere di protezione.

Ho un'amica che, per avere aiuto, prega sempre dei santi poco noti, perché ritiene che quelli conosciuti abbiano troppo lavoro, dato che tante persone chiedono loro qualcosa!

* * *

1° novembre 1985, ore 12.30, la finestra

Il grande anniversario della tua ordinazione sacerdotale, il 1° novembre.

«Farsi presente è più che ricordare». Oggi ho voluto essere qui.

La sensibilità alla bellezza della natura è per me uno dei più efficaci meccanismi di riposo. Torno in questo angolo meraviglioso perché, nella bellezza indescrivibile del bosco, ritrovo Dio.

Sono venuta qui attraverso un tappeto dorato di foglie cadute: i miei piedi sono immersi fino alla caviglia in un tappeto che fruscia a ogni passo! C'è silenzio; si sente solo questo: il fruscio delle foglie secche sotto i miei piedi e, in basso, il rumore dell'acqua.

La familiare musica del bosco, familiare e nello stesso tempo sempre diversa. Le foglie non sono ancora cadute tutte e anche sugli alberi sono dorate. Che meraviglia!

Lungo la strada in salita ho recitato l'*Angelus*; ora qui taccio, qui mi mancano le parole...

«Farsi presente»... Una traccia impressa nella terra, scritta nell'eternità!

Un albero: il testimone della preghiera! La piccola betulla sul pendio è già senza foglie; giacciono ai suoi piedi, come stelle smarrite. Più giù gli abeti sempre verdi e il prato in basso anche. C'è silenzio, solo il fiume racconta qualcosa con il suo rumore.

La nebbia. E attraverso lo spazio lattiginoso trapela un pallido sole.

Quell'incontro è cominciato qui, per un desiderio insaziabile del cuore, che cercava – e qui, in questo bosco, ha ritrovato sia se stesso sia il senso della vita attraverso il farsi presente di Dio stesso. Era presente ed è qui!

La presenza di Dio, la fonte di tutto. E qui c'è la fonte della mia forza per vivere e per tutto quello che faccio. Da qui attingo la forza, che mi permette di vivere come vivo!

Lo so che non sono sola, mentre cammino in solitudine su questa montagna. Vado sulla cima.

* * *

Ore 12.45

L'albero a Cinque Bracci... L'albero dell'ultima preghiera del 6 agosto 1978!

Sono venuta attraverso un tappeto dorato, qua e là picchiettato del verde delle felci. Si ergono vive, ancora diritte, alti pastorali rivolti verso il cielo.

I piccoli abeti lungo la strada sono cresciuti nel frattempo... Il pendio mi sembra più ripido di quanto fosse. Sto così sul ciglio e guardo giù: così tanti colori! Attirano lo sguardo! Il sole è uscito, pallido, ma c'è, ha avuto la meglio sulle nuvole; è rimasta una nebbia leggera, come un velo, aggiunge incanto.

Come in una fiaba...

È volato qui un uccello, una tortora si è posata vicino a me e non ha affatto paura!

22 novembre 1987 domenica

Fa caldo – sto seduta per terra – è secco, non piove da molto tempo. La terra ha un colore chiaro, il muschio risalta su di essa, di un verde brillante, soffice, cosparso delle foglie dorate che sono cadute dalle piccole betulle.

Di fronte, dall'altra parte, al di là del fiume, il pendio scuro; anche lì ci sono le orme dei nostri piedi. Questo panorama è l'unico lusso della mia vita, ora vengo qui solo per me stessa, per la mia gioia, a volte mi faccio questo regalo: fuggo qui, qui c'è la mia vita vera, l'intimità della mia vita e la mia avventura!

L'incontro con Dio stesso, qui appunto la mia vita è diventata teocentrica! Qui ho cominciato a vivere in maniera tale da «piacere a Dio» in ogni momento, in tutto quello che faccio. Qui è nato appunto quel «cardine dell'integrazione» e soffro, se questo non mi riesce: mi sforzo di partecipare alla «diffusione del regno di Dio sulla terra». Suona in modo pomposo, eppure questo è lo scopo della vita dell'uomo e lo scopo della vita di ogni cristiano: perché non chiamarlo con il suo nome?

Qui, in questo bosco, prego con tutta l'anima, (come riesco), e qui supplico la Madre di Dio, colei che ha allattato il Figlio di Dio, affinché abbia cura delle forze e della salute dell'Unto scelto dal Signore, perché in realtà la vita là, su quel colle coperto di marmi, è una vita di martirio e sono necessarie forze sovrumane, per assolvere quel compito!

Qui appunto, in questo bosco, io do quella «base di preghiera» che lui chiede continuamente: «Datemi una base di preghiera in Polonia» – così hai detto – e così appunto qui cerco di fare. Qui prego, affinché le sue braccia siano un fondamento per il mondo.

Una volta hai detto che «non c'è l'anima a sé, né la psiche a sé, né il corpo a sé, ma l'uomo tutto intero e il corpo è sempre pieno di spiritualità»; ma anche per questo si può aiutare l'anima attraverso il corpo e si può distruggerla attraverso il corpo.

Oggi penso a come aiutare l'anima attraverso le forze del corpo, penso che si debba aver cura anche della salute di questo corpo, così prezioso per il mondo!

Ti ho guardato il 16 ottobre e mi preoccupo, perché si vede una tale stanchezza! Dunque qui, in questo bosco, prego per le forze, per le normali forze fisiche umane, per questo gigante dello spirito!

Penso che tutte le persone che vogliono bene al Santo Padre e l'hanno visto così stanco in televisione, oggi preghino per la stessa cosa per la quale io prego qui: per le forze del pastore!

Servono forze sovrumane, ma anche le umane, normali forze del corpo. Sto seduta in questo posto, dove appunto c'è l'impronta di un corpo vigoroso, e vedo le tue spalle leggermente incurvate, già allora, sotto quello zaino che io non riuscivo nemmeno a sollevare, tanto era pesante!

Tu hai detto: «Quando la vita è così pesante, la morte sembra una liberazione». Quando la croce sembra troppo pesante, una persona deve avere un aiuto. La Veronica voleva aiutare Cristo e Cristo accettò quella sua disponibilità, non si allontanò col suo dolore, concesse a una donna di avvicinarsi.

***

La bellezza tranquilla e silenziosa del bosco agisce su di me. Sono venuta qui per avere la forza, ma le mie labbra, obbedendo a un comando interiore, recitano il *Magnificat*. La bellezza qui è così incantevole da togliere il fiato.

Fin dal mattino cammino per questo bosco sacro, ritrovo gli alberi familiari, le pietre, le impronte dei piedi! Un uccello cinguetta piano, allegramente, spensieratamente! Le foglie, mosse dal vento, stormiscono, in lontananza si sente il rumore di un trattore: un altro mondo!

Guardo estasiata questa bellezza! Si è alzato il vento, un vento freddo. Mi fa rabbrividire, ma il sole continua a riscaldare. Il vento contro il sole, come nella vita!

Un uccellino è passato in volo proprio accanto a me, si è posato su un ramo e si dondola. Ha inclinato il capino da un lato – dietro di esso, un altro – si raccontano qualcosa allegramente!

23 novembre 1988, ore 10

Per tutta la notte è soffiato il vento ed è nevicato, ma ora non nevica; il bosco è splendido, con la neve fresca.

Sono venuta dal villaggio: prima per la strada, fino al ponte, attraverso il ponte sono passata dall'altra parte, sono scesa giù sul fiume e ho seguito la riva fino alla cascata.

Mi avevano detto che il fiume era gelato, ma non è vero: c'è un involucro bianco e friabile di ghiaccio sulle rive, ma in mezzo scorre la corrente rapida dell'acqua, nera.

Perché quest'acqua sembra nera? Non lo so. Forse perché le rive sono bianche e le nuvole nel cielo pesanti, scure e basse?

Mi sono soffermata sulla piscina piccola. Mi fermo sempre in questi punti caratteristici, per pregare.

E appunto lì, sulla piscina piccola, il sole all'improvviso si è fatto strada tra le nuvole, ma come se non ci fosse riuscito fino in fondo, non dorato, ma argentato, velato da una sottile nuvoletta bianca, e ha dato una luce argentea a tutta questa terra.

L'acqua si è accesa d'argento, mentre dall'altra parte, sulla ripida parete che delimita la piscina, un merletto si è acceso dei colori dell'arcobaleno, perché i rametti sottili degli alberi, che penzolano, si sono accesi, al sole, in modo meraviglioso.

Sono rimasta lì per un po', non riuscendo a staccarmi da quello spettacolo.

Presso la riva il ghiaccio è friabile, si rompe sotto di me, coperto di neve, e sulla neve le impronte dei caprioli. Non ci sono impronte umane, nessuno è passato di qui, sono io che lascio delle impronte.

Sono andata più avanti, lungo la riva, fino al posto in cui era piantata la tenda. Quante volte siamo passati di qui!

La riva ripida, alta, è minacciosa, sembra cadere con una valanga di pietre; un albero è caduto e giace lungo il pendio con le radici divelte, come braccia tese verso il cielo!

Poi il secondo albero-altare e il luogo nel quale pure stava la tenda – una traccia: qui, più avanti, al limitare del prato, leggevo!

Una superficie bianca intatta, bianco-argentea, è perfino un peccato calpestarla!

Ho continuato a camminare al limitare del prato, come tante volte!

Una parete colorata sulla piscina grande; una parete di un marrone dorato, al di sopra di essa la striscia scura degli alberi, dei tronchi degli alberi e su di essi il merletto bianco dei ciuffi di neve.

E il silenzio, quel silenzio nel quale Dio si avvicina: mi dispiace andar via. Mi dispiace sempre andar via di qui...

Deve essere venuta giù molta acqua dalla montagna, perché ha strappato un pezzo della sponda e, sotto la cascata, si è formata una profonda buca, un bacino nel quale l'acqua vortica, prima di cadere nel fiume.

Le erbe alte sporgono tra la neve con i loro steli di paglia.

Esce il sole, ormai luminoso; gli abeti, grandi e piccoli, sono coperti dalla lanugine della neve. I larici, spogliati delle foglie, protendono i loro rami scuri.

Un uccellino è arrivato e canta per me; non ha paura e si dondola sul rametto di un larice. Il sole splende, ma non riscalda, è argenteo e freddo, ho freddo.

Che peccato che tu non possa vedere tutto ciò! Questo paesaggio nella neve argentata, con questo sole, con gli steli dorati delle erbe secche che sporgono dalla lanugine bianca della neve, con questo profilo della riva, del bosco: come è bello!

La bellezza è un nutrimento per l'anima. La bellezza del mondo, il Signore Dio la dà all'uomo, perché riprenda fiato, perché riprenda le forze.

L'esperienza estetica può essere per l'uomo fonte di forza, e la bellezza di questo angolo, pieno di ricordi, mi dà un senso di felicità. Attraverso tutte le difficoltà della vita, attraverso il dolore penetra questa consapevolezza della presenza, della vicinanza.

«Lì non sarai sola...»: no, non sono sola.

O Dio! Qui la mia anima si commuove e, come sempre, canto il *Magnificat*, e il bosco ascolta, e il bosco conserva la memoria dei fatti: la terra è fedele.

Devo tornare; sia lode al Signore Dio per questo bosco!

1° novembre 1991, ore 10.20

Il prato dell'ultima passeggiata.

C'è il sole, il cielo è senza nuvole, ma fa freddo, -6°C, sul prato c'è la neve.

Sono venuta dal villaggio e per mezz'ora ho vagato, non riuscendo a trovare, dall'alto, la nostra strada: è completamente invasa dalla vegetazione! Dal basso la si può ritrovare, ma in alto scompare del tutto.

Ora lavoro così intensamente che sono dovuta venire qui, a cercare le forze!

* * *

Il sole riscalda, sto seduta su un tronco (il fiume è grosso, fa molto rumore!). Questa giornata, questo anniversario esige una preghiera di lode, richiede ammirazione e ringraziamento per il dono del sacerdozio, dal quale si è riversata su di noi la grazia speciale del dono del Fratello!

Avevo sempre desiderato avere un fratello, era stato mio padre a inculcarmi il desiderio di un fratello. Quante volte, negli uomini incontrati, avevo cercato quello che potesse essere per me un fratello e non l'avevo trovato, forse anche il mio rapporto con gli uomini è un po' caratterizzato da questo rammarico, che non erano capaci di essere dei fratelli per me, e io, cercando la fratellanza, provavo una delusione: lo scontro con la concupiscenza sfrenata degli uomini è stato per me una delle più grandi delusioni.

Come dunque non ringraziare per questa grazia del fratello-sacerdote, la cui presenza nella nostra vita ha praticamente cambiato tutto! L'immensità della gratitudine esige dei segni, per questo oggi ho voluto essere qui, questo è il mio pellegrinaggio di ringraziamento nei luoghi santi!

So anche che cosa prova oggi questo nostro Fratello, so che c'è in lui un grande slancio di gratitudine anche per il dono del sacerdozio, per il dono di Dio, che in fondo ci ha scelto lui stesso. A Dio è piaciuto scegliere per noi un Fratello, un dono del tutto immeritato. E qui, in questo bosco, quel dono ha determinato il nostro modo di vita, qui appunto si è realizzato il progetto di Dio nei confronti dell'uomo, nei confronti nostri e di tutte le persone, perché infatti quell'amore che Cristo ha portato al mondo è appunto l'amore di un fratello. Figli di un unico Padre, in lui cresce questa umana «communio». L'amore fraterno, radicato in lui, è un amore sicuro e bello, è il vero amore di Dio, che Dio stesso ha donato all'uomo!

Questo anniversario è un giorno santo e per lui, là da qualche parte, in un luogo a me sconosciuto, e qui per me, il sole scioglie la neve e là, dove cade un raggio di sole, da sotto la neve esce l'erba verde. Il bosco è bianco-verde, qui e là ancora le foglie sugli alberi, come se quest'anno fosse mancato l'autunno, come se fosse venuto subito l'inverno. Dagli alberi, colpiti dai raggi del sole, cadono delle gocce. Sto seduta nel silenzio pieno di suoni del bosco e contemplo, adoro il Creatore. So che tornerò ai miei difficili problemi, come sempre, ma so anche che il soggiorno qui mi darà le forze.

Ore 13, la finestra

Per la seconda volta oggi mi sono smarrita nel nostro bosco, che pure conosco così bene, ma sono finita in un tale groviglio di alberi abbattuti, che ho dovuto superare, che alla fine ho perso la direzione. Se cadessi qui, non mi troverebbe nessuno!

La nostra finestra è intatta, perché finalmente ci sono arrivata, anche se, sul pendio, ci sono molti alberi tagliati. Sto seduta sul dirupo; in basso, il prato verde è tutto al sole, la neve si è sciolta.

Qui il fiume si sente più forte. Proprio sotto di me, si rovesciano le onde verdi, che battono contro la sponda rocciosa, in lontananza si vede la nostra punta, in una nebbia leggera.

* * *

Le gocce, cadendo dagli alberi, creano una musica particolare, la neve si scioglie al sole, mentre il ghiaccio del cuore si scioglie all'ombra della grazia! Abbraccio col pensiero, con una nuova consapevolezza della vita, tutte le persone in qualche modo legate a me.

In questo silenzio del bosco, in questa bellezza, in questo luogo sacro, qui tutto sembra semplice. Dio, che riempie questo angolino, pervade l'uomo; qui l'anima diventa aperta a lui in modo univoco. Come tutto risulta semplificato!

Concludo questo pellegrinaggio con una preghiera, affinché io non mi allontani, neanche di un passo, dalle braccia di Dio tese sopra la terra!

1° novembre 1992, ore 10, la piscina piccola

Sto seduta sulla «mia» pietra. La piscina piccola è come sempre uguale, ugualmente profonda, perché qui c'è una specie di vasca di pietra, ma in generale nel fiume l'acqua è poca.

Fa freddo; un vento freddo, tagliente e delle nuvole nere!

Al di sopra della roccia, dall'altra parte, tutti gli alberi sono già dorati e il fiume presso la riva è cosparso di foglie dorate. Sulle pietre della riva macchie dorate, decorazioni, come su un tappeto orientale!

Sulla rupe bianca, nelle crepe, c'è una gran quantità di questo oro. Il fiume scroscia, il vento fa un rumore ancora più forte...

Quante volte sono stata seduta su questa pietra, su questa riva! Quante volte ho letto qui al sole! Questo è un fiume sacro e una terra sacra!

Come sempre, mi rapisce la bellezza di questo luogo e mi costringe a cantare un inno di lode, anche se il cuore fa male e una nuvola nera, bassa sulla terra, mi minaccia!

Dalla nuvola nera è scesa la neve; i piccoli grumi pungenti di neve cadono nell'acqua e spariscono!

Dalla piscina piccola cammino lungo la riva del fiume e sul prato. Esso è ancora verde, i fili di ferro sono stati tolti, ma al di sopra della piscina grande c'è un immondezzaio. Il cuore mi fa male e in me cresce la rabbia nei confronti delle persone che sono state qui!

Come amare tutto il prossimo?!

Ma medito il *Padre nostro*, come una volta, parola per parola; dunque rimetto i debiti a queste persone che sporcano il mio bosco sacro, ma il cuore mi fa male. Sempre, quando mi scontro con la cattiveria umana, mi sento triste!

Dio è al di sopra della tristezza, eppure, se ama le sue creature, soffre anche in un certo modo! Soffre nel Figlio e il mio dolore si trasforma nel bisogno di espiazione, nel bisogno di una riparazione, per quelli che non amano – questa appunto è la missione di Fatima –, per quelli che non adorano, e alla fine dentro di me prendo la decisione del risarcimento; ma come?

So che cosa potrei sentirmi dire: «Prendi la tua croce».

Ma nello stesso tempo so che nessun uomo può compensare, è capace di compensare Dio per tutto il male del mondo: proprio per questo è stata indispensabile la croce di Cristo e il prezzo del suo sangue! Soltanto essa compensa tutto, i peccati piccoli e i crimini!

Il mondo è redento!

1° novembre 1993, ore 14

Non potevo celebrare diversamente questo anniversario, dovevo venire qui! Ieri, per tutta la giornata, ha piovuto a dirotto; la sera sono andata in chiesa al villaggio, per la messa. Mi piace pregare lì. Ci sento sempre la fede semplice delle persone, una folla in chiesa; dopo la messa, l'ultimo rosario di ottobre, alla comunione si accostano tutti, perché c'erano le missioni, e il sacerdote dice che tutti – l'intero villaggio – sono andati a confessarsi! Mi piace pregare lì con loro e ho pregato perché oggi ci fosse bel tempo, in modo che potessi arrivare fin qui.

«Il poveretto ha gridato e il Signore l'ha ascoltato»: così ho detto ieri al sacerdote, che oggi doveva essere bel tempo. E appunto, non solo ha smesso di piovere, ma c'è il sole. Com'è bello questo bosco! Il fiume è enorme, con una luce celeste, perché il cielo vi si riflette, e tra gli alberi il fiume è come un nastro azzurro.

Sono arrivata dal valico, dall'altra parte, perché di attraversare il fiume, oggi così gonfio, neanche a parlarne!

Ho camminato attraverso il nostro bosco, per la nostra strada: il bosco come una favola. I larici e i faggi dorati, i carpini rossi, gli abeti verdi – che meraviglioso gioco di colori!

Prima, come sempre, ho celebrato la via crucis; ma poi, ugualmente come sempre, sono dovuta passare al *Magnificat*. Come celebrare diversamente questo giorno, questo grande anniversario?

Allora non ero presente al Wawel, ma penso di capirlo meglio degli altri. Canto questo inno di gratitudine a Dio, per il dono del Fratello; per il dono del sacerdozio; per il fatto che Cristo è venuto nel mondo e ha salvato l'umanità attraverso la sua passione! Per il fatto che nei cuori degli uomini ha riversato il suo amore e per il fatto che ti ha scelto e posto al di sopra del mondo, come un cedro del Libano! E a noi ha permesso di starti vicino...

La gratitudine non è mai abbastanza, per tutto ciò che è ed è stato, ed è scritto nell'eternità. Per la bellezza di questo bosco, per questi larici dorati e per tutta la bellezza del mondo ringrazio Dio! Lo ringrazio nello slancio dell'anima.

Tante volte, proprio qui, c'è stata la messa e questi alberi lo ricordano: i larici sono come piramidi dorate innalzate al cielo!

In basso il tronco grigio, e in alto si slanciano verso il cielo con i loro rami dorati, come candele su un altare!

Attraverso i rami, il sole mi lancia i suoi raggi; non riscaldano, ma sono belli, di un argento dorato. Il sole tramonta sempre più in basso, ora è tra i tronchi e più in alto ci sono queste cupole dorate!

Il forte scrosciare del fiume suona per me come un organo, in questo nostro meraviglioso santuario! Come un corale. Dio è qui. È sempre stato con noi! Dio è ovunque, ma qui scende da noi, dall'uomo e ci prende nelle sue sante mani! Nelle sue mani amorevoli! Che tu sia lodato, o Dio infinito!

Domani è il mio compleanno. Mi stupisce il fatto di essere così vecchia e di non sentirlo affatto! Ringrazio anche Dio per questo, per questa efficienza del corpo che mi permette di fare tutto quello che faccio e che voglio continuare a fare.

Tante persone, molto più giovani di me, non sarebbero potute arrivare qui attraverso questo bosco, mentre io cammino per la stessa strada per la quale camminavamo venti anni fa! Ringrazio Dio per il fatto che oggi ho potuto essere qui e vivere queste ore di estasi, in questa bellezza sbalorditiva che toglie il fiato. Cammino per questo bosco come nel paese delle meraviglie!

La bellezza è legata anche all'amore, nel quale ha la sua fonte!

Quanto è grande, quanto è incomprensibile l'amore di Dio per gli uomini, senza limiti: «Li amò fino alla fine».

Come è facile vederlo qui! La bellezza del mondo rivela il Creatore in quello che egli è: nell'amore!

Ritorno alle meditazioni: il *Padre nostro*, un padre che dona ai suoi figli tesori in abbondanza!

Domenica, solennità di Cristo Re

Che giornata! Regalata.

Il vento impetuoso dal passo Dukielska ha ripulito il cielo: è senza una nuvola, c'è il sole. Sotto di me, lo spazio bianco del prato, orlato dal bosco scuro. Il fiume non si vede, è come una strada bianca e tortuosa. L'acqua appare qua e là con uno stretto ruscello; non si sente il fiume, solo il vento.

Il sole fa scintillare il bosco con i colori dell'iride. Là, in basso, il vento ha spazzato via la neve dai rami degli alberi, ma qui, nel bosco, gli alberi sono avvolti da una lanugine bianca luccicante. Che meraviglia! Toglie il respiro.

Come sempre, dovevo recitare i misteri dolorosi del rosario e la via crucis, ma non posso: questo sole, questa bellezza e questa festa mi mostrano Cristo non sulla croce, ma in tutta la pienezza della sua potenza.

Il Re, il Signore del mondo, il Redentore.

«Oggi sarai con me in paradiso» disse al ladrone, e dunque a ogni uomo che confesserà, riconoscerà, vedrà e crederà...

Questo bosco sacro è il suo regno. Nel mondo, ma anche dentro di me.

La bellezza del mondo è un dono per l'uomo, una bellezza familiare, nostra, il regno di Dio sulla terra.

Una terra che obbedisce a Dio...

Una terra santa, piena di uomini non santi, ma qui c'è un assaggio del paradiso. Sto bene qui.

Ma non posso fermarmi qui, fa troppo freddo.

Vado in quel bosco meraviglioso.

Intono alternativamente due canti: *Christus vincit* e il *Magnificat*.

E cresce in me un nuovo slancio di gratitudine per il dono, non solo il dono del Fratello, ma anche il dono di questo angolino.

Il regno di Dio, nel bosco... ma anche dentro di me.

Oggi lo sento così, perché in fondo il nostro soggiorno qui non è stato nient'altro che la diffusione del regno di Dio in noi.

Opera di Dio,

pensiero di Dio,

dono di Dio, del tutto immeritato – come quel ladrone, a cui venne donato il cielo, perfino «ingiustamente», dal punto di vista umano.

Il cielo «in cambio di niente».

Eppure il cielo.

Una volta hai detto che «l'uomo è fatto per il cielo», e questo, appunto, qui mi diventa evidente. E cambia la dimensione del dolore, e trasforma la croce della vita in una strada verso il cielo.

Il bosco tiene in sé il nostro segreto, un contenuto racchiuso: quale enormità del dono! Dunque come non cantare? «Magnificat anima mea!».

In un certo senso qui «sento» la mia anima, posso esprimerlo così. Apparentemente non è possibile sentire l'anima, eppure io sento proprio così, l'anima unita a Dio.

La strada è difficile, ripida, c'è la neve, ma per me è come se avessi le ali.

Che giornata!

Da qui hai portato via nello zaino i resti della croce di ferro.

C'è profumo di resina, il fresco profumo vivificante della resina scaldata al sole, che gocciola dal tronco accanto a me, brillando al sole. Il succo della vita, ma l'albero è stato tagliato.

Mi dispiace sempre per gli alberi. Una certa brutalità si nasconde nella scena dell'abbattimento degli alberi e in questa specie di cimitero.

Il vento fruscia in alto, ma in questo bosco si erge una parete verde di alberi e soltanto le cime ondeggiano leggermente, non come in alto: qui in modo delicato, come se la forza del vento cedesse davanti alla parete compatta degli alberi, che stanno l'uno accanto all'altro, solidali sotto il soffio del vento.

Involontariamente mi si presentano delle analogie: la debolezza di un singolo albero e la capacità di resistenza della parete compatta del bosco.

È arrivato uno sparviero, pigola: è lo stesso? Volteggia sopra di me in alto, al sole. Non so quanto tempo vivano gli sparvieri.

Questo sparviero suscita anch'esso un'associazione di idee, e ritorna in me lo slancio del ringraziamento: semplicemente tutto, su questo prato al sole, canta il *Magnificat*!

Ore 11

Attraverso i rami spogli si vede la riva opposta. Una parete ripida, verticale sul fiume, chiusa in alto dal cielo. Il sole, attraverso i tronchi, stende strisce dorate sulla «mia» erba verde, che qui è già spuntata, non si sa perché, di un colore verde brillante. Praticamente l'unica superficie verde nel rivestimento grigio-bruno del bosco.

Sto bene qui e mi dispiace andar via. Qui i «miei» alberi in basso non si muovono affatto, anche se da qualche parte, là in alto, si sente il vento, ma passa attraverso questa rete di rametti senza foglie, senza scuoterli; rimangono immobili a guardia del mio angolino.

Il bosco amico, i miei alleati... lo sento così. Sento questa natura, questa bellezza, questo mondo di Dio, di Dio. E su questa trama della bellezza del mondo, le persone: come una nota stonata che turba la quiete, nella meravigliosa melodia del mondo.

Il mistero del peccato. Penso che il peccato, il male, la sua esistenza sia un mistero più grande della santità, la cui fonte è in Dio: da dove viene il male?

Ma non voglio pensare a questo, preferisco ammirare questo mondo.

Il cielo si è fatto un po' grigio, non ci sono nuvole, ma l'azzurro ha perso la sua intensità e il sole è dietro una leggera nebbia; il vento porta qualcosa con sé. Il pensiero di Dio Creatore qui è un pensiero che, per così dire, si impone: non posso non pensare a Dio, mentre guardo qui questo angolo di mondo.

Dicembre

Gli anniversari

I miei pensieri di dicembre vanno sempre in due direzioni: la Madre del Bell'Amore, l'8 dicembre, e la nascita della Sacra Famiglia, perché una coppia diventa una famiglia solo attraverso un figlio!

Prima appare lei, la Madre del Bell'Amore, alla quale lui dà il primo posto e rivolge la sua invocazione: TOTUS TUUS MARIA!

Scrivo sulla neve una grande lettera «M».

L'8 dicembre: quante volte in questo giorno ho parlato ai giovani della purezza! È la sua festa – l'Immacolata Concezione – è la festa dei giovani. Una volta, don Zienkiewicz mi scrisse questa lettera: «SOS! Venga per l'8 dicembre e salvi le mie fanciulle».

La purezza minacciata delle fanciulle, di tutti quelli a cui è stato dato di vivere ora, in quest'epoca difficile. Eppure per ognuno il suo tempo deve diventare il tempo della sua santità, alla quale ognuno è chiamato.

Spesso proprio qui ho preparato il testo per l'8 dicembre, con i ricordi di tutte le parole che qui erano state dette su di lei, con le meditazioni su di lei sulla trama del rosario. L'amore perfetto è proprio quello nel quale la persona conserva se stessa e può diventare dono per l'altro. È qui, su questa montagna, che è cresciuta la concezione del dono.

Intatta, integra, bella nella sua innocenza, la persona umana acquista la giusta dimensione! Il dono deve essere pieno, per poter essere dono: bisogna avere se stessi, per dare se stessi. La castità è sempre una funzione dell'amore, è indirizzata all'altra persona e si realizza attraverso l'altra persona. Qui è cresciuto questo patto: io-l'uomo, tu-Dio e tu-la Madre di Dio – un'interdipendenza indissolubile; qui è cresciuto il culto di Maria, perché da Cristo si deve arrivare a lei. Non può essere diversamente, nella logica del dono, la gratitudine per il dono deve essere rivolta a tutti quelli il cui contributo è stato indispensabile – la condizione dell'incarnazione-dono di Dio per l'uomo è stato il «fiat» di lei. Dicembre e la sua festa precedono gli avvenimenti successivi; prima c'è lei, una ragazza, in tutta la bellezza della femminilità, nella bellezza del corpo illuminata dalla bellezza dell'anima, che diventa un modello per tutte le ragazze, per ognuna. Non importa quale sarà poi il destino individuale: ogni ragazza comincia la sua vita dallo stesso punto, dalla sua verginità, ogni persona nasce vergine ed è vincente colui che riesce a mantenere questo valore per tutta la vita! Quali argomenti presentare alle ragazze del XX secolo affinché riescano a vedere il loro proprio valore? A ritrovare la propria identità nel modello verginale di Maria, obbediente, bella e pura?

La gioia della verginità non si può trasmettere, bisogna viverla! Eppure bisogna provarci, mostrarla, per quanto è possibile, per prevenire, per indicare almeno la direzione e da quale parte indirizzare la propria vita.

Qui ricordo sempre suor Armela Skibińska, la mia prima catechista nella classe preliminare. Quella suora, giovanissima e molto bella, durante le lezioni diceva ai bambini quanto fosse felice del fatto che il Signore Gesù l'avesse scelta, e quanto lo amasse. Parlava dell'amore in un modo così semplice e irradiava una tale gioia che per molto tempo, nella mia consapevolezza, la vocazione religiosa mi è sembrata una strada facile verso la gioia e la felicità. Giocava con noi, correva con noi, rideva e cantava ed è stata così fino alla fine della sua vita, perché l'ho ritrovata dopo la guerra e, tutte le volte che la incontravo, parlava sempre non di sé, ma del Signore Gesù.

La vocazione all'amore e la vocazione alla castità è universale, per ognuno può essere fonte di gioia e di felicità, perché ogni vocazione è vocazione alla felicità. Il Signore Dio ha creato l'uomo per la sua gioia, non per il dolore, e il dolore quante volte è il risultato dello smarrimento di questa semplice verità: della verginità perduta!

Una volta nella chiesa di Sant'Anna ho tenuto una conferenza per i giovani universitari l'8 dicembre e, dopo di essa, mi si è avvicinata una studentessa e mi ha detto: «Lei ha parlato in modo così bello della verginità e solo ora vedo che io ho perso terribilmente tanto e che per me non c'è più via d'uscita, non c'è ritorno».

Sì, è vero, non c'è ritorno alla verginità, un valore perduto una volta per tutte non si può recuperare, ma ho detto alla ragazza: «Si può recuperare la castità e "anche se i peccati fossero rossi come il sangue, diventerai più bianco della neve"». Il Signore Dio rimette i peccati. Ma... il dispiacere rimarrà e ci sarà una cicatrice nel cuore umano, forse non più una ferita, ma una cicatrice, che fa male a toccarla.

L'8 dicembre è la festa delle donne, è un avvertimento, è un indicatore stradale, è una prospettiva. La conservata verginità rende possibile l'incontro diretto con Dio, è la strada che porta a lui ed è la perla, che si può dare all'uomo del cuore!

Inoltre c'è un nuovo accento, la pienezza dell'abbandono! Il «fiat» di Maria, che sta sulla soglia della nascita di Gesù, Figlio di Dio.

In dicembre c'è quel giorno, la festa della nascita di un bambino; fondamentalmente è la festa di sua madre. Che cosa mai c'è stato di più grande nella vita di lei?

Una madre: le ragazze ancora non capiscono questo e poche comprendono quale grande dono sia la maternità, il grande contributo della donna all'opera della creazione!

Il «sacrum del corpo della donna» è racchiuso in questo. In lei, nel profondo del grembo misterioso della donna, opera lo Spirito Santo, che dà vita e in lei chiama alla vita una nuova persona – proprio in lei.

Il grande momento della nascita di un bambino non si può descrivere, ma si possono vedere gli occhi di una donna che, dal dolore del parto, passa alla gioia della realizzazione!

C'è ancora un anniversario in dicembre, il 31: il nostro matrimonio. Sono stata io a volere che il nostro matrimonio si celebrasse nella chiesa di Santo Spirito a Lublino. Conoscevo quella chiesa fin dall'infanzia e lì spargevo fiori durante le processioni del Corpus Domini. Una chiesa piccola, accogliente. Me lo ricordo, come fosse ieri. La lunga processione procedeva per la via, ma all'ottava solo all'interno della chiesa[1]. Appeso al collo avevo un cestino con i petali dei fiori, camminavo col viso rivolto al sacerdote, che portava il Sanctissimum e cercavo di lanciare i petali così in alto da raggiungere l'ostensorio.

Nella navata laterale però c'è un gradino: con gli occhi fissi sull'ostia camminavo all'indietro e... caddi. Ricordo ancora oggi il pensiero che mi dominava: non dovevo far cadere i fiorellini. Io caddi, ma salvai il cestino.

Torno in quella chiesa tutte le volte che sono a Lublino e ho sempre l'impressione che lì incontrerò il viso benevolmente sorridente di don Mencel.

Non ci facemmo la foto di nozze, non volevamo che fosse così «convenzionale»; del resto non avevo un vestito da sposa bianco, avevo un cappotto bianco pesante, ricavato da una coperta, e sotto un vestito di pizzo dorato. Ma ci facemmo una foto «dopo le nozze», in cucina, e in compenso abbiamo la fotografia delle nozze d'oro, fatta dopo cinquant'anni in Vaticano.

In quella chiesa dedicata allo Spirito Santo cominciammo la nostra vita.

Il cammino insieme è stato sempre meno tortuoso, sempre più

[1] In Polonia la solennità del Corpus Domini si celebra di giovedì. In quel giorno si fa la processione per le strade del paese. Invece nei giorni dell'ottava e alla conclusione della festa la processione viene fatta intorno alla chiesa o nel suo interno.

luminoso, sempre più felice – nella logica del dono, che non si perde, ma si moltiplica, perché l'amore è creativo, non solo nel dare la vita, ma in se stesso. Il dono cresce verso una pienezza che l'uomo non può né prevedere né comprendere: oggi ami più di ieri, e così per tutta la vita!

Una volta abbiamo festeggiato le nozze d'argento, «ipsa die». Don Ignac Różycki celebrò per noi la messa in un bellissimo scenario, in una cappellina della valle Chochołowska, sullo sfondo dei monti Tatra innevati, che luccicavano al sole! Poi celebrò un'altra messa nostro Fratello – un dono per l'anniversario, nella cappella delle orsoline grigie a Jaszczurówka! Dicembre è la festa dell'amore e della famiglia e gli anniversari che celebro qui riguardano sempre questi contenuti. Ed è capitato, in questi anni, che trasferissimo questi anniversari ancora più lontano, negli interni di marmo di una cappella vaticana.

Indipendentemente dallo scenario in cui si svolgeva questo contenuto, è sempre stato un rendimento di grazie, una manifestazione di gratitudine per il dono dell'uomo, per il dono dell'amore, per il dono di una splendida vita sotto lo sguardo della Madonna del Bell'Amore!

E così è anche oggi. Il dono non si esaurisce e non si esaurisce la gratitudine, cresce nel tempo e allarga il cuore dell'uomo, come se si volesse mostrare alla gente che in fondo, nonostante tutte le tortuosità, si può ridurre la vita umana a questo solo: alla gratitudine per il dono e a rallegrarsi di questo sempre più pienamente.

10 dicembre, il prato grande

Sono venuta per il sentiero erboso e lungo la strada – come sempre – ho celebrato la via crucis. Fa caldo, intorno c'è poca neve, c'è più fango, è nuvoloso. Nel bosco, silenzio; davanti a me, nel cielo, la cima scura della nostra punta. Il cielo è grigio;

il prato è coperto di neve ai bordi, ma al centro è asciutto, delle erbe gialle sporgono e gli danno un colore tendente all'oro, simile alla paglia.

In alto, i pini verde scuro.

Anche il fiume è grigio, piccolo, mormora appena.

Ore 11.30

Vado più avanti, ma dopo il prato non recito più la via crucis, perché, come sempre qui, si sprigiona in me la gratitudine e canto il *Magnificat*.

La gratitudine per il dono del Fratello e la speranza che il Signore Dio mi tenga nelle sue mani. Lui stesso mi porterà aiuto in tutte le questioni difficili, con le quali sono venuta qui. Lui darà quella luce che mostrerà che cosa devo fare in futuro. E, come sempre qui, tutte le questioni difficili è come se si allontanassero e il loro significato cambiasse.

Anche il cielo diventa, in un certo qual modo, più propizio e il sole si rischiara; ancora pallido, ma c'è.

Mi fermo nel luogo in cui stava l'altare. Intorno l'erba è inaspettatamente verde chiaro: dovunque è gialla, rinsecchita, mentre qui è verde chiaro, come in primavera, come una decorazione appositamente preparata; qui appunto ornavo l'altare con dei fiori!

I larici intorno sono slanciati, alti, non si sa se vivi o morti, ora tutti senza aghi.

Fra i tronchi degli alberi giace ancora un po' di neve. Delle macchie bianche sullo sfondo rosso delle foglie secche, non sono foglie grandi, ma gli aghi dorati ed esili dei larici, che coprono perfettamente tutta la terra. Silenzio, non canta nessun uccello.

Io sola però canto questo inno mariano, il *Magnificat*. Non posso fare diversamente, perché qui – lo so con certezza – c'è Dio. Qui so di lui ancora di più, non solo che esiste, ma che mi ama.

Una volta, anni fa, don Tadeusz Fedorowicz disse di me: «Electio Dei»[2]. Allora non lo compresi, ma qui, ora, penso di sapere che cosa significhi. È proprio così, una scelta di Dio: questo destino, questo mio destino, nel quale devo riconoscere non il mio progetto, ma quello di Dio. Attraverso tutti i problemi, a volte molto difficili, della vita, al di là delle reazioni di paura e di dolore, voglio vedere il progetto di Dio. Mi hai detto più di una volta: «Scavalca te stessa». Prima non ne ero capace, ora questo mi riesce sempre più spesso: andare oltre le reazioni dei sentimenti, dei nervi, del cuore perfino e – attraverso tutto – avere fiducia in Dio, che è. Una volta hai scritto: «Bisogna avere speranza contro la speranza»; attraverso tutto avere fiducia.

«Il mio carico è leggero» – ritrovare la gioia della croce? –, ma di questo non sono capace, anche se in me non c'è ribellione. C'è in me una consapevolezza più chiara della presenza di Dio, proprio in questa vita difficile, in questo mio ricco destino. Una volta mi hai detto: «Hai una vita bellissima».

Sì, lo so e cresce in me la speranza, perché in effetti è così: la bellezza della mia vita, confermata qui da questo bosco, da questa cima e dal ricordo, e cresce la speranza, nel profondo del silenzio del bosco!

Ore 12, l'«Angelus»

Prego nel luogo in cui è impressa la tua traccia. Attaccata a questa traccia ripeto, come sempre, il *Padre nostro* e «Dio santo, santo e potente»: la potenza di Dio!

C'è in me una consapevolezza così profonda della presenza di Dio che non si può esprimere a parole. Ascolto attentamente questa presenza, pronta ad accettare tutto ciò che egli vuole! Egli, il mio Dio!

Io sono qui e all'orizzonte la nostra punta, e tra questi due

[2] Scelta di Dio.

punti è come se ci fosse un ponte celeste: il cielo, pieno di Dio, unisce tutti i luoghi nei quali abbiamo pregato insieme. Il cielo unisce questi punti con se stesso, il cielo pieno di Dio.

Dio Padre e noi figli di un unico Padre!

Fratello, sorella: la paternità di Dio!

E ora prego qui, affinché egli stesso – Dio – conceda la sua paternità a tutti quegli «orfani di un genitore» il cui destino mi sta a cuore!

Qui vedo la paternità di Dio più attraverso la mancanza, come una luce brilla in modo più chiaro nell'ombra. «Colui che è»: forse non avevo mai sentito prima, in modo così chiaro, che era qui. Cresce in me la certezza della protezione di Dio: «Non timebo mala quoniam tu mecum es!»[3].

Qui la gratitudine in me prevale sulla paura e il dolore, e prego affinché io sappia mantenere per sempre questa proporzione, attraverso tutto quello che il destino mi porterà.

Vado via col cuore pieno di slancio e so che, nonostante il tuo grande destino, sei qui, dove la tua traccia è incancellabile, in questa terra e dentro di me!

La finestra

Si scivola, e in effetti è perfino pericoloso, perché la neve, che è caduta per tutta la notte (di notte c'è stata una tormenta di neve), ha coperto tutto e non si sa che cosa c'è sotto. In alcuni punti sotto la neve c'è il ghiaccio, ma in altri l'acqua o il fango, non si sa quanto profondo.

Per questo bosco bisogna camminare con prudenza: basterebbe rompersi una gamba, perché nessuno mai ti ritrovi – un bosco selvaggio!

Ma è come in una favola! Come su un globo d'argento, tutto nei colori bianco-grigio-argentei!

[3] Non temerò i mali, perché tu sei con me!

Il tronco dell'albero, che forma la finestra sul precipizio, sembra più scuro che d'estate; forma una cornice nera attraverso la quale si vede in basso il fiume, di un verde argentato. La superficie tremolante e viva dell'acqua che scorre velocemente – la corrente è veloce, l'acqua trema.

Oltre il fiume, il prato è tutto bianco, lì c'è ancora la neve. Il bosco è come una guardia, immobile e minacciosa! È calmo. Qui non c'è vento. I pini sull'orlo del precipizio e i piccoli abeti sono tutti nella neve.

Il cielo però è vivo, lassù c'è vento, perché le nuvole corrono, si trasformano velocemente: ora sono matasse bianche e lanuginose, ora – dopo un minuto – scure, quasi nere, così basse che sembrano lì lì per urtare la terra. Il sole non riesce ad aprirsi un varco, ma da dietro illumina le nuvole e a tratti si intravede come un pallido dischetto argentato.

Il bosco è silenzioso. Sta dietro di me, come se mi guardasse. Un guardare assorto, un fermarsi di colpo nell'ammirazione, nell'estasi! L'estasi, che ferma, come una fibbia, tutto ciò che è stato! Qui non c'è rumore, non c'è fretta; qui nessuno bussa; qui c'è solo una cosa e solo quest'unica cosa è importante e tutto il resto rimpicciolisce: qui c'è Dio. È ovunque, ma qui tutto lo rivela; qui tra Dio e l'uomo c'è solo la bellezza del bosco, niente oscura Dio.

L'«Angelus»

Un angelo è sceso sulla terra e l'ha sfiorata con un'ala. La terra è pura, sulla neve non ci sono orme umane, qua e là da sotto la neve sporgono i fili d'erba dell'anno scorso.

Un capriolo ha attraversato di corsa la mia strada, lasciando delle tracce leggere.

Il bosco sacro...

Rimango in preghiera, senza parole, perché quali parole potrei mai trovare?!

Il sole, quasi simbolicamente, si è aperto una strada attraverso le nuvole, è passato dall'argento pallido a una luminosità dorata, che ha inondato questo mondo, come un accompagnamento al grande inno che la natura canta al Creatore.

14 dicembre 1992 lunedì, ore 11, la finestra

Ho deciso di venire qui. Ho questi due giorni liberi e mi faccio un regalo per Natale!

Sono arrivata ieri tardi, perché c'era una tormenta di neve e la strada era così scivolosa che a un certo momento non abbiamo potuto proseguire. Siamo ripartiti solo grazie alla solidarietà degli automobilisti, che hanno spinto fuori le macchine una dopo l'altra.

Durante la notte sono caduti alcuni centimetri di neve. Ora non nevica, ma ho camminato dal villaggio, vicino alla casa della guardia forestale, fin qui alla finestra per oltre un'ora e mezzo. A stento sono arrivata qui, ma il bosco è come una favola: i piccoli abeti coperti di neve, vestiti come per una grande festa! Tutto il quadro è bianco-nero-grigio-argenteo! Come sulla luna. L'acqua argentea, abbondante, scroscia in basso; il prato è bianco, incorniciato dal bosco nero; il cielo grigio: le nuvole vanno da quelle bianche, illuminate da un pallido sole, a quelle grigio scuro, che pendono basse e sembrano toccare la terra.

E c'è un silenzio tale, quale serve per completare quell'incontro del «colle di marmo».

Nessuno busserà, nessuno interromperà il raccoglimento, da nessuna parte si riverserà la tensione, solo il cuore, gonfio di commozione, batte più rapidamente.

Il silenzio pieno di sostanza di questo bosco è la mia preghiera, il mio momento di estasi e la mia forza. Qui il mio cuore si purifica da tutto ciò che è indegno di questo! E rimane quest'unica cosa: la profondità dell'immergersi in Dio, nel quale si svolge l'incontro più profondo.

L'anima ritrova la sua fonte...
Come mi piace stare qui!

+ Mia carissima Dusia,

oggi, prima della partenza, mi è venuto ancora un pensiero, che desidero trasmetterti: béati della bellezza della natura (della bellezza dell'inverno). Essa ha anche il potere di acquietare l'uomo e di metterlo in contatto con Dio e con se stesso.

Bacio te e le tue figlie

Fr.

Gennaio

Gli anniversari

Gennaio: un mese nel quale apparentemente non è successo nulla, ma che di solito cominciavamo insieme. Dopo la messa per la conclusione dell'anno vecchio, la partenza per Zakopane, per andare a sciare.

Gennaio è legato a quel luogo, a quelle montagne e alle orsoline grigie. Una volta non c'era neve e spinsi le suore a pregare intensamente, perché in fondo meritavamo il riposo – quei due o tre giorni di movimento all'aria aperta – ed effettivamente in una sola notte cadde così tanta neve che fu possibile sciare.

Il ricordo di suor Erazma e delle rime allegre su di lei. E poi già un ricordo mio: la nascita dei primi nipoti, i gemelli Jan e Paweł, le creaturine nate nel gennaio 1979.

Nella grande festività dell'Epifania del Signore, il ritorno a Cracovia e il Wawel, perché la messa quel giorno si celebrava al Wawel.

L'Epifania di Dio agli uomini, tuttavia, per me si è realizzata qui, in questo bosco.

* * *

Nel bosco in gennaio è difficile aprirsi un varco, perché la neve è alta, arrivare sulla montagna è difficile, ma in compenso i panorami sono splendidi, diversi che in estate, ma quanto belli!

Gennaio non si segnala per niente di speciale. Nel bosco, una superficie bianca e su di essa delle orme. Tutti quelli che passano, lasciano delle orme. Una volta in questo modo riuscii a scovare un bracconiere, perché camminai sulle sue tracce, curiosa di sapere dove mi avrebbero portato, e riuscii a liberare un leprotto dalle trappole tese.

Quando cade moltissima neve bisogna aspettare, perché allora il bosco è impenetrabile. Un anno ne vennero tre metri e sul prato grande morì assiderato e si conservò un cinghiale; soltanto quando le nevi si sciolsero, le persone lo scoprirono.

L'inverno polacco ha le sue attrattive e i suoi pericoli...

In inverno non è possibile sedersi su una pietra familiare e scrivere, le mani si congelano, la neve entra negli occhi e tutti i sentieri spariscono, non si sa dove siano; ma in compenso non ci sono le ortiche e si può passare dappertutto. Il bosco è indifeso, ma tende delle trappole: quando una coltre bianca riempie in modo uniforme le cavità pericolose, non si sa quanto siano profonde.

Il fiume, serrato in una morsa di ghiaccio, diventa la strada più breve e sulla roccia ripida, dove c'è una piccola sorgente e d'estate quasi non si vede che lì gocciola l'acqua, in inverno si formano dei grandi pendagli di ghiaccioli gelati, il pendio sul fiume diventa come un castello di ghiaccio e sulla parete ghiacciata il sole brilla in modo accecante. La cascata non gela mai, l'acqua cade troppo velocemente, ma intorno si formano dei pendagli sempre più spessi e diventano una parete e un pericolo. Per la roccia ghiacciata non si può passare.

* * *

14 gennaio 1985 lunedì, la finestra

Sono arrivata a stento, fa molto freddo, -16°C, la neve apparentemente è asciutta, ma più alta delle mie scarpe, ho i piedi bagnati.

Sulla neve si vede come ha soffiato capricciosamente il vento, quali fantastici cumuli ha creato; ma questi rendono difficile il passaggio, più di una volta sono sprofondata fino alla cintola.

Mi ha stancato questo cammino nella neve, fa freddo!

C'è il sole ma, benché siano solo le 10, è così basso che qui sulla riva non splende, soltanto le cime degli alberi ne sono illuminate. Quiete, non c'è vento. In basso c'è il fiume bianco, gelato, ma nonostante questo non ho potuto attraversarlo, perché ci si era accumulata tanta neve che ci sarei sprofondata. Sono passata in alto, dalla casa della guardia forestale, ma anche così devo verificare con un bastone la profondità della neve, prima di mettere giù il piede.

Sono venuta seguendo le tracce di un cervo, di tracce umane qui non ce ne sono.

Ho i vestiti coperti di ghiaccio e soltanto ora riesco a immaginare una scalata invernale sulle montagne. Scrivo, ma la penna per il gelo mi si è attaccata ai guanti! Davanti a me si erge il «nostro albero»: nero, senza foglie, accanto al tronco centrale ha dei rami protesi verso l'alto, come braccia tese verso il cielo a implorare. Il cielo è azzurro, immobile! Come se fosse ghiacciato!

Non arriverò sulla cima del monte di Sant'Anna, la neve è troppo profonda. Scenderò giù vicino alla cascata, là dove spesso andavamo a prendere l'acqua.

Silenzio – una meraviglia! Il bosco impietrito nell'immobilità, solo sulla neve le orme degli animali. Qui c'è una vita che non si vede. La montagna è come un tumulo bianco!

Ore 12

Sono scesa giù, sul prato. Sul prato, il tronco abbattuto e il sole! Ma no, non posso stare qui: mi congelerò. Un uccellino è volato da me e cinguetta, fa freddo!

Mi sono ricordata che una volta qui d'estate faceva così freddo che Andrzej andò a cercare una giacca a vento pesante e dei paraorecchie per il Fratello, mentre io tenevo sempre acceso il fuoco, mettendoci dei grossi ceppi. Stavamo seduti accanto a quel grosso ceppo che bruciava e cantavamo la canzone di Gałczyński: «...tu sei per me acqua d'estate e guanto d'inverno».

Fa così freddo che sento che la neve scalda: l'aria è più fredda della neve.

Che cosa cerco qui in solitudine, in questo abisso bianco? Ho nelle orecchie il tuo ultimo incarico: «Prega affinché io sia capace di aiutarti».

Il sole già si abbassa così velocemente! Però fa ancora scintillare intorno la neve di brillanti: luci fredde, il riflesso del cielo; il cielo continua a essere limpido, senza una nuvola. Non ho voglia di tornare!

Restare qui e addormentarmi per sempre! Potrei sprofondare in questa neve, non mi ritroverebbe nessuno!

Dalla finestra, in effetti, non sono scesa a piedi verso il basso, ma sono scivolata per il pendio ripido, con una valanga di neve, fino alla cascata. Ed essa è irrigidita come una statua, bellissima. Le sue cascate d'acqua congelate in modo fantastico. Trasparenti, enormi ghiaccioli, come le torrette di un bizzarro castello!

Ieri sono stata a un incontro di medici a Sanok. È stata una mia iniziativa, perché volevo essere qui.

Ore 13, sul fiume

Dovevo già andarmene, ma mi sono seduta ancora sulla neve. Si sente il mormorio dell'acqua sotto il ghiaccio: come canta!

A Sanok invece il fiume San si è gelato fino in fondo. Temono che poi travolgerà i ponti!

Che cosa succede all'uomo, quando tutto in lui si trasforma in ghiaccio? Non sento più il freddo, in qualche modo l'uomo si abitua alla temperatura.

Nei luoghi in cui la neve è più bassa, sporgono alti cardi. Su di essi non c'è neve, il vento l'ha spazzata via, ma ora tutto è calmo, non c'è vento, sul prato solo le mie impronte. Ogni passo segnato, ogni passo separatamente, di qui non è passato nessuno.

Sulla riva sporgono cespugli spinosi.

È triste, lo so, qui non verrà nessuno.

Eppure un uccellino mi è passato vicinissimo, facendo dondolare il ramo su cui si è posato. Un piccolo uccellino; non semina, non ara, eppure vive!

Una pianura bianca, come ritrovare la strada? Qui d'inverno non c'è strada, ma c'è la mia traccia, quella dei miei passi, e in me c'è il ricordo dei sentieri estivi.

L'uccellino vola da me, non ha paura.

E ritorna il ricordo delle parole: «Tutte le volte che sarai lì, non ci sarai da sola, io sarò sempre lì con te».

Appunto, per questo continuo a tornare qui!

Cara Dusia!

Molte persone si rallegrano del fatto che sia uscita questa enciclica[1]*. Se desidero dedicare specialmente a te una sua copia, è perché so quanto hai amato la verità sull'amore umano, sul matrimonio e sulla famiglia.*

E hai fatto e fai così tanto, affinché la luce di questa verità «risplenda» nei cuori degli uomini.

Che Dio ti benedica

Fr.
(GPII)

[1] Dedica su una copia dell'enciclica di Giovanni Paolo II *Veritatis splendor*.

Febbraio

Gli anniversari

Un mese più volte impresso nella mia memoria, un mese di grandi avvenimenti nella mia vita.

Il 2 febbraio 1941 ebbi la fortuna di confessarmi, per l'ultima volta prima dell'arresto, nella piccola chiesetta dei gesuiti a Lublino. Nessuno che non l'abbia provato può sapere quanto l'anima umana senta la mancanza della forza della grazia, quando gliela tolgono. Penso che la crudeltà dei nazisti si sia manifestata, più di tutto, nel fatto che la gente veniva condannata a morte e, peggio che nel medioevo, le sentenze venivano eseguite senza permettere a un sacerdote di parlare con il condannato. In fin dei conti non ce l'ho mai avuta con loro, per il fatto che il nostro convoglio fu condannato a morte; veramente, che pericolo poteva mai rappresentare, per il Terzo Reich, un gruppo di scout nelle loro uniformi grigie? Tuttavia avevamo in fin dei conti prestato giuramento, dicendo che eravamo pronte a dare la vita per... la patria. Va bene, avevano il diritto di considerarci dei nemici pericolosi, ma non avevano il diritto, loro, con le loro cinture, sulle quali era incisa la scritta «Gott mit uns»[1], di privare la gente dell'ultimo servizio sacerdotale, prima dell'esecuzione della sentenza. Là, nel campo di concentramen-

[1] Dio è con noi [NdT].

to, quella confessione del 2 febbraio acquistò per me il significato del cielo stesso!

Perché infatti ero tranquilla per quello. Educata in una solida scuola delle orsoline, avevo «accumulato» nove primi venerdì del mese, e inoltre allora ero andata di recente a confessarmi, perché mi aspettavo di essere arrestata. Ricordo quel momento come se fosse ieri, perché l'assoluzione ricevuta allora mi sarebbe dovuta bastare per quattro anni!

Gli arresti procedevano ormai a ondate e il 17 febbraio vennero a prendermi gli uomini della Gestapo.

Milunia Radecka, nel campo di concentramento, diceva appunto così: «Se almeno chiamassero un sacerdote, prima di abbatterci» – così si diceva, così dicevamo: abbattimento. Una parola brutale, ma ci aiutava, per così dire, a non temere troppo la morte che ci minacciava.

Milunia venne fucilata davanti al muro della morte, ma penso che tutte quelle ragazzine fucilate siano andate in cielo, lavate dal sangue del martirio...

* * *

Febbraio mi costringe sempre a ricordare quelle che allora rimasero lì, in quella prima esecuzione. La prima fu per noi la più terribile perché, anche se teoricamente sapevamo che tutto il convoglio numero 7000 da Lublino era condannato a morte, tuttavia non prendevamo questo così sul serio. Soltanto quel primo gruppo di tredici di noi, fucilato il 18 aprile 1942, ci rivelò la realtà perché, da quel momento, ormai ogni giorno che seguì poteva essere il mio ultimo giorno!

In febbraio è morto mio padre, ormai dopo il mio ritorno. Allora studiavo già medicina e gli facevo la diagnosi, stando seduta accanto a lui. Gli ultimi momenti li passammo insieme. Dei momenti bellissimi, perché morì in un bel modo, cosciente, immerso fino alla fine nella preghiera e nei canti mariani!

Ancora più tardi, sempre in febbraio (1967), chiesi il sacramento degli infermi, perché rischiavo di morire a causa di una malattia e stavo andando in capo al mondo, per una grave operazione.

Sì, febbraio per me è carico di ricordi pesanti e non è sempre facile annegarli in un mare di fiducia: perché questo destino e non un altro?

Don Tadeusz dice: «Una vita ricca». Piena di avvenimenti, piena di ricordi... Quando viaggio così mi torna in mente la predizione di Manicha, una compagna di campo di concentramento, scura come una zingara, che aveva lo strano dono di predire il futuro, leggendo la mano. Mi misi a ridere quando mi disse: «Manina d'oro, manina d'oro, viaggerai per tutto il mondo, mangerai in palazzi di marmo»; ridemmo come matte di quella predizione, allora eravamo certe che nessuna di noi sarebbe uscita dall'inferno di Ravensbrück.

E quando, il 2 febbraio, sono stata alla messa a Bombay, in una folla colorata di donne davvero belle, ho provato un senso di colpa, perché una suora che conoscevo mi ha portato in sacrestia, e solo in sacrestia il sacerdote distribuiva la comunione. E io, più tardi, ho pensato tra me che, in fondo, entro pochi giorni sarei tornata in Polonia, dove ci sono molti sacerdoti e ogni mezz'ora c'è la messa nella chiesa Mariana. Perché dunque avevo preso il posto di un'altra persona?

Più di una volta ho pensato che Manicha in fondo avesse ragione nella sua predizione!

In febbraio il fiume Wisłok è stretto in una morsa di ghiaccio, ma non certo sempre. Una volta ci sono quasi annegata, perché mi ero fidata della lastra di ghiaccio argentea che sotto di me si era spaccata, il 15 febbraio, e la forte corrente dell'acqua mi aveva rapito giù sotto quella crosta. Simili sorprese riesce a fare questo piccolo fiume, che in altri momenti sembra innocuo.

In febbraio il bosco è silenzioso, in inverno gli uccelli non cantano. Quando cominceranno a cantare vorrà dire che si va verso la primavera.

A volte però capitano delle sorprese: all'improvviso, nella neve, compaiono i capolini degli anemoni, quando il sole inganna la terra, e poi muoiono, quei fiorellini spuntati troppo presto.

A volte in febbraio il bosco è quasi senza neve: gli inverni in Polonia ora hanno le loro stranezze. Quando ero piccola, il lago sulla Czechówka era stretto in una morsa di ghiaccio da dicembre fino a marzo e si poteva pattinarci sopra, mentre ora la temperatura ha degli sbalzi, non sai come sarà domani, anche se, secondo il calendario, è inverno. E qui, in quest'angolo di Polonia, il tempo è sempre diverso da quello che prevede la televisione; qui ci sono delle sorprese!

* * *

24 febbraio 1985 domenica, ore 13.15,
la cima del monte di Sant'Anna

Ha smesso di piovere, mi posso fermare qui. Dalla finestra fino a questa cima ho camminato più a lungo di sempre, perché c'era un gran numero di tronchi abbattuti, un groviglio di rami neri e lugubri, a volte il nero era tagliato dalla linea bianca di una betulla abbattuta; oggi la bellezza di questo bosco è selvaggia e cupa!

Il fiume Wisłok è intorbidito, del colore dell'argilla, oggi dall'alto sembra una strada fangosa, argillosa.

Il bosco è calmo, a tratti si alza ancora il vento, passa e scompare non si sa dove...

Il nostro albero a Cinque Bracci, l'albero dell'ultima preghiera – il 6 agosto 1978 – è stato segnato per il taglio. Sparirà anche lui, e pensare che una volta io avevo avuto l'idea di costruire proprio qui una cappellina della Madonna di Fatima. Ma fu stabilito che sarebbe stato un peccato, che su di essa cadesse la pioggia – dunque si trova giù in basso, in una chiesetta. Qui sarebbe stata sola e abbandonata, là le persone la venerano e le donne le portano ogni giorno fiori freschi.

Sono venuta esattamente per la stessa strada di allora, anche il 6 pioveva, ma la pioggia era più fine e io tenevo sulle nostre teste un «tetto». Quanta sostanza racchiusa in questo bosco, quanti misteri del cuore e dell'anima!

Sto seduta sullo stesso tronco (per terra è troppo bagnato), ma ho contrassegnato il tronco di lato con una piccola croce. Qui non viene nessuno e non tocca niente, il bosco custodisce i suoi misteri.

Questo bosco è mio e questo nessuno mai me lo potrà togliere.

Un pallido sole si è fatto strada attraverso le nuvole, scalda, fa caldo. Vorrei restare qui per sempre!

Prima di partire da Zakopane, ho avuto una conversazione divertente con don Szyszka. Da lui c'era giusto suor Akwina, un'autorità delle suore albertine, e io le dico: «Si ricordi, sorella, che le albertine mi hanno promesso una bara semplice, di legno di pino, senza vernice, di assi». E il sacerdote ha replicato: «Sa, dottoressa, io stavo pensando tra me che la seppellirò sotto la chiesa, in modo discreto, lì ho sedici posti». Ma poi si è sentito in imbarazzo, per il fatto che mi voleva già seppellire così, e ha cominciato a tirarsi indietro, dicendo che naturalmente non ora.

Io però ora penso appunto che vorrei avere qui la mia tomba, vorrei rimanere qui per sempre, fino alla risurrezione!

Il pensiero della morte da un po' di tempo non mi abbandona. Ma questo bosco, lugubre e come morto, passivo, si risveglierà di slancio alla vita con la primavera e con il sole!

24 febbraio 1990 domenica, ore 9

Ho vagato per un'ora, perché mi ero smarrita come mai prima, nel mio bosco – ma è così cambiato. Sono scesa dal sentiero per una strada che sembrava abbastanza evidente, ma è terminata all'improvviso in un groviglio di alberi abbattuti. Alla fine, seguendo un ruscello laterale, sono scesa al Wisłok e sono passata a guado attraverso l'acqua gelata, che mi arrivava oltre il ginocchio.

Soffia un vento freddo. Sui Bieszczady c'è ancora la neve, ma si sta sciogliendo, e quell'acqua di neve si riversa qui; la corrente è molto forte, in effetti ho corso un rischio, passando!

Sto seduta per terra; davanti a me la vista è la stessa di sempre, solo i colori cambiano: ora dominano tutte le sfumature del marrone. Il verde non c'è ancora, soltanto gli abeti formano una cornice scura sul pendio, a sinistra.

L'albero finestra è senza foglie, scuro, quasi nero, la piccola betulla accanto a esso è cresciuta, in questi undici anni, e dà una nota chiara, con il suo tronco bianco accanto a quello nero.

Il pendio è del colore dell'argilla chiara e precipita nel fiume, che scroscia molto forte. Lo scroscio dell'acqua in armonia con il fruscio del vento, che melodia: un corale poderoso. In esso, a tratti, si inserisce un uccello: fa un verso che non è né un fischio né un cinguettio, ma introduce un intermezzo più allegro nei poderosi corali del bosco, del fiume e del vento...

Il bosco canta a lode di Dio: è domenica, il giorno del Signore!

Oggi qui ci sarebbe stata l'omelia – mi immagino il testo. Sarebbe stato sulla gratitudine a Dio, per il dono della potenza dello Spirito, che ispira sempre il corpo; sulla santità del corpo, sempre pervaso dallo spirito; e forse anche sull'affidamento a questo amore, che ci dona; e sulla fiducia, che da esso attinge forza, perché tutto ciò è nelle mani di Dio: così mi sono immaginata l'omelia domenicale!

Dall'altra parte del fiume c'è il prato, ancora secco, senza una traccia di verde, pieno di erba vecchia giallo-marrone. Il prato: una superficie chiara, una macchia orlata dalla linea scura dei cespugli spinosi, e in alto, prima tagliata dalla strada, e poi chiusa dal bosco scuro. Là, dall'altra parte, c'è anche lì una finestrella sul pendio ripido, anch'essa piena di contenuto!

Il cielo non ha neanche una nuvola; sto seduta al sole, in questo vento freddo, il vento familiare che viene dal passo Dukielska!

Un vento gelido da oriente, come simbolo di quello che può ancora minacciare noi e il mondo intero, da quella parte!

Ore 11

Non ho avuto il coraggio di scendere direttamente alla cascata, le ho girato intorno, così come abbiamo fatto più di una volta, perché sul pendio ripido c'è la neve ed è così scivoloso che ho pensato che fosse più ragionevole non rischiare: è troppo ripido da questa parte.

La neve, che luccica chiaramente al sole, si riverbera dal bosco scuro. Sulla neve l'orma di un cervo e le mie orme.

In basso l'erba, inaspettatamente verde, tutto il bosco è in letargo, non si sa perché qui ci sia questo verde.

26 febbraio 1990 martedì, ore 9, la punta

Sono salita qui sulla cima, direttamente dalla strada, per il pendio ripido. Fa caldo e splende il sole, ma soffia un vento forte e freddo. In me ci sono tanti ricordi e un'enorme commozione, che mi riempie di fiducia. Qui c'è la certezza che il mondo intero – tutto – è sicuramente nelle mani di Dio!

Il bosco è ancora invernale, anche se la neve non c'è affatto, ma ancora non si vede neppure il verde. Sto seduta sulle foglie secche e intorno ho i neri cespugli spinosi, che d'estate costituiscono una barriera insormontabile; quegli stessi cespugli che hanno circondato questo posto con una muraglia vivente. Tra i piccoli abeti ci sono piccole radure e, più avanti, un bosco verde, abeti e pini dal tronco color ruggine. Sopra di me un vento impetuoso fruscia tra i rami, colpisce a ondate e corre via, per colpire di nuovo tra un momento – si allontana e ritorna.

Sono sola, qui sono sempre sola, qui non passa nessuno. La solitudine davanti a Dio e a questo bosco-testimone!

Gli alberi ondeggiano sullo sfondo del cielo come se si inchinassero, il vento agita i rami e colpisce anche me, in faccia! «Al povero il vento soffia negli occhi»[2], come la vita stessa.

Ma i tronchi degli alberi stanno immobili, questo vento riesce ad agitare solo i rami. Allo stesso modo in me c'è questa colonna, che resiste, anche se tutto intorno sembra piegarsi sotto i colpi del destino-vento!

Me la cavo così; aspetterò e verrò qui, per un'iniezione della forza spirituale racchiusa in questo bosco!

Ore 10.30, il prato con l'albero abbattuto

Ho perso la strada, tanto è cambiato, perché c'è un gran numero di tronchi abbattuti che bisogna aggirare.

Sul prato tutto è tranquillo, il vento qui non arriva: il prato è riparato dalla montagna e dal bosco. I tronchi tristi, abbattuti, giacciono a terra; un uccellino cinguetta; le erbe secche dell'anno scorso sporgono in alto, frusciano in modo sommesso, quando mi faccio strada tra di esse. Passo accanto alla casetta dell'apicoltore, ora non c'è la palude, si è prosciugata, si può passare.

Il bosco è ancora senza vita; l'impulso della vita si è come fermato, in questo inizio anticipato di primavera. Penso alla morte, penso spesso alla fine della permanenza dell'uomo qui, mi sforzo sempre di essere pronta, questo mi è rimasto da Ravensbrück: chi può sapere quando?

Forse questo bosco senza vita mi avvicina questi pensieri, ma, nonostante tutto, qui è sempre bellissimo, anche se ora è la stagione meno decorativa.

Qui una volta c'era una cappellina. Da qui una volta portasti via una croce spezzata!

[2] È un proverbio polacco, che corrisponde più o meno al nostro: «Piove sempre sul bagnato» [NdT].

Ore 13.15, la piscina piccola

Le rive sono bianche per la neve e il ghiaccio. La corrente del fiume è forte, anche se non molto grande. Ho attraversato a piedi nudi: l'acqua con la neve era gelida, ma non è possibile comprare degli stivali di gomma. Del resto a Ravensbrück delle donne vecchie come sono io ora, stavano a piedi nudi sulla neve – che me ne importa!

È qui, su questo prato, che ho avuto per la prima volta un presentimento del tuo destino; di notte, eravamo usciti dalla tenda. C'era la luna e, alla luce della luna, sembravi una statua di bronzo. Come lo ricordo chiaramente!

Per la prima volta, allora, il cuore mi si strinse per il presentimento. Scendemmo fino all'acqua, nello stesso luogo nel quale ora sto seduta su una pietra.

La storia di un'anima, la storia di una persona, la mia storia. Il fiume scorre, ma le sponde sono le stesse; anche la grossa pietra, su cui sono stata seduta tante volte, è la stessa, imperturbabile!

Grandi simboli...

Silenzio, solamente lo scroscio dell'acqua, e una solitudine piena di sostanza.

Non so se oggi riuscirò ad arrivare per la messa, ma questa terra è piena di quel contenuto.

Che cos'è mai la comunione, la transustanziazione, se non la sua presenza?

È stato qui – qui e ovunque, ovunque nel mondo – ma a me, dal punto di vista umano, sembra che qui sia stato più che in qualunque altro luogo!

Sento le mani di Dio.

E di nuovo, in me, un grande slancio di gratitudine!

15 febbraio 1993, ore 12

«Ho ordinato» il sole! Ieri, per tutto il giorno, è caduta neve mista a pioggia, c'erano nuvole nere, non sono venuta nel bosco, ho «visitato» soltanto degli ammalati. Per oggi avevo ordinato il sole, e c'è! Il cielo è limpido.

Sono venuta da Górne Puławy, ma anche se non c'è neve da nessuna parte, qui c'è un abisso bianco! Sul prato, oltre il ginocchio; nel bosco un po' meno, ma il cammino è difficile, è difficile avanzare in questa neve! Come luccica con questo sole! Uno spazio bianco tagliato dal bosco nero, il contrasto del nero con questo bianco splendente!

Gli uccelli cinguettano qui accanto, vicino! Si sente il fiume, anche se è sotto il ghiaccio, mormora tranquillamente. Il vento è freddo, ma il sole scalda – solo contrasti! Sto seduta al sole, il silenzio è interrotto dalla voce degli uccelli, dell'uomo non c'è traccia!

Il tappeto bianco è stato solcato solo dalle mie impronte, ma lungo il cammino, nel bosco, ci sono molte impronte di animali. E quelle impronte invisibili, ma così evidenti. La presenza imprigionata nel silenzio e nel cuore! Una presenza forte e vincolante. Una presenza benedetta. Il *Magnificat*!

Il mio mondo, il mondo dello spirito! Il mondo della bellezza, il mondo della speranza e il mondo della potenza!

Dio, chino sulla terra, la tiene nelle sue mani, chino sull'uomo, che abbraccia!

Il mondo invisibile, che governa quello visibile – l'onnipresenza dell'onnipotenza!

Quanto è facile qui ritrovare Dio, attraverso il mistero del passato, che continua a essere presente: il tempo qui si ferma, il tempo qui torna indietro, il tempo qui è un motto verso l'eternità!

Marzo

Gli anniversari

Marzo: un mese che non si distingue in modo particolare per nulla, tranne che per il fatto che di solito è già Quaresima e ci sono moltissimi impegni, perché tengo vari esercizi spirituali, lezioni per le varie categorie di fedeli...

Tra i ricordi personali, la morte della mamma, una bella morte. «Dammi quel rosario della Terra Santa, perché è per l'ora della morte» mi disse un venerdì la mamma. E io replicai che nessuno muore di influenza, ma lei rispose tranquillamente: «Ma io morirò».

Morì la domenica, all'alba, fornita, per quell'ultimo viaggio, dell'ostia che aveva ricevuto due volte nel corso di una giornata. Perché al mattino c'era stato don Mieczysław Turek e nel pomeriggio era venuto ancora dalla nonna il cardinale, aveva celebrato la messa al suo capezzale e le aveva dato una seconda comunione per quel viaggio in cielo. Tra le braccia della nipote preferita, Ania, senza paura e serenamente, andò in cielo: «Praetiosa est in conspectu Domini mors sanctorum eius»[1].

Il pensiero della morte non mi è estraneo, in realtà lo porto in me dall'epoca di Ravensbrück, dalla prima esecuzione, perché ognuno dei giorni successivi poteva essere l'ultimo!

[1] Preziosa è agli occhi del Signore la morte dei suoi seguaci (Sal 115 [116],16).

Il pensiero della morte però mi stimola sempre alla vita, perché ogni attimo acquista maggior significato, perché ancora c'è e si può ancora fare qualcosa; il pensiero della morte non mi spaventa, ma mi spinge all'azione. Marzo è il mese dell'attività pastorale intensa, degli incontri con i giovani, con la gente.

* * *

Nel bosco marzo ancora non dà segni della primavera, o almeno non sempre. A marzo, a volte, la tormenta di neve copre ancora le strade, il fiume acquista potenza, riempito delle nevi che si sciolgono sui Bieszczady rimbomba e a volte porta con sé oggetti strappati da qualche parte. Una volta, in marzo, una grande ondata portò via una vacca, una volta un intero fienile.

In questo mese il fiume può essere pericoloso. La Quaresima porta con sé anche il pensiero della croce, nella quale è contenuto il mistero della redenzione. Quando cammino qui in marzo, tutti i miei pensieri ruotano intorno alla croce, a quella croce che salva l'umanità, e a quella che l'uomo deve portare per seguire lui. La croce del mondo e la croce personale dell'uomo. Non c'è un'altra vita, ognuno deve portare la sua croce, nessuno può salvarsi senza questo. Il pensiero della sofferenza, che può abbattere l'uomo e che può salvare l'uomo. Il corpo dell'uomo, soggetto alla corruzione, porta all'uomo la croce. Quante volte, proprio durante la Quaresima, il corpo si è fatto sentire con il dolore, quante volte proprio in Quaresima è aumentata la normale sofferenza fisica! Una sofferenza fisica che, apparentemente senza che si sappia perché, proprio ora peggiora.

In marzo il mio pensiero torna a tutti coloro il cui corpo sofferente domina l'uomo; il corpo dolente ha il potere di dominare. Ci sono dei momenti, nella vita dell'uomo, in cui il dolore fisico del corpo sembra soggiogare tutto il resto nell'uomo e rimane soltanto un pensiero: «Che il dolore cessi». In una notte del 1981 hai detto: «Quando la vita è così pesante e i dolori sono così forti, la morte sembra una liberazione». Quante volte, accanto al letto di un malato che la medicina non può più aiutare, ho pregato per quella «liberazione»! Il dolore: la piccola Giacinta, la bambina di otto anni di Fatima, voleva provare dolore, perché così le aveva detto la Madonna, che la sofferenza, il sacrificio, ha il potere di salvare i peccatori condannati all'inferno che la piccola aveva visto. Una bambina capace di comprendere il valore del dolore, una bambina dotata di una grazia particolare. Quante volte una persona credente perde il contatto con Dio, a causa del dolore insopportabile!

E cresce nel mondo un'ondata di falsa misericordia – «mercy death»[2] – la morte data per evitare il dolore – intere cliniche della «dolce morte» – e nessuno pensa che quel dolore del corpo può meritare la gioia dell'eternità...

Marzo è per me il mese della rivalutazione del dolore fisico, del suo significato salvifico; infatti, se fosse diversamente, Cristo avrebbe potuto allontanare «l'amaro calice» – mentre lo accettò.

Marzo è l'attesa della risurrezione, è un mese di penitenza e di conversione.

***

11 marzo 1984, l'ora santa (un ricordo)

Il Signore Gesù voleva che stessero con lui, ma loro si addormentarono!

In che misura noi ora possiamo esaudire quel desiderio di vicinanza di Cristo? Vegliare con lui almeno un'ora? Prima le parole di Gesù con il rimprovero: è un diritto del cuore. Tu ripeti quelle parole e in me c'è un ricordo: a scuola, quando doveva venire da noi il vescovo, preparavamo una canzone in suo onore: «Ecce sacerdos magnus qui in diebus suis placuit Deo» – il vicario di fronte al suo Maestro – una vicinanza misteriosa...

[2] Morte pietosa.

Questo contenuto arriva a noi e poi da noi si rivolge a Dio, come l'incenso che il chierichetto alimenta, e il sacerdote manda verso il cielo!

Inseriti nella corrente di questa profonda preghiera – così completamente univoca da non aver bisogno di parole – rimaniamo l'uno accanto all'altro. Una volta, attraversando il fiume Wisłok in quel momento gonfio d'acqua, sono caduta e l'acqua mi ha portato sul fondo del fiume, la forte corrente mi ha rapito; e ora c'è qualcosa di simile, è come un'onda che rapisce. Soltanto che allora lì, sul Wisłok, l'acqua mi gettava contro le pietre appuntite, in modo tale che in effetti avevo paura che non ne sarei uscita, che sarei morta semplicemente in quella corrente. Invece la corrente che ora mi rapisce non provoca dolore; ma c'è una certa analogia, in questo strappare via da tutto – una crescente ondata di stupore, che acceca, trascina... Non trovo le parole per descriverlo.

Dio vuole avere accanto a sé l'uomo: gli viene incontro così vicino, nascondendo la sua divinità nel desiderio del cuore dell'uomo...

Tu hai detto: «Umiliamoci nella polvere della terra davanti a Dio...», ma io ho ribattuto: «Questa non è un'umiliazione, ma un avvicinamento». L'umiliazione è qualcosa di diverso, è quello che l'uomo infligge all'uomo; l'umiliazione la conosco da tutto il mio passato a Ravensbrück. Davanti a Dio non è un'umiliazione, ma un segno di umiltà; il fatto che l'uomo si inginocchi davanti a Dio, si inchini in questo gesto, riconoscendo soltanto il rapporto vero: la creatura davanti al Creatore!

Ma quell'essere qui allora, insieme nella preghiera, alla quale siamo stati ammessi in modo così intimo, per me aveva un significato non di umiliazione ma, al contrario, di innalzamento. Era un dono, un segno di fiducia – ammessi alla più profonda intimità dell'incontro dell'uomo con Dio, ammessi all'anima. Come potremmo sentirci, se non premiati in misura straordinaria?!

Ammesso al contatto con Dio, l'uomo ritrova il suo posto. La preghiera, l'adorazione, gli occhi, nei quali quasi si riflette il cuore; una preghiera tale che supera la barriera dell'anima umana ed è autentico avvicinamento a Dio, qualcosa che chiamerei un «atto sovrumano di avvicinamento a Dio», come se, nella profondità della preghiera, l'incomprensibile diventasse compreso!

Allora pensavo che si realizzasse appunto quello che Cristo aveva detto: che tutto può accadere a colui che crede.

Un'emanazione della potenza della fede e della fiducia, tale che non ci avrebbe stupito se tu avessi camminato sull'acqua! Semplicemente tutto diventa possibile.

Del resto, tu hai detto proprio così: «L'enormità dell'affidamento avvicina l'uomo a Dio». L'ora santa dovrebbe essere un'introduzione agli esercizi spirituali – dei giorni destinati alla preghiera e al raccoglimento – e la cima del monte di Sant'Anna diventa il simbolo dell'affidarsi a Dio. Tu hai detto: «L'uomo può tuffarsi nella profondità dell'affidamento».

Appunto, se avesse abbastanza di questa fiducia in Dio, potrebbe spostare le montagne. Essendo limitato da se stesso, se «scavalcasse» sé, potrebbe tutto!

L'affidamento a Dio si trasferisce su un uomo, sul vicario di Dio in terra! Una tale profondità di affidamento non si può né comprendere, né misurare con nessuna misura: bisogna credere nell'immensità dell'amore di Dio e immergersi in esso, come te. Stavamo l'uno accanto all'altro, mentre vedevo quel raccoglimento, una tale concentrazione sulla sostanza interiore, nella quale – come nel momento del parto impregnato di dolore – appare un uomo nuovo. Una tale preghiera è anche uno sforzo del corpo, che quasi scompare e supera i suoi stessi limiti. Penso che, proprio in un tale momento di preghiera, alcuni santi si sollevassero al di sopra della terra. Tutta quella tensione – benché presso di noi – era in fondo rivolta in modo univoco a Dio, anche se avvolgeva anche noi e quasi il mondo intero: come se tu avessi voluto rendere omaggio a Dio, accendendo una candela. Dall'ardore del fuoco del tuo cuore si sono accese anche le nostre piccole lucerne; da quel raccoglimento passa a noi, come una luce, un'ondata di profondi significati e aumenta la commozione del cuore, che improvvisamente comprende se stesso. E il tuo totale rivolgerti a Dio arriva anche a noi, con un'improvvisa illuminazione, con la consapevolezza dei significati – creati a immagine di Dio – avvolge anche noi, quando dici: «Omnia mea...»[3].

Inseriti in questa corrente di preghiera, che è vicinanza di Dio, un dono prima non immaginato – come il sole, che si fa strada tra le nuvole e mostra il mondo con colori diversi. Tutto acquista un altro significato e questa preghiera, che doveva essere partecipazione alla passione di Cristo, diventa una fonte di forza e di gioia, di gioia per questa scoperta appartenenza!

Un giorno di allegria, in cui riceviamo di nuovo un dono, una nuova vita in un'altra dimensione: «Non siete più schiavi».

La fiducia di Dio nell'uomo è il dono più grande, che ha il potere di trasformare le persone. La fiducia ha una dimensione che supera l'uomo, perché quale potrebbe essere la proporzione? Questa mancanza di parità tra il Creatore e la creatura fa sì che la fiducia sia oltre la misura umana. Qui si risveglia il grande stupore per quello che accade!

Dio fa un dono agli uomini mettendosi nelle loro mani, nel loro corpo! Perché che altro succede durante la comunione? Dio stesso si dona autenticamente all'uomo!

E l'uomo, sempre indegno in fondo, non si sa perché riceva questo dono: solo perché egli vuole così, Dio stesso, solo perché ama l'uomo e va da lui di sua iniziativa. E quando cerco le parole, solo una cosa mi sembra abbastanza adeguata: le parole del canto di chiesa: «O anima umana, proclama il miracolo dell'amore di Dio».

Un miracolo, sempre un miracolo, per vedere il quale bisogna scendere in profondità; tu hai detto: «nello spiraglio dell'umiltà».

E questa rivelazione è appunto un innalzamento dell'uomo! Un innalzamento quasi alla lettera, come se le mani del Buon Pastore strappassero le sue pecore dai grovigli di spine della vita,

[3] Tutto ciò che è mio... [è tuo].

affinché, strette al suo cuore, ritrovino una pace sicura. Le giuste proporzioni ritrovate cambiano la tragicità della vita!

Ed è come se questa vita, la stessa, si presentasse da un altro lato, come se improvvisamente si guardasse da un altro punto – la terra da un'alta torre –: tutto è lo stesso, eppure è diverso. Tutto ciò che fa male, c'è, eppure è più leggero, perché in fondo tutto quello per cui ho paura, le persone, per le quali trepida il mio cuore – tutto questo egli lo avvolge con le sue braccia. Le braccia stese sulla croce avvolgono tutta la terra, tutto e tutti!

E infatti questa croce egli una volta ha preso su di sé, continua a prenderla, Dio stesso e il suo vicario; negli occhi assorti si riflette il dolore della croce, la croce del mondo intero sulle tue spalle. Dio aveva previsto questo dolore del mondo e aveva accettato questa croce, e in quell'ora in cui si avvicinava, la stessa prontezza a portare la croce emanava da te. L'uomo può sollevare la croce proprio perché il Signore Dio ha accolto e ha dato la croce di suo Figlio. Perché il mondo è redento, il corpo dell'uomo è redento e il mondo intero è avvolto dalla redenzione.

Cresce dunque in noi il ringraziamento, il ringraziamento a Dio per l'incarnazione e la passione e per la scoperta dimensione della natura umana – la dimensione divina dell'uomo e del suo corpo, «anche il corpo dell'uomo è un segno dello spirito!».

E anche se il corpo dell'uomo si deteriora, in fondo non perde nulla di questa grande sostanza: il corpo è lo strumento dell'amore, della fiducia, della fede e della speranza!

L'ora santa, lo stare con Cristo-uomo trasmette il senso della creazione: perché Dio ha creato l'uomo e gli ha dato il corpo? E ora ancora una preghiera finale, perché Dio ci dia la grazia di mantenere la luce, che qui oggi si è rivelata a noi. Perché possiamo rimanere, fino alla fine della nostra vita, nello stupore per il miracolo e cantare la gloria di Dio fino all'ultimo respiro; perché, qualunque cosa ci accada, ci sia in noi l'impronta incancellabile di quella fiducia, che può tutto. E preghiamo affinché il mondo intero si renda conto e si infiammi del fuoco dell'amore di Dio, del quale noi abbiamo potuto sentire l'ardore. Un inno di gratitudine conclude questa nostra meditazione: con quali parole?

«Magnificat anima mea»!

* * *

24 marzo 1985

Il cielo non è propizio, pioviggina. Il fiume Wisłok è enorme, rimbomba forte, di attraversarlo non se ne parla. Sono arrivata dall'alto, dalla casa della guardia forestale, e ho camminato per la nuova strada larga, che ero sicura mi avrebbe condotto al sentiero. Invece, all'improvviso, si è interrotta in mezzo al pendio, con un ripido dirupo, quindi ho proseguito per la scorciatoia attraverso il bosco. Era scivolosa, c'è mancato poco che ci lasciassi le penne, perché a un tratto sono scivolata sul pendio ripido e d'istinto mi sono attaccata all'albero più vicino, che è precipitato giù insieme a me. Non so francamente perché non sono caduta fino in fondo, ma qualcosa mi ha trattenuto a metà del pendio, un metro o due prima di un masso enorme su un ruscelletto laterale, che forma una cascata. Non avevo mai visto prima questo torrente così impetuoso e gonfio, che corre con enormi creste di schiuma; tutto ciò incredibilmente minaccioso, e io davvero mi sono sentita come su ali di angeli messe a sorreggermi all'ultimo momento!

Ho proseguito e ho celebrato la via crucis, come facevamo sempre qui. Sono arrivata alla finestra, ma non mi sono fermata più a lungo, perché c'era un tale vento e cadeva una pioggia così sferzante e torrenziale, che ho pregato solo per un momento e ho proseguito. Ho pregato, ma ora queste mie preghiere sono diverse, strane. In effetti è così: non sono io a pregare, ma c'è in me come un impulso imperioso a lato, dal di fuori di me, qualcosa che prega dentro di me, e io sono passiva, come non sono mai stata. Là sull'orlo del precipizio, sotto l'albero, su quella terra, sulla quale c'è la tua impronta, è stato bellissimo, anche se così minaccioso, con quella burrasca e con la pioggia; com'era bello sotto di me il fiume, da molto tempo non vedevo il Wisłok così minaccioso!

La giornata è scura; le nuvole, in varie sfumature di grigio, si riversano nel cielo spinte dal vento. Gli alberi sono nudi, grigi, mentre il fiume è largo, enorme, non si sa perché di colore verde chiaro, verde pallido, più verde del prato al di sopra di esso.

Non so da dove quest'acqua abbia preso oggi un colore così brillante, in questo grigiore della giornata! Sulle rive il verde è inframmezzato dal bianco della schiuma, le creste bianche sullo sfondo verde!

Sulla riva, una striscia di cespugli scuri, e, sotto di essi, ancora la neve, una stretta striscia bianca di neve, mentre più in alto c'è di nuovo la superficie verde del prato.

L'acqua corre velocemente, rumorosamente; sui Bieszczady gli ultimi tre giorni caldi hanno sciolto le nevi e il Wisłok si è gonfiato di colpo. Qui l'acqua arriva alla prima soglia e rimbomba forte! Questo fiume ingrossato impedisce l'accesso. È silenzioso, vuoto!

Se da questa scarpata fossi caduta fino in fondo, nessuno mi avrebbe trovato, mi avrebbe trascinato via il fiume gonfio d'acqua!

Non c'è più l'inverno, ma non c'è ancora la primavera, non ero mai stata qui in questa stagione!

* * *

Ho condotto tre giornate di esercizi spirituali per i giovani a Huta. I partecipanti erano moltissimi e mi sono piaciuti: hanno ascoltato nel silenzio, nel raccoglimento, ma alla fine il sacerdote ha detto che ci sarebbe stata la confessione e per questo ha destinato un'ora. E io gli chiedo, come farà in un'ora a confessare la folla lì riunita. Ci sarebbero volute dieci ore! Ma lui ha detto: «Basterà!».

Qui invece la parrocchia è piccolina, il sacerdote ha annunciato anche lui la confessione, ma quanto diversamente: «Dalle 15, per tutto il tempo che sarà necessario» – eppure è una piccola parrocchietta!

Dopo la messa, le persone da sole hanno celebrato le «Amare sofferenze»; le parole, che avevo imparato da bambina e non ricordavo più, sono ritornate da me e ho cantato insieme alla gente. Che peccato che questo si perda, quanta sostanza in quelle parole, quanto le persone di qui capiscono la Quaresima meglio dei prelati vestiti di porpora! Peccato che nel mondo non sia più possibile eliminare le grandi città! Sono dei moloch, che inghiottiscono l'umanità e l'hanno ridotta a una poltiglia senza forma!

25 marzo 1985, l'Annunciazione

È nuvoloso e pioviggina, la nottata è stata molto fredda. È arrivato un uccellino e canta con voce sottile. Ricordo quello che hai detto: «Siamo stati capaci di accogliere il bene, siamo capaci di accogliere il male».

In effetti però non si tratta del male, solo del dolore, della sofferenza. Quello che mi fa male non è il peccato, è il mio pesante destino, che mi è difficile accogliere. Mi disturba questa imposizione – la sofferenza potrebbe essere un merito, se fosse accolta di propria volontà. Ma così, per imposizione, quando l'uomo non può fare diversamente, che merito c'è?

L'uomo può sopportare il dolore, ma può accettarlo?

L'imposizione della sofferenza sembra una violenza, che non va d'accordo con l'amore né con la libertà; mi è difficile accettarlo, anche se in me non c'è ribellione, ma c'è, diciamo, notte; non lo vedo in modo chiaro.

L'amore che infligge la sofferenza? Ma mi hai scritto: «L'amore non vuole il male, non vuole la sofferenza, la sofferenza c'è come effetto del peccato, ma l'amore tira fuori dalla sofferenza il bene e la salvezza: questo è il mistero di Cristo».

26 marzo 1985

Di solito in questa stagione, quando venivo, c'erano già dei fiori, mentre ora è vuoto! Il bosco è grigio, silenzioso; i rami, vivi e morti, hanno lo stesso aspetto grigio; l'erba non c'è ancora, ma qua e là ci sono delle foglioline rotonde, verdi e minute. C'è una gran quantità di tronchi abbattuti, i rami aggrovigliati degli alberi che giacciono per terra. Il folto del bosco. Non ci sono sentieri, un groviglio di foglie morte e di aghi di larici.

È difficile credere che tutto questo esploderà di verde! Cammino per questo bosco da un punto all'altro: quanti nostri sentieri qui! Se qualcuno mi osservasse, penserebbe che una pazza vaga con questa pioggia!

E io medito sulla... Annunciazione!

La sorte di una donna, scelta come nessun'altra. In realtà non era una donna normale. Lei, concepita senza peccato originale, non portava in sé l'inquietudine, che tocca alle donne colpite da quel peccato. Sapeva qualcosa dell'anima lacerata dell'uomo? Non conosceva il peccato, più forte di Satana, è passata attraverso la vita in modo univoco. Naturalmente, ha sofferto sotto la croce, ma ragionando in modo umano, è stata una settimana di sofferenza, e dopo quale gioia! Quante volte abbiamo recitato qui il rosario, tuttavia la mia fede è cristocentrica più che mariana. Tu le dici: «Totus tuus» e la ami, mentre in me c'è sempre il pensiero che, benché santissima, non potesse capire fino in fondo l'ordinario essere umano peccatore, da quella sua posizione di straordinarietà...

Scelta da secoli come Madre di Dio!

Madre di Dio, madre della Chiesa, del mondo intero!

Ma libera dall'inquietudine umana: ha accolto un Figlio dal cielo, mentre oggi per le donne è difficile accogliere un figlio dalla terra, un figlio con una predisposizione per l'inferno... un figlio! Quante volte un figlio del peccato!

Simili pensieri girano per la mia testa in questo bosco sacro, e forse li suggerisce colui «che ruggisce come un leone»? Allontano questi pensieri.

Proseguo verso i luoghi nei quali tante volte c'è stata la messa, poi verso quello successivo, dove veniva recitato il rosario, fino alla vetta di questa montagna, dove mi era così facile sentire la presenza di Dio!

L'acqua continua a rimbombare, mentre il bosco è silenzioso, come in attesa.

28 marzo 1987, ore 10, la finestra

C'è il sole e un forte vento, il cielo è azzurro. Il vento è freddo, ma il sole riscalda già. Sulla riva la neve si è ormai sciolta, ma il prato in basso è tutto bianco; il fiume giù è bellissimo, verde, bordato dall'argento del ghiaccio, largo, non si può attraversare.

Questo intreccio dell'acqua verde con il ghiaccio argentato dà questa scintillante lucentezza verde: tutto il fiume scintilla, sembra strisciare come un serpente color verde-argento che si contorce!

Com'è incantevole questo angolino!

La neve sul prato, al sole, sembra intatta. Sugli alberi la neve non c'è più e questi alberi scuri spiccano sulla neve, che abbaglia con il suo biancore. Qua e là, fasci di erba vecchia, dorata al sole, secca e ridotta a paglia, tagliano questa superficie di un biancore splendente. È accecante!

Il fruscio del vento, lo stormire del bosco non intralciano il silenzio, che cresce in me.

La memoria... la memoria di un uomo, la memoria di una terra...

Un uomo santificato dal soffio di Dio. Il mistero dell'esistenza...

6 marzo 1989 lunedì, ore 9.00-9.20, la finestra

Il mondo finisce presso questa finestra – la cornice nera del tronco, dietro di essa un vuoto bianco, una nebbia così fitta che il fiume non si vede – tutto finisce con la riva ripida. La linea nera della terra, proprio sotto i piedi, e più avanti, niente.

Camminando in salita in questa nebbia, come sempre qui, ho recitato la via crucis. Questo albero non è una croce, ma è una sorta di chiave di volta tra il cielo e la terra. Vedo solo le ombre dei tronchi qui, dalla riva, a destra dell'albero, dal quale di solito si vede tutto fino alla punta. Ora si vede solo, qui vicino, un abete verde sul pendio e un braccio dell'albero, teso verso di me, minaccioso: i rametti mi sembrano artigli.

In basso rimbomba poderoso il Wisłok, da qui non lo si vede affatto ma lo si sente. Lungo la strada ho visto l'acqua che correva con le creste bianche di schiuma minacciosa. Ho l'impressione che il mondo dovesse esalare una tale minaccia, mentre egli moriva. Il mondo, testimone della passione di Dio; in essa rimango...

Davanti alla passione di Dio cambia la proporzione dei fatti; dunque rimango in essa, e lungo la strada sono riuscita perfino a intonare dei canti quaresimali.

Ore 12, il prato

C'è il sole, della nebbia neanche l'ombra. Sto seduta su un tronco tagliato, sul prato, quello «alto»; così tante volte siamo passati di qui, ci siamo stati seduti al tramonto del sole. Ora ho l'improvvisa consapevolezza della presenza: «È stato, dunque è!».

Il vento soffia dolcemente... in basso, le creste bianche sulle onde.

Sto seduta sul precipizio ripido e vorrei rimanere qui. Devo ritornare... alla croce. Questo momento di respiro, datomi dalla misericordia di Dio... senza questa sosta, non solleverei la croce – quanto pesante! Il dolore del mio cuore, chi lo può comprendere? Forse soltanto lei...

«Stabat Mater dolorosa...».

Ore 12.45, la punta

Sono al sole, nello stesso luogo in cui sono stata tante volte. Sono arrivata fin qui – non ho potuto farne a meno – per riscaldarmi con il sole e con i ricordi.

Fa caldo... mi avvolgono una brezza e il sole. Mi apro verso il sole... verso Dio. Ma Dio vede sempre l'uomo... Il bosco è silenzioso, non è ancora verde. La neve si è appena sciolta, scoprendo l'erba secca dell'anno passato.

Silenzio... là lungo la strada, sul valico, cantava un'allodola. Qui non la si sente, in compenso si sente un trattore. I rumori lontani dell'abbattimento di un albero – tagliano continuamente questo bosco. Ma io qui sono sola.

Bisogna andare... Porto questo dentro di me.

25 marzo 1990, ore 11, il prato del bivio

Sono venuta direttamente attraverso il valico. Sul prato, una gran quantità di legna tagliata, il cielo acquoso «come l'occhio di un pesce», come dicono i montanari. Il fiume mormora leggermente, è piccolo. Gli uccelli cantano, il prato è tutto verde e, sugli alberi, timide foglioline verde chiaro – la quiete.

Il Signore Dio mi ha dato questa giornata di sole e questo momento di respiro, in questo posto così bello!

Il sole riscalda, fa molto caldo. Il bosco stormisce, perché c'è vento; in effetti non un vento vero e proprio, ma un leggero venticello caldo, appena tale da dare un senso di freschezza e da suonare, tra questi rami, la melodia del bosco in onore del Signore del creato. E io, come sempre qui, insieme a questo bosco canto il *Magnificat*, perché qui nella mia anima si sprigiona sempre la gratitudine. Oggi in particolar modo, perché è la festa di lei, dunque le sue parole oggi sono attuali, eccome! Quindi canto come posso la gloria del mio Signore. Le api già si danno da fare, fa molto caldo, come in estate.

Un uccellino è volato qui da me, mi si è posato accanto, sul tronco, non ha affatto paura e cinguetta qualcosa, mentre un altro sull'albero gli risponde. Una conversazione – su che cosa? Sorrido all'uccellino, e lui china il capino e con gli occhietti neri mi guarda! Tanti rumori del bosco, ma nello stesso tempo il silenzio, perché il silenzio del bosco è pieno di suoni caratteristici!

Sto bene qui...

Qui, in questo bosco, echeggiavano i nostri canti dopo la messa: «Benvenuto, o Gesù, figlio di Maria» (Witaj, Jezu, synu Maryi). Oggi è appunto quella festa, Gesù è venuto in questo mondo, è venuto a salvare l'umanità in pericolo, a causa del peccato – il Salvatore! È venuto come vittima: poteva essere diversamente?

Non è la ribellione a dettarmi questa domanda, ma il grande stupore, la grande meraviglia per l'abnegazione di Dio, che si è dato all'uomo così, fino alla fine. Che cosa si può volere di più? Dopo la messa mattutina, dopo la comunione, ho Dio dentro di me, nel mio cuore. Quanto poca gratitudine ha l'uomo per questo dono di Dio stesso, quanto poca consapevolezza di ciò; si vorrebbe esprimere la gratitudine in modo adeguato, ma tutte le parole sono troppo deboli. Come mi sento limitata da me stessa!

Qui il cuore e l'anima, qui appunto, in questo bosco, si è allargata con la consapevolezza della grandezza di questo dono; qui l'anima è cresciuta. Che proporzione: Dio si dà all'uomo, mentre l'uomo cammina e cammina per questo mondo e non lo nota!

«Hanno gli occhi, ma non vedono»: vedo quanto poco l'uomo capisca di questa verità e quanto poco ne tragga vantaggio!

Prego: «O Signore, accresci la mia fede». Del resto, si tratta della fede? Infatti io credo che Dio esista, non si tratta della fede sola, ma di una più profonda conoscenza di lui: come è? È tale da volersi dare agli uomini così, fino alla fine! E che cosa dà l'uomo in cambio?

Come avverto l'imperfezione della mia gratitudine e la sua limitatezza, mentre si vorrebbe esprimere in qualche modo questa gratitudine, trovare una forma per questo contenuto che è nell'anima. Come si può rispondere al dono di Dio? Penso che l'uomo non abbia niente da dare, deve solo, appunto, accogliere tutto e portare dietro di lui la sua croce.

La sofferenza non è mai in sé e per sé contro Dio, ma lo è solo la sua interpretazione da parte dell'uomo. È meglio non soffermarsi sulla propria sofferenza, per così dire «scavalcare se stessi» – così dicevi – e rimanere presso di lui mostrando se stessi a Dio nella verità.

Oh, oggi sotto questo sole tutto sembra più facile. Qui è chiaro che Dio veglia sull'uomo, su di me, e lui stesso non mi permetterà di sprofondare nel dolore e nella disperazione. Dio sa quello che fa...

17 marzo 1991, ore 10.30

La nostra finestra, ma non posso fermarmi, perché comincia a piovere. Solo un'occhiata – un panorama quanto familiare!

Il prato è secco, tutto giallo, di un solo colore. Il fiume, coperto di creste di schiuma bianca sull'acqua verde, fa molto rumore. La corrente è così forte che non ho osato passare attraverso il fiume, salgo dalla casa della guardia forestale.

L'albero sul precipizio – la finestra – intatto, la cornice nera di due tronchi, e in essi racchiusa l'impronta di un uomo!

L'uomo: la creatura di Dio più perfetta. Bisogna «avere un uomo» – come quel malato vicino allo stagno, un uomo che ti porti – e allora c'è il miracolo!

Il compito dell'uomo nei confronti dell'uomo: il dono della persona. Proprio così deve essere, bisogna essere un dono! Un dono dell'uomo e di Dio. Questo bosco ricorda anche di essere stato una chiesa, e questo albero un altare – e qui Dio è sceso direttamente sulla terra, attraverso le mani consacrate del sacerdote. L'incomprensibile si è lasciato comprendere. Quale dimensione del dono! E qui, in questo bosco, solo questa realtà conta, tutto il resto rimpicciolisce, deve rimpicciolire, perfino il dolore!

«È bello per noi stare qui» avevano detto una volta i discepoli, sul monte. Il Signore Dio in montagna è più vicino all'uomo!

Gli alberi, senza foglie, scuri, sarebbero tetri, se non rischiarasse all'improvviso questo nero un piccolo praticello, non si sa perché, già verde; intorno tutto è secco, ci sono gli steli dell'anno scorso, mentre qui, vicino a me, questo spazio verde ha illuminato tutto di speranza. In ogni stagione dell'anno, questo bosco incanta con la sua bellezza.

***

Gli uccelli che cantano aumentano, ormai un intero coro loda questo sole. E dentro di me accade lo stesso, il cuore pieno, vivo, ricolmo di gratitudine e di questo contenuto segreto... Un cuore ricolmo di un contenuto misterioso: com'è attiva l'interiorità dell'uomo, quanti contenuti ci sono lì! Il mistero del cuore umano, il mistero dell'anima. L'azione dello Spirito. Lo Spirito che purifica il cuore dell'uomo.

Tutto qui è stato ed è sacro – ricolmo, imbevuto di Spirito Santo! Lo Spirito dà se stesso, pervade l'uomo per illuminare tutta la vita, con tutta l'intensità del dolore, della croce, proprio affinché l'uomo possa portare quella croce. Questo, appunto, provoca lo Spirito Santo, che il «carico sia leggero», e attraverso questo bosco, attraverso questo dono di bellezza, esso diventa «dolce».

Dopo la messa, in questo bosco cantavamo sempre: «Benvenuto o Gesù, figlio di Maria, tu sei il vero Dio...».

Qui faccio gli esercizi spirituali quaresimali, in questo bosco, qui la mia anima si ricolma di pace e di pazienza, qui mi sento tutta avvolta dalla potenza di Dio.

2 marzo 1992 lunedì

Il cammino è difficile, perché la neve è bagnata e qua e là molto profonda. All'improvviso si cade dentro delle buche la cui esistenza non è segnalata da nulla, ma qua e là il vento ha spazzato via la neve e si intravede l'erba secca dell'anno scorso, ciuffi sparsi, del resto pericolosi, perché quando si sta in piedi su di essi sprofondano e sul fondo c'è il fango: è il disgelo di marzo! Un cammino quasi simbolico, come la vita stessa: talvolta sprofondi all'improvviso, talvolta devi tirarti su con fatica. E allora bisogna semplicemente portare la croce!

E in mezzo a queste fatiche, delle quali non si sa come finiranno, in mezzo a ciò che fa male, in fondo si ripete un sospiro, tante volte suggerito come l'unica soluzione di tutto: «Gesù, confido in te». Confido davvero, nonostante i dolori noti e ignoti, nonostante la consapevolezza del fatto che quello che fa male c'è e continuerà a far male, perché è inevitabile!

Questa affermazione: «confido», in realtà ora non ha neppure il carattere di una richiesta e non significa neanche che non ci è rimasto nient'altro; no, la cosa è un po' diversa... È un'esperienza, l'esperienza della ripetuta grazia di Dio, della protezione di Dio lungo tutto il corso della vita. L'esperienza dell'amore di Dio attraverso, e perfino, in un certo qual modo, nonostante tutte le umiliazioni e l'avvilimento, che le persone mi hanno arrecato; infatti per tutto questo tempo sono sempre stata nelle mani di Dio, e questo mi ha permesso di resistere, semplicemente di resistere attraverso tutto.

Là, in quel mondo che lascio quando vengo qui, in questo bosco, là porto la croce, cado, mi rialzo e continuo a portarla. E il pensiero che Gesù è stato crocifisso mi permette di non aspettarmi nient'altro che dolore. Qui, questa terra, bellissima in ogni stagione, invita alla speranza e alla gratitudine, alla gratitudine per così tanti doni!

31 marzo 1992, ore 11

Il bosco, ancora invernale, dorme. Il fiume è gonfio, quindi sono venuta dal valico.

Pensavo che avrei preso qui degli amenti, per la Domenica delle Palme, ma ancora non ci sono, i rami sono ancora senza gemme. Gli uccelli, però, cantano già e non c'è neve. Il bosco sembra dorato, perché prevale il colore paglierino dell'erba secca dell'anno passato. L'acqua verde scorre velocemente, formando creste bianche. Un vento molto forte fruscia tra gli alberi e li piega quasi fino a terra, come in un inchino.

Sto seduta qui, dove stava l'altare – un luogo sacro. Un bosco sacro, e dentro di me un silenzio tale che me ne stupisco. Cresce in me una pace sempre più profonda. Ma ho la sensazione che non sia una mia conquista, ma un dono: questa pace si riversa su di me, per così dire, senza la mia partecipazione – la pace dell'anima. Mentre intorno il mondo è pieno di tensioni, di discussioni accanite e di domande: «Che cosa succederà?».

E mi torna in mente quello che si è sentita dire la delegazione di Solidarność, durante la legge marziale, come risposta alla domanda febbrile: «Che dobbiamo fare?». Tu hai risposto: «Che ognuno di voi incrementi la somma di bene dentro di sé, e la nazione diventerà migliore».

Un mondo difficile, il suo frastuono arriva anche qui, per il villaggio si aggirano frotte di ragazzi disoccupati. La gente si lamenta, critica continuamente, chiede soldi, anche se, in fondo, in Polonia nessuno muore di fame.

E io me ne sto seduta in questo bosco e penso... al cielo! E qui è così bello, c'è un tale silenzio pieno di suoni: gli uccelli cantano, il fiume scroscia, il vento fruscia, alcuni alberi scricchiolano... eppure lo percepisco come un silenzio! Una pace profonda! Un angolo divino, l'impronta della presenza di Dio, l'opera della mano di Dio.

E penso: come trasmettere questa pace alle persone? La pace di Dio, che può essere patrimonio di ognuno e di tutti – bisogna solo andare dietro a lui! Qui c'è come una luce speciale, nella quale le cose assumono un significato diverso, più profondo, una nuova dimensione, come un diverso colore. Tutte le cose servono, devono servire, per un'unica causa! Una riduzione dei significati, che non è una diminuzione, ma, al contrario, un completamento.

L'interiorità dell'uomo si semplifica quando una persona dice: «Confido in te», e quando questo è vero! Quanta fatica e quanto dolore l'uomo dà, a se stesso e agli altri, senza questa fiducia!

10 marzo 1993 mercoledì, ore 12, l'«Angelus»

Sono arrivata a stento, perché la neve è profonda e non ci sono impronte, sprofondavo oltre il ginocchio. Il fiume è sotto il ghiaccio, coperto da una coltre bianca di neve!

La luminosità dà fastidio agli occhi, perché c'è il sole. Sono venuta a piedi per la strada, perché attraverso il bosco era impossibile, la neve era troppo profonda, ma perfino il pezzo di cammino attraverso il prato e il bosco è durato molto.

Ho lavorato duramente per tre giorni, a Rzeszów, dieci ore di conferenze al giorno, ma in compenso mi hanno dato un passaggio in macchina fin qui.

Soffia un forte vento e crea la musica del bosco, perché il fiume tace, stretto in una morsa di ghiaccio, così che non lo si sente.

Al mattino la temperatura era di -10°C, ora non sento il gelo, ma il vento è freddo, a raffiche – soffia per un attimo e va via, e torna di nuovo, gira in tondo! Gli alberi scricchiolano, si ergono neri, della primavera non c'è traccia.

Il sole è primaverile, ma il bosco è ancora invernale.

Ci sono le orme di un cervo, è passato da qui, dei grandi balzi, l'orma è profonda, infossata. Doveva essere grande, pesante – sulle sue orme sono arrivata qui.

Pace: come sempre, un'altra dimensione. Qui vengo sempre trasportata «al di sopra del mondo». Al di sopra di tutto ciò che rende la terra crudele. Qui domina la bellezza e la pace, qui potrebbe essere il paradiso!

L'albero accanto a me ha scricchiolato più forte. Nega quello che scrivo o annuisce?

Un uccello all'improvviso ha gracchiato forte, con voce rauca, come se avvertisse di un pericolo. Non so che uccello sia, è troppo lontano, non lo vedo, ma lo si sente sempre più forte, un rumore strano, quasi di malaugurio, mi rovina quest'atmosfera di pace!

Si unisce un secondo uccello: delle grida, una tragedia del bosco, e poi silenzio! Forse qualcosa ha divorato quell'uccello?

In me c'è inquietudine.

Il vento ha soffiato con tale forza che mi sono sentita colpita – un vento freddo, ma il sole riscalda e la neve luccica in modo tale che è difficile guardarla!

La Quaresima!

Negli ultimi tre giorni ho parlato continuamente, nelle chiese e nelle scuole, ai giovani e agli insegnanti. Ci ho messo tutto l'impegno per mostrare di cosa si trattava, per mostrare la bellezza dell'amore umano radicato in Dio. Mi sono stancata, ma ho avuto la sensazione che quelle persone recepissero.

Del resto a Łańcut ho provato un'autentica gioia. Anni fa ero stata a un incontro con i medici e ora, dopo una messa, mi si è avvicinato un signore, vestito con eleganza, e mi ha detto che doveva dirmi qualcosa, una frase: che è ginecologo e che, a partire dall'incontro con me, non ha mai più ucciso un bambino. Mi ha baciato la mano e ha detto ancora: «Dovevo proprio dire questo a Lei!». Mi ha fatto piacere e mi ha dato forza, per quello che dovevo dire ancora quel giorno agli insegnanti: «La differenza tra l'etica laica e quella cattolica». C'era un gran numero d'insegnanti, l'aula della scuola gremita. Rzeszów ha un buon laicato, ma lì ci sono anche parecchi laureati del nostro istituto di Cracovia.

7 marzo 1997 venerdì

Il bosco dorme ancora. Veramente la neve c'è solo nei fossi, lungo i ruscelli laterali, ma il verde non c'è ancora. Una coltre grigia di foglie morte. Il fiume è verde, rimbomba. I tronchi degli alberi sono neri, i rami grigi, senza traccia di foglie o almeno di gemme. Ma già si intravedono le foglioline verdi e luccicanti dell'edera: sono le prime, hanno quei lembi rigidi e sembrano finte.

Il bosco è irradiato dal sole. Il sole si sposta, gettando le sue strisce dorate in un punto sempre diverso, quando il vento muove i rami.

Mi dispiace andar via, ma è il primo venerdì del mese e la messa nella chiesa più vicina è presto, alle 15. Devo andare, se voglio fare in tempo.

Aprile

Gli anniversari

Aprile è il mese della vita. Il bosco si risveglia, la primavera riempie il bosco del canto degli uccelli e dei colori dei fiori. Aprile per me significa i ricordi delle nascite delle figlie, dei nipoti – così, come simbolicamente.

E di solito in aprile cade la settimana santa e il grande giorno della risurrezione del Signore.

Quella giornata raramente la passo nel bosco, piuttosto mi riesce prima di visitare, anche solo per un momento, i luoghi per me sacri.

A volte ho passato la Pasqua in paesi stranieri, nei quali era difficile ritrovare una bella liturgia, e allora mi salvava il ricordo della settimana santa al Wawel, l'adorazione della croce e i meravigliosi testi dei salmi. La cattedrale del Wawel per me è sempre associata alle grandi solennità, e anche al pensiero degli amici che hanno vissuto lì, alle persone che non ci sono più, e il pensiero corre a lui – e questo farsi presente è la «comunione dei santi». Il Wawel, pieno di tradizioni e di tombe – il ricordo di Ignac e di Marysia[1].

L'amicizia non scompare con la morte, l'amicizia rimane, ha il suo posto nell'eternità. Aprile diventa per me il mese dei rap-

[1] Il professor don Ignacy Różycki e Marysia Gromek.

porti interpersonali, proprio perché è il mese dell'allontanamento! Tanto maggior significato assume il rapporto spirituale, che rimane e ha il potere di attraversare la distanza. Nello spazio: questo è appunto il miracolo dell'amicizia, che ci si può intendere con una persona senza parole, senza sguardi, eppure in un'intesa perfetta! Le persone confermano il valore dell'amicizia con la tradizione degli auguri per Pasqua. Che cosa sono quegli auguri? Semplicemente segni del ricordo, segni del rapporto, segni dell'amore per il prossimo, di quell'amore che Cristo ha assegnato come compito all'uomo.

Gli auguri scritti, spediti, arrivano a destinazione o si perdono per strada, mentre gli auguri mandati col pensiero e suggellati con la preghiera nell'intenzione di quella persona appunto, rimangono per l'eternità e portano la loro carica di salvezza. Gli auguri devono essere la realizzazione del messaggio di Fatima: «Pregate per coloro che non pregano, e adorate per coloro che non adorano». Bisogna ricordarsi sempre del prossimo, ma Pasqua è un'occasione particolare, per rammentarlo.

La tradizione, la bella tradizione dei segni d'amore, senza i quali la vita umana sarebbe vuota!

Una volta discutevamo del cielo e, scherzando, dissi che il mio cielo sarebbe stato appunto quel bosco meraviglioso, dove c'erano silenzio e pace. Dopo qualche settimana, ricevetti una lettera da una persona che aveva sentito quella mia dichiarazione, che mi aveva scritto: «Come, non vuoi stare in cielo con me? Con noi? Eppure il cielo dovrebbe essere pieno di amici!».

Don Tadeusz Fedorowicz una volta tenne a Żułów un'omelia a dei bambini ciechi, sul cielo, perché una piccola bambina cieca gli aveva chiesto: «Don Tadeusz, come sarà in cielo?». E lui salì su un albero, su una betulla dal tronco slanciato e sottile – tanto che avevo paura che si sarebbe spezzata sotto di lui – e da quell'albero, che ondeggiava al ritmo del vento, parlò di che cosa ci sarebbe stato nel cielo e come sarebbe stato, che ci sarebbe stato tutto quello che ami, se è puro – tutto quello che ami. E appunto, per me, il cielo deve avere questo mio bosco. Il nostro bosco.

In aprile fioriscono gli amenti e gli alberi sono pieni di questi fiori, che brillano al sole e che decoreranno le palme. Le palme polacche hanno questi rametti pieni di gemme vellutate al tatto – le palme con le quali l'uomo accoglieva Dio, prima di crocifiggerlo! Un'umanità volubile, una folla, che si può manipolare e portare dall'«Osanna» al «Crocifiggilo».

Aprile, il mese del tempo variabile e capriccioso, il mese del ricordo della volubilità dell'uomo. In aprile si leva l'intenzione della preghiera per il dono dello Spirito Santo, che permette all'uomo di essere fedele, di perseverare attraverso tutte le vicissitudini della vita, al sole e in una tormenta di neve.

In aprile, nel bosco, prego per avere la costanza e la perseveranza.

* * *

12 aprile 1979 Giovedì Santo

La mia scala della sensibilità mi è sempre sembrata più grande di quella delle altre persone, ora la fa aumentare il dolore: tutto, qualunque cosa viva l'uomo tormentato dal dolore, assume l'impronta aggiuntiva di quel dolore, quanto di quel dolore non si può evitare. Il dolore che deriva dalla valutazione di se stessi, forse, potrebbe essere costruttivo.

Da quel giorno, dal 7 agosto 1978, sono come strappata dalle radici! Il Wisłok è un fatto e nello stesso tempo un simbolo. Lungo il Wisłok dominava la gioia, la bellezza e la santità; eravamo immersi nella grazia, ricchi di doni, ma il 22 ottobre 1978 hai detto una frase che mi ha spaventato: «Tutto ha la sua fine». Allora l'hai spiegato dicendo che, anche se il Wisłok ha fine, la sostanza rimane; il dono di ciò che è stato, resta. Hai detto: «Non c'è mai un dare unilaterale, c'è uno scambio di doni» e hai aggiunto che: «Il Signore Dio non toglie mai un dono»! Hai detto che sei sempre stato il primo «della cordata», hai guidato; così è stato e così è ora, solo che la corda delle persone guidate si è allungata fino a comprendere tutto il mondo.

«In un certo senso, a Dio, per la sua stessa natura, non è possibile fare il male, quindi se togliesse un bene, contraddirebbe se stesso»; ci hai insegnato la fiducia! La distinzione di quello che succede nella psiche da quello che succede nell'anima – sono come due diversi strati dell'uomo. Il denudamento dell'anima, che deve morire come il chicco, per dare frutto – come dice Cristo – non è lo stesso di una diagnosi psichiatrica di depressione, anche se alcuni sintomi possono essere simili. L'anima è più in profondità nell'uomo e le esperienze spirituali non disturbano le altre funzioni. L'uomo raccoglie tutto e lavora, ma quando ci sono dei disturbi psichici l'anima non ne è toccata, mentre reagiscono gli strati più superficiali, disturbando il normale andamento della vita; a volte è difficile distinguere questi stati secondo le dichiarazioni soggettive, decide la situazione oggettiva.

Il fatto che si è verificato, anche se è il tuo destino, colpisce anche me ed è un avvenimento che mi sembra troppo grande, e nello stesso tempo è inserito nella nostra vita, perché nessuno ha potere sul passato: «È stato, dunque è». Il monte di Sant'Anna è stato una preparazione al colle Vaticano ed è diventato una chiave di volta: non solo determina la dimensione di ciò che è stato, ma determina anche il destino futuro!

Il Signore Dio ti ha chiamato proprio da questo monte, sapeva di esso, era lì con noi e si è messo sulla nostra strada, ed è stato come un colpo di fulmine. Ma entrambi questi rilievi – il monte di Sant'Anna e il colle Vaticano – sono uniti, come da una fibbia, al Golgota: è lì che la «sorella» ha la sua copertura e lì Cristo disse a Giovanni: «Ecco tua Madre».

Questa nuova croce messa sulle tue spalle, con i suoi bracci comprende anche me, anche noi. Sto come la Veronica, nella speranza che si troverà un momento nel quale potrò asciugare la fronte madida di sudore!

Questa croce è nello stesso tempo la croce dell'innalzamento sulla cima più alta di questa terra!

Oggi è Giovedì Santo, la festa del sacerdote, la tua.

Un fratello sacerdote, al cui sacerdozio, in un certo qual modo, partecipo anch'io, e quello che ho recepito da te cerco di trasmetterlo. La mia vita è diventata teocentrica, e intorno a questo asse supremo si è integrato tutto dentro di me.

* * *

Qui prego sempre, praticamente senza interruzione, qui si svolgono i miei esercizi spirituali; c'è in me il silenzio di chi ha toccato il fondo.

La pace! La pace dell'anima in un corpo che soffre. Il ruolo del dolore fisico qui mi si presenta da un altro lato. Il ruolo del corpo – il corpo umano avvicina l'uomo a Dio. Ancora una volta mi si manifesta qui l'origine divina del corpo umano.

Il corpo, strumento della grazia di Dio e opera della potenza di Dio!

Il conduttore della grazia, come il filo di ferro lo è della corrente.

Cresce in me una fiducia tranquilla, perché so che l'uomo ha di chi fidarsi! Oltre alla fiducia, cresce la gratitudine e il profondo assenso a tutto ciò che mi deve accadere. Il dolore, lo sforzo: tutto ritrova in lui il suo senso!

Cresce l'estasi, sotto questo cielo e questo sole pallido, ma vero; in questo forte vento, che porta via!

La bellezza di questo angolo rapisce il cuore, una bellezza racchiusa nell'anima dell'uomo e nei suoi occhi.

* * *

6 aprile 1982 Giovedì Santo

Giornata nuvolosa, nebbia, sugli alberi la brina e un pallido sole si apre un varco a tratti. Lentamente diventa sempre più caldo. Nel bosco, silenzio; pace. Arriva un uccellino, forse lo stesso di sempre? Ce n'era uno che veniva ogni mattina.

Mi fa bene stare qui; potrei ormai restare qui e rimanere così, in questo sacro silenzio del bosco, dove tutto il resto sembra non arrivare – eccetto una cosa, che Dio c'è!

Sto seduta nello stesso posto, riprendo fiato fino al ritorno e penso a quale grazia sia il fatto che l'uomo non possa conoscere il futuro, che esso gli sia nascosto: sicuramente non avrei avuto il coraggio di vivere, se avessi saputo quanto dolore mi aspettava. L'uomo rabbrividisce davanti alla croce.

Il destino misterioso dell'uomo!

Ma qui, in questo bosco, riesco a non pensare a quello che mi fa male e mi deve far male. Qui, in questo bosco, è impressa la verità rivelata, che Dio è amore, e la croce? La croce è la misura dell'amore!

Entro nel bosco come sempre, come tante volte, celebrando la via crucis. Cammino per la stessa strada e richiamo quei pensieri, quelle parole che ci hai lasciato.

Comincio dall'albero, sotto il quale tante volte c'è stata la messa. L'altare sugli zaini, e io lo adornavo con dei fiori. Anche oggi qui ci sono dei fiori, degli esili fiorellini color lilla, che non colgo, ma che danno un fascino ancor maggiore a questo angolo – qui c'era la tenda.

Il fiume, ieri nero e rimbombante, ora è un po' più tranquillo, la corrente un po' più lenta, come se anch'esso cedesse al fascino di questo silenzio e qui dovesse acquietarsi, proprio come me!

L'indescrivibile bellezza del mondo acquieta l'anima: a volte penso che la bellezza della natura, Dio l'abbia creata per il riposo dell'uomo, per la sua pura e, per così dire, facile gioia.

* * *

Sto sull'orlo del dirupo, sul precipizio! Il pendio ripido, sotto di me l'acqua, in questo momento il sole si è aperto un varco, con una luce dorata, da dietro le nubi e avanza per una via dorata sull'acqua, che tremola, luccica. Gli alberi vicino all'acqua sono pieni di un verde ancora timido, c'è ancora molto marrone sullo sfondo: che spettacolo!

La seconda fermata è la nostra finestra.

Sono venuta qui, o piuttosto mi ci sono arrampicata, direttamente da sopra alla cascata per la parete ripida, per fare prima. In questo luogo venivamo a prendere l'acqua, pura e fredda, l'acqua della sorgente, ma per me era l'acqua della vita!

Il sentiero per il quale passavamo una volta è diventato inaccessibile, dopo una burrasca ci si sono abbattuti sopra alcuni grandi alberi e un fitto groviglio di rami e radici sbarra il passo. Nessuno più ci passerà. Il bosco stesso difende i suoi tesori, le sacre tracce!

La finestra è intatta: la cornice scura dell'albero e, attraverso di essa, visibile l'orizzonte lontano – il valico e la punta – pieno di ricordi. Così tante cose sono successe qui, così tanti contenuti, così tanta preghiera, così tanto raccoglimento, in questa bellezza indescrivibile! In effetti qui è nata la mia vita, tutta la sua sostanza e il suo programma.

Proprio qui siamo stati seduti tante volte a guardare il tramonto del sole; da qui saliva al cielo la preghiera più profonda della sera; qui recitavi il breviario, e il sole inviava gli ultimi raggi da sopra il bosco, che era sulla riva opposta. Qui c'erano quei tramonti, a volte dorati, a volte di un rosso acceso. «Se il sole tramonterà dietro una nuvola, può venire la pioggia, mentre se tramonterà direttamente dietro al bosco, sarà bel tempo»: così dicevi. A questa finestra ora prego, con il fatto che conservo questo ricordo.

Qui allora era facile avere quello slancio di gratitudine, l'anima era tutta rapita in quell'impeto. Piena dell'ardore della grazia, l'anima stessa si ritrovava in quella preghiera di lode! E oggi lo richiamo alla mente – e anche se dovevo recitare la via crucis, tuttavia canto di nuovo il *Magnificat*...

Allora qui non conoscevamo le nostre strade future, anche se tu presentivi le tue grandi opere, mentre noi ti seguivamo passo

passo. In effetti è così anche oggi, continua la stessa strada, la sua parte successiva.

Mi colpisce la logica di questo percorso di vita: per stare ancora insieme, così vicino come allora qui, devo semplicemente portare la croce; non c'è un'altra partecipazione alla tua vita, alla vita del tuo spirito. Al policlinico Gemelli mi hai detto appunto così: «Soffri con me».

Dunque porto il mio destino e comprendo sempre più pienamente la logica della croce. Come potrei esserti vicino, se tutto mi andasse liscio e senza dolore, e tu portassi la tua vita da martire; allora potresti forse dire: «Soror mea sponsa»?

Ma oggi qui, alla finestra, penso che in fondo tutto quello che è accaduto in questo bosco sia stato un miracolo, una guarigione miracolosa, il ritrovamento della vera umanità, è stato la scoperta dell'impronta di Dio nell'uomo. Della somiglianza con Dio...

Sto seduta sullo stesso pezzetto di terra, sul muschio verde, e i miei pensieri disordinati non si dispongono nell'ordine della contemplazione programmata, come una volta, come allora, quando ci suggerivi un testo per le riflessioni!

È Giovedì Santo...

Un grande accento sul sacerdozio. So su che cosa mediti oggi, so che indirizzeresti anche i nostri pensieri verso Cristo, ma io oggi esito un po' ad accettare questo tema, perché è sempre la stessa cosa: io, in quanto essere umano, ho paura della croce, ma come comprendere Cristo senza la croce – e come prendere la croce, senza la partecipazione a essa?

Un tempo, la croce per me era associata alla punizione per il male.

Ma qui, in questo bosco, non c'è mai stato il male, c'è un bosco sacro, e qui mi invade una diversa comprensione: qui l'uomo si è rivelato come santificato, redento dalla croce. Qui abbiamo imparato che l'uomo, il suo corpo, egli tutto intero è tempio di Dio, e può esserlo appunto attraverso la croce, quella di Cristo. Qui la croce smette di farmi paura, è un «dolce peso». Una volta, queste parole mi parevano artificiali; oggi so che sono vere.

Quanto è più facile comprendere le verità di Dio qui, nel bosco, piuttosto che nel frastuono della città e della gente!

L'uomo ha bisogno del silenzio e della bellezza, per ritrovare Dio e se stesso. Qui adoriamo Dio nel bosco, nel creato e nell'uomo, perché questa è appunto la realtà, l'uomo è immerso in Dio; è e può essere unito a lui.

Qui così appunto abbiamo vissuto, immersi in Dio!

La cima del monte di Sant'Anna

Cammino così, pregando, e faccio la stessa strada fatta tante volte, per raggiungere la cima. Subito prima della cima mi sono soffermata sotto il grande e bellissimo albero a Cinque Bracci, sotto il quale sostammo nell'ultima domenica.

Sulla cima un albero abbattuto, il tronco è lo stesso. L'avevo segnato di lato; del resto, nessuno lo tocca, nessuno passa di qui.

Si è alzato il vento, forte, impetuoso. Accanto, come un tempo, un grande cespuglio di felci. Qui la felce raggiunge dimensioni che non ho visto in nessun altro luogo, mi arriva quasi alle spalle, le belle foglie distese ondeggiano al vento.

Il bosco è come un santuario, qui prego ormai esplicitamente, per avere la forza di sopportare quello che verrà, affinché quello che è sceso nel mio cuore qui, sulla cima del monte, non venga mai cancellato da nulla. Prego affinché il Dio di questo bosco sia sempre con me, dentro di me, affinché nulla mai possa cancellare l'impronta di questa montagna.

* * *

Dal bosco ho fatto in tempo ad arrivare al villaggio per le solennità del Giovedì Santo. Mi piace stare in chiesa nel villaggio, in un vero villaggio polacco, dove il popolo, semplice e devoto, prega; mi piace come cantano.

Poi, per tutta la notte, sono stata in piedi nel corridoio di un treno pieno zeppo. A un certo punto mi sembrava di essere all'appello nel campo di concentramento!

21 aprile 1994, ore 12, la piscina piccola

Sono arrivata dalla casa della guardia forestale, è una bella giornata di sole. Stefan dice: «Dusia, come sempre, ha qui il tempo che ha ordinato, fino a ieri faceva freddo e diluviava, mentre oggi è piena primavera!».

Il prato è di un verde intenso, pieno di esili fiorellini dorati, ma gli alberi nel bosco sono ancora scuri, come in inverno, solo le betulle sono piene di foglioline tremolanti, verde chiaro.

Dal prato sono venuta qui attraverso l'acqua. L'acqua era alta, fredda, ma limpida, si vedeva ogni ciottolo sul fondo; ma qui, nella piscina, l'acqua sembra verde, la roccia dall'altra parte è rossa, brilla al sole, mentre le pietre sulla riva sono di un bianco abbagliante. La mia pietra non c'è, perché è coperta dall'acqua.

Gli uccelli cantano, è deserto, non c'è nessuno. È bellissimo: vado lungo la riva, fino alla piscina grande. Come sempre, ho camminato sotto la scarpata ripida; il pendio verticale di un marrone rossiccio, le pietre giallo chiaro e la traccia fresca di una roccia che si è scheggiata ed è caduta, la pietra staccata si trova nell'acqua.

Quest'ansa del fiume è come sempre, questo scenario non cambia! L'erba verde e le foglie verdi sui cespugli, presso la riva: tutto verde vivo.

Qui c'era l'altare, qui cantavamo: «Benvenuto, Gesù, Figlio di Maria!». Quel canto, quella voce, devono essere racchiusi in questi alberi.

È passata una farfalla, grande e bellissima, muove le alucce; le alucce sensibili e delicate ondeggiano, si chiudono e si aprono, mostrando un disegno colorato: una bellissima creatura di Dio, un ornamento del mondo!

Gli uccelli cantano, un intero coro. Un uccellino è qui accanto a me, vicino, sul larice più prossimo, piccolino; ma canta così forte, gonfiando la piccola gola: canta a lode di Dio, non ha affatto paura di me.

22 aprile 1994

Una bella giornata, il cielo senza una nuvola. Il bosco canta ed è rischiarato dal sole e dal verde smagliante della vegetazione. Il prato sul fiume è pieno di fiorellini dorati.

Il sole avanza verso il mezzogiorno, gli alberi sono cresciuti così tanto in questi quindici anni, che coprono il cielo. Ora il cielo si vede ancora, perché le foglioline stanno comparendo proprio ora, piccoline, verde chiaro.

Ho deciso di andare a Ravensbrück, per l'anniversario, nel quadro del mio «bilancio di vita». C'è in me il bisogno di una certa – si potrebbe dire – verifica, se davvero amo i miei nemici. E se riesco davvero a passare sopra a questo.

Sono venuta qui apposta per ricevere le forze per questo viaggio, anche se è contro il buon senso, perché la gamba mi fa male e si gonfia. A qualsiasi paziente ordinerei di stare a letto e non di andare per le montagne, ma sentivo di dover venire qui! Alla fonte della pace, e so che è un bene che io sia qui.

Voglio finalmente verificare come stanno le cose con questi tedeschi nella mia vita. Fino ad ora ho allontanato questo argomento e non sono voluta andare a nessun congresso in Germania. Ora vado in quel luogo. Come lo vivrò? Non lo so, ma mi sento in dovere di andarci e di verificare.

Sto seduta al sole, mi godo la bellezza del bosco e faccio un bilancio della mia vita. E anche se non augurerei a nessuno quello che ho passato a Ravensbrück, eppure so che, per la mia anima e per il mio destino, quel periodo è stato costruttivo e in fondo è stato una fonte di esperienze alle quali non rinuncerei per nulla al mondo. C'è in me il pensiero paradossale che potrei quasi ringraziarli, per avermi cacciato in quell'inferno, perché in effetti avrei vissuto del tutto diversamente se non ci fosse stata quell'occasione di verificare tutti i valori e di distinguerli dai falsi valori!

C'è naturalmente un certo «iunctim» tra ciò che era successo a Ravensbrück e quello che è accaduto qui, in questo bosco: questo dono in fondo è stato, è una sorta di risarcimento, anche se questa forse è una certa semplificazione, ma io sento così. La sofferenza umana ha il suo peso, bisogna solo indirizzarla e comprenderla!

Ma ho un po' paura di questo viaggio, e inoltre mi fa male – quasi simbolicamente – la gamba operata da loro, fa male e si gonfia!

Maggio

Gli anniversari

Maggio: un mese pieno di ricordi e il mese della vita.

Tutta la natura nella sua leggiadria, gli alberi che fioriscono nel bosco e i ricordi di grandi avvenimenti, la nascita di grandi uomini, non solo del Santo Padre, ma anche di Padre Pio. Ma la nascita di un bambino dovrebbe essere la festa di sua madre! Maggio è dedicato alla Madonna e risuona dei canti per lei: le persone si riuniscono presso le cappelline, ornano di fiori le sue immagini e intonano canti semplici, ma quanto significativi! Da quelli grandi, cantati da secoli, con un potente appello, come «Madre di Dio» (Bogurodzica), a quelli semplici, infantili: «Andiamo, stringiamoci come bambini al suo cuore» (Idźmy, tulmy się jak dziatki do Jej serca).

Dominano i canti, ma anche il rosario, perché come pregarla diversamente, se lei stessa ha detto così? Maggio è anche la rivelazione di Fatima. Il 13, quando a dei bambini piccoli confidò delle grandi questioni umane e li spaventò con la visione dell'inferno. A maggio penso non solo a suor Lucia, ma anche alla bambina più piccola, Giacinta, la cui biografia è così sconvolgente.

Il 13 maggio 1981 una mano criminale in piazza San Pietro fece scattare il primo sacrificio cruento!

Maggio può essere già molto caldo ed è così pieno di contenuti che è difficile abbracciarli tutti col ricordo.

Nel maggio del 1982 anch'io andai a Fatima.

La missione di Fatima è contro corrente, rispetto alla politica di questo mondo, e colpisce in modo diretto le potenze delle tenebre, dunque incontra anche le più grandi proteste: in maggio tuttavia si concluse quella guerra e l'8 maggio 1945 non si potrà mai cancellare dalla mia memoria.

Perfino quell'anniversario, però, per me è associato al verde e ai fiori. Quando allora, a Neustadt-Glewe, salii sulla torre e con lo sguardo abbracciai il mondo tutto intorno, la bellezza di quello che vidi mi tolse il respiro: i boschi di un verde brillante, interrotti dall'occhio azzurro dei laghi e ornati da piccoli castelli bianchi, attaccati al pendio della montagna boscosa. Il Meclemburgo è un bellissimo pezzetto di mondo ed è difficile credere che, in un mondo così bello, gli uomini abbiano commesso delitti così mostruosi.

Maggio: il mese dei contrasti, dei ricordi di santità e di crimini; le meditazioni in maggio devono ruotare intorno a questi contenuti esistenziali.

* * *

La primavera è in pieno rigoglio, il sole ormai riscalda, il prato è ormai pieno di erbe alte e gli uccelli cantano senza sosta. Il mese della gioia e della speranza, perché, anche se ci sono tanti crimini, eppure c'è la speranza, confermata dalle sue stesse parole: «Tuttavia il mio cuore vincerà».

Il bene vincerà e il male, anche se è quale è, deve in fin dei conti servire il bene. Il diavolo, che lo voglia o no, realizza anche lui il progetto di Dio, volendo intensamente distruggerlo!

In maggio cade la Pentecoste e lo Spirito Santo volteggia sul mondo, chiamato da mille voci: «Veni Sancte Spiritus». La sequenza allo Spirito Santo è la mia preghiera preferita, la recito in latino, in polacco non ne sono capace. Il testo è così bello!

La novena allo Spirito Santo – ogni giorno chiedi un dono diverso –, i sette doni dello Spirito Santo. A volte chiedo ai candidati al sacerdozio quali siano questi doni. Molti ragazzi, che si sono diplomati nelle scuole comuniste, non sono più in grado di elencarli, devono completare la loro formazione. E che cosa mai può fare l'uomo, senza i doni dello Spirito?

La Pentecoste è sempre anche il ricordo di mio padre: insieme andavamo nel bosco a prendere delle delicate piccole betulle, con le quali mio padre ornava il piccolo altare della Madre di Dio. Poi c'era un'altra spedizione per l'acoro: era pericolosa, si poteva cadere nell'acqua, perché l'acoro cresce nell'acqua. Poi, una volta portato a casa, riempiva tutto col suo odore particolare. Da molto tempo ormai non mi capita di sentire l'odore dell'acoro. Per me è associato all'infanzia, a mio padre e allo Spirito Santo, associazioni che è impossibile spezzare.

La rassegna di maggio rovista tra i miei pensieri, creando nel cuore profondi strati di gratitudine. I fili ingarbugliati portano tutti a una cosa: a rendere grazie. Gratitudine per il dono della vita, per il dono di mio padre, che cantava e suonava con l'armonica i canti mariani e decorava la sua statua ogni giorno con fiori nuovi. È morto nel suo giorno, di sabato. Il lunedì aveva detto: «Non abbiate paura, oggi non morirò, la Madre di Dio verrà a prendermi sabato». Penso che sia venuta, a giudicare dal sorriso con cui, con l'ultimo respiro, eseguiva con l'armonica il suo canto. Così si è addormentato nel Signore; così si dice e così dovrebbe essere: la morte dovrebbe essere il meritato riposo nel Signore. La nascita e la morte sono strettamente legate, in modo indissolubile.

Ho mio padre in cielo, in generale ho il cielo pieno di persone a me care – il cielo è pieno. Ma la piccola Giacinta era spaventata dall'inferno, la Madonna ordinò a quei bambini piccoli di soffrire, di mortificarsi, perché le forze del male si possono sconfiggere solo col sacrificio. Come questo è controcorrente in questo mondo, nel quale si fa così tanto affinché la vita umana diventi sempre più comoda! Mentre la piccola Giacinta si feriva fino al sangue, portando sul corpicino nudo una corda dura. L'uomo del nostro tempo rifiuta questo modello di vita.

Maggio sembra contraddire le mortificazioni, pieno di gioia e di bellezza: come dunque trovare un modo di riparazione?

* * *

Le goccioline di rugiada brillano sulle foglie, con i colori dell'iride. Una brezza leggera le muove e forma una striscia luminosa e tremolante. Questa bellezza toglie il fiato; oh, se tutti la potessero vedere!

L'anima dell'uomo si allarga attraverso la bellezza, che l'occhio umano assorbe! Amo questo bosco e questo luogo, che mi sembra sacro, il luogo della mia appartenenza e identità. Tutti gli altri luoghi sono luoghi del dovere, degli impegni, ma il mio posto, le mie radici dell'anima sono qui, in questo bosco!

E quali auguri di compleanno potrei mai mandarti? Quale regalo di compleanno? La fedeltà del cuore, che qui in silenzio ammira questo bosco, e l'andare dietro a lui – la fedeltà a Dio è anche fedeltà all'uomo!

Andare dietro a lui, dietro a Cristo e... prendere la croce, quello che fa male, e metterlo da parte sul «conto del cielo», indirizzarlo per ciò che è più caro, per la salvezza delle persone amate, per la conversione del mondo, per... come nella preghiera dei gesuiti: «Per tutte le intenzioni fissate per la giornata di oggi» – come una volta!

Il silenzio è pieno di suoni meravigliosi. Il silenzio del bosco non è mai vuoto. A volte, prima di un temporale, il bosco tace, come nella minaccia dell'attesa, ma quando splende il sole, il silenzio del bosco è pieno di una melodia: la musica del bosco. Il bosco canta il *Magnificat*.

17 maggio 1979 giovedì

Sto seduta sul prato: che vegetazione intorno, quanti uccelli cantano!

Ma non ho fatto in tempo ad arrivare all'albero-finestra del tramonto, perché il viaggio mi aveva terribilmente stancato: sicuramente mi accorcio la vita con questi viaggi. Provo dolore, come prima dell'operazione!

Fa un gran caldo! Ho camminato per il sentiero rosso. I prati sono pieni di farfarugi: enormi, dorati, segnano con la loro presenza il corso dei fiumiciattoli. E il bosco risuona forte del canto degli uccelli!

Sul sentiero è asciutto, di fango neanche l'ombra, perfino le pozzanghere «perenni» si sono prosciugate, ma deve esserci stato un vento fortissimo, perché nel bosco, se si entra dal prato grande dietro Rymanów, c'è una gran quantità di alberi abbattuti. Grandi alberi spezzati a metà, come fiammiferi. Sul nostro sentiero ho contato ventisette abeti abbattuti di recente, che giacevano di traverso sul sentiero.

Soltanto oggi ho visto che quella collina dietro al cimitero, sulla quale non siamo riusciti a salire da quanto era fitta la vegetazione, è tutta coperta di fiori! È un giardino selvatico e fitto, ora sembra un mazzo di fiori.

Non ho incontrato nessuno. Sono sola. Qualche uccello. Nel «nostro» giardino il melo fiorisce, come in un quadro, e c'è il verde dei larici.

Il fiume Wisłok è piccolo, l'acqua calda, ho fatto il bagno. Il sole è tramontato oltre il bosco, come tante volte.

Per strada ho cercato di celebrare l'ora santa – è giovedì. Ma i miei pensieri erano disordinati e non riuscivo a radunarli, continuavano a fuggire verso l'incontro su quella torre[1].

Hai detto, con tanto fervore, che doni tutto, e quel «tutto» è stato pronunciato come mai prima, anche se più di una volta ti avevamo sentito dire «Totus tuus». Ma ora era una dichiarazione così profonda che mi ha sconvolto. Non riesco a dimenticarla, né riesco a smettere di pensarci!

[1] In Vaticano erano in corso dei lavori e il Santo Padre abitava nella torre dei Giardini Vaticani.

Sei pronto a donare tutto a Dio! Non era una frase detta così per dire, era una dichiarazione che rappresentava la più profonda rivelazione dell'anima. So che in quel «tutto», in ciò che di nuovo, fino in fondo, fino alla fine viene donato, ci siamo anche noi e questo bosco.

La bellezza del mondo imbevuta di Dio.

Bacio questa terra.

Delle impronte di piedi, un cuculo instancabilmente fa il suo verso, cala la sera, come tante volte. Si fa buio, le zanzare ronzano, gli alberi stanno quieti, trasformano il cielo in un merletto, realizzato sullo sfondo dorato della sera. Gli uccelli cantano, un intero coro. Silenzio; solo i canti degli uccelli e l'accento del verso del cuculo, che entra nel coro come una virgola.

Com'è bello qui! A questo posto sono legata così tanto, così irrevocabilmente.

«Totus tuus»: un sacerdote libero della meravigliosa libertà del pieno affidamento. Così appunto è stato detto: «Sto davanti a Dio con tutto e con niente».

La pienezza della fiducia in Dio.

Bacio le pietre: l'altare, sul quale è rimasta per sempre la traccia nascosta delle mani del sacerdote.

Il bosco si acquieta, cade la notte.

«Padre nostro...».

18 maggio 1979 venerdì, ore 8, il compleanno

Come sono felici quelle madri, che sanno già che il loro figlio è santo; le madri dei santi, le madri dei sacerdoti, sant'Anna... e all'apice di questa gioia, la Madre di Cristo.

Qui però, in questo bosco, penso a quelle madri che trepidano per i loro figli, per la loro salvezza.

Una volta don Juliusz Turowicz ha detto: «Ricordate che il Signore Dio ama ogni figlio più di quanto riesca a fare la migliore delle madri», e questo dà una speranza contro la speranza, perché come sono intricati i destini dei figli! Ma il Signore Dio lo sa e... li ama, dunque li vuole salvare.

Il tuo compleanno!

C'è il sole; il cielo come un cristallo e che vegetazione... La messa sarebbe con la faccia rivolta a questo magnifico larice. Voglio rimanere qui. Ma, se voglio essere presente alla messa, devo ormai andare.

Gli uccelli cantano. Nel bosco, dove erano piantate le nostre tende, c'è una gran quantità di fiorellini bianchi. Non sapevo che quest'erba con le foglie larghe, che tappezza il bosco, fiorisse – porto questo fiorellino con me.

Mi sono fermata un attimo sull'alta sponda: c'è poca acqua, si vede la nostra pietra. Il sole splende, il fiume scorre, l'acqua è come viva. Passo da un albero all'altro – qui stava l'altare – e qui, e qui. Un mondo impregnato di preghiera.

Devo andare alla messa, perché come potrei fare diversamente? La sorella del Primo Sacerdote, come può mai passare questa giornata?

Tra poco mi incamminerò. Mi fa male la gamba, che ieri mi sono scorticata, e cammino adagio. Com'è difficile andar via di qui. Ci ritornerò. Qui ci sei tu; così hai scritto: «Col desiderio del cuore».

Dolore.

Ore 12, l'Angelus, la finestra

Che panorama! Peccato che non siamo mai stati qui in maggio: che splendido gioco di colori!

Il fiume in basso è verde, le pietre di un bianco splendente.

Sul fiume, proprio sotto di me, un baluardo di alberi da frutto fioriti; i ciliegi sulla riva fioriscono ora e i biancospini, i prugnoli, tutti i cespugli sono in fiore, ma il prato lontano fino alla strada non è affatto verde, è tutto dorato; il verde trapela solo timidamente attraverso l'oro vivo dei crespigni e dei farfarugi.

La strada è bianca e, solo più in alto, oltre la strada, fino al bosco, c'è il verde uniforme dell'erba.

Il bosco ha il margine ricamato di bianco: è quel baluardo di prugnoli fioriti. Solo più in alto un verde acceso, tutto immerso nel cielo. L'ultima nota sono le cime scure dei vecchi abeti sulla vetta, sopra al nostro sentiero, dall'altra parte.

E nel cielo neanche una nuvola.

In cielo c'è quella madre sconosciuta, la madre felice del santo papa – devo pensare a lei.

A lei e al cielo, e alla morte: il pensiero della morte mi impone la sua presenza di continuo. Perché, nonostante tu abbia scritto che bisogna cercare i «nostri orizzonti», io non li vedo qui sulla terra.

La mia solitudine nel nostro bosco è una preghiera, qui non posso fare nient'altro, devo pregare, con tutta me stessa.

Un bambino è nato in questo giorno, un maschietto subito designato da Dio, eletto... Infatti sei stato scelto fin dal primo momento dell'esistenza e qui, su questa terra, in questo stesso luogo nel quale ora sto seduta, siamo stati insieme, immersi nel mistero dell'esistenza, di Dio, dell'amore e della grande verità relativa all'umanità creata a immagine di Dio. Sto in piedi nella cornice di questo albero – come una volta – e nessuno mi può togliere questo, il Signore Dio ce l'ha dato!

Quindi, anche se doni a Dio senza esitazione pure questo magnifico spettacolo, come tutto il resto, il Signore Dio non può annullare ciò che è stato, perché persino questo è una tappa del cammino verso di lui!

«Magnificat anima mea...».

Ore 13, l'albero della Trasfigurazione del Signore

Il tronco, ampio in modo ospitale, mi accoglie. Sono arrivata qui recitando i misteri dolorosi del rosario, infatti è venerdì. Ho camminato su un tappeto di fiori; ne fioriscono moltissimi, e sono tutti viola: varie sfumature di viola, da quelle scure fino al lilla pallido. Quanti fiori qui, e uccelli, tutta la musica degli uccelli!

Sto seduta con le spalle appoggiate al tronco. Il sole, come sempre, getta macchie dorate sulla terra, sui fiori che ricoprono la terra. Le foglie vecchie frusciano, quando cammino, avvolte in rotoli dorati a causa del sole. I piccoli abeti hanno sui rami scuri delle nuove punte verde chiaro – tutti sono così di due colori.

Gli alberi grandi – quelli alti fino al cielo – hanno i tronchi e i rami scuri, quasi neri, e su di essi l'aureola verde e dorata delle foglie giovani. Un mondo dorato dal sole di maggio.

Tra questi grandi alberi in alto fruscia il vento e lassù agita le foglie in maniera tale che le macchie dorate del sole per terra sono sempre in movimento, come vive.

Qui, in basso, dove sono seduta, non c'è vento, è tranquillo.

La vetta del monte di Sant'Anna

Qui soffia un vento molto caldo, secco, fruscia tra gli alberi, un vento forte!

Le felci non si sono ancora srotolate nelle foglie, sono avvolte nei pastorali. Tutto intorno a me ci sono moltissimi pastorali di felce, mentre tu sei là a Montecassino – un gran numero di persone, mentre io sono qui da sola. Il mistero della mia vita.

Un mistero che scenderà con me nella tomba. Torna da me il pensiero della morte.

Che vento si è alzato, con quanta forza fruscia; con un vento simile, Dio una volta parlava agli uomini.

I fiori viola sono rimasti là, più in basso, fino all'altezza dell'albero della Trasfigurazione. Quelli che si trovano qui sono di un lilla così pallido che sono quasi bianchi, da viola trasformati in bianchi, come le vesti del sacerdote. Sto seduta su un tronco secco, esattamente nello stesso luogo in cui stavo il 6 agosto 1978.

Il sole, il vento... gli imponenti alberi intorno ondeggiano, il fruscio li attraversa a ondate...

Il bosco adora Dio col fruscio degli alberi. I grandi alberi si inchinano, le foglie tremano per l'emozione, trema anche la mia anima.

C'è in me uno slancio di gratitudine. Sono grata a Dio per il dono del Fratello e in me c'è l'umile preghiera a Dio, affinché io non sprechi questo dono; prego qui, oggi, nel compleanno di mio Fratello, per l'allargamento del mio cuore, delle dimensioni della mia anima, affinché io sappia vivere come lui vuole, il grande Fratello e il Signore Dio stesso. Con questa richiesta concludo la mia passeggiata fino alla cima!

Ore 15.15, il sentiero rosso

Non sono andata sulla punta, temevo di arrivare tardi in chiesa. Sono scesa dal monte di Sant'Anna e ora cammino per il sentiero rosso. Ho celebrato la via crucis; fa molto caldo. Sono stanca, il mio zainetto verde mi sembra troppo pesante.

Ho i piedi feriti, quindi ho deciso questa sosta sul caro fiume Wisłok, dove il sentiero rosso svolta in su. Immergo i piedi nell'acqua. Le pietre sono bianche, l'acqua verde, sulla riva magnifici, enormi farfarugi dorati. Silenzio, non c'è nessuno...

Ore 16.15, al limitare del bosco, il sentiero rosso

Sono stata seduta sotto lo stesso albero sotto cui sedevamo.

E poi ho colto i lamponi. Camminavo e pensavo alla nascita. La tua nascita da tua madre, dal suo corpo; la mia nascita dal tuo spirito; la nascita di Giovanni Paolo II dallo Spirito Santo. Una serie di fatti che entrano gli uni negli altri e formano un unico insieme, inserito nel pensiero di Dio, nel progetto di Dio nei confronti del mondo.

E su questo sentiero rosso ho capito la fervente pienezza del tuo «Totus tuus».

Naturalmente – così deve essere.

Scrivo ciò e all'improvviso si è alzato un fruscio degli alberi, come un segno dal cielo!

Sto seduta al sole, davanti a me un panorama familiare. Proprio davanti ai miei occhi, i pendii lisci e verdi del prato indorato di fiori, tagliato da una fila di cespugli fioriti.

In basso il bosco, in alto la catena opposta dei monti. Uno è scuro per il bosco, il secondo è verde per il prato, il terzo a destra è come un tappeto picchiettato, perché il bosco è misto, vecchi abeti scuri, giovani foglie verde chiaro.

Non c'è nessuno!

Il tuo spirito con me.

Io sola e Dio al di sopra del mondo, così presente nel mondo. È un bene che io sia venuta qui ed è un bene che mi sia decisa ad andar via di qui per andare in chiesa...

Farò in tempo.

Ore 20.30, Rymanów, Pontifex Maximus

Quando il Signore Dio ti ha scelto? Nel giorno del concepimento? In quello della nascita? Mi ha sempre tormentato questo, fino a che punto Giuda fosse colpevole di essere nato Giuda. La messa mi ha portato questo testo: «Non voi avete scelto me, ma io ho scelto voi»...

Dio sceglie...

Sono troppo difficili per me i misteri dell'amore di Dio, della sua scelta. Io non li capisco, ma si può capire? Sul fiume Wisłok forse non tanto capisco, quanto so, che ti ha scelto in modo così speciale. Specialmente te, e io in qualche modo sono anche in questo!

Notte

Non riesco a dormire. Mi sono stancata e il cuore mi fa male, e il collo. Mi invade la tristezza, perché non ho abbastanza forza per andare in chiesa da questo bosco, ma senza la messa, senza la comunione non riesco più a immaginare una vacanza.

Come mi dispiace! Dio, aiutami ad accettare la tua volontà.

20-21 maggio 1979, domenica notte

Una giornata di lavoro all'Istituto della Famiglia. Sto finendo uno studio. E come andrà dopo? Non lo so.

Mi invade l'impotenza, lo smarrimento, non vedo un futuro. Il dolore – di vario genere, anche fisico.

Il ritorno in autobus da Rymanów mi ha dato il colpo di grazia, ho dei dolori insopportabili. (Naturalmente esagero, infatti li sopporto).

Fuori dalla finestra delle grida: gli Juwenalia[2]!

Non riesco a trovare il mio posto, l'impossibilità è il mio destino.

Che verrà dopo? Non lo so.

22 maggio 1983 domenica, ore 15, Pentecoste, la punta, la cima

Calore, fa molto caldo! Sono arrivata in taxi a Puławy e dal valico sono salita su questa cima. I ginepri sono gli stessi, un po' più alti, il sole come allora!

Ho voluto essere qui proprio oggi – «Dator munerum»[3].

La «communio personarum» è un rapporto che non tollera l'unilateralità. O è reciproco, oppure non esiste affatto.

Quanta sostanza mettevamo da parte per questo, quanta preghiera... Quante volte la via crucis, il rosario, l'ora santa, ogni giorno le litanie alla Madre di Dio, il mercoledì quelle a san Giuseppe. Le meditazioni – tutto questo deve durare quanto la vita.

[2] Gli Juwenalia sono i festeggiamenti delle giornate delle matricole che si tengono a Cracovia in maggio. Prevedono banchetti, intrattenimenti e cortei per le vie della città [NdT].

[3] Datore dei doni.

Mi è stato difficile arrivare qui attraverso il prato, perché l'erba è così alta, oltre la cintola, e non c'è nessun sentiero. Mi sono aperta un varco attraverso quella fitta vegetazione, come attraverso una foresta, e al limitare del bosco – come allora – un esercito di ortiche più alte di me! Sono tutta irritata, non c'era altra via d'uscita, si poteva solo passare attraverso di esse.

Il cielo è senza una nuvola. In alto, il vento fruscia tra gli alberi, a tratti si avvicina rapidamente, come se volesse venire apposta a trovarmi.

I ginepri ora sono più alti, più snelli, mentre il tronco di quel pino spezzato continua a chiudere la mia stanzetta nel bosco! Un posto bellissimo, riparato dal mondo, aperto verso il cielo.

Fa molto caldo, dei nugoli di mosche ronzano sopra di me. L'erba ondeggia leggermente con questo vento, e in quel verde ci sono dei fiorellini minuti lilla-celesti, mentre, sulla destra, un alto pino ben ramificato fa ombra.

Davanti a me il panorama familiare delle montagne dall'altra parte del fiume. Il pendio è fittamente coperto di ginepri e, in mezzo a essi, i cespugli spinosi dei rovi. Silenzio e solitudine, solo il cuore pieno del contenuto in esso racchiuso!

«Veni dator munerum, veni lumen cordium»! Ripeto di continuo questa sequenza allo Spirito Santo in latino! Il testo latino è così bello!

Com'è bella qui questa terra! Gli uccelli cantano, il cuculo e una vocina limpida e squillante e ancora uno... Un'intera orchestra di uccelli!

L'inno degli uccelli... il *Magnificat*!

Tu mi hai detto: «Saluta quegli alberi da parte mia!».

Li saluto! Proprio questi, soprattutto quelli che sono qui!

Una farfalla si è posata sulla mia gamba – è splendida, delicata – sta al sole e distende le alucce leggere, mi mostra se stessa! Un corpo delicato! Una creatura di Dio. Guardo la farfalla ed essa muove le alucce. Una solitudine riempita di sostanza!

Dio mi guarda, Dio qui è vicino...

È così bello, da far male!

Ore 17, il prato in basso

Ho impiegato molto tempo a scendere dalla punta attraverso il prato non falciato, attraverso l'erba qua e là più alta di me. Il nostro sentiero, che abbiamo fatto tante volte, è invaso dalla vegetazione, non c'è. Qui non passava nessuno!

I larici in basso si seccano, ma la guardia forestale dice che sempre, con l'andar del tempo, perdono i rami alla base in questo modo.

Come è bello qui! Non riesco a resistere all'impressione di non essere sola.

«Io non mi sono scelto questo destino» mi hai detto, e io ho replicato: «Neanche io». Sì, ma qui, proprio qui in questo bosco, tutto era per scelta, qui volevamo stare e io ora continuo a voler stare qui!

Questa è la mia scelta, il mio posto preferito al mondo, qui infatti è accaduto: quelle conversazioni, i pensieri che sviluppavamo e la vicinanza crescente.

23 maggio 1983 lunedì, ore 6

Mi ha svegliato il coro degli uccelli. Tutto il bosco canta, il sole è splendido, il cielo senza un'ombra! Sto seduta là dove sedevamo sempre a colazione. La colazione al sole, il pranzo all'ombra!

L'albero accanto, più alto di come era, getta un'ombra, ma incompleta, perché, attraverso le foglie, filtrano piccole chiazze di luce e danzano al sole, perché le foglie si muovono leggermente!

I grilli, gli uccelli; profuma la vegetazione, i fiori, il cespuglio del biancospino è tutto fiorito, sull'erba una striscia di rugiada rifrange l'arcobaleno, un tappeto luccicante in questo tempio di Dio.

Tu hai detto: «Sono stato staccato» ma in fondo non si può staccare e distruggere tutto quello che qui è cresciuto! A margine di questo hai scritto: «Staccare non significa distruggere, staccare significa anche dare in modo diverso».

Scrivo qui la relazione per Detroit (rifletto sulla teologia del corpo). Scrivo, perché so che cosa devo dire loro, perché so appunto che l'uomo può cambiare, perché la grazia produce il miracolo del perdono e il miracolo della trasformazione, il ritorno all'«innocenza originaria», si tratta solo di ritrovare la dimensione divina dell'uomo!

Ore 15.30, la finestra

Una nuvola nera sulle montagne: non farò in tempo ad andare sulla cima del monte di Sant'Anna, perché voglio arrivare puntuale alla messa.

Il vento si è calmato e gli uccelli non cantano più: il silenzio prima del temporale. In basso il Wisłok povero d'acqua, le pietre biancheggiano. Sono passata senza difficoltà su quelle pietre sbiancate al sole, là dove sempre, per il sentiero selvaggio!

L'albero finestra è intatto, ma più avanti un altro è caduto e costituisce un segno: il segno del tempo!

È un bene che io sia qui proprio oggi, qui c'è la dimora terrena dello Spirito Santo, lui è sempre stato qui.

18 maggio 1984, ore 10.20, la finestra

In basso il prato è al sole – qui l'ombra – solo sul pendio, delle macchie di sole, a causa delle foglie mosse dal vento.

Il cielo è senza una nuvola, ma il vento è forte.

Il prato, sia quello qui sull'acqua, sia quello più in alto fino alla strada e al di là della strada fino al bosco dall'altra parte, in effetti non è verde, è dorato: sono i crespigni con i loro fiori dorati, che gli danno questo colore. Fiorellini come piccoli soli: così i bambini disegnano il sole!

La bellezza del panorama dalla finestra non si può descrivere; sull'acqua, tra i cespugli verdi che separano il prato dal fiume, alcuni alberi con i fiori bianchi: sono gli alberi di quelle ciliegie che a volte coglievo.

L'acqua è aumentata, perché ultimamente ci sono state delle piogge, cosicché la corrente mi ha reso difficile l'attraversamento.

Il prato è aperto, qualcuno ha aperto il filo di ferro da entrambe le parti e c'è un passaggio, ma mi sono ferita, perché nell'erba verde non ho visto un pezzo di filo di ferro. Mi ha ferito in modo doloroso. Mi sono voltata immediatamente per avvisarti... Perché cammini dietro di me e avresti potuto ferirti! Sempre qui, mentre cammino, altrettanto «automaticamente» tolgo le spine e i rami dal sentiero, perché potresti non notarli: immerso nelle tue riflessioni, nella preghiera.

Il piede ferito mi brucia; mi soffermo un attimo nell'acqua, perché lo lavi. L'acqua è fredda, perché la notte è stata fresca, all'alba il freddo mi ha svegliato.

Lascio la finestra, voglio stare seduta più a lungo sul monte di Sant'Anna. Una decina del rosario alla finestra: i misteri gloriosi, il *Magnificat*.

L'albero, il «testimone» dell'ultima domenica: due tronchi sono contrassegnati con la vernice bianca. Destinati al taglio? Non lo so, è sano, bello, perché dovrebbe essere tagliato?

Sul terzo tronco, da me è stata intagliata una piccola croce. Avrei voluto fare qui una cappella, ma sicuramente non la farò!

Ore 11.15, la cima

È cambiata, altri alberi sono caduti, ma il nostro tronco è intatto, giace come sempre – sto seduta nello stesso posto.

Il sole arriva qui a macchie, tra le foglie, nel pomeriggio questa cima è al sole. Quiete; il vento è cessato. Gli uccelli cantano, tutto intorno i pastorali delle felci non ancora srotolate fino in fondo.

Il compleanno... La madre, felice, dal cielo vede suo figlio. Felice, anche se in fondo è anche la madre sotto la croce – addolorata. Penso al mistero del dolore di una madre, come la sua «divinità» si concilia col dolore umano, che è poi di tutte le madri!

Il mistero di questa sofferenza; non dei dolori del parto, ma della sofferenza alla vista del destino dei figli.

Il tuo grande destino è infatti il Calvario, la via del martirio, la via crucis.

Come possono essere felici le madri in cielo, vedendo il destino dei loro figli? Sicuramente «il tempo non c'è», quindi sanno che cosa avverrà, ma se sanno che un figlio sarà all'inferno?

La Madre di Dio, a Fatima, mostrò ai bambini l'inferno. Soffre per il fatto che i suoi figli adottivi sono minacciati dall'inferno.

La conversione del mondo: il tuo desiderio, il tuo scopo, il tuo destino di figlio nato oggi.

Tua madre non poteva sapere a quale destino ti partoriva. Lui lo sapeva – vedeva me qui oggi, anche se ancora non esistevo.

Cammino in questo magnifico bosco, lodando Dio, ma nello stesso tempo non comprendendo. Il mistero dell'esistenza: perché così?

«Hai una bellissima vita» hai detto. Ce l'ho. Ho una vita bellissima e ricca, per la quale pago con il dolore. «Benedetto il grembo che ti ha portato e il seno che ti ha allattato» quello di Maria e quello di tua madre. E attraverso di loro anch'io sono inserita in questa misteriosa corrente degli eventi.

Com'è bello il progetto di Dio nei confronti dell'uomo! Come sono ridicolmente nani questi «movimenti per la liberazione della donna»! Infatti si tratta di capire appunto questo mistero: il «sacrum» del corpo della donna.

Lo so, a te ha parlato un «sacrum» doppio: il dolore dei parti e il dolore del corpo sfinito a Ravensbrück. Due poli della scoperta femminilità: il lodevole strumento dell'amore di Dio, la sofferenza umiliante inflitta dall'uomo.

1° maggio 1991 domenica

Una bellissima giornata, al mattino c'era il sole, ora si rannuvola, ma continua a essere chiaro. Nel bosco, un inizio di primavera; le delicate foglioline verde chiaro delle betulle e dei larici, in basso l'erba fresca un po' più scura, punteggiata di fiorellini del farfarugio, come dei sentierini dorati che mostrano dove è umido. Dei fiorellini bianchi, che non so come si chiamino, e ancora delle piccole campanelline dorate.

Meraviglioso.

Il bosco risuona di canti! Moltissimi uccelli: uno, proprio accanto a me, fischia appena appena, e un altro, un po' più in là, gli risponde. Conversano tra loro o forse cantano per lodare il Signore Dio?

Il bosco è tutto verde, solo i tronchi degli alberi sono scuri.

Raduno dentro di me le varie parole pronunciate qui e i pensieri sviluppati e li chiudo tutti con un *Magnificat*.

Attraverso il verde delle foglioline trapelano i tronchi bianchi delle piccole betulle – quante sono le sfumature di questa vegetazione nuova! Accanto, gli alberi da frutta ancora non fioriscono, ma hanno già le gemme. Il sole si è aperto un varco tra le nuvole e indora, a macchie, il prato verde, balenano nel verde le macchie dorate del sole – quante volte è stato così, conosco questa scena. Il fiume mormora dolcemente, in modo innocuo, l'acqua è poca, nel bosco si sono prosciugate perfino le pozzanghere «perenni», è secco come non mai! Il fiume però si sente, offre un accompagnamento delicato al coro degli uccelli – che armonia in questi suoni!

Allontano tutti i pensieri, tutti i problemi, e una cosa sola resta nella memoria: «stiamo bene qui»! Là, «nel mondo», mi aspetta come sempre la croce... ma qui, oggi, l'anima desiderosa di cantare, insieme a questo bosco intona un inno di lode, la mia anima adora il Signore, insieme a questa natura piena di bellezza!

Anche se non si può allontanare tutto completamente, a che cosa tornerò? Come sempre, alla stessa lotta per la sorte del bambino, dei bambini non ancora nati. Janka dice: «Mio figlio avrà un bambino», ma io la correggo: «Tuo figlio ha un bambino» e, vedendo la sua faccia stupita, spiego: «Il bambino non è ancora nato, ma c'è!».

Quante volte bisogna ripeterlo alla gente! Cerco di insegnare così alle persone. «Avete un bambino, dapprima non nato, poi lattante, poi bambino della scuola materna», eppure è lo stesso bambino!

E loro rispondono continuamente: «Quello non è ancora un bambino». E cosa sarebbe?

Una certezza irremovibile: un bambino, un figlio di Dio. Quanto tempo ed energie si possono dedicare a questa lotta, per i figli non ancora nati degli altri, sacrificando i propri?

Tu hai detto: «Prego affinché tu riesca a far tutto». Qui, in questo bosco verde pieno di speranza, tutto sembra davvero possibile. Sotto questo sole le parole di san Paolo, ripetute qui tante volte, riecheggiano attraverso le tue parole: «Tutto posso in colui che mi dà forza».

In questo bosco, sotto questo sole, nel leggero fruscio degli alberi mossi dal vento, tutto sembra non solo possibile, ma... facile.

Al mattino, nella piccola chiesetta del villaggio, nella preghiera dei fedeli il sacerdote ha pregato per il Santo Padre Giovanni Paolo II, affinché «il peso della responsabilità che egli porta diventi per lui dolce e leggero»: praticamente è la preghiera per un miracolo, ma proprio qui, in questo bosco, tutto è stato un miracolo. È stato ed è un miracolo, davanti al quale io rimango sempre ammirata, affascinata, in estasi.

15 maggio 1993 sabato

Volevo essere qui il 18, ma non potrò, quindi anticipo il giorno del tuo compleanno. Come deve essere felice tua madre!

Qui il cielo sembra davvero più vicino all'uomo. Qui Dio risponde direttamente. Qui è così presente, che qui ho sempre la sensazione del contatto diretto con lui, attraverso il contenuto che è impresso qui, impresso nell'eternità, perché «quello che è stato, è» – quello è impresso nella storia di questa terra e nella storia della mia, della nostra vita, in modo irreversibile.

Il passato non scompare mai, né cambia, è permanente.

Questi attimi sul monte di Sant'Anna sono sempre momenti

di uno «slancio di umiltà»; in nessun'altra situazione della vita c'è stata in me una così chiara consapevolezza della piccolezza dell'uomo, mia, di fronte alla grandezza di Dio. La proporzione Creatore-creatura lì appunto appare nel modo più evidente, e quelli sono proprio i momenti della più profonda preghiera di ringraziamento, per il dono, e nello stesso tempo i momenti della più profonda consapevolezza della mia indegnità.

Sul monte di Sant'Anna spariscono tutti i coinvolgimenti terreni, sto senza niente, soltanto sola con me stessa, scoperta nella mia stessa essenza, davanti a Dio, che è. Qui è nato quel particolare riferimento a Cristo, a lui stesso.

Già da molto tempo questo monte aveva il suo riferimento teocentrico: Dio qui era sempre così presente che avvertivo quella presenza, ma allora quella sostanza diventò più cristocentrica, più ravvicinata, attraverso Cristo, a... potrei dire – alla terra.

In questo bel bosco mi attraversa un'ondata di commozione, di gratitudine e di gioia, la gioia che viene dal carattere duraturo del dono, perché il dono che scaturisce, come da una sorgente, dalla sua passione, è indistruttibile, è eterno. Tu mi hai mostrato questo più profondo «iunctim» – il radicamento del dono del monte di Sant'Anna nella passione di Cristo – il dono è stato reso eterno, irrevocabile! E quello che si compiva su questo monte è semplicemente la realizzazione del senso più profondo dell'esistenza dell'uomo. Dotato dell'esistenza, affinché partecipasse alla vita di Dio, e qualunque cosa si riuscirà a dire, non è ancora adeguata alla forza di questa esperienza e alla sua sostanza. Questo essere qui, in questo silenzio e nella quiete più profonda, questo essere reciproco, questa «communio personarum», penetra fino agli strati più profondi dell'anima umana e si può rispondere a questo solo con un grande slancio di gratitudine e con uno slancio di gioia. Sembra un paradosso, la scoperta della gioia nella via crucis e nella passione, tuttavia è proprio così: la gratitudine, per il fatto che Cristo accettò la passione, la gioia per i suoi effetti sull'anima dell'uomo, su di noi, sul mondo intero.

Il bosco è nella leggiadria di maggio: verde, verde ovunque, tutto è verde, e ogni albero, ogni cespuglio ha una diversa sfumatura: che ricchezza! Gli arbusti illuminati dal sole, quelli più lontani sembrano più scuri. Su un larice, un uccellino si è fatto un nuovo nido e canta; non solo lui, c'è un intero coro di uccelli. L'acqua mormora appena, tanto è poca, c'è siccità: si può passare da una pietra all'altra. Nel luogo in cui erano piantate le tende, ci sono moltissimi fiorellini bianchi con il centro dorato – uno splendido tappeto!

La riva del fiume è più ripida. L'acqua primaverile ha di nuovo staccato un pezzo del pendio e l'albero, sotto il quale si svolgeva la messa, ora pende sul precipizio, sporgente sull'acqua, sembra incombere su di essa, sul suo riflesso in essa.

29 maggio 1994, ore 17.15 fino alle 18.30,
festa della Santissima Trinità.
Meditazione con il Santo Padre

Ora ho compreso la dimensione trinitaria dell'uomo, che cosa significa che Dio lo ha creato a sua immagine: quando creò il mondo degli animali, semplicemente lo creò, mentre l'ultimo giorno, quando creò l'uomo, disse «facciamolo», come se Dio stesso fosse entrato in sé, nella sua divinità, e da essa avesse tirato fuori l'uomo, dalla sua dimensione, e nell'uomo quella dimensione si può ritrovare, nella femminilità e nella virilità.

* * *

Per la festa della Santissima Trinità, il Santo Padre analizza dei testi del breviario – tre antifone per la giornata di oggi:

La prima, «adesto Domine»: Signore, sii con noi.

La seconda, un testo magnifico, analizza la Santissima Trinità.

Il Padre è amore e questo amore si rivela attraverso il Figlio, che è grazia, mentre lo Spirito è «communicatio» – il testo più conciso. Dio vuole dare se stesso, il suo amore, agli uomini e lo fa attraverso il Figlio. Qui la femminilità trova il suo posto, perché il Figlio, in quanto uomo, esiste attraverso la madre. Lo Spirito permette il contatto più profondo, perché Dio vuole darsi.

La terza antifona è una verità su Dio: Dio è verità, «veritas», e questa «veritas» è appunto amore e questo è ciò che Dio vuole mostrare, creando l'uomo. Non rivela la potenza, ma appunto l'amore. Il fatto che Dio sia verità, cioè vero amore, è la quintessenza della divinità. In questa unità trinitaria si colloca l'uomo e proprio il corpo dell'uomo acquista qui la sua dimensione: il corpo serve lo spirito, il corpo lo rivela e il corpo ha un suo ruolo, il corpo deve essere amato. C'è stato un uomo che ha detto di voler «ascoltare la confessione del suo corpo». La santità non è una fuga dal corpo. Ci sono biografie di eremiti che avevano abbandonato il mondo, erano fuggiti via dal corpo, eppure peccavano con il corpo: non è possibile fuggire dal corpo. Bisogna amarlo e renderlo santo. Il corpo umano è santo, perché fatto a immagine di Dio e bisogna ritrovare questa dimensione; è un passo ulteriore nell'analisi della sessualità umana.

1° maggio 1995 lunedì

Festa patronale! La chiesetta è dedicata a san Giuseppe lavoratore. Oggi la gente intona canti a lui e, dopo la messa solenne, gli recita le litanie.

È una bellissima giornata, molto calda; intorno fioriscono gli alberi da frutto, davanti alla siepe ci sono i confessionali. Le persone si confessano. Alcuni sacerdoti vicini partecipano. In alto, sull'altare, la statua di san Giuseppe, venuta da Roma, benedetta – Tadzio Wójcik l'ha portata qui.

All'inizio, però, la gente l'aveva messa da una parte, mentre sull'altare aveva messo la Madonna di Fatima, la stessa la cui fotografia ha fatto il giro del mondo: la Madonna regalata dal vescovo Hnilica al Santo Padre, e poi a me, affinché qui fosse vicino al confine russo. Una statua piccola, bella, sempre ornata di fiori; volevo metterla qui nel bosco, ma il Santo Padre ha detto: «È un peccato che stia alla pioggia, trovale un riparo». E proprio allora la gente stava costruendo questa chiesetta e sono qui entrambi, la Madonna e suo marito, ma ho impiegato molto tempo a convincere la gente che tuttavia era lui il patrono di questa chiesetta, a lui spettava il posto all'altare, mentre lei sicuramente non si sarebbe arrabbiata per quello. Dunque san Giuseppe ora occupa il posto centrale.

La messa viene celebrata da un ospite, che però è originario di qui, anche se ora vive da qualche parte nel mondo. È venuto per la festa patronale, anch'io. Sono venuta di notte, addirittura da Radom, per essere qui.

Dopo la messa, la processione, il sacerdote porta fuori il Signore Gesù, in questo bellissimo mondo, e il popolo canta il Te Deum! Subito dopo, io mi incammino verso il mio bosco.

Il bosco ancora non si è del tutto risvegliato e i larici non hanno ancora gli aghi, mentre il pero ha appena le gemme, le betulle però sono già verde chiaro e così l'erba, e ci sono moltissimi fiori; qui prevale il color oro, ci sono fiorellini qua e là, delle violette quasi timide. Accanto alla cascata, una gran quantità di fiori bianchi con le foglie grandi, e i cespugli sull'acqua sono già verdi.

Il fiume è ricco d'acqua, lo passo a guado, non è così freddo come mi aspettavo.

Sul fiume, le pietre bianche luccicano al sole. Lo sparviero caccia. Il silenzio del bosco pieno di musica! La tortora tuba con voce profonda. Dall'altra parte del fiume c'è più sole, gli alberi sono completamente verdi, di una vegetazione giovane e vivace.

2 maggio 1995 martedì

Per molto tempo non sono riuscita a prendere sonno: troppi pensieri e ricordi, ho ritrovato gli appunti della riflessione fatta insieme riguardo all'«istinto».

C'è qualcosa nell'uomo che si può chiamare «istinto», anche se non è esatto; ma in nessun caso lo si deve isolare. L'isolamento crea e suggerisce la possibilità dell'autonomia dell'istinto, mentre l'istinto nell'uomo «non è autonomo». Non c'è ragione di cercare di ottenere la soddisfazione sessuale, ma invece bisogna cercare la pace nell'uomo. In un uomo che è in pace, l'istinto è armoniosamente sottomesso a ciò che dirige l'uomo. Attualmente domina l'errore di isolare l'istinto.

Errore che ha conseguenze tragiche, mentre bisogna, al contrario, inserire l'istinto nella totalità della persona, integrarlo! Una persona integrata, presa da una questione per lei importante, non pensa nemmeno all'istinto e non ha nessun problema con esso. L'aberrazione dell'istinto è un'aberrazione della persona, si verifica nella persona. L'affermazione che l'istinto esige qualcosa è offensiva, sia per l'uomo che per l'istinto, perché l'istinto è una reazione del corpo, e il corpo è puro, da solo non fa nulla di male. È l'uomo che decide di fare qualcosa o no; ma decide sempre l'uomo, non il corpo, non il solo istinto.

Mettere la questione così, come se l'uomo esistesse separatamente dal suo istinto, crea una situazione tremenda, perché allora non c'è via d'uscita. Bisogna impostare la questione diversamente, nella verità: sono io che oriento il mio istinto, e io e il mio istinto miriamo a qualcosa, decido io, nella mia interezza, insieme al mio corpo.

E bisogna riflettere su questo, perché non isoliamo nessun'altra funzione del corpo, solo questa? Non è per il fatto che vogliamo avere appunto il «placet» per questo agire? La persona che crede nell'autonomia del suo istinto è infelice, è in conflitto con se stessa, e o cede all'istinto o tenta, senza risultato, di frenare a forza le reazioni di esso.

Inoltre l'istinto è diverso in ognuno, così come gli occhi uno li ha verdi e un altro marroni. Ci sono persone che attraversano la vita tranquillamente, non preoccupandosi affatto del loro istinto e non occupandosene, quasi ignorandolo, tale è l'armonia con la quale tutto in loro si svolge. Capita però che si possa, per così dire, contagiare una persona con l'istinto, quando le si dice: «Ah, tu hai un istinto così forte!». In effetti bisogna dire che non c'è l'istinto sessuale nelle persone, ma sono le persone a essere dotate della capacità di reazioni sessuali; il loro «istinto», la sua qualità dipende dalla totalità della persona. Una persona ha in sé varie ricchezze, anche l'istinto, ma spesso si pone la questione in modo tale, come se l'istinto avesse l'uomo a sua disposizione, mentre non è affatto così. Bisogna solo tirare fuori questa verità, sottolinearla appunto. Mostrare questo in modo evidente, soprattutto ai giovani, sottolineare che dipende dall'uomo che cosa egli fa con questo dono e che il cosiddetto istinto è come il primo mattone per iniziare, come la base, sulla quale si può costruire un grande e splendido amore. Bisogna usare l'istinto per uno scopo creativo, con questa esperienza si può arricchire la persona umana, ma si può anche distruggerla. Perciò, nei confronti del proprio istinto, l'uomo ha dei compiti, deve educare se stesso all'amore.

Proprio qui, in questo bosco, i pensieri sviluppati sono cresciuti a formare un capitale, dal quale, come gli interessi da un conto in banca, sono derivati poi vari discorsi. Spesso ritrovo quella trama fondamentale!

* * *

Il sole splende, ma il vento è freddo e si fa sempre più freddo. Il prugnolo fiorisce: sempre, quando fiorisce il prugnolo, diventa freddo, ma prima si diceva «la fredda Sofia»[4], perché il prugnolo fioriva allora, mentre ora già oggi! Il sambuco ha le foglie grandi, i cespugli sono cresciuti, ma il tronco, che ci serviva da tavolo, sta andando in pezzi e l'albero, che era la nostra panca, giace tristemente per terra, sta diventando segatura. Il tempo passa, porta con sé la vecchiaia degli alberi e delle persone!

[4] La festa di santa Sofia cade il 15 maggio [NdT].

Lungo la strada verso la cascata, là dove c'è la palude, appaiono dorati i farfarugi. Non ho resistito e ho staccato alcuni rametti: come sono belli questi fiori dorati! Li metto al posto dell'altare.

Oggi non andrò alla messa. Mi deve bastare il ricordo e il desiderio. La stessa vista sul fiume si intravede tra gli alberi, luccicante e mobile, perché non c'è solo la corrente dell'acqua, ma anche il vento, ora forte, passa sull'acqua e increspa l'onda argentea!

Il vento è così freddo che le mani mi si gelano, e ieri era così caldo! Il cielo è in movimento, le nuvole bianche corrono attraverso di esso e il sole ora scompare, ora si mostra di nuovo. Il vento anche là in alto è forte, rincorre le nuvole come in una danza.

Sto bene, nel silenzio e nella bellezza del bosco!

Gli uccelli hanno smesso di cantare, il vento è troppo forte.

Quale dono è la memoria umana! L'uomo può avere lì tutto dentro di sé, intatto – un tesoro nell'anima che nessuno potrà mai togliergli!

Il sole splende, ma è come se il vento gli togliesse calore; i raggi brillano, ma non riscaldano, l'ondata dei ricordi però ha il potere di riscaldarmi: penso a quelle persone che non hanno simili ricordi che possano scaldare il loro cuore. Il cuore dell'uomo si riscalda con l'amore!

E in effetti ognuno può ritrovarsi nel fuoco dell'amore di Dio, ma qualcuno deve far entrare l'uomo in questa realtà divina, e a un tratto l'intenzione di questa mia messa, celebrata qui, nella mia mente, è per le vocazioni sacerdotali, perché infatti è il sacerdote che porta alla gente questa buona novella, che l'uomo è amato: «li amò fino alla fine».

3 maggio 1995 mercoledì

Una mattinata di sole, ma la notte è stata così fredda che ho dormito, non solo nel sacco a pelo, ma indossando tutto quello che avevo di caldo. Ho dormito per dodici ore intere. Qui riacquisto sempre le forze per lo spirito, ma anche per il corpo: mi hanno svegliato il coro degli uccelli e il sole; continua a fare freddo, anche se forse è un po' più caldo di ieri sera.

Il vento è cessato e il mio picchio è venuto e picchia alacremente.

Il grande melo ampio non ha neanche l'ombra delle gemme. Temo che si sia seccato, ed è un peccato. Quando fioriva, era sempre così bello e faceva così tante meline! Rovisto tra gli appunti che sono rimasti qui.

Le riflessioni sul dono.

«La grandezza del dono sembra superare la dimensione dell'uomo. La capacità di ricevere un dono non è data, deve essere elaborata, perché il dono è nello stesso tempo un compito; il dono non meritato dell'esistenza deve essere elaborato – è come la pietra e il monumento di pietra, come il vetro e il diamante. C'è la spontaneità del dono, ma deve esserci la consapevolezza del compito che quel dono rappresenta.

Lo Spirito Santo penetra da un uomo all'altro – il grande mistero del dono. Il dono dell'esistenza è, nello stesso tempo, il dono della vita e del corpo, il corpo esige onore e il dono ammirazione».

È proprio qui, in questo bosco, che è cresciuta la consapevolezza del dono e l'ammirazione per il Creatore e la sua opera, l'uomo.

Il dono esige ammirazione, altrimenti non viene ricevuto nel modo giusto. Ammirazione e onore...

Ma l'accesso all'ammirazione è l'umiltà.

«Lo spiraglio dell'umiltà conduce al mistero del dono».

Giugno

Gli anniversari

L'anniversario della mia prima comunione. Ricordo quel giorno come se fosse ieri: la cupa cattedrale di San Giovanni a Lublino, il vestito bianco della mia sorella maggiore, e la coroncina fatta con l'asparagina, che era stata coltivata dal papà e intrecciata dalla mamma. La profonda consapevolezza di quello che stava accadendo, la consapevolezza dell'eccezionalità di quel momento, unico nella vita, il raccoglimento che allontanò tutto il resto. Non ricordo nient'altro di quel giorno, solo i miei pensieri, infantili, eppure spesso ho pensato che fossero più profondi di quanto ci si potesse aspettare da un bambino.

Ricordo il tremore del cuore: aspettavo quel momento.

Come si preparavano bene allora i bambini a quella venuta di Dio!

* * *

In giugno, molto tempo dopo, sono nate le nostre figlie – la vita scriveva il suo libro – e in giugno è sempre caduto il Corpus Domini, la festa nella quale il Signore Gesù esce per la strada.

Penso che, alla prima comunione, mi abbia preparato più di tutti don Mencel, della chiesa di Santo Spirito di Lublino. Avevo tre anni quando cominciai presso di lui a spargere fiorellini davanti al Sanctissimum che veniva portato in processione. Era lui che, prima, sistemava i bambini, i maschietti con le campanelle e le bambine con i cestini pieni di fiori, e parlava loro della presenza di Dio nascosto con una tale naturalezza e convinzione, che nessuno dubitava che lui fosse lì e tutti i bambini aspettavano il momento in cui sarebbe andato anche da loro.

Ora, a volte, osservo i bambini alla processione e non trovo quel silenzioso raccoglimento che accompagnava noi allora.

Come amavo la festa del Corpus Domini, quella festa regale, nella quale Dio avvolgeva di sé tutta la terra, portato per le vie delle città! Come soffro ora quando, dentro delle magnifiche chiese, cerco dove si trovi effettivamente il tabernacolo, cacciato dal posto centrale per metterlo non si sa dove. No, non sono mai stata d'accordo con la decisione della Chiesa che il sacerdote durante la messa rivolgesse il viso al popolo, né col fatto di collocare il tabernacolo, a causa di questo, in un posto in disparte.

A mio modo di vedere il sacerdote, durante l'elevazione, deve essere in contatto con lui, con Dio, e il mondo deve sparire dai suoi occhi e deve restare soltanto colui che scende dal cielo nelle sue mani. E la gente deve guardare, non il sacerdote, ma l'ostia bianca tenuta in alto dalle mani del sacerdote.

Per la prima volta ho vissuto una messa simile, con la faccia rivolta al popolo, proprio a Parigi e francamente non riuscivo a concentrarmi, perché per tutto il tempo mi veniva in mente la diagnosi secondo la quale il sacerdote, che si era voltato verso di noi, aveva un'ulcera allo stomaco, perché aveva in faccia i segni tipici di quella malattia. Non volevo guardare il sacerdote, alla fine mi sono nascosta dietro un pilastro, anche se di solito voglio stare il più vicino possibile all'altare.

In giugno c'è anche il mio onomastico. Papà mi preparava sempre un tavolino pieno di regali e di fiori. La mamma ci aggiungeva le prime fragoline di bosco fresche e i primi lamponi, e mio padre aggiungeva ancora una breve poesia, composta per me. Poi c'erano le ghirlande con le candeline sull'acqua, perché questo appunto bisogna fare nella notte di san Giovanni!

La tradizione di festeggiare l'onomastico dovrebbe essere il ricordo del santo patrono, ma il mio nome pagano non ha una santa patrona, dunque nel momento del battesimo mi hanno aggiunto santa Vittoria, ma quel giorno non lo festeggia nessuno, anche se santa Vittoria cade benissimo subito prima della vigilia di Natale; ma nessuno lo sa, me ne ricordo soltanto io, anche se non uso questo nome, è sparito perfino dai miei documenti.

L'onomastico è sempre un'occasione per esprimere dei sentimenti e per trasmettere gli auguri, quindi giugno per me significa una montagna di lettere e di cartoline da vari figli e nipoti «adottivi».

E anche se a volte sono delle semplici parole d'augurio ripetute, tuttavia sono segni del fatto che mi ricordano e mi danno gioia – i bambini fanno dei disegni. Ora ci aggiungo la data, perché nel mio archivio privato ho delle lettere preziose, alle quali non ho aggiunto la data, e anche gli autori non sempre l'hanno fatto, dunque ora io la aggiungo.

Alcune le conservo; spesso arrivano anche, insieme alle lettere, le fotografie di bimbi nati da poco, da madri che sono riuscita a convincere del fatto che, in fondo, un figlio non è solo una fatica, ma anche una gioia, e perfino quello prima non voluto diventa anch'esso fonte di gioia.

In giugno termina l'anno scolastico e cominciano le vacanze. Giugno è nel segno dei preparativi per le vacanze. A volte Ignac Różycki scriveva con cura l'itinerario che mi aveva proposto nei monti Tatra, indicando quanto tempo era necessario per ogni singolo tratto del percorso.

Le vacanze per me sono state da sempre il camminare per le montagne, le montagne hanno cominciato a esistere per me quando andavo ancora a scuola.

Lo zaino, dapprima solo mio, poi per le figlie, poi per mio Fratello. Una volta, con i bambini facemmo una riunione e chiedemmo loro che cosa preferivano: una tenda o il televisore? Scelsero la tenda e il televisore comparve vent'anni più tardi.

L'estate era per me, per noi, sempre un girare a piedi!

* * *

23 giugno 1979

Carissima Dusia!

Oggi è il tuo onomastico.

Dopo il ritorno dalla Polonia, ho letto l'ultimo quadernetto, che ti restituisco, perché vi ho fatto, come al solito, dei punti e delle linee. Leggo sempre questi quadernetti, come prima così anche ora, con profonda emozione. Ora a volte devo aspettare che sia passato il lavoro obbligatorio – ma il tempo si trova sempre. E questi quadernetti sono necessari, come mezzo di comunicazione. Nell'ultimo ho letto con commozione tutto ciò che riguardava il corso del Wisłok, ho camminato con te in tutti quei luoghi, che mi sono sempre cari. Anche se io personalmente non posso tornarci, essi sono dentro di me. Rappresentano una parte della mia vita, un'eredità dell'anima, che rimane, che porto in me verso il futuro – non solo quello terreno, ma soprattutto quello ultimo, quando il Signore mi chiamerà.

Tutti viviamo qui, nel mondo, per quel futuro – anche tu, anch'io. Preghiamo Dio affinché questa «scorta» che viene dal corso del Wisłok, che portiamo nelle anime, si riveli un giorno agli occhi di Dio come un lascito di amore e di verità, attraverso il quale ci è stato concesso di partecipare di lui stesso, di lui, che è Amore e Verità.

Cara Dusia, ogni mia giornata è una preghiera per te, ma la giornata di oggi in modo particolare. Tutto quello che provi e soffri testimonia anche la profondità di quel lascito. Io non voglio «liberarti» da questo – io desidero solo che questa indispensabile «continuazione» sia più ricca di pace e di fiducia. Se pensi al «lavoro del fratello», cerca di pensare nello stesso tempo al lavoro di Cristo «attraverso il fratello».

Confido che le altre questioni si sistemeranno, con l'aiuto di Dio.

Fr.

14 giugno 1982 lunedì sera, anniversario della mia prima comunione

Così tanti anni, eppure io ricordo così bene quel giorno, non solo quello che accadde, ma anche quello che allora pensavo, nella cupa cattedrale di Lublino. Ero così commossa – commossa per la presenza di Cristo e per la consapevolezza della sua presenza dentro di me. Qui, in questo bosco, c'è la stessa atmosfera interiore.

Anche ora c'è in me quel silenzio non mio, il silenzio della grazia. Il Signore Dio è qui. Sicuramente è ovunque, ma questa terra è particolarmente ricca di questa presenza!

Dopo una pioggia violenta, ora è visibile attraverso gli alberi il sole che tramonta – gli alberi dorati, che meraviglia!

16 giugno 1982 mercoledì, giornata di preghiera per il Santo Padre

Vado per la nostra strada, in questo magnifico bosco! Sulla cima, lo stesso albero abbattuto e la felce identica distende le sue foglie e richiama i ricordi. Il tempo è strano: fa freddo, ma a tratti c'è il sole, a tratti una pioggia fine. In alto un forte vento scaccia velocemente le nubi cariche di pioggia.

Come sempre in questo bosco, mi avvolge il silenzio, la profondità del silenzio e il silenzio della profondità, della profondità dei significati.

Di nuovo piove e di nuovo c'è il sole, come il destino dell'uomo! Progettavo di celebrare, come una volta, la via crucis, ma non mi è riuscito, le mie labbra da sole recitano il *Magnificat*!

Il mistero del destino. Una vita unita a Cristo. L'altro ieri, nell'anniversario della mia prima comunione, mi sono resa conto di quanto tutta la mia vita sia stata unita a Cristo: è ed è sempre stata «cristocentrica». Questa consapevolezza non si può descrivere, non si può racchiudere in parole, non si può esprimere in modo adeguato e forse proprio per questo qui, in questo bosco, essa si esprime soltanto in questo rimanere qui, nell'estasi.

Le parole sono troppo pallide... L'uomo unito a Dio! Attraverso Dio, unito all'altro uomo e attraverso l'uomo a Dio: una relazione misteriosa, un'intesa di anime. Una «communio»!

Il sole splende, ma freddo, non riesce a riscaldare. Attraverso questo forte vento freddo cammino lungo il fiume, sotto di me un ripido precipizio, e sulla riva, il grande, vecchio albero a due bracci, come una finestra. Una cornice nera e, attraverso di essa, si vede il verde chiaro del prato dall'altra parte del fiume!

Il fiume in basso è argenteo, povero d'acqua ora, si intravedono le pietre bianche. La corrente è pigra, mormora appena. Osservo concentrata, non su di me, ma su quello che questo mondo magnifico esprime – una riflessione teocentrica!

La bellezza della creazione mostra il Creatore! La bellezza del mondo rivela non solo la potenza di Dio, ma la bontà di Dio, il suo amore e diventa fonte di speranza. Tutto andrà bene, perché lui C'È. Consegnare le intricate questioni del mondo nelle mani di Dio – l'uomo può essere certo della sua grazia.

Le braccia di Dio aperte sul mondo.

9 giugno 1983 giovedì

La gente si prepara all'arrivo del Santo Padre – si converte!

Sono stata in campagna, ad aiutare dei miei parenti anziani a raccogliere il fieno. Due donne anziane e io! La fienagione: che bel lavoro! Con quale gioia sarei rimasta in quel mondo rurale. Un lavoro bello, puro, semplice!

Che il mondo ritorni agli antenati!

10 giugno 1983 venerdì

A mezzogiorno sono stata alla «Solvay», a un incontro con i ragazzi. Dei ragazzotti grossi e primitivi, del tutto allo stato grezzo, non hanno un'idea dell'etica cattolica, anche se vanno alle lezioni di religione, ma a religione – dicono – cantano delle canzoni.

Dei documenti pontifici non sanno niente!

* * *

La sera, incontro con gli studenti a Mogiła; l'argomento riguarda Fatima: «La Madre di Dio e la famiglia».

11 giugno 1983 sabato, ore 23

Mi ha telefonato Lutek Cz., in lacrime. Ewa è gravemente malata, potrà vivere fintanto che sarà possibile la dialisi.

Ewa è una vera amica per me!

È venuta Anna S. a cercare una «raccomandazione» per la madre di un ragazzo ucciso, affinché possa incontrare il papa! Chi decide dei biglietti?

13 giugno 1983 lunedì

È stato qui Lutek, è stato seduto due ore, disperato, è venuto ad implorare aiuto per Ewa!

Ewa vuole soltanto che il Santo Padre con la mano tocchi la benda, che lei si metterà. Ewa crede! Come quella donna del Vangelo, che tra la folla toccò la veste di Gesù!

14 giugno 1983 martedì, Cracovia

Ho dato, per Ewa, una corona del rosario, quella vecchia, che era un ricordo, con la quale il Santo Padre pregava.

Un incontro con gli insegnanti a Nowa Huta, presso i monaci cistercensi, ancora riguardo a Fatima.

15 giugno 1983, il bosco tra i Beschidi

Ho fatto un cambio di programma e, dopo il consiglio di Facoltà, ho preso un taxi e sono venuta qui, nel bosco.

È l'imbrunire, la notte si avvicina, il bosco è silenzioso, il fiume, con poca acqua, mormora appena. Sto seduta nello stesso posto – una terra santa! Non penso a niente, faccio mie queste sacre tracce.

La strada che conduce a Dio passa infatti attraverso le persone. Qui è sempre stato con noi Dio stesso, che è Amore. Qui il nostro sacerdote ci ha mostrato la giusta direzione – ci ha condotto direttamente a Dio!

Ora sono sola e cade la pioggia – come delle lacrime!

29 giugno 1983, la finestra

Fin dal mattino cammino per questa nostra terra. Prima sul fiume. Sono stata seduta al di sopra dell'acqua, al di sopra della piscina grande, che ora è poco profonda, da quando, dopo la tua partenza, un albero è crollato giù con la terra e ha sollevato il fondo, tanto che, là dove nuotavi, nessuno nuota più. Sono stata seduta sulla stessa grande pietra, sulla quale contavo i «giri». Non c'è nessuno, l'acquazzone di ieri ha spaventato la gente.

Mi ricordo il giugno del 1967, quando in piazza San Pietro, con suor Urszula, ti guardavo da lontano, durante la prima messa dei nuovi cardinali. Allora ancora non presagivo il tuo destino, quello è venuto più tardi. Oggi è proprio l'anniversario!

Il bosco qui è testimone delle più profonde esperienze religiose. Qui Dio è sempre vicino, qui vengo a ritrovarlo, quando la vita mi offusca la sua presenza!

Arrivo a questa finestra, che c'è e presso la quale tante volte hai recitato compieta – questa è la finestra del tramonto dorato del sole.

Tutto ciò che è stato, là in piazza San Pietro e qui – gli anni uniti da un unico arcobaleno, come da un ponte, gli anni del dono del Fratello!

Ore 15, la cima del monte di Sant'Anna

Sono arrivata fin qui. Ho camminato a lungo, perché ora qui è un luogo selvaggio, gli alberi abbattuti sbarrano la strada in maniera tale che è difficile aprirsi un varco tra di essi!

Qui in alto c'è il sole, due vecchi alberi sono caduti giù, abbattuti dalla burrasca, e si è formato uno spazio in un luogo nel quale prima il sole non arrivava. Il grande cespuglio di felci cresce come prima, nello stesso posto, dalle stesse radici! Il sole riscalda e illumina, indora tutto quello che c'è intorno. Il bosco è silenzioso, come in agguato, in attesa di chi arriverà!

È piovuto: l'acqua è intorbidita, non si vede né il fondo né le pietre, che di solito sporgevano, formando macchie bianche nel fiume. L'acqua scorre come se fosse caffelatte, la corrente è rapida, non si sa quanto profonda. Il sole la illumina e la rende luccicante, scintillante. Dalla parete ripida della riva pendono dei rami verde vivo: la pioggia nella notte ha ravvivato quel verde!

Sulla riva, il prato: l'erba alta, non falciata, piena di fiori, colorata! Al di sopra della piscina grande, sul precipizio ripido sono cresciuti due alberelli verde chiaro. In qualche modo sono riusciti ad attaccarsi alla parete ripida. Questa riva alta è come una parete marrone e dorata, incorniciata dal verde del bosco in alto e di lato!

Dalla cascata, dalla quale l'acqua limpida cade con una schiuma di un bianco abbagliante – acqua che da qui prendo da bere – una striscia di acqua limpida sfocia in quest'onda intorbidita e forma un ruscello sottile e chiaro. La cascata è come una striscia bianca sulla parete nera; da questa parete rocciosa l'acqua cade con fragore, facendo molto rumore, oggi la cascata si sente da lontano: cade con la schiuma bianca attraverso il pendio nero.

Il nostro sentiero è tutto invaso dalla vegetazione, alti cespugli, bagnati!

Sotto i larici fiorisce ancora il sambuco, ci sono moltissimi baldacchini bianchi dall'odore pungente. Mi piace quest'odore aspro!

Il bosco profuma, fruscia, è pieno di vita, ma nello stesso tempo riempie di pace! I tronchi rossi dei larici, dritti come frecce dirette verso il cielo, in alto sono circondati da una nube, tremolante nell'aria, di piccoli aghi verdi; le foglie e i rami tremano, mentre il tronco resta immobile. Il ceppo, che una volta ci serviva da tavolo, è imputridito, si è coperto di muschio verde – sono passati tanti anni! Il bosco vive, ricorda, la terra rimane e qualunque cosa accada, la terra sarà la stessa: la mia terra, una terra santa.

Qui si può trovare la forza, quando all'uomo sembra di non riuscire più a rialzarsi da sotto la croce che lo schiaccia a terra.

La terra qui è benevola, offre rifugio e avvolge di pace e di memoria. Questo bosco parla col suo silenzio. Quanto è difficile andar via di qui, qui c'è la pace di Dio, quella che dà lui e non il mondo!

L'ottava del Corpus Domini – vado alla chiesetta.

La processione: le donne portano candele accese e formano un'ala di fiammelle scintillanti per il Signore Gesù, nascosto nell'ostia bianca! Le bambine spargono fiorellini! Cantano – gente semplice e buona. Amo questa chiesetta e tutte queste persone!

La gente prega in modo normale e sincero. È su queste persone semplici che si regge questo mondo, sono loro a mantenere l'equilibrio del globo. Mi fa piacere che ci siano, che io possa stare con loro! Non sono delle stelle della politica, che presto cadranno con fragore o scompariranno di nascosto, senza far rumore. Qui c'è la pace di Dio.

1° giugno 1988 mercoledì, ore 14, la finestra

Un campo di battaglia, mi piange il cuore, tagliano il nostro bosco. Vicino alla finestra è vuoto, solo rami aggrovigliati. Tagliano il monte di Sant'Anna. Sulla cima non potrò arrivare – un groviglio di alberi abbattuti. È assurdo, perché tagliano dei begli alberi grandi in pezzi lunghi un metro – non è possibile comprare un faggio intero, ma tagliato a pezzi. L'economia della distruzione. Dio, come mi dispiace, e nello stesso tempo come è bene che accada soltanto ora, che non sia accaduto allora! Tagliano, buttano giù: l'intimità di questo angolo è scomparsa, come mi dispiace!

Ho raggiunto la finestra a fatica, perché dopo la pioggia è molto scivoloso.

La vista da qui è, come sempre, bellissima, ancora intatta, il verde ancora fresco. Solo il Wisłok è intorbidito, sembra una strada fangosa, ma il bosco e il prato giocano con le sfumature del verde.

L'albero finestra per fortuna è intatto. La betulla accanto al grande albero, china verso l'acqua, tremola con le foglioline, il vento è forte e le nubi scure, sta per piovere.

In lontananza si vede la nostra punta, al di sopra di essa un lembo di cielo chiaro, non azzurro, ma che lascia trapelare una luce dorata, perché anche là ci sono le nubi, ma più leggere e la luce del sole filtra – là quell'aureola chiara sulla montagna, qui sempre più scuro.

24 giugno 1988 giovedì

Non ho raggiunto questo posto ieri, ero arrivata troppo tardi e pioveva a dirotto. Stamattina ho «costretto» il sacerdote a celebrare la messa al mattino, per me sola, nella chiesa vuota, perché per la gente era prevista alla sera.

Poi però mi sono fatta degli scrupoli, mi sono chiesta se avevo il diritto di fargliela celebrare così, per me sola. Sono passata a guado attraverso l'acqua, ancora sotto la pioggia, ma ora non piove.

Sto seduta e guardo questo bosco dallo stesso posto. Tutto è uguale, solo gli alberi sono più alti. Silenzio... Mi ritorna il pensiero della messa. Tu dici sempre: «Come penitenza offri la messa». Non potrò però mai sentire la messa come una possibile «penitenza»: per me è una fonte di forza, di efficienza. Se mi capita una giornata senza messa, senza comunione, è una giornata persa.

C'è stato un periodo in cui, anche se partecipavo alla messa ogni giorno, non avevo questo senso del dono che ho ora. Dovevo scrivere un articolo per Tadzio, ma per ora non posso staccarmi da questo pensiero della messa e della comunione. Mi gira per la testa un canto del Corpus Domini, una frase che già più di una volta mi aveva colpito col suo contenuto, e oggi è diventata per me il «motto della giornata»: «Nessuno dell'esercito celeste ha mai ottenuto quello che l'uomo ottiene, quando riceve il tuo corpo e il tuo sangue».

Ieri era il mio onomastico, oggi quello di don Jan (don Szyndler) e forse per questo mi ha dato la comunione, in quella chiesa vuota, sotto le due specie – il corpo e il sangue. Non riesco a pensare a nient'altro.

Qui, in questo bosco, dove il dono si è realizzato, il miracolo del dono, in effetti vedo improvvisamente per la prima volta – in realtà non vedo, ma capisco – il legame che c'è tra la messa e il monte di Sant'Anna.

Le radici del dono. Certamente, avevo sempre saputo che la comunione è un dono fatto all'uomo, ma il dono del monte di Sant'Anna è stato come un'altra corrente, forse parallela.

E ora esse si sono incontrate, come due raggi che vengono dalla stessa fonte.

Il cuore di Dio...

Mi è tornata in mente l'immagine della divina misericordia: quei raggi che più avanti si staccano e proseguono come separatamente e da questa parte c'è tra di loro dello spazio, ma in alto, dove iniziano, sono insieme. E così è qui, oggi, dentro di me.

Raccoglimento. Letteralmente il raccogliersi in un solo legame? Consapevolezza? Non so come chiamarlo.

A Roma ho detto perfino così: «Da dove mi viene ciò?». In quelle parole c'era lo stupore, forse anche una piccola nota di umiltà, volevo dire che non ne ero degna, ma c'era anche l'affermazione: «Non so da dove venga». E oggi, durante la messa e durante il cammino qui per il bosco, mi è come venuta la risposta. Appunto dal dono del corpo e del sangue di Cristo è cresciuta questa nostra montagna.

Gli alberi qui intorno hanno visto l'ostia levata in alto. Il vento forse ha afferrato il canto: «Benvenuto, o Gesù, Figlio di Maria», gli uccelli forse lo ripetono. La sacralità di questo luogo trae origine da questo.

Invasa da questo contenuto incomprensibile, eppure così semplice, non penso a nient'altro. Guardo il verde del bosco. Un bosco ricolmo d'amore; eppure è così nel mondo intero, bisogna solo tornare alla fonte, al luogo dal quale provengono i raggi della grazia.

Questa gita solitaria qui, la considero un regalo per il mio onomastico. Ho voluto essere qui; lo voglio sempre, ma a volte ci sono dei giorni-simbolo. L'onomastico dovrebbe essere l'adorazione del santo patrono. Wanda non è una patrona, è una leggenda, ma approfitto di questa giornata per tornare qui.

Sono tornata, come tante volte, e ho ritrovato una nuova profondità di contenuto. Anche qui le messe erano «solo per noi», ma questo non è solo per noi, per il mondo, quindi forse potevo chiedere una messa aggiuntiva?

Il sacerdote ha ritenuto di poterla celebrare, e io sono uscita da quella chiesa vuota, come dalle tenebre alla luce del giorno. Sono stupita del contenuto, che apparentemente mi era noto, ma so che questa intensità dell'emozione non si potrà mantenere, «un vento troppo forte» – ma qui mi abbandono a essa e così rimango nella consapevolezza del dono.

Che proporzioni diverse – il cielo unito alla terra!

2 giugno 1990 sabato, ore 15.30, la finestra

Mi sono stancata, per salire alla finestra, e ora qui mi riposo. Tutto intorno, la vegetazione verde chiaro di maggio; oggi è il primo giorno di sole dopo le piogge: gli uccelli cantano, lo sparviero caccia.

Meraviglioso...

Un panorama familiare, amato, unico al mondo. Sto seduta esattamente nello stesso posto in cui sono stata tante volte; in basso la vista è la stessa, non è cambiata: vicino, sul pendio, dei piccoli cespugli verdi frondosi, al di sotto di essi il pendio sassoso precipita ripido nel fiume.

Il fiume, in basso, è povero d'acqua, un ruscello argenteo tra le pietre, qua e là un punto più profondo, tendente al verde. Al di là di esso c'è una striscia di cespugli verde scuro e più avanti la superficie chiara di un prato falciato di recente – così presto, c'è già stata la fienagione in maggio!

Oltre il prato c'è ancora la striscia più scura di un boschetto; una volta la nostra macchina era parcheggiata lì. Più in alto, un altro prato chiaro e la strada – deserta. È un sabato festivo, nessuno viaggia in macchina. Oltre la strada, di nuovo un prato verde e una montagna scura, a causa dei fitti boschi; al di sopra di essa, il cielo chiaro.

Sopra di me, un vento leggero muove le foglioline di una betulla. Quella piccola, sul pendio, ora, dopo questi undici anni, è cresciuta e proietta un'ombra tremolante, come le sue foglioline. Nella cornice della finestra si vede la nostra punta, anch'essa verde scuro.

Un mare di verde.

3 giugno 1990, domenica, ore 10.30, Pentecoste, la punta

Desideravo essere qui, e ci sono. Sono venuta da Puławy. C'è il sole, fa molto caldo, una strada «di penitenza», perché invasa da enormi ortiche, ma in compenso qui non è cambiato nulla, solo i cespugli sono più alti, ma non c'è neanche l'ombra di una persona. Posso stare, come allora con te, a questo sole, sotto il cielo limpido.

Ho qualche ora, alle 16 devo ripartire. Ma adesso sono le mie ore. Lo Spirito Santo agisce ovunque, ma qui in modo particolare. Avverto nel mio cuore quel momento: il raccoglimento, il silenzio, la vicinanza, l'ammirazione, l'adorazione... Momenti di estasi.

Una farfalla colorata si è posata sul mio piede... un'altra. Distendono le alucce color oro-rosso-nero verso il sole. La mia anima e io tutta intera, così mi apro al cielo.

Questo angolino riparato, come il nucleo dell'azione dello Spirito Santo, come un falò, dal quale prendo in me di nuovo calore e passione – il vivificatore... Qui io riprendo vita, questo è vero, senza questa fonte di forza non so come potrei resistere.

La farfalla cammina su di me, come un simbolo. Fusa con la bellezza del mondo, riprendo le forze. L'estasi...

«È stato, dunque è» – lo so. Tutto nella mia vita mi sembra «oltre la misura umana», eppure è la mia vita.

La bellezza del bosco penetra nella mia anima e la riempie sempre di nuovo di ammirazione. Dio è qui con noi, questo è il mio cielo sulla terra. Qui appunto regna il «Dator munerum». *Magnificat*!

Un uccellino vicino a me canta. Anche in me c'è il canto. Sto bene qui e qui prego Dio, affinché questa consapevolezza del dono, dell'elargizione dell'amore di Dio, mi dia la forza di sopportare ogni giornata. La pazienza cresce da questa consapevolezza, e anche la forza; è fonte di forza la consapevolezza che l'uomo è amato da Dio stesso. Che gioia! La profondità della gioia e della pace traspare sulla superficie della corrente tumultuosa della vita quotidiana.

L'estasi non è eccitazione, è innalzamento dell'uomo verso Dio. Anche il corpo, il corpo obbedisce allo Spirito. Questa terra è piena di Spirito Santo, una terra santa!

23 giugno 1991 domenica

Per il mio onomastico mi sono fatta questo regalo e sono qui.

Ho camminato vicino all'acqua, è di media profondità; sono scesa in essa dal prato, attraverso l'erba alta piena di rugiada. Su ogni filo d'erba migliaia di gocce di rugiada, brillanti come scintille, il sole non ha fatto in tempo a berla e la rende dorata! Un prato verde, fresco; qui l'erba arriva alla vita, ma più avanti, sulla piscina grande, è già falciata. Il profumo del fieno fresco si sente da lontano. Ci sono moltissimi uccelli, cantano in vari toni.

Entro nel bosco: bellissimo, gli alberi in questi anni sono cresciuti, sono molto più alti e coprono il cielo. Se ne vede solo un lembo, che ora si allarga, ora si restringe, perché là, in alto, soffia un venticello che fa ondeggiare i rami dei larici.

Sull'erba delle macchie di sole, compaiono a tratti e spariscono di nuovo. Le macchie di sole danzano. Com'è bello questo bosco! La bellezza in sé e per sé già dà sollievo all'anima. La bellezza del mondo è un dono di Dio per l'uomo, figuriamoci poi una simile bellezza, immersa nel mistero della presenza di Dio!

La bellezza e la santità si compenetrano a vicenda. La santità è sempre bella per la sua sostanza, ma qui, nella cornice della natura, acquista un'espressione ancora più profonda. La bellezza mette in mostra la santità, la sottolinea. In effetti la bellezza dovrebbe sempre servire la santità, aiutare nella santificazione del mondo e delle persone!

In questo bosco, la presenza di Dio è sempre un fatto così comprensibile, così evidente, perfino più che in chiesa, perché è la bellezza stessa della creazione che rivela, rende presente il Creatore.

27 giugno 1994 lunedì

Sono venuta qui contro il buon senso e contro il parere dei medici!

C'è il sole, molto caldo, riscalda molto, troppo, ma qui non si sta così male, perché gli alti alberi fanno ombra. Sotto di me un cespuglio di sambuco, ora largo, ampio, pieno dei baldacchini bianchi dei fiori, ha un odore pungente.

Gli uccelli cantano, un'intera orchestra; il fiume non si sente affatto, c'è così poca acqua che mormora appena e la musica degli uccelli la copre completamente. Il bosco è silenzioso, tranquillo, ancora intatto, qui non c'è stata ancora quella gioventù urlante che devasta il bosco. Il posto della nostra tenda è invaso dalla vegetazione; non ci sono sentieri, qui non è passato ancora nessuno. Sugli alberi c'è una gran quantità di chiocciole attaccate, che annunciano una lunga siccità.

I rami più bassi del larice più vicino sono morti, sporgono scuri, secchi, senza foglie, quasi tristi; solo più in alto, sulla cima, i rami sono verdi. Un picchio è arrivato e colpisce il larice, come sempre, non ha affatto paura di me, è così vicino!

Attraverso le foglie, le macchie di sole avanzano lentamente sull'erba, lingue dorate sullo sfondo verde! Dalla strada giungono ogni tanto delle voci umane e un rombo di motori, ma abbastanza attutiti, non mi disturbano troppo.

Si è alzato un venticello molto leggero e muove le foglioline, troppo debole per muovere i rami, solo le foglioline tremolano!

Prego, questa volta con insistenza, per avere le forze e la salute: ne ho bisogno!

Il Vangelo di ieri mi infonde speranza: Cristo guariva gli ammalati! Qui cresce la certezza che l'uomo è nelle mani di Dio, sempre!

Questo bosco meraviglioso e fresco mi ricorda la verità, che Dio ha tanto amato l'uomo da dare suo Figlio... li amò fino alla fine!

+ *Cara Dusia!*

Colgo l'occasione per inviarti dei pensieri su cui meditare.
Sono tratti dalle litanie al sacratissimo cuore del Signore Gesù:
Cuore di Gesù, Figlio dell'Eterno Padre
Cuore di Gesù, formato dallo Spirito Santo nel grembo della Vergine Madre
Cuore di Gesù, unito al Verbo di Dio
Cuore di Gesù, di maestà infinita

Cuore di Gesù, tempio di Dio
Cuore di Gesù, tabernacolo dell'Altissimo
Cuore di Gesù, casa di Dio e porta del cielo
Cuore di Gesù, fuoco ardente d'amore
Cuore di Gesù, fonte di giustizia e di carità
Cuore di Gesù, colmo d'amore e di bontà
Cuore di Gesù, abisso senza fondo di ogni virtù
Cuore di Gesù, degnissimo di ogni lode
Cuore di Gesù, re e centro di tutti i cuori
Cuore di Gesù, in cui si trovano tutti i tesori
di sapienza e di scienza
Cuore di Gesù, in cui abita tutta la pienezza della divinità
Cuore di Gesù, dalla cui pienezza noi tutti abbiamo ricevuto
Cuore di Gesù, desiderio della patria eterna
Cuore di Gesù, paziente e misericordioso
Cuore di Gesù, generoso verso tutti quelli che ti invocano
Cuore di Gesù, fonte di vita e di santità
Cuore di Gesù, propiziazione per i nostri peccati
Cuore di Gesù, ricolmato di oltraggi
Cuore di Gesù, annientato dalle nostre colpe
Cuore di Gesù, obbediente fino alla morte
Cuore di Gesù, trafitto dalla lancia
Cuore di Gesù, fonte di ogni consolazione
Cuore di Gesù, vita e risurrezione nostra
Cuore di Gesù, pace e riconciliazione nostra
Cuore di Gesù, vittima per i peccatori
Cuore di Gesù, salvezza di chi spera in te
Cuore di Gesù, speranza di chi muore
Cuore di Gesù, gioia di tutti i santi

Ti prego di annotare i pensieri, che ti verranno in mente riguardo a ciò o le domande che emergeranno. Ti raccomando al cuore di Dio. E raccomando tutti voi.

Fr.

Luglio

Gli anniversari

Le vacanze: luglio ha sempre significato le vacanze, le passeggiate per i monti! È il mese della gioia non gravata da nulla, un mese regalato, il riposo per il corpo e per lo spirito.

Il mio primo contatto con le montagne, quel «coup de foudre» che accese in me un amore fedele e inestinguibile per la montagna, non fu con i Tatra, fu con il Podgórze. La prima località, il primo luglio in montagna fu Raba Wyżna: un piccolo villaggio ai piedi dei Tatra, con una vista magnifica sui Tatra e sui Gorce. Una bella casa in stile montanaro, che le suore orsoline prendevano in affitto per le colonie estive. Sorgeva in una posizione perfetta sul pendio, piuttosto in alto, in modo tale che permetteva la vista del versante di fronte, dall'altra parte del fiume Raba, della strada e del binario ferroviario, sul quale sfrecciava la «lukstorpeda», un piccolo treno elettrico che, in un'ora e pochi minuti, trasportava la gente da Cracovia a Zakopane!

* * *

Vidi per la prima volta le montagne lì, nelle colonie, e ci fu subito la conoscenza sia dei Tatra che dei Gorce, perché facevamo delle escursioni.

La Hala Gąsienicowa mi sembrò l'anticamera del cielo, e il

Turbacz, col panorama dei Tatra e dei Pieniny, mi rimase scolpito nel cuore e spesso ci attira a sé!

In seguito, già un po' più grande, non andavo in colonia, ma, con l'uniforme grigia degli scout, andavamo in giro con i campi scout. Quanta gioia c'era, quanta luminosa, pura gioia! Come mi dispiace per i giovani di oggi, per i quali tutto diventa unicamente occasione di eccitazione sessuale e nient'altro, che non conoscono affatto la pura gioia dello stare insieme. Camminavamo per i monti, dormivamo l'uno accanto all'altro sul fieno, giovani esploratori e giovani esploratrici, nessuno pensava al sesso, fioriva una splendida amicizia umana, i ragazzi aiutavano nei lavori che richiedevano forza fisica, portavano gli zaini più pesanti, si accampavano non lontano da noi, cosicché la sera c'erano i falò insieme, pieni di canti, di risate, pieni di inventiva, perché i falò erano sempre, nello stesso tempo, teatro. C'era una parte comica, ma sempre anche una parte seria e, prima che il campo andasse a dormire, risuonava verso il cielo il canto: «O, Signore Dio, Padre nostro, tienici sotto la tua protezione!». Che magnifica gioventù ho avuto nelle Schiere Grigie!

L'amore per la natura e per le passeggiate, inculcatomi da mio padre, reso più profondo dallo stile di vita degli scout, è diventato la mia strada, il mio modo di trascorrere le vacanze fino a oggi: ogni giornata libera è una scappata in montagna, nel bosco, in quel mondo verde e meraviglioso.

E ormai l'apogeo delle passeggiate era luglio nei Beschidi. Quante volte, non si possono contare tutti i giorni, in cui sono riuscita a stare in montagna! Ma i giorni di luglio si possono contare e si sa, per quanti anni abbiamo camminato per quell'angolo di mondo, dove una montagna particolarmente bella, deserta, senza persone, ma piena di verde, di fiori e di alberi, è stata da noi chiamata monte di Sant'Anna: una montagna sacra, la montagna della rivelazione; mi reco su di essa come in un luogo sacro.

Quel giorno, il 26 luglio, è stato particolare, è stato anche il ricordo della mamma, che portava quel nome. Questo giorno è sempre al culmine dell'estate, è spesso caldissimo, pieno di farfalle colorate. Là, sul monte di Sant'Anna, non sulla cima, ma un po' più in basso, tra i tronchi bianchi delle betulle, su una di esse c'è un nido di cicogne nere. Per molti anni una coppia di questi uccelli è tornata al suo nido; conoscevamo quel posto, ma ora gli uccelli non ci tornano più. Le betulle abbattute dal vento giacciono tristi. Mi rattrista sempre la vista degli alberi abbattuti, mi sembra sempre, in qualche modo, contro natura: gli alberi non devono stare stesi, gli alberi dovrebbero, con le loro cime, toccare il cielo, dare un'ombra fresca nelle giornate afose e formare la volta del grande santuario! Un albero abbattuto, impotente, è un simbolo di distruzione; ma quello vecchio, che giace così intatto, coperto di muschio verde e immerso tra le alte felci, non mi sembra triste, è ormai fuso con questo paesaggio ed è il mio albero del riposo. Spesso ci sto seduta per ore, a guardare le macchie di sole che danzano sulle foglie delle felci, e ripeto le parole familiari di una preghiera, perché il monte di Sant'Anna è il monte della preghiera. Là Dio è vicino; naturalmente il Signore Dio è ovunque, ma lì l'uomo afferra in modo particolare questa presenza, come se toccasse Dio, che c'è.

Sul monte di Sant'Anna ronzano sempre le api, perché lì fioriscono svariati fiori e niente le disturba. Le farfalle e le api succhiano il nettare dei fiori. Quante volte ho osservato ciò! Anche il picchio nero abita lì vicino, si sente il suo alacre picchiare e a volte mi vola vicino, proprio sull'albero accanto! Un po' più in basso della cima, dispiega i suoi enormi rami l'albero a Cinque Bracci: un enorme faggio i cui cinque rami principali, che si dipartono subito, piuttosto in basso, formano come una nicchia, come una stanzetta. Il monte di Sant'Anna è la mia montagna, non lo conoscerà nessuno, che io non ci abbia fatto entrare!

22 luglio 1980 martedì, la via crucis lungo la strada verso il monte di Sant'Anna

Prima ho camminato per il pendio ripido, dalla cascata fino alla finestra. Il tempo era lo stesso del 6 agosto 1978. Allora piovigginava come oggi. Il panorama dalla finestra è sempre bellissimo: l'esperienza della bellezza, per me è sempre una forza ristoratrice – riprendo fiato!

Il Wisłok è enorme, quasi da alluvione! Nell'ansa l'acqua è arrivata fino alla cascata, ha sommerso un pezzo di prato. In salita è stato difficile camminare, perché la terra si è inzuppata, si scivola! Inoltre un vento fortissimo ha fatto cadere una serie di alberi; è difficile aprirsi un varco attraverso i tronchi abbattuti e il fitto groviglio dei rami!

Ho raggiunto tuttavia l'albero della Trasfigurazione; piove, si scivola, è bagnato, fa freddo! Sulla cima della montagna giace un tronco intatto, integro, e l'umidità fa bene alle felci e sono cresciute come non mai – mi nascondo in mezzo a esse fino alle spalle!

Apparentemente non piove molto, ma sono già fradicia – ma che me ne importa! Mi sento male, ma questi dolori devono esserci «fino alla fine della vita»; dunque li sopporto, non mi ribello, ma sono stanca e in effetti queste passeggiate per i boschi ora sono come «al di sopra delle mie possibilità» fisiche. Ma non possono essere «al di sopra», dato che cammino!

Prego attraverso la consapevolezza stessa della presenza di Dio, senza parole! E so che vengo guidata e che bisogna solo abbandonarsi a questo!

Padre Pio mi aiuta, in modo normale, umano, ma nessuno ci crederebbe (scrivo questo ormai a Cracovia, di notte). Sono arrivata a Cracovia in modo del tutto incredibile, perché la pioggerellina si è trasformata in un temporale con i fulmini. Alla fine ho cominciato ad avere paura, in mezzo a quegli alberi enormi, e ho deciso che dovevo venire via da quel temporale. Ho cominciato a camminare in diagonale, per la scorciatoia che porta alla strada, attraverso la macchia. Il temporale si è placato e io, tutta bagnata, sono uscita sulla strada proprio nel momento in cui, su quella strada su cui non passa quasi nessuno, stava arrivando un sacerdote sconosciuto, che andava a Cracovia. Da non credere. E ho fatto ancora in tempo ad arrivare a Cracovia per la messa.

Naturalmente non posso provare che sia stato un miracolo, ma so che Padre Pio si occupa di me e mi sbriga tutte queste cose ordinarie, direi perfino materiali. Nessuno ci crederebbe se dicessi che so che quel sant'uomo, dopo la sua morte, mi aiuta. Mi facilita tutti i viaggi, ma ai miei «dolori del cuore» e alla richiesta della guarigione non reagisce, come se quello «non fosse il suo ambito».

Praticamente nei viaggi mi sistema tutto. Io infatti viaggio in modo assolutamente miracoloso. Non sono affatto delle avventure, è l'azione evidente di una mano benevola che mi facilita e mi organizza tutto, una cosa dopo l'altra, a volte fin nei minimi particolari. In generale il modo in cui vivo, questa mia vita diversa da quella di tutti è una catena di miracoli, di «ordinarie straordinarietà». Non racconto questo a nessuno, perché come raccontarlo? Ecco, anche solo ora – uscire dopo aver vagato per ore nel bosco, senza orologio, senza aver preso accordi, e uscire dal bosco sulla strada in quell'unico momento, in cui compare questa macchina, che va appunto a Cracovia!

Un caso? Sì, sì, un caso, ma io so da dove vengono appunto simili casi!

2 luglio 1990 lunedì

Sono qui per due giorni: ieri sera c'è stato un temporale, di notte è piovuto a dirotto, ma oggi c'è il sole e, dopo quell'acquazzone, l'aria è limpida, fresca e gli alberi sono come rinnovati, il verde è smagliante come in primavera, anche se ieri il gran caldo aveva fatto avvizzire tutto!

Il Vangelo di ieri mi risuona continuamente nelle orecchie: «Chi non prenderà la croce, non è degno di me». Il sacerdote ieri, dopo la messa, ha fatto l'adorazione del Santissimo Sacramento – adorazione e nello stesso tempo contemplazione della passione del Signore Gesù. Il motto era: «l'adorazione del sangue di Cristo» e la gente intonava i canti della Quaresima. Il sacerdote ha guidato la meditazione su quel sangue, partendo dal sudore di sangue, passando per il sangue che schizzò fuori per la flagellazione e la corona di spine, fino ad arrivare ai chiodi e a quello che scaturì dal fianco. Un contenuto crudo, nel suo realismo. Le persone stavano in silenzio, in raccoglimento, tutte turbate dal fatto che aggiungevano dolore con i loro peccati. Una contemplazione espiatoria per i peccati dell'umanità.

E questo bosco ora, dopo quel temporale purificatore, è come il simbolo dell'assoluzione. Il mondo, immerso nel sangue di Cristo, è redento, salvato a prezzo del sangue!

Mi beo di questo verde limpido e di queste macchie di sole che si muovono velocemente per terra. Il mondo è immerso in Dio, nonostante i tanti crimini: essi stanno tutti nel prezzo di una goccia del sangue di Gesù.

3 luglio 1990 martedì

Non c'è il sole, ma il verde, dopo la pioggia, è ancora intenso. Anche se è piovuto per tutta la notte, non lo si vede, perché la terra era così arida che ha assorbito tutto e anche il fiume, nonostante la pioggia, non si è ingrossato.

Il pensiero torna ancora a quella contemplazione in chiesa; penso alla Madre ai piedi della croce. Soffriva, come tante madri, anche se aveva una consolazione, aveva un Figlio – Dio non toccato dal peccato, mentre quante volte le madri umane soffrono per ciò che fanno i loro figli! Un grande dolore è come se inghiottisse i dolori più piccoli. Si possono confrontare i dolori? Dov'è il culmine del dolore?

Le faceva male il suo cuore di Madre, ma non doveva tremare per la salvezza di suo Figlio, non tremava per la sua vita eterna, forse sapeva perfino che sarebbe risorto e attingeva forza da questo? Ma le madri umane, quando la salvezza di un figlio è in pericolo?

San Giuseppe non era ai piedi della croce, Dio l'aveva portato via prima, forse non avrebbe potuto sopportare quella vista? Le madri sopportano tutto!

Una volta ti sei congedato da me così: «Pregherò, affinché tu possa fare tutto quello che non puoi». Appunto, Dio può darmi le forze per sopportare tutto, e qui c'è la «riserva delle forze».

Sto seduta e guardo come gli aghi sottili dei larici formano, sullo sfondo del cielo, un delicato merletto. Non tremano più, perché non c'è vento. Gli uccelli si sono messi a cantare, un intero coro, esaltano la bellezza di questo angolo, che dà questo riposo ristoratore.

Medito sulla croce, sulla tua, hai detto così, che «non ti aspettavi che questa vocazione potesse essere così pesante, ogni giorno più pesante». Le persone spesso dicono «non ne posso più», ma pensando in modo razionale, non esiste una tale situazione di «non posso», dato che c'è e tutti quelli che affermano di non poter sopportare la loro croce, in qualche modo la sopportano. Il Signore Dio infatti sa quanto può sopportare un uomo, bisogna solo avere fiducia, ma la fiducia è appunto la cosa più difficile. Quante volte hai già ripetuto che bisogna «avere speranza contro la speranza»?

Agosto

Gli anniversari

Agosto vuol dire ancora vacanze. Di solito, nella prima metà del mese, eravamo insieme in montagna. Le passeggiate erano interrotte dalla partenza del Fratello, in occasione dell'onomastico del primate Stefan Wyszyński; ci lasciava per quella giornata e poi tornava, oppure lasciavano me sola e andavano lui e Andrzej.

Agosto è sempre il ricordo dell'Insurrezione di Varsavia, era sempre un'occasione per le canzoni patriottiche, le preghiere per i caduti e per ricordare i vivi. E i canti partigiani: gli piaceva cantare e praticamente tutti gli anniversari gliene davano l'occasione.

Ma ultimamente, in me tutto il resto è stato oscurato da quel fatto, che ora è l'anniversario più importante: il grande giorno tra il 6 e il 7 agosto 1978. Il 6 a colazione disse: «Strano, non sogno mai niente, ma stanotte ho sognato Paolo VI: mi chiamava a sé». Poi andammo, come sempre, in montagna, anche se lungo la strada aveva cominciato a piovere, non molto forte, ma tuttavia in modo tale che ci fermammo sul pendio della nostra montagna, presso l'albero a Cinque Bracci, da me tante volte descritto. Lui recitava il Breviario e io, con la mia mantella blu, tenevo su di lui una tettoia. Quell'albero, da quella volta, viene chiamato da me «l'albero dell'Ultima Preghiera».

Il 7 mattina Basia, sulla riva del fiume, sentì, con la sua piccola radio, che papa Paolo VI era morto. Il Fratello andò a fare un'ultima passeggiata solitaria.

Questo anniversario, per me, oscura tutti gli altri, e dopo quell'agosto non c'è stato più ritorno, sono tornata solo io.

In agosto il nostro monte di Sant'Anna è marrone-dorato, i colori procedono a strisce, creando un motivo ornamentale, come sui tappeti orientali. Sulla cima una fila scura di alti alberi verde scuro, mentre sul pendio è attaccato un piccolo alberello verde.

In basso c'è appunto un'ansa del fiume e qui esso non può modificare la sua sponda, perché la ripida roccia non lascia passare l'acqua. Quest'ansa a semicerchio, che forma una piscina, non cambia, non può cambiare, la natura non lo permette!

È cambiata però la profondità di questa piscina, perché proprio allora, subito nel primo anno, verso la fine di agosto, un imponente blocco di pietra, che prima sporgeva in avanti al di sopra dell'acqua, sul quale cresceva un'esile betulla, non si sa perché, improvvisamente è crollato giù con fragore e ha fatto salire il fondo, cosicché ora qui non c'è la profondità che c'era prima e gli appassionati di nuoto si sono trasferiti in un altro posto.

Fu qui, in quest'acqua che, dal cielo azzurro senza una nuvola, cadde un fulmine, mentre uscivamo l'8 agosto 1978, un segno assordante del cielo. E io seppi già che lui non sarebbe mai tornato qui.

Questa sponda è la stessa, manca solo quella roccia con la piccola betulla, dalla quale i ragazzi saltavano in acqua: quella è sparita.

La Trasfigurazione del Signore: una festa da anni vissuta nel bosco, nello scenario del grande santuario di Dio. Agli apostoli sbalorditi, Cristo mostra se stesso, il suo corpo di uomo assume caratteristiche sovrumane – il corpo, le vesti, l'uomo appaiono nella gloria di Dio.

Questa festa richiama sempre il pensiero del corpo umano, nel quale l'uomo vive la sua predestinazione e la sua sorte: il corpo dell'uomo un giorno tornerà a Dio trasfigurato, pieno di gloria.

Il corpo ha un suo grande futuro: risorgerà e sarà adorato! Il corpo ha un significato e il corpo ha la sua dignità – tutto il corpo, e san Paolo parla anche delle membra particolarmente sensibili, deboli quasi, dicendo che esse richiedono una cura particolare.

Il corpo dell'uomo si lascia conoscere, misurare, verificare, ha la sua straordinaria dinamica, ma questo corpo non è mai solo un corpo, è sempre un uomo, è una rivelazione della persona nel mondo, è sempre pieno di spiritualità. Il corpo può essere santo e può partecipare ai peccati umani, può addirittura condurre l'uomo al peccato.

L'uomo ha, nei confronti del suo corpo, un compito: deve insegnargli a essere un corpo santo. Il corpo è obbediente; spesso ai ragazzi, nelle lezioni di religione, parlo del fatto che le gare di sci sulla pista di salto di Zakopane dimostrano che un ragazzo può conservare la sua verginità, se vuole e se insegna questo al suo corpo.

Perché il corpo riesce a essere così obbediente da fare cose che sembrano impossibili. Dall'altezza della pista di sci un uomo dovrebbe, secondo le leggi della fisica, cadere e andare in pezzi, mentre non cade affatto, solo atterra al traguardo tra gli applausi, perché ha imparato a fare questo, perché ha insegnato al suo corpo; lo stesso succede con la purezza: si possono insegnare al corpo quelle reazioni che l'uomo vuole che ci siano. Da ogni parte del corpo si può tirare fuori una reazione sessuale e alle parti del corpo più sensibili e pronte a questa reazione si può insegnare a dominare e a dirigere le reazioni in modo tale che l'uomo si senta del tutto libero interiormente. La purezza, soprattutto quella maschile, non può essere unicamente una decisione della volontà, ma deve essere dominio e addestramento del corpo.

Il pensiero del corpo, soprattutto del corpo maschile, suggerisce il pensiero di san Giuseppe: il promesso sposo di Maria, un ragazzo normale, che non aveva il privilegio dell'immacolata concezione ma tuttavia, col dono della grazia, è riuscito a realizzare pienamente uno splendido amore di fidanzato.

Il corpo può dare all'uomo così tanta gioia! La semplice, pura gioia della vita, dell'efficienza del corpo, che può camminare e nuotare, e dimostrare tenerezza e amore.

Ogni corpo umano, sottomesso allo Spirito Santo, può vivere la sua trasfigurazione sul suo monte!

* * *

21 agosto 1981, Castel Gandolfo

Nella cappella di Castel Gandolfo, il Santo Padre ha benedetto una statua della Madonna di Fatima: piccola, sembra una bambina, ha la corona sul capo. Erano stati suor Stanizja e Andrzej a portarla nella cappella. Quando il Santo Padre ha benedetto la statua e si è chinato per baciare il suo cuore, proprio in quel momento in cui si chinava verso di lei, il fotografo ha immortalato la scena: la Madonna che sorride leggermente e, chino su di lei, il papa, l'uomo più importante del mondo. Un giornalista francese ha aggiunto subito un commento – non allora, ma un anno più tardi, quando quella fotografia fece il giro del mondo intero, perché il Santo Padre, a maggio del 1982, andò a Fatima a ringraziarla per avergli salvato la vita. Il giornalista scrisse queste belle parole: «Parla, il tuo servo ti ascolta».

È proprio là, nell'albero a Cinque Bracci, che volevo mettere quella Madonna, ma il Santo Padre disse: «Mi dispiace per lei, pioverà, bisogna in qualche modo ripararla, fare una tettoia».

La Madonna venne in Polonia in autobus e cominciò a fare miracoli, perché la ragazza che la portò ritrovò la sua strada verso Dio, dopo anni di lontananza dalla fede, si confessò e dopo poco tempo venne a sapere che aveva un male incurabile e morì.

La piccola Madonna ha ricevuto un «tetto»: la piccola, ma bella chiesetta vicino al «bosco sacro». Sta lì, adorna dei fiori che le portano le donne semplici, e compie i suoi miracoli in un angolo tranquillo della terra polacca, dove, prima della messa, la gente canta ancora le ore e per il 15 agosto porta mazzi di fiori e di spighe, riempie la chiesetta di un profumo molteplice e orna le pareti di legno con l'intera gamma dei colori. Ed anche se lei è là, in quella cappella, io la vedo sempre qui, in questo albero enorme, ramificato, i cui cinque poderosi rami si innalzano nel cielo e formano come una volta. L'albero a Cinque Bracci è il testimone dell'ultima preghiera fatta qui, quella del 7 agosto 1978.

Allora cadeva una pioggerellina leggera e fitta e, col suo mormorio, faceva da sottofondo al bisbiglio di una fervente preghiera! Il bosco era silenzioso, come in attesa di un grande evento.

«Tutto ciò che è stato, è», perché il passato non scompare, nessuno ha il potere di cancellare il passato e nessuno me lo può togliere.

Un dono eterno... e nell'eternità il passato diventerà presente!

Dall'albero a Cinque Bracci manca poco alla cima del monte, di quello chiamato appunto monte di Sant'Anna – e proprio lì mi trovo.

La cima è boscosa, dei grandi alberi non permettono di vedere nulla, solo il cielo! Sulla cima giace da anni un albero abbattuto, un grande tronco, coperto di muschio e largo, sul quale ci si può riposare comodamente. Qui appunto mi riposo, dopo la salita piuttosto ripida.

Accanto, molti cespugli di felci, proprio come cespugli, così alti, ampi – formano delle belle aiuole naturali, in questo giardino di Dio.

Sulle foglie di felce cammina una coccinella; per terra le macchie di sole, come sempre, si spostano leggermente, perché là in alto c'è quasi sempre il vento, qui in basso non si sente neanche il soffio più leggero, qui c'è calma.

Il tronco giace intatto nello stesso posto, continua a invitare allo stesso modo al riposo e io qui ho sempre lo stesso pensiero: restare qui, restarci più a lungo possibile, riempirmi gli occhi della bellezza del mondo e il cuore di ricordi. Sembra che il bosco ripeta le parole di una preghiera, un inno di lode al Creatore. Uno sparviero si è levato in volo nel cielo e si fa sentire, forse è lo stesso? Una voce penetrante e familiare, né un fischio né un pigolio, non so come descrivere questo richiamo dello sparviero; lo si potrebbe registrare, come il concerto di rane che una volta un nostro amico ha registrato, perché nessuno riesce a descrivere i suoni!

Ma se lo sparviero si fa sentire, è sicuro il bel tempo, lo sparviero non caccia con la pioggia.

Allora però c'era la pioggia e non c'era lo sparviero!

18 agosto 1982 giovedì

Ho dei problemi ad arrivare ogni giorno in tempo per la messa, perché quando il fiume è ricco d'acqua bisogna fare il giro, è difficile fare in tempo, però una giornata senza messa e senza comunione mi sembra «persa».

L'uomo trova sempre l'acquietamento di tutte le inquietudini in questo pensiero, che Cristo si dà all'uomo, proprio personalmente, in modo del tutto «privato»: ama il singolo uomo; questo carattere privato è appunto tipico della profondità del rapporto uomo-Dio, non può essere altrimenti. Il Signore Gesù proprio in modo così individuale tratta le persone e le ama.

Qui, in questo bosco, questo sembra così semplice!

Il bosco fruscia, i nostri sentieri sono invasi dalle ortiche, alte come mai prima. Qui non viene nessuno, devo aprirmi la strada tra questi steli pungenti, hanno un odore aspro – come la vita stessa!

Qui si avverte la gioia di stare in compagnia di Dio, qui sembra davvero che il regno di Dio sia anche sulla terra! Qui, in questo bosco, abbiamo provato sempre la gioia, essa è come racchiusa in questo angolo e scaturisce da ogni cespuglio e da questo cielo, che qui è chino sulla terra e la ricolma di sé – questa terra è un punto di contatto con il cielo!

Ore 13, la finestra

Ho vagato per mezz'ora su questo pendio, è stato così invaso dalla vegetazione che non riuscivo a ritrovare il sentiero di una volta; ma finalmente sono arrivata qui e sono nello stesso posto: questa è una terra sacra!

Sotto di me, come sempre, il fiume, di dimensioni ridotte, l'acqua diminuisce continuamente, si può attraversare facilmente sulle pietre, senza bagnarsi i piedi! Le pietre bianche, al sole sembrano luccicare in modo vistoso. Attraverso la finestra si vede la punta, leggermente annebbiata; qui sotto di me un ripido precipizio, e su di esso, delle piccole betulle, le cui foglioline delicate tremano leggermente, perché soffia un venticello leggero. Un panorama familiare, ce l'ho negli occhi e nel cuore!

Il prato dall'altra parte è ancora verde, ma ai margini passa leggermente ai caldi colori dell'oro – si avvicina l'autunno! La striscia dei cespugli che circondano il prato è scura, ma il pendio opposto mostra già tutto lo sfarzo delle sfumature dell'oro e della porpora, picchiettata qua e là dal verde degli abeti. E l'albero qui accanto, che forma la cornice della finestra, è scuro, già privo di foglie, i rami incurvati si protendono verso il cielo, come le braccia nodose di un vecchio!

Potrebbe spaventare, se non fosse per il bellissimo sfondo tutto intorno! La bellezza dei colori attenua la severità dei rami neri.

30 agosto 1983 martedì, ore 15

Il sole, la forma familiare degli alberi e lo stesso posto.

Sono venuta da Komańcza, passando per Bukowsko e Nowotaniec, c'è una nuova strada.

Qui voglio ritrovare la pace; rimango in silenzio, ma tutto qui è preghiera! Resto immersa nei ricordi.

Cala la sera. Sono tornata dall'ultima passeggiata, là dove siamo stati il 7 agosto 1978, ma il bosco lì è stato distrutto: quella strada verde nel bosco ora è stata ampiamente scavata da carri pesanti e, nonostante la siccità, è fangosa; un fango argilloso, appiccicoso, che arriva fino alle caviglie e non si può evitare, perché un ruscello ha invaso quella strada e dilaga ampiamente, il ponticello è distrutto, le travi sporgono, e l'acqua scorre su di esse dalla montagna.

Il tronco sul quale ci riposavamo non c'è. Mi sono rattristata: qui era così bello!

Sono fuggita qui per riposare e per continuare a sopportare, in qualche modo, le fatiche della vita. Torno qui, infatti, come alla fonte della forza. Faccio ritorno, passando per la finestra. Il sole sta tramontando sul bosco. In basso il fiume, con poca acqua, l'ho attraversato sulle pietre, senza bagnarmi i piedi.

Sento l'esigenza di «tirare le somme», ma sono venuta qui anche per fissare nell'anima ancora di più questo quadro familiare e amato. Guardo così avidamente, come se non dovessi mai più tornare qui. Voglio portare quest'immagine via con me.

Attraverso la nostra finestra si vede in basso il verde, il verde vivo di un albero, che cresce un po' più in basso sul pendio; una macchia verde, nella quale non si muove nessuna fogliolina, tale è la quiete – il bosco è immobile. Più giù, sotto quel verde chiaro, la striscia scura del bosco. In profondità, più su, all'orizzonte, un po' annebbiata, la vegetazione della punta, ancora più scura, quasi nera: quanti ricordi, quanti eventi – le vicende dell'anima! Una serie di significati che conducono tutti in un'unica direzione!

Ripeto quello che dicevo ieri a Komańcza, con le suore, davanti al Santissimo Sacramento: che Dio sia adorato nei suoi angeli e nei suoi santi. Nei santi vuol dire nelle persone, qui appunto è rivelata la dimensione divina del destino umano. Proprio qui, in questo bosco, Dio è stato adorato nei suoi santi, adorato nell'uomo, nella sua creatura.

Cresce nella mia anima la commozione e, insieme a tutta la terra, sto qui, estasiata!

17 agosto 1991 lunedì

Mi sono trascinata qui per chiedere un miracolo!

I dolori acuti mi sono cominciati già in aereo e aumentano di continuo; il mio stato peggiora, le notti sono insonni! Mi sembra però che questo dolore sia, in qualche modo, necessario. Il ruolo della sofferenza del corpo per l'anima. C'è in me, nonostante la difficoltà di sopportare il dolore, la certezza che questo abbia un senso, una certezza che proprio qui ha le sue radici!

Santa Teresa d'Avila aveva strani dolori, che considerava opera di Satana. Io non posso pensare questo, so troppe cose del corpo umano, conosco la patologia di questi fenomeni e considero questi dolori come una prova, la prova del fuoco. Indirizzo questo dolore verso un'intenzione concreta, l'intenzione di questo viaggio, e cresce in me la certezza irrazionale che questo mio dolore qui sia necessario là! Il dolore acuto non suscita in me ribellione, anche se in certi momenti imploro di avere sollievo!

Sotto di me, proprio sul pendio, un cespuglio basso, come una macchia verde sulla terra color ruggine; cresce sul pendio ripido, strisciando, come se non osasse alzarsi e così, attaccato alla terra, cresce e non si fa strappare dal vento.

Sulla destra, il bosco scende proprio fino alla scarpata; qui non hanno tagliato niente, solo dietro di me il bosco è stato diradato. Sto seduta col viso rivolto al fiume, alla finestra, al tramonto, come sempre. A quest'ora il sole da sinistra proietta le ombre a destra. Ombre che si muovono velocemente, al ritmo delle folate di vento: è come se la bellezza rendesse più efficace il mio riposo. Una giornata regalata.

Questi momenti passati qui – l'anello di congiunzione tra la terra e il cielo. Qui il mio «io» terreno, corporale, si fonde con la sostanza spirituale, il corpo crocifisso è la via verso il cielo! Non c'è un'altra via verso il cielo, solo quella croce: questa mia croce, attraverso quella di Dio, acquista senso e non posso più rifiutarla. Dirò di più, non voglio neppure rifiutarla, c'è in me una sorta di gratitudine per il dolore.

Il paradosso della croce!

Ore 12, la finestra

Sto seduta al solito posto. La finestra è intatta, ma il pendio è cambiato, moltissimi alberi sono stati tagliati.

Qui ho incontrato delle persone – non c'è più il silenzio.

La giornata è bellissima, ma ventosa; il cielo è senza una nuvola, ma il vento è molto impetuoso. La betulla, che sta davanti a me (come è cresciuta!), trema tutta e le macchie di sole si muovono velocemente, perché le foglie, mosse dal forte vento, ondeggiano.

In basso il Wisłok è verde, come sempre quando il bosco si riflette in esso. Povero d'acqua, lo si vede appena tra le pietre.

Il prato di fronte è di un verde smagliante. Più su, la linea del bosco verde scuro e il tronco familiare, come cornice dell'incantevole quadro.

La terra è secca; sul pendio, una terracotta chiara, leggermente rossastra. Il vento si allontana per un attimo e poi colpisce con forza raddoppiata. Un vento familiare, che viene dal passo Dukielska, il bosco familiare, il fiume – tutto nostro.

Il vento è fresco, grazie a ciò oggi sul fiume non c'è gente. Il verde tutto intorno, sfumature di verde che non è possibile descrivere, perché tutto è verde, ma ogni albero è diverso nel colore, anche se tutto è immerso in questo verde.

Scrivo appoggiandomi a un ginocchio, su un pezzo del tronco di un albero tagliato che è dietro di me. Hanno piantato dei giovani abeti – anch'essi verdi, sullo sfondo color ruggine dei vecchi aghi.

Conclusione

1° novembre 1994

Questa volta non sono sola, a seguire con me le vecchie orme c'è l'arcivescovo Józef Michalik.

La giornata è, come sempre qui per me, calda e soleggiata, anche se ieri ancora pioveva e faceva freddo. Oggi c'è il sole.

Andiamo nel bosco a mezzogiorno in punto.

La terra è coperta di foglie cadute, alcuni alberi ormai protendono i rami secchi, perché il vento ha fatto cadere tutte le foglie, ed esse ora frusciano sotto i nostri piedi. I larici però, ancora tutti dorati, stanno come candele accese sull'altare. E quell'oro dei loro aghi esili – qua e là sullo sfondo degli abeti verdi – rapisce lo sguardo. Che meraviglia!

L'acqua è limpida, il fiume scorre velocemente, si è ingrossato da ieri e ci poniamo il problema se riusciremo ad attraversarlo con gli stivali di gomma che ci hanno prestato.

Giriamo intorno al solito passaggio, cercando un posto meno profondo. L'acqua scroscia e si frange sulle pietre che sporgono qua e là. Attraversiamo il fiume a zigzag nel punto più largo, nell'ansa. Davanti a noi l'alta, ripida parete di roccia friabile, e in alto, gli alberi dorati sullo sfondo del cielo azzurro, senza una nuvola!

Lo scroscio dell'acqua e il fruscio del vento suonano come un corale.

Attraverso il bosco, che fruscia sotto i nostri piedi, immersi nel suo silenzio pieno di suoni, «entriamo nel passato».

Oggi è quel giorno, il grande anniversario della consacrazione sacerdotale di Giovanni Paolo II, che proprio qui, in questo bosco, sedici anni fa ha celebrato la messa. Assorto, come sempre, ha sollevato l'ostia bianca, sullo sfondo dei larici verdi e del cielo!

Oggi quei larici, molto più alti, coprono il cielo. I rami bassi non hanno più gli aghi, ma in alto, sullo sfondo del cielo, le chiome sono ancora tutte dorate.

Si ripete il più alto sacrificio e il grande giorno! Dio ritorna realmente, col suo corpo, in questo luogo privilegiato. In questo luogo sacro!

Il luogo è lo stesso di una volta, funge da altare, ma invece dei fiori ho messo rametti dorati di larice e rametti verdi di abete – ero io che ornavo sempre l'altare.

La stessa vista, anche se un po' cambiata, perché gli alberi sono cresciuti così tanto che raggiungono il cielo, mentre allora erano la metà di oggi. Gli alberi, quelli davanti a noi, ormai senza foglie, permettono di vedere la riva opposta del fiume, biancheggiano al sole le pietre nell'acqua, e per terra le macchie di sole si spostano...

Il Santissimo Sacrificio! Solo che, nella pianeta rossa e oro, c'è oggi un altro celebrante, taciturno, non interrompe i miei ricordi. Legge un testo familiare. Scorrono parole di benedizione in questo bosco e nella mia anima, piena di contenuti, che non si possono esprimere. Il fiume scroscia come un organo da chiesa, che con la sua gravità sottolinea l'importanza del momento.

«Il corpo e il sangue del Signore nostro Gesù Cristo ti custodiscano per la vita eterna!».

Il pensiero dell'eternità deve comparire in questa strana e grande giornata, nel giorno che, come l'alfa e l'omega, riporta alla mente sia l'inizio che la fine della storia. Un giorno unico – ognuno è unico, ma questo è un grande e santo anniversario; e a questo anniversario, appunto, noi dedichiamo il pensiero.

Le parole sono poche, perché che cosa mai si può dire dal profondo del cuore? Che cosa può provare un sacerdote, nel ricordare quel grande giorno, il più grande della sua vita?

Un mistero – non se ne può raggiungere il fondo, si può solo intuire. Le parole tacciono o scorrono, in seguito, in superficie, perché questi contenuti del fondo del cuore, del fondo dell'anima, non si possono esprimere, anche se essi tremano nelle macchie tremolanti del sole.

L'anima è piena di estasi, ma le labbra tacciono.

La comunione sotto le due specie: un grande momento. Nel calice d'oro è racchiuso il sangue, una goccia del quale salva il mondo intero, e qui esprime la smisurata generosità dei doni!

L'intenzione della messa è la solita, un po' infantile, per la piena salute del corpo, per l'efficienza di quel corpo, consacrato in quel giorno memorabile.

* * *

Le foglie hanno stormito e un uccellino è volato qui, ha chinato il capino e saltella su un rametto, guardando verso di noi: una cincia, delle penne blu sulle alucce. Si avvicina curiosa ma poi, spaventata dal bagliore del calice d'oro, vola via; dopo un attimo però ritorna, come se anch'essa volesse partecipare al mistero che si fissa qui, in questo bosco. E questo luogo riacquista la sua santità. Un ringraziamento silenzioso, non palese, quasi vergognoso per la dimensione incommensurabile del dono, come se si temesse che qualsiasi parola svilisca il contenuto – dunque un ringraziamento che rimane nell'anima, inespresso!

L'anello del vescovo luccica al suo dito. L'identità eterna dell'artefice del miracolo sull'altare, l'identità immutabile del corpo e del sangue del Signore, ma una nuova figura di celebrante, in questo bosco stupendo! No, qui non c'è mai stato il bagliore di un anello, erano d'oro solo le macchie di sole. (Il Santo Padre nel bosco non portava l'anello vescovile).

In questo bosco allora fluiva un canto di ringraziamento: «Benvenuto Gesù, Figlio di Maria»...

Oggi c'è solo il rumore del fiume, perché dalla mia gola, stretta dalla commozione, non si può tirare fuori un canto.

La messa con i testi di un vecchio libretto di mia madre, pubblicato nel 1926 col titolo *Pace a voi*. Contiene in sé i testi ancora in latino e, alla fine, la preghiera a san Michele Arcangelo.

«E tu, comandante delle schiere celesti, fai precipitare nell'inferno, con la potenza divina, Satana e gli altri spiriti del male, che si aggirano per questo mondo, per la perdizione delle anime umane. Amen».

«Amen» ripetono il fiume e il bosco – e io.

È triste lasciare questo bosco, questo angolo meraviglioso. Facciamo ritorno, ma ora non passiamo attraverso il fiume, ma per la strada nota attraverso il bosco, per l'indimenticabile strada verso il valico, oggi invasa dalla vegetazione.

Il sentiero è quasi scomparso. A tratti invaso dalla vegetazione, a tratti smarrito tra le buche degli alberi abbattuti, scavate dalle piogge; il sentiero è verde tra l'erba alta, in certi punti bagnato, a causa di ruscelletti nascosti. Camminiamo sempre in salita. Il bosco è pieno di vecchi alberi. Qui c'è un pioppo appoggiato al tronco di un pino, stretto a esso come se cercasse sostegno. L'arcivescovo dice: «Moriranno entrambi, perché il pino è già morto, solo in alto ha ancora degli aghi verdi, è tutto secco». Io non ho riconosciuto dal tronco che albero fosse, ma l'arcivescovo lo riconosce. Alcuni, del resto, hanno ancora le foglie; le piccole betulle dorate e le foglie rosse dei carpini sono facili da riconoscere. Il sentiero ci fa uscire su un ampio prato, con una vista panoramica; ora le montagne sono un po' annebbiate e dal passo Dukielska soffia un forte vento che spinge le nuvole da lì.

Io dico però: «Domani farà bel tempo, perché il vento da Dukla porta sempre bel tempo!».

Al valico, una nuova strada, che non c'era, e in alto si vede un villaggio, che anch'esso non esiste da più di quindici anni. Un nuovo villaggio, nuovi casolari, solo la «punta» sporgente della montagna non cambia la sua forma e il vento sembra lo stesso – come sempre!

Ogni passo rivela un mistero del passato, ogni passo ha qui la sua storia e tutto ciò è, perché «ciò che è stato, è»... e rimane – e nessuno ha potere sul passato. Il passato è eterno, sia nel cuore dell'uomo che nella storia dell'umanità, e ha il suo posto nell'eternità. Rimane, perché in Dio non c'è il tempo, c'è «l'assenza di tempo»...

La conversazione scorre in superficie: riguarda l'erba, il sentiero, gli alberi incontrati, e non tocca l'interno, piena della sottile profondità del rispetto.

L'arcivescovo di Przemyśl, «Józio» Michalik, ha celebrato così l'anniversario dell'ordinazione sacerdotale di Giovanni Paolo II, nel nostro bosco.

Epilogo per i familiari e gli amici

Da «sempre», fin dall'inizio delle nostre escursioni insieme e, in generale, nel tempo «libero», io svolgevo la funzione di lettore. Durante il nostro girovagare estivo, entrambi i signori, il «Fratello» – come chiamavamo don Karol Wojtyła – e mio marito Andrzej, portavano negli zaini chili di libri e nelle soste, nei bivacchi e più tardi, ormai nei giardini di Castel Gandolfo, io leggevo, ad alta voce, le opere di letteratura preferite e il Santo Padre, nello stesso tempo, leggeva in silenzio un altro libro, di solito un testo filosofico o teologico. Aveva l'attenzione divergente e una memoria perfetta, teneva a mente entrambi i testi.

Quando era ormai a Roma, stabilivamo di solito a maggio quali libri avrei dovuto portare in vacanza a Castel Gandolfo. Così anche nel maggio 2002 gli ho chiesto che cosa dovevo portare quell'anno. Dopo averci riflettuto un po', mi ha detto: «Forse la Szczucka? Scrive benissimo e non la leggiamo ormai da molto tempo». Fu stabilito che avremmo portato i suoi libri. Dopo qualche settimana, accadde che di sera io tornassi in treno a Cracovia e come sempre, alla stazione, attraversando il sottopasso in cui vendono libri d'antiquariato, mi fermai: i libri sono la passione della mia vita e non riesco mai a resistere alla tentazione di guardarli. Così anche allora mi fermai davanti a quelle bancarelle, anche se era ormai tardi, le undici di sera passate. E all'improvviso vidi un librettino di Zofia Kossak-Szczucka dal titolo *Nieznany kraj* (Il paese sconosciuto). Non conoscevo o, in ogni caso, non ricordavo quel titolo, quindi lo comprai immediatamente per 2 złoty e lo portai a Castel Gandolfo, senza averlo letto.

Lì, come al solito, lo lessi un pezzo alla volta, a seconda del tempo di cui disponeva il Santo Padre. Quel libro narra la storia delle lotte della Slesia per l'identità polacca. Tra gli altri, c'è il racconto intitolato *Poetyckie wzloty* (Voli poetici), nel quale l'autrice racconta la storia di un vecchio sacerdote che viene messo in prigione per aver parlato in polacco e per aver insegnato ai bambini in polacco; ora sta da solo in una cella e... sogna di scrivere versi:

> ...lo invase una nuova, come lui stesso la definiva, «follia vacanziera». Una voglia invincibile di scrivere. A dire il vero scriveva sempre molti articoli, ma ora desiderava qualcosa di diverso. Scrivere versi... Si stizziva per quel capriccio, si faceva beffe di se stesso dolorosamente, in modo umiliante – invano. Il desiderio era più forte dell'autocritica. Stanco di lottare, lentamente cominciò a essere indulgente con se stesso: Che male c'era? Aveva tanto tempo libero davanti a sé, ciò che avrebbe scritto non aveva bisogno in fondo di farlo vedere a nessuno.

A questo punto il Santo Padre mi interruppe e disse: «Proprio come me». E io gli replicai: «Allora bisogna scrivere». Il Santo Padre aveva scritto la sua ultima poesia nell'ottobre del 1978 e poi non aveva più scritto. E così accadde – lui scrisse, un po' cancellò, poi io trascrissi in bella copia, Andrzej al computer – e così nacque *Tryptyk rzymski* (Trittico romano).

Sul testo finale avevo scritto sul margine, a matita, la data (14 settembre 2002 Castel Gandolfo), e poi mi ero dimenticata di cancellarla. Quando il testo venne dato alle stampe, neanche allora quella data venne notata, si impresse sul facsimile e... mi tradì, perché dopo la pubblicazione del libro mi telefonò un'amica, la superiora di un convento, e mi disse: «Ma quella è la sua scrittura, dottoressa – quella data». È vero, quella data sul margine della pagina è stata scritta dalla mia mano.

Il *Trittico* è la sintesi poetica del pensiero di Karol Wojtyła e una poesia su un torrente: sappiamo dov'è quel torrente di montagna.

Quanto il Santo Padre amasse leggere, lo sanno tutti. Ma in seguito, quando stava male, gli piaceva ascoltare, cosicché leggevo sempre per lui, quando eravamo a Roma. Durante l'ultimo ricovero al Gemelli ho letto per lui, dandomi il cambio con suor Tobiana, prima *La tunica* di Lloyd C. Douglas, e poi il suo stesso libro *Memoria e identità*, che durante le vacanze aveva redatto mio marito Andrzej. Dopo il suo ritorno a casa, in Vaticano, le suore gli leggevano testi religiosi, mentre io, come sempre, letteratura. Non sapevo bene che cosa scegliere allora, non prevedevo un soggiorno prolungato (ero venuta a Roma all'assemblea dell'Accademia Pontificia Pro Vita in febbraio e ci rimasi fino alla fine) e non avevo preso abbastanza libri. Chiesi però a un frate domenicano che conoscevo se avesse qualcosa di interessante. Ce l'aveva: il libro di Mieczysław Jałowiecki *Wolne miasto* (La città libera)[1]. Il Santo Padre si interessò a quel libro, scritto in modo splendido, vivo e che riguardava i tempi noti alla nostra generazione e persone a noi conosciute. Voleva ascoltarlo e gliel'ho letto letteralmente fino alla fine della sua vita. Non sono riuscita a finirlo, ma è mancata solo una pagina. L'ho letto fino a mercoledì, poi i medici ci hanno disturbato e non mi è riuscito di leggere quell'ultima pagina. Era sempre interessato alla trama e, anche se verso la fine della vita ascoltava principalmente testi di preghiera, tuttavia chiedeva di continuargli a leggere delle sorti di Danzica. Tutto quello che riguardava la Polonia, la sua storia, gli interessava sempre. Durante quegli anni leggemmo insieme un gran numero di libri – naturalmente la maggior parte durante le vacanze e la malattia, durante tutti i ricoveri in ospedale gli lessi le opere che aveva scelto.

Quando si sentiva debole, sceglieva dei testi noti di letteratura. Al Gemelli gli leggevo la *Trilogia*[2] e *Pan Tadeusz*[3]. Gli piace-

[1] Warszawa, Czytelnik, 2005.

[2] Si tratta della Trilogia di Henryk Sienkiewicz, l'autore di *Quo vadis?*, formata dai romanzi storici *Col ferro e col fuoco*, *Il diluvio* e *Il signor Wołodyjowski* [NdT].

[3] È un poema scritto da Adam Mickiewicz nel 1812 ed è l'opera poetica più importante della letteratura polacca [NdT].

va ritornare ai suoi autori preferiti, e in generale, leggeva una quantità enorme di libri; non ho mai incontrato in vita mia una persona che leggesse così tanto, conducendo nello stesso tempo una vita così attiva. Io svolsi il ruolo di lettore fino alla fine.

Ho cercato di convincere gli editori a ristampare quel libro poco conosciuto di Zofia Kossak-Szczucka, *Il paese sconosciuto*. Fino ad ora non mi è riuscito, ma ho trovato il librettino (un'altra copia: quella che avevo letto ad alta voce è sparita da qualche parte in Vaticano) attraverso Internet. E il Santo Padre ha detto di Zofia Kossak-Szczucka: «È stata davvero trascurata la diffusione dei suoi libri, eppure è una scrittrice di prim'ordine».

Scrivo questo guardando dalla finestra la montagna sulla quale abbiamo camminato tante volte, la Mogielica. Mi trovo nella casetta dei nostri amici, ai piedi del passo Rydz-Śmigły, e ricordo.

13 dicembre 2006, Hyszówki

Nota biografica

Wanda Półtawska – da nubile Wojtasik, Dusia per gli amici. È nata a Lublino il 2 novembre 1921, la più piccola di tre sorelle. Ha frequentato la scuola delle orsoline. Allo scoppio della guerra era in seconda liceo. A scuola eccelleva, e inoltre in precedenza, fin dalla prima classe, si era impegnata con entusiasmo nel movimento scout. All'età di 15 anni, in un campo scout, era diventata la più giovane capo-squadriglia.

Allo scoppio della guerra, con un gruppo di ragazze scout si occupò immediatamente del servizio ausiliario. Al sopraggiungere dell'occupazione, aderì subito alla lotta clandestina come staffetta, partecipando, nello stesso tempo, all'istruzione clandestina.

Nel febbraio 1941 venne arrestata dalla Gestapo e messa in prigione nel castello di Lublino, il 22 settembre venne trasferita nel campo di concentramento di Ravensbrück, in Meclemburgo, e nel marzo del 1945 a Neustadt-Glewe, dove rimase fino alla fine della guerra, l'8 maggio 1945.

Nel campo di concentramento venne operata a scopo sperimentale dai medici tedeschi, nel primo gruppo delle «cavie» di Ravensbrück. Nel luglio del 1945 scrisse delle memorie che anni dopo vennero pubblicate col titolo: *E ho paura dei miei sogni* (*I boję się snów*). Il libro è stato tradotto in inglese, tedesco, italiano e giapponese.

Dopo la guerra ha studiato Medicina all'Università Jagellonica di Cracovia. Il 31 dicembre 1947 ha sposato Andrzej Półtawski. I coniugi Półtawski hanno quattro figlie e, attualmente, anche otto nipoti.

Ha iniziato l'attività di medico nell'ospedale psichiatrico di Kobierzyn, vicino a Cracovia, nel febbraio del 1952, ma già in aprile, avendo ottenuto una borsa di studio per la specializzazione in Psichiatria, è passata alla clinica psichiatrica dell'Accademia di Medicina di Cracovia, all'epoca separata dall'Università Jagellonica, come un'università a sé. Ha lavorato lì fino al 1968, con diversi gradi: assistente, assistente anziana e professore associato, primario di reparto; nello stesso tempo però ha conseguito entrambi i livelli di specializzazione e il dottorato (1964). Per diciotto anni (1954-1972) ha lavorato nel Consultorio Educativo-Terapeutico dell'Università Jagellonica.

Ha condotto ricerche sui cosiddetti «bambini di Auschwitz», ovvero le persone che nell'infanzia erano finite nei campi di concentramento. Ha elaborato anche il metodo della «psicoterapia oggettivizzante», basato sull'indurre i giovani disadattati a rendersi conto del loro posto nella famiglia e nella società. Si è occupata anche, sulla base delle sue esperienze al consultorio, dell'influenza dell'interruzione di gravidanza sulla psiche della donna e dell'influenza dell'atteggiamento anticoncezionale sulla vita sessuale della coppia e sulla sua vita familiare. Nell'aprile del 1969 ha lasciato la clinica, per dedicarsi prima di tutto alla consulenza matrimoniale e familiare.

Per quarantadue anni (1955-1997) ha insegnato medicina pastorale alla Facoltà di Teologia e poi all'Accademia Pontificia di Cracovia. Negli anni 1981-1984 ha insegnato medicina pastorale anche all'Istituto Giovanni Paolo II, presso l'Università Lateranense di Roma.

Nel 1967 ha fondato l'Istituto di Teologia della Famiglia presso la medesima Facoltà e l'ha diretto per trentatré anni, formando giovani coppie di sposi, fidanzati (un corso di due anni, con sessioni mensili) e sacerdoti. In questo modo è cominciata la sua, per così dire, attività ufficiale nel campo, che da allora è la sua passione fondamentale: aiutare a realizzare quello che Karol Wojtyła-Giovanni Paolo II considerava il compito più importante del nostro tempo: il risanamento della famiglia umana e l'attività per renderla felice e santa. Lavora, in questo campo, in modo infaticabile, sia in Polonia che sul piano internazionale. In rapporto a ciò ha scritto una serie di opere sulla preparazione al matrimonio e sul corretto atteggiamento nei confronti della vita sessuale.

Il secondo ambito dei suoi sforzi è l'organizzazione e la mobilitazione dei medici al servizio della vita e della famiglia. Nel 1994 è stata nominata membro della Pontificia Accademia Pro Vita. Collabora anche con il Consiglio Pontificio per i Lavoratori del Servizio Sanitario. Dopo la fondazione del Consiglio Pontificio della Famiglia, nel 1983, è entrata a far parte anche di esso, insieme al marito. Per dieci anni è stata consigliere comunale della città di Cracovia.

Nel 1964 è stata insignita della medaglia d'oro «per l'attività sociale a favore della città di Cracovia»; nel 1981 della medaglia «Pro Ecclesia et Pontifice»; e nel 1999 della medaglia del Senato Polacco, della medaglia di santa Jadwiga dell'Accademia Pontificia di Cracovia e della commenda dell'Ordine pontificio di san Gregorio. Ha ricevuto anche, nel 1987, la laurea *honoris causa* del Notre Dame Pontifical Catechetical Institute di Arlington, in Virginia, e, nel 2008, la laurea *honoris causa* dell'Università Cattolica di Lublino.

È membro dell'Unione degli Scrittori Medici e dell'Associazione dei Giornalisti Cattolici. È nota come autrice di molti libri, tra gli altri: *E ho paura dei miei sogni* (i ricordi del campo di concentramento di Ravensbrück), 1961 (prima edizione); *Stare rachunki* (Vecchi conti), 1969 (prima edizione); *Przygotowanie do małżeństwa* (La preparazione al matrimonio), 1993; *Z prądem i pod prąd* (Secondo la corrente e contro-corrente), 2001; *Przed nami miłość* (Davanti a noi l'amore), 2001; *By rodzina była Bogiem silna...* (Affinché la famiglia sia forte in Dio), 2004.

Indice

Stampa: 2010 - L.E.G.O. Spa - Lavis (TN)